# Ecuador
## Galápagos-Inseln

Peter Korneffel

Reise-Handbuch

# Inhalt

## Wissenswertes über Ecuador

## Wissenswertes für die Reise

## Unterwegs in Ecuador

### Kapitel 1   Quito und Umgebung

## Kapitel 2  Die Nordanden

# Inhalt

# Inhalt

## Kapitel 6 Galápagos-Inseln

# Themen

# Alle Karten auf einen Blick

▶ Dieses Symbol im Buch verweist
auf die Extra-Reisekarte Ecuador

Das mühsame Leben in Ecuador prägt die Gesichter seiner Bewohner –
hier eine Frau auf dem Weg zum Markt

# Wissenswertes über Ecuador

# Die Mitte der Welt – artenreich und eigenartig

**Die Faszination Ecuadors ist von mystischer Kraft. Diese kleine Republik auf dem Äquator hält kulturelle und ökologische Schätze bereit, die in Europa weitgehend unbekannt sind. Senden auch die Medien immer wieder Bilder von Ecuador und Galápagos auf den alten Kontinent, so geht erst eine Reise zur ›Mitte der Welt‹ tatsächlich unter die Haut.**

Dieses Land ergreift einen bei der ersten Berührung, bei der Landung auf 2400 m Höhe, bei der unmittelbaren Begegnung mit einer ethnischen Vielfalt von Indígenas, Mestizen und Afro-Ecuadorianern. Ecuador öffnet sich dem Besucher bei der Entdeckung der welthöchsten Biodiversität in den tropischen Wäldern, unter gewaltigen Schneegipfeln und im Angesicht schnaufender Vulkane. Es umgarnt einen, wenn man barfuß im Sand der 2000 km langen Strände läuft, andächtig in meditativer Nähe zu den furchtlosen Kreaturen auf Galápagos verharrt oder in Sichtweite der Hammerhaie, Walhaie und anderer Geschöpfe des Pazifischen Ozeans taucht.

Eine Ecuador-Reise hinterlässt tiefe Spuren beim Reisenden. Die zahlreichen Begegnungen mit den Extremen Ecuadors, aber auch die täglich erfahrbaren Widersprüche, die dieses Land eindringlich offenbart, sind ergreifend und bieten Denkstoff für viele Wochen über das Reiseende hinaus. Wer Ecuador neugierig bereist, muss sich klar darüber sein, dass diese Exkursion nicht mit dem Rückflug endet.

Ecuador ist im Aufbruch. Seit der Jahrtausendwende erlebt das Land einen wirtschaftlichen Aufschwung, der auch die Reisebranche erfasst hat. Hier besinnt sich das Land auf zum Teil lange Zeit vergessene Schätze: auf die extreme geografische und biologische Vielfalt auf kleinem Raum, die Wiederentdeckung der indianischen Kulturgeschichte, der grandiosen kolonialen Architektur, und auf das Potenzial, das der Regenwald jenseits der Erdölförderung birgt.

Bergsteigen, Galápagos-Kreuzfahrten und Indianermärkte sind Klassiker in den Prospekten. Immer stärker entwickelt das Land sein Profil als Reiseziel für Aktivsportler, nutzt allerorts seine vulkanischen Thermalquellen, öffnet sich Spa und Wellness. Und an keinem Ort der Welt lassen sich derart viele Vogelarten aus solcher Nähe beobachten. Kurz: Das manchmal lethargische Land gerät in Bewegung.

Damit kehrt der Breitengrad Null, der Äquator, der Ecuador seinen Namen schenkte, zurück ins Bewusstsein der Menschen und wird zum Sinnbild ihrer Identität, ihrer jahrtausendealten Sonnenkultur.

Vielleicht gelingt tatsächlich, was die Schöpfer der überdimensionalen Sonnenuhr Quitsa To auf dem Äquator bei Cayambe beschwören: »Die Äquatorlinie trennt die Süd- nicht von der Nordhalbkugel, sondern führt die beiden Hemisphären zusammen.« Und das wäre ganz im Sinne Alexander von Humboldts, dem Geografen und Forschungsreisenden, der Ecuador Anfang des 19. Jh. fast neun Monate lang bereiste.

Dieses Buch basiert auf 20 Jahren journalistischer Recherche in Ecuador, auf unzähligen Reisen und Gesprächen, auf unvergesslichen Begegnungen und hautnahen Erfahrungen. In Ecuador bedeutet die Kunst des Reisens, sich zwischen der Vielfalt der Reisemöglichkeiten und -ziele zu entscheiden, um die Reise ins Land der Tagundnachtgleiche zu einem Genuss werden zu lassen. Ob bequem und geführt oder individuell und abenteuerlich – dieser Führer stellt sich den Reisekonzepten unserer Zeit und zeigt sichere, erlebnisreiche und überraschende Pfade auf, um diesem Land der Extreme zu begegnen, und das für jeden Geldbeutel.

In diesem Zusammenhang sollen aber auch die Schattenseiten des Entwicklungslandes Ecuador aufgezeigt und begreifbar gemacht werden. Das Buch will vermitteln, damit der Reisende nicht wegsieht, wenn ihm eine andere Realität als die der Hochglanzkataloge und -broschüren begegnet. Dazu zählen Armut, Korruption und ein erst langsam wachsendes Umweltbewusstsein in der Bevölkerung. Doch Ecuador ist im Wandel. Die sozialistische Regierung unter Präsident Rafael Correa regiert seit 2007 mit ungekannter Stabilität und ambitionierten Vorhaben. Der neue südamerikanische Staatenbund legte seinen Sitz nach Quito, und selbst die einst düstere Hafenmetropole Guayaquil erfährt eine kaum für möglich gehaltene Wiederbelebung.

Ecuadorianer sind gastfreundlich. Traditionell ein Volk von Auswanderern, sind sie unglaublich neugierig auf Geschichten aus der Ferne. Dabei begegnen sie Westeuropäern mit besonderer Aufmerksamkeit und einem manchmal unheimlich erscheinenden Respekt. Dieses Geschenk gilt es ebenso generös zu erwidern.

Vielleicht ist die uns vereinende Äquatorlinie der ideale Ort auf diesem Planeten, um Nord und Süd, um Arm und Reich miteinander in einen Dialog zu bringen. Ecuador ist auf jeden Fall ein einzigartiger Gastgeber.

**Neugierig auf Geschichten aus der Ferne sind nicht nur die ecuadorianischen Kinder**

# Steckbrief Ecuador

## Daten und Fakten

**Name:** Ecuador

**Fläche:** 256 370 km²
**Hauptstadt:** Quito
**Amtssprache:** Spanisch
**Zweite Landessprache:** Kichwa

**Einwohner:** rund 15,2 Mio.
**Bevölkerungswachstum:** 1,4 %
**Lebenserwartung:** 73 Jahre für Frauen, 68 Jahre für Männer
**Städtische Bevölkerung:** 61 %
**Analphabetenrate:** ca. 9 %
**Zeitzonen:** GMT – 5, auf Galápagos – 6 Std.

**Währung:** US-Dollar, 1 $ = 100 US-Cent
**Landesvorwahl:** + 593
**Internet-Kennungen:** ec, gob.ec und com.ec

**Landesflagge:** Die 1830 eingeführte Trikolore steht für Fruchtbarkeit des Bodens (gelb), für

Himmel und Ozean (blau) und für das vergossene Blut der Freiheitskrieger (rot). Das später integrierte Staatswappen, gerahmt von Palmwedel und Lorbeerblättern für den ›Sieg der Nation‹ und überragt von einem Kondor, zeigt unter der Sonne und den Sternbildern von Widder, Stier, Zwilling und Krebs den Vulkan Chimborazo, den Río Guayas und das erste Dampfschiff des Landes aus dem Jahr 1841. Ein symbiotisches Symbol für die Einheit der Nation.

## Geografie

Ecuador liegt im nordwestlichen Südamerika exakt auf dem **Äquator,** dem Breitengrad 0 der Erde. Es erstreckt sich zwischen 1°40' nördlicher Breite und 5° südlicher Breite. Die Südflanken des Vulkans Cayambe (5790 m) sind die weltweit höchste Erhebung des Äquators. Ecuador grenzt im Norden an Kolumbien, im Osten und im Süden an Peru sowie westlich an den Pazifik. Somit ist Ecuador neben Chile das einzige Land Südamerikas ohne Grenze zu Brasilien. Historisch und wegen seiner Zuflüsse begreift es sich jedoch als ›Amazonasland‹. Galápagos liegt rund 1000 km vor der Festlandküste.

Die zwei von Nord nach Süd verlaufenden Gebirgsketten der Anden mit dem Chimbo-razo (6310 m) als höchstem Berg und der Hauptstadt Quito im Norden formen die Region der **Sierra.** In ihr liegen über 30 teils noch aktive Vulkane und etliche interandine Täler. Der 5897 m hohe Vulkan Cotopaxi in der Ostkordillere ist einer der höchsten aktiven Vulkane der Erde.

Westlich der Sierra gliedert sich der bis zu 200 km breite tropische Küstengürtel der **Costa** an, in dem auch Guayaquil als größte Stadt des Landes liegt. Östlich der Anden erstreckt sich der zum Amazonasbecken zählende und recht dünn besiedelte tropische Regenwald, die sogenannte **Selva** oder **Amazonía** oder **Oriente.** Die vierte der äußerst unterschiedlichen Regionen des Landes ist die isolierte Inselgruppe von **Galápagos** mit etwa

123 Inseln von insgesamt 7000 km² Landfläche in einem riesigen Marinereservat von 130 000 km². Ecuadors Topografie der Extreme auf relativ kleinem Raum führt zu komplizierten Klimaverhältnissen und zur größten Biodiversität der Welt.

## Geschichte

Asiatische Volksgruppen gelangten einst über die Beringstraße nach Nordamerika, von wo sie etwa 12 000 v. Chr. das heutige Ecuador erreichten. 6000 Jahre später entstanden die ersten Kulturen an der Küste. Die erste ›formative‹ Hochlandkultur geht auf etwa 2850 v. Chr. zurück, im Regenwald auf 1500 v. Chr.

In der Blüte der regionalen Kulturentwicklung wurden diese Kulturen Ende des 15. Jh. von den Inkas weitgehend niedergeschlagen. Wenig später unterwarfen die Spanier wiederum die Inkas, gründeten im 16. Jh. koloniale Verwaltungsstädte und unterjochten die Ureinwohner Ecuadors. Eine starke Unabhängigkeitsbewegung beendete die jahrhundertelange Ausbeutung durch die Spanier. Im Jahr 1830 schließlich wurde die Republik Ecuador gegründet, die erst 1979 eine erste moderne demokratische Verfassung erhielt.

## Staat und Politik

Die Republik Ecuador ist eine präsidiale Demokratie mit weit reichenden Befugnissen für den Staatspräsidenten. Dieser ist nicht gleichzeitig Regierungschef, braucht aber für wichtige Entscheidungen die Zustimmung der Nationalversammlung, sollte er diese nicht per Dekret umgehen.

Seit Januar 2007 ist mit dem Wirtschaftswissenschaftler Rafael Correa aus Guayaquil der erste sozialistische Staatspräsident im Amt. Mit 60–70 % Zuspruch seitens der Bevölkerung gelang ihm und seiner Bewegung Alianza País 2008 die Verabschiedung einer neuen Verfassung. Diese neue Magna Charta steht für soziale Gerechtigkeit, garantiert etwa Bildung und Gesundheitsversorgung für alle sowie die volle Gleichberechtigung der indianischen Bevölkerung. Gleichzeitig verleiht sie dem Präsidenten mehr Machtbefugnisse, etwa bei der Geldpolitik. Die Wahlen von 2009 und 2013 gewann Correa erneut souverän und mit absoluter Mehrheit, die sein Bündnis auch in der Nationalversammlung genießt.

## Wirtschaft und Tourismus

In den 1970er-Jahren wandelte sich der Agrarstaat Ecuador in ein Erdöl exportierendes Land – bei hohem Ölpreisniveau stammen über die Hälfte der Deviseneinnahmen aus dem Ölexport. Weitere Exportgüter sind Bananen, Fisch, Garnelen, Blumen und Kakao. Mit 4650 $ (2012) Bruttoinlandsprodukt (BIP) pro Kopf zählt Ecuador noch immer zu den ärmsten Ländern Südamerikas. Die Zahl der internationalen Touristen verdoppelte sich seit 2006 auf 1,27 Mio. im Jahr 2012, davon rund 500 000 aus den Nachbarländern.

## Bevölkerung und Religion

Der mit 42 % größte Teil der Bevölkerung sind die Mestizen, Mischlinge von Indianern mit weißen Einwanderern vornehmlich aus Spanien. 36 % sind Indianer, sogenannte Indígenas. Diese setzen sich aus zehn Sprach- und Volksgruppen zusammen, deren breite Mehrheit die Kichwa-Indianer im Hochland bilden. Rund 12 % im Land sind Weiße, eine 10 %ige Minderheit bilden Farbige und Mulatten. Sie sind Nachfahren ehemaliger afrikanischer Sklaven. 80 bis 90 % der Ecuadorianer sind Katholiken, mit abnehmender Tendenz zugunsten evangelischer Kirchen, Freikirchen und Sekten. Ein kleiner Bevölkerungsanteil hängt Naturreligionen an oder vermischt christliche und vorchristliche Traditionen.

# Natur und Umwelt

Ecuador ist eines der artenreichsten Länder der Erde. Denn es ist gleichzeitig Pazifikanrainer, Andenstaat sowie Teil von Amazonasbecken und Äquatorgürtel. Entsprechend extrem gliedert sich die Landschaft in unterschiedliche Zonen: Küste, Gebirge, amazonischer Regenwald und die Inseln. Diese vier Naturräume weisen gewaltige Unterschiede in Topografie, Vegetation, Klima und Lebensformen auf.

## Naturräume

### Die Costa – 2000 km Pazifikküste

Das Küstentiefland hat eine Ausdehnung von bis zu 200 km in der Breite, so auf Höhe der größten Stadt des Landes, Guayaquil. Nördlich der Metropole durchzieht ein Küsten-Mittelgebirge mit Höhen bis zu 800 m das ansonsten weitgehend flache Tiefland. Der klimatisch dominierende Einfluss des Pazifiks und allgemein ergiebige Niederschlagsverhältnisse sowie ertragreiche Böden machen die Costa zur landwirtschaftlich produktivsten Region Ecuadors.

Das Zusammentreffen zweier gegensätzlicher Meeresströme vor der ecuadorianischen Küste führt jedoch zu zwei unterschiedlichen Klimata innerhalb des Küstentieflandes: Die **nördliche Costa** steht etwa bis zum Río Chone unter dem Einfluss des warmen Panama-Stroms und gewinnt dadurch ein feuchtwarmes Klima mit zeitweiliger Trockenheit. An der **südlichen Costa** hingegen dominiert der Einfluss des kalten Humboldt-Stroms. Hier, in den pazifiknahen Landregionen, herrscht ein trockenwarmes bis sehr trockenwarmes Klima, ganz extrem auf der wüstenartigen **Halbinsel Santa Elena.**

In Jahren, wo der Nordäquatorial-Strom den wärmebringenden Panama-Strom zusätzlich verstärkt und damit den Einfluss des Humboldt-Stroms zurückdrängt, stehen Costa wie auch Galápagos unter dem Einfluss von El Niño, ›dem Kind‹, benannt nach dem Jesuskind, weil dieses Klimaphänomen zur Adventszeit im Dezember auftritt. In starken Niño-Jahren erwärmt sich das Meer um bis zu 10 °C über den normalen Wassertemperaturen. In der Folge führen monatelange schwere Regenfälle zu mitunter katastrophalen Überschwemmungen und Erdrutschen.

Im Osten findet die Costa mit den Anden ihre natürliche wie klimatische Grenze. Ungefähr in den Höhen der Nebelwälder auf 1500 bis 1800 m liegt die Übergangszone zur gebirgigen Sierra.

### Die Sierra – Straße der Vulkane

Die andine Bergwelt Ecuadors formen zwei fast parallel verlaufende Hochgebirgszüge in Nord-Süd-Richtung: die **West-** und die **Ostkordillere.** Zwischen den von 30 Vulkanen geformten Höhenzügen reihen sich grabenartig mehrere Hochlandbecken hintereinander. Die bedeutendsten acht bilden in ihren Höhen zwischen 2200 und 3000 m gleichzeitig die landwirtschaftlichen und industriellen Produktionszentren der Sierra. In einem dieser ›intramontanen‹ Becken liegt die Hauptstadt **Quito.** Nudos genannte Querriegel trennen die Becken voneinander. Erdgeschichtlich sind die Bergketten durch Tektonik entstanden. Die pazifische Nazca-Platte schiebt sich unentwegt unter die südamerikanische Kontinentalpatte und faltet die Landmasse quasi auf. Dabei entstehen Hebungen wie auch Bruchkanten, aus denen sich Magma drückt. Da dieser vor etwa 150 Mio. Jahren begonnene Prozess keineswegs abgeschlossen ist, erleben wir bis heute einen aktiven Vulkanismus in den Anden.

Neun der Vulkane sind noch heute mit unterschiedlicher Intensität aktiv, darunter im Osten der **Cotopaxi**, mit 5897 m einer der höchsten aktiven Vulkane der Erde. Seit Ende der 1990er-Jahre verzeichnen die Seismographen eine gestiegene Vulkanaktivität in der Sierra. Ausgebrochen sind seither der **Pichincha**, der **Tungurahua** und der am Ostrand der Anden liegende **Reventador**.

Zwar liegt die östliche Bergkette durchschnittlich um 500 m höher als die westliche, doch befindet sich der mit 6310 m höchste und massivste Berg des Landes dennoch in der Westkordillere: der **Chimborazo**. Während das Gebirge einen bis zu 200 km breiten Landschaftsgürtel formt, verengen sich die Gipfel der beiden Kordilleren stellenweise auf bis zu 40 km.

Südlich des ständig aktiven Vulkans **Sangay**, ab etwa 2° südlicher Breite, wandelt sich die Andenlandschaft in ein verzweigtes Faltengebirge von kaum mehr als 4000 m Höhe. In dieser geologisch ältesten Gebirgszone befinden sich auch keine Vulkankrater mehr. Sedimentgesteine und altvulkanische Ausflüsse formen die Berge.

Große Teile der Sierra stehen unter dem Einfluss kaltfeuchten Hochgebirgsklimas mit je nach Höhe abnehmender Vegetation und ewigem Eis über 5000 m. In den Hochlandbecken herrscht ein gemäßigt feuchtes Klima vor. Doch andererseits geraten einige Becken und Regionen unterhalb von 3500 m unter den Zustrom von feuchtwarmer Luft aus den tropischen und subtropischen Andenrändern, während in anderen isolierten Lagen wie im **Valle del Chota** oder bei **Loja** über Monate hinweg extreme Trockenheit herrscht.

Gerade in der von landschaftlichen Extremen geformten Sierra zeigt sich, wieso Ecuador auch als das ›Klimamuseum der Erde‹ gilt. Denn wo sonst kommen auf einer Luftlinie von 35 km Temperaturschwankungen von über 50 °C vor? Die Jahresdurchschnittstemperaturen in den Städten der Sierra betragen 11 bis 14 °C: in Ibarra, Guaranda und Loja sind es ca. 3 °C mehr. Die Tagestemperaturen liegen hingegen meist um 20 °C.

**Die Straße der Vulkane eröffnet immer wieder Blicke auf idyllische Kraterseen**

### Die Selva – Quellgebiet des großen Amazonas

Am Fuß der Ostkordillere weitet sich Ecuadors rund 120 000 km² großes Gebiet des Amazonasbeckens aus. Obwohl das Land seit 1942 kein direkter Amazonasanlieger mehr ist, zählen vor allem seine Flüsse **Río Napo** und **Río Pastaza** zu den wichtigsten Zuflüssen des oberen Amazonas. Das enge Flusssystem des ecuadorianischen Regenwaldes wird gespeist von einem extrem regenreichen tropischen Klima. Der größte Teil der Selva ist eine ebene bis hügelige Landschaft von selten mehr als 300 m Höhe. Ist die nordwestliche Selva in Folge der Erdölförderung etwas stärker besiedelt und landwirtschaftlich erschlossen, so erstrecken sich in ihrem Osten und Süden noch immer große Regionen von Primärwald. Der äquatoriale Urwald in relativer Nähe zu den hohen Anden macht die Selva Ecuadors zu einem der artenreichsten Gebiete der Welt. Die Jahresdurchschnittstemperaturen in der Selva betragen 20 bis 23 °C, in Macas und in vergleichbaren Höhenlagen rund 3 °C weniger.

### Die Galápagos-Inseln – Labor der Evolution

Die ca. 1000 km isoliert vor der Festlandküste und ebenfalls auf dem Äquator liegenden Galápagos-Inseln sind vulkanischen Ursprungs und mit erst 3,5 Mio. Jahren geologisch gesehen relativ jung. Die Inseln sind extrem trocken und weitgehend vegetationsarm. Auch klimatisch nimmt der Archipel wegen der komplizierten Meeresströmungen eine Sonderstellung ein (mehr dazu ab S. 350).

## Vegetationszonen

Die sensationelle Artenvielfalt Ecuadors ist Ergebnis von 10 Mio. Jahren der Entwicklung stark divergierender Ökosysteme in engster

**Schönheit im Detail – das Blatt einer Iris**

Nachbarschaft. So sind in Ecuador über 20 000 Pflanzenarten bekannt, darunter mehr als 2000 Baumarten und fast 4000 Orchideenarten, ein absoluter Weltrekord.

Alexander von Humboldt begründete während seiner ersten Ecuadorreise (1801/1802) die Pflanzengeografie der Erde und entwickelte im tropischen Hochgebirge der heute ecuadorianischen Anden sein Modell der Vegetationsstufen.

In der zweiten Hälfte des 20. Jh. baute der in Oldenburg lebende deutsche Biologe Erwin Patzelt Humboldts Konzept aus und differenzierte die vier auf engem Raum vorkommenden Vegetationszonen Ecuadors, wie sie im Folgenden skizziert sind.

Bei etwa 4800 m mit Durchschnittstemperaturen um den Gefrierpunkt beginnt die Zone des ewigen Schnees, die **Tierra Nevada.** Ab 3600 m beginnt die Zone des Hoch-Páramos mit häufigem Nachtfrost, weshalb diese Zone auch **Tierra Helada** genannt

wird. Flechten, Moose sowie gedrungene Polster- und Rosettenpflanzen dominieren den Páramo. In den niederen Lagen des Páramos findet sich bereits dichtere Vegetation, großflächig das harte, nadelförmige Andengras *stipa ichu,* aber auch hartlaubige Sträucher und Bäume wie die Polylepis und Pflanzenarten, die sich mit ledrigen Blättern oder wolliger Behaarung gegen Wind und Frost schützen, sogenannte Xerophyten, nadelstrauchartige Blütenpflanzen, die in Ecuador in Höhen bis über 4000 m vorkommen. Unter den Polsterpflanzen des hohen Páramos sind die Mönchsgewächse *frailejones* im Norden Ecuadors die spektakulärsten Vertreter. Blüte und Blätter geschützt gegen die Härten des Klimas und resistent gegen die hohe Bodenfeuchte, erreichen die Stauden der ›Mönche‹ bis zu 6 m Höhe.

Die Vegetationszone der **Tierra Fría** erstreckt sich über Höhenlagen zwischen 3600 und 2000 m. Weniger Frost, aber doch Kälte, starke Winde, und extreme Temperaturschwankungen bei relativ hoher Feuchtigkeit in den meisten Regionen dieser Zone umgeben den unteren Páramo. Diese andinen Páramos formen die weite Graslandschaft der Anden, in deren geschützten Tälern sich Dörfer und Städte gebildet haben. Hier finden sich verschiedene Fuchsienarten und ölhaltige Calceolarien sowie zahlreiche Orchideen-, Bromelien- und Epiphytenarten.

Diese relativ stark besiedelte Klimazone steht unter ökologischem Druck durch die Viehwirtschaft, die Landwirtschaft (Kartoffeln, Bohnen, Gerste, Zwiebeln, Mais) und eingeschleppte Baumarten wie die dreinadelige Kiefer Pinus radiata, mehr noch aber durch den im 19. Jh. aus Australien eingeführten Eukalyptus. Die negative Folge von derartigen Monokulturen und Baumplagen ist in einigen Gebieten der Anden eine fortschreitende Erosion.

Die **Tierra Templada** liegt zwischen 900 und 2000 m, Übergangsbereiche zur Tierra Fría reichen bis 2700 m hoch. Die gemäßigten Temperaturen von durchschnittlich 19 bis 24 °C ermöglichen üppige immergrüne tropische Bergwälder. Die Zone kennzeichnen

## Natur und Umwelt

hohe Niederschläge bis über 4000 mm jährlich, weil die feuchten Luftmassen beiderseits der Anden gerade hier aufsteigen, abkühlen und kondensieren. Dieser Vorgang führt häufig zu noch höheren Niederschlägen im Bergwald gegenüber jenen im tiefer liegenden Regenwald. Zu den auffälligsten Baumarten dieser Zone zählen Palmen, Zedern, Zypressen sowie Baumfarne und die *tagua*, ein Nussbaum, der das ›pflanzliche Elfenbein‹ hervorbringt.

Farne, Moose und Flechten nutzen die starken Nebel dieser Zone und siedeln sich im Halbschatten der Bäume an deren Stämmen und Ästen an. Lianen machen den Wald noch undurchdringlicher, zahlreiche Epiphyten wie Bromelien, die in ihren festen Rosetten das Regenwasser sammeln, und einige Orchideenarten sind besonders charakteristisch für diese dichten Bergwälder.

Eine Sonderform des tropischen Bergwaldes ist der **Nebelwald,** der an die nahezu permanente maximale Luftfeuchtigkeit in der Zone der Wolkenbildung gebunden ist. Nebelwald kann sich durchaus zwischen 1000 und 3000 m Höhe bilden. Charakteristische Pflanzen sind Baumfarne sowie Epiphyten. Moosteppiche hängen von den Zweigen herab, kleiden die Stämme und bedecken den Boden.

An die gemäßigte Tropenzone schließt sich auf etwa 900 m und bis zum Meeresspiegel die feuchttropische Zone der **Tierra Caliente** an. Charakteristisch ist der undurchdringliche Regenwald mit 2000 bis 6000 mm Niederschlag im Jahr sowie hoher Luftfeuchtigkeit und Durchschnittstemperaturen zwischen 22 und 25 °C. Der dichte, immergrüne und feuchttropische Regenwald besitzt vor allem an der Küste zahlreiche wertvolle Holzarten, weshalb bereits große Flächen abgeholzt wurden.

Die Regenwälder der Selva bieten mit ihrem feuchttropischen Klima die Voraussetzungen für einen weiteren Typ des immergrünen tropischen Regenwaldes. Die Durchschnittstemperatur liegt hier ganzjährig bei ca. 25 °C und die Niederschläge steigen bis auf 5000 mm im Jahr. Die Bäume erreichen

Höhen bis zu 40 m, auf denen Lianen und Epiphyten um das lebensnotwendige Licht kämpfen. Einige Baumarten bilden Brettwurzeln, um sich zu stabilisieren. Denn der Boden der feuchttropischen Klimaregion ist sehr nährstoffarm und flachgründig. Der größte Teil der verfügbaren Nährstoffe befindet sich in der üppigen Vegetation, die Wurzeln der Baumriesen können sich deshalb nicht tief im Untergrund verankern. Eine weitere Anpassungsstrategie von Bäumen in sumpfigen Böden sind zusätzliche Luftwurzeln, über die sie sich mit dem nötigen Sauerstoff versorgen.

Einige der auffälligsten Pflanzenarten der heißen Zone sind die mit der Banane verwandte *heliconia,* die für die Herstellung des Panamahutes genutzte Palme *paja toquilla,* Baumkakteen wie der *cardo* und der stachelstämmige, flaschenförmige *ceibo.* Die schier unendliche Artenvielfalt dieser Zone lässt sich im Rahmen dieses Buches nicht beschreiben. Erwin Patzelt hat sie geordnet und die umfassendsten Werke zur Flora und Fauna Ecuadors veröffentlicht.

Mit weiter abnehmenden Niederschlägen geht der halbimmergrüne tropische Regenwald in die **Savannenwälder** im Südwesten des Landes über, die trockenste Ausprägung Laub abwerfender Wälder mit dichtem Dornbusch aus Akazien, Agaven etc. Besonders trocken infolge der Einwirkung des Humboldt-Stroms ist die Halbinsel Santa Elena.

Die **Mangrovenwälder** mit vier in Ecuador vertretenen Arten siedeln sich im Übergangsbereich von Meer und süßwasserreichem, flachem Hinterland an. Diese tropischen Gezeitenwälder mit ihren bizarren Stelzwurzeln im Brackwasser der Küsten beherbergen einen Großteil der Brutstätten von Ecuadors Meeresfauna.

## Klima

Wetterberichte in Ecuador beschreiben vor allem, wie das Wetter war. Denn Vorhersagen sind wegen der Topografie und der extremen Einflüsse von Pazifik und Regenwäldern äußerst schwer bis unmöglich. Auch das Klima

18

# Kolibris – Leichtgewichte im Schwirrflug

**Der sagenumwobene Kolibri ist das absolute Leichtgewicht in der Welt der Vögel. Gerade einmal zwei Gramm wiegt der kleinste von allen, die Bienenelfe, als ausgewachsenes Muttertier. Die in ganz Ecuador verbreiteten, farbenprächtigen Flugkünstler sind Extremsportler und zerbrechliche Energiepakete der Natur.**

Kolibris – biologisch Trochilidae – leben ausschließlich auf dem amerikanischen Kontinent, zählen dort etwa 330 Arten in 123 Gattungen und bilden die zweitgrößte Vogelfamilie des Kontinents, direkt hinter den ›Neuweltfliegenschnäppern‹.

Ihre größte Artenvielfalt erreichen sie in Äquatornähe, wo sie vom Meeresspiegel bis fast an die Schneegrenze von 5000 m vorkommen. Dass sie auch Nymphen, Sylphen, Zwerge und Feen geheißen werden und nach anderen Fabelwesen oder gar Göttern benannt sind, liegt auch an der Schönheit ihres meist farbenfroh glänzenden und manchmal metallisch schimmernden Gefieders.

Selten sieht man Kolibris in Ruhe in einem Baum sitzen. Umtriebig fliegen sie von Blüte zu Blüte, verharren wie ein stiller Helikopter auf der Stelle vor der Pflanze, wenden sich dem nächsten Kelch zu und verschwinden scheinbar wieder im Nichts. Der spanische Name *picaflor* – ›Blumenpicker‹ – beschreibt die Ernährungsweise des Kolibris treffend. Denn sein schmaler, länglicher Schnabel dringt in die Pflanzenkelche ein, wo seine gespaltene Zunge den Nektar vom Grund der Blüte aufnimmt. Die Zunge des Kolibris kann dabei bis zu 200-mal in der Minute aus dem Schnabel schnellen.

Um beim Trinken möglichst ruhig vor einer Pflanze verharren zu können, vollbringen die kleinen Künstler eine enorme Flugleistung. Mit einem Radius von 180° gewinnen sie einen deutlich größeren Bewegungsspielraum als in der Vogelwelt üblich. Dieser erlaubt es ihnen, im Schwirrflug vor einer Blüte zu stehen und sogar rückwärts zu fliegen. Dabei erreichen Kolibris eine Flügelschlagfrequenz von 80 Schlägen pro Sekunde.

Mit dem Nektar nehmen sie Kohlenhydrate auf, um den enormen Energiebedarf ihres Betriebsstoffwechsels zu decken. Dabei scheinen Kolibris mit ihrem energieaufwendigen Schwirrflug und ihrer hohen Stoffwechselrate bei gleichzeitig so geringer Körpergröße am Rand des Existenzminimums zu leben. Andine Kolibriarten fallen über Nacht sogar in eine Art Starre, um ihre Körpertemperatur zum Energiesparen zu senken.

Kolibris sind wichtige Boten im Ökosystem: Sie transportieren den Pollen mit dem Kopf, Hals oder Schnabel zu anderen Pflanzen. In den Tropen sind sie neben Fledermäusen und Insekten deshalb eine der wichtigsten Bestäubergruppen. Am liebsten bestäuben Kolibiris rote Blüten, denn in diesem Rot finden sich unterschiedliche UV-Abstufungen, die für das menschliche Auge nicht mehr wahrnehmbar sind – wohl aber für das des Kolibris.

Die Proteine, die so wichtig für die Fortpflanzung sind, fangen sich Kolibris auf der Jagd nach kleineren Insekten. Dabei erwecken sie manchmal den Anschein, als schlügen sie Kapriolen in der Luft (Biologische Beratung durch Dr. Cornelia Paulsch, Institut für Biodiversität – Netzwerk e. V. (IBN), Regensburg, www.biodiv.de).

## Natur und Umwelt

trotzt dem europäischen Denken von gemäßigten Zonen und stabilen Wetterlagen. Daher spricht man in Ecuador seit Humboldts Reisen von einem ›vertikalen Tageszeitenklima‹. Das bedeutet, dass die jeweilige Höhenlage und die jeweilige Tageszeit das Klima und das Wetter in Ecuador deutlich stärker bestimmen als etwa ein nahender Tiefausläufer oder eine bestimmte Jahreszeit.

Man unterscheidet in Ecuador nur zwei Jahreszeiten und auch diese kennen keine Kontraste wie in Mitteleuropa: Sommer und Winter meinen die regenärmere und die etwas regenreichere Jahreszeit mit allgemein nur mäßigen Temperaturunterschieden. So liegen die trockeneren Monate in der Sierra zwischen Mitte Juni und Mitte September. Im Winter an der Küste (Dezember bis April) regnet es mitunter heftig, aber klärend.

# Fauna

Obwohl die Tierwelt Ecuadors noch längst nicht abschließend erforscht ist, besitzt das Land fraglos eine unglaubliche Artenvielfalt wild lebender Tiere, viele von ihnen sind gar einzigartig in der Welt. Der Fachausdruck dafür ist ›endemisch‹, d. h. diese Arten kommen nur an diesem einen Ort und nirgends sonst auf der Erde vor. Mit seinen zahlreichen endemischen Tier- und Pflanzenarten nimmt Ecuador weltweit einen Spitzenplatz ein.

Über 2400 Arten allein an Landwirbeltieren sind in Ecuador registriert, von denen über 300 endemisch sind. Wissenschaftliche Studien weisen außerdem eine außergewöhnlich hohe Artenvielfalt an Meeresfischen und wirbellosen Land- und Meerestieren aus.

Der bekannteste Vogel des Landes ist sicherlich der **Kondor,** das ecuadorianische Wappentier, das vor allem im Hochgebirge um den Cayambe und den Antisana lebt. Der geierartige Storchenvogel mit dem aus schneeweißer Halskrause herausragenden faltigen roten Kopf bringt es auf eine Spannweite von über 3 m. Damit fliegt er in Höhen bis etwa 7000 m. Doch die faszinierenden Aasfresser aus der Andenregion zwischen

Kolumbien und Chile sind in ihrem Bestand durch Jagd und und andere menschliche Eingriffe in ihrem natürlichen Lebensraum existenziell gefährdet (s. Thema S. 170).

Die kleinsten Vögel der Welt leben gar nicht weit von des Kondors Lebensraum entfernt: Die **Kolibris** bringen es in Ecuador auf über 130 Arten (s. Thema ›Kolibris – Leichtgewichte im Schwirrflug‹, S. 19).

Die Vogelwelt Ecuadors genießt seit Jahrzehnten, wenn nicht gar Jahrhunderten größtes Interesse seitens der Forscher. Jüngste Untersuchungen sprechen mittlerweile von über 1500 Arten aus 77 Familien und 21 Ordnungen. Die Artenvielfalt und der Endemismus sind im Nordwesten des Landes und in den Bergwäldern der Andenausläufer besonders hoch.

Über 50 % der Arten leben im amazonischen Landesteil. Forscher registrierten beipielsweise über 464 Vogelarten allein in dem kleinen Park vor Limoncocha.

Die an Arten arme Vogelwelt von Galápagos fällt durch ihren hohen Endemismus auf: Mehr als 75 % der Landvogelarten sind galápagos-endemisch, viele von ihnen leben nur auf einigen wenigen Inseln oder gar nur auf einer einzigen.

Bei alledem sind die schwer zugänglichen Gegenden Ecuadors auch von den Ornithologen noch relativ wenig erforscht. So entdecken Forscher in den Trockenwäldern und hohen Bergwäldern des Südens bis heute immer wieder neue Vogelarten.

Im Regenwald sind es vor allem die **Papageien** und **Wasservögel,** die der Reisende zu sehen bekommt. Die über 320 Säugetierarten unterteilen sich in 45 Familien und 13 verschiedene Ordnungen. Fast die Hälfte von ihnen bewohnen das Amazonasbecken. Spektakulär, aber selten zu sehen, sind die Raubkatzen, allen voran der **Jaguar,** der **Puma** und der **Ozelot.** Häufiger trifft man auf verschiedenste Arten von **Affen,** zumindest hoch oben in den Baumwipfeln.

**An Land unbeholfen und tollpatschig, in der Luft virtuos: der Blaufußtölpel**

## Natur und Umwelt

Neben der Selva ist der Nordwesten von Ecuador, also die andinen Westflanken im Bereich der Provinzen Carchi und Imbabura sowie Esmeraldas, ausgesprochen reich an Säugetierarten. Biologen belegen außerdem die Existenz von rund **400 Amphibien-** und **379 Reptilienarten.** Die größte Vielfalt befindet sich in den östlichen und westlichen tropischen Regenwäldern.

Und damit nicht genug: In den Binnengewässern des Landes finden sich über **700 Fischarten.** In den Gewässern des tropischen Regenwaldes sind bereits 509 Fischarten klassifiziert, allein im Quellgebiet des Río Napo wurden 470 Arten gezählt.

Bereits 1992 identifizierte eine Untersuchung des Internationalen Vogelschutz-Verbandes ICBP in Ecuador 121 Gebiete ersten Ranges für die Artenvielfalt der Erde. Ecuador zählt elf Gebiete mit hohem Endemismus, darunter erstaunliche 100 Vogelarten mit geringerem Verbreitungsgebiet als 50 000 km². Da der Endemismus der Fauna mit dem der Flora einhergeht, wird das Zusammenspiel verschiedener ökologischer, paläogeografischer (das bezieht sich auf die frühzeitliche Ausformung der hiesigen Erdoberfläche) und klimatischer Faktoren sichtbar. Dieses Zusammenwirken hat gerade im Gebiet des heutigen Ecuadors die Entstehung und Verbreitung von auffällig vielen Tierarten ermöglicht und forciert. Und diese Artenvielfalt kann man hautnah erleben.

# Umwelt- und Naturschutz

Ecuador hatte bis 2008 eine überraschend fortschrittliche Umweltschutzgesetzgebung. Die alte Verfassung garantierte im Artikel 86 das Recht der Bevölkerung, in einer gesunden Umwelt und in einem ökologischen Gleichgewicht zu leben, ebenso wie den Schutz der Natur selbst, und führte diese Staatsgarantie sehr detailliert und konkret aus. Die neue Verfassung verwässert genau hier die staatliche Verpflichtung, wie in dem entsprechenden Artikel 395 zu den Umweltgrundlagen, wo es heute heißt: »Der Staat garantiert ein nachhaltiges Entwicklungsmodell, im ökologischen Gleichgewicht und die kulturelle Vielfalt respektierend, das die Biodiversität und die Fähigkeit zur natürlichen Regenerierung der Ökosysteme erhält, und er stellt die Befriedigung der Grundbedürfnisse heutiger und künftiger Generationen sicher.« Dieser Passus beinhaltet so viele unterschiedliche Zielsetzungen, dass sie dazu neigen, sich gegenseitig zu neutralisieren.

In der Realität steht Umweltgesetzgebung in Ecuador grundsätzlich in Konkurrenz zu wirtschaftlichen Interessen, einem vielerorts korrupten Kontrollsystem und einer mangelhaften Umwelterziehung der Bevölkerung. Fast alle Wirtschaftssektoren Ecuadors kollidieren mit Interessen des Umweltschutzes: Die Erdölförderung im Regenwald verursacht besonders durch Rodung und Trinkwasserverseuchung immense Umweltschäden, auf den Bananenplantagen an der Küste werden großzügig Pestizide eingesetzt, Garnelenzüchter betreiben Raubbau an den Mangrovenwäldern, großflächige Tropenwaldgebiete werden für den Anbau der Afrikanischen Ölpalme gerodet usw. Geringes Umweltbewusstsein lässt Menschen noch heute gelegentlich Müll am Straßenrand abladen.

Umweltschutz ist für das Entwicklungsland Ecuador Luxus, weil die langfristige volkswirtschaftliche Bedeutung intakter Ökosysteme und einer sauberen Umwelt bis heute kurzfristigen Wirtschaftsinteressen weitgehend untergeordnet wird. Spektakulär bietet Ecuador der Weltgemeinschaft seit 2007 einen Deal an, bei finanzieller Entschädigung auf Teile der Erdölfördeung im Nationalpark Yasuní zu verzichten (s. S. 27).

In diesem Zusammenhang darf nicht vergessen werden, dass es der verarmten Landbevölkerung, die lange Zeit die Mehrheit der Ecuadorianer stellte, weder finanziell noch kulturell möglich war, die Umwelt nennenswert zu verschmutzen: Sie hatte in der Regel weder Zugang zu künstlichen Verpackungsmaterialien noch zu Maschinen oder Chemikalien. Der überraschende Ölboom in den 1970er-Jahren hat in rasantem Tempo eine ökologische Last aufgebaut, gegen die selbst eine umweltgerechte Verfassung nicht viel ausrichten kann.

Auch das Bundesministerium für wirtschaftliche Zusammenarbeit und Entwicklung (BMZ) resümierte schon 1996: »Bei relativ hoher Bevölkerungsdichte und extrem ungleichmäßiger Bodenverteilung schreitet die Zerstörung der natürlichen Ressourcen rasch voran. Siedlungsdruck, aber auch der Ausbau des Erdölsektors beschleunigen die Entwaldung im tropischen Tiefland.« Bei Umsetzung der aktuellen Pläne zur Großproduktion von Biotreibstoffen wird diese Entwaldung absehbar fortschreiten.

In vielen Landesteilen gehen aktuelle Gefahren für die Umwelt und für die Ureinwohner bzw. traditionellen Bauern mittlerweile vom Bergbau aus. Lange Zeit waren Kupfer- und Goldminen auf wenige und relativ kleine Flächen begrenzt. Die Regierung Correo hingegen forciert den Abbau von Rohstoffen in großem Maßstab.

Andererseits lässt eine Ökobilanz unter Einbeziehung von Rohstoffverbrauch, Emissionen und Energieverbrauch Ecuador im Vergleich zu sämtlichen Industrieländern noch immer als ein ökologisch gut aufgestelltes Land dastehen.

# Nationalparks und Schutzgebiete

Ecuador besitzt landesweit 45 ausgewiesene Naturschutzgebiete, von denen elf in der obersten Schutzkategorie des Nationalparks stehen. Federführend beim Management der Schutzgebiete ist das Umweltministerium (www.ambiente.gob.ec).

Die Naturschutzgebiete Ecuadors nehmen beeindruckende 19 % des Staatsgebiets ein. Der Eintritt zu allen Nationalparks ist für Ecuadorianer wie für Ausländer frei, ausgenommen Galápagos, wo internationale Besucher 100 $ Eintritt entrichten.

Der größte Nationalpark mit fast 1 Mio. ha ist das Biosphärenreservat von **Yasuní** im Regenwald. Aber auch das ähnlich attraktive Tierschutzgebiet von **Cuyabeno** im Norden

der Selva zählt mehr als 600 000 ha. Etwas schwerer zugänglich ist die Berglandschaft des 518 000 ha großen Nationalparks **Sangay** im Süden des Landes. Gemeinsam mit dem Nationalpark **Podocarpus** in Südecuador befindet sich der Nationalpark Sangay in der höchsten Kategorie aller Schutzgebiete Ecuadors.

Im Norden des Landes bildet der Nationalpark **Cayambe-Coca** (403 000 ha) eine beeindruckende Verbindung von Sierra und Selva. Die **Reserva Ecológica Cotacachi-Cayapas** (204 000 ha) wiederum verläuft von der Sierra bis zur nördlichen Costa. Auch die höchsten Vulkane des Landes liegen in nationalen Schutzgebieten, so der Cotopaxi, der Chimborazo, der Antisana und eben der bereits genannte Cayambe.

Der größte Naturpark an der Festlandküste ist der vielseitige Nationalpark **Machalilla** (56 000 ha). Ähnlich ausgedehnt sind die geschützten Mangrovenwälder der **Reserva Ecológica Manglares Cayapas-Mataje** im extremen Nordwesten des Landes. Unter den zahlreichen kleineren Naturschutzgebieten gibt es einige außergewöhnlich schöne wie die Páramo-Wälder der **Reserva Ecológica El Ángel** in den Nordanden und den eindrucksvollen **Schutzwald von Mindo-Nambillo** im Norden Quitos.

Der berühmteste Nationalpark, der zudem einer der ältesten des Landes ist, verfügt über stolze 694 000 ha Landfläche: die **Galápagos-Inseln.** Rund 97 % der gesamten Inselfläche sind Nationalpark. Die übrigen 3 %, die sich auf die fünf bewohnten Inseln konzentrieren, sind Siedlungsgebiet mit kleinen landwirtschaftlichen Nutzflächen und Infrastruktur für Bewohner, Forscher und Touristen. Nachdem die UNESCO in den vergangenen Jahren vor ungebremstem Wachstum des Tourismus gewarnt hatte, setzte sie die Galápagos-Inseln von 2007 bis 2010 auf die Rote Liste des gefährdeten Welterbes, auf den Index der bedrohten Ökosysteme. Umgeben werden die Galápagos-Inseln von einem 7 Mio. ha großen Meeresschutzgebiet, einer Fläche, die etwas kleiner ist als Österreich.

Opuntienwald auf der Isla Plaza Sur (Galápagos)

Der traditionelle Agrarstaat Ecuador wurde in den 1970er-Jahren mit dem Beginn der kommerziellen Erdölförderung ökonomisch in weiten Teilen umgekrempelt. Öl dominiert heute Export und Devisenerlöse. Dennoch hat das zweitärmste Land Südamerikas diesen Reichtum kaum in seine langfristige Entwicklung investiert. Der aktuelle Wirtschaftsboom basiert auf dem anhaltend hohen Ölpreis.

## Zwischen Petroecuador und Bananenrepublik

### Erdöl – Segen und Fluch des schwarzen Goldes

Das einst arme Agrarland Ecuador ist heute ein armes Erdöl exportierendes Land und eines der kleinsten OPEC-Mitglieder. Zwar beschert das Öl der jungen Republik deutlich mehr internationale Devisen als Kautschuk und Kakao in ihren Boomzeiten. Auch sorgt der seit einigen Jahren recht konstant hohe Erdölpreis für spürbares Wachstum. Die Armut wird mit den Petrodollars jedoch nur langsam bekämpft. Immerhin führt die seit 2006 zunehmende Verstaatlichung des Erdölsektors zu einer gewissen Umverteilung durch Ausgaben für Bildung und Armenfürsorge.

Trug das schwarze Gold im ersten Förderjahr 1970 gerade einmal 0,5 % zum Jahresexport bei, so stand Öl fünf Jahre später schon für sage und schreibe 65 % des Exports. Wie trunken von den Barrel und Millionen förderte Ecuador zusammen mit dem US-Konzern Texaco, was die nördlichen Tropenwälder unter ihren Wurzeln versteckten. Als die Ureinwohner und Umweltschützer des Regenwaldes nicht nur mit Demonstrationen, sondern auch gerichtlich gegen Texaco vorgingen, zog sich das US-amerikanische Unternehmen aus Ecuador zurück. Heute befinden sich über 60 % des Sektors in Händen der öffentlichen Erdölunternehmen Petroecuador, Petroamazonas und Operadora Río Napo. Den übrigen Teil fördern internationale Erdölkonzerne mit zumeist 20 Jahre gültigen Förderkonzessionen.

Die älteste und bis heute in Betrieb befindliche Pipeline, SOTE, transportiert bis zu 400 000 Barrel am Tag, im internationalen Vergleich nicht viel, aber für die Staatskasse am Fuß des Pichincha ein Segen, zumindest in Zeiten hoher Weltmarktpreise. Die Pipeline ist zugleich die Achillessehne der Industrie, muss sie doch einen 4000 m hohen Andenpass überschreiten, um weiter über vulkanisches Bergland, Erdbebenzonen, Siedlungen und durch Naturschutzgebiete bis zum Erdölhafen von Esmeraldas zu gelangen. Schon Hunderte Male ist sie geborsten und hat z. T. erhebliche Umweltschäden verursacht. Laut Petroecuador wird im Durchschnitt jeden zweiten Tage eine Leckage im Pipelinesystem entdeckt. So ereignete sich im August 2006 eine Umweltkatastrophe nahe dem Faunareservat Cuyabeno in Nordecuador. 600 Barrel ausgelaufenes Erdöl schädigten nach einem Sabotageakt mehrere Seen des Reservates.

Hinderlich für die Erdölförderung war von Beginn an die mindere, weil zu zähflüssige ›schwere‹ Qualität des ecuadorianischen Öls. So musste Ecuador stets große Mengen an leichterem Erdöl aus dem angrenzenden Kolumbien zukaufen, um es mit dem heimischen Schmierstoff zu vermischen und dann auf die 500 km lange Reise durch die Pipeline zu schicken. Diese Praxis schlägt natürlich spürbar auf die Bilanzen.

Anfang 1997 schließlich begann ein dramatischer Verfall des Rohölpreises auf dem Weltmarkt, der im Juni 1998 auf einem Tiefststand von nur noch 6,63 $ pro Barrel (159 l) ecuadorianischem Öl landete. Öl war nun deutlich billiger als Mineralwasser, und der Bananenexport konnte für eine gewisse Zeit die Exportführung zurückerobern.

Mit dem Wiederanstieg der Preise begann Ecuador mit dem Bau eines Milliardenprojektes, der zusätzlichen zweiten Pipeline, der größten wirtschaftlichen Investition in der Geschichte des Landes.

Ähnlich dimensioniert, aber technologisch moderner und durchlässig für schwere Öle, transportiert der Oleoducto de Crudos Pesados (OCP) seit 2003 Öl. Die privat betriebene OCP verläuft in großen Teilen parallel zur SOTE, umgeht Quito jedoch nördlich und führt durch hochsensible Bergnebelwälder. Jahrelang haben Anwohner, ecuadorianische Umweltschützer, aber auch internationale Umweltschutzorganisationen wie Greenpeace und Rettet den Regenwald und selbst die Grünen in Nordrhein-Westfalen gegen diese Pipeline protestiert. Das medienstarke Auftreten deutscher Umweltschützer rührt auch daher, dass die in öffentlicher Hand befindliche Düsseldorfer WestLB das Pipeline-Projekt als Anführer eines internationalen Bankenkonsortiums finanzierte. Ist die OCP eines Tages ausgelastet, gerät der Regenwald, wo fast 100 % des ecuadorianischen Erdöls liegen, unter zusätzlichen ökologischen Druck.

Die größten Erdölvorräte Ecuadors liegen auf dem Gebiet des Nationalparks Yasuní. Das dortige Ölfeld Ishpingo-Tambococha-Tiputini (ITT) hält schätzungsweise 1 Mrd. Barrel Öl bereit. Die Regierung Rafael Correa ist wie schon bei zahlreichen neuen Minenprojekten für die Ausbeutung dieses Erdöls. Alternativ dazu hat Correa der Weltöffentlichkeit jedoch einen hoch interessanten Deal vorgeschlagen: Wenn internationale Geldge-

ber seinem Land über mindestens eine Dekade jährlich 350 Mio. $ zahlen, verzichte Ecuador langfristig auf die Ölförderung im ITT-Gebiet. 2010 richtete die UNO für internationale Geber dazu einen Treuhandfonds ein (www.mdtf.undp.org/yasuni).

Sollte die Ölfeld ITT in den kommenden Jahren ausgebeutet werden, will man einen Fehler der Vergangenheit jedoch nicht wiederholen, nämlich im Zuge des Infrastruktur- und Straßenbaus der Ölindustrie Besiedlungsprojekte des Regenwaldes anstoßen bzw. illegale Besiedlung tolerieren. Schließlich geht ein großer Teil des bis heute gerodeten Regenwaldes nicht direkt auf die Erdölkonzerne zurück, sondern auf Siedler sowie die Agrar- und Holzindustrie.

## Weltmeister im Bananenexport

Die Banane ist weiterhin gelb und krumm, doch sie hat an Glanz verloren, seit die Weltmarktpreise sich auf einem niedrigen Niveau eingependelt haben. Was den Konsumenten im deutschen Supermarkt seit Jahren freuen mag, bedeutet für die 350 000 Plantagenarbeiter in der ecuadorianischen Bananenproduktion Dumpinglöhne. Denn die Exporteure geben den Preisverfall weiter an die Arbeiter. Kleine Bananenproduzenten erhalten oft nicht einmal den staatlich garantierten Preis von 6 $ (Stand: Dezember 2012) pro genormter 18-kg-Kiste Exportbananen. Denn Zwischenhändler und Aufkäufer diktieren die Preise in diesem harten Geschäft mit den weichen Früchten. Und wer den Preis nicht akzeptiert, bleibt auf der Ware sitzen.

In vielen Großplantagen Ecuadors ist es üblich, Subunternehmer für die Plantagenarbeit einzustellen. Damit lässt sich das staatlich garantierte Gewerkschaftsrecht ausheben, das Bananenarbeiter ab 30 Personen in einem Betrieb laut Gesetz genießen. Der ›Bananenkönig‹ Ecuadors ist der vornehm(lich) in New York lebende Multimillionär Alvaro Noboa, der bei den letzten fünf Präsidentschaftswahlen in Ecuador antrat und verlor. Alvaro Noboa gehören nicht nur riesige Bananen-Monokulturen, sondern auch eine Kühlschiffflotte. Wer die Kühlschiffe besitzt,

# Der zweite Kakaoboom

**Kakao hat sich zu einem der bedeutendsten Exportprodukte des ecuadorianischen Agrarsektors entwickelt. Statt auf Masse und Niedrigpreise setzen die Produzenten heute gezielt auf Nachhaltigkeit.**

Zahlreiche tropische Früchte erwecken seit dem 16. Jh. die Aufmerksamkeit in Westeuropa. Zu besonderer Beliebtheit brachte und bringt es dabei der Kakao. Die Pflanze stammt aus Amerika, vermutlich sogar aus der südamerikanischen Äquatorregion, also etwa dem heutigen Ecuador. Mit zunehmendem Kakaogenuss in Europa vergrößerten sich in den Plantagen Mittel- und Südamerikas auch die Anbauflächen für Kakaobäume. Im 17. Jh. wird die Küstenregion um Guayaquil zu einem der führenden Produzenten von Kakaobohnen für westliche Kunden – wie überall in den spanischen Kolonien unter massivem Einsatz von Sklavenarbeit.

Ecuador, das mehr und mehr Weltmarktanteile gewinnt, richtet seine Außenwirtschaft in der zweiten Hälfte des 19. Jh. wesentlich auf den Handel mit Kakao aus. Der Hunger nach Schokolade in Nordamerika und Europa ist offenbar nicht zu stillen. Doch in den 1920er-Jahren kommt der Wirtschaftsmotor des Landes ins Stottern. Mit der Weltwirtschaftskrise gerät auch Ecuador in die Rezession und in eine politische Depression. Der Kakaoboom erlischt.

Als der globale Agrarhandel nach dem Weltkrieg allmählich wieder anspringt, findet Ecuadors Kakao nicht zu altem Erfolg zurück. Vielmehr löst die Banane den Kakao als neuen Exportschlager ab. In den 1970er-Jahren übernimmt dann das Erdöl das Regime. Den Kakao produzieren jetzt immer mehr Länder in Afrika und Asien, allen voran die Elfenbeinküste, die heute rund die Hälfte des Kakao-Weltmarktes bedient.

So schlummerte der hervorragende ecuadorianische Kakao, von der Weltöffentlichkeit kaum noch beachtet, in einem Jahrzehnte andauernden Dornröschenschlaf. Der mit der Einführung immer besserer Kühlschiffe explodierende Bananenexport machte den Kakao nahezu vergessen. In Ecuador selbst verdrängen minderwertige, stark gezuckerte Milchschokoladen nationaler und internationaler Konzerne die schwarzen Platten aus der herben, aber exzellenten Kakaopaste.

Es bedurfte einer internationalen Bewegung, um dem Kakao des Landes neues Leben einzuhauchen. Das wachsende Bewusstsein in den westlichen Industrieländern für gute, biologische und fair gehandelte Lebensmittel öffnete dem Kakao in den 1990er-Jahren eine erste Nische. Bei Konsumenten und Einkäufern, aber auch bei Produzenten und Exporteuren setzte eine Rückbesinnung, auf die gute ecuadorianische Schokolade ein.

Die Erzeuger versuchen, aus den Fehlern der Bananenindustrie zu lernen – statt mit monokulturellen Megaplantagen einen Niedrigpreis-Massenmarkt zu bedienen, setzen die meisten Kakaobauern Ecuadors heute auf Qualität, Nachhaltigkeit sowie auf Familien- und mittlere Betriebe. Immer mehr Kunden schwören auf Edelkakao aus Ecuador, zumal es bei den Weltmarktführern in Westafrika jüngst zu Problemen mit der Qualität und mit den Erträgen kam.

Mittlerweile zählt Kakao in Ecuador schon wieder zu den wichtigsten Agrarexportgütern. Schätzungsweise 100 000 Familien an der Küste, aber auch im Regenwald leben vom Anbau der Kakaobohnen. Dabei punktet Ecuador mit den besonderen Aromen seiner Sorte Arriba Nacional gegenüber anderen konventionellen Sorten.

Der größte Anteil des Kakaos wird in Ecuador geerntet, fermentiert, getrocknet, gereinigt und in Säcke für den Export verpackt. Ein geringerer Teil wird direkt im Land zu Kakaomasse sowie zu Kakao- und Schokoladenprodukten verarbeitet. Unter den einheimischen Schokoladenherstellern hat sich in den vergangenen Jahren besonders Pacari hervorgetan, das für seine Produkte mehrere internationale Auszeichnungen erhielt.

Made in Ecuador ist beim Kakao wieder zum Markenzeichen geworden, PR-Strategen sprechen gar von der República del Cacao, der ›Kakaorepublik‹. Auf Dauer jedoch ist weniger die schicke Etikette von Bedeutung als vielmehr eine nachhaltige, soziale und fair bezahlte Produktion. Schokoladenfreunde sollten dazu beim Einkauf auf das schwarz-blau-grüne Fairtrade-Logo achten. Faire Produktion zeichnet sich vor allem aus durch eine Diversifizierung der Pflanzen auf den Plantagen, sanften Pflanzenschutz, faire Preise und den Verzicht auf Kinderarbeit.

Letztlich geht es nicht um Afrika gegen Amerika. Das von Wirtschaft, Handel und Politik im Jahr 2012 in Deutschland gegründete ›Forum nachhaltiger Kakao‹ sucht einen breiten internationalen Dialog aller am Kakaogeschäft Beteiligten, der schon im Jahr 2020 dazu führen soll, dass die Hälfte des weltweit gehandelten Kakaos aus nachhaltigem Anbau stammen.

**Rund 500 g wiegt die ovale Kakaofrucht, die zwischen 25 und 50 Bohnen enthält**

kann über Fahrplan und Konditionen des Transports entscheiden. Die kleineren Kooperativen sind hochgradig abhängig von diesen Schiffen und den für sie arbeitenden Bananenaufkäufern.

Dieser Transport ist im Übrigen heikel. Ecuadors Bananen müssen auf dem Weg nach Europa nicht nur die 14- bis 17-tägige Reise durch den Panamakanal, die Karibik und über den Atlantik durchstehen, sondern dabei ständig auf einer Temperatur von 13,2 °C gehalten werden. Ansonsten reift oder erfriert die Frucht im Schiff und geht zwangsläufig über Bord. Bananen sind in Transport und Lagerung höchst anspruchsvoll. Die wichtigsten Exporthäfen für Bananen sind Puerto Bolívar bei Machala und Guayaquil an der Südküste.

Weltweit ist Ecuador seit vielen Jahren führend im Bananenexport, auch wenn die EU lange Zeit niedrige Quoten oder hohe Zölle für ecuadorianische Bananen festsetzte. Am Exportaufkommen des Landes hat die Banane einen Anteil von fast 20 %. Laut dem Exportverband für Bananen (AEBE) exportierte Ecuador 2012 knapp 250 Mio. Kisten Bananen. Die vier Großabnehmer-Regionen waren im Jahr 2012 Nordsee/Baltikum (u. a. mit dem Hamburger Hafen), Russland, USA und Mittelmeer.

Ein großer Vorteil gegenüber den mittelamerikanischen Bananenerzeugern wie Costa Rica besteht darin, dass die Blattseuche Sigatoka Ecuador bislang verschont hat. Doch auch ohne diesen aggressiven Pilz bieten die riesigen Plantagen etwa in der südlichen Küstenprovinz von El Oro hervorragende Bedingungen für die Verbreitung von Schädlingen der Bananen. Da natürliche Feinde der Schädlinge in den Monokulturen weitestgehend ausgerottet sind, suchen die Erzeuger ihr Heil in massivem Pestizideinsatz, wiederum zu Lasten der Arbeiter.

Eine Alternative zu den konventionellen Bananen bietet die Fair-Vermarktungsgesell-schaft Banafair aus Gelnhausen bei Frankfurt/Main (www.banafair.de). Sie vertreibt über den deutschen Einzelhandel und Dritte-Welt-Läden seit Jahren Bananen, inklusive Biobananen, von der Kooperative UROCAL in der ecuadorianischen Provinz El Oro. Die gewerkschaftlich organisierten Arbeiter der Kooperative erhalten etwa 100 % Lohnzuschlag und sind den gefährlichen Pestiziden erheblich weniger ausgesetzt. Davon profitieren etwa 600 Familien direkt. Über Transfair e.V. in Köln (www.transfair.org) gelangen fair gehandelte Biobananen aus Ecuador nun auch in zahlreiche deutsche Supermärkte. Fairtrade-Plantagen sind in El Guabo zu besuchen (s. S. 309).

In Ecuador selbst gibt es übrigens eine Fülle von Bananensorten, die nicht exportiert werden und deutlich schmackhafter sind als die genormte Cavendish.

# Garnelen – Delikatessen aus dem Swimmingpool

Der drittstärkste Wirtschaftszweig Ecuadors hat sich an weiten Teilen der Küste ausgebreitet. In Tausenden von Aufzuchtbecken mit einer Gesamtfläche von schätzungsweise 180 000 ha produzieren die *camaroneros* in Ecuador die weltweit begehrten Shrimps. Ecuador ist nach Thailand zweitgrößter Exporteur dieser Garnelen. Die in unmittelbarer Küstennähe angelegten Zuchtbecken heißen *piscina* wie der Swimmingpool, sind aber größer als die olympischen Becken im Freibad, und statt Chlor werden ihnen reichlich Futtermittel und Antibiotika zugesetzt, damit die Garnelen in ihrer künstlichen Umgebung gedeihen und überleben. Ein großer Teil der Shrimpslarven wird in Laboratorien herangezüchtet und z. T. importiert. So soll in den 1990er-Jahren die Garnelenkrankheit *Mancha Blanca*, die ›Weißfleckseuche‹, aus panamesischen Laboratorien nach Ecuador eingeschleppt worden sein. Die Auswirkungen waren dramatisch: Binnen eines Jahres brach der Garnelenexport des Landes um 70 % ein! Die darniederliegende Industrie

**Anspruchsvoll in Anbau und Transport – die Banane**

# Blumen aus Ecuador

**Ecuador produziert die besten Rosen der Welt, ist viertgrößter Exporteur von Schnittblumen und zugleich Schwerpunktland der internationalen Kampagne für umwelt- und sozialverträgliche Blumenproduktion. Im Februar und im Mai fahren die Blumenfarmen Ecuadors Sonderschichten. Denn Valentinstag und Muttertag sind Boomzeiten für den Vertrieb der jährlich etwa 2 Mrd. exportierten Rosen aus Ecuador.**

Der 1985 begonnene Blumenexport brachte Ecuador 2012 rund 728 Mio. Dollar Umsatz ein. Etwa 120 000 Menschen arbeiten direkt oder indirekt in der hiesigen Blumenindustrie. 70 % von ihnen sind Frauen, 31 % sind unter 20 Jahre alt. Die bedeutendsten Anbaugebiete sind Cayambe und Tabacundo in der Hauptstadtprovinz Pichincha sowie die Provinzen Cotopaxi und Azuay. Die 203 000 t Blumen, die Ecuador 2012 vornehmlich in die USA, über die Niederlande nach Europa und in den stark wachsenden russischen Markt exportierte, waren zu drei Vierteln Rosen von Spitzenqualität, die zuletzt mehrfach in Folge auf den internationalen Blumenmessen ausgezeichnet wurden. Ecuadors Klima, die Wasservorräte und die guten Böden in den Andentälern über 2000 m begünstigen den Anbau. Ganzjährige Produktion bei guten Flugverbindungen von Quito in die USA lassen die Industrie boomen. Ein staatlicher Mindestlohn von 300 $ im Monat und ein großes Angebot an Arbeitskräften kommen den Farmen zudem entgegen.

Mehr noch: So wie afrikanische Blumen steuerbegünstigt in die EU gelangen, verkaufen Ecuador und der große Konkurrent Kolumbien auf der Grundlage von Zollhandelsabkommen ihre Rosen bislang steuerfrei in die USA, wo der Valentinstag einem Nationalfeiertag ähnelt. Dennoch ist die Branche anfällig, wie sich bei der Wirtschaftskrise in Russland und bei der Krise des US-Blumen-

marktes Ende der 1990er-Jahre zeigte. Auch interne Probleme wie die Kostenexplosion durch die Dollarisierung im Jahr 2000 oder der Vulkanausbruch des Reventador Ende 2002 zwangen viele der heute wieder über 350 Blumenbetriebe Ecuadors in die Knie.

Doch ob lange Stiele, große Blüten, zarte Dornen gefragt sind, ob die Rosen Hollywood oder Movie Star heißen – die Blumenindustrie kämpft mit sozialen und ökologischen Konflikten. Viele Betriebe geben nur Zeitverträge heraus, lassen zur Hochkonjunktur in schlecht bezahlten Nachtschichten arbeiten und schützen die Arbeiterinnen unzureichend vor den eingesetzten Pestiziden. Noch in stärkerem Ausmaß aus Kolumbien, aber auch aus Ecuador sind Fälle von Vergiftungen und ernsten Schädigungen der Atemwege, Haut und Augen sowie erhöhte Zahlen von Fehlgeburten bei schwangeren Blumenarbeiterinnen bekannt geworden.

Kinderarbeit ist illegal, findet sich in Ecuador jedoch noch in einigen risikobehafteten Arbeitsbereichen der Landwirtschaft. »Im Fall der Blumenfarmen arbeiten die Kinder u. a. in Lagerräumen für Pestizide, in Kühlräumen, bei schweren Transportarbeiten und beim Bau von Treibhäusern, somit rechtlich völlig schutzlos und unsichtbar«, ermittelte der ecuadorianische Rechtsanwalt Mario Cardenas für eine Studie des Food First Informations- und Aktionsnetzwerks (FIAN). Die in Köln ansässige, internationale Organisation startete im Jahr 1991 viel beachtet ihre weltweite ›Blumenkampagne‹. Das zunächst entwickelte Gütesiegel »Flower Label Programm« für sozialverträgliche Produktion konnte sich langfristig jedoch nicht durchsetzen.

Blumen, die unter unabhängig überwachter Einhaltung der Umwelt-, Menschenrechts- und Sozialstandars produziert werden, tragen heute das Fairtrade-Siegel. Dutzende ecuadorianische Betriebe haben sich der Initiative angeschlossen und lassen sich heute kontrollieren und zertifizieren. Leitlinien der Zertifizierer sind u. a. ein striktes Verbot von Kinderarbeit, Gewerkschaftsfreiheit, feste, sozialversicherte Arbeitsplätze, faire Löhne, Gesundheitsbetreuung, Weiterbildung und die enge Begrenzung von Pestizideinsätzen.

In Deutschland verkaufen über 1000 Floristen sowie die meisten Supermarktketten wie etwa Metro, Edeka und Lidl Rosen mit dem Fairtrade-Siegel, viele davon aus Ecuador. Übrigens ist Deutschland mit einem Fairtrade-Anteil von 20 % bei den verkauften Rosen weltweit führend. Weitere Informationen unter www.fairtrade-deutschland.de.

**Rosen sind das wichtigste Exportprodukt aus dem Hochland Ecuadors**

erholte sich ab 1996 langsam von dem Schock und konnte ihre frühere Produktion nach zehn Jahren wieder stabilisieren.

Für Umwelt- und Küstenschutz ist es fatal, dass die Garnelenzüchter in großem Umfang Mangrovenwälder abholzen, um möglichst ufernah arbeiten zu können. Das erspart ihnen den teuren Transport von umgeleitetem Meerwasser, mit dem die Piscinas ständig durchflutet werden. Mangrovenwälder sind jedoch extrem wichtige Laichplätze und Brutstätten für eine große Zahl von Fischen und anderen Meeresbewohnern. Zudem bilden sie ein natürliches Bollwerk gegen das Meer.

Übrigens: Glücklicherweise gibt es in Ecuador auch noch in natürlicher Umgebung gefangene Garnelen, die intensiver und besser schmecken als die Zuchtware.

# Landwirtschaft jenseits der Banane

Die traditionellen Agrarprodukte der Anden finden nach wie vor ihren Weg auf die lokalen Märkte, auch wenn die Sortenvielfalt wie etwa bei der heimischen Kartoffel sichtlich zurückgeht. Die Erdäpfel wie auch Mais, Bohnen, Zwiebeln, Kohl und Weizen dominieren die Felder in den hohen Anden gelegentlich bis auf 4200 m Höhe. An der Küste wachsen im Grunde alle in den Tropen vorkommenden Früchte. Der Besuch eines Wochenmarktes auf dem Land ist eine Augenweide, denn an den Ständen werden zahllose kuriose, in Europa unbekannte Früchte feilgeboten, so z. B. Guayaba, Tuna oder Babaco. In den letzten Jahren ist zu beobachten, dass Ecuador sich in kleinem Maßstab Anteile am Export tropischer Früchte und deren Fruchtfleisch erarbeitet hat. Die großen Kulturpflanzen der Costa sind neben der Banane vor allem Reis und Zuckerrohr.

# Tourismus

Der Tourismus ist nach Öl, Bananen und Garnelen zur viertwichtigsten gewerblichen Ein-

nahmequelle geworden. Erste internationale Reisende im touristischen Sinne waren Bergwanderer in den 1940er-Jahren. 2008 verzeichnete Ecuador erstmals 1 Mio. ausländische Besucher. Etwa ein Drittel der internationalen Gäste reist auf dem Landweg aus Peru und Kolumbien ein, meistens zum Arbeiten, Einkaufen, für private Besuche oder Kurzurlaube. Die Flugreisenden aus den USA und Europa wiederum sind großteils Touristen, die auch länger verweilen und während ihres Aufenthaltes in Ecuador laut Statistik etwa 1000 $ pro Kopf ausgeben. Im Jahr 2012 bereisten 1,27 Mio. Ausländer Ecuador, darunter 487 000 Nachbarn sowie eine unbestimmte Zahl von Ecuadorianern mit einem US-amerikanischen Zweitpass. Etwa 600 000 bis 700 000 Touristen gelten als Urlauber im klassischen Sinne, darunter die meisten der 29 600 Deutschen, die 2012 einreisten. Etwa jeder sechste Tourist besucht auch Galápagos.

Die Inseln wurden im Jahr 2012 leicht rückläufig von 180 000 Touristen besucht, darunter 125 000 Ausländer. Seit Jahren wächst der land- und hotelbasierte Tourismus, während der Kreuzfahrttourismus stagniert. Aus den hohen Zahlen der vergangenen Jahre zog die UNESCO Konsequenzen: Nachdem die UNO-Abteilung Galápagos bereits 1979 zum Weltkulturerbe erklärt hatte, setzte es den Archipel zwischen 2007 und 2010 auf die Rote Liste des gefährdeten Welterbes. Zum Vergleich: 1979 lag die Zahl der ausländischen Besucher, einschließlich Forschern, noch bei 9500.

Gemessen an seinen großartigen Naturräumen, seiner sensationellen Biodiversität und seiner kulturellen Vielfalt hat Ecuador sein touristisches Potenzial auf dem Festland hingegen noch lange nicht ausgeschöpft. Dabei ist das Land als Reiseziel mindestens genauso attraktiv wie das als ›Ökotourismus-Hotspot‹ bekannte Costa Rica.

Der Fremdenverkehr Ecuadors gliedert sich in verschiedene Zweige: Der Naturtourismus punktet mit der reichen Flora und Fauna des Landes und dabei wiederum mit Spezialgebieten wie Regenwald- und Galápagos-Exkursionen, Birdwatching, Whale-watching und Orchideenbetrachtung. Der Bergtourismus konzentriert sich auf Hochlandtrekking und Gipfelbesteigungen, z. T. auch mit Eisklettern. Verwandt ist der Aktivtourismus, ein rasant wachsender Markt mit Mountainbiken, Rafting, Klettern, Canopying, Tauchen, Surfen, Gleitschirmfliegen, Kajakfahren u. a. Ein noch junger Trend sind in Ecuador Spa und Wellness. Traditionell bedeutend ist der Kulturtourismus, insbesondere auf den Spuren der indianischen Kulturen und der kolonialspanischen Architektur. Noch relativ jung ist der Gemeindetourismus, dem auch das Tourismusministerium erhöhte Aufmerksamkeit schenkt. Bei dieser Tourismusform kann man am Leben der ecuadorianischen Landgemeinden teilnehmen. Tradition hat ferner der Sprachurlaub (Adressen s. S. 138). Viele Touristen verbringen ein paar Tage am Meer.

## Wirtschaftsfaktor Geldsendung

Schätzungsweise 25 % der Ecuadorianer leben ständig oder für längere Zeit im Ausland, großenteils in Spanien und in den USA. Dort verdienen viele deutlich mehr, als sie in der Heimat verdienen könnten. Davon senden sie mehr oder minder regelmäßig Geld an ihre Familien in Ecuador, die sogenannten Remesas. Vor der Finanzkrise um 2008 erreichten die Remesas Dimensionen von jährlich mehr als 3 Mrd. $. Seither gehen die Überweisungen zurück. Durch die immense Bedeutung der Geldsendungen ist die ecuadorianische Volkswirtschaft für globale Krisen doppelt anfällig: Rutscht Europa in die Rezession, sinken nicht nur der Export Ecuadors, sondern auch das Einkommen der Ecuadorianer etwa in Spanien und damit die Remesas.

Untersuchungen im Land haben gezeigt, dass die Remesas vor allem für Hausbau, Haushalt, Gesundheit und Lebensmittel verwendet werden, somit die Binnenwirtschaft deutlich beleben und latente Schwächen in der Grundversorgung und im Sozialsystem

kompensieren – sofern man Verwandte im Ausland hat.

## Der Erdölsektor dominiert die Handelsbilanz

Der anhaltend hohe Weltmarktpreis für Rohöl und die Erhöhung der Fördermengen prägen auch 2012 die Handelsbilanz. Erdöl steht 2012 für 58 % aller Exporte.

Mangels ausreichender Raffineriekapazitäten und wegen des zum Mischen erforderlichen Imports von dünnflüssigem Erdöl aus Kolumbien stehen Erdöl und Derivate auch auf der Importrangliste weit oben: 22,7 % oder 5,44 Mrd. $ der insgesamt 24 Mrd. $ aller Importe sind Erdölprodukte. Ecuador erwirtschaftete 2012 ein rückläufiges und geringes Handelsdefizit von 142 Mio. $.

**Exporte 2012 (gesamt: 23,9 Mrd. $)**

| | |
|---|---|
| 1. Erdöl | 13,80 Mrd. $ |
| 2. Bananen | 2,09 Mrd. $ |
| 3. Garnelen | 1,28 Mrd. $ |
| 4. Fischkonserven | 1,13 Mrd. $ |
| 5. Blumen | 0,74 Mrd. $ |
| 6. Fahrzeuge | 0,50 Mrd. $ |
| 7. Kakao | 0,46 Mrd. $ |
| 8. Bergbauprodukte | 0,44 Mrd. $ |
| 9. Metallerzeugnisse | 0,40 Mrd. $ |
| 10. Pflanzenöle/-extrakte | 0,36 Mrd. $ |

(Quelle: Banco Central del Ecuador)

## Ecuadors Wirtschaft in Schieflage

Nahezu alle Exportgüter Ecuadors unterliegen starken Schwankungen. Die Dominanz des Erdöls macht Ecuador sehr anfällig. Bananen, Garnelen und Blumen kämpfen auf engen und manchmal abgeschotteten Weltmärkten gegen die Konkurrenz. Die Einnahmen aus dem Ferntourismus hängen eng an der internationalen Konjunktur und Sicherheitslage, die Geldsendungen aus dem Ausland an den Wirtschaftslagen in Spanien und den USA.

Während Ecuador weitgehend Primärgüter ausführt, muss es Kapital-, Industrie- sowie Konsumgüter in großem Maßstab importieren. Großes Manko der Wirtschaft ist zudem das chronische Energiedefizit. Die Einfuhren von Treibstoffen konnte in den vergangenen Jahren durch Sondervereinbahrungen mit Venezuela verbilligt werden. Doch der stark gewachsende Fahrzeugpark und massiv subventionierte Kraftstoffe fressen den Spareffekt auf. Während sich die Infrastruktur des Landes sichtlich verbessert, erschweren Rechtsunsicherheit, Korruption, bürokratische Hindernisse, der Einfluss des Militärs auf die Wirtschaft, branchenübergreifender Fachkräftemangel, hohe Auslandsschulden und minimale Investitionen in Forschung und Entwicklung einen Umbau der ecuadorianischen Wirtschaft. Auf der anderen Seite stehen niedrige Löhne, ein hohes Entwicklungspotenzial, eine vergleichsweise gute Sicherheitslage, Währungsstabilität auf Dollarbasis, eine neue politische Kontinuität, eine breite Öffnung zum Ausland und eine künftige Brückenkopf-Position zwischen Brasilien und Asien für weitere Investitionen und Joint Ventures in Ecuador.

# Erneuerbare Energie

Ecuadors Energieversorgung basiert bislang auf thermischen, vor allem Dieselkraftwerken, ergänzt durch Wasserkraft. Dem wachsenden Energiebedarf soll bis 2016 mit Investitionen von 7,5 Mrd. $ begegnet werden. Seit 2013 wird Strom aus Windenergie, Photovoltaik, Biomasse, Biogas, Geothermie und Wasserkraft über feste Vergütungssätze nach deutschem Vorbild gefördert. Ecuador will damit den Anteil des Stroms aus Wasserkraft bis 2020 auf 86 % erhöhen, den aus anderen erneuerbaren Energiequellen auf 8 %.

# Die soziale Lage

Bei allen strukturellen Problemen des Landes zeigt die Entwicklung des Bruttoinlandsproduktes einen rasanten Anstieg, getragen vom Weltmarktpreis für Erdöl und einem deutlich gestiegenen Konsum. Zwischen 2001 und 2010 hat sich das jährliche BIP auf nunmehr 61,5 Mrd. $ mehr als verdoppelt (Außenhandelskammer, www.ahk.de). Das BIP pro Kopf liegt heute bei rund 4900 $, etwa ein Neuntel des deutschen BIP, doch es steigt zuletzt jährlich um 3,6–7,8 %.

Nicht alle Ecuadorianer profitieren von diesem Anstieg. Die Armutsquote ist nicht in dem Maß gefallen, wie das BIP stieg. Sie liegt bei rund 45 %. Die Arbeitslosenrate liegt seit Jahren bei 7–10 %, und die chronische Unterbeschäftigung wegen des großen informellen Arbeitssektors stagniert bei hohen 45 %. Nicht zuletzt durch die Dollarisierung im Jahr 2000 hat sich der Warenkorb für eine Kleinfamilie auf 570 $ monatlich erhöht. Dem gegenüber stieg der staatlich garantierte Mindestlohn nur auf 300 $ im Monat.

In einigen strategischen Bereichen wie Verkehr, Energie und Telekommunikation hat die Privatisierungswelle bis 2008 zu einer bedrohlichen Entstaatlichung geführt, zu einem Verlust an Souveränität des Landes, wie Staatspräsident Rafael Correa warnt. Als Konsequenz aus dieser Schieflage zwischen statistisch steigendem Reichtum und Massenarmut hat der Präsident »das Ende der langen neoliberalen Nacht« verkündet (s. Thema S. 44).

# Entwicklungshilfe

Ecuador ist nach Bolivien und Guyana das drittärmste Land Südamerikas und erhält Entwicklungshilfe aus allen Teilen der industrialisierten Welt. Die Hilfe kommt größtenteils aus Europa, den USA und aus Kanada sowie von mehreren UNO-Abteilungen und anderen multilateralen Organisationen. Zu den europäischen Ländern, die staatliche und/oder nichtstaatliche Entwicklungshilfe in Ecuador leisten, zählen Spanien, Deutschland, die Niederlande, Österreich, die Schweiz, Belgien, Frankreich, England und Italien. Das Spektrum der Arbeit umfasst nahezu alle Entwicklungssektoren des Landes.

# Geschichte

**Das Land im nordwestlichen Südamerika wurde vor rund 12 000 Jahren erstmals besiedelt. Eine spannende Entwicklung der Kulturen hinterließ beeindruckende Zeugnisse dieser frühen gesellschaftlichen Wurzeln. Unterwerfung und Ausbeutung durch die spanischen Eroberer markieren einen Bruch mit Tradition und Geschichte, von dem sich Ecuador bis heute nicht erholt hat.**

## Ureinwohner Ecuadors

Die ersten Menschen erreichten Amerika aus Asien kommend vor ungefähr 13 000 bis 18 000 Jahren über die zugefrorene Beringstraße. Über mehrere Routen nach Süden wandernd, gelangten die als Jäger, Fischer und Sammler lebenden Menschen in das heutige Ecuador, nachweislich vor etwa 12 000 Jahren. Die ältesten Spuren menschlicher Ansiedlungen liegen in den Andentälern von El Inga an dem Berg Ilaló nahe dem heutigen Quito, wo man viele Steinwerkzeuge aus Basalt und Obsidian fand und Wohnhöhlen entdeckte. Schon vor 9000 Jahren kam der Maisanbau in diesen Teil der Anden, ein wichtiges Element späterer Kulturenbildung wie die der Cotocollao.

Die Ansiedlungen an der Küste sind etwas jüngeren Datums. Dort war die Ernährung ausgewogener, da zu Jagd und Sammeltätigkeit noch der Fischfang kam. Der am genauesten erforschte Ort ist Las Vegas auf der Halbinsel Santa Elena. Am Pazifik begannen sich ab 6000 v. Chr. erste Kulturen zu formen, zunächst die von bemerkenswerten Keramiken geprägte **Valdivia-Kultur,** die 3500 v. Chr. ihre Blüte erreichte und bereits Handel mit der weiten amerikanischen Küste und den Anden trieb. Ihre zwei Jahrtausende währende Vorherrschaft an der Küste wurde etwa seit 2250 v. Chr. von der **Machalilla-Kultur** abgelöst. Sie fand über die Fertigung von Gebrauchsgegenständen zum Kunsthandwerk. Die **Chorrera-Kultur** entwickelte ab 1300 v. Chr. Vorformen staatlichen Handels und gesellschaftlicher Vorausplanung, in dem die Menschen Vorratslager anlegten. Diese formative Phase der Kulturgeschichte Ecuadors endete etwa 500 v. Chr.

Archäologen und Völkerkundler sammeln unterdessen immer mehr Indizien und Fundstücke, die eine zeitgleiche Zuwanderung aus Asien über den tropischen Pazifik nahelegen.

## Regionalisierung und Assimilierung

In den folgenden 1000 Jahren endete zunächst die Zeit der großen, expandierenden Kulturen. An der Küste und in den Anden schlossen sich immer mehr Familien und Sippen zusammen und bildeten allmählich stabilere, aber eben deutlich kleinere Bündnisse, angeführt vom jeweiligen *cacique.* Die große Küstenkultur von Chorerra etwa zerfiel in kleinere regionale Bünde, einhergehend mit deutlicher sozialer Differenzierung und dem Beginn von Vorformen der Stadtentwicklung. Die bedeutendsten Küstenkulturen dieser Epoche der regionalen Kulturen waren Jambelí, Guangala, Bahía, Jama-Coaque, Guayaquil, Daule, Tejar und La Tolita. In den Anden formten sich die Kulturen von El Ángel, Capulí, Tuncahuán und Chaullabamba, auf der

## Geschichte

amazonischen Seite Cisanga-Píllaro sowie Yasuní.

Strukturell gestärkt, zunehmend hierarchisch organisiert, geprägt von einer für die damalige Zeit grandiosen Metallverarbeitung und einem auffallend hohen ästhetischen Empfinden, fanden ab etwa 500 n. Chr. immer mehr **Regionalkulturen** zusammen. Im Norden Ecuadors vereinigten sich beispielsweise die Herrschaftsbereiche Caranqui, Cochasquí, Otavalo und Cayambe. Dieser Bund sollte später noch von großer Bedeutung im Widerstand gegen die Inkas sein.

Im nördlichen Bereich der Küste entwickelten sich die Kulturen von **La Tolita** und **Atacames.** Die bedeutendsten Reiche waren im heutigen Manabí das der **Manteños** und im heutigen Guayas die Herrschaftsgebiete der **Huancavilcas, Punaes** und **Chonos.** Im Amazonasgebiet lebten die Völker **Quijos** und **Jíbaros.**

In dieser Epoche der Assimilierung kristallisierte sich eine Kultur als besonders dominant heraus. Vor 1000 Jahren unterwarf der mächtige Volksstamm der **Cara** aus dem fruchtbaren Küstengürtel die Stämme des Herrschaftsbereichs von Quito in den Anden. Das nunmehr große Reich der Cara verbündete sich mit dem Volksstamm der Puruháes in den Zentralanden am Chimborazo. Gemeinsam gründeten sie um 1300 das **Königreich von Quitu,** das sogar noch weiter nach Süden expandierte. Zwangsläufig kollidierte dieses Streben nach Größe mit den Ansprüchen eines kriegerischen Volkes der südlichen Anden, das einen ähnlichen Drang nach Norden zeigte.

# Inkaherrschaft

Diese ursprünglich im Süden des heutigen Perus angesiedelten Inkas begannen ihre rasante militärische und politische Expansion bereits um 1200. Um 1460 startete der Inkaherrscher **Tupac Yupanqui** die Eroberung der Völker des Nordens. Yupanqui taktierte zwischen brutaler Unterwerfung und Bündnispolitik mit Umsiedlungsmaßnahmen. Sein Sohn **Huayna Capac** setzte den Feldzug nach Norden bis nach Pasto im heutigen Südkolumbien fort, wobei sich der Einfluss der Inkas fast ausschließlich auf die Anden beschränkte.

Die Inkas nutzten die Organisationsformen der unterworfenen Stämme. Sie zerschlugen sie nicht, sondern gliederten sie autoritär in ihr komplexes System des Inkareichs Tahuantinsuyo ein und nahmen Tribut von den unterjochten Gemeinschaften.

Obwohl die Inkas nur etwa 80 Jahre im Süden und nur 40 Jahre im Norden des heutigen Ecuadors gelebt haben, beeinflussten sie die ecuadorianische Geschichte entscheidend. Die Quechua-Sprache der Inkas wurde zu der in den ecuadorianischen Anden und großen Teilen der Selva dominierenden Kichwa-Sprache.

Tomebamba – das heutige Cuenca – und Quito formten die politische Achse des nördlichen Inkareichs. Als Huayna Capac 1528 in der von ihm bevorzugten Stadt Tomebamba starb, zogen dessen Söhne **Huáscar** und **Atahualpa** gegeneinander zu Felde, um die jeweiligen Machtansprüche durchzusetzen. Huáscar wurde von der Mehrheit der Südprovinzen unterstützt und zum Herrscher in Cuzco ausgerufen. Atahualpas Machtbereich dagegen lag im Norden, insbesondere in der Umgebung von Quito und seinem Geburtsort Caranqui.

Atahualpa gelang es schließlich, das wichtige Tomebamba und die Inka-Hauptstadt Cuzco einzunehmen; er ließ seinen Bruder töten. Aber Atahualpa kam nicht mehr dazu, das vereinigte Imperium zu regieren, denn die Spanier waren bereits in das Reich Tahuantinsuyo eingedrungen, nahmen ihn gefangen und ermordeten ihn.

# Spanische Kolonialherrschaft

Nach der ›Entdeckung‹ der Karibik am 12. Oktober 1492 durch **Chistoph Kolumbus** dauerte es noch 34 Jahre, bis die europäischen Eroberer auf der Suche nach Gold die

Küsten des heutigen Ecuadors erforschten. Mit seiner zweiten Expedition 1531 begann der brutale Eroberer **Francisco Pizarro** schließlich seinen Feldzug gegen die Inkas, der am 26. Juli 1533 mit der Ermordung Atahualpas im heute nordperuanischen Cajamarca seinen Sieg besiegelte. Das Inkareich war überraschend schnell zerschlagen, und Pizarro setzte den Conquistador **Sebastián de Benalcázar** als Statthalter ein.

Die turbulente Herrschaft Spaniens über das spätere Ecuador kennt drei Phasen: die Etablierung der Kolonialmacht (1532–1593), die Ausbeutung des Landes (1593–1700) und schließlich der langsame Niedergang vor der Unabhängigkeitsbewegung (1700–1822).

Zunächst besiedelten Benalcázar und sein Gefolge das Land. Sie gründeten Städte, brachten katholische Priester ins Land, beraubten und versklavten die indianischen Ureinwohner. Tragender Mechanismus dieser Politik der Unterdrückung war die *encomienda,* mit der die Krone einem spanischen Siedler Sklaven übergab und ihn gleichzeitig

**Das Rotonda-Denkmal in Guayaquil dokumentiert das historisch bedeutsame Treffen von Simón Bolívar und José de San Martín 1822**

dazu verpflichtete, die Indianer zu christianisieren. Die zwischen den Statthaltern und den Konquistadoren keineswegs konfliktfrei verlaufende Unterwerfung der Kolonie führte gegen Ende des 16. Jh. zu ersten Machtrangeleien zwischen strengen Gefolgsleuten der spanischen Krone und moderaten, tendenziell indianerfreundlicheren Statthaltern des Verwaltungsbezirks Audiencia de Quito.

Die Ausbeutung durch die Spanier nahm im 17. Jh. noch dramatischere Züge an. Die Audiencia de Quito wurde fortan auf die Produktion von großen Mengen von Lebensmitteln und Webwaren verpflichtet, um u. a. die ergiebigen Silberminen wie Potosí im Süden zu versorgen. Die nördlichen Anden Ecuadors entwickelten sich zu einem dynamischen Produktionszentrum, insbesondere in den *obrajes,* den Weberzentren der Anden, wo Masse und Qualität der Produktion stetig wuchsen.

Die innere Unterwerfung der Indianer unter Katholizismus und Krone verlief hingegen weniger geradlinig. Die Vermengung des weltlichen Spanisch mit dem von den Missionaren genutzten Kichwa eröffnete den Indianern Möglichkeiten, unter dem Joch eine eigene Identität zu erhalten. Das Erlernen europäischer Agrartechniken brachte sie andererseits der westlichen Kultur näher, als der Krone lieb war. Und schließlich unterliefen immer mehr Mischehen die rassische Hierachie. Die als Mittel zur Unterdrückung benutzte Religion wurde von den andinen Völkern assimiliert und gar zum Widerstand eingesetzt. Paradoxerweise waren Religion und Kultur der Unterdrücker teils wirksamer für den Erhalt der ursprünglichen Kultur als gewalttätige Aufstände. Allerdings entstand durch die ›Einfuhr‹ afrikanischer Sklaven Mitte des 17. Jh. eine neue unterste Gesellschaftsklasse.

Hauptaufgabe der Kirche war es, den Menschen Christentum und europäische Kultur zu vermitteln. So stammten die bedeutendsten Intellektuellen jener Zeit aus dem Klerus. Die damals in den Klöstern unter Anleitung der Ordensbrüder entstehende Bildhauerei und Malerei beschränkte sich nicht auf geschickte Kopien europäischer Modelle,

sondern platzierte indianische Elemente in der Kunst, was das kulturelle Vermächtnis Ecuadors zu einem der bedeutendsten in ganz Amerika machte. Gleichzeitig erlangte die Kirche immer mehr wirtschaftliche Macht, bis sie gar zur wichtigsten Grundbesitzerin der Audiencia de Quito wurde.

Getragen von den Textilmanufakturen, erlebte Quito einen relativen Aufschwung innerhalb der spanischen Kolonien. Ende des 17. Jh. zählte die Audiencia bereits 200 Textilmanufakturen, in denen insgesamt 30 000 Arbeiter beschäftigt waren.

# Rezession und Emanzipation

Zu Beginn des 18. Jh. suchten Seuchen und Naturkatastrophen die Menschen im heutigen Ecuador heim, sodass die Produktion in der Kolonie und die Ausbeutung der Bodenschätze einbrachen. Die Textilproduktion verlor an Bedeutung, während die Landwirtschaft immer wichtiger und der Grundbesitz mit riesigen Latifundien neu geordnet wurde. Da Spanien seine globale Vormachtstellung als Kolonialmacht zur gleichen Zeit an England abtreten musste, erwuchs den südamerikanischen Kolonien mehr Eigenständigkeit und Spanien verlor an Gewicht. Reformen der bourbonischen Könige kamen zu spät und griffen kaum.

Selbst die Abschaffung des Gerichtsbezirks der Audiencia de Quito und die Eingliederung in das Vizekönigreich von Santa Fé de Bogotá schufen mehr Instabilität als Neuorientierung. Der Status als Vizekönigreich und die Gerichtsbarkeit wurden mehrfach zwischen Quito, Lima und Bogotá verschoben, doch die Macht Spaniens schwand unaufhaltsam.

Das Selbstbewusstsein des Bezirks und eine erste wissenschaftliche Identität wuchsen, als 1736 die von **Charles-Marie de la Condamine** geleitete Erdvermessungs-Mission nach Quito kam. Das in den 1760er-Jahren von Spanien eingeforderte Schnapsmonopol sowie neue Zoll- und Steuerpflichten konnten nicht verhindern, dass die Kolonie sich weiter emanzipierte. Als König Carlos III. 1766 die Vertreibung der reichen Jesuiten aus dem spanischen Großreich anordnete, nahm die Macht kreolischer Großgrundbesitzer in Ecuador spürbar zu.

Die herausragendste Figur des intellektuellen und politischen Erwachens dieser Epoche war **Eugenio de Santa Cruz y Espejo** (1747–1795). Der Sohn eines Indianers und einer Mulattin wurde von einflussreichen Leuten unterstützt. Es gelang ihm, die Schranken der quiteñischen Gesellschaft zu überwinden und sogar in die Universität einzutreten. Er war der Wegbereiter für die aufgeklärte Kultur seiner Zeit.

Die Kreolen, Nachfahren von Spaniern der iberischen Halbinsel, besetzten in zunehmendem Maße den Herrschaftsraum in Quito und suchten ihre Identität gegenüber den Europäern als Ausgebeutete, während sie genüber den Indianern ihre Stellung als Ausbeutende festigten.

Das Ende des 18. Jh. fiel mit dem Beginn der Präsidentschaft von Baron de Carondelet (1799–1807) zusammen. Er vertrat eine klar pro-kreolische Politik. Zugleich bemühte er sich, die verlorene Gerichtsbarkeit der Audiencia wiederherzustellen. In dieser Zeit der wachsenden Emanzipation von Spanien besuchte **Alexander von Humboldt** zweimal den Bezirk Ecuador (1801/1802 und 1803). Er wurde Zeuge der aufkeimenden Befreiungsbestrebungen. 1803 in Guayaquil verfasste er ein langes unveröffentlichtes Pamphlet gegen die Kolonialherrschaft. 1804 traf Humboldt in Paris auf den ›Befreier‹ **Simón Bolívar** und inspirierte diesen zu seinem historischen Kampf für ein unabhängiges Südamerika.

# Von der Kolonie bis zur Republikgründung

Die Hauptakteure der im Jahr 1808 erwachsenden Unabhängigkeitsbewegung waren die Großgrundbesitzer. Die Intellektuellen gaben dem Prozess dann seine radikale Wendung. Die ärmeren städtischen Gruppen, hauptsächlich Kunsthandwerker und Kleinhändler, waren zu Beginn zurückhaltend und unterstützten die Patrioten erst nach der Unabhängigkeit. Die Indianer wiederum wussten, dass die Nutznießer einer Autonomie vor allem jene Großgrundbesitzer sein würden, die zuvor ihre Aufstände so blutig niedergeschlagen hatten.

Napoleons Eindringen auf der iberischen Halbinsel brandmarkte Spanien und stärkte das Selbstbewusstsein in den Kolonien. Die Audiencia de Quito plante so bereits 1808 die Einsetzung eines autonomen Regierungsausschusses, einer *junta*. Dieses gelang erstmals am 10. August 1809, als die Verschwörer den Marqués de Selva Alegre zum Präsidenten ihrer Junta ernannten. Doch diese Regierung beugte sich bald dem Druck und den Drohungen der Royalisten aus Lima und Pasto im heutigen Südkolumbien, was die Real Audiencia de Quito von 1812 bis 1820 in eine angespannte Ruhe versetzte. Guayaquil wurde in diesen Jahren zum (noch) stillen Zentrum der Unabhängigkeitsbewegung, gestützt auf die englische Marine, die vor Südamerika Präsenz zeigte, und gestärkt von den Nachrichten über Bolívars Siegeszug im Norden des Subkontinents.

Schließlich führte **José Joaquín de Olmedo** den Putsch von Guayaquil an und geleitete die Handelsstadt am 9. Oktober 1820 in die absolute Unabhängigkeit. Von diesem Erfolg inspiriert, folgte Cuenca am 3. November des Jahres. Erst am 24. Mai 1822 gelang es den Unabhängigkeitstruppen unter Bolívars bestem Feldherrn, **General Antonio José de Sucre,** auch Quito nach der historischen Schlacht am Pichincha zu befreien.

Nun folgten acht Jahre der Zerrissenheit um die Form der erreichten Unabhängigkeit von der spanischen Krone. Bolívar gelang es unter großen Anstrengungen, das heutige Ecuador als ›Süd-Distrikt‹ Großkolumbien anzugliedern. Das selbstbewusste Guayaquil zwang er gar mit militärischen Mitteln. Gleichzeitig attackierten royalistische Truppen aus Peru gerade den Süden des neuen Reichs. Bolívar kämpfte verbissen um den Zusammenhalt Großkolumbiens, musste jedoch am

13. Mai 1830 die Unabhängigkeit Ecuadors akzeptieren: Die führenden Schichten Quitos riefen einen unabhängigen Staat aus. In Riobamba trat die erste verfassunggebende Versammlung zusammen. Um der nationalen Einheit Willen hieß der neue Staat nicht ›Quito‹, sondern in Anlehnung an die französische Mission zur Erdvermessung ›Ecuador‹ (Äquator).

Trotz wichtiger demokratischer Veränderungen für dieses neue Ecuador wurde das Recht der indianischen Völker auf ihr Land ignoriert, die pluriethnische Realität ausgeblendet. Die entstehende Republik wurde somit auf der Grundlage der wirtschaftlich-sozialen und ethnischen Ausbeutung der Indianer errichtet, wo sie bis heute im Wesentlichen verharrt – wenn auch subtiler als noch im Jahr 1830 und laut Verfassung bereinigt.

# Die Republik Ecuador

Der Befreiung folgten 150 schwierige Jahre zwischen der Übernahme des internationalen Kapitalismus und der Suche nach einer eigenen Identität. Die Kolonialgesellschaft und ihre Hierarchien waren mit der Unabhängigkeit keineswegs ad acta gelegt – paternalistische Traditionen regierten weiterhin die sozialen Beziehungen. Indianer zahlten noch bis in die 1950er-Jahre Tribut an die Hacienda-Besitzer.

Die neue Abhängigkeit Ecuadors vom Kapitalismus verstärkte sich hingegen im Verlauf des 19. Jh. mit dem großen Aufschwung des Kakaoexports und endete vorerst in den 1920er-Jahren. Bananen lösten den Kakao in den 1940er-Jahren ab, 20 Jahre später brach der Bananenmarkt ebenfalls zusammen. Wirtschaftliche Rezession bedeutete für Ecuador zumeist auch gesellschaftliche Depression und Instabilität ihrer Institutionen.

Die ›erste republikanische Periode‹ lässt sich auf die Zeit zwischen 1830 und 1895 eingrenzen, auf die Zeit von der Gründung der Republik unter **General Juan José Flores** bis zur liberalen Revolution unter **General Eloy Alfaro.**

Mit der Gründung Ecuadors traten die Spannungen unter den herrschenden regionalen Oligarchien offen zutage, besonders zwischen der Küste und der Sierra. Bei der Organisation des neuen Staates blieb die Mehrheit der Bevölkerung von der kulturellen und politischen Teilhabe ausgeschlossen. Der Kongress und die anderen Staatsorgane waren das Ergebnis eines Wahlrechts, das auf die Reichen beschränkt war. Hinter der liberal-demokratisch-republikanischen Fassade überlebte eine in Ständen organisierte hierarchische Gesellschaft, die sich auf ihr ›göttliches Recht‹ berief. Doch der neue Zentralstaat erwies sich als äußerst instabil. So behielt auch die Kirche die Kontrolle über den größten Teil des Bildungssystems, nachdem die katholische Religion zur Staatsreligion erhoben worden war.

Nach teils chaotischen Jahren mit Diktaturen und tiefer Zerrissenheit zwischen Küste und Hochland gelang eine Konsolidierung des Staates erst unter der Präsidentschaft von **Gabriel García Moreno** (1860–1865 und 1869–1875). Er suchte die Einheit Ecuadors, modernisierte die Armee, reformierte den Bildungssektor und führte ein Bankenwesen ein, dem sich Ecuador allerdings fortan als ewiger Schuldner unterwarf. Wirtschaftlich zunächst erfolgreich, doch verbrüdert mit reaktionären Kräften aus Klerus und Großgrundbesitz der Sierra, endete diese politische Episode mit der Ermordung García Morenos im Jahr 1875.

20 Jahre später führte Eloy Alfaro, zunächst als Oberbefehlshaber der Streitkräfte, das Land in die Liberale Revolution und – getragen vom Kakaoboom – in ein ›Agrarrohstoff-Exportmodell‹. Eloy Alfaros liberales Wirtschaftsmodell erzielte große politisch-ideologische Veränderungen im Land, das er mit dem Bau der Eisenbahnstrecke zwischen Quito und Guayaquil nicht nur symbolisch vereinte. Ihm gelang die Entmachtung der hemmungslos agierenden katholischen Kirche und die Neugliederung des Großgrundbesitzes sowie die Verabschiedung einer liberalen Verfassung. Soziale Unruhen und heftige Auseinandersetzungen mit der dü-

pierten Kirche kennzeichneten die folgenden Jahrzehnte bis zur Kakaokrise in der Zeit der Weltrezession um 1930.

Aus einer Phase politischer Machtkämpfe zwischen Handelsbourgeoisie der Costa und Großgrundbesitzern der Sierra ging 1933 der charismatische **José María Velasco Ibarra** als Präsident hervor. Er sollte Ecuador innerhalb von 40 Jahren sage und schreibe fünfmal regieren.

1941 wurde Ecuador von peruanischen Truppen überfallen, und der Regierung in Quito mangelte es an Führungskraft und Unterstützung von außen, um diesem Notstand entgegenzutreten. Nach der Niederlage des kleinen und schlecht ausgerüsteten ecuadorianischen Heeres unterzeichnete der konservative Außenminister Tobar Donoso 1942 in Rio de Janeiro ein Protokoll, in dem Ecuador etwa die Hälfte seines Territoriums an Peru abtreten musste und nun erneut in die Diktatur zurückfiel. Erst der vom Bananenexport getragene Aufschwung der 1950er-Jahre brachte phasenweise eine gewisse Stabilität zurück.

# Vom Reformismus in die Moderne

Nach dem Zusammenbruch des Bananenmarktes 1960 verfiel Ecuador zum wiederholten Mal in eine Depression, aus der das Land erst mit dem Ölboom der 1970er-Jahre und mit dem Beitritt zur OPEC wieder erwachte. Allerdings markierte dieses konfliktreiche Jahrzehnt einen Wandel in der katholischen Kirche, die ihre antiliberale, nur ihrer Lehre zugewandte Haltung in Teilen zugunsten einer Hinwendung zu sozialen Fragen aufgab. Es entstand eine Strömung neuer Christen, die sich im Kampf für die Armen engagierten. Ihr wichtigster und mutigster Vertreter war der ›Indianerbischof‹ **Leonidas Proaño** aus Riobamba.

Die jüngste Phase der Diktatur endete 1979 mit der Verabschiedung der demokratischen Verfassung und der Festlegung Ecuadors auf eine Präsidialdemokratie mit dem ersten Staatspräsidenten **Jaime Roldos.** Erdölförderung als quasi erstes Staatsziel dominiert seither die Politik und Entwicklung Ecuadors, weiterhin torpediert von der tiefen Spaltung zwischen Küste und Sierra. Nach der Präsidentschaft des rechtsliberalen Architekten **Sixto Durán Ballén** (1992–1996) verlor Ecuador seine politische Stabilität auf dramatische Weise. Das folgende Jahrzehnt war geprägt von Putsch, Volksaufstand, politischem Verrat, dubiosen Amtsenthebungen von Staatspräsidenten und einer zwischenzeitlich regierenden Junta – ›Höhepunkte‹ wie der gleichzeitige Regierungsanspruch von drei Präsidenten im Februar 1997 erregten weltweit Kopfschütteln und Sorge um jene ›Bananenrepublik‹ auf dem Äquator.

Ein gespaltenes Land, die chronische Leugnung seiner pluriethnischen Gesellschaft seitens der mächtigen Oligarchie und das von Korruption und Vetternwirtschaft unterwanderte politische System drohten Ecuador ins Abseits zu drängen und den Anschluss an die demokratische Welt verlieren zu lassen. Ecuadors Demokratie offenbarte in diesen Jahren ihre Zerrüttung und Inkompetenz. Umfragen wiesen gar eine Meinungsmehrheit für die Rückkehr zur Diktatur aus.

Das für die breite Mehrheit der Bevölkerung rücksichtslose neoliberale Wirtschaften der ecuadorianischen Eliten und ausländischer Investoren erstickte beinahe jegliches Erwachsen von sozialem Konsens. Ein verblendetes, kurzfristiges Denken in Politik und Wirtschaft trieb die junge Demokratie an den Rand des politischen Bankrotts.

Zuletzt konnte ein Zusammenbruch des politischen Systems im wirtschaftlichen Fahrwasser des enormen Weltmarktpreises für Erdöl bis auf Weiteres abgewendet werden. Und erst 2007 – nach 28 Jahren verfassungsgemäßer Demokratie – ging mit **Rafael Correa** ein von der Masse der Armen getragener Präsident tief greifende Reformen von Staat und Gesellschaft an. Als erster Politiker nach Eloy Alfaro zeigte er sich bemüht, die gesellschaftlichen Realitäten Ecuadors zu akzeptieren und die historischen Fehler zu korrigieren (s. auch Thema S. 44).

# Die Bürgerrevolution von Rafael Correa hat ihren Preis

**Als Verfechter des ›neuen südamerikanischen Sozialismus‹ ist Staatspräsident Rafael Correa angetreten, sein Land aus der Massenarmut und aus der politischen Dauerkrise zu führen. Justiz und Medien bezahlen einen hohen Preis für seine sozialen Erfolge.**

»Heute beginnt für Ecuador das Ende der langen, neoliberalen Nacht«, lässt Präsident Rafael Correa schon bei der Amtseinführung am 15. Januar 2007 keinen Zweifel an seiner »sozialistischen Leidenschaft für das Vaterland«. Der damals 43-jährige Wirtschaftswissenschaftler Rafael Vicente Correa Delgado aus Guayaquil wird überraschend als Spitzenkandidat des neu gegründeten Bündnisses Alianza País zum Staatspräsidenten gewählt. International schließt er sich der Bewegung ›Sozialismus des 21. Jahrhunderts‹ des Anfang 2013 verstorbenen venezolanischen Präsidenten Hugo Chávez an. Seine engsten Verbündeten sind nun Boliviens Präsident Evo Morales sowie die kubanischen Brüder Fidel und Raúl Castro.

In Ecuador selbst ruft Correa eine Bürgerrevolution aus, die mit dem verkrusteten und korrupten Parteienapparat wie im Zeitraffer aufräumt. 2008 setzt er die Verabschiedung einer neuen Verfassung durch – die Grundlage für Umverteilung und soziale Gerechtigkeit. Correa gewinnt die damit angesetzten Neuwahlen 2009 und wiederholt das Kunststück 2013, mit absoluter Mehrheit im ersten Wahlgang. Auch Alianza País – in etwa ›Allianz für das Land‹ – erreichte bei den jüngsten Wahlen die absolute Mehrheit in der Nationalversammlung. In der Geschichte Ecuadors war kein Staatspräsident länger ununterbrochen im Amt als Correa.

In den ersten sechs Jahren seiner Präsidentschaft gewinnt der Staat die weitreichende Kontrolle über die Erdölförderung. Bei gleichzeitig hohen Weltmarktpreisen für das Öl erlebt Ecuador seit Correas Amtsantritt einen ökonomischen Höhenflug. Zwischen Anfang 2007 und 2013 verdoppelte sich das Bruttoinlandsprodukt des Landes!

Wo investiert die sozialistische Regierung das Geld? Die Armen des Landes spüren es heute in der kostenfreien und verbesserten Schulbildung. Außerdem erhalten sie eine monatliche Fürsorgezahlung von mittlerweile 50 $ pro Person. Der staatlich garantierte Mindestlohn wurde stufenweise auf nunmehr monatlich 300 $ heraufgesetzt. Kontinuierliche informelle Beschäftigungsverhältnisse werden in formelle umgewandelt. Die Verwaltungen werden mächtig aufgestockt. Öffentliche Bedienstete, so auch die Polizei, erhalten nun deutlich höhere Gehälter als je zuvor. Weitere Investitionen fließen – wie überall im Land zu erleben – in riesige Infrastrukturprojekte. Vor allem die Straßen, und hierbei insbesondere die Panamericana als Nord-Süd-Achse des Landes, werden mehrspurig ausgebaut. Aber auch das kurz vor dem Zusammenbruch stehende Eisenbahnnetz wird komplett erneuert, wenngleich die Bahn heute nur touristisch relevant ist.

In die Kritik gerät Correa vor allem durch die Besetzung des Obersten Gerichtshofes mit Regierungstreuen, womit er die Unabhängigkeit der Justiz des Landes zumindest gefährdet, wenn nicht untergräbt.

Während Correa hohe Präsenz in den zahlreichen neuen, staatlichen Medien zeigt, geht er resolut gegen viele private Medien vor. Seit

Amtsantritt ließ er über 20 Radiosender aus ›formellen‹ Gründen schließen und strebte etliche Gerichtsverfahren gegen Journalisten an. Im spektakulärsten Fall werden zwei Redakteure der Tageszeitung »El Universo« wegen beleidigender Äußerungen gegen den Staatspräsidenten jeweils zu 40 Mio. $ Geldstrafe und drei Jahren Gefängnis verurteilt. Rafael Correa selbst, der den Prozess als Privatmann führt, weist die Richter später an, das ausgesprochene Urteil aus Gnade wieder aufzuheben.

Schwere Vorwürfe erhebt daher auch Reporter ohne Grenzen: »Seit seinem Amtsantritt 2007 betreibt Correa eine systematische Kampagne zur Dämonisierung vor allem privater Zeitungen und Rundfunksender, denen er die Verquickung von Journalismus und Geschäftsinteressen vorwirft. Wiederholt hat er Nachrichtenmedien als Saboteure seiner ›Bürgerrevolution‹ beschimpft.« Die Organisation, die Ecuador abgeschlagen auf Platz 119 von 179 in der Pressefreiheit bewerteten Nationen führt, fordert »kritische Journalisten nicht länger zu diffamieren und restriktive Mediengesetze zurückzunehmen«. Rafael Correa habe »ein Klima der Einschüchterung und Selbstzensur geschaffen«. Die Regierung weist die Vorwürfe zurück. Es erscheint grotesk, dass gerade Ecuador dem WikiLeaks-Gründer Julian Assange seit 2012 in der Botschaft Ecuadors in London Asyl gewährt.

**Der populäre Sozialist Rafael Correa ist bereits seit Januar 2007 im Amt des Staatspräsidenten. 2017 endet sein Mandat. Dann soll Schluss sein.**

# Zeittafel

**ca. 12 000 v. Chr.**    Erste Spuren menschlicher Besiedlung und Beginn einer präkeramischen Periode der Jäger, Fischer und Sammler.

**6000–500 v. Chr.**    Formative Periode: Die Valdivia-Küstenkultur entwickelt sich zur ersten sesshaften Hochkultur mit Landwirtschaft und größeren Landfamilienverbänden, gefolgt ab 2250 von der Machalilla-Küstenkultur, die erstes Kunsthandwerk entwickelt. Ab 1300 beginnt die Chorrera-Küstenkultur mit der Vorratswirtschaft.

**ca. 2850 v. Chr.**    Zwischen Chimborazo und Loja entsteht eine erste formativ entwickelte keramische Hochlandkultur.

**500 v. Chr. – 1500 n. Chr.**    Periode regionaler Kulturentwicklungen an der Costa und in der Sierra mit erster Metallveredelung. Integration über die Verschmelzung oder auch Unterwerfung von Kulturen und Frühformen staatlicher Organisation, vor allem der Kultur der Quitu-Cara.

**1460–1520**    Die Inkas erobern das Königreich der Quitu von Süden her.

**1492**    Beginn der Eroberung Amerikas durch die Spanier.

**1533/1534**    Spanien zerschlägt das nördliche Inkareich. Hinrichtung des letzten Inkakönigs Atahualpa in Cajamarca und Tod des letzten Inkagenerals Rumiñahui.

**1534–1560**    Erste Stadtgründungen der Spanier: Riobamba (1534), Quito (1534), Guayaquil (1537), Loja (1548), Cuenca (1557) und Tena (1560).

**1563**    Gründung der Real Audiencia de Quito als eigenständiger Verwaltungsbezirk Spaniens.

**1717**    Gründung des großen Vizekönigreichs Neu-Granada, dem die Real Audiencia de Quito angegliedert wird, bevor sie dem Vizekönigreich Peru zugeteilt wird (1722).

**1801–1803**    Alexander von Humboldt bereist das heutige Ecuador zweimal.

**1809–1823**    Unabhängigkeitskämpfe Ecuadors, die in der bedeutenden Schlacht von Pichincha gipfelten, in der General Antonio José de Sucre die Spanier am 24. Mai 1822 bezwingt und so die Gründung Großkolumbiens ermöglicht.

| | |
|---|---|
| Gründung der Republik Ecuador. | **1830** |
| Liberale Revolution, angeführt von Eloy Alfaro, und schwere politische Auseinandersetzungen mit den konservativen Kräften. | **1895–1912** |
| Große Staats- und Sozialreformen in Ecuador münden in eine neue Verfassung und die Einführung des Frauenwahlrechts. | **1927/1928** |
| José María Velasco Ibarra wird mit Unterbrechungen insgesamt fünfmal Staatspräsident von Ecuador. | **1934–1972** |
| Peru besetzt große ecuadorianische Regenwaldgebiete. Ecuador unterzeichnet nach einem Krieg im ›Protokoll von Rio‹ die Abtretung von 180 000 km² Land an den Nachbarn. | **1941/1942** |
| Erneute Militärdiktatur; Einleitung einer weit reichenden Agrarreform. | **1963/1964** |
| Beginn der kommerziellen Erdölförderung. | **1972** |
| Erste demokratische Verfassung Ecuadors, erster demokratisch gewählter Staatspräsident wird Jaime Roldos. Quito wird das erste Weltkulturerbe der UNESCO überhaupt. | **1979** |
| Grenzkrieg mit Peru im südlichen Regenwald. | **1995** |
| Nach schwerer Bankenkrise und anhaltend hoher Inflation führt Staatspräsident Jamil Mahuad in Ecuador den US-Dollar als offizielle Landeswährung ein. | **2000** |
| Der Sozialist Rafael Correa wird Staatspräsident. | **2007** |
| Ecuador stimmt für eine grundlegend neue Verfassung. | **2008** |
| Wiederwahl von Präsident Correa. Die USA räumen ihre Militärbasen. | **2009** |
| Staatspräsident Correa überlebt am 30. September seine gewaltsam aufgelöste Geiselnahme in Quito. | **2010** |
| Rafael Correa wird erneut für vier Jahre zum Staatspräsidenten gewählt. Sein Bündnis Alianza País erreicht die absolute Mehrheit in der Nationalversammlung. | **2013** |

# Gesellschaft und Alltagskultur

**Die neue Verfassung beschreibt Ecuador als multinationalen Staat. Tatsächlich ist vieles in Bewegung geraten, zwischen Anspruch und Wirklichkeit klafft jedoch nach wie vor ein Abgrund. Dominiert von der mestizischen Bevölkerungsmehrheit und der spanischen Amtssprache zeigt sich das Land zwar facettenreich, aber auch widersprüchlich.**

## Bevölkerung und Lebensweise

### Sprachen und Ethnien

Amtssprache des 15 Mio. Einwohner zählenden Ecuadors ist seit dem 16. Jh. Spanisch – genau genommen eine lateinamerikanische Variante des Kastilischen *(castellano).* Historisch gesehen ist sie die Sprache der **Mestizen** und **Weißen** im Land, welche gut die Hälfte der Bevölkerung stellen.

Die überwiegende Zahl der **Indígenas** Ecuadors sprechen neben dem Spanischen heute Kichwa, ein Idiom, das dem in Peru gesprochenen Quechua verwandt ist und im heutigen Ecuador im Zuge der Inkainvasion Verbreitung fand. Die Kichwa-Indianer bewohnen vor allem die Sierra, stellen jedoch auch im Regenwald die größte Sprachgruppe. Während die bilinguale Erziehung im Land zunimmt, gelang es Staatspräsident Rafael Correa, in der neuen Staatsverfassung Kichwa als gleichberechtigte Amts- und Landessprache neben Spanisch zu verankern. Correa selbst spricht beide Sprachen.

Im Regenwald haben die Shuar, die Achuar, die Siona-Secoya, die Huaorani und die Cofanes eigene Sprachen, die deutlich älter sind als das Kichwa in den Breiten des heutigen Ecuadors. Auch die Indígenas der Costa sprechen ihre alten Sprachen: Es sind die Chachi und die Awá in der Provinz Esmeraldas und die Tsáchila der Umgebung von Santo Domingo de los Colorados, die spanisch *colorados* genannt werden. So kommen zehn indianische Ethnien im Land zusammen.

Sprache ist in Ecuador Ausdruck des kulturellen Reichtums. Ohne Zweifel wissen Indígenas mit ihrer Sprache Dinge zu beschreiben, für die den Europäern die Worte fehlen. Bezeichnenderweise verfügen Südamerika und die Karibik über rund 800 Sprachen. Dem Sprachenforscher H. J. Störig zufolge handelt es sich hier um das »sprachenreichste Gebiet der Erde«. Wörter wie Popcorn und Schokoriegel haben zwar europäische Wurzeln, doch die Zutaten Mais und Kakao stammen sprachlich ebenso aus dem Indianischen wie Tabak, Tomate, Kanu, Pampa, Kondor oder Orkan.

Die einst von den Spaniern als Sklaven aus Afrika nach Lateinamerika gebrachten Farbigen leben konzentriert in der Küstenprovinz Esmeraldas, wo rund 90 % der Bevölkerung Schwarze sind. Eine weitere Region, welche die **Afroecuadorianer** seit rund 300 Jahren bewohnen, ist das Valle del Chota in der Sierra-Provinz Imbabura.

## Pacha Mama und Gottvater

Offiziell ist Ecuador zu 85 % katholisch. Doch die *cristianos* – protestantische Kirchen, Pfingstkirchen sowie christliche Sekten – sind seit Jahren auf dem Vormarsch in Ecuador, während die katholische Kirche ihre Gemeindemitglieder nicht mehr in gleichem Maße zu mobilisieren vermag wie früher. Indígenas, Farbige und Europäer haben die Religion in den vergangenen 500 Jahren zu Mischformen geführt, die zwar noch vom Katholizismus dominiert werden, aber Elemente der anderen Kulturen und Kulte integrieren oder entlehnen. Sehr anschaulich zeigt sich dieser Synkretismus auf religiösen Festen im Hochland oder bei den Totenkulten im Regenwald.

Für die meisten Indígenas – bei allen ethnischen Unterschieden – haben Vulkane, Sonne, Mond, Sterne, Pflanzen und Tiere bis heute eine Seele und eine direkte Beziehung zu den Menschen. Die Kosmovisionen der Indianer Ecuadors werden vom Katholizismus eingefärbt, jedoch nicht beherrscht. Wo die Indígenas noch verwurzelt in ihrem ländlichen Lebensraum oder im Wald leben, erscheinen Gespräche mit Vögeln und Wutausbrüche von Vulkanen weniger abstrakt als die Dreifaltigkeit und die Wandlung. Der Glaube an die *Pacha Mama,* die Leben schenkende ›Mutter Erde‹, ist in großen Teilen der ländlichen Sierra stärker als der an einen allmächtigen und gerechten Gott. Ähnlich ist der Schamanismus in einigen indianischen Regionen weiter verbreitet als die Schulmedizin.

Die afroecuadorianische Bevölkerung Ecuadors, die großenteils von der Elfenbeinküste und aus Sierra Leone stammt, bringt eine eigene Mythologie ein. In ihrer religiösen Beziehung zur Natur gibt es dabei verblüffende Ähnlichkeiten zur Naturmythologie der Indígenas aus dem ecuadorianischen Regenwald. Denn die Vorfahren dieser Sklaven waren vor ihrer Verschleppung zu einem großen Teil Waldmenschen des westlichen Afrikas, also auf ähnlichen Breitengraden von ähnlicher Vegetation und Tierwelt umgeben wie die hiesigen Völker Amazoniens.

Mit dem Eintreffen der Weißen drang der Katholizismus in die Religionen der Indígenas und entsprechend später in die der Afrikaner ein. Die Kirche nutzte die Religiosität der Ureinwohner, ihre Feste, ihre Rituale, sogar die Handelssprache Kichwa, um ihnen das Christentum nahezubringen. Bevorzugt auf den *huacas,* den heiligen Stätten der Indígenas, bauten sie deshalb ihre Kirchen und Ka-

thedralen. Zahlreiche Beispiele wie die Abbildung des Sonnengottes im Portal der Kolonialkirche San Agustín in Quito belegen andererseits den Einfluss der Naturreligionen auf den Katholizismus.

Der noch heute erlebbare tiefe christliche Glaube, der bis zu öffentlichen Selbst-Geißelungen am Karfreitag reicht, hängt eng mit der aufgezeigten Inkulturation zusammen. Er spiegelt quasi die Tiefe des ursprünglichen Naturglaubens und die innige Beziehung zum Tod auf christlicher Plattform wider.

# Die Rolle des Militärs

Neben der katholischen Kirche genießt die Armee unter allen Institutionen das höchste Ansehen in der Bevölkerung. Andere gesellschaftliche Kräfte – Parteien, Justiz oder Polizei – landen dagegen weit abgeschlagen auf den hinteren Plätzen, wie Umfragen zeigen. Das ecuadorianische Militär ist in die Zivilgesellschaft hineingewachsen wie keine andere staatliche Gewalt. In Zeiten von Lebensmittelengpässen wurden noch in den 1990er-Jahren Rationen vom Armeelastwagen verteilt und somit die traditionelle paternalistische Gesellschaftsordnung genutzt und untermauert. Außerdem unterhält das Militär heute einige der besten staatlichen Schulen und Hochschulen des Landes.

Gleichzeitig ist das Militär ein kapitalstarker Akteur der ecuadorianischen Wirtschaft. Nicht nur die Beteiligung an der Erdölförderung, sondern auch über 30 große armeeeigene Unternehmen wie die Fluggesellschaft TAME sowie riesige Ländereien und landwirtschaftliche Betriebe machen das Militär zu einem Machtfaktor im Land, ohne dessen Überwachung und Zustimmung im Hintergrund keine wesentlichen politischen Entscheidungen zu treffen sind. Stets waren es die Militärs, die nach Putschversuchen und Staatskrisen zwischen 1996 und 2006 ihre Zustimmung oder ihr Veto für einen neuen Präsidenten geben mussten.

Es überrascht wenig, dass Städte, Straßen, Plätze, Schulen oder Hospitäler zu ei-

**Mittlerweile sind auch die Landschulen besser ausgestattet als vor der ›Bürgerrevolution‹ – hier eine Dorfschule am Río Napo**

nem großen Teil militärische Namen tragen. Interessanterweise verehrt Ecuador gleichzeitig und recht wahllos nebeneinander militärische ›Helden‹ sämtlicher Epochen und Kämpfe: die Krieger der vorinkaischen Indígenas, deren Bezwinger, die Inkas – hier vor allem Atahualpa und seinen General Rumiñahui –, die spanischen Konquistadoren und wiederum deren Bezwinger aus den Befreiungskriegen.

Die heutige Rolle des Militärs ist eine nicht klassische: Es verteidigt das Land nach innen und schützt es vielleicht sogar vor der völligen Korrumpierung der Politik und vor dem Totalausverkauf des Staates im Zuge der Privatisierungen. Ehemalige Militärs sind auch in politischen Positionen zu finden, etwa der einstige Staatspräsident Oberst Lucio Gutiérrez und der heutige Bürgermeister von Quito, General Paco Moncayo.

## Sport

Die Helden von Gelsenkirchen und Hamburg brachten das Land im Juni 2006 an den Rand des Wahnsinns. Nachdem die Tri, Ecuadors Fußballnationalmannschaft, bei der WM in Deutschland gegen Polen (2 : 0) und gegen Costa Rica (3 : 0) triumphiert hatte, stand die kleine Republik auf dem Äquator Kopf. Sicher in der nächsten Runde gelandet, erlaubte sich das Team des damaligen kolumbianischen Trainers Luis Fernando Suárez sogar Schonung für die Topstars und ein 0 : 3 gegen die Klinsmann-Auswahl in Berlin. Erst im Achtelfinale holte David Beckham mit einem Freistoßtor die Nation vom Chimborazo wieder zurück aus den Wolken ihrer zweiten WM-Teilnahme. Endstand: 1 : 0 für England.

**Fußball** ist auch in Ecuador das größte sportliche Medienereignis. Jahrelang wurde jedes Spiel von PSV Eindhoven live im ecuadorianischen Fernsehen gezeigt, denn Held Edison Méndez diente dort im Mittelfeld. Antonio Valencia (Manchester United) hingegen verletzte sich im September 2010 schwer; unglücklich agierte Felix Borja bis 2010 bei Mainz 05. Die meisten Stars der *selección* sind Afroecuadorianer aus Esmeraldas und dem Valle del Chota (s. S. 192).

An der Weltspitze stehen Ecuadors Sportler in anderen Disziplinen. So gewann der cuencanische Postbote Jefferson Pérez 1996 in Atlanta die erste olympische Medaille des Landes: Gold für 20 km **Gehen.** Bis heute gehört er zu den besten Gehern des Landes. Die in Rhode Island (USA) geborene und aus Riobamba stammende **Schachgroßmeisterin** Martha Fierro steht international häufig unter den Top 100 ihrer Zunft. Der aus Guayaquil stammende Nicolás Lapentti trat erst Anfang 2011 von der **Tennisbühne** ab. In seiner Karriere gewann er fünf ATP- und sechs Challenger-Turniere; zu seinen Glanzzeiten Ende 1999 belegte er zeitweise den sechsten ATP-Platz.

Volkssport der Nation ist ohne Zweifel **Ecuavoley,** eine Volleyball-Variante, bei der drei gegen drei Spieler einen nicht selten schweren Fußball über ein dramatisch hoch gespanntes Netz bugsieren.

# Öffentliche Bildung und Sozialsystem

Jedem Ecuadorianer stehen die staatlichen Schulen offen, die ähnlich wie in Deutschland in eine Grund- und in eine weiterführende Schule gegliedert sind. Das über Jahrzehnte vor allem auf dem Land chronisch vernachlässigte Schulsystem erfährt unter der Politik Correas eine Aufwertung. Bei Lehrmitteln, Klassenräumen und Lehrpersonal sind spürbare Verbesserungen eingetreten. Dessen ungenommen erleben private Schulen großen Zulauf von jenen Familien, die das recht hohe Schulgeld aufbringen können.

Das Colegio Alemán mit deutsch-ecuadorianischen Schulen in Quito, Guayaquil und Cuenca zählt heute zu den besten Bildungs-

einrichtungen des Landes. Ähnlich sieht es bei den Universitäten aus. Auch hier genießen internationale und private ecuadorianische Einrichtungen den besten Ruf, was jedoch nicht heißen muss, dass die staatliche Universidad Central keine guten Dozenten und Lehrpläne hätte. Begehrte Schulen unterhalten auch die Militärs.

Das öffentliche Sozialsystem ist marode und bedarf dringend grundlegender Reformen. Insbesondere die staatliche medizinische Grundversorgung ist noch immer defizitär – ebenfalls mit großem Stadt-Land-Gefälle. Auch in Sachen Gesundheit springen Ärzte und Krankenhäuser privatwirtschaftlich in die Bresche. Die Arzthonorare liegen dann allerdings mitunter auf europäischem Niveau.

Sozialversicherungen gegen Arbeitslosigkeit und Pflegebedürftigkeit sowie Rentenversicherungen existieren nur rudimentär und dann auch nur für eine Minderheit, die formell beschäftigt ist. Eine Art Sozialhilfe von monatlich 50 $ für die Ärmsten im Land und die Subventionierung von Strom und Kochgas zielen darauf ab, dieses strukturelle Manko zu lindern.

# Veranstaltungen und Feste

Feste spielen in Ecuador privat wie öffentlich eine zentrale Rolle und sie werden dementsprechend ausgelassen gefeiert. Einmal mehr finden sich bei den vielen verschiedenen Anlässen die unterschiedlichen kulturellen und ethnischen Elemente Ecuadors wieder. Zu den meisten großen Volksfesten gehört ein entfesselter Alkoholkonsum. Das traditionelle Maisbier *chicha* wurde vielerorts von hochprozentigen Alkoholika abgelöst, z. B. vom Selbstgebrannten *puntas.*

Dank, Ehrerbietung und Bitten drücken die Indígenas seit Menschengedenken in gemeinschaftlichen Feiern aus. Der landwirtschaftliche Kalender kennt zahlreiche Termine, die in den Landgemeinden und Dörfern festlich begangen werden. Ebenso groß werden Taufe, Heirat und Ehrung der Toten gefeiert.

## Gesellschaft und Alltagskultur

Der heutige **Karneval,** bei dem sich die Ecuadorianer mit Wasserbomben bewerfen, hat vorchristliche Wurzeln. Die Missionare legten den Beginn der Fastenzeit im christlichen Jahreskalender auf einen Termin, der in den Anden zuvor die Zeit des Jätens auf den Maisfeldern markiert hatte. Diese Zeit endete mit einem Fest, das die bösen Geister aus den Maisfeldern vertreiben sollte. Der Mais besitzt bei den Sierra-Indígenas eine eigene Seele, die in ihrer Weltsicht mit der Seele der Menschen vergleichbar ist. Junge Mädchen begossen sich mit Wasser und überschütteten sich anschließend mit Maismehl, ein Fruchtbarkeitsritus, mit dem sie um eine reichhaltige Maisernte baten. Der spanische Klerus griff diese Frühjahrsrituale auf und integrierte sie in den Karneval.

Andere Anlässe zum Feiern sind **Sonnenwenden und Tagundnachtgleichen,** die maßgeblichen Einfluss auf die Jahreszeiten und damit auf Aussaat und Ernten haben. Besonders ausgeprägt ist dies im direkten Äquatorgürtel der Anden in und um Cayambe, wo das katholische San-Pedro-Fest und das Sonnenwendfest Inti Raymi Ende Juni in zwei berauschenden Festwochen mit Hunderttausenden von Besuchern verschmelzen.

Die Feste der **Regenwald-Indígenas** orientieren sich hingegen von jeher an den Reproduktionszyklen ihrer Jagdtiere. Reichhaltiges Fleischangebot oder Delikatessen wie Jungtiere geben ebenso Anlass zu Festen wie die Ernte der *chonta,* der Frucht der Stachelpalme, und der Yucca. Beide werden zur Zubereitung der *chicha* verwendet. Dieses gegorene Getränk ist traditionell die Grundlage eines jeden Festes im Regenwald.

Bei **historischen Festen,** meist in enger Verbindung zu Stadt- oder Kantonsgründungen, werden häufig zwei Gegensätze miteinander vereint: Die Eroberung durch die Spanier und die Befreiung von ihnen finden dann Eingang in ein und dasselbe Fest – für die Ecuadorianer kein Paradox.

Nicht nur beim Karneval haben die Missionare Rituale und Zeremonien aus dem Festtagskalender der Indígenas und Afro-

ecuadorianer ›geklaut‹, um mit der christlichen Lehre in deren enge Beziehung zwischen Mensch und Natur einzudringen. Diese Inkulturation ist bis heute in den Gottesdiensten der Indígenas und der Afroecuadorianer sichtbar. Die katholische Kirche auf dem Land begreift etwa die Darstellung einer

**Das farbenprächtige Mama-Negra-Fest steigt im November in Latacunga**

schwarzen Jesusfigur inzwischen als Bereicherung und authentische Ausdrucksform und nicht mehr als Irrglauben. Das Spektrum der Festtagsaktivitäten und Ausdrucksformen reicht von der Spende katholischer Sakramente bis zu afroecuadorianischen **Totenfesten** mit Tanz und Gesang. Diese sind im Gegensatz zu den christlichen Trauerfeiern Freudenfeste. Denn wer den Tod eines Verstorbenen und vor allem den eines Kindes beweint, so glauben die Afroecuadorianer, erschwert ihm den Weg in den Himmel.

**Familienfeste** werden ausgiebig gefeiert, häufig im wahrsten Sinne des Wortes: Für eine Hochzeit oder eine Beerdigung geben Familien mitunter ihr ganzes Vermögen aus.

In den Festen und Bräuchen Ecuadors drückt sich das Multikulturelle des Landes deutlich aus, aber gleichzeitig auch der Zerfall von Traditionen. Das **Weihnachtsfest** von heute gleicht eher dem in New York City als dem ecuadorianischen Fest vor 40 Jahren, natürlich in erster Linie für die vornehmlich städtische Bevölkerung mit entsprechendem Geldbeutel. Doch nicht nur: Der Weihnachtsbaum, die Lichterkette und die strohblonde Barbie-Puppe haben in den letzten Jahrzehnten gleichsam Einzug in zahlreiche Lehmhütten der Indígenas gehalten.

# Festkalender und Feiertage

Tausende von religiösen und heidnischen Anlässen ließen sich im Festkalender Ecuadors aneinanderreihen. 721 religiöse Feste feiern allein die *campesinos* der kleinen Landgemeinden in der nördlichen und südlichen Sierra. Hinzu kommen die unzähligen Unabhängigkeits- und Stadtgründungsfeste. Hier eine Auswahl der schönsten, kalendarisch geordnet:

## Januar

**Dreikönigsfest:** Das katholische Fest wird in der Sierra mit Folkloretänzen und in Cuenca mit großen Kostümumzügen begangen (6. Jan.).

## Februar/März

**Karneval:** Ausgelassene Feste vor allem in Ambato, Puyo und in den Strandbädern von Guayas, Manabí, Esmeraldas und El Oro. In Quito ist es ruhiger. Musik, farbenprächtige Umzüge und traditionelles Essen sind auch die Hauptattraktionen in Guaranda, dem man den närrischsten Karneval Ecuadors nachsagt. An den Stränden stehen vor dem Start in die Fastenzeit die Wahl der ›Miss Tanga‹ und ähnlich ›fleischliche‹ Vergnügungen auf dem Programm. Auch in Cuenca geht es besonders feucht-fröhlich zu.

**Fiesta de las Frutas y las Flores:** Vor Aschermittwoch kommt Ambato nicht zur Ruhe: Das traditionelle Blumenfest während der Faschingstage legt das Alltagsleben komplett lahm. Dieses Stadtfest wird mit Tanz auf den Straßen, typischen Gerichten und Weihen von Brot, Blumen und Früchten gefeiert, Höhepunkte sind die Wahl der Schönheitskönigin am Samstag und der große Faschingsumzug am Sonntag, bei dem die unterschiedlichsten Folkloregruppen und Musikkapellen mitgehen. Außerdem: Stierkämpfe mit internationaler Besetzung.

## März/April

**Semana Santa:** In Quito findet am Karfreitag eine beeindruckende Prozession statt. Sie beginnt morgens mit über 1000 aktiven Teilnehmern an der Kirche von San Francisco und legt an zigtausend Gläubigen und Zuschauern vorbei eine lange Strecke durch die Stadt zurück. In Ketten, unter Dornenkronen oder schweren Holzkreuzen versuchen viele Teilnehmer, das Leiden Christi möglichst authentisch nachzuempfinden (s. S. 125). Karfreitagsprozessionen gibt es in vielen Städten der Sierra, weitere kleinere Prozessionen in anderen Landesteilen.

**Unabhängigkeitsfest von Riobamba:** Die Gründungsstadt der Nation begeht den Jahrestag der Unabhängigkeitsschlacht von Tapi an mehreren Tagen mit Umzügen, Tanz, traditionellen Speisen und Märkten (21. April).

## Juni

**Fronleichnam/Corpus Cristi:** Maskeraden und Umzüge in den Landgemeinden der Sierra, vor allem Pujilí beeindruckt durch seine berühmten Maskentänzer (2. Juni-Sonntag).

**Inti Raymi:** Der Süden der Sierra feiert in Ingapirca sein Fest der Sonnenwende mit der Wahl der Sonnenprinzessin und Folkloretanz. Im Norden der Anden, bei Cayambe, findet das vielleicht größte Volksfest des Landes statt. 14 Tage lang gibt es Spektakel, Tanz und Wettbewerbe, bei denen die Sonnenkulte der Inkas und der Cayambe-Ureinwohner mit katholischen Elementen der Kolonialzeit vermischt werden (um den 21. Juni, in

Cayambe bis zum 29. Juni, San Pedro und San Pablo).

**Fiesta de San Juan:** Das Johannisfest (24. Juni) in Otavalo und seinen Umlandgemeinden war ursprünglich das indianische Erntedankfest Aymorai. In Otavalo mit Stierkampf, farbenprächtigen Maskeraden und Bootsrennen auf der Laguna San Pablo. Weitere Festivitäten gibt es im nahen Ilumán (bis zum 29. Juni, San Pedro und San Pablo).

## Juli

**Fiestas de Guayaquil:** Vom 23. bis 25. Juli begeht die Hafenmetropole das Fest ihrer Stadtgründung. Die Stadt verliert sich für einige Tage in den Festivitäten, die auch den Geburtstag Bolívars (24. Juli 1783) miteinschließen. Paraden, künstlerische Darbietungen, große Gemäldeausstellungen, der obligatorische Schönheitswettbewerb sowie Tanz und Feuerwerk lassen karnevalistische Stimmung aufkommen.

## September

**Fiestas del Yamor:** Das ›Maisfest‹ in Otavalo wird mit Umzügen, Prozessionen, folkloristischen Vorführungen, Feuerwerk, der Wahl der Festkönigin und Hahnenkampf begangen (Anfang Sept.).

**Virgen del Cisne:** Die Stadt Loja begeht das Fest der Virgen del Cisne mit Prozession, Kostümen, Folkloretänzen und großem Festbetrieb sowie einer internationalen Messe (5.–12. Sept.).

**Mama Negra:** Zum Stadtgründungstag von Latacunga findet das offizielle, doch weniger ausschweifende Mama-Negra-Fest statt (24. Sept.), s. S. 220 und unten.

**Fiesta de los Lagos:** Ibarra begeht sein ›Fest der Seen‹ mit einer Industrie- und Landwirtschaftsmesse und zahlreichen folkloristischen Darbietungen (Ende Sept.).

## Oktober

**Unabhängigkeit von Guayaquil:** Vom 9. bis zum 12. Oktober, dem Kolumbustag, erstrecken sich die Festivitäten zur Stadtgründung, die aber weniger ausgelassen sind als die Feiern zur Stadtgründung im Juli.

### Staatliche Feiertage

**1. Jan. –** Neujahr
**Karfreitag**
**1. Mai –** Tag der Arbeit
**24. Mai –** Schlacht am Pichincha
**10. Aug. –** Erster Ausruf der Unabhängigkeit des Landes (1809)
**9. Okt. –** Unabhängigkeit von Guayaquil (regional)
**1. Nov. –** Unabhängigkeit von Cuenca (regional)
**2. Nov. –** Allerseelen
**6. Dez. –** Stadtgründung von Quito (regional)
**25. Dez. –** Weihnachten

## November

**Mama Negra:** Die spannendere und buntere Version des Mama-Negra-Festes zu Ehren der schwarzen Jungfrau Virgen de las Mercedes in Latacunga: Prozessionen, Straßentanz, Musikkapellen, Feuerwerk, Kostüme (um den 11. Nov.).

**Unabhängigkeit von Cuenca:** Die Festivitäten in der Hauptstadt der Südanden werden mit Musik, Tanz und Märkten zu einem großen Stadtfest (1.–3. Nov.).

## Dezember

**Fiestas de Quito:** Das Stadtgründungsfest in Quito lädt zu Stierkämpfen in der Plaza de Toros. Es beginnt mit der Wahl der *Reina de Quito* (Miss Ecuador) Ende November und setzt sich mit zahlreichen Kulturveranstaltungen, Messen, Straßenfesten insbesondere in La Ronda (Altstadt) und in der Avenida Amazonas fort (mehrere Wochen vor dem 6. Dez.).

**Silvester/Año Viejo:** Im ganzen Land Feste mit Straßentanz, Kostümierung und dem symbolischen Verbrennen von Politikerpuppen, um das Böse vor der Jahreswende zu vertreiben. Quito begeht einen farbenprächtigen Año-Viejo-Wettbewerb in der Avenida Amazonas. Ein rauschendes Fest veranstaltet auch Guayaquil. Das öffentliche Silvesterfest ist landesüblich gegen 22 Uhr vorbei, weil die Ecuadorianer dann zum traditionellen Silvesteressen nach Hause zurückgehen.

# Architektur und Kunst

Das in biologischer Hinsicht artenreichste Land der Welt hat durch Eroberungen und Fremdherrschaft auch kulturell zu großer Vielfalt gefunden. Dieses keineswegs gleichberechtigte Nebeneinander von Ethnien, Kulturen und Weltsichten erweist sich mitunter als schmerzhaft und konfliktgeladen.

## Ecuadors Architektur

### Vor den Inkas

Die Ureinwohner Ecuadors, insbesondere die Andenvölker des Nordens, haben der Nachwelt die Fundamente zahlreicher Pyramiden, Sonnentempel und Landmarken hinterlassen. Sie konzentrieren sich auf den Äquatorgürtel zwischen Calacalí am Pululahua-Krater und Cayambe am Fuß des gleichnamigen Vulkans. Ihr geografisches und möglicherweise kulturelles Zentrum war der **Cerro Catequilla,** die älteste und genaue Markierung der Äquatorlinie. Auf diesem Hügel befindet sich, wenn auch baulich unspektakulär, der wohl bedeutendste Mess- und Zeremonieort der frühen Sonnenkultur der Anden, um den sich in teils größerem Abstand weitere 40 Bauten und Landmarken gruppieren.

Deutlich jünger sind die kuriosen **Bäderanlagen** aus der Zeit der Kultur der Yumbos (800–1660), die um 1000 n. Chr. an dem antiken Handelsweg zwischen Anden und Küste errichtet wurden. Sie liegen nordwestlich von Quito an der Straße nach San Miguel de los Bancos, nahe dem subtropischen Ort Tulipe (s. S. 153) und am gleichnamigen Río Tulipe. Die Rampen, Becken und Steinmonumente der Yumbos wurden wie so viele andere Ruinen der Cayambe- und Cara-Kulturen im Hochland lange Zeit für ›Inkabäder‹ gehalten. Sie sind außergewöhnlich gut erhalten und werden erst seit wenigen Jahren systematisch erforscht.

### Die Inkas

Die Inkas ihrerseits haben in Ecuador nur wenige Bauten hinterlassen. Größtes architektonische Vermächtnis der Sonnenkultur des Südens ist der **Sonnentempel von Ingapirca** (s. S. 242) nördlich der heutigen Stadt Cuenca. In dieser Region hielten sich die Inkas etwa 80 Jahre auf, legten mehrere Pflasterstraßen an und begannen mit dem Bau ihrer Hauptstadt des Nordens: Tomebamba, dem heutigen Cuenca, wo man Reste der Inkabauten gefunden hat (s. S. 242).

Die nördlichsten Funde von Inka-Architektur liegen in Ibarra, besser erhalten hingegen sind die Relikte in der **Hacienda San Agustín de Callo** am Fuß des Vulkans Cotopaxi, die heute ein Hotel ist. Hier sind diverse Räume und Wände eines einstigen Inkapalastes erhalten und restauriert. Später kamen Bauelemente der Kolonialzeit hinzu und verschmolzen zu einer der architektonisch spektakulärsten Haciendas in Ecuador (s. S. 208).

### Die Kolonialzeit

Mit dem Eintreffen der Spanier setzte sich in allen Städten und Gutshöfen des Landes die sogenannte Kolonialarchitektur durch, was mehr eine Benennung der Epoche als ein Architekturstil ist. Ab dem 16. Jh. brachten vor allem spanische, später auch französische, italienische, belgische und deutsche Architekten die jeweiligen architektonischen Strömungen Europas nach Ecuador. Durch das langsame Wachsen der Städte, aber auch durch Naturkatastrophen, die mehrfach zum Wiederaufbau der Ansiedlungen führten, gelangte ein Potpourri aus Stilrichtungen in die Städte und Haciendas. Ausgezeichnet zu sehen sind diese Stilmischungen in der **Altstadt Quitos** (s. S. 114), wo noch etwa 80 zumeist kirchliche Gebäude aus dem 16. bis beginnenden 19. Jh. diese Architekturepoche dokumentieren. Barock, Gotik, Renaissance, Neoklassizismus und der orientalisch beeinflusste Mudéjar sind nur die bekanntesten Stile jener Zeit. Zwar wurden diese in Ecuador kopiert – sie sind also keine genuine ecuadorianische Architektur. Doch die Nutzung zahlreicher inkaischer Mauern und Baumaterialien vor allem bei den Fundamenten der Gotteshäuser sowie der massive Einsatz indianischer Arbeitskräfte beim Bau der Kolonialstädte führten zu einem eigenen architektonischen ›Zungenschlag‹ in dieser aus Europa übernommenen Bausprache.

### Die republikanische Epoche

Mit der Unabhängigkeitsbewegung zu Beginn des 19. Jh. wendete sich die entstehende Republik sichtlich von Spanien ab. Neue Gebäude entstanden nun vermehrt unter französischem Einfluss, wie es noch heute besonders gut in **Cuenca** zu bewundern ist. Diese republikanische Epoche setzt sich bis zum Zweiten Weltkrieg fort. Ein Prachtbau vom Beginn dieser Epoche ist der **Präsidentenpalast in Quito.** Ende des 19. Jh. entstand nicht weit von ihm entfernt das vom deutschen Architekten Franz Schmidt entworfene neoklassizistisch beeinflusste Opernhaus **Teatro Nacional Sucre.** Bald darauf brannte der Jesuitenkonvent neben der Kathedrale nieder, ein kolonial-republikanisches Juwel, das, wieder aufgebaut, als Centro Cultural Metropolitano dient. Erst in den 1930er-Jahren entstand mit dem **Teatro Bolívar** das bedeutende Schauspiel- und Lichtspielhaus der Hauptstadt.

### Die Moderne

Seit den 1950er-Jahren, mit Höhepunkt in den Jahren des Erdölbooms (1970er-Jahre), wandten sich die Architekten dem Beton mit großflächigen dunklen Fensterfronten zu und

**Etwa 2000 Jahre alte Keramikfigur der Bahía-Kultur aus der Küstensiedlung Chirije, nahe der heutigen Stadt Bahía de Caráquez**

Dank seiner prachtvollen republikanischen Architektur wurde
Cuenca der Status eines UNESCO-Welterbes verliehen

# Oswaldo Guayasamín – Maler der Freiheit

Thema

**Der bedeutendste Maler Ecuadors und vielleicht ganz Lateinamerikas malte zeitlebens gegen das Elend und Unrecht an, das vor allem den indianischen Ureinwohnern des Kontinents widerfuhr. Seine eigenwillige, dem Expressionismus verpflichtete Bildsprache spiegelt die Realitäten Ecuadors ungeschminkt wieder.**

Der expressionistische Maler Oswaldo Guayasamín (1919–1999) aus Quito ist bis heute der berühmteste Künstler Ecuadors. Als sozialkritischer Maler der indianischen Geschichte und Gegenwart seines Kontinents schuf Guayasamín im Lauf seines Lebens über 6000 Ölgemälde, Aquarelle und Zeichnungen und avancierte zu einem der bedeutendsten lateinamerikanischen Maler des 20. Jh.

Als armer Tischlersohn eines indianischen Vaters und einer mestizischen Mutter erkämpfte sich der junge Guayasamín einen Studienplatz an der Escuela de las Bellas Artes in Quito. Mit seiner ersten öffentlichen Ausstellung als erst 23-jähriger Newcomer gelang ihm die Sensation, einige seiner Werke an das Museum of Modern Art in New York zu verkaufen.

Auf seinen zahlreichen Reisen in Lateinamerika wuchs Guayasamíns enge Freundschaft mit dem chilenischen Schriftsteller und späteren Literaturnobelpreisträger Pablo Neruda. Den Menschenrechten, seinen indianischen Wurzeln und der lateinamerikanischen Linken verpflichtet, stand Guayasamín auch Gabriel García Márquez, Salvador Allende, Rigoberta Menchú, Mario Vargas Llosa und Fidel Castro nahe. Castro malte er mehrmals, bevor ihm der Máximo Lider der Zuckerrohrinsel 1993 ein Museum in Havanna widmete.

Die bedeutendsten Zyklen seines Lebenswerkes sind »Der Weg der Tränen« (1946–1952, auf Kichwa »Huacayñán«), »Das Zeitalter des Zorns« (1960–1992, auf Spanisch

»La Edad del Ira«) und »Das Zeitalter der Zärtlichkeit« (1988–1999, auf Spanisch »La Edad de la Ternura«). Große Wandgemälde fertigte Guayasamín in Madrid und Paris, aber auch für den ecuadorianischen Nationalkongress, unübersehbar beeinflusst von den großen mexikanischen Muralisten. In den 1970er-Jahren war er Leiter der Casa de la Cultura, des bedeutendsten Kulturhauses Ecuadors.

Immer wiederkehrende Motive in vielen seiner jüngeren Werken sind großformatige betende oder gar flehende Hände und karge, klagende, oft schreiende Fratzen – Gesichter aus einer bedrohten Welt, die nach Freiheit rufen. Diese Arbeiten, besonders ausgeprägt im ›Zeitalter des Zorns‹, stehen in enger künstlerischer Nähe zu Pablo Picassos Monumentalgemälde »Guernica«.

Guayasamín prägte und repräsentierte den Expessionismus Lateinamerikas im 20. Jh. 180 Einzelausstellungen in aller Welt stehen für seinen Aufschrei gegen das »monströse Jahrhundert« der Weltkriege. Erst nach seinem Tod 1999 wurde sein letztes großes Werk vollendet: die Capilla del Hombre, die Kapelle des Menschen. Das avantgardistische Gebäude ist Mahnmal und Ausstellungsort und steht in der Nähe des Museums seiner Stiftung Fundación Guayasamín im Quitoer Stadtteil Bellavista. Ganz nahe bei dem heute wohl bedeutendsten Museum in Ecuador liegt der Künstler begraben, und zwar wie er es gewünscht hatte, unter dem von ihm gepflanzten ›Baum des Lebens‹.

imitierten den nordamerikanischen Lifestyle. Dieses Unterfangen hat landesweit zu einem Wettsinnen der architektonischen Einfallslosigkeit geführt und liegt dem Betrachter von außen schwer im Magen.

Nur wenigen Architekten und Künstlern der Neuzeit gelang es, jenseits dieser Gleichförmigkeit zu einer neuen Ästhetik zu finden, vielleicht noch am ehesten dem Maler Oswaldo Guayasamín mit seiner **Capilla del Hombre** in der Neustadt Quitos (s. S. 131).

Mut macht in Ecuador derweil eine Wiederbelebung historischer Baumaterialien. Seit den 1990er-Jahren entstehen im Hochland zahllose, meist private Bauprojekte aus Adobe-Lehmziegeln, an der Küste verbreitet die Bambusarchitektur zeitlosen Landhaus-Charme. Die Baumaterialien sind zweckmäßig, ökologisch und günstig, die Entwürfe mitunter avantgardistisch. Mit der Abkehr von Beton und Schwarzglas und unter Berücksichtigung der Klima- und Dämmungserfordernisse unserer Zeit könnte nun zum ersten Mal eine genuin ecuadorianische Architektur entstehen.

# Bildende Kunst

Mit der Gründung der Republik schwand zwar der spanische Einfluss auf die Kunst. Aber die Künstler des 19. Jh. orientierten sich weiterhin am Kanon der ›Alten Welt‹, und die koloniale Kunstschule **Escuela Quiteña** fand auf diese Weise eine republikanische Fortsetzung. Erst zu Beginn des 20. Jh. initiierte der literarische Impressionismus auch in der bildenden Kunst eine Neuorientierung.

Anfang des 20. Jh. machte **Camilo Egas** (1889–1962) als erster ecuadorianischer Maler international auf sich aufmerksam. Der große expressionistische Künstler des Landes war der in Quito geborene **Oswaldo Guayasamín** (1919–1999, s. Thema links; www.guayasamin.com). In Malstil, aber auch in seinen Motiven verwandt war sein Zeitgenosse **Eduardo Kingman** (1913–1997), der wie Guayasamín jahrelang an der Escuela de Bellas Artes in Quito lehrte.

Unter den Künstlern nachfolgender Generationen tat sich in den 1990er-Jahren **Marcelo Aguirre** hervor, ein preisgekrönter Maler großer farbintensiver Bilder. Er war Student an der Hochschule der Künste (HdK) in Berlin und ein ›Junger Wilder‹.

Daneben gehören Carlos Rosero, Miguel Varea, Hernán Cueva, Ramiro Jacomé, Jaime Zapata und Palomeque zu den ambitioniertesten zeitgenössischen Künstlern Ecuadors.

Wichtigstes Kunstereignis Ecuadors ist die **Bienal Internacional de Cuenca,** eine bislang alle zwei Jahre stattfindende internationale Ausstellung für Malerei, Skulptur, Fotografie und Installation in der heimlichen Kulturhauptstadt des Landes Das Bienal-Büro veranstaltet auch laufend Einzelausstellungen.

# Literatur einer jungen Republik

## Geschichten aus dem Exil

Ecuadors frühe Autoren setzten bereits vor der Befreiung von den Konquistadoren literarische Akzente, wenn auch vornehmlich in Europa. Der Jesuit **Padre Juan de Velasco** (1727–1792) aus Riobamba schrieb aus dem Exil in Italien als erster die Geschichte Ecuadors auf und war damit der erste Historiker des Landes. **Eugenio Espejo** (1747–1795) war Arzt und Journalist und als solcher gab er auch Ecuadors erste Zeitung heraus, die »Primicias de la Cultura de Quito« im Jahr 1794. Berühmt wurde er durch seine wissenschaftlichen Veröffentlichungen über die Pockenkrankheit, sodass er als Sohn eines Indígenas und einer Negra selbst den weißen Eliten Europas als einer der besten Wissenschaftler Amerikas galt. Der Schwager von Eugenio Espejo, **José Mejía** (1779–1813), war Biologe und Intellektueller. Im spanischen Cádiz waren die Leser begeistert von seinen Diskursen über Amerika.

## Von Heldenepen zur Klassik

Die Epoche der Befreiung von Spanien ist zwangsläufig gekennzeichnet von Heldenepen und anderen Siegeserzählungen. Vor allem **José Joaquín de Olmedo** (1780–1847) steht für dieses Genre der jungen Republik. Früher Prosaschriftsteller dieser Zeit war **Vicente Solano** (1791–1865).

Ansonsten gehörte das 19. Jh. lange Zeit den Romantikern. Stilistisch standen sie den europäischen Autoren sehr nahe, thematisch aber befassten sie sich mit der Geschichte, den Legenden und Traditionen Ecuadors. So erschien insbesondere das Landleben im romantischen Licht der zahlreichen Gedichte und Erzählungen von **Dolores Veintimilla** (1829–1857), **Numa Pompillo Llona** (1832–1907), **Julio Zaldumbide** (1833–1881), **Luis Cordero** (1833–1912) und **Juan León Mera** (1832–1894), der auch den Text der Nationalhymne Ecuadors schrieb.

**Juan Montalvo** (1832–1889) steht für den Übergang von der Romantik zur Klassik. Er betrieb weitreichende literarische Studien in Ecuador, doch fiel er besonders auf durch seine politischen Pamphlete gegen die Regierung von Diktator García Moreno und dessen Politik. Auch schrieb er aus seiner Zeit herausragende Essays wie »El Cosmopolitano«, »Los Siete Tratados« und »Los Capítulos que se le olvidaron a Cervantes« – »die Kapitel, die Cervantes vergaß«.

## Magischer Realismus

Eine der ersten **Novellen** schrieb **Miguel Riofrío** (1822–1879). Mit »La Emancipada« steht er für die Hinwendung zum Realismus. Der Zeit von Aufschwung, Niederschlagung und Neubeginn der Arbeiterbewegung entsprangen zahlreiche Erzähler an der Küste, vor allem aus Guayaquil. Sie stehen am Beginn des *realismo mágico,* jenes ›magischen Realismus‹, der sich eng an den Menschen und ihrer Lebenswelt, an den Bauern wie an den Arbeitern orientiert, getrieben von einer tief sozialkritischen, teils marxistischen Weltanschauung. **Demetrio Aguilera Malta** (1905–1981) war Ecuadors vielleicht wichtigster Repräsentant dieses auch politischen Realismus, noch bevor der Kolumbianer Gabriel García Márquez diesen Weg einschlug. Weitere ecuadorianische Autoren dieser Epoche waren **José de la Cuadra** (1903–1941),

**Joaquín Gallegos Lara** (1911–1947) und **Enrique Gil Gilbert** (1913–1973). Bis heute bekannt, da auch in zahlreiche Sprachen wie das Deutsche übersetzt, ist der quiteñische Romanautor **Jorge Ycaza** (1906–1978) mit seinem frühen, progressiven Werk »Huasipungo« (1934) sowie »Los hijos del viento« und »El Chulla Romero y Flores«.

**Pablo Palacios** (1904–1946) war ein Schriftsteller des Absurden und gleichzeitig Kongressabgeordneter mit teils exzentrischen und vulgären sprachlichen Auftritten. Franz Kafka und James Joyce beeinflussten den Erzähler, der in keine Richtung passen wollte.

## Zeitgenössische Literatur

Der 1993 mit dem nationalen Literaturpreis Premio Eugenio Espejo ausgezeichnete Dichter und Erzähler **Nelson Estupiñan Bass** aus Esmeraldas wurde 1998 sogar für den Literaturnobelpreis nominiert.

Weitere bedeutende zeitgenössische Romanschriftsteller und Erzähler sind César Dávila Andrade, Jorge Enrique Adoum, Miguel Donoso Pareja, Efraín Jara Hidrogo, Raúl Pérez Torres sowie der 1947 in Cuenca geborene Jorge Dávila Vázquez und der 1944 in Quito geborene Abdón Ubidia.

**Leonardo Wild** steht für den jungen Science Fiction-Roman aus Ecuador. Mit dem auch auf Deutsch erhältlichen Roman »Unemoción« setzte der junge Autor bereits ein Zeichen. Mit »Cotopaxi – Alerta Roja« begibt sich Wild auf die Spuren des fiktiven Naturdramas von Frank Schätzing und Michael Crichton.

Die 1968 geborene ecuadorianische Erzählerin **María Gabriela Alemán** wurde 2007 auf dem angesehenen Hay Festival in Bogotá als eine der bedeutendsten Nachwuchsschriftstellerinnen Lateinamerikas gefeiert.

# Der ecuadorianische Film

## Bewegte Bilder

Vor über 125 Jahren fanden die ersten stehenden Bilder den Weg auf ecuadorianische Projektionsflächen. Zu Anfang des 20. Jh.

präsentierten dann vor allem europäische Reisende den staunenden Andenbewohnern Bilder, die sich bewegten. 1906 entstanden auch die ersten Filmaufnahmen in Ecuador, u. a. von der Feuerwehr in Guayaquil. Einzelne Stummfilme entstanden in den 1920er-Jahren, z. B. »El tesoro de Atahualpa« (1924). Die künstlerisch kreativen 1930er-Jahre brachten vor dem Hintergrund einer sich politisierenden Arbeiter- und Gewerkschaftsbewegung schließlich den ersten ecuadorianischen Film auf die Leinwand: »Guayaquil de mis amores« (1930). Wenig später drehte Demetrio Aguilera Malta ein sozialkritisches Leinwandstück über die Lebenssituation der *montubios,* der Bauern an der ecuadorianischen Küste.

## Rückbesinnung auf die Wurzeln

Wie in großen Teilen Lateinamerikas prägte in jener Zeit auch in Ecuador ein *indigenismo realista socialista* die Arbeit der Kulturschaffenden, eine Rückbesinnung auf die eigenen indigenen Wurzeln, beeinflusst von einer internationalen sozialistischen, kommunistischen und teils anarchistischen Bewegung. Nach dem Zweiten Weltkrieg dominierten zunächst die serienmäßig produzierten nordamerikanischen Spielfilme die zahlreich in Ecuador eröffnenden Kinosäle. Deshalb entstanden erst wieder in den fortschreitenden 1950er-Jahren weitere Filme aus Ecuador: die historischen Filme »Amanecer en el Pichincha« (1950) von **Alberto Santana** über General de Sucres glorreiche Befreiungsschlacht von 1823 und »Mariana de Jesús« (1959) von **Paco Villar** über die nationale Schutzheilige. Der in der Literatur dominierende *realismo mágico* fand in **Demetrio Aguilera Malta** auch einen Filmschaffenden im Dokumentarbereich.

**Ernesto Albán** öffnete den ecuadorianischen Film nach außen. Der bekannte Schauspieler und Theaterregisseur drehte bereits in den 1950er-Jahren die ecuadorianisch-mexikanische Koproduktion »Te amaré en Guayaquil« – »Ich liebe Dich in Guayaquil«. Dann setzte eine Phase von kürzeren Dokumentar-

filmen im 20-Minuten-Format ein. Ecuadors Städte und Feste standen im Mittelpunkt dieser Kinoproduktionen von **Agustín Cuesta** und **Gabriel Tramontana.** Sie fanden landesweit ein großes Publikum.

In den 1970er-Jahren besann sich Lateinamerika nicht nur im filmischen Bereich zurück auf sich selbst, auf die Nation. Die Filmemacher Ecuadors produzierten nun zahlreiche kurze Dokumentar- und Autorenfilme. Immer wieder ging es um die Themen ›Tradition‹ und ›nationale Identität‹. Es setzte ein regelrechter Dokumentarfilm-Boom ein, in dem Ecuador erstmals eine eigene Filmsprache entwickelte: Eng an den Menschen formulierten die Werke eine kritische Reflexion der Gesellschaft, klärten die Regisseure ihr Verständnis vom ›Ecuadorianisch-Sein‹ und traten mitunter an zur ›Rettung der nationalen Kultur‹.

## Professionalisierung

Auf dem vorläufigen Höhepunkt dieses national-emanzipatorischen Filmschaffens gründeten die unabhängigen Filmemacher 1977 einen eigenen Verband: ASOCINE, die Asociación de Cineastas del Ecuador.

Der ecuadorianische Dokumentarfilm erreichte in den 1980er-Jahren seinen vorläufigen Höhepunkt. Die Unabhängigen produzierten zu Themen aus dem gesellschaftlichen Leben, aus den Legenden der Region und stellten historische Reisen nach, so auch die »Besteigung des Chimborazo« (1988/1989) des deutschen Regisseurs **Rainer Simon.** Dieser dokumentarische Spielfilm, der die Alexander-von-Humboldt-Bergexpedition vom 23. Juni 1802 mit Jan Josef Liefers in der Hauptrolle und am Originalschauplatz nachzeichnete, war nicht nur eine deutsch-ecuadorianische Koproduktion, sondern zugleich die erste und einzige deutsch-deutsche Spielfilmproduktion, ein Projekt von DEFA und ZDF.

Eine andere Entwicklung des ecuadorianischen Films ab etwa 1985 ist die Professionalisierung der Filmemacher: Aus den einstigen Autodidakten wurden Absolventen internationaler Filmhochschulen, vor allem in

## Architektur und Kunst

Moskau und Havanna. Die technische Qualität der Produktionen hat einen deutlichen
Schub erhalten, während sich die Inhalte der
Filme von den kulturellen und gesellschaftlichen Problemen Ecuadors entfernt haben,
die Themen individueller und die Darstel-
lungsformen experimenteller geworden sind.

Seit einigen Jahren drängen mehr Frauen
in die Regiearbeit. Vor allem **Mónica Vásquez** und **Helena Corral** sind in die bisherige
Männerdomäne eingebrochen.

### Höhepunkte

Einer der Höhepunkte der nationalen Filmge-
schichte war 1996 der experimentelle Spielfilm »Entre Marx y una mujer desnuda« von
**Camilo Luzuriaga**. Er gewann u. a. den internationalen Filmpreis in Havanna. 1999 lan-
dete **Sebastián Cordero** mit »Ratas, ratones
y rateros«, einem Film aus dem Jugendmilieu
Guayaquils, einen großen Publikumserfolg.
Fünf Jahre später produzierte Cordero den
Politthriller »Crónicas«. 2006 drehte **Tania
Hermida** mit »Qué tan lejos« ein großartiges
Roadmovie. 2009 erhielt der Regisseur **Mateo Herrera** auf dem Filmfestival von Tou-
louse die höchste Auszeichnung für seinen
Spielfilm »Impulso«. 2013 ist erneut Sebastián Cordero mit seinem Film »Pescador« für
den Ariel-Preis in Mexico nominiert.

Das Programmkino **Ocho y Medio** in Quito
hat zwei Ableger in Guayaquil und Manta. Neben dem internationalen Programm zeigt es
regelmäßig auch die bedeutendsten ecuadorianischen Filme sowie aktuelle nationale Produktionen (www.ochoymedio.net). Das größte Filmfestival des Landes ist das jährlich im
Herbst in Quito und anderen Städten stattfindende **Festival de Cine Cero Latitud** (genaue Termine und Informationen zum Programm unter www.cerolatitud.com).

# Theater und Tanz

Staat und Kommunen fördern Theater und
Tanz in Ecuador fast gar nicht. Allein die
staatliche **Compañía Nacional de Danza
del Ecuador** unter Leitung von Maria Luisa

Gonzales (www.cianacionaldedanza.gob.ec)
müht sich mit der spärlichen Kulturförderung.
Der eine oder andere Theatersaal steht zur
Verfügung, doch wird eine Spielstätte nicht
selten mal über Jahre geschlossen, so etwa
das Nationaltheater Sucre in Quito.

So fällt das Engagement zurück auf frei-
schaffende Schauspieler, Tänzer, Autoren,
Regisseure, Dramaturgen und Choreografen,
die nicht selten in Personalunion auch noch
die eigene Reinigungskraft sind. Gleichzeitig
leiden diese Sparten unter chronischem
Geldmangel, fehlenden Probenräumen und
adäquaten Auftrittsorten. Die Fluktuation in
der Szene ist groß.

### Theater

Durchgesetzt hat sich mit konsequenter
Theaterarbeit wider die staatliche Ohnmacht
das seit Anfang der 1980er-Jahre in Quito
auftretende Ensemble **Malayerba**. Die rund
zehnköpfige Truppe um den argentinischen
Dramaturgen und Regisseur Aristides Vargas
und die spanische Schauspielerin Charo
Frances führen eigene zeitgenössische Stücke auf. Sie befinden sich technisch und dar-
stellerisch mittlerweile auf so hohem Niveau,
dass sie weltweit auf den großen Theaterfes-
tivals zu sehen sind. In Quito konnten sie sich
ein eigenes Theaterhaus aufbauen.

Der deutsche Schauspieler und Regisseur
**Christoph Baumann** zählt zu den populärs-
ten Bühnendarstellern des Landes. Er hat seit
den 1980er-Jahren an zahlreichen Produktionen und Festivals teilgenommen und deckt
die gesamte Bandbreite von Satire über
Drama bis zur Fernsehserie und sogar ab-
surdem Theater ab. Baumann ist Mitinitiator
des jährlich stattfindenden internationalen
Festivals für Experimentelles Theater in Quito
(www.fiteq.com). Das **FITEQ** unter der Leitung von Susanna Iturralde findet jeweils im
November statt.

Erstmals 1998 veranstaltete die Stadt
Cuenca ein Theaterfestival, das seitdem als
**Bi-Cuenca** alle zwei Jahre Platz im Veranstaltungskalender der Stadt findet. Das älteste Theaterfestival des Landes ist ein jährlich im September in Manta unter der Leitung

von Nixon García veranstaltetes **internationale Theatertreffen.** Humanizarte (s. u.) in
Quito zeigt jeweils im Anschluss Teile des
Manta-Festivals als **Spondylus Festival** in
der Hauptstadt.

## Tanz

**Humanizarte** hat sich als Ausbildungszen-
trum für verschiedene Tanzformen etabliert.
Mit Geldern aus der Schweiz und aus Mexiko
konnte die Stiftung in Quito zudem ein eigenes kleines Tanztheater mit zwei Ensembles
aufbauen: eines für modernen Tanz und eines
für zeitgenössischen indianischen Tanz.

Die meisten freien Tänzer sind organisiert
in der **Frente de Danza Independiente.** Man
spürt den Einfluss mexikanischer Tanzschu-
len, wo viele der unabhängigen ecuadorianischen Tänzer ausgebildet wurden. Die bekanntesten Tänzer der Frente sind Wilson
Pico und Klever Viera. Letzterer zeichnet
auch verantwortlich für das internationale
Tanzfestival von Quito und leitet heute das
Ensemble **Arrebato.** Ausgezeichnet sind
auch die modernen Stücke des Ballet Nacional de Ecuador unter Choreograph Ru-
bén Guarderas (www.balletnacionalecuador.
org.ec).

Eine der bekanntesten Solistinnen ist **Su-
sana Reyes,** die sich ebenfalls mit Hilfe einer
Stiftung eine kleine Theaterschule in San Rafael bei Quito aufbauen konnte.

In Guayaquil entwickelte **Luis Mueckay**
ein eigenwilliges Theater mit eigener Spielstätte. Im **Centro Cultural Sarao** im Stadtteil
Kennedy Viejo inszeniert er im Stil eines
komischen Tanztheaters regelmäßig eigene
Stücke (www.ccsarao.blogspot.com).

## Straßentheater

Das Straßentheater hat in Ecuador eine lange
Tradition. Auf Plätzen und in Parks, vor allem
in den Metropolen Guayaquil und Quito, spielen die Outdoor-Schauspieler einfache Un-
terhaltungssketche, schlichte Parodien und
Clownerien. Dieses Volkstheater ist sehr beliebt und findet nicht selten ein Publikum von
200 bis 300 Zuschauern. Während es den
modernen Tanz in Ecuador erst seit Ende
der 1970er-Jahre gibt, das zeitgenössische

**Traditionelle Klänge – Musiker spielen in Salasaca auf**

## Architektur und Kunst

Theater seit den 1960er-Jahren, ist das Straßentheater sowohl an der Küste als auch in den Anden ein echtes Stück Volkskultur. Meister des Fachs ist **Carlos Michelena,** der noch immer Parks und Plätze in Quito bespielt. Er ist inzwischen Profi und zuweilen auf der Bühne und im Fernsehen zu sehen.

# Musik

## Volkstümliche Musik

Der Einfluss der volkstümlichen Andenmusik der Indígenas ist stark zurückgegangen. Allein die Otavaleños spielen in Ecuador, aber auch auf weltweiten Tourneen durch Fußgängerzonen und Latinokneipen ihre Stücke.

Volkstümlich wie eh und je sind die **Bandas,** wunderschöne schrille Dorforchester, die auf keiner Fiesta fehlen dürfen. Die hauptsächlich mit Blech- und Holzbläsern besetzten Herrenensembles spielen eingängige Tanzmusik. Sie funktionieren quasi wie eine menschliche Musikbox, statt Münzen nehmen sie am liebsten den dorfgebrannten *trago,* bis dass sich die Noten biegen. Gerne spielen sie auch den *chivas,* den offenen Partybussen aus Holz.

Die **afroecuadorianische Musik** mit den faszinierenden rhythmischen Klängen der Marimba und den schwungvollen Tänzen und Tanzspielen ist in Esmeraldas und im Valle del Chota noch heute von großer Bedeutung. Gelegentlich geben Bands auch Konzerte in der Hauptstadt, oft gewürzt mit kubanischer Musik. Ihr bekanntester Protagonist ist der Meister der Marimba, **Papá Roncón.**

## Klassische Musik

Klassische Musik erfreut sich großer Beliebtheit – was sich nicht nur darin manifestiert, dass man fast jedes Jahr den Gitarrenvirtuosen Paco de Lucía in die Casa de la Cultura einfliegt. Auch seitens der Kommunen gibt man sich gerne großzügig und urban; Guayaquil, Cuenca und Quito leisten sich jeweils ein eigenes Sinfonieorchester. Künstlerisch herausragend ist das staatliche Jugendsinfonieorchester Ecuadors.

Dem **Orquesta de Instrumentos Andinos** gelang unter seinem Direktor Patricio Mantilla der Sprung von der einfachen Folkloreband zum großen Galaorchester, das neben Werken von Mozart auch Vivaldi, Bach, Brahms, Händel, Beethoven, Saint-Saëns und ecuadorianische Komponisten spielt. Seine Instrumente und das weit über 100 Werke umfassende Repertoire machen dieses Orchester weltweit einzigartig. Die klassischen Werke großer Meister wurden für die Interpretation auf den Ecuador-typischen Klangkörpern von den Musikern des Orchesters selbst umgeschrieben. Zahlreiche Instrumente bauten die Interpreten eigenhändig um und erweiterten damit deren musikalische Bandbreite. So übernehmen im Andinischen Orchester Quena, Bandolín und Charango die klassischen Soloparts konventioneller Orchester-Instrumente wie Geige, Piccolo, Querflöte und Oboe.

## Pop und Rock

Seit Anfang der 1990er-Jahre hat sich in Ecuador rund um das Phänomen Rockmusik eine breite Jugendszene entwickelt. Insbesondere in den ärmeren Stadtvierteln, so in Quitos Süden, formiert sich über harten Rock und Heavy Metal eine Protestbewegung gegen die Chancenlosigkeit. Mit den zwischenzeitlichen Verboten von Rockmusik und langen Haaren durch Ex-Präsident Bucarám hat diese Bewegung seit 1996 weiter Auftrieb bekommen. Im Süden der Hauptstadt ziehen Rockbands wie **Sal y Mileto** schon mal 5000 Zuschauer an.

Im Jahr 1998 initiierte die in Quito lebende deutsche Saxophonistin Astrid Pape mit Mannheimer Musikern (www.coleumes.de) das **Proyecto Visión.** Das globalisierungskritische Kulturprojekt führt seither Musiker und ihre Musik aus Guayaquil, Esmeraldas und den Anden mit europäischen Musikern zusammen. Nach einer erfolgreichen Teilnahme an der Expo 2000 in Hannover und einer Verfilmung des Projektes bei ARTE ist Visión weiterhin auf internationalen Bühnen zu sehen (Infos: www.proyecto-vision.de, Kontakt: astridpape@yahoo.com).

# Essen und Trinken

Der ecuadorianischen Küche eilt kein guter Ruf voraus. Doch Spitzenrestaurants am Äquator brauchen sich heute international in keiner Weise zu verstecken. Die traditionelle Landesküche wartet mit Überraschungen und Kuriosem auf, dazu mit reichlich Vitaminen und einem Schmaus auch für den kleinen Geldbeutel. Wer darauf aus ist, findet in den Städten natürlich auch internationale Küche.

## Auswärts essen

Der Tag am Äquator beginnt traditionell mit einem wenig ambitionierten und mageren Frühstück, bei dem ein Spiegelei schon einem Festtag nahekommt. Kein Wunder also, dass der Magen gegen Mittag rebelliert. Die wichtigste Mahlzeit des Tages ist für die Ecuadorianer somit das **almuerzo,** ein komplettes Mittagsmenü aus Suppe, Hauptgericht, einem frischen Fruchtsaft und manchmal einem süßen Nachtisch. Das Abendessen, **merienda,** wird hingegen als festes Abendmenü nur selten angeboten. Abends isst man auswärts à la carte.

Vor allem in touristischen Restaurants lässt es sich morgens, mittags und abends nahezu europäisch vielfältig essen und trinken. In einfachen Restaurants gibt es üblicherweise weder Wein noch einen Aperitif oder Schnaps zu trinken, sondern lediglich Säfte, Wasser, Erfrischungsgetränke und Bier. Cafés sind selten, allenfalls wiederum im internationalen Milieu zu finden. Wichtig für den ausländische Besucher ist es, Garküchen an der Straße unbedingt zu meiden und bei den einfachen Restaurants einen gewissen Blick für Hygiene und Frische zu entwickeln.

### Süßes

Ein kindlich-verspielter Hang zu Zuckergussorgien und Farbspektakeln hat die Backkunst des Landes bunt verklebt. Auch hier gilt, dass in Cafés, die auf ausländische Gäste und die wachsende ecuadorianische Gourmetgemeinde setzen, immer bessere Kuchenspezialitäten in den Vitrinen warten, manchmal sogar von österreichischer Glückseligkeit.

### Preise

Das standardisierte Tagesmenü, das **almuerzo,** ist sehr preiswert und kostet in den einfachen bis mittleren Restaurants des Landes nur zwischen 1 und 3 $. Natürlich kann ein komplettes Mittagessen im entsprechenden Restaurant auch 50 oder mehr Dollar kosten, wobei die Gastronomien unterschiedlicher kulinarischer Klassen durchaus Wand an Wand liegen können.

## Verschiedene Küchen

### Die Anden-Küche

Das Andenhochland ist die Heimat von Kartoffel und Mais. Ein wahrer Gaumenschmaus ist der **choclo,** ein gelb gebackener Maiskolben. Doch so gut wie kein traditionelles Hauptgericht der Sierra kommt ohne Fleisch aus. Zu den typischen Zubereitungen zählen **hornado** und **fritada** – Schwein, im Lehmofen als Ganzes gebacken oder in Stücken frittiert, dazu gibt es verschiedene Kartoffelzubereitungen sowie Salate mit Avocado oder **mote,** gekochtem Mais. Eine weitere regionale Spezialität ist **cuerito,** zu Chips gebackene Schweinehaut.

## Die ecuadorianische Küche

Zu besonderen Anlässen kommt das einst weit verbreitete Wildtier der Anden, das Meerschweinchen, in den Ofen oder auf den Spieß – dieses Nationalgericht, **cuy,** wird dann herzhaft gefüllt, mit der pflanzlichen **achiote** eingefärbt und dann mit Kartoffeln und Erdnusssauce, **salsa de maní,** serviert.

Das Rückenfilet **lomo** meint in Ecuador im Allgemeinen das dünne und durchgebratene Rinderfilet, als **lomo fino** auch ein Steak.

Als ›Arme-Leute-Essen‹ gelten der Kuhmagen **tripa mishque** und der **caldo de 31,** eine cremige Suppe aus den Innereien des Rindes. Aus Stierblut besteht die Suppe **yaguar locro.** Suppen wie die kräftige Kartoffel-Käse-Suppe **locro de papas** sind ohnehin Höhepunkte der ecuadorianischen Kochkunst. Auf den Speisekarten finden sich weitere vegetarische Suppen auf der Basis von Broccoli und Spargel.

Ziege, Lamm und Huhn komplettieren die Karte, besonders beliebt ist dabei das **seco de chivo,** Ziegengeschnetzeltes. Fleischlos hingegen bleibt **llapingacho,** ein Kartoffelpuffer mit Käse, Spiegelei und rotem Rübensalat. Die **trucha** ist im Idealfall eine frische, köstliche Hochlandforelle.

### Die Küche der Sierra

Die Sierra-Küche ist im Allgemeinen deftig, aber schwach gewürzt. In einfachen Restaurants hat eine leider recht geschmacksneutrale Reissorte von der Küste vielerorts die Kartoffel verdrängt. Neben der roten **achiote** würzt der Küchenchef vor allem mit Koriander **(cilantro)** und Petersilie **(perejil),** benutzt viel Knoblauch **(ajo),** Zwiebel **(cebolla),** Paprika **(pimiento)** und gelegentlich Tomaten **(tomate).** Auf jedem Mittagstisch des Landes steht eine Schale **ají,** eine mitunter sehr scharfe Gewürzsauce aus Pfefferschoten und Lauch. Herrliche Abrundung des Menüs ist der **café con humitas,** eine Tasse Kaffee und dazu ein süßliches Maispüree, das im Naturblatt serviert wird.

### Die tropische Küche

Die Costa kocht natürlich maritim: Garnelen **(camarones),** Krebse **(cangrejos)** oder Welssuppe **(caldo de bagre).** Fisch wird meist zum **pescado frito** frittiert, vornehmlich Barsch **(corvina)** und Brasse **(pargo),** gelegentlich Hai **(tiburón)** und Schwertfisch **(pez espada).**

Nationalgericht sind die **ceviches,** herzhafte Meeresfrüchtecocktails mit Limette. Und was der Sierra die **papas** (Kartoffeln), sind den Costeños die Kochbananen **– verde** oder **patacones –** und natürlich der allgegenwärtige weiße Reis.

Süßer Maniok oder **yuca** ist das Grundnahrungsmittel der Selva, gekocht und gegessen wie Kartoffeln oder zu Mehl verarbeitet. Die exotische Fleischtradition entwickelte sich aus dem Jagdwild der Indígenas: Vögel, Affen, Tapire und vieles andere mehr mit deutlichen regionalen Unterschieden. In den Städten der Selva wie auch auf den Galápagos-Inseln sind die Kochgewohnheiten mittlerweile eng an jene der Küste und der Sierra angelehnt.

# Getränke

## Säfte, Bier und Softdrinks

Grandios sind die stets frischen Fruchtsäfte des Landes. Die gesamte tropische Fruchtpalette gelangt frisch püriert und gemixt in die Gläser der staunenden internationalen Besuchergemeinde. Ansonsten ist die nationale Getränkeauswahl äußerst mager. Ecuador hat so gut wie keinen eigenen Wein, kaum empfehlenswerte Brände und nur eine Handvoll Biermarken, allesamt vom Brautyp Pils. Die Marke **Pilsener** ist der durchaus passable Marktführer. Aus gleichem Haus kommt das würzigere **Club.** Größter Konkurrent ist die recht junge Biermarke **Brahma,** geschmacklich gereift leidet sie etwas unter zu hohem Kohlensäuregehalt. **Conquer** ist der Newcomer unter den Pilsbieren. Außerdem drängen ausländische Konzerne wie Heineken und Franziskaner auch auf den ecuadorianischen Markt. Die Marken schmecken in Pfand- und Einwegflaschen übrigens unterschiedlich. Pilsener verkauft seit wenigen Jahren verstärkt Fassbier, das aus der

**Dieses Gebäck, Guaguas de Pan, lässt man sich zum Día de los Difuntos, dem Allerseelenfest, schmecken**

Hand eines guten Zapfers an sauberer Anlage exzellent schmeckt.

Bei den Softdrinks geht es farbig und fröhlich zu wie bei den Geburtstagstorten – quietschbunte, stark zuckerhaltige Limonaden aus Ecuador halten sich wacker gegen die Produkte der weltweit agierenden Softdrink-Konzerne, auch wenn die großen ecuadorianischen Abfüller hierbei längst die kleinen geschluckt haben.

## Kaffee und Tee

In dem Kaffee-Exportland Ecuador gibt es erst seit kurzem so etwas wie eine Kaffeekultur. Nach wie vor wird die lapidar ausgewählte Kaffeebohne vielerorts durch das Anrühren eines dickflüssigen Konzentrats ihres Aromas beraubt, bevor man bei Tisch gefragt wird, ob man zum Verdünnen der schwarzen Essenz lieber Wasser oder Milch haben möchte. Allmählich verbessert sich die Lage zumindest in den großen Städten. Hier ist, nach Jahrzehnten des Exports, endlich der exzellente ecuadorianische Hochlandkaffee angekommen, und es wird frischer, duftender Kaffee serviert.

Teetrinker werden unter den **aromáticos** eine Vielzahl von Kräutertees, z. B. solche mit Limonengras, entdecken. Bei Tee vermischt sich vor allem in der Sierra die traditionelle Naturheilkunde der Indianer mit der britischen Teeleidenschaft.

Weitere Begriffe aus dem Bereich der Gastronomie und ihre Übersetzungen ins Deutsche finden sich im folgenden kleinen Kulinarischen Lexikon (s. S. 70).

# Kulinarisches Lexikon

## Allgemeines

| | |
|---|---|
| Herr Ober! | ¡Señor! |
| Fräulein! | ¡Señorita! |
| Was möchten Sie? | ¿Qué desea? |
| Ich möchte … | Quisiera … |
| Guten Appetit. | Buen provecho. |
| Prost. | Salud. |
| Noch etwas? | ¿Algo más? |
| Nein danke, | No gracias, |
| nichts weiter. | nada más. |
| Die Speisekarte, bitte. | La carta, por favor. |
| Die Rechnung, bitte. | La cuenta, por favor. |
| Frühstück | desayuno |
| Mittagessen, Menü | almuerzo |
| Abendessen | cena |
| Abendmenü | merienda |
| Vorspeise | entrada |
| Hauptgericht | plato fuerte |
| Nachspeise | postre |
| Restaurant | restaurante |
| Café | cafetería |
| Ceviche-Lokal | cevichería |
| Tisch | mesa |
| Essen (allgemein) | comida |
| Getränke | bebidas |
| Gericht, Teller | plato |
| Fisch | pescado |
| Meeresfrüchte | mariscos |
| Gemüse | legumbres |
| Fleisch | carne |
| Früchte | frutas |
| Besteck | cubiertos |
| Messer | cuchillo |
| Gabel | tenedor |
| Löffel | cuchara |
| Teller | plato |
| Serviette | servilleta |
| Tisch | mesa |
| Tischtuch | mantel |
| Zahnstocher | palillo |
| Flasche | botella |
| Glas | vaso |
| Weinglas | copa |
| Tasse | taza |

## Zubereitung

| | |
|---|---|
| a la parilla | gegrillt |
| al vapor | gedünstet |
| cocinado | gekocht |
| crudo | roh |
| encebollado | mit Zwiebeln |
| encocado | an Kokossud |
| fritado | frittiert |
| revuelto | gerührt (Ei) |
| medio | halb durchge-braten |
| tres cuartos | gut durchgebraten |
| bien cocinado | ganz durchgebraten |

## Fisch und Meeresfrüchte

| | |
|---|---|
| atún | Thunfisch |
| calamares | Tintenfisch |
| camarones | Garnelen |
| cangrejo | Krebs |
| ceviche | Meeresfrüchte-cocktail |
| concha | Muschel |
| corvina | Seebarsch |
| ensumacao | Meeresfrüchtesuppe |
| pargo | Seebrasse |
| langustinos | Riesengarnelen |
| langosta | Hummer |
| mejillones | Miesmuscheln |
| pescado frito | frittierter Fisch |
| pez espada | Schwertfisch |

## Fleisch

| | |
|---|---|
| cerdo | Schweinefleisch |
| chivo | Ziegenfleisch |
| conejo | Kaninchen |
| cordero | Lamm |
| cuy | Meerschweinchen |
| jamón | Schinken |
| lomo | Filet (meist Rind) |
| lomo fino | Steak |
| pato | Ente |
| pavo | Truthahn |
| pollo | Huhn |
| res | Rindfleisch |
| salchicha | Würstchen |

## Gemüse

| | |
|---|---|
| ajo | Knoblauch |
| alcachofa | Artischocke |
| auyama | Kürbis |
| camote, zapote | Süßkartoffel |
| cebolla | Zwiebel |
| coliflor | Blumenkohl |
| espárrago | Spargel |
| espinaca | Spinat |
| frijoles | Bohnen |
| garbanzos | Kichererbsen |
| guisantes | Erbsen |
| lechuga | grüner Blattsalat |
| lentejas | Linsen |
| mote | gekochter Mais |
| palmito | Palmherz |
| pepino | Gurke |
| pimiento | Paprika |
| tomate riñón | Tomate |
| zanahoria | Karotte |

## Obst

| | |
|---|---|
| acuacate | Avocado |
| babaco | Berg-Papaya |
| banano | Banane |
| chirimoya | Chirimoya, Zimtapfel |
| frutilla | Erdbeere |
| granadilla | Granatapfel |
| guayaba | Guave |
| limón | Zitrone |
| maduro | Bratbanane |
| manzana | Apfel |
| maracuyá | Passionsfrucht |
| mora | Brombeere |
| naranja | Orange |
| naranjilla | andine Nacht-schattenfrucht |
| papaya | Papaya |
| pera | Birne |
| piña | Ananas |
| plátano, verde | Kochbanane |
| sandía | Wassermelone |
| tuna | Kaktusfeige |
| tomate (de árbol) | (Baum-)Tomate |
| toronja | Pampelmuse |

## Verschiedenes

| | |
|---|---|
| aceite | Öl |
| ají | Chilischote |
| arroz | Reis |
| azúcar | Zucker |
| caldo | Brühe |
| cilantro | Koriander |
| ensalada | Salat |
| helado | Speiseeis |
| huevo | Ei |
| mantequilla | Butter |
| pan | Brot |
| papas | Kartoffeln |
| papas fritas | Pommes frites |
| pastel, torta | Kuchen |
| pimienta | Pfeffer |
| pincho | Spieß |
| queso | Käse |
| sal | Salz |
| salsa de tomate | Ketchup |
| sopa, locro | Suppe |
| trucha | Forelle |
| vinagre | Essig |

## Getränke

| | |
|---|---|
| agua mineral | Mineralwasser |
| agua sin gas | Tafelwasser |
| aperitivo | Aperitif |
| batido de … | Milchshake mit Fruchtsaft |
| café | Kaffee |
| café con leche | Milchkaffee |
| cerveza | Bier |
| chicha | Maisbier, im Regen-wald Maniokbier |
| cola | Limonade |
| jugo | Saft |
| limonada | süß angerührte Zitronenlimonade |
| ron | Rum |
| té, aromático | Tee |
| trago | Schnaps |
| vino tinto | Rotwein |
| vino blanco | Weißwein |
| con/sin hielo | mit/ohne Eis |

Landwirtschaftlich geprägte Kulturlandschaft
in den Anden am Chimborazo

# Wissenswertes
## für die Reise

## Ecuador im Internet

**www.ecuador.travel** (engl., span.) – Die offizielle Seite des Ministeriums für Tourismus enthält zahlreiche steckbriefartige Informationen u. a. zu Geografie, Reisezielen, Reiseorganisation und Sportaktivitäten. Außerdem Links zu anderen öffentlichen Institutionen wie dem Außenministerium.

**www.visitaguayaquil.com** (span.) – Die offizielle Tourismusseite der Stadt Guayaquil. Zahlreiche Abbildungen, wenig Informationen, aber ein sehr guter Veranstaltungskalender unter ›Eventos‹.

**www.ambiente.gob.ec** (span.) – Die Seite des Umweltministeriums verfügt neben einer Menge amtlicher Informationen über eine hervorragende Plattform mit ausführlicher Beschreibung aller Naturschutzgebiete Ecuadors unter ›Areas protegidas‹ (diese Detailinfos waren im März 2013 nicht online).

**www.ecuadorembassy.de** (dt.) – Die ecuadorianische Botschaft in Berlin informiert über Kulturveranstaltungen des Landes in Deutschland und Visumsfragen. Listet alle Konsulate in Deutschland mit Kontakten.

**www.quito.diplo.de** (dt.) – Die deutsche Botschaft in Quito informiert hier über Konsularangelegenheiten, Einreisebestimmungen und Sicherheit in Ecuador. Ferner führt sie aktuelle Kontaktlisten zu allen wichtigen deutschen Einrichtungen in Ecuador: Schulen, Stiftungen, Kultureinrichtungen und Organisationen der Entwicklungshilfe.

**www.auswaertiges-amt.de** (dt.) – Offizielle Seite des Auswärtigen Amtes in Berlin mit aktuellen und grundsätzlichen Ecuador-Hinweisen zu Sicherheit, Einreise und Impfungen unter dem Kapitel ›Länder, Reise, Sicherheit‹.

**www.bmeia.gv.at** (dt.) – Österreichs Außenministerium mit Ecuador-Infos, die dem deutschen Portal vergleichbar sind.

**www.quito.com.ec** (engl., span.) – Die offizielle Seite der Hauptstadt Quito bietet jede Menge Adressen und Links zum Tourismus und zu Fluggesellschaften, außerdem eine Übersicht über Messen und Konferenzen.

**www.igepn.edu.ec** (span.) – Das Geophysische Institut der Politechnischen Hochschule von Ecuador veröffentlicht aktuelle und detaillierte Infos über Vulkan- und Erdbebenaktivitäten im Land mit täglichen Updates.

**www.galapagospark.org** (engl./span.) – Der Nationalpark Galápagos pflegt seine offizielle Seite mit zahlreichen Details zu den Inseln, zum Naturschutz und zu touristischen Fragen. Mit Kontakten zu den Ansprechpartnern.

**www.ecuadorline.de** (dt.) – Private Reiseagentur ›zur Tourismusförderung‹ aus Passau, die eine sehr übersichtliche und hilfreiche Ecuador-Seite mit zahlreichen praktischen Tipps und Kontakten aufgebaut hat und zudem Büros und Callcenter in Deutschland und Quito unterhält.

**www.restaurantes.com.ec** (span.) – Virtueller Gastronomieführer durch Quito mit allen wichtigen Kontakten, quietschbunt und kommerziell, doch umfangreich und mit Suchmaske.

**www.hotelesecuador.com** (engl., span.) – Virtueller Hotelführer mit Adressen im ganzen Land, herausgegeben vom Verband des Ecuadorianischen Hotelgewerbes; mit Kontakten, Preislisten, Sonderangeboten und Reservierungsservice.

## Fremdenverkehrsämter

### ... in Deutschland, Österreich und der Schweiz

In Deutschland vertritt die Agentur KPRN (www.kprn.de) Ecuadors Tourismuswerbung. Österreich und die Schweiz sind ohne Repräsentanz.

**Die Rote Klippenkrabbe lebt auf den Lavafelsen der Uferbereiche aller Galápagos-Inseln**

### ... in Ecuador

Das Tourismusministerium unterhält an zahlreichen Orten in Ecuador Informationsbüros. Es sind mit **i-Tur** gekennzeichnete Anlaufstellen im Zentrum der Orte mit Kontakten zu Hotels und regionalen Reisetipps sowie meist auch einfachem, lokalem Kartenmaterial. Darüber hinaus unterhalten einige Städte eigene Büros. Auch informell sind insbesondere bei den meisten gelisteten Hotels und Agenturen brauchbare Reiseinformationen zu erhalten.

## Karten

Das beste Kartenmaterial erstellt und verkauft das Instituto Geográfico Militar (IGM), Calle Senierges y Paz y Miño, Quito, Tel. 02-397 51 00, www.igm.gob.ec. In Guayaquil mit kleiner Zweigstelle: IGM, Segunda Zona Militar, Av. 9 de Octubre und Garaicoa, Tel. 04-230 97 52, Fax 04-230 28 62. Die Karten in Maßstäben zwischen 1:25 000 und 1:250 000 haben in der Regel eine feine Höhenzeichnung und sind größtenteils vollfarbig gedruckt, jedoch nicht immer aktuell. Einige Karten sind ferner nur als Schwarzweißausdrucke erhältlich. Beim IGM in Quito liegen alle Karten zur Einsicht aus. Im Internet lässt sich die Verfügbarkeit abfragen. Mäßige Straßenkarten finden sich zudem in Buchhandlungen wie Libro Expres in Quito (s. S. 136).

## Lesetipps

### Ecuador

**Acosta, Alberto und Sevilla, Rafael:** Ecuador. Welt der Vielfalt. Bad Honnef, 2005. Ungeschminkte Einblicke in die wirtschaftliche, soziale und politische Realität des Landes von renommierten Autoren und Wissenschaftlern aus Ecuador.

**Biermann, Werner:** Der Traum meines ganzen Lebens. Humboldts amerikanische Reise. Berlin, 2008. Spannende Rekonstruktion

**Unterwegs im Vulkanland von Cotopaxi**

der fünfjährigen Humboldt-Expedition, siehe auch unter Filmtipps rechts.

**Humboldt, Alexander von und Ette, Ottmar:** Alexander von Humboldt. Über einen Versuch den Gipfel des Chimborazo zu ersteigen. Berlin, 2006. Humboldts Denken gespiegelt in den Tagebuchaufzeichnungen seiner Chimborazo-Besteigung von 1802.

**Kempken, Daniel:** Schlaglichter Ecuador, Highlights und Kuriositäten, Tipps und Geheimtipps. Berlin, 2./2010. Der frühere Leiter des Deutschen Entwicklungsdienstes in Ecuador trug nach fünf Jahren im Land eine beherzte und süffisante Sammlung von Geschichten und Reisetipps zusammen.

**Korneffel, Peter:** Von Amazonien nach Galápagos. Streifzüge durch Ecuador. Bad Honnef, zzt. nur antiquarisch. Der Auslandsreporter und DuMont-Autor hat acht Jahre in Ecuador gelebt und seine 30 besten Reportagen (u. a. aus ZEIT und MARE) in diesem Sammelband veröffentlicht.

**Miller, Tom:** Auf den Spuren des Panamahutes. Hamburg, 2003. Chronologischer Reisereport über den berühmten Palmenhut aus Ecuador, seine Produzenten, Händler und die Weggefährten des Autors.

**Ruales Hualca, Huilo:** Fetisch und Fantosch. Bad Honnef, 2000. Absurd-komischer Kurzroman des ecuadorianischen Autors über den Aufstieg und Niedergang eines Andendorfes.

**Schmudlach, Günter:** Bergführer Ecuador. Wanderungen, Trekkingtouren, Kletterrouten, Bergtouren. Köngen, 3./2009. Der zzt. beste deutschsprachige Bergführer über Ecuador.

**Simon, Rainer:** Fernes Land. Die DDR, die DEFA und der Ruf des Chimborazo. Berlin, 2005. Berichte des deutschen Filmemachers, der 1988 Humboldts »Besteigung des Chimborazo« verfilmte, über Ecuador.

### Galápagos-Inseln

**Darwin, Charles:** Die Fahrt der Beagle. München, 2008. Die Aufzeichnungen der historischen Reise (1831–1836) des britischen Naturforschers, der während seines Galápagos-Aufenthaltes die Grundlagen der Evolutionstheorie schuf (auch als 4 CDs).

**De Roy, Tui:** Galápagos. Inseln aus Feuer geboren. Steinfurt, 2000. Beeindruckender Fotoband der belgischen Fotografin, die auf Galápagos lebt und zu den besten Naturfotografen des Archipels zählt.

**Eibl-Eibesfeldt, Irenäus:** Galápagos. Meine abenteuerlichen Entdeckungsreisen auf den Spuren von Charles Darwin. Wien 2013. Neueste Galápagos-Publikation des berühmten Verhaltensforschers.

**Lücker, Hubert:** Naturgeschichte der Galapagos. Norderstedt, 2007. Umfassende biologische und geografische Beschreibung, Ergebnis jahrzehntelanger Galápagos-Reisen des Dresdner Zoo-Direktors.

**Melville, Herman:** Die verzauberten Inseln oder Encantadas, zzt. nur antiquarisch. Der New Yorker Seefahrer, Abenteurer und Moby-Dick-Autor veröffentlichte diese prosaische Reiseerzählung bereits 1854.

**Wittmer, Margret:** Postlagernd Floreana. Bergisch-Gladbach, zzt. nur antiquarisch. Die Lebensgeschichte der 1932 von Köln auf die Insel Floreana ausgewanderten Deutschen über Träume, Dramen und Intrigen.

## Filmtipps

**Aders, Thomas und Schaaf, Stefan:** Expedition Humboldt: Ein deutsches Genie in Lateinamerika. ARD, 2009. DVD im Vertrieb bei 3sat Edition, 120 Min. Filmreportage über die fünfjährige Amerikareise Humboldts (1799–1804) inklusive der Ecuador-Sequenz.

**Simon, Rainer und Schäfer, Paul K.:** Die Besteigung des Chimborazo. ZDF und DEFA, 1989. DVD im nicht-kommerziellen Verleih über den Filmkatalog des Goethe-Instituts. Die einzige deutsch-deutsche Kinoproduktion zeichnet Humboldts Leben bis zur Bergexpedition am 23. Juni 1802 nach.

# Reise- und Routenplanung

## Ecuador als Reiseland

Wahrscheinlich gibt es kein Land der Welt, das eine derart hohe Reisevielfalt auf so kleinem Raum bietet wie Ecuador. So wie die dramatische Topografie zwischen der Brandung des Pazifiks und den eisigen Gipfeln der Vulkane stehen auch die Kulturen des Landes für eine faszinierende Vielfalt. Ein kontinuierlich wachsender Tourismusmarkt hat zugleich das Angebot für die internationalen Gäste enorm vergrößert und auch Tendenzen wie Spa und Wellness aufgegriffen.

### Naturtourismus

Die spektakuläre Geografie des Landes, die schon Alexander von Humboldt begeisterte, bietet eine derart große Artenvielfalt in Flora und Fauna, dass Ecuador zu den weltweit besten Regionen für einen hautnahen Naturtourismus zählt. Die wichtigsten Naturräume sind dabei die Regenwälder wie der Nationalpark Yasuní und das Faunareservat von Cuyabeno, die Bergnebelwälder wie in Mindo-Nambillo oder im Nationalpark Podocarpus, die Páramo-Landschaften wie im Reservat von El Ángel und am Chimborazo, die Gipfel- und Trekkingrouten in den zentralen und nördlichen Anden sowie natürlich die einzigartigen Galápagos-Inseln. Das Studium der überreichen Fauna, die Entdeckung von Tausenden von Orchideenarten, eine ergreifende Nähe zu den Tieren auf den Inseln und meditativ anmutende Landschaften und Naturkräfte erlauben bis heute und trotz aller Entwicklung und Besiedlung den Besuch einzigartiger Naturräume in Ecuador. Nahezu im ganzen Land haben sich nicht nur Besucherorte, Lodges und Aussichtspunkte für Vogelbeobachter etabliert, sondern in rasantem Tempo auch mannigfaltige Möglichkeiten, Aktivsport zu treiben. Neben dem traditionellen Andinismus sind das vor allem Mountainbiking, Rafting, Klettern, Tauchen, Surfen, Gleitschirmfliegen und Kajaking. Jüngste Entwicklungen führen Besucher auf hohe Canopy(= Baumkronen)-Waldbrücken durch die Regenwälder oder zum Entspannen in vulkanische Thermalbäder sowie in die Welt von Spa und Wellness.

### Kulturtourismus

Innerhalb Lateinamerikas hat Ecuador neben Bolivien und Guatemala den höchsten Anteil an indigener Bevölkerung. Das kulturelle Erbe zehn indianischer Ethnien und der afroecuadorianischen Bevölkerung wird in Teilen bis heute gepflegt und ist für Reisende unmittelbar erfahrbar. Wenngleich diese Kulturpflege z. T. aus schlichten wirtschaftlichen Gründen ins Folkloristische läuft, so bewahren die Menschen auf Versammlungen, Festen und im ländlichen Alltag, in ihrer Musik, Kleidung und Küche und selbst in ihrer Sprache einen großen kulturellen Schatz. Den Besucher fasziniert die Beobachtung dieser in Jahrtausenden überlieferten Lebensweise. Die gastfreundliche Offenheit der Ecuadorianer macht diese Kultur erlebbar, lässt den Fremden teilhaben. Am intensivsten lässt sich das in den Handwerksdörfern am Imbabura erleben, in den Hochlandgemeinden am Chimborazo und im Rahmen eines gerade erst wachsenden ›Landgemeindentourismus‹.

Ein jüngeres kulturelles Erbe haben die Eroberer aus Nord und Süd hinterlassen: So zählen die Inkarelikte in San Agustín de Callo und in Ingapirca ebenso zu den architektonischen Attraktionen wie die spanischen Kolonialstädte, insbesondere Quito und Cuenca. Das archäologische Erbe der Sonnenkulturen am Äquator ist zwar nicht so opulent wie in Machu Picchu, aber dennoch faszinierend in seiner Synergie mit jener magischen wie virtuellen Äquatorlinie. Zu den bedeutendsten Ausgrabungen im Äquatorgebiet gehören Cochasquí und Tulipe. Das Sonnenmuseum Inti Ñan und die Sonnenuhr Quitsa To auf dem Äquator dokumentieren die antike Geografie und Solarkultur.

## Sprachurlaub

Während im Hochland Ecuadors eine Art einfaches Hochspanisch gesprochen wird, haben sich insbesondere Quito und Cuenca, mit Abstrichen auch die Reisemagneten Baños und Otavalo, zu internationalen Destinationen für Sprachschüler entwickelt. Die relativ preiswerten Spanischkurse in der Sierra und die beliebte Integration in Gastfamilien sowie die Kulturprogramme der Sprachschulen ermöglichen ein intensives Lernen und Erleben der Fremdsprache – und das alles eingebettet in die Kulisse der Fünftausender und die reiche Kultur des Landes (s. auch S. 138).

# Tipps für die Reiseorganisation

## Individualreisen

Ecuador ist ein ausgezeichnetes Reiseziel für Individualreisende. Die Infrastruktur des Landes ist zwar in einigen Regionen noch etwas rudimentär. Doch das Land der unkomplizierten, informellen Lösungen wartet mit Gastfreundschaft und spontaner Hilfe bei fast allen Fragen des individuellen Reisens auf. Hinzu kommt, dass der allgegenwärtige Überlandbus preiswert, häufig und relativ schnell zwischen den bewohnten Landesteilen verkehrt. Wer sich schneller bewegen möchte, findet ein passables Streckennetz der nationalen Fluggesellschaften zwischen einem guten Dutzend Städten. Auch hier reist man zu europäischen Low-Cost-Preisen günstig zwischen den Regionen Ecuadors, und selbst das Taxi ist erschwinglich. Betrachtet man die vergleichsweise hohen Mietwagenpreise und die in weiten Teilen noch schlechten Straßenverhältnisse, so heißt individuelles Reisen vor allem mit öffentlichen Verkehrsmitteln.

Mit Quito, Cuenca, Otavalo, Baños, Vilcabamba, Montañita und Puerto Ayora haben sich sieben Travellerzentren in Ecuador etabliert, wo Alleinreisende schnell Infos und Kontakte finden und wo sich kurzfristig Gruppen für Exkursionen zusammenstellen lassen.

Selbst Galápagos bietet dem Individualreisenden in vier Dörfern Unterkunft, Infrastruktur und Touren ins Hochland, an die Küste und zum Tauchen.

Die im Vergleich zu den Nachbarländern relativ gute Sicherheitslage ermöglicht in den meisten Regionen Ecuadors auch individuell durchgeführte Wanderungen, sofern sich die Trekkingfreunde orientierungssicher im Hochgebirge zu bewegen wissen. Vergessen sollte man nicht, dass Individualreisen in Ecuador recht zeitaufwendig sind.

## Pauschal-Arrangements

Die pauschale Gruppenreise ist die Alternative für Reisende, die weniger Zeit mitbringen, die eine qualifizierte Reiseleitung schätzen und die nicht alleine reisen möchten. Dazu gibt es eine Fülle von Anbietern in Europa wie auch vor Ort in Ecuador. Die bequemste Form ist, bereits daheim in Europa ein Pauschal-Arrangement zu buchen und sich fortan beraten und führen zu lassen.

Ein Zwischenmodell kann die individuelle Anreise etwa nach Quito sein, wo man nach ein paar Tagen der Akklimatisierung über die örtlichen Agenturen sein weiteres Programm zusammenstellt.

Im deutschsprachigen Europa gebuchte Reisen werden in aller Regel mit deutschsprachigen Reiseleitern durchgeführt. Bei in Ecuador gebuchten Arrangements werden häufig internationale Gruppen von einem englischsprachigen Guide geführt.

So richtig rund werden Rundreisen in Ecuador im Grunde nicht. Die meisten Anbieter von Pauschalreisen arbeiten mit einer Art Baukastensystem von Reiseelementen oder offerieren ein Standardprogramm mit wichtigen Highlights Ecuadors. Verlängerungen sind möglich – dann wiederum aus dem Baukasten.

## Zeitplanung der Reise

Nicht nur in Ecuador steht das Erlebnispotenzial einer Auslandsreise in direktem Verhältnis zur vom Touristen mitgebrachten Zeit. Wer sich von dem natürlichen und kulturellen Reichtum Ecuadors faszinieren lassen möchte, dem sei folgender grober Zeitplan mit auf den Weg gegeben:

Wer das nördliche Hochland in seinen attraktivsten Facetten erleben möchte, sollte eine Woche dafür einplanen. Mindestens eine Woche sind für die weiten Anden südlich von Quito zu veranschlagen, wobei die Wegstrecken hier deutlich länger sind. Wer zeitlich eng plant, sollte sich für eine der beiden Bergregionen entscheiden oder aber – etwas weniger erlebnisreich – ab Quito ein- bis zweitägige Touren unternehmen.

Eine Regenwaldexpedition sollte mindestens fünf Reisetage dauern. Für Galápagos empfehlen sich eine einwöchige Jachtkreuzfahrt und nach Möglichkeit einige Anschlusstage auf einer der bewohnten Inseln. Schon wegen der hohen Grundkosten für Flug und Eintritt auf Galápagos bietet sich eine Verlängerung an.

Einen Strandaufenthalt sollte man je nach Erholungsbedarf und sportlichen Interessen einteilen. Mit dem Bus erreicht man nahezu jeden Strandort von Quito aus in fünf bis zehn Stunden. Übrigens findet man die schönsten Badestrände Ecuadors mit weißem Sand und klarstem Wasser auf den Galápagos-Inseln.

Für besondere Reiseprofile wie Trekkingrouten und Sprachreisen gelten natürlich eigene Zeitkalkulationen. So gelangt man zu der Faustformel, dass eine Ecuador-Reise auf dem Kontinent mindestens zwei bis drei Wochen dauern sollte, eventuell zuzüglich einer Woche Galápagos. Doch auch wer vier oder fünf Wochen in Ecuador verbringt, wird mit großer Wahrscheinlichkeit zu dem Fazit kommen, dass es zu kurz ist. Ecuador kann süchtig machen.

## Reisen mit Kindern

Grundsätzlich ist das Reisen mit etwas größeren Kindern in Ecuador unproblematisch. Viele Hotels bieten sogar Mehrbettzimmer oder Doppelzimmer mit Beistellbetten für Familien an. Auch wenn es nur wenige kinderspezifische touristische Einrichtungen und Angebote gibt, so sind Kinder vom Naturerleben in Ecuador meist schnell begeistert. Die Städte und ihre kulturellen Schätze ermüden den Nachwuchs hingegen recht bald. Eltern sollten besonders auf behutsame Ernährung und eine angemessene Höhenakklimatisierung achten. Für Kinder unter sechs Jahren und ihre Eltern ist das Reisen in Ecuador tendenziell sehr anstrengend.

## Reiseveranstalter

Mittlerweile gibt es eine große Fülle von deutschsprachigen Reiseveranstaltern, die Pauschalangebote nach Ecuador anbieten. Unter ihnen hat sich die Berliner Agentur Viventura in den vergangenen Jahren durch ihr soziales Engagement in Ecuador und durch individuell gestaltete Gruppenreisen in verschiedenen Komfortklassen hervorgetan (www.viventura.de).

Vor Ort, in Ecuador, bietet die deutschsprachige Agentur Surtek das vielleicht breiteste und am besten gegliederte Tourenprogramm und unterhält zudem ein Walk-in-Büro mitten im Stadtteil Mariscal (www.surtrek.de). Surtrek arbeitet zudem mit einer deutschen Agentur zusammen, die gut berät und einen sehr informativen Ecuador-Katalog führt: TerraVista, Tel. 0421-87 75 74 50, www.terra vista-erlebnisreisen.de.

Eine besondere Tour bieten Peter Korneffel, der Autor dieses DuMont-Reiseführers, und ZEIT REISEN an: In einer 15-tägigen Exkursion mit täglichen Lesungen, Vorträgen und Begegnungen führt der Landeskenner Korneffel eine Reisegruppe auf den originalen Humboldt-Route durch Ecuador (www.zeit. de/zeitreisen).

## Einreisebestimmungen

### Einreisedokumente

EU-Bürger und Schweizer benötigen einen Reisepass, der bei Einreise mindestens noch sechs Monate gültig ist. Kinder brauchen unabhängig vom Alter ein eigenes Reisedokument. Bei der Passkontrolle ist ein ausgefülltes Einreiseformular vorzulegen, das man bereits im Flugzeug erhält. Bei Vorlage beider Dokumente erhält man als Tourist einen Einreisestempel in den Pass, der quasi als Touristenvisum für maximal 90 Tage pro Kalenderjahr fungiert. Der Durchschlag des Einreiseformulars ist aufzubewahren und bei der Ausreise wieder vorzulegen, im Verlustfall kann das Formular aber auch neu ausgefüllt werden.

Der Aufenthalt als Tourist in Ecuador – 90 Tage binnen zwölf Monaten – kann seit der Einreisenovelle von Juni 2008 nicht mehr verlängert werden. Mehrmaliges Einreisen innerhalb des 90-Tage-Limits ist hingegen möglich. Eine Umwandlung des Touristenstatus in ein Aufenthaltsvisum, etwa als Volontär oder Student, ist nicht möglich. Jegliche Visa für nicht-touristische Zwecke sind vor der Reise beim ecuadorianischen Konsulat im Heimatland zu beantragen. Den Ablauf des Visums vor der Ausreise ahnden die Behörden mit Strafen von 200 bis 2000 $, Abschiebung oder sogar Haft (aktuelle Auskünfte auch auf Deutsch unter www.ecuadorembassy.de und bei den Konsulaten).

### Ein- und Ausfuhr von Waren

Die Einfuhr von Waren unterliegt nur dann Restriktionen, wenn sie kommerziellen Zwecken dient oder gegen lebensmittelrechtliche Bestimmungen verstößt, so ist die Einfuhr von Fleisch und Käse untersagt. Die nichtkommerzielle Ausfuhr von Tabakwaren und Alkohol wird von den ecuadorianischen Behörden nicht reglementiert, eventuell jedoch im Zielland in Europa (Infos unter www.zoll.de).

## Anreise

### ... mit dem Flugzeug

Fast alle europäischen Touristen reisen mit dem Flugzeug an. Da die deutschsprachigen Länder keine Direktverbindungen nach Ecuador unterhalten, bieten sich folgende Umsteigeverbindungen an: mit der spanischen Fluggesellschaft Iberia (www.iberia.de) über Madrid, mit der niederländischen KLM (www.klm.de) über Amsterdam und über eine Karibikinsel oder mit der chilenischen LAN (www.lan.com) über Madrid. LAN bietet von den drei Fluggesellschaften den besten Service und verbindet ihr europäisches Drehkreuz in Madrid zumeist mit Iberia-Flügen. Die deutsche Lufthansa (www.lufthansa.de) fliegt bis Bogotá, wo Avianca den Anschluss nach Ecuador besorgt. Interessant ist die Option mit Air Berlin via Miami, dort weiter mit American Airlines, zu buchen bislang nur bei Online-Brokern wie www.cheapfares.de. American Airlines (www.aa.com) und Delta Airlines (www.delta.com) haben eigene Verbindungen nach Ecuador. Kompliziert, mitunter aber günstig, sind die Flüge mit United Airlines (www.united.com). Die genannten Airlines bedienen beide Interkontinentalflughäfen des Landes, Quito und Guayaquil. Ein Flug von Europa nach Ecuador kostet ab ca. 1000 €, Schnäppchen ab 800 €. Die Fluglinien Mittel- und Südamerikas knüpfen ein dichtes Netz von Verbindungen in Lateinamerika. Neu sind einige regionale Peruverbindungen, etwa mit Star Perú von Cuenca nach Chiclayo.

### ... mit dem Bus

Einzelne internationale Busgesellschaften wie die peruanische Expreso Internacional Ormeño verkehren in langen Passagen zwischen den Hauptstädten Südamerikas. Etwas umständlicher, aber deutlich häufiger genutzt werden Umsteigevarianten: Busreisen an die Grenze, eine dortige Ausreise als Fußgänger und die Weiterfahrt im Nachbarland mit einer nationalen Busgesellschaft, eventuell nach einer kurzen Taxifahrt zum Busterminal. Die drei zu empfehlenden Grenzübergänge sind: Rumichaca im Norden zwischen Tulcán und dem kolumbianischen Ipiales. (Über Busreisen in Kolumbien ist zuvor eine verlässliche Information zur Sicherheitslage für Touristen einzuholen.) Im Süden ist der wichtigste Grenzübergang Huaquillas nahe der Pazifikküste, von wo es gut 20 km bis in die nächste peruanische Stadt Túmbez sind. Doch auch der Grenzübergang Macará im Süden der Provinz Loja ist nun mit täglich mehreren Verbindungen nach Peru eine Alternative, jeweils nach besagtem Umsteigemodus an der Grenze. Abgelegen, aber passierbar ist auch der Grenzübergang Zumba.

### ... mit dem Wohnmobil

Die Nord-Südroute von Alaska nach Feuerland bringt gelegentlich auch Reisende mit dem Wohnmobil nach Ecuador. Wegen der Unterbrechung der Panamericana in Kolumbien und der dortigen Sicherheitslage lassen die meisten Caravan-Cracks ihre Fahrzeuge in Zentralamerika einschiffen. Die japanische Nippon Yusen Kaisha fährt z. B. einmal monatlich auf der Asia-Central-&-South-America-Route mit einem RoRo-Schiff von dort nach Esmeraldas und Guayaquil (www2.nykline.com). Wichtig ist, sich vor der Reise das nötige Transportdokument (carnet) für das Wohnmobil bei einem Automobilklub in Europa zu besorgen. Dieses Formular muss unbedingt von den Behörden abgestempelt werden. Vergleichbares gilt für Motorrad- und Pkw-Fahrer auf dieser Route. Die Reise von und nach Peru ist hingegen unproblematisch.

# Verkehrsmittel im Land

Ecuador hat ein dichtes Routennetz für Überlandbusse, die das wichtigste und zugleich preiswerteste Verkehrsmittel des Landes darstellen. Deutlich schneller sind Inlandflüge, die gut ein Dutzend Orte miteinander verbinden und ebenfalls vergleichsweise preiswert sind. Die mittlerweile touristische Eisenbahn befährt neben einzelnen Strecken im Norden ab Sommer 2013 wieder die gesamte Strecke Quito–Guayaquil. Der Mietwagen ist eine Alternative, doch die teils schlechten Straßenverhältnisse und die Fahrgewohnheiten vieler Ecuadorianer stellen hohe Ansprüche an den Fahrer. Bootsverkehr ist von Bedeutung auf den Flüssen des Regenwaldes, zwischen den Galápagos-Inseln und an einzelnen Abschnitten der Küste.

### Inlandflüge

Der neue Flughafen Quito ist das wichtigste nationale Drehkreuz in Ecuador, Guayaquil das zweitwichtigste. Über einen oder beide Airports sind folgende Ziele mit nationalen Fluggesellschaften zu erreichen: Baltra (Galápagos), Coca, Cuenca, Esmeraldas, Lago Agrio, Loja, Macas, Machala, Manta, Portoviejo, Puyo (Shell), Salinas, San Cristóbal (Galápagos) und Tulcán. Kleinflugzeuge bedienen von Baltra und San Cristóbal aus auch den Flugplatz der Insel Isabela. Die wichtigsten Fluggesellschaften auf den nationalen Routen sind: AEROGAL (www.aerogal.com.ec, Gratis-Hotline: 1800-AEROGAL), LAN Ecuador (www.lan.com), TAME (www.tame.com.ec, Tel. 02-250 93 75), VIP (www.vipec.com, Hotline 1800-847847). Eine komplette Liste aller in Ecuador registrierten nationalen und internationalen Fluggesellschaften mit den jeweiligen Büroadressen und Telefonnummern sowie aktuelle Start- und Landezeiten finden sich unter der Webadresse www.aeropuertoquito.aero. Hinweis: Quitos Flughafen liegt weit außerhalb der Stadt. Die Anfahrt kann in der Hauptverkehrszeit bis zu 2 Std. dauern.

Inlandflüge auf dem Festland kosten zwischen 50 und 75 $ pro Strecke, außer Quito–Salinas (110 $). Flüge nach Galápagos kosten etwa ab 200 $ von Guayaquil und etwas mehr ab Quito, jeweils pro Strecke. Zwischen den Inseln Isabela, Baltra und San Cristóbal verkehrt regelmäßig die Insel-Airline EME-TEBE (s. S. 374, 383 und 390).

## Bahn

Die Ferrocarriles del Ecuador sind dabei, den größten Teil der über 100-jährigen Eisenbahn des Landes wieder instand zu setzen. Das Herzstück, die 1909 eröffnete Verbindung von Quito nach Guayaquil (Bahnhof Durán) soll nach Jahren der Schließung ab Sommer 2013 wieder befahren werden. Dazu wird ein nostalgischer Luxuszug als Tren Crucero zunächst alle zwei Wochen auf die 4-tägige Reise je Strecke gehen (Pauschalpreis inkl. Unterkunft und Verpflegung 1270 $).

Zehn weitere Streckensegmente werden bislang mit verschiedenen Zugtypen befahren, zumeist angeboten als Tagestour hin und zurück mit Aufenthalt am Zielort für 7–25 $, doch auch als einfache Strecke und manchmal im preiswerten Schienenbus zu buchen. Er werden auch einzelne alte Dampfloks restauriert und fahrbereit gemacht. Hierbei tut sich noch vieles. Infos zu Routen, Bahnhöfen und Fahrplänen unter www.trenecuador.com (span./engl.). Tickets an allen Ausgangsbahnhöfen. Noch kein Online-Verkauf, jedoch ist eine telefonische Reservierung über das Call Center der Bahn möglich: 1800-TRENES oder 1800-873637.

## Bus

Überlandbusse sind in Ecuador nahezu allgegenwärtig und verbinden das Land bis in den hintersten bewohnten Winkel. Auf der Hauptstrecke, der Panamericana zwischen Quito und Guayaquil, verkehren Busse tagsüber etwa im Minutentakt und auch nachts noch mit hoher Frequenz. Die meisten Busse können auf freier Strecke per Handzeichen angehalten werden. Ansonsten ist der Busbahnhof, der Terminal Terrestre, der zentrale Punkt einer jeden Stadt für den Erwerb der Fahrkarten und Abfahrten. In Quito sollte man für lange Fahrten auf die Buskooperativen mit eigenem privaten Terminal zurückzugreifen. Quitos Busknoten für Fernstrecken ist auf zwei Terminals im Süden und im Norden der Stadt ausgelagert. Busfahrten über Land kosten ca. 1,50 $ pro Stunde Fahrtzeit.

Stadtbusse sind mit etwa 25 Cent sehr preiswert und eine gute Option, wenn man mit den städtischen Routen vertraut ist. Sonst ist das preiswerte Taxi in den Städten meist die bessere Alternative. Busse ohne Sitzplatzgarantie wie der Trólebus in Quito sind beliebte Tummelplätze von Taschendieben!

## Mietwagen

Wer mit dem Mietwagen unterwegs ist, sollte unbedingt eine Vollkaskoversicherung abschließen. Die Deckungssummen sind generell niedrig. Sicherer und mit garantierter Deckung bucht man im Vorfeld zuhause bei einem Südamerika-Spezialanbieter bzw. im Reisebüro. Das Mieten von Autos ist nur in den größeren Städten möglich. Es ist etwas teurer als in Europa, doch die niedrigen Benzinpreise kompensieren das. Neben dem allgemein guten Zustand der Mietfahrzeuge ist insbesondere auf eine gute Bereifung, ein intaktes Reserverad und das Werkzeug für den Reifenwechsel zu achten, mangels Straßenreinigung kommt es in Ecuador häufig zu Reifenpannen. Der europäische Führerschein ist in Ecuador auf Reisen bis zu 90 Tagen gültig. Fahrzeuge sollten nie unbewacht abgestellt, erst recht nicht mit Gepäck oder Wertgegenständen. Mietwagenfahrer mögen die u. g. Hinweise zum Autofahren eingehend lesen. Einen landesweiten Pannen- und Abschleppdienst wie den ADAC gibt es in Ecuador nur auf den gebührenpflichtigen Fernstraßen. Tipp: Wer länger mit einem Mietwagen unterwegs ist, sollte sich ein ecuadorianisches Handy zulegen (s. S. 104). Als Mietwagenfirmen bieten sich in Ecuador an: Budget (www.budget.com, Tel. 02-330 09 79), Localiza (www.

localiza.com.ec, Hotline 1800-56 22 54), Expo (www.exporentacar.com, Tel. 02-222 86 88).

## Autofahren

Die Straßenverkehrsordnung in Ecuador ist wenig bekannt. Die häufigsten Vergehen und Fahrlässigkeiten sind überhöhte Geschwindigkeit, unzureichender Sicherheitsabstand, riskante Überholmanöver, unzureichende oder fehlende Fahrzeugbeleuchtung, Übermüdung, Alkohol am Steuer, Unterlassen von Richtungsanzeigen, spontaner Wechsel von Fahrspuren, Missachtung von Fußgängern, Ignorieren von Verkehrszeichen und ein sicherheitskritischer Zustand des Fahrzeugs. Besondere Vorsicht ist bei Bus- und Lastwagenfahrrern geboten. Man sollte gegenüber Verkehrsrowdies nicht auf sein Recht bestehen und vorausschauend und defensiv fahren! Erschwerend kommen auf vielen Straßen der schlechte Zustand der Fahrbahn, Verunreinigungen und Gegenstände auf der Fahrbahn sowie fehlende Markierung und Beleuchtung der Straßen hinzu. Auf großen Teilen der privatisierten Panamericana ist das mittlerweile besser geworden. Reifenpannen sind häufig, weswegen Werkzeug und Reserverad stets einsatzbereit sein müssen. Eine Reifenreparatur kostet etwa 3 $. Eine Haftpflichtversicherung für Kraftfahrzeuge ist obligatorisch. Die deutsche Botschaft in Quito gibt Hinweise für das Verhalten bei Unfällen (www.quito.diplo.de).

Einzelne Verkehrspolizisten versuchen bei Kontrollen und Verkehrsvergehen eine private Gebühr zu erheben, sprich: Sie sind korrupt. Es wird dringend empfohlen, nicht darauf einzugehen, sondern bei nicht gerechtfertigt erscheinenden Strafen zu diskutieren und zu protestieren. In der Regel werden ausländische Touristen mit Nachsicht behandelt und nicht verhaftet, wie es die Straßenverkehrsordnung optional schon bei kleinen Vergehen vorsieht. Sollte man dennoch in polizeilichen Gewahrsam genommen werden, ist unbedingt die eigene Botschaft oder das Konsulat zu verständigen, was Ausländern in Ecuador per Gesetz garantiert ist.

Abgelegene Landstraßen sind deutlich entspannter zu befahren als die viel stärker genutzten Hauptstraßen. Wer also aufs Land will, kann viel Freude am Mietwagen haben, muss aber für ein Allradfahrzeug eventuell etwas tiefer in die Tasche greifen. 1 l Diesel kostet nur 0,25 $, Benzin 0,40 $. Wer von Stadt zu Stadt fahren will, nimmt besser den Bus oder das Flugzeug. Übrigens kostet ein Taxi mit Fahrer für Ausflüge pro Tag nur 60–80 $.

## Segeljacht

Ecuador ist kein ausgesprochenes Segelrevier: Vor den Küsten gibt es nur wenige Jachthäfen und gelegentlich noch immer Piraten, und auf Galápagos fehlt meist der Wind. Ein Segelbootverleih ist allenfalls im Salinas Yacht Club (www.salinasyachtclub.org) zu organisieren. Weitere Jachthäfen befinden sich in Manta, in Bahía de Caráquez und bald auch in Mompiche/Esmeraldas.

Die Galápagos-Inseln gehören für Blue-Water-Jachtensegler zur letzten Station im Pazifik auf dem Weg zu den Islas Marquesas. Wer ecuadorianische Häfen anläuft, braucht eine *autógrafo* genannte Erlaubnis. Diese ist bei der Handelsmarine in Guayaquil oder Manta unter Angabe aller Routendetails gegen Gebühr zu beantragen: Dirección General de la Marina Mercante, Tel. 04-232 04 00. Galápagos-Häfen darf man ohne einen *autógrafo* nur in Notfällen, etwa zu notwendigen Reparaturen, für 2 bis 3 Tage anlaufen. Neben dem Funkkanal 16 arbeiten die Häfen auf Galápagos auf Kanal 26.

Das Instituto Oceanográfico de la Armada de Ecuador veröffentlicht täglich auf seiner Internetseite www.inocar.mil.ec einen 24-Stunden-Service mit aktueller Wettervorhersage und Gezeiten für alle Häfen und Küstengewässer Ecuadors inklusive Galápagos-Inseln. INOCAR: Tel. 04-248 13 00.

## Allgemein

Ecuador verfügt über Unterkünfte aller Art von der Strandhängematte bis zur Präsidentensuite. Zimmerpreise variieren entsprechend zwischen 5 und 700 $ pro Nacht. Je weiter man sich von den Metropolen entfernt, desto dünner wird die Hotelinfrastruktur. Unterkünfte der oberen Klasse werden dann rar. Hotels sind vom Tourismusministerium in vier Kategorien eingeteilt. Die im Land verwendeten zwei bis fünf Sterne sind nicht immer mit den Standards in Europa zu vergleichen, sondern eine Orientierungshilfe.

Unterkünfte in diesem Reiseführer sind standardmäßig als Doppelzimmer mit eigenem Bad im Endpreis inklusive Steuern und Service als DZ gekennzeichnet. Abweichungen davon sind erklärt, p. P. bedeutet Preis pro Person, eigenes Bad meint mit Etagen- oder Gemeinschaftsbad usw.

Die Hotels ihrerseits weisen oft nur den Nettopreis aus, zu dem dann meist 12 % Mehrwertsteuer (IVA) und 10 % Servicesteuer hinzukommen. Dies soll laut Gesetz eigentlich verbraucherfreundlich als Endbetrag ausgewiesen sein. Untere und mittlere Zimmerpreise in Ecuador liegen teils deutlich unter dem europäischen Preisniveau.

Grundsätzlich sind Reservierungen über Internet oder Telefon vor allem in der Hochsaison – Weihnachten, Juli und August sowie zu Festtagen – ratsam.

## Hotels und Hostals

Das Hostal ähnelt oft einer Jugendherberge mit Doppelzimmern, erreicht zuweilen aber auch die Qualitäten eines Mittelklasse-Hotels. Das Residencial kann passabel sein, ist oft aber die unterste Kategorie am Ort und wird mitunter stundenweise vermietet. Als größeres Hostal oder Landhotel gilt tendenziell die Hostería.

Einige Hotels besonders der oberen Klasse haben verschiedene Tarife für Ecuadorianer, Ausländer, Diplomaten, Mitarbeiter ansässiger Firmen etc. In allen Hotelklassen, wenn auch nicht in jedem Hotel, sind die Preise gerade in der Nebensaison durchaus verhandelbar. Rabatte, *descuentos,* sind zumindest bei längeren Aufenthalten üblich. Die Frage nach einer *tarifa especial* für jedermann oder *tarifa cooperativa* für Geschäftsreisende kostet nichts. Als Einzelperson bucht man im oberen Preissegment der Hotels in der Regel günstiger über eine Reiseagentur als direkt bei der Unterkunft.

In den meisten Hotels und Hostals ist ein einfaches Frühstück im Zimmerpreis enthalten. Für Gruppen und Familien gibt es ein gutes Angebot an Mehrbettzimmern, vor allem in der Kategorie des Hostals. Die Posada ist ein dem Hostal vergleichbares Gasthaus.

Ein gutes Hotelverzeichnis bietet auch die Seite www.hotelesecuador.com.

## Jugendherbergen

Die einst zehn ecuadorianischen Jugendherbergen *(albergues juveniles)* haben ihre Mitgliedschaft im Verband Hostelling International, www.hihostels.com, derzeit aufgegeben. Bei den vielen preiswerten Unterkünften im Land ist das aber auch kein großer Verlust.

## Haciendas

Außergewöhnliche Orte zum Verweilen in historischem Ambiente sind die zahlreichen kolonialen Haciendas im Hochland Ecuadors. Viele von ihnen sind inzwischen aufwendig restauriert worden und beherbergen exzellente Hotels und Restaurants. Dieser Reiseführer hat in den ersten beiden Unterwegs-Kapiteln (s. S. 110–197) besonderes Augenmerk auf diese wunderschönen Unterkünfte

**Stilvoll wohnen im historischen Landgut, hier die Hacienda Pinsaquí bei Otavalo**

gelegt. Zu den nicht selten auf das 16. und 17. Jh. zurückgehenden Bauten der kolonialen Haciendas haben sich auch einige jüngere und durchaus stilvolle Haciendas gesellt, die ebenfalls beschrieben sind.

## Cabañas

Eine in Ecuador sehr beliebte Unterkunft ist die ›Hütte‹, eine meist frei stehende kleine Unterkunft, angeordnet als Gruppe um einen Innenhof oder einen Garten oder auch ganz isoliert stehend. Manchmal sind auch Zwischenkonzepte der Cabaña zu finden, dann befinden sich mehrere Zimmer in einem frei stehenden Haus. Diese Unterkünfte erlauben mehr Privatsphäre und sind nicht selten mit Balkonen und Hängematten ausgestattet, einige auch mit Küche für Selbstversorger.

## Privatunterkünfte

Private Unterkünfte sind am besten über die Sprachschulen zu organisieren. Gerade in Quito gibt es dazu ein breites Angebot. Diese Alternative bietet sich für Aufenthalte ab einer Woche an und ermöglicht einen engen Familienanschluss. Die Kosten belaufen sich oft auf 10 bis 20 $ pro Tag für Unterkunft und Verpflegung.

## Camping

Campen ist im Prinzip fast überall im Land erlaubt. Man sollte aber aus Sicherheitsgründen nicht im Umfeld von Wohngebieten zelten, sondern bevorzugt private Grundstücke nach Erlaubnis oder ausgewiesene Campingareale nutzen. In den Nationalparks ist eine Anmeldung zum Campen empfohlen oder sogar Pflicht. Gerade in Quito gibt es zahlreiche Camping- und Trekkingausstatter, die im Detail informieren. Schutz gegen starken Wind, Regen und Kälte ist wichtig.

Der South American Explorers Club in Quito (www.saexplorers.org) ist eine sehr gute Kontakt- und Serviceadresse für jegliche Outdooraktivitäten in Ecuador. Das Backpacker-Netzwerk ist sehr gut informiert und ausgestattet, bietet den vollen Service aber nur Mitgliedern an (Jahresbeitrag 60 $).

## Andinismus, Bergwandern

Das Land bietet ausgezeichnete Möglichkeiten für Alpinisten, die in Südamerika entsprechend Andinisten heißen. Durch die Äquatorlage sind schneefreie Höhenwanderungen bis auf knapp 5000 m möglich, Gipfelbesteigungen und Gletscherwanderungen sogar bis 6310 m auf dem Chimborazo. Wer im Hochgebirge nicht orientierungssicher ist, sollte sich einer geführten Tour anschließen, was für Eiswanderungen ohnehin obligatorisch ist. Die extremen Höhen der ecuadorianischen Anden erfordern eine angemessene Akklimatisierung (vgl. auch die Hinweise unter ›Gesundheit‹, S. 99, und ›Karten‹, S. 76). Literatur: Schmudlach, Günter: Bergführer Ecuador, s. S. 77.

## Canopying

Einst von Forschern zum Studium von Baumkronen *(canopies)* entwickelt, werden Hängebrücken und Laufstege von Wipfel zu Wipfel heute zunehmend auch für Touristen verlegt. Gerade im Regenwald Amazoniens, aber auch in einigen Wäldern der Anden finden sich diese luftigen Gangways, die einzigartige Blicke in die Tier- und Pflanzenwelt der Baumkronen erlaubten. In Ecuador befinden sich die interessantesten Canopying-Strecken an der Sacha Lodge am unteren Río Napo, bei der Hacienda Santa Rita am Vulkan Pasochoa und bei Patate/Baños.

## Fahrradfahren

Die Äquatorlage Ecuadors erlaubt es Mountainbikern, auf Höhen von fast 5000 m zu fahren. Damit erschließen sich im Sattel sensationelle Downhill-Strecken. Die besten Touren lassen sich über entsprechende Spezialisten ab Quito organisieren (s. S. 138, 139). Alle seriösen Agenturen mit Bike-Programm arbeiten mit internationalen Sicherheitsstandards. Sie stellen also neben dem Rad eine komplette Ausrüstung und einen Servicewagen zur Verfügung. Auch der Fahrradverleih zur individuellen Gestaltung der Tour ist möglich. Für sportliche Reisende ist Ecuador auch dank vieler abgelegener Strecken ein Mountainbike-Eldorado. Die Hauptverkehrsstraßen sind hingegen zu meiden (s. dazu auch Autofahren, S. 84).

## Gleitschirmfliegen

Es werden zwei Kategorien von Gleitschirmflügen angeboten. Die eine lässt einen in den thermischen Winden des Hochlandes fliegen. Die andere ermöglicht das mitunter stundenlange Hangsoaring, wo die steten Seewinde des Pazifiks auf die steile Küste treffen. Im Hochland zählen Ibarra, Quito, Baños, der Pichincha und der Raum Cuenca zu den Zentren der Paraglider. An der Küste wird vor allem in Canoa und Crucita geflogen. In beiden Regionen werden auch Tandemflüge für Einsteiger angeboten. Außerdem gibt es mehrere Flugschulen, die ausbilden, in Canoa sogar mit internationalem Zertifikat. Wegen der komplizierten Windverhältnisse im Hochland sollte dort immer der erfahrene Rat ortskundiger Flieger und Ausbilder eingeholt bzw. ein Flugtag mit lokalen Fliegerklubs gemeinsam verbracht werden.

## Golf

Golfen ist wenig verbreitet. In der Upper Class findet man sich in einer Handvoll Klubs zusammen: Quito Tennis and Golf Club; nahe Quito im Los Chillos Club und exklusiv im Los Arrayanes Country Club; bei Guayaquil: Country Club, La Costa Country Club; im Cuenca Tennis and Golf Club; am Strand der Casablanca Club. Öffentlich ist nach Anmeldung die 9-Loch-Anlage von Tinalandia bei Santo Domingo (s. S. 272).

Bedingungen. Auf dem Río Mindo nördlich von Quito ist die verwandte Tubing-Variante der Wildwasserfahrt in Reifenschläuchen beliebt.

# Kajakfahren

Immer beliebter wird das Kajakfahren. In einigen Regionen wie dem Faunareservat Cuyabeno im nördlichen Regenwald und auf einigen Galápagos-Inseln gehört das Kajakfahren mittlerweile zu einer bevorzugten Fortbewegungsart, um Tiere aus nächster Nähe zu beobachten. Gerade Fotografen schenkt das still über das Wasser gleitende Kajak hervorragende Arbeitsbedingungen.

# Klettern

Das Klettern wird immer beliebter in Ecuador. Dank Vereinen wie dem Club Arista del Sol in Quito (Tel. 099-984 15 30) verfügt Ecuador bereits über ein gutes Netz von erkletterbaren Felswänden. Der internationale Ausstatter- und Kletterladen Monodedo in Quito (www.monodedo.com) hat alle Plätze in einer Karte gelistet und informiert über Veranstaltungen und Meisterschaften. Nahe dem Coliseo Rumiñahui in Quito wird zudem eine 19 m hohe Kletterwand betrieben, bekannt unter dem Namen ›El Rocódromo‹.

# Rafting

Die besten Strecken für das Rafting finden sich am oberen Río Napo bei Tena. Hier bietet ein verzweigtes Flusssystem mit unterschiedlichen Gefällen Wildwasserkonditionen praktisch aller Schwierigkeitsgrade und exzellente sportliche Bedingungen. Auch am Río Pastaza westlich von Puyo und am Rio Quijos nördlich von Baeza finden sich gute

# Reiten

Hervorgegangen aus der alten Hacienda-Tradition in den Weiten der Anden, haben bis heute zahlreiche Reitställe überlebt. Mehr noch: Im Zuge des internationalen Tourismus erlebt der Reitsport in Ecuador sogar eine Renaissance. Zahlreiche Haciendas halten z. T. hervorragende Pferde für die Gäste aus aller Welt. Insbesondere in den nördlichen und den zentralen Anden sind mehrere empfehlenswerte Reitställe beschrieben, die Programme von wenigen Stunden bis zu zehn Tagen Reiterferien anbieten, einige kaum eine Stunde von Quito entfernt.

# Surfen

Die ecuadorianische Surferszene wächst. Der Surfer-Verband vernetzt sich unter www.fesurf.org oder tauscht sich aus unter www.gentesurfer.com, Tel. 099-918 66 10. Montañita, Mompiche, Playas, Pedernales und San Mateo sind die beliebtesten Wellenreviere.

# Tauchen

Schon im Jahr 2000 hat das amerikanische Unterwassermagazin »Rodale's Scuba Diving« die Galápagos-Inseln zu den besten Tauchrevieren der Welt erklärt. In der Tat sind die Inseln äußerst fischreich und stechen im internationalen Vergleich mit einer sensationellen Präsenz von Großfischen hervor. Stars der Unterwasserwelt sind die großen Schulen von Hammerhaien und Galápagos-Haien. Regelmäßig sieht man zudem Weißspitzenhaie und Seidenhaie. Im Herbst treffen sich regelmäßig Walhaie vor Galápagos. Die große, gar überwältigende Vielfalt der Meeresfauna wird erst auf einer Tauchkreuzfahrt erlebbar, bei der auch ferne Inselziele angelaufen werden. Diese ›Liveaboard‹-Arrangements sind kostspielig, aber unvergesslich. Eine Alternative sind die Tagesausfahrten mit den Tauchschulen auf den bewohnten Inseln, die mit etwas Glück ebenfalls zum großen Hammerhai-Erlebnis führen. Galápagos ist wegen der komplizierten Strömungsverhältnisse ein Revier für erfahrene Taucher, die mindestens 40 Tauchgänge absolviert haben. Dieses Buch hat dem Tauchen auf Galápagos ein eigenes Kapitel gewidmet (s. S. 392). Vor der Festlandküste bieten einige Felshänge des Nationalparks Machalilla jahreszeitabhängig ganz passable Tauchmöglichkeiten. Die wichtigsten Tauchschulen des Festlandes befinden sich in Puerto López und in Quito.

**Kanufahrten im Regenwald werden auch bei Touristen immer beliebter**

# Einkaufen

## Einkaufsmöglichkeiten

### Wochenmärkte

Der schönste Ort zum Einkaufen ist der *mercado*, der Markt. Fast jedes größere Dorf hat einen solchen Wochenmarkt, die Städte auch entsprechende Markthallen. Die wichtigste heißt dann *Mercado Central*. Hier bekommt man die Feldfrüchte noch frisch vom Bauern, auch wenn so ein Markt nicht ganz europäischen Hygienestandards entspricht. Daher sollte man sein Fleisch und seinen Fisch hier auch nur bedingt erwerben. Kleine und große Städte haben einen ständigen Markt, der von frühmorgens bis etwa mittags geöffnet ist, sowie einmal wöchentlich einen großen Markttag. In Quito und in der Nähe der Hauptstadt sind die bedeutendsten großen Märkte Santa Clara (Mo–Sa), Cotocollao (Fr, Sa), Sangolquí (So) und Machachi (So).

### Supermärkte

Alle großen Städte und immer mehr mittelgroße Städte werden mit einem Netz moderner Supermärkte überzogen. Marktführer in den Anden sind dabei ›Supermaxi‹ und sein ganz großer Bruder ‹Megamaxi›. An der Küste regiert die Lebensmittelwelt von ›Santa María‹. Doch auch die Supermärkte der zweiten Reihe wie ›Mí Comisariato‹ bieten heute eine Warenpalette europäischen Ausmaßes zu europäischen Preisen. Darunter sind auch jede Menge Importwaren und eine üppige Auswahl an Wein, Bier und Spirituosen.

### Einkaufszentren

Ecuadorianer lieben Einkaufszentren, die einen zum Shoppen, die anderen zum Bummeln und Schauen. Hier, in den *Centros Comerciales*, reihen sich moderne Geschäfte, teure Boutiquen, Filialen großer Einzelhandelsketten, Delikatessenläden und Imbissbereiche in langen Fluren aneinander. In Guayaquil nennt man sie, dem Nordamerikanischen entlehnt, *Mall*. Dort steht mit der Mall del Sol auch das größte Einkaufszentrum der südamerikanischen Pazifikküste. Aber es wird bereits ein neues gebaut. In Quito liegen die Einkaufzentren El Jardín, Quicentro und Iñaquito relativ nah an dem touristischen Stadtteil Mariscal.

## Kunsthandwerk

Die größte Auswahl an Kunsthandwerk – *artesanías* – und Souvenirs gibt es in Otavalo, Quito und Cuenca. Berühmt sind Ecuadors Webwaren, Panamahüte, Keramik- und Balsaholzarbeiten. Doch auch kleine Dörfer bieten mitunter hervorragende Handwerkswaren aus speziellen Materialien wie Sisal, Tagua-Nuss oder Leder zum Verkauf an. Naive Maler, fingerfertige Instrumentenbauer und geduldige Schmuckhersteller ergänzen das breit gefächerte Angebot.

Meyers Lexikon meint, kunsthandwerkliche Gegenstände seien »unter ästhetischen Gesichtspunkten gestaltete Gebrauchsgegenstände und Ziergeräte aller Epochen aus den verschiedensten Materialien«. In der Tat – in Ecuador finden Souvenir- und Schnäppchenjäger sowie Liebhaber feiner Handarbeit eine Fülle von Gegenständen, die, nach jahrtausendealten Handwerkstraditionen gefertigt, in der großen Warenwelt mühelos gegen die industrialisierte Billigware aus Asien bestehen können. Ecuadorianische Kunsthandwerker haben mittlerweile an Selbstvertrauen gewonnen – heute wird ein ›Made in Ecuador‹ wieder exponierter platziert.

## Öffnungszeiten

Da Ecuador weder ein Ladenschlussgesetz noch eine 38,5-Stunden-Woche kennt, variieren die Geschäftszeiten erheblich. Zur allgemeinen Orientierung lässt sich sagen, dass Geschäfte Mo–Fr von 9 bis19 Uhr geöffnet sind, viele auch Sa vormittags. Die kleinen Läden, die *tiendas,* schließen oft erst um 22 Uhr, einige *licorerías* verkaufen Getränke, Zigaretten und Naschwerk mitunter rund um die Uhr. Einkaufszentren öffnen sieben Tage die Woche von ca. 9 bis 22 Uhr, am Wochenende zumindest bis 20 Uhr.

Kernöffnungszeit von Banken ist Mo–Fr ca. 9–16 Uhr. Behörden und Botschaften haben häufig nur vormittags Publikumsverkehr. Einige Apotheken haben einen Nachtdienst und arbeiten somit im *turno.* In der Gastronomie variieren die Öffnungszeiten besonders stark.

**Bunt und vielfältig – der Markt ist der schönste Ort zum Einkaufen**

# Gut zu wissen

## Alkoholverbot

Ecuador hat den Alkoholausschank und -verkauf landesweit gesetzlich eingeschränkt. Er ist erlaubt: Mo–Do 12–24, Fr und Sa 12–2, So bei Restaurantbesuchen 12–16 Uhr. Um Wahlen herum wird zudem meist ein 72-stündiges Alkoholverbot verhängt, das streng gehandhabt wird.

## Ausgehen

Freitag und Samstag sind die traditionellen Ausgehtage in Ecuador. Sonntag und Montag bleiben die Lokalitäten häufig geschlossen. Die Kleiderordnung in den meisten Klubs ist recht informell, d. h. Jeans und Hemd, aber keine Turnschuhe.

Was an der Costa und in der Selva schon lange eine verbreitete Gewohnheit ist, nämlich draußen am Strand, am Fluss oder an der Straße sein Bier zu trinken, erobert nun auch Quito. Auf den Plätzen und an den Avenidas im Straßencafé zu sitzen, ist seit einigen Jahren hip und dank der Gasheizstrahler auch abends durchaus auszuhalten. Mariscal ist das Ausgehviertel Quitos, vor allem rund um die Plaza Quinde, auch Plaza Foch genannt. Im Zentrum von Guayaquil hat sich die Calle Rocafuerte zur berüchtigten *zona rosa* mit jeder Menge Klubs entwickelt. In Cuenca gibt es keine ausgewiesene Zona Rosa, aber dennoch ein gutes Angebot an Bars und Klubs, vor allem am Wochenende. Die Diskotheken und ihre DJs wechseln relativ häufig, sodass Tipps hier etwas schwierig sind, ausgenommen natürlich die Salsa-Adresse Seseribo in Quito. Eintritts- und Getränkepreise variieren beträchtlich: Bekommt man in dem einen Klub ein großes Bier für zivile 2 $, kostet der Cuba Libre nebenan 6 $ bei einem Mindestverzehr von 15 $. Man sollte beim Ausgehen stets ein Lichtbilddokument bei sich führen, aber bitte nicht den wichtigen Reisepass.

## Diplomatische Vertretungen

### … in Deutschland
**Botschaft der Republik Ecuador**
Botschafter Jorge Jurado
Joachimstalerstr. 10–12
10719 Berlin
Mo–Fr 9–17 Uhr
Tel. 030-800 96 95, Fax 030-800 96 96 99
info@ecuadorembassy.de
**Konsulate**
Bremen: Tel. 04 21-309 23 20
wessels@wessels-stuhr.de
Frankfurt: Tel. 069-133 22 95
konsulat.frankfurt@consuldor.de
Hamburg: Tel. 040-44 31 35
ecuador-consulado-hamburgo@online.de
München: Tel. 015 20-766 29 10
baviera@consulado-ecuador.com

### … in Österreich
**Botschaft der Republik Ecuador**
Botschafter Byron Morejón Almeida
Goldschmiedgasse 10/2/205
1010 Wien
Mo–Fr 9–13, 15–18 Uhr
Tel. 01-535 32 08/-18
Fax 01-535 08 97
mecaustria@chello.at

### … in der Schweiz
**Botschaft der Republik Ecuador**
Botschafter Jaime Marchán
Kramgasse 54
3011 Bern
Mo–Fr 9–13, 15–17 Uhr
Tel. 031-351 17 55, 031-351 62 54
Fax 031-351 27 71
embecusuiza@bluewin.ch
**Konsulate**
Basel: Tel. 061-272 03 03
urs.groeflin@bluemail.ch
Lausanne: Tel. 021-624 93 69
ceculausanne@mmrree.gov.ec

## ... in Ecuador

**Deutsche Botschaft in Quito**
Botschafter Peter Linder
Av. Naciones Unidas E10-44 y República de
El Salvador, Edificio Citiplaza
Mo–Do 8–13, 14–16, Fr 8–13 Uhr (ein
Ausweis ist vorzulegen)
Konsularreferat Mo–Fr 8–11 Uhr
telefonisch auch Mo–Do 14–15.30 Uhr
Tel. 02-297 08 20
Notfall-Handy der Botschaft: 099-949 79 67
www.quito.diplo.de

**Dt. Honorarkonsulat in Guayaquil**
Hardy von Campe
Av. Las Monjas Nr. 10, Ed. Berlin, 2. Etage
Tel. 04-220 68 67/-68, Fax 04-220 68 69
consulado.aleman@grupoberlin.com

**Dt. Honorarkonsulat in Cuenca**
Eva Klinkicht de Tamariz
Av. Bolívar 9–18 und Benigno Malo
Tel. 07-282 27 83, Fax 07-283 14 79
evak@etapaonline.net.ec

**Österr. Honorarkonsulat in Quito**
Av. Gaspar de Villaroel No. E9-53
entre Av. de los Shyris y 6 de Diciembre
Di–Do 10–12 Uhr
Tel. 02-246 97 00, Fax 02-244 32 76
przibra@interactive.net.ec
(wichtig: nächste österreichische Botschaft
mit Pass- und Sichtvermerksbefugnis ist in
Bogotá, www.aussenministerium.at/bogota)

**Österr. Honorarkonsulat in Guayaquil**
Av. Jorge Pérez Concha 718, Urdesa
Di, Do 10–12 Uhr
Tel. 04-238 48 86
Fax 04-238 48 86
sotomay@gye.satnet.net
(zuständig für die Südprovinzen Ecuadors)

**Botschaft der Schweiz in Quito**
Av. Amazonas N35-17 y Juan Pablo Sanz
Ed. Xerox, 2do piso
Mo–Fr 9–12 Uhr
Tel. 02-243 41 13, 02-243 49 48
Fax 02-244 93 14
qui.vertretung@eda.admin.ch

**Generalkonsulat der Schweiz in Guayaquil**
Av. Juan Tanca Marengo, km 1,8 y
Santiago Castillo (Diagonal a Dicentro)
Ed. Conauto, 5to piso
Tel. 04-268 19 00, Fax 04-268 19 97
guayaquil@honrep.ch

## Elektrizität

Die Stromspannung beträgt 110 Volt, die
Netzfrequenz 60 Hertz. Europäische Elektro-
geräte können also nicht ohne Weiteres angeschlossen werden, Akkuladegeräte sind
meist von 100 bis 240 Volt empfänglich, müssen aber eventuell umgestellt werden. In gehobenen Hotels und auf einigen Schiffen auf
Galápagos findet man zusätzlich Anschlüsse
für 220 Volt. Im stark belasteten Stromnetz
kommt es regelmäßig zu Spannungsschwan-
kungen, sodass empfindliche Geräte bei län-
gerem Einsatz an einen Spannungsregler (ni-
veline) gekoppelt werden sollten. Zu den hier
verwendeten US-amerikanischen Flachste-
ckern gibt es in der *Ferretería* für 40 Cent
Adapter für deutsche Schukostecker. In der
Regel gibt es keine Erdung des Hausan-
schlusses. Adapter und Spannungsgeräte
sind zumindest in Quito und Guayaquil im
Fachhandel erhältlich. In langen Trockenperi-
oden wird der Strom wegen des Tieffalls der
Wasserkraftwerke gelegentlich abgeschaltet.

## Mücken

An der Küste und im Regenwald, generell in
Höhen unter 1500 m, können Mücken schon
mal lästig werden, und es besteht regional
Malariagefahr. Wo genau Malariagebiete sind
und welche Prophylaxe anzuwenden ist, darüber informiert aktuell das Zentrum für Reisemedizin (s. S. 100; www.crm.de). Grundsätzlich gehört ein Mückenschutz ins Reise-
gepäck, er kann aber auch in jeder Apotheke

im Land erworden werden *(repelente)*. Mücken kommen in und unmittelbar nach der Regenzeit häufiger vor als in der Trockenzeit. Intakte Moskitonetze sollten zum Standard in offenen Cabaña-Unterkünften gehören. Lange, helle Kleidung und das Meiden der Abenddämmerung im Freien sind weitere Vorsichtsmaßnahmen.

## Rauchen

Rauchen ist in Ecuador nicht so weit verbreitet wie etwa in Spanien, obwohl es erheblich billiger ist. Eine Schachtel Zigaretten kostet 1,50–2,50 $. Dennoch wird das Rauchen seit einigen Jahren eingeschränkt, in öffentlichen Gebäuden untersagt, in der Gastronomie nur noch in ausgewiesenen Zonen erlaubt und allmählich auch aus den Hotels verbannt.

## Reisen mit Handicap

Ecuador ist kein barrierefreies Land. Weder Transportwesen noch Stadtarchitektur oder Freizeitmöglichkeiten sind auf Mitmenschen mit körperlichen oder geistigen Behinderungen ausgerichtet. Allein öffentliche Gebäude werden allmählich mit Rampen für Rollstuhlfahrer ausgestattet.

## Sprachkurse

Ecuador bietet sehr gute und preiswerte Sprachkurse, s. S. 79 und 138.

## Studienaufenthalte, Praktika

Eine Arbeits- oder Studienerlaubnis ist unbedingt im Vorfeld der Reise bei Ecuadors Konsularabteilungen im Ausland zu beantragen.

Dazu ist eine offizielle und aussagekräftige Bescheinigung der Praktikums-, Arbeits- oder Studienstelle vorzulegen. Ein Touristenvisum wird während einer Reise grundsätzlich nicht in ein anderes Visum umgewandelt. Weitere Informationen erteilen die Botschaften Ecuadors im Ausland (s. S. 92).

## Trinkgeld

Auf Hotel- und Restaurantrechnungen ist in der Regel ein Bedienungsgeld von 10 % *servicio* ausgewiesen, sodass man dort kein nennenswertes Trinkgeld hinterlässt. In der gehobenen Gastronomie werden Trinkgelder inzwischen erwartet. Üblicherweise lässt man etwas Wechselgeld auf dem Tisch zurück.

Taxifahrer erwarten nicht explizit ein Trinkgeld. Bei Kreuzfahrten und organisierten Rundreisen ist es hingegen üblich, der Reiseleitung, den Naturführern, den Busfahrern und der Schiffscrew auch eine finanzielle Anerkennung zu zollen. Das ist in einem Niedriglohnland wie Ecuador mit einem stark ausgeprägtem informell orientiertem Arbeitssektor ein wichtiger Bestandteil des Einkommens.

## Trinkwasser

Die Trinkwasserqualität in Ecuador ist nicht überall festen Standards unterstellt, daher ist das Leitungswasser nicht zum Verzehr geeignet. Eine Berührung mit kleinen Mengen an Wasser sind andererseits auch kein Grund zur Panik. Je länger man im Land ist, desto besser kann der Körper sich auf die mikrobiologischen Verhältnisse einstellen, doch man sollte auch nichts erzwingen. Durchfallerkrankungen in den Tropen können schwerwiegend verlaufen und gefährlich sein.

In gehobenen Restaurants ist der Verzehr von gewaschenen Früchten und Gemüse normalerweise kein Problem.

## Währung

Ecuador hat nach einer Bankenkrise und einem allmählichen Verfall der Landeswährung Sucre im Jahr 2000 das eigene Geld abgeschafft. Seither ist der US-Dollar die offizielle Landeswährung. Im Rahmen der Dollarisierung hat man sich lediglich das Recht erhalten, Münzen bis zu einem Wert von 0,50 $ zu prägen. Diese sind genauso groß wie die Original-US-Münzen, werden aber nur in Ecuador akzeptiert. Die US-Banknoten sind gestückelt in 1-, 5-, 10-, 20-, 50- und 100-Dollar-Noten. Kurse (März 2013): 1 $ = 0,77 € = 0,95 CHF, 1 € = 1,29 $, 1 CHF = 1,06 $.

## Geldwechsel

In den größeren Städten finden sich Banken und Wechselstuben, um Euro und Franken gegen die Landeswährung Dollar zu tauschen, in Quito z. B. auf der Avenida Amazonas, Höhe Mariscal. Ein solcher Wechsel kostet jedoch meist 3 bis 5 % Gebühren. Für größere Beträge empfiehlt sich daher der Geldautomat, an dem mit der europäischen Maestro-(EC-)Card und mit der Kreditkarte Geld abgehoben werden kann. Die Gebühren dafür schwanken, liegen bei der MaestroCard etwa bei 4–6,50 € pro Abhebung. An einigen Bankautomaten können bis zu 600 $ auf einmal abgehoben werden, andere geben nur 100 $. Reiseschecks sind eine sichere Ergänzung zur Karte, sind aber wenig akzeptiert. In gehobenen Hotels, bei einigen Banken wie Produbanco in Quito, Av. Amazonas y Washington, und in den Supermärkten von Supermaxi können bislang auf US-Dollar ausgestellte Schecks eingetauscht werden. Im Notfall leistet Western Union (www.reisebank.de) kurzfristig größere Geldtransfers nach Ecuador. Beachten Sie beim Geldwechsel unbedingt die folgenden Sicherheitshinweise und Tipps.

## Tipps für die Reisekasse

Vor der Reise sollte man sich bei seiner Hausbank erkundigen, welche Gebühren bei welchem Geldinstitut in Ecuador für den Karteneinsatz anfallen. Einige Bankkarten müssen im Vorfeld von der Hausbank erst freigeschaltet werden, damit man sie in Ecuador am Automaten sicher einsetzen kann. Andernfalls kann es sogar zu einer Sperrung der Karte kommen.

Banknoten von 50 und 100 $ werden in den meisten Geschäften Ecuadors nicht akzeptiert, wählen Sie kleinere Werte. Niemals Geld auf der Straße wechseln! Ebenso sollte man sich am Geldautomaten nicht von Fremden helfen lassen – Betrugsrisiko. Abgehobenes Bargeld auf sicherem Weg (Taxi) zur Unterkunft bringen.

Die Eröffnung eines neuen Kontos kann Geld sparen: Beispielsweise mit der VISA-Kreditkarte der DKB (Berliner Online-Tochter der Bayern LB) lässt sich weltweit nahezu überall Bargeld an Automaten abheben – und zwar kosten- und gebührenfrei! Weitere Banken in Europa bieten Ähnliches an.

## Reisebudget

Die Preisspanne ist denkbar groß: An der Küste von Manabí findet sich eine hübsche Strand-Cabaña unter deutscher Leitung mit eigenem Bad für 8 $. An der Plaza Grande in Quito kostet das barock gestaltete Doppelzimmer 732 $ ohne Frühstück. Ähnlich divergieren die Preise in den Restaurants. Man kann in Ecuador mit 15 $ pro Person und Tag charmant wohnen und solide essen, einschließlich eines großen Bieres. Gleichzeitig wird man in den Top-Restaurants europäische Preise bezahlen oder entsetzt entdecken, dass das schweizerische Hotel einem für gut vier Telefonminuten in die Heimat 55 $ in Rechnung stellt. Anders gesagt: In

Ecuador kann man nach wie vor ›low budget‹ leben und ist dank der niedrigen Buspreise auch sehr mobil. Ebenso kann man von Hotellerie, Gastronomie und Tourenprogrammen europäische Standards erwarten – dann aber auch zu europäischen Preisen. Dieser Reiseführer nennt Beispiele in allen Preiskategorien, legt aber sein Hauptaugenmerk auf eine solide Mittelklasse und empfehlenswerte preiswerte Optionen.

Ein besonderer Kostenfaktor ist ein Aufenthalt auf den Galápagos-Inseln. Hier ist ein Inlandflug von mindestens 400 $ und der Eintritt für Nationalpark und Behörden von 110 $ einzukalkulieren. Eine einwöchige Kreuzfahrt-Exkursion kostet weitere 1400 bis 5000 $ inkl. Unterkunft, Vollpension und Naturführer bei allen Landgängen und Wasseraktivitäten. Besonders kostspielig sind Tauchkreuzfahrten.

## Spartipps

Hotels im hohen Preissegment bucht man meist günstiger über eine Reiseagentur als direkt. Bei Barzahlungen in Hotels lassen sich häufig 10 bis 20 % gegenüber dem ausgewiesenen Preis aushandeln. Für zeitlich flexibel Reisende bieten sich vor Ort gerade bei teuren Touren wie nach Galápagos Last-Minute-Angebote an, die in den Agenturen aushängen. Eine Visumverlängerung (auf max. 90 Tage binnen eines Jahres) immer vor Ablauf des Visums beantragen, da eine Terminüberschreitung mindestens 200 $ Strafe kostet.

Studenten erhalten bei Vorlage des Studentenausweises hier und da 10 % Rabatt. Doch lässt sich in Ecuadors Dienstleistungs- und Warensektor generell vielerorts der Preis verhandeln. Kunsthandwerk und Souvenirs werden an der Straße und auf Gelegenheitsmärkten zu deutlich überhöhten Preisen angeboten – vergleichen und verhandeln bringt beide Seiten zu einem guten Ergebnis. Einige teurere Unterkünfte etwa im Regenwald und an der Küste bieten Outdoor-Liebhabern eine günstige Alternative auf dem hauseigenen Zeltplatz. Internationale Flüge sind in der Zwischensaison am günstigsten, d. h. zwischen Ostern und den Sommerferien und nach den Sommerferien bis etwa Ende Oktober – Zeiten, in denen die Fluglinien vermehrt Sonderangebote auflegen. Telefonate nach Europa sind relativ günstig, wenn man die zahlreich vorhandenen Telefonkabinen nutzt (s. S. 104).

**Sperrung von EC- und Kreditkarten bei Verlust oder Diebstahl\*:**

**+49 116 116**

oder +49 30 40 50 40 50
(\* Gilt nur, wenn das ausstellende Geldinstitut angeschlossen ist, Übersicht: www.sperr-notruf.de)
Weitere Sperrnummern:
– MasterCard: +49 69 79 33 19 10
– VISA: +49 69 79 33 19 10
– American Express: +49 69 97 97 20 00
– Diners Club: +49 69 66 16 61 23
Bitte halten Sie Ihre Kreditkartennummer, Kontonummer und Bankleitzahl bereit!

## Sperrung von Maestro- (EC-) und Kreditkarten

Bei Verlust, Diebstahl oder Missbrauch der Bank- oder Kreditkarte kann diese über eine zentrale 24-Stunden-Notrufnummer in Deutschland umgehend und ohne vorherige Registrierung gesperrt werden.

Die meisten deutschen Banken sind an dieses Notfallsystem angeschlossen. Detaillierte Informationen und eine Liste aller angeschlossenen Geldhäuser und -karten findet man unter der Webadresse www.sperr-notruf.de und unter den links aufgeführten Telefonnummern.

## Ganzjähriges Reiseziel

Ecuador ist wegen seiner Äquatoriallage grundsätzlich ein ganzjähriges Reiseziel. Man unterscheidet allenfalls zwischen den zwei sogenannten Jahreszeiten Sommer und Winter und meint damit in Ecuador die regenärmere und die regenreichere Jahreszeit mit nur mäßigen Temperaturunterschieden.

Der Winter mit teils heftigem Nachmittagsregen in den Anden beginnt etwa im Oktober und schlägt im Mai zum trockeneren Sommer um. Für das Bergwandern sind die Monate Juli und August sowie das ›Sommerchen‹ im Dezember am besten geeignet.

In der von Januar bis April verlaufenen Regenzeit an der Küste kommt es schon mal zu Verkehrsbehinderungen durch starke Niederschläge. Die Wassertemperaturen erlauben das Baden im Meer hingegen ganzjährig.

Auf Galápagos ist ebenfalls in der ersten Jahreshälfte Regenzeit, doch der Himmel ist dann meist blau. Nur gelegentlich entladen sich Wolken in heftigen Schauern. In der Trockenzeit der zweiten Jahreshälfte wird es etwas kühler und dank der *garúa* (feiner Nieselregen und Nebel) diesiger. Im September liegen übrigens viele Galápagos-Boote auf Reede.

Eine Regenwald-Exkursion ist in den dort trockeneren Monaten von August bis Dezember etwas angenehmer. Andererseits fallen dann einige Feuchtgebiete wie die Seenplatte von Cuyabeno schon mal trocken.

Diese Hinweise zu Klima und Reisezeit können nur Anhaltspunkte sein!

## Kleidung und Ausrüstung

Bei Temperaturunterschieden von über 50 °C zu ein und demselben Zeitpunkt und bei einem derart breiten Reisespektrum im Land sind Ausrüstungstipps schwer zu geben.

Ein fester Wanderschuh sollte keinesfalls fehlen, ebenso wenig wie eine Regenjacke, eine Kopfbedeckung und Sonnencreme mit einem hohen Lichtschutzfaktor. Ein wasserfester Sack schützt die Ausrüstung auf dem Wasser, in Staub und Regen. Empfehlenswert

**Klimatabelle von Guayaquil**

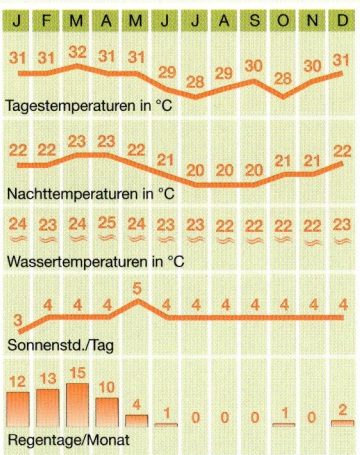

**Klimatabelle von Quito**

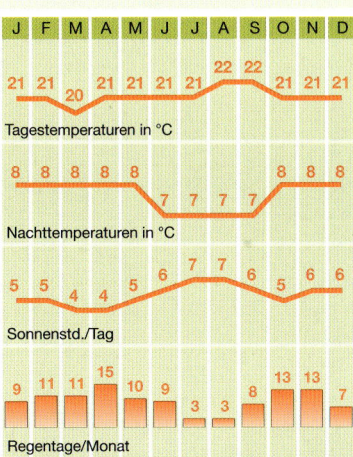

ist, seine wichtigsten Dokumente als Fotokopien mitzubringen. Das europäische Handy kann man nur bedingt benutzen (s. S. 104). Badesachen sind nicht nur am Meer, sondern auch in den Thermal- und Dampfbädern der Anden angezeigt. Wer die Höhen verlässt, denke an Mückenschutz. Beim Bergwandern und bei der Tierbeobachtung leistet ein Fernglas gute Dienste. Auf Galápagos sollte man für die digitale Fotografie unbedingt an ausreichend Speicherplatz denken.

Ansonsten bekommt man die meisten Dinge für die Reise, auch elektronisches Zubehör, in Quito und in Guayaquil. Einiges ist jedoch teurer als zu Hause und manchmal etwas zeitaufwendig zu beschaffen.

## Wettervorhersage

Eine Wettervorhersage zu machen, ist in der Heimat des ›vertikalen Tageszeitenklimas‹ nahezu unmöglich und wenn man es doch versucht, dann gilt sie nur für ein Tal oder einen kleinen Küstenabschnitt. Man sollte sich zudem auf abrupte Wetterwechsel mit erheblichen Temperaturunterschieden einstellen, vor allem in den Anden.

Einen Versuch der Wettervorhersage unternimmt das kommerzielle spanische Wetterportal www.tutiempo.net. Zumindest kann man dort eine detaillierte Chronologie von gesammelten Wetterdaten aus verschiedenen Regionen des Landes lesen.

**Das Wetter in Ecuador ist unberechenbar – deshalb ist man in den Bergen am besten mit Führer unterwegs**

## Gesundheit

### Gesundheitsvorsorge

Eine Reise von Europa nach Ecuador ist anstrengend für den Körper. Die Umstellung auf Klima, Zeit, Höhe und Ernährung verlangt eine behutsame Akklimatisierung und Gewöhnung an das neue Ambiente. Im Zweifelsfall sollten insbesondere ältere Menschen, chronisch Kranke, Schwangere und Kleinkinder vor der Buchung der Reise den Rat des Hausarztes oder sogar Reisemediziners einholen. Wichtig ist der Abschluss einer Auslandskrankenversicherung. Diese kostet bei Reisen bis zu 45 Tagen nur 10 bis 15 € im Jahr. In Ecuador ist sie elementar wichtig, weil die gesetzlichen Krankenkassen zu Hause in aller Regel keinerlei Kosten im Krankheitsfall in Ecuador erstatten, da keine binationalen Versicherungsabkommen bestehen. Die Anforderung eines Reise-Gesundheitsbriefes für 10 € beim CRM (s. S. 100) gibt einem im Vorfeld der Reise einen genauen Überblick über die Impf- und Verhaltenserfordernisse am Reiseziel Ecuador.

Die folgenden Ausführungen sind mit Tropenmedizinern abgestimmt und nach neuestem Stand der Reisemedizin zusammengestellt. Dennoch ersetzen sie nicht den ärztlichen Rat, der im Zweifelsfall und vor einer jeden Ecuador-Reise einzuholen ist.

### Höhenanpassung

Zur Ankunft in einer Höhe von 2800 m in Quito gilt: körperliche Anstrengungen und schweres Essen meiden, Alkohol und Rauchen auf ein Minimum reduzieren, viel Wasser trinken. Womöglich wird es zu einigen Anpassungsphänomenen kommen, die nicht besorgniserregend sind: Schlafstörungen, Kurzatmigkeit, Verdauungsstörungen, leichter Kopfschmerz. Bei gravierenderen Beschwerden ist ein Arzt zu konsultieren. Die Höhenanpassung ist für moderates Reisen bereits nach wenigen Tagen abgeschlossen.

Eine Höhenkrankheit wiederum zeigt andere Symptome als die Höhenanpassung. Wer sich mit der Höhe übernimmt, etwa wenn ein Bergsteiger mit unzureichender Akklimatisierung zu große Höhen erklimmt, kann unter Übelkeit, Erbrechen, pochendem Kopfschmerz, Schwindel und sogar Alpträumen leiden. In solch einem Fall gilt es, die Höhe umgehend um mindestens 1000 m zu verringern. Andernfalls können lebensbedrohliche Lungen- und Hirnödeme entstehen. Frühsymptome eines Lungenödems sind trockener Husten, Atemnot in Ruhe und Herzrasen.

### Impfungen und Prophylaxe

Ecuador verlangt de facto keine Impfungen, es sei denn, man reist aus einem ausgewiesenen Gelbfiebergebiet ein. Doch grundsätzlich – nicht nur vor einer Reise nach Ecuador – ist es sinnvoll, die Impfungen gegen Tetanus, Diphterie und Polio aufzufrischen. Auch eine Impfung gegen die Lebererkrankung Hepatitis A ist grundsätzlich zu empfehlen. Im tropischen Landesinnern ist eine Impfung gegen Gelbfieber empfohlen, offiziell in einigen Provinzen des ecuadorianischen Regenwaldes sogar Pflicht. Für Reisen unter einfachen hygienischen Bedingungen ist eine Impfung gegen Typhus sowie bei Langzeitaufenthalten gegen Hepatitis B in Betracht zu ziehen. Wer absehbar viel mit Tieren in Kontakt kommt, sollte sich gegen Tollwut impfen lassen.

Gegen Malaria gibt es keinen Impfstoff, wohl aber eine Prophylaxe mit einem nicht 100-prozentigen Schutz. Je nach Reisegebiet in Ecuador ist die Einnahme von Lariam oder ähnlichen Mitteln zur Prophylaxe angezeigt. Auf jeden Fall sollte man ein solches Mittel in kritischen Gebieten als Standby-Therapeutikum bei sich führen, um im Falle eines Falles bei einer Infektion durch eine Anopheles-Mücke reagieren und mildern zu können. Unersetzbar unter 1500 m Höhe sind helle, lange Kleidungsstücke in den Abendstunden, ein Mückenschutz auf der Haut und das Moskitonetz in der Nacht.

Treten im Regenwald oder an der Küste Kopf- und Gliederschmerzen, Bauchschmerzen und hohes Fieber auf – das kann auch erst nach der Rückkehr von der Reise geschehen! – sollte man an eine Malariainfektion denken. Es sollte umgehend ein Arzt aufgesucht und eine Blutuntersuchung durchgeführt werden. Dabei kann auch festgestellt werden, ob es sich möglicherweise um Dengue handelt, eine andere, ebenfalls gefährliche Tropenkrankheit.

Man kann die teuren Impfungen in Europa unter Umständen umgehen, wenn man sich die gleichen Impfstoffe in Ecuador spritzen lässt, allerdings sind dabei die Zeiträume zu beachten, die ein Impfstoff braucht, um seine Wirkung zu entfalten. Bei Hepatitis A und B sind das etwa zwei bis vier Wochen nach der ersten Impfung. Daher ist vor einer solchen Entscheidung tropenmedizinischer Rat einzuholen. Auskunft gibt etwa das **Centrum für Reisemedizin** (CRM) in Düsseldorf (CRM, Hansaallee 321, 40459 Düsseldorf, Tel. 02 11-904 29-0, www.crm.de). Dort bekommt man auch ein aktuelles Länderprofil Ecuadors in Sachen Impfungen und ein bundesweites Verzeichnis von Ärzten mit reisemedizinischer Qualifizierung.

## Reisekrankheiten

**Durchfallerkrankungen** sind häufig und nicht immer ganz zu vermeiden. Um bakteriellen Infektionen weitestgehend vorzubeugen, sind Leitungswasser, Eiswürfel, rohe Salate, ungeschältes Obst und Speiseeis zu meiden, wenn man sich nicht auf die hygienischen Verhältnisse verlassen kann. Essen am Straßenstand ist tabu. Nach wie vor gilt die einfache Regel für Fernreisen: »Koche es, brate es durch, schäle es oder vergiss es.« Bei Durchfallerkrankungen sollte man viel Flüssigkeit und Salz zu sich nehmen. Falls jedoch zusätzlich hohes Fieber, Bauchkrämpfe und/oder blutige Durchfälle hinzukommen, ist ärztlicher Rat einzuholen, da es sich um eine bakterielle oder eine Amöben-Ruhr handeln könnte.

**Sonnenbrand:** Auf Äquatorreisen, zudem in Höhenlagen, ist die Sonneneinstrahlung extrem hoch. Selbst bei bewölktem Himmel kann man sich binnen kurzer Zeit verbrennen. Sonnenschutzmittel mit hohem Lichtschutzfaktor sind angezeigt sowie eine Kopfbedeckung. Aus augenmedizinischer Sicht ist eine Sonnenbrille zum Schutz gegen die extrem starke UV-Strahlung zu empfehlen.

**Erkältungen:** Durch abrupte Temperaturwechsel und plötzliche Regenfälle bei einer vielleicht geschwächten Allgemeinverfassung wegen der Klima- und Zeitumstellung kommt es leichter zu Erkältungen. Vorbeugung und Behandlung entsprechen denen in Europa. Wichtig ist jedoch, dass man sich bei leichten Erkältungen nicht vorschnell in der Apotheke ein rezeptfreies Antibiotikum verkaufen lässt. Im Zweifelsfall einen Arzt konsultieren!

**Seekrankheit:** Auf den Galápagos-Inseln sind z. T. lange Passagen auf dem Meer zurückzulegen, insbesondere wenn nachts weite Strecken zwischen entfernt voneinander liegenden Inseln zu bewältigen sind. Obschon der Pazifik in dieser Region recht still ist und Unwetter fast nie vorkommen, ist die See vor allem in der zweiten Jahreshälfte mitunter unruhig. Mittel wie Pflaster oder Tabletten gegen Seekrankheit helfen meist.

## Krankenhäuser

Die privaten Kliniken bieten im Krankheitsfall meist gute Ambulanzen sowie stationäre Behandlungen auf europäischem Niveau. Die Krankenhäuser lassen sich üblicherweise eine finanzielle Sicherheit wie z. B. eine Kreditkarte aushändigen. Die staatlichen Provinzkrankenhäuser und Gesundheitszentren sind logistisch oft weniger gut ausgestattet und daher allenfalls für erste Untersuchungen und in Notfällen Anlaufstellen.

So bedrohlich Taranteln auch aussehen mögen: Ihr sehr seltener Biss ist zwar schmerzhaft, aber nicht tödlich

### Reiseapotheke

In die Reiseapotheke gehören: Sonnenschutz, Mückenschutz, Loperamid und Elektrolytpulver (bei Durchfall), Erkältungsmittel, Pflaster und Verbandszeug, Mittel zur Wunddesinfektion, Fieberthermometer, Notrufnummern sowie eventuell persönliche (Dauer-) Medikamente, eine Zweitbrille, Mittel gegen Seekrankheit und die Malariaprophylaxe. Bei Medikamenten in den Tropen ist nicht nur streng auf das Verfallsdatum zu achten, sondern auch auf die Temperaturen, denen man die Mittel aussetzt.

### Apotheken

In der *farmacia* gibt es nicht nur jede Menge rezeptfreier Medikamente, sondern auf Wunsch auch gleich die medizinische Beratung, die den Arzt ersetzt. Dies sollten Reisende höchstens bei sehr leichten Beschwerden in Anspruch nehmen. Selbst dann ist darauf zu achten, dass einem der Apotheker nicht Antibiotika gegen leichte Kopfschmerzen verabreicht. Übrigens erstatten die Reisekrankenversicherungen Kosten für Medikamente ohnehin nur gegen Vorlage eines ärztlichen Attestes. Fast in jeder Stadt gibt es Apotheken mit einem 24-Stunden-Notdienst. Sie sind mit *turno* und/oder *24 horas* gekennzeichnet. Eine Preisbindung für Medikamente gibt es nicht. Am besten sortiert sind die Apotheken der Kette Fybeca. Nicht selten setzen Apotheker in einem Hinterzimmer auch Spritzen – *inyecciones*.

### Impfstelle

Eine gute und preiswerte Möglichkeit für Impfungen *(vacunas)* im Land bietet sich nahe dem alten Flughafen von Quito an, ein Dienst, den auch zahlreiche Botschaften und internationale Firmen nutzen: Distribuidora Farmacéutica, Av. de la Prensa 2220 y Juan Jota

Paz y Miño, Tel. 02-225 59 18, 02-244 49 38, vacunasdf@yahoo.es.

## Ärztliche Versorgung

Der *médico* und der für die Zähne zuständige *dentista* behandeln teils in eigener Ambulanz, dem *consultorio,* und teils in einer Klinik – *clínica* oder *hospital.* Viele Ärzte in den Städten sprechen etwas Englisch, einige auch Deutsch. Man bezahlt den Arzt meist direkt nach der Behandlung in bar oder mit der Kreditkarte. Auf Belege mit klaren Details über Diagnose, Patient, behandelnden Arzt, Datum, Verschreibungen etc. ist dabei zu achten, um die Behandlung mit der Reisekrankenversicherung zu Hause abrechnen zu können. Die größeren Städte und Provinzhauptstädte haben zudem eine Notfallambulanz *(emergencia)* in den Krankenhäusern. Generell gibt es ein deutliches Stadt-Land-Gefälle bei der medizinischen Versorgung, sprich: Am besten bedient ist man in den großen Städten.

## Deutschsprachige Ärzte in Quito

**Dr. Martin Domski, Allgemeinmediziner:** Av. República E6-543 y Eloy Alfaro, Complejo Médico La Salud, 1. Stock, Büro 102, Tel. 02-255 32 06, 099-944 06 11, m_domski@uio.satnet.net.

**Dr. Andrea Molinari Szewald, Augenärztin:** Centro Médico Meditropoli, Praxis Nr. 211, Av. Mariana de Jesús s/n y Occidental, Tel. 02-226 81 73, 02-226 81 74, amolinari1234@gmail.com.

**Dr. Juan Molina Zeas, Gynäkologe:** Centro Médico Meditropoli, 2. Stock, Praxis Nr. 215, Tel. 02-243 21 71, 02-256 05 81, jmolina1@msn.com.

**Dr. Wilson Pancho, Internist:** Av. de los Shyris E9–10 y República de El Salvador, Gebäude ›ONIX‹, 4. Stock, Tel. 02-246 31 39, 099-794 30 18, wrpancho@hotmail.com, Mo–Fr 15–18 Uhr und nach Vereinbarung, Praxisbesuch 50 $.

**Dr. Roberto Mena, Zahnarzt:** La Coruña E 12–22 e Isabel la Católica, Tel. 02-256 91 49, beto54ec@hotmail.com.

**Krankenhäuser** in Quito und weitere wichtige Kontakte listet die Deutsche Botschaft in ihrem »Merkblatt für Hilfe in Notfällen« auf, auszudrucken über die Internetseite www.quito.diplo.de.

# Sicherheit

## Kriminalität

Ecuador ist bei Einhaltung allgemeiner Sicherheitsregeln ein relativ sicheres Reiseland. Eigentumsdelikte gegen Touristen wie Diebstähle auf der Straße, in Bussen und auf Märkten kommen jedoch vor. Schwere Fälle ereignen sich hingegen nur selten in der Umgebung von Touristen. Wer dennoch Opfer eines Verbrechens wird, wende sich an die Polizei. Auf der *comisaría* genannten Wache werden die Anzeigen entgegengenommen. Bei komplizierten Fällen, z. B. Personenschäden, Diebstahl von Reisedokumenten und Anklagen gegen Reisende, ist auf jeden Fall die diplomatische Vertretung des eigenen Landes einzuschalten. Bei polizeilichen Beschuldigungen sollte man niemals Schuldeingeständnisse machen, ohne die diplomatische Vertretung des eigenen Landes zu konsultieren. Die Verkehrs- und Streifenpolizei Ecuadors kennt gelegentlich korrupte Mitglieder in ihren Reihen, ist aber gegenüber Touristen in der Regel zuvorkommend.

## Sicherheitstipps für Ecuador

Bevorzugte Arbeitsplätze von Taschendieben sind vor allem in den Städten Knotenpunkte wie z. B. Busterminals, Einkaufsstraßen und Märkte sowie volle Stadtbusse. Achtung beim Einsteigen und in Bussen ohne garantierte Sitzplätze! Ecuadors Taschendiebe haben sich spezialisiert auf das Aufschlitzen von Kleidung, Taschen und Rucksäcken. Sie suchen oder provozieren gar gezielt Gedränge. Geld und Wertsachen sind verschlossen in den Innenseiten der Kleidung aufzubewahren. Dokumente genügen innerhalb der Städte als Fotokopien. Nie Wertsachen unbeaufsichtigt in Fahrzeugen liegen lassen!

Bei den vorkommenden bewaffneten Überfällen in Ecuador gilt, sich keinesfalls körperlich zur Wehr zu setzen. In der Dunkelheit sind Stadtparks generell zu meiden. Die Polizei ermittelt in aller Regel nicht bei Überfällen auf Touristen. Eine Reisegepäckversicherung nimmt einem viele Sorgen, ihre Konditionen sind jedoch genau zu beachten.

Übergriffe auf Wanderer sind selten, kamen aber in Einzelfällen vor. Nachts sollte man nicht an einsamen Stränden spazieren gehen. Mehr Sicherheit in den Bergen und in abgelegenen Gebieten schenken grundsätzlich geführte Gruppen.

Ecuador gilt als Drogentransitland zwischen den Nachbarstaaten. Bei Grenzübertritten ist das eigene Gepäck streng zu bewachen, und man sollte nichts von anderen annehmen. Ecuadors repressive Drogenpolitik stellt den Besitz und den Konsum von Drogen bereits in kleinen Mengen unter mehrjährige Haftstrafen.

Der Überlandbus ist das wichtigste, preiswerteste, aber zugleich das gefährlichste Verkehrsmittel des Landes. Denn Fahrzeuge und Fahrer bewegen sich manchmal in kritischem Zustand. Das Unfallrisiko lässt sich durch die Wahl von Busunternehmen mit modernen Fahrzeugen (Panamericana, Transportes Ecuador oder Santa) verringern.

**Die wahre Geschichte eines Überfalls:** Martha ist Angestellte im Erziehungsministerium in Quito. Wie jeden Morgen besteigt sie nahe ihrer Wohnung den Stadtbus. Doch heute setzt sich ein dicker, leicht verschwitzter Mann heftig atmend neben sie, sodass ihr die Fahrt äußerst ungemütlich wird. Am liebsten würde sie den Platz wechseln, doch nun sitzt sie am Fenster, ihre Handtasche hält sie fest umschlossen auf dem Schoß. Der Bus ist voll. Plötzlich stellt sie mit Entsetzen fest, dass ihr ihre Armbanduhr fehlt! »Na warte«, denkt Martha, holt ihre Nagelfeile aus der Tasche, drückt sie dem Dicken in die Rippen und faucht ihm ein »die Armbanduhr!« ins Ohr. Der Mann zuckt zusammen, streift seine Uhr ab, legt sie Martha in die Hand und verlässt zitternd durch den Gang laufend den Bus. Martha ist nun sehr irritiert, weil ihr der Mann ja seine eigene Uhr gegeben hat und nicht die ihre. Den ganzen Arbeitstag beschäftigt sie diese seltsame Begegnung mit dem dicken Mann, dessen Uhr sie immer wieder anschaut. Am Abend zu Hause will Martha sich frisch machen und entdeckt etwas Merkwürdiges im Badezimmer: ihre Armbanduhr. Sie hatte sie am Morgen vergessen anzulegen …

Ecuador gilt als eines der sichersten Reiseländer Lateinamerikas, ohne jedoch europäische Sicherheitsstandards zu erreichen. Aktuelle Vorabinformationen und ein verantwortliches, gegebenenfalls defensives Verhalten im Land mit einem klaren und selbstkritischen Blick für Menschen und Situationen helfen, Risiken zu vermeiden. Wer darin nicht geübt ist, reist sicherer in geführten Gruppen und mit Reiseprogrammen.

Das Auswärtige Amt in Berlin und die Deutsche Botschaft in Quito (s. S. 93) veröffentlichen auf ihren Internetseiten ständig aktuelle Sicherheitshinweise über Ecuador.

# Kommunikation

## Internetcafés

Wegen der relativ geringen Zahl privater Internetzugänge und Defiziten im ecuadorianischen Festnetz hat das Land eine der weltweit höchsten Dichten von Internetcafés. Allein in Quito sollen es über 500 sein. Doch auch in Kleinstädten und Dörfern findet man meistens preiswerten Zugang in das World Wide Web.

## Post

Das Postwesen der staatlichen Correos del Ecuador (CDE) funktioniert recht gut, das Filialnetz ist ganz passabel (Liste unter www.correosdelecuador.com.ec), und die Briefsendungen kommen in aller Regel, obwohl man es nicht vermuten würde, nach etwa einer Woche in Europa an. Ein Standardbrief oder eine Postkarte kosten 2,25 $ Porto.

## Telefonieren

### Telefonzellen und Cabinas

Für Reisende bietet sich eine unkomplizierte und preiswerte Möglichkeit, nach Europa zu telefonieren: Die beiden führenden Anbieter Telefónica und Porta unterhalten ein landesweit dichtes Netz von Telefonzellen. Von dort kann man mit der in Läden und auf der Straße zu erstehenden Telefonkarte für etwa 0,50 $ pro Minute nach Hause telefonieren. Die Bedienung ist kinderleicht: Hörer abnehmen, Karte einführen, Freizeichen abwarten und mit der europäischen Vorwahl beginnend wählen. Neben den roten und blaugrünen Straßenkabinen bieten zahllose Lokale mit mehreren Telefonplätzen *(cabinas telefónicas)* eine meist noch preiswertere Alternative.

**Tipp:** Hotels nehmen teils erheblich mehr Gebühren für eine Telefonminute als die Kabinen vor der Hoteltür.

### Mobiltelefone

Die Mobilfunkabdeckung Ecuadors ist großartig und deutlich besser als das Festnetz. Auch haben mehrere europäische Mobilfunkanbieter (O2, E-Plus, Vodafone) Roamingverträge mit Ecuador, was vor einer Reise zu erfragen ist. Aber Ecuador telefoniert und simst auf der exotischen Frequenz von 850 Hertz! Diese seltene Bandbreite von GSM 850 bedarf eines europäischen Quadband-Handys oder aber eines auf Ecuador eingestellten Geräts. Hier bahnen sich aber Verbesserungen an.

**Tipp:** Ab ca. 30 $ kann man in den zahlreichen Telefonläden ein ecuadorianisches Handy, eine eigene Nummer und ein Startguthaben erwerben. Auch vom Handy kostet eine Minute nach Europa, selbst auf ein Handy, nur 0,40–0,60 $ pro Minute.

### Internationale Vorwahlen

**Deutschland:** +49
**Österreich:** +43
**Schweiz:** +41
**Ecuador:** +593

### Nationale Vorwahlen

**02:** Provinz Pichincha/Quito
**03:** Tungurahua, Chimborazo, Cotopaxi, Bolívar, Pastaza
**04:** Guayas/Guayaquil
**05:** Manabí, Galápagos, Los Ríos
**06:** Imbabura, Carchi, Esmeraldas, Sucumbíos und Napo
**07:** Azuay/Cuenca, Cañar, Loja, Morona Santiago, Zamora Chinchipe,
**09:** Mobiltelefone

Seit Anfang 2013 haben alle Handynummern eine zusätzliche zehnte Ziffer: Frühere mit 08 bzw. 09 beginnende Nummern starten jetzt mit 098 bzw. 099, bekamen also hinter der ›0‹ eine ›9‹ eingefügt. Bei Anrufen aus Deutschland, Österreich oder der Schweiz fällt die ›0‹

der Ortsvorwahl weg, nachdem man die Landesvorwahl gewählt hat.

dor.net). Der 1884 gegründete »El Telégrafo« wurde unter Rafael Correa zum Staatsorgan.

## Zeitungen

Deutschsprachige Zeitungen und Zeitschriften gibt es in Ecuador leider nicht. Aus den USA gelangt gerade einmal die Tageszeitung »Miami Herald« in die Großstädte. Unter den nationalen Tageszeitungen, in denen sich auch das lokale Kultur- und Kinoprogramm findet, sind die bedeutendsten: »El Comercio« (www.elcomercio.com, Quito), »Hoy« (www.hoy.com.ec, Quito), »El Universo« (www.eluniverso.com, Guayaquil) und »El Mercurio« (www.elmercurio.com.ec, Cuenca).

Das beste geografische Magazin über Ecuador ist »Terra Incognita« (www.terraecua

## Internationale Medienkontakte

**Presseattaché der Deutschen Botschaft:** Tel. 02-297 08 02, pr-1@quit.diplo.de.
**Auslandspresseverband (APE):** www.pren saextranjeraecuador.com.
**Siegmund Thies:** Pressebüro peQUITO, Kameramann und Fernsehjournalist für ARD, ZDF, ORF u. a., Tel. 02-237 81 34, siegmund thies@web.de.
**Peter Korneffel:** Pressebüro peQUITO, Auslandsreporter und Autor für DIE ZEIT, GEO, Mare, DuMont Reiseverlag u. a., www.korn effel.de.

**Zeitungsstudium unter freiem Himmel**

# Sprachführer

## Aussspracheregeln

In der Regel wird Spanisch so ausgesprochen wie geschrieben. Treffen zwei Vokale aufeinander, so werden beide einzeln gesprochen (z. B. E-uropa). Die Betonung liegt bei Wörtern, die auf Vokal, n oder s enden, auf der vorletzten Silbe, bei allen anderen auf der letzten Silbe. Liegt sie woanders, wird ein Akzent gesetzt (z. B. teléfono).

**Konsonanten**:

| | |
|---|---|
| **c** | vor a, o, u wie k, z. B. casa; vor e, i wie scharfes s, z. B. cien |
| **ch** | wie tsch, z. B. chico |
| **g** | vor e, i wie deutsches ch, z. B. gente |
| **h** | wird nicht gesprochen |
| **j** | wie deutsches ch, z. B. jefe |
| **ll** | wie j mit leichtem l davor, z. B. llamo |
| **ñ** | wie gn bei Champagner, z. B. niña |
| **qu** | wie k, z. B. queso |
| **y** | am Wortende wie i, z. B. hay; sonst wie deutsches j, z. B. yo |
| **z** | wie scharfes s, z. B. azúcar |

## Allgemeines

| | |
|---|---|
| guten Morgen/Tag | buenos días |
| guten Tag (ab 12 Uhr) | buenas tardes |
| guten Abend/ gute Nacht | buenas noches |
| auf Wiedersehen | hasta luego |
| Entschuldigung | ¡Disculpe! |
| hallo/grüß dich | hola/¿Qué tal? |
| bitte | de nada/por favor |
| danke | gracias |
| ja/nein | si/no |
| Wie bitte? | ¿Disculpe, como? |

## Unterwegs

| | |
|---|---|
| Haltestelle | parada |
| Bus/Auto | autobús/carro |
| Ausfahrt/-gang | salida |
| Tankstelle | gasolinera |
| rechts | a la derecha |
| links | a la izquierda |
| geradeaus | recto |
| Auskunft | información |

| | |
|---|---|
| Telefon | teléfono |
| Postamt | correos |
| Bahnhof/Flughafen | estación/aeropuerto |
| Stadtplan | mapa de la ciudad |
| alle Richtungen | todas las direcciones |
| Eingang | entrada |
| geöffnet | abierto/-a |
| geschlossen | cerrado/-a |
| Kirche | iglesia |
| Museum | museo |
| Strand | playa |
| Brücke | puente |
| Platz | plaza/sitio |

## Zeit

| | |
|---|---|
| Stunde | hora |
| Tag | día |
| Woche | semana |
| Monat | mes |
| Jahr | año |
| heute | hoy |
| gestern | ayer |
| morgen | mañana |
| morgens | por la mañana |
| mittags | al mediodía |
| abends | a la noche |
| früh | temprano |
| spät | tarde |
| Montag | lunes |
| Dienstag | martes |
| Mittwoch | miércoles |
| Donnerstag | jueves |
| Freitag | viernes |
| Samstag | sábado |
| Sonntag | domingo |

## Notfall

| | |
|---|---|
| Hilfe! | ¡Ayuda! |
| Polizei | policía |
| Arzt/Zahnarzt | médico/dentista |
| Apotheke | farmacia |
| Krankenhaus | hospital |
| Unfall | accidente |
| Schmerzen | dolores |
| Panne | avería |

## Übernachten

| | |
|---|---|
| Hotel | hotel |
| Pension | hostal |
| Einzelzimmer | habitación sencilla |
| Doppelzimmer | habitación doble |
| mit/ohne Bad | con/sin baño |
| Toilette | baño |
| Dusche | ducha |
| mit Frühstück | con desayuno |
| Gepäck | equipaje |
| Rechnung | cuenta |

## Einkaufen

| | |
|---|---|
| Geschäft/Markt | tienda/mercado |
| Kreditkarte | tarjeta de crédito |
| Geld | dinero, plata |
| Geldautomat | cajero (automático) |
| Bäckerei | panadería |
| Lebensmittel | víveres |
| teuer | caro/-a |
| billig | barato/-a |

| | |
|---|---|
| Größe | tamaño |
| bezahlen | pagar |

## Zahlen

| | | | |
|---|---|---|---|
| 1 | uno | 18 | dieciocho |
| 2 | dos | 19 | diecinueve |
| 3 | tres | 20 | veinte |
| 4 | cuatro | 21 | veintiuno |
| 5 | cinco | 30 | treinta |
| 6 | seis | 40 | cuarenta |
| 7 | siete | 50 | cincuenta |
| 8 | ocho | 60 | sesenta |
| 9 | nueve | 70 | setenta |
| 10 | diez | 80 | ochenta |
| 11 | once | 90 | noventa |
| 12 | doce | 100 | cien |
| 13 | trece | 150 | ciento |
| 14 | catorce | | cincuenta |
| 15 | quince | 200 | doscientos |
| 16 | dieciséis | 300 | trescientos |
| 17 | diecisiete | 1000 | mil |

## Die wichtigsten Sätze

### Allgemeines

| | |
|---|---|
| Sprechen Sie Deutsch/Englisch? | ¿Habla Usted alemán/inglés? |
| Ich verstehe nicht. | No entiendo. |
| Ich spreche kein Spanisch. | No hablo español. |
| Ich heiße … | Me llamo … |
| Wie heißt Du/ heißen Sie? | ¿Cómo te llamas/ se llama? |
| Wie geht es Dir/ Ihnen? | ¿Cómo estás/ está Usted? |
| Danke, gut. | Muy bien, gracias. |
| Wie viel Uhr ist es? | ¿Qué hora es? |

### Unterwegs

| | |
|---|---|
| Wie komme ich zu/nach …? | ¿Cómo se llega a …? |
| Wo ist …? | ¿Dónde está …? |
| Könnten Sie mir bitte … zeigen? | ¿Me podría enseñar …, por favor? |

### Notfall

| | |
|---|---|
| Können Sie mir bitte helfen? | ¿Me podría ayudar, por favor? |
| Ich brauche einen Arzt. | Necesito un médico. |
| Hier tut es mir weh. | Me duele aquí. |

### Übernachten

| | |
|---|---|
| Haben Sie ein freies Zimmer? | ¿Hay una habitación libre? |
| Wie viel kostet das Zimmer pro Nacht? | ¿Cuánto vale la habitación al día? |
| Ich habe ein Zimmer reserviert. | He reservado una habitación. |

### Einkaufen

| | |
|---|---|
| Wie viel kostet …? | ¿Cuánto vale …? |
| Ich brauche … | Necesito … |
| Wann öffnet/ schließt …? | ¿Cuándo abre/ cierra …? |

107

Einer der Schneeriesen an der Avenida de los
Volcanes: der 5897 m hohe Cotopaxi

# Unterwegs in Ecuador

Blick vom Panecillo auf eine der am höchsten
gelegenen Hauptstädte der Welt: Quito

# Kapitel 1

# Quito und Umgebung

Die Hauptstadt ist nicht nur das politische Herz Ecuadors. Hier landen auch zwei Drittel aller ausländischen Besucher, um ihre Ecuadorreise unter den Flanken des Hausbergs Pichincha zu beginnen. Quito liegt nur wenige Kilometer südlich der Äquatorlinie, die der Stadt auch den Namen (›Mitte der Erde‹) schenkte. Unaufhaltsam dehnt sich die durch die Berge seitlich begrenzte Stadt inzwischen auf 50 km in Nord-Süd-Richtung aus, um den mittlerweile 2,2 Mio. Bewohnern Lebensraum zu sein. Auf 2850 m Höhe ist die Luft dünn – und verlangt vom Reisenden Muße.

Das Stadtbild selbst ist Ergebnis eines kaum regulierten Wachstums und somit in großen Teilen recht farb- und gesichtslos. Mit der weitgehend restaurierten, bald 500 Jahre alten kolonialen Altstadt birgt Quito jedoch einen grandiosen kulturellen Schatz, der von der UNESCO 1978 zum ersten Weltkulturerbe überhaupt erklärt wurde. Zwischen den Palästen, Patios und Plazas hat sich in den vergangenen Jahren eine exquisite Gastronomie eingerichtet. Mit der romantischen Calle La Ronda am Fuße des Stadthügels Panecillo hat Quito ihrem stadtgeschichtlichen Juwel neues Leben eingehaucht.

Die nördliche Neustadt Quitos, vor allem die Mariscal, ist hingegen dank einer verblüffenden Infrastruktur das Drehkreuz von Reiseagenturen, Backpackern und Nachtschwärmern. Doch auch hier befinden sich ausgezeichnete Museen und Sammlungen.

Nicht weit vor den Toren der Stadt trifft man auf Nebelwälder, Vulkane, Thermalbäder und die berühmte wie imaginäre Äquatorlinie – Lockrufe, baldmöglichst in Natur, Stille und Energie der Anden einzutauchen.

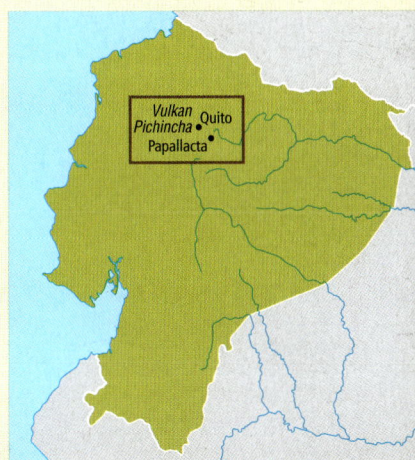

# Quito und Umgebung

## Sehenswert

**1** **Altstadt von Quito:** Das ›Kloster Amerikas‹ zählt mit über 80 Kolonialbauten in exzellentem Zustand, mit einer Vielzahl prunkvoller Gotteshäuser und einer beeindruckenden republikanischen Architektur zu den schönsten Städten Amerikas (s. S. 114).

**2** **Thermalbäder von Papallacta:** Aus den mineralhaltigen Adern des 5700 m hohen Vulkans Antisana speisen sich die vielleicht schönsten Thermalbäder des Kontinents. Sie ergießen sich neben einem kalten Gebirgsfluss im hohen Páramo zu einem wunderbaren Wechselbad (s. S. 142)

**3** **Nebelwälder von Mindo-Nambillo:** Für die internationalen Vogelbeobachter zählen die Nebelwälder nordwestlich von Quito zu den besten Reservaten der Welt. Hunderte von Kolibri- und Tausende von Orchideenarten machen die Wälder zu einer biologischen Sensation (s. S. 150).

## Schöne Routen

**Altstadtrundgang in Quito:** Diese Tour ist ein absolutes Muss. Die Verschmelzung von spanischer Kolonialarchitektur mit indianischer Kunst und späteren europäischen Tendenzen ist einzigartig (s. S. 118).

**Mit dem Teleférico auf den Vulkan:** Mit der modernen Kabinenseilbahn geht's auf den Vulkan – bei gutem Wetter eröffnet sich hier ein grandioser Blick über Quito und die zentralen Anden (s. S. 134).

**Besteigung des Ilaló:** Der kleine Berg im Osten der Hauptstadt ist einer der kleinsten Vulkane des Landes und bietet dennoch eine tolle Aussicht auf die umliegende Andenlandschaft (s. S. 145).

**Umrundung des Einsturzkraters von Pululahua:** Diese Rundtour ist ein unvergessliches Erlebnis für Reiter und Wanderer (s. S. 149).

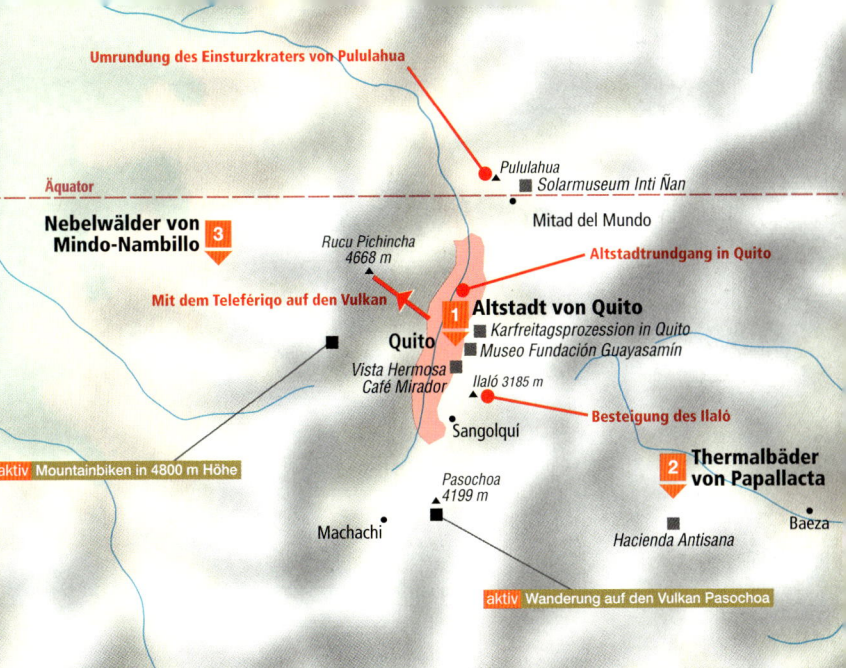

Umrundung des Einsturzkraters von Pululahua

Äquator

Pululahua
■ Solarmuseum Inti Ñan
Mitad del Mundo

**Nebelwälder von Mindo-Nambillo** 3

Rucu Pichincha
4668 m

Altstadtrundgang in Quito

Mit dem Teleférigo auf den Vulkan

1 **Altstadt von Quito**
■ Karfreitagsprozession in Quito
■ Museo Fundación Guayasamín

**Quito**

Vista Hermosa
Café Mirador

Ilaló 3185 m

Besteigung des Ilaló

aktiv Mountainbiken in 4800 m Höhe

Sangolquí

**Thermalbäder von Papallacta** 2

Pasochoa
4199 m

Baeza

Machachi

Hacienda Antisana

aktiv Wanderung auf den Vulkan Pasochoa

# Meine Tipps

**Karfreitagsprozession:** Der feierliche Büßergang durch **Quitos Altstadt** zählt zu den ergreifendsten Ereignissen im katholischen Kirchenjahr Lateinamerikas (s. S. 125).

**Vista Hermosa Café Mirador in Quito:** Die Dachterrasse dieses Cafés ist ein grandioser Ort für den Sundowner (s. S. 128).

**Museo Fundación Guayasamín:** Die Stiftung des berühmten Malers Oswaldo Guayasamín ist ein Muss für Kunstliebhaber (s. S. 131).

**Hacienda Antisana:** In atemberaubender Berglandschaft liegt Alexander von Humboldts Basislager für seine Vulkanbesteigung im Jahr 1802 (s. S. 146).

**Solarmuseum Inti Ñan:** Das verspielte Museum am Äquator lässt eintauchen in Lebensweise und Geschichte einer Sonnenkultur (s. S. 149).

# aktiv unterwegs

**Mountainbiken in 4800 m Höhe:** Wohl nur an wenigen Orten der Welt werden Fahrradtouren auf bis fast 5000 m Höhe über dem Meeresspiegel geführt. Quito ist der ideale Ausgangspunkt dafür (s. S. 139).

**Wanderung auf den Vulkan Pasochoa:** Der 4199 m hohe erloschene Vulkan Pasochoa formt an seiner Westseite eine Caldera, in die eine der letzten großen Bergwälder Ecuador eingebettet ist. Waldgebiete und der Doppelgipfel bieten exzellente Möglichkeiten, auf unterschiedlich langen Routen zu wandern – ein beliebter Berg auch zum Akklimatisieren vor höheren Zielen (s. S. 148).

Quito ist eine der höchstgelegenen Hauptstädte der Welt. Rund 2,2 Mio. Quiteños leben mittlerweile in der Andenmetropole auf 2850 m Höhe. Die seit jeher traditionsbewusste Stadt ist heute Sitz von Staatsregierung, Bischofskonferenz, Militärspitze und staatlichen Erdölfirmen. Sie ist pulsierendes Geschäfts- und Handelszentrum und befindet sich dabei in ständiger Konkurrenz mit der Küstenmetropole Guayaquil.

## Geschichte

Schon das Volk der Quitu betrieb in jenem lang gezogenen Tal unter den Flanken des Vulkans Pichincha einen wichtigen Handelsplatz. Die Inkas bauten dann im 15. Jh. bedeutende Tempel an derselben Stelle. Und einiges deutet darauf hin, dass sie hier nicht nur einen ›Tianguez‹, also ein antikes Markt- und Kommunikationszentrum errichten wollten, sondern gar eine weitere Hauptstadt ihres expandierenden Imperiums.

Die Eroberung durch die spanische Krone stoppte dieses Ansinnen. Auf der verbrannten Erde, die die Inkas bei ihrem Rückzug hinterließen, erbauten die Konquistadoren und ihr klerikaler Anhang eine neue Siedlung ganz nach ihren eigenen Vorstellungen. Sie machten ihr ›San Francisco de Quito‹ schnell zu einer spanischen Verwaltungsstadt, zur kolonialen Kunstschmiede und zum bedeutenden Verkehrsplatz zwischen den Silberminen im Süden der Anden und der Karibik, dem Seeweg nach Spanien.

Schon kurz nach der Stadtgründung am 6. Dezember 1534 ließen die mächtigen spanischen Orden Kirchen und Klöster in Quito erbauen – zunächst die Mönche der Franziskaner, Augustiner, Mercedarier und Dominikaner. Es folgten die Nonnen von Santa Catalina und La Concepción sowie ab dem 17. Jh. auch die Jesuiten. Allein auf dem einen Quadratkilometer des Altstadtkerns entstanden mit der Zeit 16 bis heute erhalten gebliebene Kirchen, was der Stadt den Beinamen Kloster Amerikas bescherte. Sowohl der starke Einfluss der katholischen Orden auf Justiz und Politik als auch die ›heilige Inquisition‹ bestanden bis weit ins 18. Jh. hinein. Noch im 19. Jh. verpflichtete Quito jeden Andersgläubigen zum Konvertieren. Der Name ›Quito‹ ist übrigens nicht spanisch, sondern entstammt den Worten *Qui,* die Mitte, und *Tu,* die Erde, in der Zafiki-Sprache der Colorado-Indianer.

Architektonisch haben die Orden Glorreiches, Skurriles und Größenwahnsinniges vollbracht. Denn ›koloniale‹ Architektur bedeutet letztlich, dass sich in Quito alle in Europa zwischen 1534 und 1810 dominierenden Baustile vermischt haben. Renaissance, Barock und Neoklassizismus verschmelzen da zu einer kolonialen Mixtur, die schließlich von Zedernholzvertäfelungen im Mudejarstil gekrönt ist, ein Synkretismus, der auch in den zahlreichen Erdbeben und Bränden der Stadt seine Ursache hat. Denn Quito musste seit seiner Gründung in großen Teilen immer wieder neu aufgebaut werden. Zahlreiche historische Baudenkmäler, insbesondere Kirchen und Klöster aus der Zeit des Barock, sind jedoch bis heute erhalten geblieben. Sie begründen den Ruf des alten Quito als eine der schönsten Kolonialstädte Lateinamerikas. Spätestens in der Jesuitenkirche La Compañía wird dies zur Gewissheit.

# Welterbe der Menschheit

Die UNESCO erklärte die Altstadt von Quito aufgrund ihrer jahrhundertealten Architektur und ihrer außergewöhnlichen Kulturschätze schon im Jahr 1978 zum Weltkulturerbe der Menschheit. Quito war das erste Weltkulturerbe überhaupt und war 2011 zudem Kulturhauptstadt Amerikas.

Sah die Stadt Ende der 1970er-Jahre noch recht grau und trübselig aus, so ist sie heute ein architektonisches Juwel: Restaurateure, Investoren und Sicherheitsmaßnahmen haben aus den engen Gassen mit ihren traditionellen Lehmziegelbauten und ihren kuriosen Stilmischungen ein lateinamerikanisches Besucherzentrum für koloniale Geschichte und Architektur geformt. Und das liegt durchaus in der Tradition der Stadt, deren einst spanische Schule für Malerei und Bildhauerei, die Escuela Quiteña, an diesem Ort seit bald 500 Jahren Meisterwerke vollbringt. Dass diese Kunst der Besatzereliten auf Kosten der indianischen Ureinwohner ging, ist Teil dieser Geschichte.

Das Stadtmuseum versteht sich daher als eine Hommage an die einfachen Menschen, die unter der Tonnenlast von Blattgold und Zedernholz jahrhundertelang nahezu vergessen wurden. Der *casco colonial*, jene Altstadt von Quito, ist eine der ältesten Städte Kolonialamerikas und empfiehlt sich jedem Ecuador-Reisenden unbedingt für eine einzigartige Zeitreise durch Architektur, Geschichte und religiöse Kunst der ›Neuen Welt‹.

# Orientierung in der Stadt

**Cityplan:** S. 116

Wer sich in den zahlreichen Museen und hübschen Cafés der Altstadt nicht gänzlich verliert, sollte mit einem vollen Tag auskommen, um die Höhepunkte dieses Kulturschatzes zu entdecken. Doch wer die Geheimnisse der Stadt, die versteckten Hinterhöfe und Kuriositäten in Ruhe erkundet, braucht einen weiteren Tag.

An den im Stadtrundgang genannten zentralen Plätzen liegen nette Cafés und Res-

**Immer wieder trifft man in Quito auf Devotionalienhändler, bei denen sich ein mehr oder minder kitschiges Mitbringsel für daheim erstehen lässt**

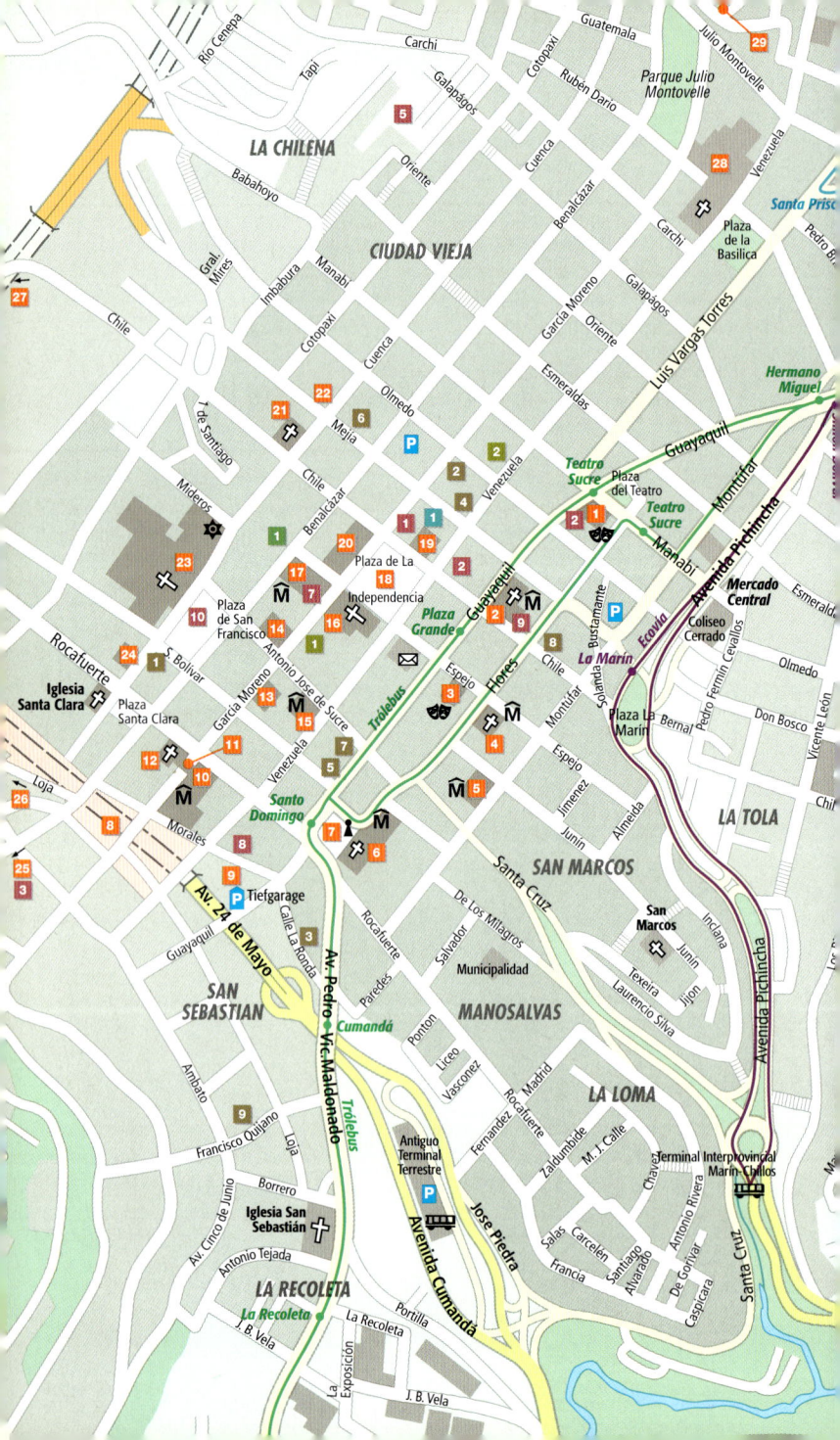

# Quito – Altstadt

### Sehenswert

1 Teatro Nacional Sucre
2 Iglesia y Convento de San Agustín
3 Teatro Bolívar
4 Convento de Santa Catalina
5 Museo Manuela Sáenz
6 Iglesia de Santo Domingo
7 Monumento de Mariscal Sucre
8 Boulevard 24 de Mayo
9 Casa de las Artes La Ronda
10 Museo de la Ciudad
11 Arco de la Reina
12 Iglesia Carmen Alto
13 Casa Museo Urrutia
14 La Compañía de Jesús
15 Museo Histórico Casa de Sucre
16 La Catedrál
17 Centro Cultural Metropolitano
18 Plaza de la Independencia
19 Palacio Arzobispal
20 Palacio del Gobierno
21 Iglesia de la Merced
22 Museo de Arte Colonial
23 Iglesia de San Francisco
24 Casa del Alabado
25 Panecillo
26 Museo del Convento de San Diego
27 Yacu – Parque Museo del Agua
28 Basílica del Voto Nacional
29 Centro de Arte Contemporáneo

### Übernachten

1 Casa Gangotena
2 Hotel Patio Andaluz
3 La Casona de la Ronda
4 Hotel El Relicario del Carmen
5 Hotel Real Audiencia
6 Hostal La Catedral
7 Hotel San Francisco de Quito
8 Hotel Viena Internacional
9 Wantara Garden Suites

### Essen & Trinken

1 Mea Culpa
2 Theatrum
3 PIM's Panecillo
4 PIM's Itchimbía
5 El Ventanal
6 Escondite de Cantuña
7 Cafetería La Cueva del Buho
8 La Negra Mala
9 Cafeto
10 Tianguez

### Einkaufen

1 Aguila de Oro

### Abends & Nachts

1 Vista Hermosa Café Mirador

### Aktiv

1 Kutschenparkplatz
2 Quito Antiguo

taurants. Mit dem Pkw in die Stadt zu fahren, empfiehlt sich nicht. Der Fußweg oder das Taxi sind angezeigt.

# Calle Guayaquil und Calle Flores

**Cityplan:** S. 116

## Teatro Nacional Sucre **1**

Der Rundgang beginnt auf der belebten Einkaufsstraße Calle Guayaquil und führt zuerst zum **Teatro Nacional Sucre.** Das von 1879 bis 1886 erbaute neoklassizistische Theater von Quito geht auf Pläne des deutschen Architekten Franz Schmidt zurück. Es wurde am 25. November 1886 eröffnet mit einem Konzert des Pariser Klaviervirtuosen Capitán Voyer, begleitet von der ecuadorianischen Artillieriekapelle und dem Nationalorchester. Quito widmete das Theater dem heldenhaften Marschall Antonio José de Sucre. 1901 fungierte es als eines der ersten Filmtheater Amerikas. Nach mehrjährigen Renovierungsarbeiten ab 1996 wurde der Spielbetrieb 2003 mit der Oper ›Rigoletto‹ wieder aufgenommen (Calle Manabí N8-131 y Guayaquil/Flores, Tel. 02-257 28 23, 02-228 09 82, www.teatrosucre.com, mit Spielplan). Die **Plaza del Teatro** war übrigens im 17. und 18. Jh. ein offener Schlachthof der Fleischer Quitos und zugleich die Stierkampfarena der Stadt, bis der Nationalkongress 1867 ein »unwiderrufliches Verbot der barbarischen Stierkämpfe« zugunsten des »Aufbaus von Theatern auf öffentlichen Plätzen« verhängte.

## Iglesia y Convento de San Agustín **2**

Die Calle Guayaquil drei Blocks nach oben gehend, erreicht man das Kulturerbe der Augustiner, die **Iglesia y Convento de San Agustín.** Im Gefolge des Eroberers Francisco Pizarro zählten die Augustiner zu den ersten, die in Quito Kirche und Konvent errichten ließen. 1538–1583 erbaut, musste der Komplex in den folgenden Jahrhunderten nach Erdbeben mehrmals wieder aufgebaut werden

und erfuhr so Modifizierungen. Der heutige Hauptaltar etwa wurde erst 1650 installiert. Die Ornamente über dem Eingangsportal der Kirche entstanden etwa zehn Jahre später, einschließlich dem indianischen Symbol der Sonne im Giebel des Tors. Das Kirchengebäude mit seinen schönen Deckengemälden und der Jesus-Darstellung im roten Gewand zählt zu den schlichteren. Allein der **Chorraum** ist noch original aus dem 16. Jh. Die Orgel zählt zu den besten der Stadt. Sie stammt aus Deutschland und wurde dem Orden 1927 geschenkt.

Der von Palmen bestandene Klosterhof führt außergewöhnliche Holzdecken im **Kreuzgang,** teilweise im Mudéjar-Stil, sowie zahlreiche große Gemälde des in Quito geborenen Künstlers Miguel de Santiago, dem im zweiten Stock des Konvents ein kleines Museum gewidmet ist. In diesem **Museo del Convento de San Agustín** sind Kunstwerke der Escuela Quiteña und der Escuela Cusqueña zu sehen (Öffnungszeiten s. u.). Von hier gelangt man in den opulenten **Glockenturm** der Kirche, der früher als Getreidelager und quasi als Landwirtschaftsbank fungierte.

Der **Kapitelsaal** des Klosters ist mit 150 Stühlen aus feinem Zedernholz sowie weiteren Großgemälden von Santiago bestückt. Vormals war der Raum die Aula Magna der hier lehrenden Universität von San Fugencio. Am 10. Oktober 1809 wurde in diesem Saal die Unabhängigkeitserklärung Ecuadors feierlich unterzeichnet. Das Originaldokument hängt noch im Kapitelsaal. Die Gebeine von Miguel de Santiago liegen in zugänglichen **Katakomben** unter dem Saal. Heute leben nur noch wenige Mönche im Kloster (Calle Chile 924 y Guayaquil, Tel. 02-295 55 25, www.migueldesantiago.com, Mo–Fr 9–12.30, 14–17, Sa 9–12.30 Uhr, Eintritt inklusive Führung auf Englisch 2 $).

## Teatro Bolívar **3**

Einen Block weiter biegt man von der Calle Guayaquil nach links ab und entdeckt bereits die 1950er-Jahre-Leuchtschrift des **Teatro Bolívar.** Das 1933 eröffnete Schauspielhaus Quitos war von Anbeginn ein Multifunktionshaus: eines der wichtigsten Kinos von Quito und das größte Musik- und Theaterhaus. Eine Sternstunde erlebte das Theater 1958, als Leonard Bernstein hier das New Yorker Philharmonie-Orchester dirigierte.

In dem einst 2400 Zuschauer fassenden Haus sind mehrere Stile wie Art Déco und Neoklassizismus zu sehen, auch wenn ein Großbrand 1999 viel von der originalen Bausubstanz vernichtet hat. Während das Theater mit Jazz, Tango, Sinfonien und Chorkonzerten wieder funktioniert, sieht man im Eingangsportal noch deutliche Brandschäden (Calle Espejo 847 y Guayaquil/Flores, Tel. 02-257 19 11, www.teatrobolivar.org, Führungen nach Voranmeldung Mo–Fr um 11, 12 und 13 Uhr, Spende erbeten).

## Convento de Santa Catalina 4

An der folgenden Straßenecke erreicht man den **Convento de Santa Catalina.** Die Dominikaner gründeten den Orden der Santa Catalina de Siena in Quito Ende des 16. Jh., um einen Hort für Ordensfrauen zu schaffen, die ihr Leben Gott und dem Gebet unterstellten. Nach Fertigstellung des Konvents Anfang des 17. Jh. zogen vor allem Töchter wohlhabender und einflussreicher Familien Kolonialspaniens in das Kloster. Die bis heute etwa 30 Nonnen leben in strenger Klausur und damit abgeschlossen von der Öffentlichkeit (Calle Espejo 7-79 y Flores, museo monacal@uio-guided.com, Kirche So 8.30–10.30 Uhr). Daher ist das Klosterinnere nicht zu besichtigen, die Schwestern verkaufen jedoch Wein, Kräuter und Naturkosmetik durch die Drehtür ihrer **Klosterapotheke** in dem kleinen Eingangsportal an der Calle Espejo (Mo–Fr 8.30–12, 14.30–17 Uhr). Dort geht es auch ins **Museum für religiöse Kunst** (Museo Monasterio de Santa Catalina de Siena, stacatalinaquito@yahoo.com, Mo–Fr 8.30–17.30, Sa 8.30–12.30 Uhr, Eintritt 1,50 $).

## Museo Manuela Sáenz 5

In der nächsten Querstraße zur Calle Flores, der Calle Junín, ist im Wohnhaus der Geliebten von Simón Bolívar das **Museo Manuela**

**Sáenz** beheimatet. Die südamerikanische Freiheitskämpferin (1797–1856) ist in Ecuador sehr bekannt; sie gilt als erste Feministin des amerikanischen Kontinents. Das Museum zeigt Zeugnisse ihres Lebens, Waffen, Münzen und historische Dokumente (Calle Junín OE-113 y Montúfar, Tel. 02-228 39 08, 099-873 73 87, museomanuelasaenz@gmail.com, Mo–Fr 8.30–17, ›Noches Patrimoniales‹ 18–20.30 Uhr nach Reservierung, Eintritt 4 $).

## Iglesia de Santo Domingo 6

Die geschäftige Calle Flores zunächst bergab gehend, erreicht man die **Iglesia de Santo Domingo.** Kirche und Konvent wurden im 16. Jh. erbaut, geprägt von Plateresk- und z. T. noch Mudéjar-Stil. Das Hauptschiff der eher schlichten Dominikanerkirche wird so auch bedeckt von einem gotischen Gewölbe mit einzelnen maurischen Elementen. Dort sind Märtyrer des Dominikanerordens abgebildet. Der heute zu sehende Hauptaltar hingegen ist neugotisch und wurde erst Ende des 19. Jh. von italienischen Dominikanern nach Quito gebracht. Besondere Verehrung erlangt der hl. Judas Thaddäus, der Anwalt der Verzweifelten (Calle Guayaquil y Rocafuerte, Plaza Santo Domingo, Tel. 02-228 05 18, Mo–So 7–13, 17–18.45 Uhr, Eintritt frei).

Die nach Süden abgehende **Rosenkranzkapelle** der Virgen del Rosario ist die eigentliche Sensation des Kirchenhauses. Den blattgoldenen Hochaltar säumen blutrote Aufbauten und Ornamente an den Seiten, was dem Ort eine harmonische, warme Atmosphäre schenkt. Diese Kapelle errichteten die Dominikaner platzsparend auf den Mauern des Stadtbogens **Arco de Santo Domingo,** der südlich an die Kirche angrenzt. Durch diesen baulichen Kniff vermieden sie einen Einschnitt in die an dieser Stelle sehr belebte und populäre Straße Calle de la Loma, heute Calle Rocafuerte.

Das **Museo Dominicano Fray Padre Bedón** zeigt neben einer bedeutenden Ausstellung religiöser Kunst eine beachtliche Gemäldesammlung und eine umfangreiche Bibliothek (Plaza Santo Domingo, Tel. 02-228 05 18, Mo–Fr 9–13, 14–17, Sa 9–14 Uhr, 2 $).

## Monumento de Mariscal Sucre 7

Mitten auf der Plaza Santo Domingo steht das **Monumento de Mariscal Sucre:** Die große Statue repräsentiert den siegreichen Feldherrn Marschall Antonio José de Sucre (1795–1830). Dieser General in Diensten Simón Bolívars gewann am 24. Mai 1822 die entscheidende Schlacht zur Befreiung des späteren Ecuadors vom spanischen Imperium. Stolz weist die Hand des Befreiers auf die Hänge des Hausbergs Pichincha. An diesem Bergrücken hatte der Nationalheld und Anführer der 2971 Mann starken ›patriotischen‹ Truppen die spanischen Royalisten unter Marschall Melchor Aymerich in den Frühstunden jenes Maitages besiegt. Die Schlacht war nicht so groß und lang wie andere Befreiungskämpfe, doch die Auswirkungen waren immens: Ecuador, seinerzeit die spanische Provincia de Quito, wurde in die unabhängige Republik Kolumbien eingegliedert. Acht Jahre später wurde sie als Republik Ecuador eigenständig. Dank Marschall Sucre kam Bolívar seinem Ziel entscheidend näher, Spanien aus den lateinamerikanischen Kolonien zu vertreiben.

## Boulevard 24 de Mayo und Calle La Ronda

Folgt man nun der Calle Guayaquil noch etwas weiter Richtung Süden, gelangt man zum **Boulevard 24 de Mayo** 8 , einem neuen länglichen Platz mit Open-Air-Bühne, der in großen Teilen über die Avenida 24 de Mayo gebaut wurde. An seiner Nordseite wird er begrenzt von der **Calle La Ronda,** einer engen Gasse, die zu den ältesten der Stadt gehört. Hier weht der Hauch Kolonialspaniens über das Kopfsteinpflaster. Mehr noch: Die Straße wurde bereits vor dem Einfall der Eroberer von den Indígenas angelegt, um zu der angrenzenden Schlucht Ullaguanga Yacu herabzusteigen. Die Spanier nutzten sie, um den südlichen Ausgang aus der Stadt zu ›bewachen‹ (span. *rondar*). Nachdem das Rotlichtmilieu aus diesem Teil der Stadt verbannt wurde, erblüht die Straße mit ihren aus Stein gebauten Häusern nun von Neuem, mit Konzerten, tra-

ditionellen Handwerkerateliers, Cafés und Galerien (s. S. 129). Die schönste Galerie nicht nur der Calle La Ronda, sondern der ganzen Altstadt ist die in einem historischen Haus mit vielen kleinen Räumen untergebrachte **Casa de las Artes La Ronda** 9 , in der vor allem junge ecuadorianische Maler und Bildhauer ausstellen (Calle La Ronda 999 y Venezuela, Tel. 02-295 79 39, Mi, Do 9.30–19, Fr, Sa 9.30–22, So 11–15 Uhr, Eintritt frei). Am Wochenende drängen sich abends Hunderte von Menschen durch die historische Gasse, wochentags wirkt sie recht verschlafen.

# Calle García Moreno

**Cityplan:** S. 116

## Museo de la Ciudad 10

Die Unterführung durchschreitend, zweigt an der nächsten Ecke rechts, nun Richtung Norden, die Calle García Moreno ab. Rechter Hand liegt das **Museo de la Ciudad.** Quitos einziges nicht religiöses Kolonialgebäude aus dem 16. Jh. diente für mehr als 400 Jahre als Krankenhaus der Stadt. Der König von Spanien ließ es 1565 als Hospital de la Misericordia de Nuestro Señor Jesucristo erbauen. Erst im 19. Jh. wurde es in Hospital San Juan de Dios umbenannt, bevor es in den 1970er-Jahren endgültig seine Pforten schloss. Erst vor wenigen Jahren übergab die Stadt es seiner neuen Bestimmung mit den hehren Worten: »Aus den Gemäuern des alten Hospitals entsteht das Stadtmuseum zu Ehren all der unbekannten Männer und Frauen, die jahrhundertelang Tag für Tag die Stadt erbaut haben, mit Arbeit, Ideen, Leidenschaft, Freuden, Schmerzen und mit der enormen Ausdruckskraft, die ihre unterschiedlichen Identitäten hervorgebracht haben.« Das Museum beherbergt spannende Ausstellungen zur Alltagskultur – »Auf den Spuren der städtischen Identität Quitos« – und zur prähispanischen Geschichte. Die kleine Abteilung der Wissenschaftsgeschichte Quitos zeigt u. a. ein Reisebett, wie Alexander von Humboldt es benutzte. Beeindruckend ist die kartografische

Sammlung (Calle García Moreno 572 y Ro-cafuerte, Tel. 02-228 38 79, 02-228 38 83, www.museociudadquito.gob.ec, Di–So 9.30–17.30 Uhr, 3 $).

Wunderschön ist der frei zugängliche, von Blumen geschmückte **Patio** mit der kleinen Museums-Cafeteria.

## Arco de la Reina und Iglesia Carmen Alto

Gleich hinter dem Museumseingang, an der Calle García Moreno y Rocafuerte, liegt der **Arco de la Reina** 11. Der ›Stadtbogen der Königin‹ zwischen den beiden Kirchen San Juan de Dios und El Carmen Alto zur Linken hat eine interessante Geschichte: Er bot den Indianern seit dem 18. Jh. Schutz vor Regen, wenn sie den Gottesdienst in der Capilla de los Angeles von der Straße aus verfolgen mussten.

Die Kapelle San Juan de Dios ist heute in des Stadtmuseum integriert. Für Frühaufsteher lohnt sich ein Besuch der barocken **Iglesia Carmen Alto** 12, einer schönen, wenig besuchten Klosteranlage aus dem 17. Jh. (Mo–Sa 7–7.45, So 11–11.45 Uhr).

Insgesamt säumen die Straße mit dem Arco de la Reina sieben Kirchen, weswegen sie neben dem Namen des Präsidenten García Moreno auch noch die alte Bezeichnung **Calle de las Siete Cruces** (›Straße der sieben Kreuze‹) trägt. An der folgenden Straßenecke mit dem ungewöhnlich kompakten Gebäude der ehemaligen Banco Hipotecario von 1907, dem heutigen Historischen Archiv der Banco Central, zeigt sich die immense Länge und Geradlinigkeit der Calle García Moreno.

## Casa Museo Urrutia 13

Eine umfassende Sammlung von Kunst und Alltagsgegenständen beherbergt die **Casa Museo Urrutia.** Das repräsentative Gebäude aus dem 19. Jh. diente lange Jahre als Wohnsitz der 1987 verstorbenen María Augusta Urrutia, einer Gönnerin der Stadt, die die Exponate im Laufe ihres Lebens zusammengetragen hat (Calle García Moreno y Sucre, Tel. 02-258 01 03, www.fmdj.org, Mo–Sa 10–18, So 9.30–17.30 Uhr, Eintritt 2 $).

## La Compañía de Jesús 14

An der folgenden Straßenecke mit der Calle Sucre finden Münzfreunde wahre Schätze im **Museo Numismático** der Zentralbank, einem neoklassizistischen Gebäude von 1924 (Calle García Moreno y Sucre/Ecke, Di–Fr 9–17, Sa, So 10–16 Uhr, Eintritt 1 $). Direkt gegenüber liegt die berühmte Kirche **La Compañía de Jesús.** Die in der ersten Hälfte des 17. Jh. erbaute Jesuitenkirche, ein Nachbau von San Ignacio in Rom, ist das prunkvollste Kirchengebäude der Stadt, wenn nicht sogar ganz Amerikas. Die UNESCO führt sie sogar unter den 100 bedeutendsten Bauwerken der Welt. Große Mengen Blattgold wurden zur Verzierung des geradezu blendenden Hauptaltars und anderer Holzornamente verwendet. Dazwischen finden sich über 100 Gemälde, Skulpturen und Abbildungen aus der Escuela Quiteña. Überwältigend sind auch Details wie der Figurenreichtum an der wuchtigen Kanzel.

Auch die Jesuitenkirche ist ein Beispiel für den baulichen Synkretismus der Stadt: Gingen in die Säulen und Gewölbe noch von den Spaniern eingeführte maurische Elemente ein, so thront über dem barocken Hochaltar die Sonne der Quitu-Caras im Zentrum des großen Deckengemäldes. Waren der Bau von Kirche und Sakristei 1650 weitgehend abgeschlossen, so entstand das große steinerne Portal der Kirche erst in zwei Etappen zwischen 1723 und 1766. Wenig später wurden die Jesuiten auf Anweisung Spaniens für fast 100 Jahre aus der Stadt verbannt. Nach mehreren verheerenden Schäden durch Erdbeben und Brände wurde das Meisterwerk vor wenigen Jahren wieder eröffnet (Calle García Moreno y Sucre, Tel. 02-258 18 95, www.fundacioniglesiadelacompania.org.ec, Mo–Fr 9.30–18.30, Sa 9.30–16.30, So 12.30–16.30 Uhr, 3 $, Fotografieren verboten).

## Museo Histórico Casa de Sucre 15

Ein kleiner Abstecher führt in die Calle Sucre, zum **Museo Histórico Casa de Sucre.** Das vom Verteidigungsministerium geleitete Museum zeigt Waffen aus der Zeit der Unabhängigkeit sowie Kleidung, Möbel, republikanische Kunstgegenstände und Dokumente des Nationalhelden Mariscal Antonio José de Sucre in seinem ehemaligen Wohnhaus (Calle Venezuela 573 y Sucre, Tel. 02-295 28 60, Di–Fr 9–17, Sa 10–14 Uhr, 1 $).

## La Catedral 16

Vor der Mündung in die große Plaza de la Independencia liegt zur Rechten, Wand an Wand mit der **Iglesia El Sagrario,** das Glaubenszentrum des Erzbistums Quito, **La Catedral.** Nachdem das Bistum Quito 1545 gegründet worden war, ließ der Bischof ab 1560 die Kathedrale bauen. Vollendet wurde sie erst 1806, immerhin früh genug, um später auch die Gebeine von Marschall Sucre aufzunehmen – in einem 9 t schweren Mausoleum aus Basalt. Wie die meisten Kirchen Quitos fiel auch die Kathedrale mehrfach Erdbeben zum Opfer, so in Teilen 1587 und 1660, dramatisch dann 1775 mit einem Epizentrum unter der Stadt Quito und einer Stärke von vermutlich neun auf der Richterskala, sowie erneut 1797 und 1859 mit Einstürzen von Dach und Turm. Das Kirchenhaus stützt sich derweil auf gotische Säulen, zwischen denen der Bischof am Sonntag auf seinem im 17. Jh. in Stein gehauenen Stuhl Platz nimmt. Die Honoratioren des Klerus sitzen dann in einem neoklassizistischen Chorraum und blicken auf den barocken Altar (Tel. 02-257 03 71, Mo–Sa 9–17 Uhr, 2 $).

## Centro Cultural Metropolitano mit Wachsfigurenmuseum 17

Auf der anderen Straßenecke geht es ins **Centro Cultural Metropolitano.** In das ursprüngliche Colegio Máximo der Jesuiten zog im 18. Jh. die Universität Central de Ecuador ein. Ein verheerender Brand im Jahr 1929 zerstörte große Teile des kolonial-republikanischen Gebäudes. Erst in der zweiten Hälfte des 20. Jh. nahm sich die Stadt des Gebäudes an und restaurierte es.

Unabhängig von den wechselnden Ausstellungen im heute Städtischen Kulturzentrum (Calle García Moreno y Calle Espejo, Tel. 02-258 43 62/63, www.centrocultural-quito.

com) lohnt ein Blick in den modern gestalteten Atriumhof des **Patio Norte.** Mit bestechender Konsequenz verschmelzen hier die restaurierten historischen Fassaden und Säulen mit neuen sachlichen Materialien sowie modernen Licht- und Raumkonzepten. Der große Gebäudeteil gehört der Literatur: Auf beeindruckende Weise wandelte sich hier die nun Städtische Bibliothek zu einem zeitgenössischen Glanzlicht im neuen städtischen ›Plan 21. Jahrhundert‹. Im **Patio Sur** der Bibliothek (Mo–Sa bis 17, So bis 12 Uhr) entdeckt man dann die volle Schönheit der Wandelgänge dieses wiederhergestellten Flügels und einige antike Druckmaschinen.

Zurück über den Patio Norte geht es ins Wachsfigurenmuseum der Stadt. Das **Museo Municipal Alberto Mena Caamaño** in der alten Kaserne Cuartel Real de Lima zeigt in seinen unterirdischen Gewölben die wichtigsten Szenen der ecuadorianischen Geschichte des 18. bis 19. Jh. (Calle Espejo 1147 y Benalcázar, Eingang Centro Cultural Metropolitano, Tel. 02-258 43 63, Di–Fr 9–17, Sa, So 9–13.30 Uhr, 1,50 $).

## Plaza de la Independencia 18

Spätestens jetzt führt der Weg unausweichlich auf die **Plaza de la Independencia:** Der Platz der Unabhängigkeit, auch Plaza Grande genannt, ist das Zentrum der Nation. Nicht nur Kathedrale und Kulturzentrum sind Anlieger des Platzes, auch der Präsidentenpalast, der Erzbischöfliche Palast und das moderne Rathaus umgeben die schöne Gartenanlage im Machtzentrum der Republik. In der Mitte ragt eine **Siegessäule** empor, die dem Triumph der liberalen Bewegung Quitos, das als erste lateinamerikanische Stadt die Unabhängigkeit forderte, am 10. August 1809 gewidmet ist. Für mehr oder minder drei Jahre regierte in der Folge eine anarchistische Junta Quito. Diese Phase markiert dennoch den Beginn einer letztendlich 21 Jahre dauernden Unabhängigkeitsbewegung.

**Die Plaza San Francisco wird von der gleichnamigen Kirche dominiert**

## Palacio Arzobispal [19]

Auf der Nordseite des Platzes liegt der **Palacio Arzobispal,** Residenz des Erzbischofs von Quito seit dem 16. Jh. Das Gebäude hat vor allem im 19. Jh. einige Veränderungen erfahren. Ein Teil des Palastes ist heute untervermietet. So befindet sich in dem frei zugänglichen Teil des Gebäudes ein kleines Einkaufszentrum mit netten Cafés. Über einen Nebeneingang von der Plaza Grande aus gelangt man zu üblichen Besuchszeiten des Generalvikariats auch in den stillen **Patio de la Curia.** Im 1. Stock zur Plaza hin befindet sich mit dem **Mea Culpa** [1] zudem das beste Restaurant am Platz (s. S. 127).

## Palacio del Gobierno [20]

An der Westseite der Plaza erstreckt sich unter wehender Staatsflagge der **Palacio del Gobierno:** Der Regierungspalast wurde um 1800 unter dem flämischstämmigen spanischen Gouverneur Baron Luis Héctor de Carondelet erbaut. Er diente zunächst als Sitz der Real Audiencia de Quito und nach der Unabhängigkeit als Sitz der Regierung sowie heute als Amtssitz des ecuadorianischen Staatspräsidenten.

Man kann den schönen Säulengang über der Plaza betreten und an den beiden historisch gekleideten Palastwachen (nur Mo–Fr 8–17 Uhr) vorbei ins Foyer des Palastes treten. Der **Wachwechsel** wird wochentags alle 90 Minuten inszeniert. Der **Große Wachwechsel,** der Austausch des gesamten Corps, findet montags um 10 Uhr statt. Wenn sie nicht dienstlich verhindert sind, erscheinen dazu der Präsident und sein Vizepräsident auf dem Balkon des Palastes. Die Militärkapelle spielt auf. Etwa 100 blau uniformierte Palastgarden, teils beritten und Lanzen tragend, treten aus den Seitenportalen auf die Plaza Grande. Ein auch für Besucher großartiger, feierlicher Akt.

Der Palast kann Di–So von 10.30–17 Uhr kostenlos besichtigt werden, wenn dem protokollarisch nichts im Wege steht. Die Führung geht durch den Kabinettssaal, den Bankettsaal und den ›Gelben‹ Saal mit der Präsidentengalerie. Zu sehen sind das große Guayasamin-Mosaik über Orellanas ›Entdeckung‹ des Amazonas im Jahr 1541, die originale Nationalflagge sowie zahlreiche Vitrinen mit archäologischen Exponaten Ecuadors und diplomatischen Geschenken an den Präsidenten. Obligatorisch ist das Gruppenfoto vor dem Wappen. Anmeldung über Reiseagenturen oder direkte Anfragen an der Pforte des Palastes, Wartezeiten müssen einkalkuliert werden.

# Calle Cuenca

**Cityplan:** S. 116

## Iglesia de la Merced [21]

Nur zwei Blocks die Calle Chile hoch trifft man an der Calle Cuenca auf die **Iglesia de la Merced.** Auch der im 13. Jh. in Barcelona gegründete Bettelorden der Mercedarier baute schon im 16. Jh. Kirche und Konvent in Quito. 1778 setzte ein Erdbeben den Gebäuden schwer zu. Dank einer großen Schenkung bauten die Mercedarier das Haus umgehend wieder auf und gossen 1789 auf dem Boden des 45 m hohen Kirchturms die bis heute größte Glocke Quitos: Es flossen 5700 kg Gold, Silber, Bronze und Zink in die Formen, allein der Klöppel wiegt zwei Zentner.

Zu den kulturellen Reichtümern des Ordens zählen heute der **Neptunbrunnen,** eine **Sonnenuhr** aus dem 17. Jh., doch vor allem eine 22 000 Werke umfassende **Bibliothek** mit Büchern aus der Zeitspanne vom 16. bis 19. Jh. (Calle Chile y Cuenca, Tel. 02-258 06 23, Kirche: Mo–Fr 6.30–12, 15–18, Teile des Klosters: Mo–Fr 15–18 Uhr).

## Museo de Arte Colonial [22]

Einen Block nördlich der Iglesia la Merced hält das **Museo de Arte Colonial** eine beeindruckende Sammlung kolonialer Exponate bereit. Die Kunstwerke, Möbel und Bücher gehen bis auf das 16. Jh. zurück und werden ergänzt von Tagua- und Elfenbein-Miniaturen des 18. und 19. Jh. aus Asien und Ecuador (Calle Cuenca 415 y Mejía, Tel. 02-228 22 97, www.cce.org.ec, Di–Fr 9–17 Uhr, 2 $).

## Convento San Francisco 23

Nun geht es wieder Richtung Süden auf die Zielgerade des Stadtrundgangs. Die Calle Cuenca mündet an der gewaltigen **Iglesia de San Francisco** in die gleichnamige Plaza. Die Franziskaner erbauten ihren Konvent auf den Grundmauern eines Inkapalastes, den General Rumiñahui jedoch kurz vor der Kapitulation 1534 niederbrennen ließt. Bereits vor den Inkas war dieser Ort ein wichtiger Treffpunkt und Handelsplatz – *tianguez* – für die Quitu-Cara-Indianer der umliegenden Täler. 104 dorische Säulen stützen hier heute das älteste und größte religiöse Bauwerk Quitos, erbaut mit drei Kirchenschiffen unter dem flämischen Franziskaner Jodoco Ricke (1536–1580). Den Hauptaltar prägt die Schutzpatronin der Stadt, die Virgen de Quito von Bernardo de Legarda. Prächtig ist auch der weite und helle **Klostergarten,** von dem aus man Orgel und Altarraum erreichen kann. Über den Garten ist die wohl größte Ausstellung religiöser Kunst (16.–19. Jh.) in Quito zugänglich, das **Museo del Convento de San Francisco.** Die Maler- und Bildhauerschule von Quito präsentiert sich in den langen Klostergängen. Zu sehen sind Werke von Miguel de Santiago, Goríbar, Rodríguez, Mejía sowie 22 Gemälde auf Marmor und Kunstgegenstände vornehmlich aus dem 18. Jh. (Calle Cuenca y Plaza de San Francisco, Tel. 02-295-29 11, www.museopedrogocial.org, Mo-Sa 9–17.30, So 9–13 Uhr, Eintritt Kloster und Museum 2 $).

## Casa del Alabado

Ebenfalls lohnend ist das Museum für präkolumbische Kunst in der **Casa del Alabado** 24. Die exzellent präsentierte archäologische Sammlung verteilt sich über 14 Säle und reicht mit den ältesten Exponaten 7000 Jahre zurück (Calle Cuenca 335 y Bolívar, Tel. 02-228 09 40, www.alabado.org, Di–Sa 9.30–17.30, So 10–16 Uhr, 4 $, Führungen).

# Tipp: Karfreitagsprozession

Karfreitag ist der dramatische Höhepunkt des katholischen Osterfestes. In der heiligen Passionswoche gedenkt man am Tag nach der Gefangennahme Jesu auf dem Ölberg nun seinem Leiden, stellt seinen geschundenen Körper in den Mittelpunkt, versteht den blutüberströmten schmerzenden Rücken als Ausdruck der Sünde. Quito begeht am Morgen des Karfreitags eine der eindrucksvollsten Prozessionen in Lateinamerika. Tausende Sünder geißeln sich mit Ketten, Dornenkronen, Peitschen und schweren Holzkreuzen, den Leidensweg Jesu Christi vor seiner Kreuzigung nachvollziehend.

Ausgangspunkt der religiösen Großveranstaltung ist das Portal der **Iglesia de San Francisco** 23. Zigtausende warten dort unter Schwaden von Weihrauch und *palo santo* auf den Beginn des Leidenszuges, auf die Sünder und Büßer, die zahlreichen Musikkapellen und die gespenstischen *cucuruchos*, unter violetten Kapuzen und Gewändern verhüllte Selbstbezichtiger, die so ihr Angesicht der Sünde verstecken. Zum Ende der Prozession, die sich fortan über mehrere Stunden durch zahlreiche Straßen der Altstadt zieht, werden die Statuen von Jesus dem Allmächtigen, Jesús de Gran Poder, und der Jungfrau der Schmerzen, der Virgen Dolorosa, aus der Kirche in die Straßen getragen. In ergreifendem Zeremoniell erlebt Quito am Karfreitag hautnah, was J. S. Bach in einer Arie seiner Johannes-Passion schrieb:

>»Erwäge wie sein blutgefärbter Rücken
In allen Stücken
dem Himmel gleiche geht
Daran, nachdem die Wasserwogen
Von unserer Sündflut sich verzogen
Der allerschönste Regenbogen
Als Gottes Gnadenzeichen steht.«

Karfreitag und die Osterwoche in Quito sind zugleich die **Tage der religiösen Musik** mit zahlreichen klassischen Konzerten und einem großen Glockenkonzert (Infos, auch zur Prozession, im »El Comercio« und unter www.quito.com.ec).

# Am Rand der Altstadt

**Cityplan:** S. 116

## Auf dem Panecillo 25

Der zentrale Stadthügel **Panecillo** oberhalb der Altstadt ist auf dem ehemaligen Sonnentempel der Inkas errichtet. Die Spanier stellten hier später eine große **Marienstatue** aus Aluminium auf, eine Nachbildung der geflügelten Jungfrau der Apokalypse von Bernardo de Legarda aus dem 18. Jh. Das kreisrunde Becken unterhalb der Besucherplattform ist eine aus Lehm gebrannte Zisterne. Die Befehlshaber des letzten spanischen Militärstützpunktes in Quito sicherten ihren Truppen 1809 damit die Wasserversorgung in den Gefechten gegen die Unabhängigkeitskämpfer. Die Vorbereitung auf lange Kämpfe erwies sich jedoch als Trugschluss, wie Marschall Sucre sie wissen ließ.

El Panecillo sollte aus Sicherheitsgründen nur mit dem Taxi angefahren werden, der Aufstieg zu Fuß ist gefährlich. Oben findet man Souvenirläden, ein Panoramarestaurant mit Altstadtblick und die begehbare Statue vor.

## Museo del Convento de San Diego 26

Eine weitere sehenswerte Ausstellung religiöser Kunst zeigt das etwas abseits gelegene **Museo del Convento de San Diego,** zu dem man ebenfalls am besten mit einem Taxi gelangt. Wer das ›Kloster des Heiligen Dietrich‹ mit dem angeschlossenen **Museo Padre Almeida** besucht, sollte unbedingt auch auf den angrenzenden historischen Friedhof **Cementerio San Diego** gehen. 1851 gegründet, ruhen hier mittlerweile über 55 000 Verstorbene in teils alten Mausoleen (Calle Calicuchima 117 y Farfán, Tel. 02-295 25 16, Mo–Sa 9.30–13, 14.30–17 Uhr, 2 $).

## Yacu – Parque Museo del Agua 27

Wechselnde geografische und künstlerische Ausstellungen zum Thema Wasser zeigt **Yacu – Parque Museo El Agua.** Außerdem genießt man von hier einen tollen Blick über Quito (Calle El Placer, Tel. 02-251 11 00, ext. 117, www.yakumuseoagua.gob.ec, Di–So 9–17.30 Uhr, 3 $).

## Basílica del Voto Nacional 28

Die neugotische **Basílica del Voto Nacional** ist eine der jüngsten Kirchen Ecuadors – sie wurde erst 1985 von Papst Johannes Paul II. eingeweiht – und mit ihrer Höhe von 115 m eine der größten des Landes. Interessant ist die Außenseite zur Calle Venezuela mit animalischen Ornamenten wie Leguanen und Delfinen. Das Innere des Gotteshauses präsentiert sich eher schlicht, dafür wird man bei Besteigung des Turms mit einer fantastischen Aussicht belohnt (Calle Venezuela y Carchi, tgl. 9–17 Uhr, 2 $).

## Centro de Arte Contemporáneo 29

Unweit der Basílica ist im Antiguo Hospital Militar, dem um 1900 erbauten früheren Militärkrankenhaus, das **Centro de Arte Contemporáneo** untergebracht. Das Museum für zeitgenössische Kunst präsentiert ausgezeichnete Wechselausstellungen nationaler und internationaler Künstler – ein wunderbarer Ort (Calle Montevideo y Luis Dávila, Tel. 02-287 61 46, 02-267 42 51, www.centrode artecontemporaneo.gob.ec, Di–So 9–17.30 Uhr, Eintritt frei).

## Infos

**Tourismusbüro:** El Quinde, Palacio Municipal, Calle Venezuela y Espejo (Ecke), Tel. 02-257 24 45, www.quito-turismo.gob.ec, Mo–Fr 9–18, Sa 10.30–21.30, So 9–17 Uhr. Infos, Materialien, Gepäckfächer!

**www.quito.com.ec:** Offizielle Tourismus- und Veranstaltungsseite mit zahlreichen Links.

## Übernachten

**Republikanischer Luxus ▶ Casa Gangotena** 1: Calle Bolivar Oe6-41 y Cuenca, Tel. 02-400 80 00, 098-800 01 00, www.casagan gotena.com. Das große Herrenhaus von 1926 beherbergt heute ein klassisches Boutique-Hotel für gehobene Ansprüche. Technisch bestens ausgestattet, mit schöner Dachterrasse und ambitionierter Küche. DZ ab 458 $, Suite 915 $.

**Klassisch-republikanisch** ▶ **Hotel Patio Andaluz** `2`: Av. García Moreno N6-52 zwischen Olmedo y Mejía, Tel. 02-228 08 30, www.hotelpatioandaluz.com. Schönes Patiohotel, erbaut von einem andalusischen Architekten, große Zimmer mit Fenstern zum Hof, TV, Telefon. Gratis-Internetzugang. Restaurant mit Tapas-Bar (Hauptgericht 20 $). Leider überteuert: EZ/DZ 245–306 $.

**Stilvolles Boutique-Hotel** ▶ **La Casona de la Ronda** `3`: Calle La Ronda Oe1-160, Tel. 02-228 75 83/-03/-01, www.lacasonadelaron da.com. Große Zimmer in edlem Holz um einen überdachten Innenhof. Panorama-Dachraum, WLAN, isolierte Fenster. Preis bei mehreren Tagen verhandelbar. DZ 220 $.

**Liebevoll ausgestattet und gepflegt** ▶ **Hotel El Relicario del Carmen** `4`: Calle Venezuela 1041 y Olmedo, Tel. 02-228 91 20, www.hotelrelicariodelcarmen.com. 18 Zimmer unter schweizerischer Leitung mit Kabel-TV, Minibar, Internet, Safe. Sehr verspielte Dekoration, Lesezimmer mit antiker Möblierung, schöner Wintergarten im 4. Stock. EZ/DZ ab 115/150 $ mit Frühstück.

**Sachlich mit Ausblick** ▶ **Hotel Real Audiencia** `5`: Calle Bolívar 220 y Guayaquil, Tel. 02-295 27 11, www.realaudiencia.com. Mittelklassehotel, gepflegte Zimmer mit Kabel-TV, kostenloser Internetzugang, Flughafenabholservice. Preiswertes Panoramarestaurant (Mo–Sa 7–21, So 7–10 Uhr). EZ/DZ 45/72 $ mit Frühstück.

**Patiohaus** ▶ **Hostal La Catedral** `6`: Calle Mejía Oe 6-34 y Benalcázar, Tel. 02-295 54 38, www.hotelcatedral.ec. Zimmer teils mit Balkon, Restaurant für Frühstück und Mittagessen mit guter ecuadorianischer Küche (tgl. 8–16 Uhr, Hauptspeise 5 $), Internet, Cafetería, Kabel-TV. EZ/DZ mit Frühstück 35/60 $.

**Kolonial und einfach** ▶ **Hotel San Francisco de Quito** `7`: Calle Sucre Oe3-17 y Guayaquil, Tel. 02-228 77 58, 295 12 41, www. sanfranciscodequito.com.ec. Älteres, durchaus charmantes Hotel in zentralem, kolonialem Haus mit Internet-WLAN und Kabel-TV. EZ/DZ 34/55 $.

**Schlicht und in guter Lage** ▶ **Hotel Viena Internacional** `8`: Calle Flores N4-05 y Chile, Tel. 02-295 96 11, www.hotelvienaint.com. Gepflegtes Hotel mit WLAN und Internet. Zimmer mit Kabel-TV, AC und Telefon, einige mit Balkon zur Straße. Parkplatz, Wäscheservice, einfaches Restaurant (Frühstück 2 $). 27 $ p. P.

**Grüne Oase in Quito** ▶ **Wantara Garden Suites** `9`: Calle Quijano Oe1-144 y Loja (nahe La Ronda), Tel. 02-228 01 55, 099-503 63 83, www.wantara.info. Ruhiges, romantisches Wohnen in der Altstadt. Um den üppigen Garten sind 7 kleinere bis mittlere Suiten gruppiert, alle mit Terrassen oder Balkonen, mit Blick auf den Vulkan Pichincha, den Panecillo oder auf die Altstadt. Einfach, aber stilvoll möblierte Suiten mit 1–2 Zimmern, teils über zwei Ebenen, mit Kamin, Küche, Bad und optional Internet. Die Besitzerin, eine deutsche Gartenbauarchitektin, wohnt vor Ort, betreut ihre Gäste persönlich und kennt zahllose Tipps zur Altstadt. 300–500 $ pro Woche inkl. Nebenkosten und Wäscheservice. Mieten ab 3 Tage möglich. Langzeitaufenthalt ab 2 Monaten deutlich preiswerter (780 $/Monat).

## Essen & Trinken

**Top-Adresse am Präsidentenpalast** ▶ **Mea Culpa** `1`: Calle Chile y Venezuela, Palacio Arzobispal, Tel. 02-295 11 90, www.meaculpa. com.ec, Mo–Fr 12.15–23, Sa 19–23 Uhr. Sehr gute ecuadorianische Küche im Erzbischöflichen Palast mit Blick auf die Plaza, gepflegte Kleidung erbeten. Hauptgericht ab 19 $.

**Spitzenküche am Theaterplatz** ▶ **Theatrum** `2`: Calle Manabí zwischen Guayaquil und Flores, Tel. 02-257 10 11, 099-972 16 52, 099-837 52 45, www.theatrum.com.ec, Mo–Fr 12.30–15.30, 19–23.30, Sa, So 19–23.30 Uhr. Feine ecuadorianische und mediterrane Küche im Nationaltheater, Blick auf die Plaza, Weinbar. Hauptgericht ab 19 $.

**Über den Dächern der Altstadt** ▶ **PIM's Panecillo** `3`: Besucherplattform des Panecillo, Nordostseite, Tel. 02-317 01 62. **PIM'S Itchimbía** `4`: Calle Iquique s/n, am Palacio de Cristal, Tel. 02-322 84 10, beide Mo–Sa 12–24, So 12–18 Uhr. Lokale und mediterrane Küche, unbezahlbar ist der spektakuläre Pa-

# Tipp: Über den Dächern von Quito

Die Dachterrasse des **Vista Hermosa Café Mirador** 1 ist ein grandioser Ort für den Sundowner, für Fotografen und das Treffen mit der großen Liebe. Das in einem unschönen modernen Bau untergebrachte Panoramacafé bietet auch Snacks, Pizzas und andere Gerichte, an kühlen Abenden sogar unter Heizstrahlern. An klaren Tagen genießt man einen traumhaften Blick auf Cayambe, Antisana, Pichincha-Seilbahn und die Altstadt (Calle Mejía 453 y García Moreno, Tel. 02-295 14 01, 02-228 8119, www.vistahermosa.com.ec, Mo–Sa 15–24 Uhr. Hauptgericht ab 11 $).

noramablick von diesen Restaurants über die Stadt. Hauptgericht ab 15 $.

**Panoramarestaurant am Hang** ▶ **El Ventanal** 5 : Calle Carchi y Nicaragua, Parque San Juan, Tel. 02-257 22 32, 098-441 84 99, www.elventanal.ec. Di–Sa 12–15, 18–22, So 12–16 Uhr. Exzellente internationale Küche, Hauptgericht 15–27 $.

**Einfaches Panoramarestaurant** ▶ **Escondite de Cantuña** 6 : Manuel Samaniego N8-175 y Antepara, unterhalb des Kulturzentrums Itchimbía, Tel. 02-258 30 05, 099-983 00 41, www.esconditedecantuna.com, Mo–Sa 16.30–23 Uhr. Ecuadorianische und internationale Küche mit Altstadtblick, Fr, Sa Livemusik. Hauptgericht ab 12 $.

**Zentrales Café-Restaurant** ▶ **Cafetería La Cueva del Buho** 7 : Calle García Moreno y Espejo, Centro Cultural Metropolitano, Tel. 02-228 98 77, tgl. 7–19 Uhr. Schönes, internationales Restaurant im Atriumhof des städtischen Kulturzentrums. Hauptgericht 8–15 $.

**Im Haus der Poeten** ▶ **La Negra Mala** 8 : Calle La Ronda Oe3-111 y Venezuela, tgl. ab 12.30 Uhr. Gemütliches Haus mit guter ecuadorianischer Küche und Café-Bar, preiswert und freundlich. Fr, Sa Am Wochenende oft Livemusik. Hauptgericht 8 $.

**Am Klostergarten** ▶ **Cafeto** 9 : Calle Chile 930 y Flores, Tel. 02-257 29 21, tgl. 7–22 Uhr.

Kleines, charmantes Café mit Blick in den Kloster-Patio in ehemaliger Bodega des Klosters von San Agustín mit eigener Schokoladenproduktion. Weiteres Lokal in der Ronda.

**Einladend** ▶ **Tianguez** 10 : Plaza San Francisco, Tel. 02-295 43 26, www.tianguez.org, tgl. 8–22 Uhr. Schönes Platzcafé mit Terrasse und indianischem Museumsladen, kleine Küche, gelegentlich Veranstaltungen.

**Gepflegtes Haus mit Büfett** ▶ **Restaurante San Ignacio** 3 : Calle García Moreno N2-60 y Sucre, im Gebäude der Casa Museo Urrutia, Tel. 02-258 41 73, 098-396 11 58, Mo–Sa 8–20, So 8–16 Uhr. Frühstück und kleines ecuadorianisches Mittagsbüfett. Büfett Mo–Fr 3,50 $, Sa, So 4–6 $.

**Drei preiswerte Mittags-Restaurants** ▶ mit ecuadorianischer Küche und Pizza liegen direkt angrenzend vom **Teatro Bolívar** 3 , Calle Espejo 8–47. Hauptgerichte 6–10 $.

**Bezahlbar** ▶ sind auch die **Restaurants** im Patio des **Palacio Arzobispal** 19 , Plaza de la Independencia (tgl. 9–23 Uhr).

## Einkaufen

**Einkaufszentren** ▶ Das attraktivste auf dem beschriebenen Rundgang befindet sich im **Palacio Arzobispal** 19 (Calle Venezuela y Calle Chile, Plaza de la Independencia, tgl. 9–23 Uhr, www.ccpalacioarzobispal.com). Hier besonders zu empfehlen ist die **Kunsthandlung Guayasamín Arte** (Local No. 15, Tel. 02-257 36 26, 099-854 34 19, www.guayasamin.org). Der Familienbetrieb ist die einzige Verkaufsstelle von Drucken und Lithografien des berühmten ecuadorianischen Malers Osvaldo Guayasamín außerhalb des Museums.

**Kunsthandwerk und Bücher** ▶ **Centro Cultural Tianguez** 10 : Auf der Plaza San Francisco, in den Gewölben des Kirchenportals, werden in einer sehr schönen Boutique **Kunsthandwerk** vornehmlich aus Amazonien, Fotobände und Postkarten verkauft.

**Galerien** ▶ **Calle La Ronda** (s. S. 120): Künstlerzentrum und kleine Galerien lokaler Künstler in wunderbar restaurierten Räumen.

**Kaffeerösterei** ▶ **Aguila de Oro** 1 : Calle Benalcázar N3-123 y Espejo, Tel. 02-228 05

03, www.cafeaguiladeoro.com. Einige der besten ecuadorianischen Kaffeesorten.

## Abends & Nachts

**Bezaubernde Straße ▶ Calle La Ronda** (s. S. 120): Gemütliche Cafés **(La Negra Mala),** Restaurants **(La Casa de los Geranios)** und Hinterhöfe (Openair-Bühne **Casa 707**). Am Wochenende pulsiert das Leben, wochentags öffnen nur einzelne.

## Aktiv

**Ciclopaseo ▶** Die Stadt reserviert **Radlern** So 9–15 Uhr eine knapp 30 km lange Strecke, die das historische Zentrum sowie Verkehrsachsen in Süd- und Nord-Quito einschließt. An dem Event nehmen bis zu 40 000 Menschen teil. Leihräder inkl. Helm (10 \$/Tag) und Infos gibt es u. a. bei der Fundación Ciclópolis, Tel. 02-322 65 02, www.ciclopolis.ec.

**Kutschfahrt ▶** Die schönen **Coches de la Colonia** (Pferdegespanne) starten zu 20-minütigen Stadtrundfahrten ab **Calle García Moreno N3-48 y Sucre**  gegenüber der Bibliothek, Tel. 098-649 54 09, Mo–Fr 14.30–23, Sa, So 10–22 Uhr, Fahrpreis p. P. ab 4 \$.
**Sprachschule ▶ Quito Antiguo** : Calle Venezuela 1129 y Olmedo, Tel. 02-228 84 54, www.quitoantiguospanish.com (s. S. 138.).

## Verkehr

**Bus:** Die Altstadt von Quito erreicht man am schnellsten mit dem elektrisch betriebenen **Trólebus** oder dem **Ecovía-Bus,** Streckenverläufe s. Cityplan S. 116 und auf S. 140 unter der Rubrik ›Verkehr‹. Außerdem gibt es einen Sightseeing-Doppeldeckerbus, der auch in der Altstadt hält (s. S. 138). Fernbusse fahren entweder vom Süd-Terminal Quitumbe oder vom Nord-Terminal Carcelán ab.

**Taxis** zwischen der Altstadt und der Mariscal kosten 2–4 \$. Taxi Amigo, Tel. 02-222 22 20 und 02-255 57 77.

**Bahn:** Ferrocarriles del Ecuador, Bahnhof Chimbacalle mit Fahrkartenverkauf, Calle Sincholagua s/n y Av. Maldonado; zentrales Ticket-Verkaufsbüro in der Tourismus-Information El Quinde an der Plaza Grande, Calle Venezuela y Calle Espejo, Tel. 1800-87 36 37, www.trenecuador.com, Öffnung zu allgemeinen Bürozeiten und vor den Abfahrten. Bahnstrecken: Ab Chimbacalle (Do–So 8.15 Uhr, am Wochenende 1 Std. vorher am Schalter sein) wird die Strecke Quito–Machachi als ›Machachi-Festivo‹-Zug und in Verlängerung Quito–Boliche nahe dem Nationalpark Cotopaxi als ›Camino al Boliche‹ angesteuert. Fahrpreis einfach 20 \$ p. P., hin und zurück 25 \$ p. P. Reservierung empfohlen.

**Verdienen sich ein Zubrot: junge Schuhputzer in Quito**

**Das moderne Quito besitzt wenig Charme, aber dafür die für den Touristen beste Infrastruktur landesweit. Insbesondere im Stadtteil Mariscal wird es dem Traveller an nichts fehlen – außer an Ruhe. Das pulsierende Geschäftsleben umgibt allerdings auch einige der wichtigsten Museen und Theater der Stadt.**

»Die Stadt Quito ist schön, aber der Himmel ist trist und bewölkt, die benachbarten Berge bereiten nur wenig Grün, und die Kälte ist beachtlich«, beschrieb Alexander von Humboldt die Stadt 1802. »Trotz der Schrecken und Gefahren, mit denen sie die Natur umgibt, sind die Bewohner Quitos aufgeweckt, lebendig und freundlich.« Damals zählte Quito 30 000 Einwohner, und das moderne Quito war die Altstadt von heute. Das Wetter ist heute besser als im Jahr 1802, die Vulkanausbrüche schmücken Postkarten, aber die Quiteños sind noch immer »aufgeweckt und lebendig«. Derart aufgeweckt, dass eine weitere Beobachtung Humboldts auch bei der Betrachtung der Neustadt im beginnenden dritten Jahrtausend gilt: Quito sei nicht gerade ein Beispiel »franziskanischer Stille«, meinte Humboldt, sondern eine Stadt der Feiern.

## Stadtteil Mariscal

**Cityplan:** S. 132
Dieses spiegelt sich nirgends beeindruckender wider als im Stadtteil Mariscal. Gebaut in den 1930er-Jahren als feine Wohngegend jenseits des kolonialgeschichtlichen Muffs, ist die Mariscal bei weitem nicht die jüngste städtebauliche Erscheinung. Doch das Leben der ›Feiernden‹ spielt sich seit den 1990er-Jahren hier ab. Fast nirgendwo in Lateinamerika findet sich eine derart hohe Dichte an Restaurants, Bars, Diskotheken, Internetcafés, Sprachschulen, Kunsthandwerkslä-

den, Pensionen und Reisebüros. Ein Eldorado der Backpacker und eine Partymeile ohnegleichen. Für viele Reisende der ›Generation Internet‹ ist die Mariscal ›ihr‹ Quito und manche wollen gar nicht mehr sehen.

Die Mariscal ist ein chaotisches Betonlabyrinth mit hübschen, bunten Tupfern junger Gastronomie und fröhlicher Konsumkapellen, die sich mit Wasserpfeife und Chillout wie bunte Paradiesvogelnester in den Nischen der Nüchternheit platzieren. Für den Touristen von heute ist die Mariscal das moderne Quito schlechthin. Und bei Sonne hat es tatsächlich Charme, an der **Plaza Foch** (El Quinde) auch in den kühlen Abendstunden.

Von wenigen schönen Pensionen und einzelnen Museen abgesehen, ist der 50 km lange Rest von Quito ästhetisch nicht der Rede wert, die Bauwut tobt ungebremst, die Wege sind verstopft. Wer nicht zu seiner Botschaft muss und auf die langweiligen Shoppingmalls verzichten kann, braucht in Quito kaum eine andere moderne Welt als die Mariscals und zum Wohnen benachbarte Stadtteile wie die Floresta.

## Museen in der Neustadt

**Cityplan:** S. 132
Bei aller baulichen Nüchternheit gibt es in der Neustadt einige großartige Museen. Die Nummerierung ist nicht wie sonst als Rundgang zu verstehen, sondern gibt nur die Lage der Museen auf dem Stadtplan wieder.

## Museo Nacional del Banco Central [1]

Das **Museo Nacional del Banco Central,** eines der bedeutendsten Museen Ecuadors, hat fünf Abteilungen: In der Sala del Oro befindet sich die größte archäologische Sammlung des Landes mit Exponaten von 4000 v. Chr. bis 1533. In den staatlichen Ausstellungsräumen werden koloniale und republikanische Kunst sowie in Wechselausstellungen zeitgenössische Künstler gezeigt. Hinzu kommen eine ethnografische Ausstellung und regelmäßige Kultur- und Filmveranstaltungen (Av. 12 de Octubre y Patria, Tel. 02-222 32-58/-59, www.museos-ecuador.info, Di–Fr 9–17, Sa, So 10–16 Uhr, Eintritt frei).

## Fundación Kingman [2]

Die **Fundación Kingman** zeigt die Sammlung des berühmten ecuadorianischen Malers der ›Hände‹ und wechselnde Ausstellungen; außerdem werden Kunstkurse angeboten (Calle Diego de Almagro 1550 y Pradera, Tel. 02 250 77 05, sk@fundacionkingman.com, Mo–Fr 9–13, 15–19 Uhr, Eintritt frei).

## Museo del Observatorio Astronómico [3]

Die alte Sternwarte von Quito ist ein exakter Nachbau des Observatoriums in Bonn. Konstrukteur (1873–1877) und erster Leiter der astronomischen, meteorologischen und geophysischen Beobachtungsstation war der deutsche Jesuitenpater Johannes Baptist Menten. Auch die alten und größtenteils heute noch funktionierenden Teleskope, Thermometer, Barometer und Uhren stammen aus Deutschland. Sie gehören nun zum kleinen Wissenschaftsmuseum **Museo del Observatorio Astronómico.** Die Luftverschmutzung und die städtische Beleuchtung Quitos machten den Bau einer neuen Sternwarte in Guayllabamba nördlich von Quito erforderlich (Tel. 02-258 34 51, www.oaq.epn.edu.ec, Mi–So 10–13, 14–17 Uhr, 2 $).

## Museo Mindalae [4]

Das **Museo Mindalae** ist ein exzellentes Museum mit sechs Sälen für Kunsthandwerk und Ethnografie sowie einem Café und einem Museumsshop (Calle Reina Victoria N26-166 y La Niña, Tel. 02-223 06 09, www.sinchisacha.org, Mo–Sa 9.30–17.30 Uhr, Eintritt mit englischsprachiger Führung 3 $).

## Museo Nacional de Medicina »Eduardo Estrella« [5]

25 Jahre lang war das kleine Medizinmuseum Ecuadors provisorisch im Alten Seziersaal der Anatomie in der Altstadt untergebracht. Heute ist es mit Fachbibliothek und medizinischem Nationalarchiv hinter dem Hospital Eugenio Espejo und der Frauenklinik für Besucher beheimatet. In einem etwa 100-jährigen Pavillon des alten Hospitals gibt es vier Abteilungen: indianische, koloniale, republikanische und interkulturelle Medizin. Sie zeigen u. a. Instrumente, Arzneien und Geräte – nicht nur für Mediziner eine außergewöhnliche Entdeckung in Quito (Calle Sodiro y Valparaíso, Pabellón N° 5 del Centro de Convenciones »Eugenio Espejo«, Tel. 02-223 95 15, acrespo@yahoo.es, Mo–Sa 8.30–16 Uhr, 1 $).

## Tipp: Museo Fundación Guayasamín [6]

Das **Museo Fundación Guayasamín** ist die bedeutendste moderne Kunstausstellung des Landes mit Teilen aus dem Lebenswerk des großen Künstlers Oswaldo Guayasamín (1919–1999). Zudem gibt es exzellent aufbereitete Ausstellungen zu Archäologie und kolonialer Kunst. Angeschlossen an das Museum ist das große **Kunsthaus Capilla del Hombre** mit letzten Werken von Guayasamín, die er dem Frieden und den Menschenrechten widmete. Als dritte Einrichtung eröffnete 2012 nebenan die **Casa Museo Guayasamín.** In dem ehemaligen Wohnhaus des Künstlers wird seine private Sammlung gezeigt (Calle Mariano Calvache E18-234, Stadtteil Bellavista, Tel. 02-244 64 55, 02-245 29 38, www.guayasamin.org, Di–So 10–17 Uhr, 6 $, Anfahrt nur mit dem Taxi).

131

# Quito-Neustadt

## Sehenswert

1. Museo Nacional del Banco Central
2. Fundación Kingman
3. Museo del Observatorio Astronómico
4. Museo Mindalae
5. Museo Nacional de Medicina »Eduardo Estrella«
6. Museo Fundación Guayasamín
7. Telefériqo
8. Zoológico de Guayllabamba
9. Mirador de Guápulo

## Übernachten

1. Swissotel
2. Hotel Quito
3. Café Cultura
4. Hostal Vieja Cuba
5. Apartamentos Los Quipus
6. Hostal Alcalá
7. Casa Helbling
8. Casa Bambú
9. Hostal l'Auberge Inn
10. El Cafecito

## Essen & Trinken

1. Mare Nostrum
2. Q
3. La Boca del Lobo
4. Latitud
5. Ristorante Le Arcate
6. La Bodeguita de Cuba
7. Chandani Tandoori
8. El Maple
9. Este Café

## Einkaufen

1. Libri Mundi
2. Abya Yala
3. Confederate Bookstore
4. Libro Expres
5. Instituto Geográfico Militar
6. Markt Santa Clara
7. Kallari
8. Camari

9. Club del Habano
10. El Jardín
11. Quicentro
12. El Espiral
13. Multicentro
14. Fundación Sinchi Sacha
15. Galería Latina
16. Centro Artesanal
17. La Bodega
18. Markt für Kunsthandwerk
19. Mercado Artesanal La Mariscal

## Abends & Nachts

1. Coffee Tam
2. El Aguijón
3. Bungalow 6
4. El Pobre Diablo
5. Café Libro
6. Seseribo

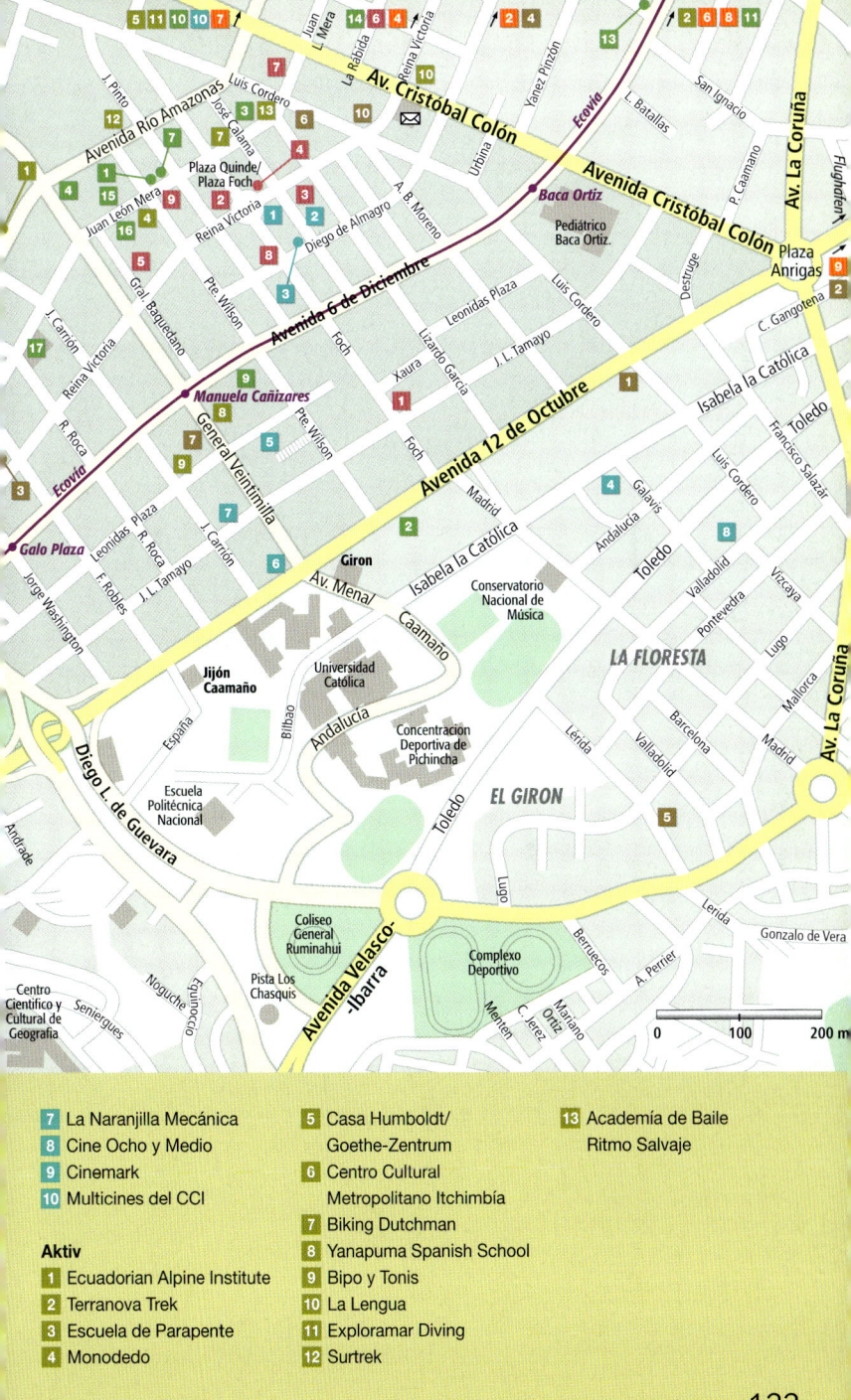

# Telefériqo zum Vulkan 7

**Cityplan:** S. 132

Die moderne Seilbahn **Telefériqo** führt Kabinen für bis zu sechs Personen in knapp zehn Minuten vom Westen der Hauptstadt bis zur Endstation **Cruz Loma,** d. h. von 2950 m bis auf 4050 m. Oben angekommen eröffnet sich bei gutem Wetter ein grandioser Blick über Quito und die zentralen Anden. Die Bergstation verfügt zudem über Cafés und Geschäfte (Mo–Do ab 11, Fr–So ab 9 Uhr, Fahrpreis hin und zurück 8 $, Talstation Av. Occidental y Fulgencio Araujo, Sector Cruz Loma, Tel. 02-222 29 96). An die Talstation ist das Jahrmarktgelände **Vulcano Park** mit ähnlichen Öffnungszeiten angeschlossen.

**Warnung:** Die Bahnstation ist kein Ausgangspunkt für ›Spaziergänge‹. Das Wetter am Pichincha kann sehr schnell umschlagen. Wer dort bergwandern möchte, sollte über Hochgebirgserfahrung, gute Orientierung und die entsprechende Ausrüstung verfügen oder am besten einen Bergführer einstellen.

# Zoológico de Guayllabamba 8

**Cityplan:** S. 132

In einem Land mit einer derart hohen Biodiversität mutet es seltsam an, einen **Zoo** zu unterhalten. Doch auf dem dicht besiedelten Kontinent ist die Fauna oftmals nicht so hautnah zu erleben wie auf Galápagos. Außerdem sind nicht wenige Tierarten vom Aussterben bedroht. So bietet Quitos Zoo schlicht die Möglichkeit, südamerikanische Affen, Tapire, Pumas, Schildkröten, Papageien, Brillenkaimane und den Kondor zu bewundern. Grundsätzlich sind Besuche am Vormittag attraktiver, weil die Tiere dann aktiver sind (Tel. 02-236 88 98, Di–Fr 8.30–17, Sa, So 9.30–17 Uhr, 3,50 $; Busanreise ab Quito, Haltestelle Ofelia, gegenüber vom Liga Stadium, mit der Flota Pichincha bis ins Dorf Guayllabamba 0,55 $, Weiterfahrt zum außerhalb liegenden Zoo mit einer *camioneta* 1,25 $).

# Guápulo

**Cityplan:** S. 132

Hinter dem Hotel Quito liegt der Aussichtspunkt **Mirador de Guápulo** 9 mit Panoramablick. Ab hier geht es in recht steilen Serpentinen über die Calle de Orellana in einen so ungewöhnlichen wie schönen Stadtteil von Quito: Guápulo liegt der Hauptstadt abgewandt wie ein geschlossenes Dorf oberhalb des Río Machángara mit weitem Blick auf das Tal von Tumbaco. Weiter unten trifft man auf das **Santuario de Nuestra Señora Guadalupe de Guápulo,** die spanische Dorfkirche aus dem 17. Jh. mit einem von dorischen Säulen dominierten Portal und einigen berühmten Gemälden der Escuela Quiteña in dem 60 m langen Kirchenschiff. Alexander von Humboldt war bei seinem Besuch 1802 besonders von der Virgen de Guápulo angetan und schrieb: »Die Jungfrau von Guápulo ist die einzige, der man mit Kanonensalut die Ehren eines Generalkapitäns erweist. Man bringt ihr Bildnis oft nach Quito, wo es dann vier bis fünf Tage bleibt. Alle anderen Jungfrauen stehen nur im Feldwebelrang.«

## Infos

**Homepage der Stadtverwaltung:** www.quito.gob.ec.

**Homepage der Tourismuswerbung:** www.quito.com.ec.

**South American Explorer's Club:** Calle Jorge Washington 311 y Leonidas Plaza, Tel. 02-222 52 28, www.saexplorers.org, Mo–Fr 9.30–17, Sa 9.30–13 Uhr. Treffpunkt und Informationszentrum für Outdoor- und Individualreisende mit großer Abteilung von Berichten und Karten für Klubmitglieder (Beitrag weltweit jährlich 50 $).

**Hauptpostamt:** Correos del Ecuador, Av. Colón y Reina Victoria, Mo–Sa 8–19 Uhr.

## Übernachten

Spitzenhotel ▶ **Swissotel** 1: Av. 12 de Octubre 1820 y Cordero, Tel. 02-256 76 00, www.quito.swissotel.com. Die beste Adresse der Stadt bietet in 277 Zimmern Fünf-Sterne-

Luxus, dazu Swimmingpool, Spa, Business-center und ein exzellentes Frühstücksbüfett. DZ ab 346 $.

**Moderne Mittelklasse** ▶ **Hotel Quito** `2`: Av. González Suárez N27-142, Tel. 02-254 46 00, www.hotelquito.com. Traditionsreiches gehobenes Stadthotel mit Panoramarestaurant Techo del Mundo (Frühstück 16 $, Hauptgericht 18–25 $), Außenschwimmbad, großartiger Aussicht. EZ/DZ 150/160 $.

**Charmante Gartenvilla** ▶ **Café Cultura** `3`: Calle Robles 513 y Reina Victoria, Tel. 02-256 49 56, 02-222 42 71, www.cafecultura.com. Hotel mit kolonialem Charme und europäischem Frühstück, große Zimmer im Haupthaus, kleine *cabañas* im Garten. Eigenes Restaurant (Hauptgericht 15 $). EZ/DZ 99/122 $.

**Freundlich und klein** ▶ **Hostal Vieja Cuba** `4`: Calle Diego de Almagro 1212 y La Niña, Tel. 02-290 67 30, www. hotelviejacuba.com. Schönes Hotel mit Garten in ruhiger Zone der nördlichen Mariscal mit gutem Service und hellen Zimmern. EZ/DZ ab 72/95 $.

**Ruhig und geräumig** ▶ **Apartamentos Los Quipus** `5`: Calle Lérida E14-55 y Lugo (Floresta), Tel. 02-222 40 37, www.losquipus.com. Ruhige und gepflegte Hotel- und Apartmentanlage im Stadtteil Floresta mit Internet und teilweise Kamin. EZ/DZ 44/55 $.

**Gemütliches Hostal** ▶ **Hostal Alacalá** `6`: Calle Cordero E5-48, Reina Victoria y Juan León Mera, Tel. 02-222 73 96, www.alcala hostal.com. Freundliches, sauberes Hostal mit Küche, WLAN, Kaminzimmer und kleinen Terrassen. Gutes Preis-Leistungs-Verhältnis, Ermäßigung in der Nebensaison. EZ/DZ 23/34 $.

**Beliebter Travellertreff** ▶ **Casa Helbling** `7`: Calle Veintimilla E8-152 y 6 de Diciembre, Tel. 02-256 57 40, www.casahelbling.de. Sympathische deutschsprachige Herberge mit Kaminzimmer, Dachterrasse, Waschmaschine, Bücherecke, Internet, WLAN und exzellenten Toureninfos. Frühstück 1,70–5,30 $, EZ/DZ 26/35, ohne Bad 16/25 $.

**Backpackerhaus** ▶ **Casa Bambú** `8`: Calle Vicente Solano E5-27 y Av. Gran Colombia, Tel. 02-222 67 38, www.hotelbambu ecuador.com. Charmantes Travellerhotel mit

Terrassen, Hängematten, Waschmaschine, Küchenbenutzung, Internet und einem unbezahlbaren Blick über die Stadt. EZ/DZ 20/40 $, 15 $ p. P. ohne Bad oder pro Monat 375/550 $ mit Bad.

**Backpackerhotel** ▶ **Hostal l'Auberge Inn** `9`: Av. Colombia N15-200 y Yaguachi, Tel. 02-255 29 12, www.auberge-inn-hostal.com. Schweizerisches Gartenhotel mit Bibliothek, Wäscheservice, Restaurant (Hauptgericht ab 6 $, Frühstücksbüfett 3,50 $), Spanischunterricht, WLAN, Kabel-TV im Fernsehraum. EZ/DZ mit Bad 15–26 $, ohne Bad 10–20 $.

**Jugendherbergsstil** ▶ **El Cafecito** `10`: Calle Cordero E6-43 y Reina Victoria, Tel. 02-223 48 62, www.cafecito.net. Sympathisches Backpacker-Hostal nebst schönem Café mit Kamin. Zimmer ohne eigenes Bad: EZ/DZ 10/17 $, DZ mit Bad 25 $, im Schlafsaal 8 $ p. P.

## Essen & Trinken

**Feines Fischrestaurant** ▶ **Mare Nostrum** `1`: Calle Tamayo 172 y Foch, Tel. 02-252 86 86, www.marenostrumquito.com, tgl. 12–16, 19–22.30 Uhr. Spitzenadresse für Fisch und Meeresfrüchte in mittelalterlichem Ambiente, doch mit durchaus spätkapitalistischen Preisen. Hauptgericht ab 20 $.

**Dinner mit Talblick** ▶ **Mirador de Guápulo** `9`: Calle Rafaél León Larrea y Pasaje Stubel (hinter dem Hotel Quito), Tel. 02-290 82 71, 098-487 45 61, www.miradordeguapulo.com, Di–Sa 16–22 Uhr. Das moderne Restaurant hat große Fenster zum Tal von Cumbayá und auf die große Kirche von Guápulo. Hauptgericht 15 $.

**Szenelokal am Szeneplatz** ▶ **Q** `2`: Calle Foch E6-12 y Reina Victoria (Plaza), Tel. 02-255 78 40, www.quitoq.com, tgl. 6–15, 16.30–24 Uhr. Internationale Küche mit viel Fleisch und Fisch in eher coolem Lounge-Ambiente. Hauptgericht 13 $.

**Szenelokal** ▶ **La Boca del Lobo** `3`: Calle Calama 284 y Reina Victoria, Tel. 02-223 40 83, www.labocadellobo.com.ec, tgl. 17–2 Uhr. Szenelokal mit sehr guter internationaler Küche, Bar und Außenterrasse. Im Inneren sorgen sandige Farben für ein warmes Ambiente. Hauptgericht 12–19 $.

# Kunsthandwerk

Der Besuch des ethnografischen **Museo Mindalae** `4` (s. S. 131) ist ein Muss in Sachen Kunsthandwerk. Dort ist auch der ausgezeichnete Laden der **Fundación Sinchi Sacha** `14` zu finden. Feine bis edle Arbeiten aus Handwerk und Malerei gibt es in der **Galería Latina** `15` (Calle Juan León Mera N23-69, Tel. 02-254 03 80, www.galerialatina-quito.com, Mo–Sa 10–13.30, 15–19.30, So 11–18 Uhr). Einen Besuch lohnt auch das **Centro Artesanal** `16` (Calle Juan León Mera 804 y Baquedano, Mo–Fr 10.30–13, 15.30–19 Uhr). Mehrere Läden von Kooperativen bieten ebenso hervorragende Qualität: **La Bodega** `17` (Calle Juan León Mera 6-14 N22-24 y Carrión, Tel. 02-222 58 44, Mo–Fr 10–13.30 Uhr, 14.30–19, Sa 9.30–13.30, 16–18 Uhr) und **Camari** `8` (s. rechts) sowie das **Centro Cultural Tianguez** in der Altstadt (s. S. 128). Immer wieder sonntags ist der **Parque El Ejido** offener **Markt für Kunsthandwerk** `18` aus allen Landesteilen. Ständiger Markt ist der **Mercado Artesanal La Mariscal** `19` in der Calle Reina Victoria y Washington.

**Tapas-Restaurant ▶ Latitud** `4`: Calle Foch y Reina Victoria (Plaza), Tel. 02-252 89 19, 02-255 40 53, oalulina@edg.ec, Mo–Do 12–16, Fr, Sa 16–1.30, So 16–24 Uhr. Bestes spanisches Lokal der Mariscal, am Puls des Nachtlebens. Ab 16 Uhr Tapas und Wein ›unlimited‹ ab 24 $ p. P., Mittagsmenü 12–15 $.

**Genuesische Küche ▶ Ristorante Le Arcate** `5`: Calle Baquedano 358 y Juan León Mera, Tel. 02-223 76 59, 02-252 92 11, www.le-arcate.com, Di–Sa 12–15, 18–23, So 11–16 Uhr. Bestes italienisches Restaurant der Mariscal mit exzellenter Holzofenpizza, guter Service. Hauptgericht 9–15 $.

**Kubanisch mit Musik ▶ La Bodeguita de Cuba** `6`: Calle Reina Victoria 1721 y Pinta, Tel. 02-254 24 76, tgl. 12–24 Uhr. Restaurant im karibischen Haciendastil, angeschlossen ist die kubanische **Bar Varadero** (tgl 12–2.30 Uhr, Mi–Sa Livemusik ab 21.30 Uhr, Eintritt 5,60 $). Hauptgericht ab 8 $, Menü 15 $.

**Einfache indische Küche ▶ Chandani Tandoori** `7`: Calle Juan León Mera 1312 y Cordero/Colón, Tel. 02-222 10 53, 099-141 18 34, Mo–Sa 9.30–22, So 10–16 Uhr. Sehr einfaches und preiswertes, aber ausgezeichnetes indisches Restaurant mit traditionell scharfer Küche. Hauptgericht 3,50 $.

**Vegetarische Tradition ▶ El Maple** `8`: Calle Pinto E7-68 y Diego de Almagro, Tel. 02-290 00 00, 099-866 14 40, www.elmaple.com, Mo, Di 8–20, Mi–Sa 8–24, So 8–18 Uhr. Große vegetarische Karte, tgl. Mittagsmenü, auch Sandwiches und Nachspeisen. Nette farbenfrohe Atmosphäre. Menü 7 $, Hauptgericht ab 3 $.

**Mittagstisch und Kuchen ▶ Este Café** `9`: Calle Juan León Mera N23-94 y Wilson, Tel. 02-254 24 88, Mo, Di, Sa 10–21, Mi–Fr 10–24 Uhr. Freundliches Café mit gutem Mittagsmenü (6,50 $) und frischen Kuchen. Kleine Terrasse zur Straße, gelegentlich Konzerte.

## Einkaufen

**Bücher, Zeitungen & Landkarten ▶ Libri Mundi** `1`: Calle Juan León Mera N23-83 y Wilson, Tel. 02-252 16 06, www.librimundi.com, Mo–Fr 8.30–19.30, Sa, So 9–14, 15–18 Uhr. Die bestsortierte Buchhandlung des Landes mit Reiseliteratur, Bildbänden, Magazinen und einer kleinen deutschen Abteilung. **Abya Yala** `2`: Av. 12 de Octubre N23-116 y Wilson, Tel. 02-250 62 51, www.abyayala.org, Mo–Fr 8–19, Sa 9–17 Uhr. Buchhandlung mit dem größten Sortiment an anthropologischer, politischer, sozialwissenschaftlicher Literatur. **Confederate Bookstore** `3`: Calle Calamá 410 y Juan León Mera, Tel. 02-252 78 90, www.confederatebooks.com, Mo–Sa 10.30–18 Uhr. Der bestsortierte Second-Hand-Buchladen der Stadt. **Libro Expres** `4`: Av. Amazonas 816 y Veintimilla, Tel. 02-254 81 13, Mo–Fr 9.30–19, Sa 10–18 Uhr. Der bestsortierte Kiosk mit etwas internationaler Presse, Bildbänden und Kartenmaterial. **Instituto Geográfico Militar** `5`: Calle Senierges y Gral. Paz y Miño, Sector El Dorado, Tel. 02-379 51-00/-94, www.igm.gob.ec. Amtliche Detailkarten bis zu einem Maßstab von 1 : 25 000.

**Markthalle ▶ Markt Santa Clara 6** : Mo–Sa 8–18 Uhr. Die zentrale Markthalle mit komplettem Angebot eines Wochenmarktes an Gemüse, Obst, Fleisch, Fisch, Weinen etc.

**Umwelt- und Bioladen ▶ Kallari 7** : Calle Wilson E-266 y Juan León Mera, Tel. 02-223 60 09, www.kallari.com, Mo–Fr 8–18.30, Sa 8–12 Uhr. Organisch angebauter Kaffee, Tee und Schokolade, Schmuck von Kichwa-Gemeinden aus Amazonien, fairer Handel, Direktverkauf. Café mit Frühstück und Mittagstisch (3,50–4,50 $).

**Selbstvermarktung in der Kooperative ▶ Camari 8** : Calle Marchena Oe2-38 y Versailles, nahe Santa-Clara-Markt, Tel. 02-254 94 07, www.camari.org, Mo–Fr 8.30–18.30, Sa 8.30–13.30 Uhr. Breite Auswahl an Bio-Lebensmitteln und Kunsthandwerk.

**Zigarren ▶ Club del Habano 9** : Av. 6 de Diciembre y Wilson, Torre Málaga B, auch im Hotel Quito. Hier findet man eine große Auswahl an Zigarren.

**Einkaufszentren ▶** Die wichtigsten und größten der Stadt sind **El Jardín 10** (Av. Amazonas y Mariana de Jesús) und **Quicentro 11** (Av. Naciones Unidas y 6 de Diciembre, tgl. 9–ca. 20 Uhr) mit integriertem Supermarkt Supermaxi. Kleinere Shoppinghäuser am Rand der Mariscal sind **El Espiral 12** (Calle Washington y Amazonas) und **Multicentro 13** (Av. 6 de Diciembre y La Niña).

## Abends & Nachts

Im Stadtteil **Mariscal** existieren unzählige Bars und kleine Diskotheken – v. a. im Viereck von Av. Amazonas, Calle Cordero, Diego de Almagro und Calle Wilson –, die besonders Do, Fr und Sa kaum Wünsche offen lassen. Einzelne Bars liegen auch außerhalb dieses Stadtteils. Das Epizentrum des Nachtlebens in Mariscal ist die **Plaza Quinde,** auch **Plaza Foch** genannt, mit einer Vielzahl von Bars, Cafés und Lounges.

**Rund um die Uhr ▶ Coffee Tam 1** : Plaza Foch, Tel. 02-252 69 57, Hauptgericht 10 $. Empfehlenswerte Restaurant-Bar.

**Disco ▶ El Aguijón 2** : Calle Calama E7-35 y Reina Victória, Tel. 02-256 00 14, www.el aguijon.com.ec, Di–Sa 20–3 Uhr. Tanztipp in

der Mariscal. Klub in schönem Fabrikambiente mit guter Luft, Billard, kreativen DJs von Reggae bis Salsa. Eintritt 6 $ inkl. Getränk.

**Tanzen und Kontakten ▶ Bungalow 6 3** : Calle Calama y Diego de Almagro (Ecke), Mo–Sa 18–2 Uhr, Fr, Sa 6 $ Eintritt/Verzehr. Lounge-Bar mit breitem Spektrum an Tanzmusik und gutem Sound, dabei vergleichsweise preiswert. Am Wochenende sehr voll.

**Stilvolle Jazzkneipe ▶ El Pobre Diablo 4** : Av. Isabel la Católica E12-06 y Francisco Galavis (Nähe Swissotel), außerhalb der Mariscal, Tel. 02-223 51 94, www.elpobrediablo. com, Mo–Fr 12.30–1, Sa 19–1.30 Uhr. Eine der schönsten Bars Ecuadors in einer alten Kaffeerösterei, regelmäßige Jazz- und Ethnokonzerte, angeschlossene Galerie (tagsüber). Mittagsmenü 7 $, abends Hauptgericht à la carte ab ca. 10 $.

**Kultur- und Tanzcafé ▶ Cafélibro 5** : Calle Leonidas Plaza N23-56 y Wilson/Veintimilla, Tel. 02 250 32 14, 099-944 07 15, www.cafe libro.com, Mo–Fr 12.30–14.30, Di–Do 17–12, Fr, Sa 18–2 Uhr. Gemütlich, regelmäßige Lesungen, Konzerte, Mi Tangoabende etc. Mittagstisch 4,50 $.

**Salsadisco ▶ Seseribo 6** : Calle Veintimilla y Av. 12 de Octubre, Tel. 02-256 35 98, Di–Sa 19–2.30 Uhr. Quitos beste Salsoteca mit

# Quitos Kinowelt

In der Floresta liegt das ausgezeichnete Programmkino **Cine Ocho y Medio 8** (Calle Valladolid N24-353 y Vizcaya, Tel. 02-256 55 24, www.ochoymedio.net), das auch die gleichnamige Kinozeitung herausbringt, internat. Filmreihen. Jährlich etwa Anfang November veranstaltet Quito das **Filmfestival 0 Latitud** (www.cerolatitud.com). Die beiden bedeutendsten kommerziellen Kinocenter sind **Cinemark 9** (Plaza de las Américas, Av. República y Naciones Unidas, Tel. 02-226 03 01, www.cinemark.com.ec) und **Multicines del CCI 10** (Av. Mariscal Sucre y Av. John F. Kennedy, Centro Comercial El Condado, Tel. 02-225 96 77, www.multicines.com.ec). Die Filme sind meist synchronisiert.

## Modernes Quito

großen Tanzflächen im Untergeschoss eines Hochhauses.

**Alternative Kulturkneipe** ▸ **La Naranjilla Mecánica** `7` : Calle Tamayo N22-43 y Veintimilla, Tel. 02-252 64 68, www.lanaranjillame canica.blogspot.de, Mo–Fr 10–2, Sa 18–2 Uhr. Gemütliche bis avantgardistische Bar mit Ausstellungen, Konzerten und preiswerten Drinks.

## Aktiv

**Stadttour** ▸ **Quito Tour Bus:** www.quito tourbus.com. Der rote Doppeldeckerbus dreht 8 x tgl. eine Runde durch die Stadt und stoppt unterwegs an 12 Haltestellen. Mit einem Tagesticket kann man die Fahrt beliebig oft unterbrechen (stdl., 9–16 Uhr, reine Fahrtzeit 3 Std., 12 $).

**Bergsport** ▸ Der Verband der Bergführer Ecuadors listet seine Mitglieder mit Kontakten auf der Webseite www.aseguim.org. Infos und Expeditionen auch über www.com paniadeguias.com.ec und die lokalen Reisebüros. Empfehlenswerte Bergsportagenturen sind **Ecuadorian Alpine Institute** `1` , Bergführer Ramiro Donozo, Calle Ramírez Dávalos 136 y Amazonas, 1. Etage, Of. 102, www. volcanoclimbing.com, Tel. 02-256 54 65, 099-600 40 90; **Cotopaxi Cara Sur,** Bergführer Eduardo Agama, Tel. 02-222 54 19, 099-800 26 81, www.cotopaxicarasur.com. Eine weitere renommierte Adresse unter ecuadorianisch-holländischer Leitung ist **Campus Trekking** in Conocoto im Valle de los Chillos (s. S. 145).

**Gleitschirmfliegen** ▸ In Quito (Pichincha) und Umgebung (Puengasí u. a.) herrschen von Sept. bis Mai exzellente Flugbedingungen, die jedoch wegen der komplizierten Windverhältnisse und der dichten Besiedlung unter Anleitung von ortskundigen Fliegern genutzt werden sollten. **Aero Pasión,** Carlos Chiriboga, Tel. 099-275 68 42, www.aeropa sion.net. **Terranova Trek** `2` , Calle Portugal 585 y 6 de Diciembre, Tel. 02-225 33 27, 098-425 53 90, www.terranovatrek.com (unter ›Adventure‹). **Escuela de Parapente Halcones** `3` : Enrique Castro, Calle Carlos Endara Oe3-60, zwischen La Prensa y Amazonas,

nahe Flughafen, Tel. 02-225 65 92, escue la_pichincha_parapente@hotmail.com, Mo–Fr 9–12, 15–18 Uhr. Verleih von Fluggerät, Grundausbildung mit nationalem Zertifikat, 7-tägiger Intensivkurs 400 $, Tandemflug 60 $.

**Klettern** ▸ **Monodedo** `4` : Calle Rafaél León Larrea N24-36 y Av. Coruña (Laden: Calle Juan León Mera N23-84 y Wilson), Tel. 02-290 44 96, 099-922 66 15, www.mono dedo.com, Mo–Fr 11–21, Sa 9.30–13.30 Uhr. Der Ecuador-Spezialist – beste Ausrüstung und Touren zu Kletterzielen im ganzen Land.

**Kulturzentren** ▸ **Casa Humboldt/Goethe-Zentrum** `5` : Calle Vancouver E554 y Polonia, Tel. 02-223 69 10, 02-254 84 80, www. asociacion-humboldt.org.ec. Deutsch-ecuadorianisches Kulturhaus mit regelmäßigen Ausstellungen, Veranstaltungen, deutschen Filmen (Mi ab 20 Uhr), Deutschkursen, Theateraufführungen und Konzerten. Nettes Café.

**Centro Cultural Metropolitano Itchimbía** `6` : García Moreno 887 y Espejo, Stadthügel Itchimbía, oberhalb von San Blas, Tel. 02-322 84 07/08/09, www.centrocultural-quito.com, tgl. 9–17 Uhr, Eintritt meist frei. Die alte Markthalle Quitos wurde 2006 als Ausstellungs-, Konzert- und Konferenzzentrum in exponierter Lage wieder aufgebaut.

**Radfahren** ▸ **Biking Dutchman** `7` : Calle Foch E4-313 (714) y Juan León Mera, Tel. 02-256 83 23, 02-254 28 06, www.bikingdutch man.com, Mo–Fr 9–18 Uhr. Quitos Mountainbike-Spezialist mit zahlreichen Downhill-Tourprofilen zwischen 5000 und 1800 m Höhe (Cotopaxi, Papallacta, Nebelwald u. a.). Gute Räder und Sicherheitsausrüstung, englischsprachige Guides. Touren mit Verpflegung und ggf. Unterkunft 45–120 $/Tag.

**Reiten** ▸ s. Pululahua-Krater auf S. 149.

**Sprachschulen** ▸ Es gibt eine Fülle von Spanischschulen in Quito, in der in Gruppen oder *one-to-one* für 5 bis 10 $ pro Stunde unterrichtet wird, häufig begleitet von Exkursionen und sozialen Aktivitäten sowie Vermittlung von Familienaufenthalten. Das Niveau der Kurse ist im internationalen Vergleich gut, das Preis-Leistungs-Verhältnis sehr gut. Anbieterverzeichnis unter www.spanishcourses. info. Hier eine Auswahl: **Yanapuma Spanish**

# aktiv unterwegs

## Mountainbiken in 4800 m Höhe

### Tour-Infos
**Karte:** S. 144
**Anfahrt:** Allradfahrzeug
**Starthöhe:** 4600–4800 m
**Schwierigkeitsgrad:** mittel
**Fahrtzeit:** Pichincha–Lloa ca. 2 Std.
**Agenturtipp:** Biking Dutchman (s. links 7 )
**Wichtige Hinweise:** Diese Downhill-Touren sind technisch moderat, erfordern jedoch eine Höhenakklimatisierung, beste Ausrüstung und Kälteschutz für den Fahrer sowie exzellente Bremsen. Aus Narturschutzgründen sind ausschließlich Fahrwege zu nutzen!

Dank der Äquatoriallage ist es möglich, eine Tour mit dem Mountainbike auf fast 5000 m Höhe zu beginnen und dann geht es auf der *downhill*-Strecke abwärts. Schon von Quitos Hausberg aus, dem noch aktiven Vulkan Guagua Pichincha, bietet sich die spektakuläre Abfahrt vom Refugio auf 4600 m an. Nach oben geht es mit dem Jeep ab Quito.

Die steile und anspruchsvolle Abfahrt führt eine kleinere Strecke über Lavaschotter und bald weiter über eine ausgewaschene Fahrpiste in Páramo und Agrarfläche. Erreicht die Abfahrt das Dorf **Lloa** auf 3200 m, geht es weiter nach unten durch Wälder bis auf 2000 m, wo einen der Transportjeep erwartet und am Nachmittag zurück in die Hauptstadt bringt. Bei klarer Sicht bieten sich unglaubliche Bergpanoramen und der Blick auf ganz Quito von oben. Weitere Touren mit geringerem Schwierigkeitsgrad und auch Mehrtagestouren lassen sich in unmittelbarer Umgebung Quitos und auch an den Vulkanen **Cotopaxi** (Start am Parkplatz des Refugio José Ribas auf 4600 m) und **Chimborazo** (Start am Refugio Hermanos Carrel auf 4800 m) fahren.

School 8 , Calle Veintimilla E8-125 y Av. 6 de Diciembre (Mariscal), Tel. 02-254 67 09, www.yanapumaspanish.org; **Bipo y Tonis** 9 , Calle Carrión E8-183 y Leonidas Plaza, Tel. 02-254 70 90, www.bipo.net. **La Lengua** 10 , Av. Colón 1001 y Juan León Mera, Ed. Ave María, Tel. 02-250 12 71, 02-254 35 21, www.la-lengua.com, Mo–Fr 8.30–17.30 Uhr für Informationen; in der Altstadt s. auch Sprachschule **Quito Antiguo** auf S. 129.

Tauchen ▶ **Exploramar Diving** 11 : Calle Alemania N32-71 y Mariana de Jesús, Tel. 02-256 39 05, www.exploradiving.com, Mo–Fr 10–13, 15–18 Uhr. PADI-5-Star-Ausbildungszentrum, geführt vom ecuadorianischen Meeresbiologen Michel Guerrero, OW-Tauchkurs 468 $, Tauchtag 120 $, Tauchbasis in Puerto López/Küste, Trips zu Bergseen.

Touren ▶ **Surtrek** 12 : Av. Amazonas 897 y Wilson, Tel. 02-250 05 30, 02-223 15 34, www.surtrek.de, Mo–Fr 9–18 Uhr. Renommierte Walk-in-Reiseagentur mit breitem Angebot für ganz Ecuador, eigenen Fahrzeugen, deutschsprachigem Service und individuellen Reiseformaten auch für Alleinreisende.

Tanzen ▶ **Academía de Baile Ritmo Salvaje** 13 : Juan León Mera 545 y Lizardo García, Tel. 02-290 38 52, 098 460 79 43, escuelarsb@hotmail.com. Salsaschule unter Leitung des renommierten Francisco Delgado.

### Termine
**Fiestas de Quito:** Das große Stadtfest von Quito anlässlich des spanischen Gründungstags am 6. Dezember 1534 wird jeweils gut zwei Wochen vor diesem Datum mit international besetztem Stierkampf, Kulturveranstaltungen, Straßenfesten und der Wahl der Schönheitskönigin Reina de Quito begangen.
**Theaterfestival FITEQ:** meist Mitte Nov. Internationales Festival für experimentelles Theater. Unter den zwei Dutzend Theatern und Bühnen der Stadt empfehlen sich besonders Teatro Malayerba, Patio de las Co-

## Modernes Quito

medias, Teatro Socavón, Teatro Sucre, Teatro San Gabriel, Casa Humboldt und die Casa de la Cultura. Infos: www.quito.gob.ec.

**Año Viejo:** Der Sylvesterabend in Quito ist eine Art Mummenschanz. Verkleidete Menschen geben auf den Straßen Travestieeinlagen, sammeln Geld von den vermeintlichen Voyeuren hinter den Autoscheiben, veranstalten eine Art Maskenfest mit friedlicher Hexenjagd. Es ist ein fröhliches Fest, zu dessen Höhepunkt bereits gegen 22 Uhr in den Straßen das ›alte Jahr verbrannt‹ wird, sprich: Politiker, Figuren und Skandalbilder aus Pappmaschee, Stoff oder Stroh. Die Hauptstraße der Scheiterhaufen, beschallt mit Livemusik, begleitet von Budenzauber, ist die Avenida Río Amazonas zwischen Av. Patria und Av. Colón. Überraschend ruhig geht es dann um Mitternacht zu, mit nur wenig Feuerwerk.

## Verkehr

**Flug:** Der neue Flughafen Mariscal Sucre, www.aeropuertoquito.aero, liegt rund 25 km nordöstlich der Stadt bei Tababela und Puembo. Der Transfer in die Stadt dauert je nach Verkehr 45–120 Min. Shuttle mit Aero Servicios bis zum alten Flughafen im Norden des Zentrums (8 $ p. P.), mit dem Taxi (Ticketkauf am Schalter, 25 $) oder mit einem Bus von El Quinche bis zum innerstädtischen Busterminal Río Coca (2 $). Eine Weiterfahrt im Zentrum mit dem Ecovía-Bus (0,25 $) ist nur ohne Gepäck und Wertsachen zu empfehlen. Die nationalen Fluggesellschaften, TAME, AEROGAL, VIP, AIR CUENCA und LAN Ecuador, verbinden Quito mit Guayaquil, Cuenca, Manta, Portoviejo, Esmeraldas, Coca, Lago Agrio, Tulcán, Macas, San Vicente, Puyo, Machala/ Santa Rosa sowie auf den Galápagos-Inseln mit Baltra und San Cristóbal. Fluglinien und Adressen s. S. 82.

**Überlandbus:** Fernbusse gen Norden (Otavalo, Ibarra, Tulcán, Kolumbien) fahren ab Terminal Carcelén mit Anschluss an Terminal Ofelia. Fernbusse nach Süden (Baños, Riobamba, Cuenca, Guayaquil) fahren ab Terminal Quitumbe, das mit dem Trólebus und dem Metrobus zu erreichen ist. Taxipreise zu diesen drei Terminals 12 $ ab Mariscal. Einige große Buslinien haben einen privaten Terminal meist nahe der Mariscal: Panamericana Internacional, Av. Colón E7-31 y Reina Victoria, Tel. 02-255 71 33, 02-255 71 34, www. panamericana.ec, Tickets tgl. 6–23 Uhr; Flota Imbabura, Calle Manuel Larrea y Portoviejo, Tel. 02 223 69 40, 06 295 24 40, Tickets tgl. 6–24 Uhr; Trans Esmeraldas, Calle Santa María 870 y 9 de Octubre, Tel. 02-250 50 99, www.transesmeraldas.com, Tickets tgl. 6–23 Uhr; Transportes Ecuador: Calle Juan León Mera y Jorge Washington, Tel. 02 222 53 15, 04 229 47 87, Tickets tgl. 5–24 Uhr; Occidentales, Calle 18 de Septiembre y Versalles 954, Tel. 02-250 27 35, www.edina.com.ec, Tickets tgl. 7.30–23 Uhr.

**Regionalbus:** Provinzbusse, sog. Interprovinciales, fahren gen Norden (Cayambe, Mindo, Mitad del Mundo) ab Terminal Ofelia, gen Osten (Tumbaco, Pifo, El Quinche) ab Terminal Río Coca und nach Süden (Amaguaña, San Rafael, Sangolquí, Machachi) ab Terminal Marín-Chillos (altstadtnah gelegen).

**Stadtbus:** Neben zahlreichen privaten Buslinien verkehren drei städtische Buslinien über Exklusivspuren auf folgenden Nord-Süd-Achsen der Stadt – der elektrisch betriebene **Trólebus** vom Terminal la Y über die Av. 10 de Agosto und die Altstadt nach Süd-Quito; der **Ecovía-Bus** vom Terminal Río Coca über die Av. 6 de Diciembre nach La Marin/Altstadt; der **Metrobus** vom Terminal Ofelia über die Av. América bis Parque Alameda/Santa Prisca (0,25 $ pro Fahrt). Weitere Linien eines integrierten Busnetzes sind im Aufbau. Infos unter www.quito.com.ec, auch auf Englisch, sowie unter www.emsat.gob.ec.

**Taxi:** Taxi Amigo Tel. 02-222 22 20 und 02-255 57 77.

**Mietwagen:** Budget, Av. Colón E4-387 y Amazonas (Ecke), Tel. 02-223 70 26, ext. 101, www.budget-ec.com, Mo–Fr 8–19.30, Sa 8–14, So 10–15 Uhr; Avis: Av. de los Granados E11-26 Y 6 de Diciembre, Amazonas 49-387 y Rio Curaray und am Flughafen, Tel. 02-225 93 33, 02-330 06 67, www.avis.com. ec, tgl. 7–21 Uhr; Expo Rent a Car, Av. América N21-66 y Bolivia, Tel. 02-222 86 88, www. exporentacar.com.

In der Umgebung der Stadt Quito, jenseits des gewaltigen urbanen Ballungsraums, liegen einige spektakuläre Naturräume. Insbesondere Vogelbeobachter, Wanderer und Orchideenfreunde kommen schon nach einer Stunde Fahrt aus der Stadt in eine Zauberwelt. Auch die vulkanischen Thermalbäder von Papallacta liegen nur eine gute Stunde östlich von Quito.

## Zu den Thermalquellen am Antisana ▶ J/K 5/6

**Karte:** S. 144

### Von Cumbayá bis Tumbaco

Von Quito nach Osten führen mittlerweile mehrere Wege. Der schönste beginnt im Stadtteil Floresta oder auch hinter dem Hotel Quito, wo man jeweils auf die Avenida León Larrea stößt. Vor dieser führt der Camino de Orellana hinab in das romantische, verschlafene Dorf von Guápulo. Der Taleinschnitt des Río Machángara führt von Guápulo zu dem Dorf **Cumbayá** **1**, das in einem sonnigen, warmen Tal heute zu den bevorzugten Wohngegenden der hauptstadtmüden Quiteños zählt. Samt moderner Geschäftswelt, privater Schulen, der renommierten Universidad San Francisco de Quito und einer internationalen Gastronomie ist Cumbayá zu einem Unterzentrum der Hauptstadt gewachsen. Die besten Restaurants und Einkaufsmöglichkeiten finden sich unübersehbar an der Ortseinfahrt (Centro Comercial), an der Esquina und am Parque.

Die Hauptstraße weiter Richtung Tumbaco und Pifo nehmend, führt gegenüber dem Club Nacional de Fútbol eine Ausfallstraße rechts ab und dann vorbei an den Bädern von **Cunnunyacu** auf eine sehr schöne, wenig befahrene Nebenstrecke ins Nachbartal **Valle de los Chillos** (s. S. 144), die sich auch gut zum Radfahren eignet. Sie endet in **El Tingo**.

Ähnlich wie in Cumbayá, wenn auch spürbar ländlicher, vollzieht sich die Entwicklung in dem nur wenige Kilometer entfernten **Tumbaco** **2**. Hier, am Fuß des Ilaló, haben sich zahlreiche Künstler, Akademiker und Intellektuelle niedergelassen, um Ruhe zu finden, um in Abgeschiedenheit zu arbeiten oder auch um alternative Schul- und Lebensformen zu erproben. Gerade Europäer schätzen Klima und Ambiente dieser Gegend.

### Essen & Trinken

**Internationale Spezialitäten** ▶ Viele Restaurants, u. a. deutsche Küche und Sushi, finden sich am zentralen **Parque de Cumbayá.**

**Italienische Oase** ▶ **Al Portico Trattoria:** Tumbaco, Calle Orellana 1130 y Eloy Alfaro (von der Hauptstraße Tumbacos auf Höhe der Gasolinera Puma nach Norden abbiegen), Tel. 02-237 36 59, www.alporticoec. com, Mi–So. Beste italienische Küche aus dem Steinofen in einem familiären Gartenrestaurant; sehr beliebt auch bei den Bewohnern des Tals. Hauptgericht 10 $.

**Pizzakönig des Tals** ▶ **La Gambugía:** Av. Interoceanica y Eloy Alfaro hinter dem Petrocomercial in Tumbaco, Tel. 02-237 16 59, 099-900 31 61, Mi–So 12–23 Uhr. Die beste italienische Holzofenpizza im Tal in einem rustikalen Restaurant mit Garten. Pizza, auch zum Mitnehmen, ab 8 $.

**Nicht sonderlich schüchtern: die neugierigen und tagaktiven Vicuñas,
Artverwandte des Lamas, nahe des Cotopaxi**

## 2 ▼ Thermalbäder von Papallacta

Im Weiteren – vorbei an dem landwirtschaftlich geprägten Dorf **Pifo** – steigt die Straße allmählich in das Bergmassiv des Antisana. 5 km hinter Pifo führt ein Weg zu den Höhlen **Las Cuevas de Álvaro 3**. Nun schiebt sich die Straße in den häufig in Nebel gehüllten Vulkanhang, passiert einen Gebirgssee und überquert einen etwa 4000 m hohen Andenpass, um sich dann wieder von der Ostkordillere gen Amazonien hinabzuwinden. Der nächste Ort ist **Papallacta 4** mit den besten Thermalquellen Ecuadors.

Wie der noch aktive und 5704 m hohe Vulkan Antisana selbst – innen heiß und außen

Eis –, so dringen aus seinen Felsen glasklare kalte sowie mineralhaltige heiße Wasser hervor. Und in einem Seitental bei Papallacta befindet sich das schönste und komfortabelste Thermalbad Ecuadors, wenn nicht Südamerikas. Die öffentlichen Bäder sind in Natursteinbecken aufgeteilt, wo der Badende zwischen Pools mit 36 bis 40 °C heißem Wasser und kalten Pools wechseln kann. Die kleinen und großen Becken sind in satte Bergwiesen und -vegetation eingelassen, mit Umkleidekabinen, Ruheterrassen und einem strohgedeckten Restaurant ausgestattet. Der kalte Gebirgsbach, der auch betreten werden kann, rauscht immerzu an den Bädern vorbei und schenkt dem Tal auch akustisch eine ein-

to–Baeza, 2,5 km zum Eingang, bei Papallacta, Tel. 02-256 89 89, www.termaspapallacta.com, ganzjährig geöffnet, offener Bäderbereich tgl. 6–21 Uhr, 7,50 $. Mit Restaurant (Hauptgericht 15 $). EZ/DZ 144–174 $, Blockhaus 210 $.

**Einfache Thermalbäder ▶ Hostería Pampa Llacta Termales:** km 75 Via Interoceánica, Zufahrt zu den Termas, Tel. 06-289 50 14, www.pampallactatermales.com. Kleine, bescheidene Replika der Termas de Papallacta in Fußentfernung zum Original, 6 $ Eintritt für Nichthotelgäste. Jedes Zimmer hat ein kleines Jacuzzi mit Thermalwasser und Kamin, preislich eine Alternative zum Resort. Mit Restaurant (Hauptgericht 8 $). EZ/DZ 55–110 $, Suite 97 $, jeweils inkl. Frühstück.

**Freundliches Gästehaus ▶ La Choza de Don Wilson:** km 65 Via Interoceánica, Fernstraße nahe dem Abzweig zu den Termas de Papallacta, Tel. 06-289 50 27, 098-424 66 10, chozadedonwilson@hotmail.com. Zimmer mit Bad und WLAN, teilweise mit Jacuzzi und TV, 3 Pools, einfaches, aber gutes Restaurant (Hauptgericht 5,50 $). 5 $ Eintritt für Nichthotelgäste. DZ 20–35 $ p. P.

**… km 11 via Papallacta–Baeza:**

**Lodge im Nebelwald ▶ Guango Lodge:** Büro in Quito: Tel. 02-289 18 80, 099-358 12 50, www.cabanasanisidro.com. Ein Juwel der gehobenen Klasse im Bergnebelwald auf 2700 m Höhe. Idealer Ausgangspunkt für Vogelbeobachtungen. EZ/DZ mit VP 109/134 $.

zigartige Wasserlandschaft. Bei der zugegeben seltenen klaren Bergsicht erscheinen einem die Gletscher des Antisana zum Greifen nah. Den eigentlichen Thermalbädern ist eine Spa-Anlage, ein Informationszentrum und eine schöner Naturpfad am Bach entlang angegliedert. Harmonisch fügen sich auch die Hotelbereiche der Thermen in das Gesamtambiente ein. Von den umlaufenden Holzverandas zweigen sehr schöne Cottagezimmer ab. Sie schließen eigene hotelinterne Bäderlandschaften ein.

## Übernachten, Essen

**Erstklassige Thermalanlage ▶ Termas de Papallacta – Spa y Resort:** km 65 via Qui-

## Aktiv

**Wandern ▶ Reserva Ecológica Cayambe-Coca:** Nur 15 Min. von den Thermen entfernt beginnt das 403 000 ha große Reservat mit seinen 81 Berglagunen, das sowohl Páramo als auch tropischen Wald umfasst. Besonders in den Hochlagen des Páramo regnet es viel und es kommt häufig zur Nebelbildung. Alternativer Zugang über Oyacachi oder zum Wasserfall San Rafael. Eintritt frei.

## Verkehr

**Bus:** Ab dem Busterminal Quitumbe in Quitos Süden kann jeder Bus in den Regenwald/Oriente genommen werden, also nach

# Quito und Umgebung

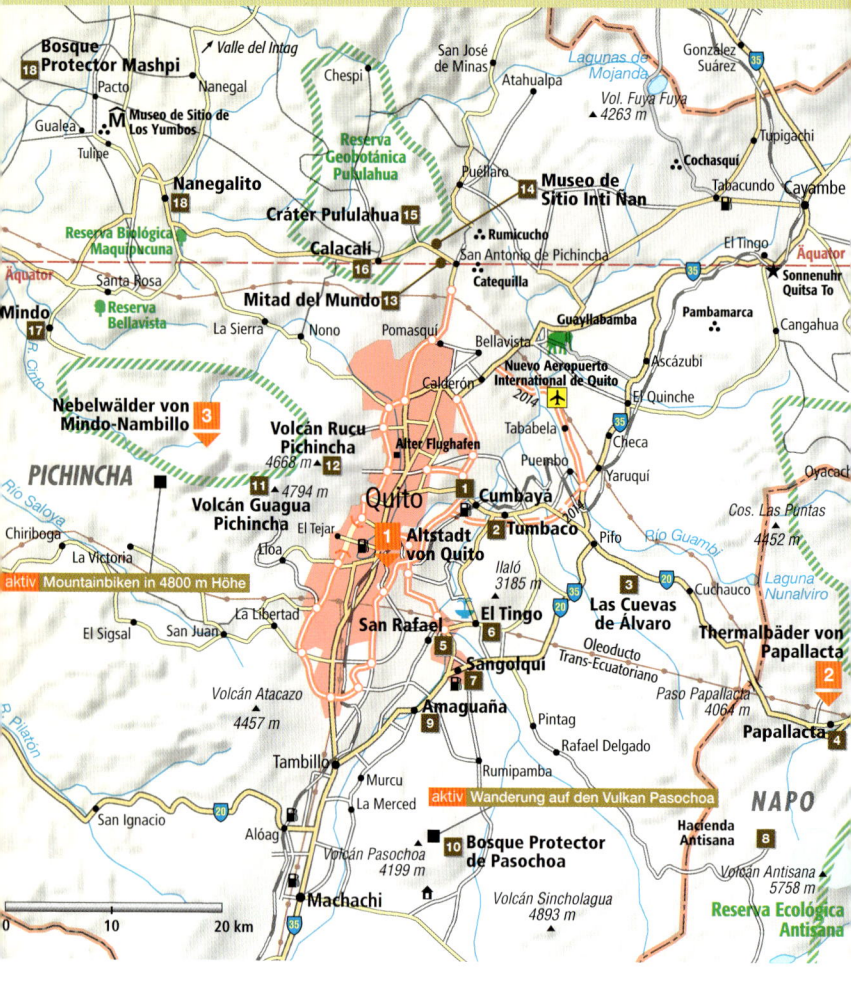

Tena, Lago Agrio, Coca oder Baeza. Man löst bis Papallacta und bittet den Busfahrer, am Abzweig ›Las Termas‹ zu halten. Von dort läuft man noch 1,5 km in das Dorf Papallacta und weitere knapp 3 km ansteigend zu den ausgeschilderten Termas de Papallacta, ggf. mit dem Taxi. Ab Quito lässt sich alternativ ein Taxi oder ab Terminal Rio Coca ein Bus nach Cumbayá nehmen. Dort an der *parada de los autobuses cerca del Supermaxi* steigt man aus und wartet auf den nächsten Regenwald-Bus mit freien Plätzen.

## Valle de los Chillos  ▶ J 6

**Karte:** oben

Der wuchernde und ernüchternde Süden der Hauptstadt lässt sich bequem umgehen. Man verlässt Quito dazu über das ›Kleeblatt‹, den Verkehrsknotenpunkt **El Trébol** östlich des historischen Stadtkerns. Ob aus der Altstadt oder von Norden über die Av. Oriental kommend: Hier öffnet sich das Tor ins **Valle de los Chillos.** Die regionalen Busse ins Tal fahren von einem kleinen Terminal südlich von La

Marín ab. Hat sich die Autopista Rumiñahui einmal über die letzte Anhöhe geschraubt, ergibt sich ein traumhafter Blick auf die zentrale Ostkordillere Ecuadors, auf dessen unangefochtenem Thron der konische Vulkankegel des Cotopaxi ruht. Nahe der Autobahnzahlstelle *(peaje)* scheint dieser Berg bei klarer Sicht auf dem Asphalt zu schmelzen.

## Conocoto und San Rafael

Die anschließende rasante Abfahrt führt vorbei an **Conocoto** bis **San Rafael** 5 (km 15), einem modernen Dorf in der bevorzugten Wohnlage dieses klimatisch wie landschaftlich reizvollen Tals. An der belebten Ampelkreuzung geht es links nach El Tingo.

## Einkaufen

**Mega-Einkaufszentrum** ▸ **San Luis Shopping:** An der Verbindungsstraße zwischen dem am Wochenende belebten Straßendorf San Rafael und Sangolquí (s. u.) liegt Ecuadors derzeit größtes Einkaufszentrum mit ausufernden Angeboten und Öffnungszeiten sowie Kinocenter Supercines (www.superci nes.com.ec) und Kulturveranstaltungen.

## Aktiv

**Bergsport** ▸ **Campus Trekking:** Joaquina Vargas 99 y Abdón Calderón, Conocoto, Tel. 02-234 06 01, www.campus-trekking.com. Mo–Fr 8.30–17 Uhr. Renommierte Adresse, ecuadorianisch-holländische Leitung.

**Kunstgalerie** ▸ **Centro Cultural-Museo de Kingman:** Calle Davila y Portoviejo, 100 m vom Parque, Tel. 02-222 06 10, 02-250 77 05, www.fundacionkingman.org, Do–Fr 10.30–16, Sa, So 10.30–17 Uhr, 3 $. Bemerkenswerte Galerie mit Werken und biografischer Sammlung des berühmten ecuadorianischen Malers Eduardo Kingman.

## El Tingo 6

Am Fuß des flachen Vulkans **Ilaló** (3189 m), befinden sich mehrere Thermalquellen mit schwefelhaltigem, heißem Wasser. Eines dieser Bäder, zugleich eine der ältesten Badeanstalten der Region, liegt im Dorf von **El Tingo.** Dieser Ort ist für sein gebackenes

Schweinefleisch – das *hornado* – berühmt. Gleichzeitig bietet sich El Tingo zum recht einfachen Besteigen des Gipfels an, wozu man ab dem Balneario über den gut sichtbaren Weg etwa zwei Stunden bis zu dem riesigen Gipfelkreuz einplanen sollte. Es besteht die Möglichkeit, auf der anderen Seite des Berges nach Tumbaco wieder abzusteigen.

## Essen & Trinken

**Feine deutsche Küche** ▸ **Mucki's Restaurant:** hinter dem Schwimmbad von El Tingo, Tel. 02-286 17 89, 099-972 02 11, www.mu ckis.com, Mi–So 12–17 Uhr, Fr auch Abendessen. Gartenrestaurant mit guter deutscher und internationaler Küche vom Eisbein bis zum Pfeffersteak, dazu gibt es hausgemachtes Brot. Hauptgericht 30 $.

## Aktiv

**Thermalbad** ▸ **El Tingo:** Av Ilaló s/n e Intervalles, Tel. 02-388 03 47, Di–So 6.30–14 Uhr, 1,50 $. Sieben renovierte Thermalbecken mit bis zu 40° C Wassertemperatur, Wassermassagen und -rutsche. Eine Badekappe ist vorgeschrieben.

## Termine

**Fiestas de San Pedro:** Ende Juni. San-Pedro-Fest mit Tanz, Essen, Volksmusik und Maskenumzug rund um den Kirchplatz.

## Verkehr

**Bus:** Ab Quito, Busknoten El Playón de la Marín, mehrfach stdl. mit der Buskooperative Termasturis (La Merced–El Tingo). Ab Tumbaco, Interoceánica, Club El Nacional, ebenfalls mit der Coop. Termasturis über die Carretera Intervalles. Beide Linien (0,30 $) halten am Balneario.

## Sangolquí 7

Von San Rafael aus, das man auf dem Weg von Quito nach El Tingo durchfährt, geht es Richtung Süden vorbei an einem riesigen Einkaufszentrum in das Städtchen **Sangolquí,** in dem sonntags ein großer landwirtschaftlicher und Straßenmarkt abgehalten wird. Marktzeit in diesem Zentrum des Valle

## Tipp: Hacienda Antisana [8]

Nahe Sangolquí führt eine gut ausgebaute Straße nach Osten über **Pintag** in Richtung Vulkan Antisana und zur riesigen **Hacienda Antisana.** Die wunderschöne Strecke, vorbei an Schluchten, kleinen Seen und einem großen Steinbruch, zu den Häusern der Hacienda auf etwa 4000 m entspricht der originalen Humboldt-Route von 1802.

In unmittelbarer Nachbarschaft zum Trinkwasserreservoir **Laguna de Mica** steht neben dem alten Hacienda-Haus noch heute das antike, stallähnliche Bewirtschaftungshaus, das Alexander von Humboldt während seiner Antisana-Besteigung als Schlafstätte und Basislager diente. Hier bieten sich auf Humboldts Spuren in idyllischer Hochlage und unter den Schneefeldern des Antisana Spaziergänge und kleine Wanderungen im Rahmen eines Tagesausflugs an, nach Ab-

sprache auch längere Trekkings und Zeltmöglichkeiten. Kontakt und Anmeldung: Hacienda Antisana, Ministerio del Ambiente, Calle Madrid 1159 y Andalucia, Quito, Tel. 02-398 76 00, www.ambiente.gob.ec. Der Eintritt in die Hacienda ist frei. Individualreisenden wird der Zutritt üblicherweise ohne Anmeldung gewährt, Gruppen benötigen eine schriftliche Erlaubnis. Tipp: Vorab über die aktuellen Bedingungen informieren.

Wer in der Gegend übernachten möchte, kann in der **Hostería Guáytara** zwischen Pintag und der Hacienda Antisana absteigen. Die moderne, aber stilistisch rustikale Hostería bietet einfache, hübsche Cabañas, einen großen Kaminraum und eine gute andine Küche (Tel. 02-233 24 26, 098-458 18 32, www.hosteriaguaytara.com, EZ/DZ 50/90 $ mit Frühstück).

de los Chillos ist von 6 bis etwa 16 Uhr. Vor der Kulisse zahlreicher Händlerhäuser der vorletzten Jahrhundertwende und dem gelegentlich durchblickenden Cotopaxi ist Sangolquí der schönste Marktplatz in der näheren Umgebung von Quito. Man findet in der Nähe des Ortes ein paar gute Möglichkeiten zum Essen – und sollte auch das Eis am Kirchplatz kosten.

## Übernachten, Essen

**Familiäre Hacienda ▶ Hostería La Carriona:** an der Straße nach Amaguaña km 2,5, Tel. 02-233 19 74, 02-233 20 04, www.lacarriona.com. Schöne kleine Hacienda mit gepflastertem Patio, eigenen Reitstallungen, Gärten, Pool, Sauna und einem guten Traditionsrestaurant. Am historischen Patio und im Garten geräumige, rustikale Zimmer, allesamt mit Kamin. EZ/DZ mit Frühstück 86/110 $.

**Gruppen- und Seminarhaus ▶ Hostería Sommergarten:** Calle Chimborazo 248 y Riofrío, Santa Rosa, Tel. 02-233 27 61, www.ecuador-sommergarten.net. Schönes Gartenhostal mit Pool, Whirlpool, Restaurant und Internet. EZ/DZ mit Frühstück 40/60 $.

## Verkehr

**Bus:** Ab Quito, Playón de la Marín, mehrfach stdl. über Sangolquí ins Valle de los Chillos.

## Amaguaña [9]

Das Dorf **Amaguaña,** was so viel wie ›reichlich Wasser‹ bedeutet, ist landwirtschaftlich geprägt, und seine Umgebung präsentiert sich dank des Wasserreichtums dieser Region auffällig grün. Bekannt ist Amaguaña durch die Straßenumzüge während des legendären Dorfkarnevals, bei dem wiederum viel Wasser geworfen wird. Ansonsten bietet es sich als Ausgangspunkt für eine Besteigung des von hier prächtig zu sehenden Vulkans **Pasochoa** an.

## Aktiv

**Koloniales Schmuckstück ▶ Hacienda La Herrería:** Via a Conocoto bei Incubadora Anhalzer (entlegen über einen Feldweg rechts zu erreichen), Tel. 02-237 16 83, 099-310 02 00. Traumhafte Hacienda und ehemalige Reiterschmiede, erbaut nach Plänen der Franziskaner. Das Haus mit den Original-Möbeln, Gemälden und Accessoires fungiert als privates Museum (telefonische Anmeldung erforderlich). Für Gruppen wird nach Vorbestellung gute Hacienda-Küche serviert (Menü 28 $). Sehr familiäre Atmosphäre.

## Tambillo

In **Tambillo** endet das Valle de los Chillos, und hier schließt die Talstraße auch wieder an die alte Panamericana aus Quito an. Nahe des Dorfes Tambillo befindet sich in einer alten Hacienda eine Rettungsstation für verletzte oder geschmuggelte Wildtiere. Dieses Projekt, **Santa Marta,** ist noch in Aufbau und sucht laufend Freiwillige (Tel. 099-050 91 05, www.amigosdelasaps.org).

## Bosque Protector Pasochoa [10]

Der **Bosque Protector Pasochoa** liegt an und in dem alten schroff umrandeten Krater Pasochoa. Er ist einer der letzten ursprünglichen Bergwälder Ecuadors mit hoher Artenvielfalt an Bäumen und Vögeln. Der vom ecuadorianischen Umweltministerium (Ministerio del Ambiente) geleitete Naturwald bietet mit seinen fünf Rundwegen Wandermöglichkeiten unterschiedlicher Länge samt Gipfelbesteigung des 4199 m hohen **Pasochoa** (s. S. 148).

## Infos

**Ministerio del Ambiente:** Calle Madrid 1159 y Andalucía, Quito, Tel. 099-894 57 04. Park: tgl. 8–17 Uhr, Eintritt und Camping am Parkeingang sind frei. Größere Gruppen sollten reservieren.

# Besteigung des Vulkans Pichincha ▶ H 5

**Karte:** S. 144

Humboldt benötigte mehrere Versuche, um den 4794 m hohen Hausberg Quitos im Westen der Hauptstadt zu bezwingen. Seit 1999 in seiner neuen Aktivität wieder erstarkte Vulkan **Guagua Pichincha** [11] lässt sich heute leicht und in nur einer Stunde Gehzeit besteigen, wenn man einmal den langen Fahrweg zur Schutzhütte hinter sich hat.

Im Südwesten Quitos zweigt von der Avenida Maldonado eine Nebenstraße zu dem etwa 45 Minuten entfernten Dorf **Lloa** ab. Von Lloa steigt ein landwirtschaftlicher Weg bis ca. 4600 m auf zur ganzjährig bewachten Hütte. Zu Fuß dauert der Kondition erfordernde Aufstieg etwa fünf bis sechs Stunden. Gegen eine geringe Gebühr können der einfache Schlafsaal (5 $ p. P.) und die Küche mitbenutzt werden, die Hütte ist nicht bewirtschaftet und auch der Kamin funktioniert nicht.

Die Gipfelbesteigung, aber vor allem nicht ungefährliche Wanderungen in den Kraterkessel sind mit dem Wächter abzustimmen, der aktuelle Infos über den Berg von den Vulkanologen bezieht. Generell ist mit kurzfristigen Wolkenbildungen zu rechnen. Wer den Weg ab Lloa zu Fuß macht, muss eine Übernachtung in der Hütte einplanen.

Von der Anreise her leichter, doch technisch schwieriger ist der kleinere **Gipfel Rucu Pichincha** [12] zu erklimmen. Man fährt mit der Seilbahn Teleférqio (s. S. 134) von Quito auf die etwa 4000 m hohe Bergstation. Von dort führt ein gut sichtbarer und einfacher, wenn auch ansteigender Weg in etwa 90 Minuten bis zu den Felsen **Las Rocas,** von wo man erneut eine herrliche Aussicht genießt. Weitere 90 Minuten – mit Kletterpassagen – braucht man noch bis zum Gipfel (Rückweg 2,5 Std.). Achtung: Bei Wetterwechsel schwindet die gute Sicht im Nu.

## Infos

**Aus Sicherheitsgründen gilt:** Früh mit der Seilbahn hochfahren. Bei einer Vertrauensperson oder an der Station an- und abmelden. Bei aufziehendem Unwetter die Wanderung abbrechen. Unerfahrene Bergwanderer gehen nur bis Las Rocas. Im Zweifelsfall einen Bergführer mit entsprechender Ausrüstung und Ortskenntnis engagieren.

## Verkehr

**Anfahrt nach Lloa:** von Quito mit dem Taxi (ca. 10–15 $) oder ab Plaza Indoamérica (Universidad Central) mit dem Bus Richtung Chillogallo bis zum Abzweig nach Lloa (Calle An-

## aktiv unterwegs

## Wanderung auf den Vulkan Pasochoa

### Tour-Infos
**Anfahrt:** Pickup ab Amaguaña, 30 Min., 10 $
**Dauer:** Aufstieg 5 Std., Abstieg 3 Std.
**Schwierigkeitsgrad:** mittelhoch (T4)
**Wegvarianten:** vier gekennzeichnete, leichtere Rundwege (T1–T2) 1–4 Std.
**Übernachten:** einfache Schlafsäle (10 $ p. P.) und Campingplatz
**Wichtige Hinweise:** Man muss spätestens um 8 Uhr ab Parkwache aufbrechen, am besten übernachtet man vorher dort. Bergwanderschuhe und gute Orientierung im Gebirge sind obligatorisch.
**Kontakt:** Fundación Natura, s. S. 147.
**Karte:** S. 144

Am Parkwächterhaus mit einfacher Schutzhütte von einem der schönsten Bergwälder Ecuadors beginnt die Wanderung, zunächst auf gut gekennzeichnetem Weg durch Wei-den und Agrarland, häufig entlang großer Bambushaine. Die o. g. Rundwege liegen grafisch wie immer größer werdende Ringe übereinander. Einen Plan erhält man beim Parkwächter. Man begeht zu Beginn den roten Weg, zweigt dann in die jeweils größeren Rundwege mehrfach nach rechts ab, markiert mit Gelb, dann Grün, dann Braun. Schließlich führt der Gipfelweg durch wunderschönen dichten Bergwald auf deutlichem Pfad, um dann bei 3300 m in den offenen Páramo zu gelangen. Man steigt den Grasweg weiter hinauf, im Weiteren an einem Bergrücken des erloschenen Vulkans entlang. Nach einer kleinen Kletterpassage (Vorsicht bei Nässe!) läuft man nunmehr auf der Nordostseite des Gipfels über einen Fahrweg und das letzte Stück querfeldein durch den Páramo von Osten auf den Nordgipfel zu. Der Blick vom Gipfel (4199 m) ist fantastisch. Den gleichen Weg geht es zurück.

gamarca). Dort fährt mehrmals tgl. ein Bus nach Lloa oder man fährt mit dem Taxi weiter.

## Zur Mittellinie der Welt
▶ H 5

**Karte:** S. 144
Ein beliebtes Ausflugsziel im Norden Quitos ist das Dorf **San Antonio de Pichincha** am Äquator, genau genommen ist es das dort liegende folkloristische Touristendorf **Mitad del Mundo** 13. Hier hat die Zentralregierung Ecuadors etwa 240 m südlich des Äquators ein staatliches Äquatordenkmal errichtet. Eigentlich sollte der klobige Obelisk genau auf der Linie stehen, doch hatte man sich gegen besseres Wissen für einen verkehrstechnisch günstigeren Standort und fehlerhafte Bemessungen entschieden. Diese vermeintliche Äquatorlinie wurde 1736 von der Geo-däsischen Mission Frankreichs unter Leitung von Charles-Marie de la Condamine und unter Mitarbeit des ecuadorianischen Kartografen Pedro Vicente Maldonado ermittelt.

Diesen Erdvermessern des 18. Jh. zu Ehren führt heute eine Allee mit Büsten der Forscher zum Monument der ›Weltmitte‹: Dieser Obelisk beherbergt eine kühle und wenig ambitionierte Kostüm- und Accessoireausstellung indianischer Kultur und Folklore (Mo–Do 9–18, Fr–So 9–19 Uhr, www.mitaddel mundo.com, Eintritt 2 $).

Im Dorf gibt es Souvenirläden, eine kleine Sternwarte und Cafeterías; etwas unregelmäßig öffnet das Postamt, wo es einen Äquatorstempel gibt. Manchmal werden folkloristische Tänze oder Musik aufgeführt. Mitad del Mundo ist leider recht leblos und überdimensioniert und wird von staatlicher Seite chronisch überschätzt (Öffnungszeiten wie Museum, Eintritt zum Dorf 2 $).

## Essen & Trinken

**Ausflugslokal ▶ Restaurante Cochabam-ba:** Mitad del Mundo, an der Straße 50 m nördlich des Kreisverkehrs vor dem Äquatordorf, Tel. 02-239 41 28, www.restaurantcochabamba.com, Mo–Sa 9–17, So 12.30–17 Uhr. Großes und freundliches Restaurant mit traditioneller und guter ecuadorianischer Küche, auf Bestellung auch Meerschweinchen, So Büfett. Menü 12 $, Büfett 17 $.

## Verkehr

**Bus:** Ab Quitos Nordterminal La Ofelia, via Metrobus und Ausgang Transporte Interparroquial, mit häufigen Verbindungen direkt nach Mitad del Mundo. Oder aber im Stadtteil Mariscal, Calle Juan León Mera y Veintimilla, einen der blauen Busse anhalten, die oben in der Windschutzscheibe den Schriftzug ›Mitad del Mundo‹ führen. Fahrplanbedingt kann es sein, dass man unterwegs den Bus innerhalb der gleichen Kooperative wechselt.

# Zur Reserva Geobotánica Pululahua ▶ H/J 4/5

**Karte:** S. 144

Die Straße von Mitad del Mundo weiter Richtung Calacalí fahrend, passiert man bald rechts zwei Einfahrten zum Krater Pululahua. Die erste führt zu einem schönen Aussichtspunkt, **Mirador de Ventanillas,** am Kraterrand über der weiten *caldera.* Die zweite Einfahrt führt direkt in die Tiefebene im Kraterinneren (Eintritt 1 $). Der etwa 4000 Jahre alte **Krater Pululahua** 15 weist rund 450 m unter seinem Rand eine weite fruchtbare, landwirtschaftlich genutzte Ebene auf. Einige Bauern bewässern ihre kleinen Felder mit über Folien aufgefangenem Nebel. Während man die Ebene vom Mirador aus über einen steilen Fußpfad erreicht, ist es bequemer, die westliche Schotterstraße in den Krater zu nehmen, im Übrigen eine wunderschöne Mountainbikestrecke. Dieses ›geobotanische Reservat‹ von 6 km Durchmesser auf der hügeligen Kratersohle ist zudem Ziel von Wanderern, Vogelbeobachtern und Reitern. Hier finden sich sogar Wasserfälle, große Farne und kleine Zwergmyrten.

## Übernachten

**Einsames Hotel ▶ Hotel La Rinconada:** Krater Pululahua, Tel. 02-249 88 80, 099-173 34 86, larinconada@crateraventura.com, Reservierung erforderlich. Sehr schönes Hotel im Kraterinneren mit tollem Blick über den Kraterkessel und guter Küche. Der Besitzer Rolando Vera ist ein großer Kenner des Kra-

# Tipp: Solarmuseum Inti Ñan 14

Anders als um Mitad del Mundo steht es um das von dort in Sichtweite liegende kleine, private Solarmuseum **Museo de Sitio Inti Ñan** (s. Karte S. 144). Zwar muss Museumsleiter Fabián Vera nach amtlichen GPS-Daten zugestehen, dass auch seine Äquatorlinie die geografische Mitte der Welt um rund 60 m verfehlt. Das tut dem liebevoll aufgebauten und etwas verspielten anthropologischen Museum aber keinen Abbruch. Hinter einem kleinen Lamagehege führt ein Rundweg über rekonstruierte Grabstätten, vorbei an einer Sonnenuhr und nativen Heilpflanzen zu einem originalen mehr als 100-jährigen Lehmhaus, das den früheren Bewohnern als Koch-

haus diente. Daneben rekonstruierte Fabián Vera originalgetreu ein typisches Wohnhaus mit seinem archaischen Interieur.

Die etwa einstündige, spannende Führung durch Geschichte, Brauchtum und Sonnenkultur der Äquatorvölker von Quitu-Cara beinhaltet ferner eine Regenwaldausstellung, die in die alte Tradition des Schrumpfkopfherstellens und in den Gebrauch des Blasrohrs einführt.

**Kontakt:** 200 m nördlich des Kreisverkehrs Mitad del Mundo via Calacalí, Tel. 02-239 51 22, 099-730 95 08, www.museointinan.com, tgl. 9.30–17 Uhr, Eintritt mit Führung, auch auf Englisch, 4 $.

ters und bietet neben den Zimmern (DZ 33 $, Frühstück ab 3,50 $) auch **Camping** an (mit Toilette, Dusche und Brennholz; 3,50 $).

**Backpacker-Herberge ▶ Pululahua Hostal:** am Fußweg im Krater, Tel. 099-946 66 36, www.pululahuahostal.com. Kleines, preiswertes Hostal mit Jacuzzi (3,50 $) und Zimmern im Haupthaus oder in *cabañas.* Frühstück (5 $), Reitpferde (4 Std., 50 $ p. P., bei 2 Pers. je 30 $ p. P.). EZ/DZ 30/40 $, auch mehrtägige Arrangements.

### Aktiv

**Reiten ▶ Green Horse Ranch:** Finca La Gardenia, Krater Pululahua, Astrid Müller, Tel. 02-380 63 38, 098-612 54 33, www.horseranch.de. Die Reiterfarm der deutschen Pferdeliebhaberin ist seit vielen Jahren die erste Adresse im Norden Quitos für Pferdefreunde. Dabei bietet Astrid Müller verschiedene Tourprofile von ein bis neun Tagen im Kraterreservat und Umland an, sei es für Anfänger oder Fortgeschrittene, sei es im englischen oder im Westernsattel. Beispiele: Tagesausritt für 85 $ p. P. bei 1–2 Reitern, 4-tägige Umrundung des Kraters 450 $, jeweils mit Anreise ab Quito, Vollverpflegung, Unterkunft und Reitführer.

### Verkehr

In den Krater fährt kein Bus, daher ist bei individueller Anreise ab der Metrobus-Endhaltestelle in Quito der Bus Mitad del Mundo/Calacalí bis zum Kraterabzweig ›Mirador‹ zu nehmen. Von dort sind es 2 km zum Mirador und 30 Min. Abstieg in den Krater. Ein Fahrweg zweigt 2 km westl. an der Tankstelle von der Hauptstraße ab.

## 3 Nebelwälder von Mindo-Nambillo ▶ H 5

**Karte:** S. 144

In **Calacalí**  steht heute das erste offizielle Äquatordenkmal der Anden. Fährt man weiter in westliche Richtung, so verlässt man das interandine Trockental und seine Höhe und nähert sich den Subtropen. Im Herzen des

Nebelwaldes, wo sich Wolken und Wipfel begegnen, und nur 80 km von der Hauptstadt entfernt liegt eines der eindrucksvollsten Naturschutzgebiete Ecuadors, für Vogelbeobachter ein Ort von Weltrang, aber auch für andere Naturfreunde ein außergewöhnlich schöner und erlebnisreicher, ja geradezu magischer Wald.

Bereits 1988 erreichte die Gemeinde Mindo, dass ihre einzigartigen und von Holzeinschlag bedrohten Nebelwälder unter besonderen Naturschutz gestellt wurden. Die staatliche Forstbehörde erklärte sie zum Schutzwald **Bosque Protector Mindo-Nambillo.** Das gesamte Schutzgebiet ist 19 200 ha groß und zieht sich bis in die felsigen Bereiche von Lloa und dem Vulkan Guagua Pichincha (4700 m; s. S. 147). Der größte Teil liegt jedoch in subtropischen Höhen von 1300 bis 2500 m. Die drei Formen von subtropischem Wald, Nebelwald und Bergwald sind verantwortlich für die hohe Biodiversität in Flora und Fauna, einschließlich eines bemerkenswerten Grades an Endemismus. Der Wald wurde zu einem der bedeutendsten Vogelschutzgebiete Südamerikas (AICA) erklärt und ist regional Teil des internationalen Biosphärenreservats von El Chocó in den Küstenzonen des nordwestlichen Südamerikas. Zu Beginn unseres Jahrhunderts war Mindo-Nambillo Zentrum des internationalen Widerstands gegen die Erdölpipeline OCP, deren Trasse durch den Schutzwald am Ende doch nicht verhindert werden konnte.

## Unterwegs im Schutzwald

Im Schutzwald Mindo-Nambillo und an seinen Randzonen haben zahlreiche ecuadorianische und internationale Stiftungen sowie Privatpersonen Wald zum Ziel des Schutzes als privates Reservat gekauft. Hier bieten sich heute verschiedenste Möglichkeiten, die Wälder und ihre Artenvielfalt zu entdecken, darunter auch einige mit schönen Unterkünften direkt in der Natur, umsurrt von Kolibris und bestanden mit Orchideen.

**Vogelbeobachtungen** beginnen am besten im Morgengrauen, wenn die meisten Tiere am aktivsten sind. Durch die hohe Grundfeuchtigkeit des Nebelwaldes fühlen sich hier auch zahlreiche Insekten wohl. Mückenschutz gehört daher zur Ausrüstung, ebenso wie Gummistiefel, Regenponcho und ein gutes Fernglas. Vögel sind lichtempfindlich und reagieren auf grelle Farben, weswegen in bekannter Jägertradition im Wald bevorzugt matte und dunkle Farben zu tragen sind.

## Reserva Orquideológica de Pahuma

**Pahuma** beherbergt auf 650 ha Nebelwald-Reservat in einer Höhe von 1960 bis 2500 m bislang 260 Orchideenarten, von denen neun endemisch sind, also nur hier vorkommen. Auch die übrige Flora und die Wasserfälle sind beeindruckend schön und über mehrere leichte Waldwege unkompliziert zu erkunden. Der höchste Wasserfall zählt 80 m und wird über eine Kletterpassage erreicht (Reserva Orquideologica El Pahuma, km 43 Via Calacalí–Nanegalito, Tel. 02-229 74 64, 098-949 76 66, www.reservapahuma.com, tgl. 8–17 Uhr. Schlafsaal 8 $ p. P., Frühstück 2,50 $, Mittagessen 4–6 $, Anmeldung erforderlich. Camping. Eintritt Besucher 5 $).

## Fundación Puntos Verdes del Ecuador

Die Bonnerin Heike Brieschke und ihr ecuadorianischer Mann Pedro Peñafiel haben in langen Jahre eine Umweltstiftung in Kooperation mit dem Regensburger Institute of Biodiversity aufgebaut (www.biodiv.de). Auf einer wunderbaren, von Tropenpflanzen umgebenen Terrasse mit Futterstellen für Kolibris sind meist fünf bis zehn Kolibriarten sehr gut und aus nächster Nähe zu studieren, selbst Tukane sind zu beobachten (Eintritt 4 $, Unterkunft auf Anfrage, ca. 1,5 Std. von Quito im Nebelwald bei Mindo, Kontakt: Mindo Lindo, km 79 via Quito-Los Bancos, Tel. 099-807 51 77, 099-291 58 40, www.mindolindo.com).

## Refugio Paz de las Aves

Der Primärwald mit Anteilen von Sekundärwald ist insgesamt 75 ha groß und liegt auf durchschnittlich knapp 2000 m Höhe. Vogel-

beobachter finden verschiedene, teils lange Waldwege. Ausgangspunkt ist eine Waldhütte (Anreise: km 66 auf der Straße Calacalí–La Independencia, Tel. 098-725 36 74, www.refugiopazdelasaves.com, EZ/DZ 25/40 $ mit Frühstück.

## Übernachten

**Am Waldrand ▸ Hostería Séptimo Paraíso:** 2 km vom ›Y‹ bei Mindo entfernt, Tel. 099-368 44 21, 099-368 44 17, www.septimo paraiso.com. Hostería mit Restaurant (Hauptgericht 17 $), Cafeteria, einem manchmal vergessenen Swimmingpool, Jacuzzi und Spielplatz. Geräumige 22 Zimmer mit Waldblick. EZ/DZ mit Frühstück 101/132 $.

**Waldidyll zum Träumen ▸ El Monte Sustainable Lodge:** ab Mindo mit Abholservice (15 Min.) und kurzer Seilbahnfahrt über den Fluss, Tel. 099-308 46 75, 02-254 63 48, www.ecuadorcloudforest.com. Waldoase in einem bezaubernden Flusstal. Hohe, große *cabañas* im Wald mit Strom aus einem Mini-Wasserkraftwerk; exzellentes, teils vegetarisches Essen in schönem, offenen Haupthaus. 96 $ p. P. mit VP und Guides.

**Nebelwald-Cottage ▸ Sachatamia Lodge:** km 78 via Calacalí–La Independencia, 300 m vom ›Y‹ bei Mindo entfernt, Tel. 02-252 70 73, 02-390 09 07, www.sachatamia.com. Gemütliches Hotel auf 1700 m mit überdachtem Pool, italienisch-französischem Restaurant (Hauptgericht 11 $, Menü 18 $ p. P.), 350 ha großem Privatreservat und Naturpfaden zum Selbsterkunden. EZ/DZ mit Waldblick und Frühstück 63/98 $, Suite 71/112 $.

**Klein und fein ▸ Alambi Cloud Forest Reserve:** ab Nanegalito 4 km Richtung Bellavista, Tel. 099-974 07 81, 02-211 62 45, www. alambicloudforest.com. Kleine Villa mit 3 DZ, Terrasse und Wohnzimmer. Eigene Waldwege für Wanderungen bis zu 5 Std. Mahlzeiten 7 $, gutes Frühstück. 25 $ p. P.

**Vier Unterkünfte im Nebelwald ▸ Hostería San Jorge de Tandayapa:** km 52 via Quito-Nanegalito. Tel. 02-224 75 49, 022-339 04 02, www.hostsanjorge.com.ec. Komfortabel, am Rand des Nebelwaldes mit zahlreichen Angeboten wie Wandern, Mountainbiking, ein-

## Umgebung von Quito

fachen Reitausflügen und Vogelbeobachtungen. EZ/DZ mit Frühstück ab 103/115 $. Hinweis: Es gibt eine zweite Hostería San Jorge (›de Quito‹) zwischen Nono und Tandayapa, die hier nicht gemeint ist. **Maquipucuna Cloud Forest Reserve & Ecolodge:** Parroquia Nanegal, Anreise auf der Strecke Calacalí–Los Bancos, in Nanegalito bei km 36 nach rechts, weitere 12 km später erneut nach rechts ins beschilderte Reservat, Tel. 02-250 72 00, 099-421 80 33, Büro in Quito: Calle Baquerizo Moreno E9-153 y Tamayo, www.maqui.org, Mo–Fr 9–18 Uhr. Nebelwaldlodge einer 1989 gegründeten Stiftung mit nachhaltigem Gemeinde- und Naturschutzkonzept. Übernachtung mit VP und Führung in EZ/DZ 101/149 $, bei zwei Nächten 178/236 $, im Volontärshaus ohne eigenes Bad 50 $, Reservat tgl. 7–19.30 Uhr, Eintritt 10 $. **Bella Vista Cloud Forest Reserve:** Bellavista, Anreise per *camioneta* ab Nanegalito ca. 20 $, Tel. 02-211 62 32, in Quito: Jorge Washington E7-25 y Av. 6 de Diciembre, Tel. 02-290 31 65, www.bellavistacloud forest.com. Mehrstöckiges Regenwaldrundhotel in privatem Vogelreservat mit guter Küche und traumhafter Sicht über Wälder und Berge. Zimmer mit Waldbalkon und eigenen Kolibritränken. EZ/DZ mit VP 120/204 $, ohne Verpflegung 76/116 $, Schlafsaal mit Verpflegung 64 $ p. P., einfaches Quartier in der Forschungsstation 13 $ p. P. **Reserva Pachijal:** km 72 Via Calacalí–La Independencia, Tel. 099-955 45 60, www.pachijalreserve. com. 100 ha großes Nebelwaldreservat zur Vogelbeobachtung mit Pfaden zum Selbstbegehen, u. a. zu den Yumbos von Tulipe (s. S. 153). Restaurant (Hauptgericht 15 $). 56 $ p. P. mit Frühstück.

### Verkehr

**Bus:** Cooperativa Flor del Valle, Abfahrt in Quito-Nord, Busterminal La Ofelia, von der Metrobus-Station den Ausgang ›Transporte Interparroquial‹ nehmen, Av. Diego de Vásquez. Tel. 02-236 00 94. Mo–Fr 8, 9, 16 Uhr,

**Zählt zur Familie der Kornnattern, ist nicht giftig und lebt u. a. im Mindo-Reservat: die Siposschlange**

152

Sa 7.40, 8.20, 9.20, 16 Uhr, So 7.40, 8.20, 9.20, 14, 17 Uhr. Fahrtzeit nach Mindo ca. 2,5 Std. Fahrpreis 2,50 $.

**Auto:** Für Selbstfahrer gibt es zwei Varianten für die Anreise nach Nanegalito sowie nach Mindo, in den Schutzwald und seine privaten Reservate. Neben der beschriebenen Straße über Calacalí führt auch die alte Straße über Nono zum Ziel. Wegen des regelmäßig wiederkehrenden Nebels ist zur Vorsicht geraten und sind Nachtfahrten zu meiden.

## Mindo 17

Das dörfliche Zentrum des Schutzwaldes ist **Mindo,** ein relaxter Ort in unmittelbarer Nähe schöner Flüsse und Wälder und mit einer wachsenden Infrastruktur – somit ein guter Ausgangspunkt für Exkursionen. Mindo zählt etwa 2300 Einwohner und liegt auf angenehm warmen 1250 m Höhe.

### Infos

**Centro de Información:** am Parque Central, Sa, So 8–18 Uhr. Lokales Tourismusbüro mit Broschüren und Adressen zu Mindo und Umgebung.

### Übernachten

**Wagenburg ▶ La Roulotte:** an der Straße zur Schmetterlingsfarm Mariposario, km 2,5, Tel. 098-976 44 84, www.la.roulotte.ec. Wohnen in Zirkuswagen, schweizerisch-ecuadorianische Leitung. Tourenvermittlung. Sehr gutes Restaurant (Hauptgericht ab 7,50 $). Wagen für zwei mit Frühstück 28 $ p. P.

**Freizeithotel ▶ Hotel Tangaras:** Calle el Cade y Av. Quito (gegenüber der Polizei), Tel. 02-217 01 66 (Mindo), 02-261 12 03 (Quito), www.lastangaras.com.ec. Hotel für 50 Gäste mit nationaler Küche (Hauptgericht 6 $), Pool, Sauna, Dampfbad, Bar, Fahrradverleih. Gepflegte Zimmer mit Kabel-TV. EZ/DZ mit Frühstück 31–39 $ p. P.

**Stilvoll und familiär ▶ Cabañas Bambú:** 800 m vom Dorf entfernt, Tel. 099-969 12 13, 02-217 02 16, www.hotelbambuecuador. com. Ruhiges und sympathisches Hostal aus der ›Bambú‹-Familie unter holländischer Leitung mit Bücherecke, Billard, Kicker und Bar.

## Ausgrabungsstätte von Tulipe

Gemütliche Zimmer ohne eigenes Bad 15–20 $, mit Bad 35–40 $, Frühstück 3 $.

### Essen & Trinken

**Vegetarische Spezialitäten ▶ Restaurante Fuera de Babilonia:** am Parque Central, Tel. 02-217 04 66, tgl. 8–22 Uhr. Schön gearbeitetes Holzhaus, vegetarische und einheimische Küche, u. a. Forellen. Frühstück 2 $, Menü 3 $, Hauptgericht 6 $.

### Aktiv

**Reiseagentur ▶ La Isla:** Av. Quito y 9 de Octubre, Tel. 02-217 02 30, 099-327 21 90, www.laislamindo.com, tgl. 8–12, 14–18 Uhr. Lokaler Anbieter, u. a. Vogelbeobachtung, Wanderungen, Canyoning (20 $ p. P.), Ausrüstungsverleih; auch Touristeninformation.

# Ausgrabungsstätte von Tulipe ▶ H 5

**Karte:** S. 144

Nahe dem Dorf **Nanegalito** 18 existiert eine bemerkenswerte Ausgrabungsstätte. Aus der Zeit der Kultur der Yumbos (800–1660) stammen hier, an den Ufern des Río Tulipe, sieben Bäder, mehrere Pyramiden, Rampen und große *tolas* – Ritensteine. Sie nehmen etwa 2 ha Fläche ein und sind sehr gut erhalten. In der Sprache der Quitu-Cara, zu denen die Nation der Yumbos zählt, bedeutet *tulipe* ›Wasser, das an den Steinen herunterfließt‹. Die Yumbos hatten hier offensichtlich ein Zeremonienzentrum für ihren Natur- und Wasserglauben eingerichtet.

Etwa 30 Fahrminuten nordwestlich von **Tulipe** liegt der **Bosque Protector Mashpi** 19, ein großes Reservat mit Primär- und Sekundärwald. Die Besitzer bieten auf dem Gelände qualifizierte Waldführungen, einen Beobachtungsturm und eine lange Seilbahnfahrt. Zur Übernachtung steht ein modernes Luxusresort mit riesigen Glasfenstern und Gourmet-Küche bereit (Mashpi Lodge, Tel. 02-400 41 00, ext. 810, 099-950 09 99. 3 Tage/2Nächte inkl. VP, Führungen und Transfer ab Quito 1295 $ p. P.).

Teppichverkäuferin auf dem Markt in Otavalo

# Kapitel 2

# Die Nordanden

Die Äquatorlinie prägte das Leben der Ureinwohner in den Nordanden über Jahrtausende. Diese imaginäre Linie der Tagundnachtgleiche zog gerade im südamerikanischen Hochgebirge Generationen von Wissenschaftlern an. Und noch heute versprüht dieser geografische Erdring – neben dem gelegentlich folkloristischen Kult – Faszination und Magie. Eine Lebenslinie, welche die Hemisphären verbindet.

Der Norden des heutigen Ecuadors war schon strategisch bedeutend, als die Spanier den Kontinent unterwarfen. Über die Nordanden fielen sie ein, hier bauten sie ihre prächtigsten Haciendas, hier installierten sie einen ihrer wichtigsten Handelswege zwischen Quito und Bogotá. Gleichzeitig waren die Hochlandindianer im Norden die wehrhaftesten im Kampf gegen die Inkas und im Widerstand gegen die Spanier, wodurch sich in einigen Regionen eine spannende und authentische Hochlandkultur erhalten hat. Dabei ist nicht der berühmteste Ort des Nordens, der Handelsplatz Otavalo, das Sensationelle an dieser Kultur. Die Überraschungen liegen im Umland.

Die Bergwelt des Nordens, ihre majestätischen Vulkane mit den fantastischen Bergseen formen eine der schönsten Andenlandschaften Ecuadors. Zudem verlaufen in den Nordanden die tropisch warmen Täler von Chota und Intag, die sogar bis zum Pazifik führen. Obschon die Nordprovinzen Imbabura und Carchi nicht weit von Quito entfernt liegen und sehr gut erschlossen sind, kommen nur wenige Touristen über Otavalo hinaus.

Vulkane, Seen und Wälder, Haciendas, faszinierende Kulturen und astronomische Phänomene – keine andere Region Ecuadors wird derart unterschätzt wie die Anden nördlich des Äquators.

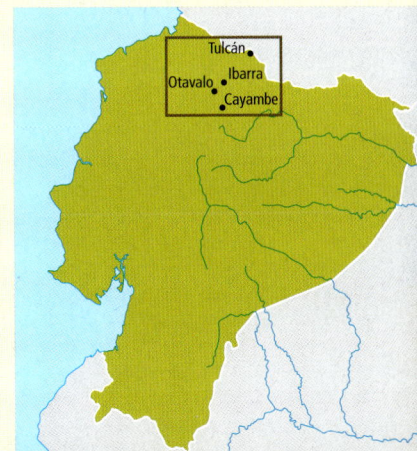

# Die Nordanden

## Sehenswert

**4** **Bergwelten am Vulkan Imbabura:** Der 4609 m hohe Vulkan Imbabura schenkt eine großartige Sicht auf die nördlichen Anden. Am Fuß des Berges liegen Seen und Wasserfälle, einige der prächtigsten Haciendas des Landes und jahrhundertealte Handwerkerdörfer (s. S. 166).

**5** **Páramo-Wälder von El Ángel:** Unter den fünf außergewöhnlichen Wäldern der Nordroute sind die Páramo-Wälder in beinahe 4000 m Höhe die spektakulärsten. Hier trotzen 1000-jährige Polylepisbäume und blütenreiche, baumhohe Mönchsgewächse dem rauen Klima und formen in der Reserva Ecológica El Ángel eine ebenso grandiose wie unwirkliche Landschaft. Einer der schönsten Orte dieses Naturreservats im Süden des Vulkans Chiles ist die Umgebung der Laguna del Voladero (s. S. 194).

## Schöne Routen

**Nebenroute Cayambe–Ibarra:** Für Selbstfahrer, ob mit dem Auto oder mit dem Mountainbike, bietet sich ab Cayambe (s. S. 163) eine wunderschöne Nebenstrecke über Dörfer wie Olmedo, die alte Hacienda Zuleta und den Trekking-Treff von La Esperanza nach Ibarra an (s. S. 182).

**Valle de Intag:** Diese kaum bekannte Nebenroute der Nordanden führt in ein tiefes subtropisches Tal auf 1800 m mit zahllosen Flüssen und tiefgrünem Primärwald zwischen dem Vulkan Cotacachi und den Bergseen von Piñan. Einzelne Hotels, vorbildliche Biofarmen und Landkooperativen machen das Tal zu einem Ziel für unternehmenslustige Reisende (s. S. 181).

**Mit der Bahn von Ibarra nach Salinas:** Aus der Kolonialstadt Ibarra (s. S. 187) durch Tunnel und über Brücken in das heiße Chota-Tal (s. S. 189).

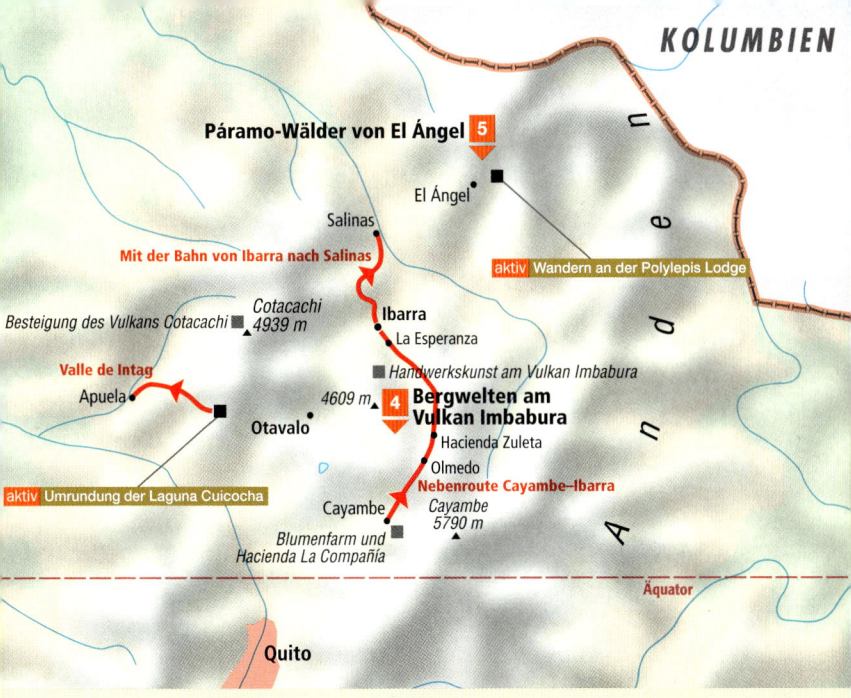

**Páramo-Wälder von El Ángel** `5`

El Ángel

Salinas

**Mit der Bahn von Ibarra nach Salinas**

`aktiv` Wandern an der Polylepis Lodge

*Cotacachi*
*4939 m*

Ibarra

**Besteigung des Vulkans Cotacachi** ▲

La Esperanza

**Valle de Intag**

*Handwerkskunst am Vulkan Imbabura* ■

Apuela ●

*4609 m* ▲ `4` **Bergwelten am Vulkan Imbabura**

**Otavalo**

Hacienda Zuleta ●

Olmedo ●

`aktiv` Umrundung der Laguna Cuicocha

**Nebenroute Cayambe–Ibarra**

Cayambe

*Cayambe*
*5790 m* ▲

*Blumenfarm und Hacienda La Compañía* ■

**Äquator**

**Quito**

# Meine Tipps

**Blumenfarm und Hacienda La Compañía:** Die Äquatorsonne schenkt das Klima und der Vulkan Cayambe speist das Wasser für eine Rosenzucht von Weltklasse, die sich am Fuß des Fünftausenders bei Cayambe besichtigen lässt (s. S. 165).

**Handwerkskunst am Vulkan Imbabura:** Am Fuß des Imbabura lässt sich eine für ganz Ecuador außergewöhnliche Tour durch mehrere Handwerkerdörfer unternehmen – jahrhundertealte Techniken und Traditionen sind zu erleben bei einem Besuch der Handwerksfamilien des Otavalo-Umlands (s. S. 174).

**Besteigung des Vulkans Cotacachi:** Nicht nur zum Akklimatisieren für eine mögliche Bezwingung des Cayambe bietet der Vulkan Cotacachi eine sehr gute Möglichkeit zum Gipfelsturm – auf einer Wanderung von nur fünf Stunden (s. S. 178).

# aktiv unterwegs

**Umrundung der Laguna Cuicocha:** Der latent aktive Kratersee Cuicocha und seine Inseln liegen in einer großartigen Bergkulisse unter dem 4939 m hohen Vulkan Cotacachi. Hier lässt sich in nur fünf Stunden der gesamte Bergsee über Grate und relativ leichte Talwege umwandern, eine der schönsten Tagestouren in Ecuador (s. S. 179).

**Wandern an der Polylepis Lodge:** Ein privates Reservat am Naturpark El Ángel ist ein perfekter Ausgangspunkt für Spaziergänge, ausgedehnte Wanderungen und Ausritte in die Páramo-Weiten des Nordens, hier mit den riesigen Frailejones, den ›Mönchen‹. Die bewirtete Polylepis Lodge liegt an einem 12 ha großen Urwald aus Polylepisbäumen mit Lagunen, Bach und Wasserfall (s. S. 195).

# Entlang der Äquatorlinie

Die Äquatorlinie unseres Planeten misst zwar etwas mehr als 40 000 km, doch nur auf wenigen Kilometern ihrer erdumspannenden Länge hat sich über Jahrtausende eine Sonnenhochkultur entwickelt. Nordöstlich von Quito trifft man auf deren verblüffende Spuren – und auf eine wundersame Blütenwelt.

## Die Monumente von Cochasquí und Quitsa To

▶ J 5

**Karte:** rechts

Die Reise zur weltberühmten Linie der Tagundnachtgleiche beginnt im Nordosten der ecuadorianischen Hauptstadt. Während es weiter westlich zu dem spröden staatlichen Touristendorf Mitad del Mundo geht, führt diese Sonnenroute weiter östlich über **Calderón** 1. Das Dorf war einst für sein exzellentes Schweinefleisch und seine verspielten Brotfiguren, *guaguas de pan,* regional berühmt. Doch im Schatten des immensen Wachstums von Quito und des Ausbaus der Umgehungsstraße verlor es an Bedeutung.

Das nächste größere Dorf, **Guayllabamba** 2, beherbergt seit 1997 den Zoo von Quito (s. S. 134). Während sich die Straße zwischen Agaven und Buschwerk weiter nach oben schiebt, erscheint bald die dunkle und schroffe Krone der Kraterlagune Mojanda. Bei km 53 der Panamericana Norte in einer scharfen Rechtskurve führt eine noch schärfere Auswuchtung über einen kleinen Aussichtspunkt mit Blick auf den schneebedeckten Cayambe, auf die Mojanda und auf die Blumenplantagen der Region.

## Termine

**Día de los Difuntos:** 2. Nov. Spektakulär ist bis heute das Allerseelenfest von Calderón.

An diesem Festtag findet auf dem Dorffriedhof eine Riesenparty zu Ehren der geliebten Toten statt – ein lebendiges Fest mit Musik und reichlich Schmaus.

## Ruinen von Cochasquí 3

Die mysteriösen, von Gras bewachsenen Pyramiden von **Cochasquí** liegen tief unterhalb des Bergsees La Mojanda, zu erreichen über einen Abzweig (km 13) der Panamericana zwischen Guayllabamba und Otavalo. Die lange Zeit für Inkaruinen gehaltene weitläufige Baustruktur ist tatsächlich etwa 1500 Jahre alt, eine Siedlung von zentraler Bedeutung im astronomischen System der Cara-Indianer (s. Thema S. 160). Das 84 ha große Terrain ist heute Heimat für einige Wildtiere wie auch eine Lamaherde. Da Cochasquí zweifelsfrei eine ganz besondere Energie ausstrahlt, dient es noch immer als ein Treffpunkt der Schamanen für Feiern und Kulte (Archäologischer Park: tgl. 8–16 Uhr, parquecochasqui.blogspot.com, 1 $ inkl. Führung).

## Quitsa To 4

Hinter der Ortschaft **Otón** erreicht die Straße erstmals die Äquatorlinie. Ein großer orangefarbener Stab sticht hier unübersehbar in den Himmel und markiert mit landesweit einzigartiger Exaktheit die Äquatorlinie, die nachweislich bereits vor 1000 Jahren Leben und Landwirtschaft der Cara-Indianer dieser Region bestimmte, **Quitsa To.** Im Schatten des Stabes, der Zeiger einer überdimensionalen

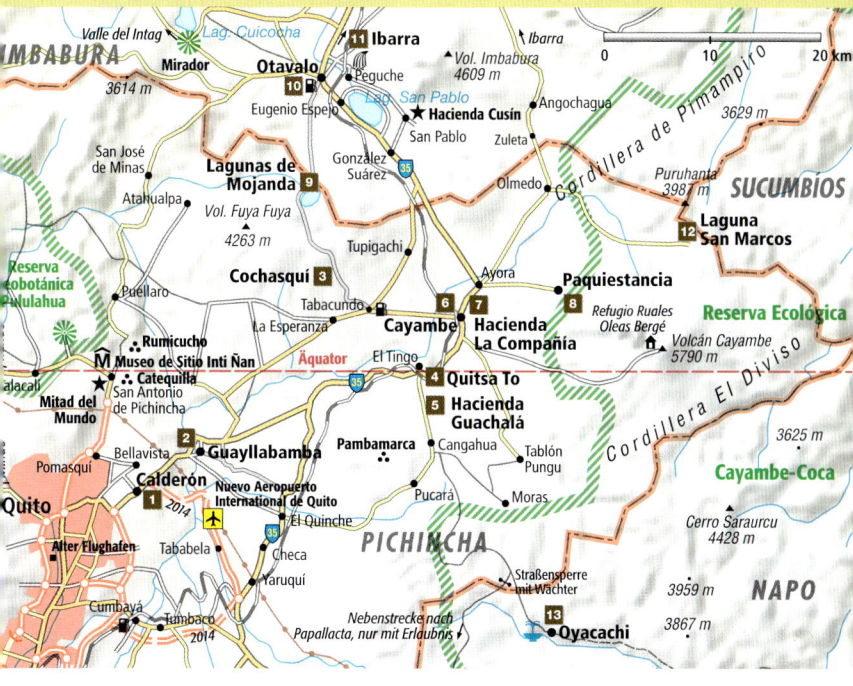

Sonnenuhr ist, breitet sich ein weites Steinfeld aus, das neben der Tageszeit die geografischen Koordinaten des Solarsystems der Ureinwohner nachzeichnet.

Dieses Äquatormonument steht nicht im Dienst der touristischen Folklore, sondern schenkt dem Besucher einen spannenden und wissenschaftlich fundierten Zugang zu Ecuadors viel und inflationär zitierter ›Mitte der Welt‹. Der Direktor des astronomisch-archäologischen Projektes Quitsa To, Cristóbal Cobo, entwickelte auf der Äquatorlinie eine große begehbare Sonnenuhr samt den zentralen Markierungen wie den Sonnenwendepunkten. Daneben entsteht ein audiovisuelles Zentrum zur weiteren Veranschaulichung der antiken Geografie auf dem ecuadorianischen Teil des Äquators. Das in Eigenfinanzierung betriebene Wissenschaftsprojekt hat bereits weltweites Medieninteresse hervorgerufen. Gleichzeitig kämpfen die Initiatoren gegen den Raubbau an den einzigartigen archäologischen Stätten des Umlands seitens der Betreiber von Minen und Steinbrüchen. Dieses einzige tatsächlich auf der Äquatorlinie liegende Monument Ecuadors ist täglich und gegen eine kleinen Obulus für das Projekt und den spannenden Äquatorvortrag zu besuchen. Der Verkauf einer exzellenten zweisprachigen Doppel-CD (15 $) zu der antiken Astronomie, der Archäologie und der Sonnenkultur unterstützt das Projekt.

## Verkehr

**Bus:** Ab Quito fährt die Buskooperative Flor del Valle stdl. mehrmals zum Quitsa-To-Projekt: Startpunkt ist die Estación Ofelia im Norden Quitos, Haltepunkt an der unübersehbaren Sonnenuhr ist der Sektor La Bola de Guachalá (1,75 $, ca. 1,5 Std.).

## Hacienda Guachalá 5

Die wahrscheinlich älteste Hacienda Ecuadors liegt nur wenige Kilometer vom ›wahren‹ Äquatormonument entfernt. Nach 1534 grün-

159

# Quitsa To – Zeugnis der Sonnenkultur
## Thema

**Ecuadorianische Forscher haben 1997 den Schlüssel zur einer sensationellen Sonnenkultur entdeckt. Ausgehend von der millimetergenauen Bestimmung der Äquatorlinie mit modernsten GPS-Geräten erschlossen die Archäologen über kilometerweite Entfernungen ein antikes und verblüffend präzises System von Mauern, Pyramiden, ehemaligen Tempeln und Landmarken in den Anden.**

Im Mittelpunkt steht eine halbrunde Steinmauer von 70 m Durchmesser und 1,50 m Höhe namens Catequilla, die auf einem unscheinbaren 300 m hohen Hügel östlich des Dorfes San Antonio de Pichincha liegt.

Das Halbrund von Catequilla liegt exakt auf der Äquinoktiallinie, jenem Sonnenweg der Tagundnachtgleiche am 21. März und am 23. September. Ein 360-Grad-Blick vom Monte Catequilla erlaubt die Identifizierung aller präinkaischen Bauten der Äquatorregion in den Anden – somit ein geniales astronomisches Observatorium. Selbst mysteriöse Ruinen wie jene Pyramiden von Cochasquí werden nun klar als geografische Marken entdeckt, die von Catequilla gesehen exakt den Punkt des Sonnenaufgangs zur Sommersonnenwende kennzeichnen. Auch die Pyramiden von Pambamarca, die mit 48 Fundstätten auf 30 000 ha größte archäologische Stätte Amerikas, wurden lange Zeit für eine Inkafestung aus dem 15. Jh. gehalten und erst jetzt als Teil des 1000 Jahre alten astronomischen Solarsystems erkannt. Da die Anden gleichzeitig die höchste Erhebung über dem Erdmittelpunkt bilden, bezeichnen die Forscher ihr Catequilla als den ›wahren geografischen Mittelpunkt der Weltkugel‹. Die Äquatorlinie erreicht am Vulkan Cayambe (5790 m) ihren weltweit höchsten Punkt.

Nahe dem Ort Cayambe rekonstruiert das wissenschaftliche Projekt Quitsa To diese Sonnenhochkultur. Quitsa To bedeutet ›Mitte der Welt‹ in der Sprache der Tsáchila, der einzigen Indianer der ecuadorianischen Äquatorregion, die weder von den Inkas noch von den Spaniern unterworfen wurden. Bereits vor mehr als 1000 Jahren, so Projektleiter Cristóbal Cobo, bildete der Lauf der Sonne hier den zentralen Kalender für Saat und Ernte der Ureinwohner, für ihre Feste, ihre Rituale und ihren Glauben an ein von der Sonne gelenktes Leben. »Diese Andenhochkultur und ihre außergewöhnlichen Stätten der Sonnengeografie sind das wichtigste Erbe für unsere kulturelle Identität in Ecuador«, beschreibt Cobo die Bedeutung des Forschungsprojektes.

Die Spanier nutzten die antiken Sonnenstätten für ihre Zwecke. Zahlreiche Kirchen in Quitos Altstadt stehen auf den Ruinen zerstörter Sonnentempel. In etlichen Details findet sich zudem ein verblüffender Synkretismus, speziell dort, wo das Symbol der Sonne in die kolonialspanische Kunst und Architektur eingeht. Und so erlebt man bis heute den Sonnenuntergang des 21. Juni in Quitos Kathedrale sowie in den Kirchen El Sagrario und San Francisco als ein Naturspektakel, das – von vermeintlich magischer Hand geführt – die Sonne durch kleine Fenster scheinen lässt und zentrale Skulpturen und Gemälde wie von einem langsam gezogenen Scheinwerfer beleuchtet (weitere Informationen unter der Webadresse www.quitsato.org).

deten die spanischen Konquistadoren in Guachalá, dem Ort einer bedeutenden Militärgarnison der soeben dort besiegten Inkas, eine ihrer frühesten Siedlungskolonien, eine sogenannte *encomienda*. Um 1580 schließlich wurde das Siedlungsprojekt in einen feudalen Gutshof überführt und fortan bis ins 17. Jh. zu einer der bedeutendsten Haciendas in der Region ausgebaut. 1736 übernachtete auch die Erdvermessungsmission des Pariser Astronomen Charles-Marie de la Condamine und seiner Begleiter in der **Hacienda Guachalá.** Hier bei Cayambe bestimmte die wichtigste geografische Expedition der damaligen Zeit die Länge eines Meridians mit einer Messbasis auf dem Äquator.

In den 1840er-Jahren besaß sogar ein Deutscher für wenige Jahre das Gehöft: Coronel Adolf Klinger, der noch unter General Simón Bolívar in den Befreiungstruppen gedient hatte. Anfang des 20. Jh. ging die Hacienda an den späteren Staatspräsidenten Neptali Bonifaz Febres über. Die ständige Ausstellung von historischen Schwarzweißaufnahmen aus dem Ecuador der 1920er- und 1930er-Jahre ist sehenswert. Neben der landwirtschaftlichen Nutzung widmete sich Guachalá noch bis 1947 der Textilproduktion. Danach endete allmählich auch die Ausbeutung der Leibeigenen auf dem Gut. Heute ist der prächtige Reiterhof ein Hotel.

## Übernachten, Essen

Kolonial & rustikal ▶ **Hacienda Guachalá:** Panamericana Norte km 70, Richtung Cangahua km 2, Cayambe (Bus wie nach Quitsa To, s. S. 159), Tel. 02-236 30 42, 099-814 66 81, www.guachala.com. Die Hacienda bietet Reitausflüge etwa zu den Ruinen von Pambamarca, Wanderungen (Führung 35–40 $ pro Tag) und weitere Freizeitmöglichkeiten sowie einen für jedermann offenen Restaurantbetrieb (bis 19 Uhr; Menü 14–18 $). Die langen Holzflure führen zu den großen alten Zimmern, in denen es mitunter ›authentisch‹ etwas bröckelt. Alle Zimmer verfügen über einen Kamin, einige haben direkten Zugang zu einem tropischen Garten und einem großen Swimmingpool unter einem Gewächs-

hausdach. Charme und Geschichte in bezaubernder Einfachheit. EZ/DZ 44/59 $.

### Aktiv

**Reitausflüge, Wanderungen etc.** ▶ s. **Hacienda Guachalá** oben.

# Cayambe und Umgebung

▶ **J/K 4/5**

**Karte:** S. 159

## Cayambe [6]

Das verschlafene Städtchen **Cayambe** entwickelte sich seit den 1950er-Jahren von einem regionalen Getreidezentrum zu einem der größten Milchproduzenten Ecuadors und seit den 1990er-Jahren ob seines hervorragenden Äquatorklimas zunehmend zu einem Standort für Rosenplantagen. Sogar Arbeiter von der Costa siedeln nach Cayambe in die Sierra über, da es hier eigentlich immer Arbeit gibt. Dass die Wegführung der Panamericana heute nicht mehr durch den Ort geht, interessiert wirtschaftlich kaum noch, solange der ›Blumen-Highway‹ zum Flughafen von Quito allabendlich frei ist.

Bei alledem hat das Dorf seinen Charme bewahrt. Gerade der von hohen Bäumen bestandene *parque* im Dorfkern und seine umliegenden Häuser, die dösenden Menschen auf den Parkbänken und die Ruhe des Ortes lassen die Zeiten des Getreideanbaus wieder aufleben. Cayambe bietet sich für einige attraktive Exkursionen in die Umgebung an. Außer zum Sonnenfest ist im Ort selbst jedoch nicht viel los.

Doch das sympathische Dorf mit seinem lebendigen **Sonntagsmarkt** lohnt auch bei der Durchreise immer einen Stopp, da es in einem österreichischen Café (s. S. 164) nahe dem Park eine ausgezeichnete Küche und das beste Kuchenbüfett auf Ecuadors Äquatorlinie gibt.

## Besteigung des Cayambe

Die Besteigung des 5790 m hohen Vulkans **Cayambe** bietet sich vom gleichnamigen Ort

# Entlang der Äquatorlinie

**Páramo-Landschaft an den Lagunas de Mojanda nahe Otavalo**

aus an. Der 26 km lange Weg zur Schutzhütte kann, über den Ortsteil Juan Montalvo führend, in einem Tag gegangen werden, ist aber auch mit dem Auto zu machen. Ein Bus fährt in Cayambe ab dem Parque Acuático bis auf eine Höhe von 4300 m, von wo es zu Fuß meist auf dem Fahrweg noch ca. zwei Stunden bis zur Hütte sind.

Die Berghütte, das schöne Steinhaus des **Refugio Ruales Oleas Bergé** (4600 m), zählt zu den besten des Landes, ist ganzjährig geöffnet, mit einer Snackbar bewirtschaftet und mit Schlafplätzen, Kamin und Küche ausgestattet (www.refugiocayambe.net). Von dort geht es nur mit einem ortskundigen Bergführer weiter, denn der vereiste Gipfel gilt unter den Bergsteigern zwar als technisch relativ

leicht, ist aber wegen der Gletscherspalten und Wolkenbildung für Ortsunkundige gefährlich (Information, Karten und Kontakte zu Bergführern im Tourismusbüro, s. rechts).

## Reiten am Cayambe

Ein besonders schöner Ausflug zu Pferd (in Zusammenarbeit mit dem jungen Tourismusprojekt einer Landgemeinde) startet in **Paquiestancia** ⑧, etwa 5 km von Cayambe entfernt auf der Nebenroute nach Zuleta. Die Berglandschaft und häufig sogar wild lebende Kondore lassen sich mit dem Pferd in Tagesausflügen (15 $ p. P.) oder auch in mehrtägigen Ritten mit Zeltcamps erleben. Was für die Menschen in Paquiestancia mittelfristig eine wirtschaftliche Alternative wer-

Aussicht einen Grat, bevor er sich am südlichen Ufer der großen Lagune entlang zu den weißen Hausruinen herabsenkt und dann Richtung **Otavalo** 🔟 ins Tal führt. Von Tabacundo zur Lagune führt eine etwa 18 km lange und steile Piste.

Die andere Nebenroute ist mit einem robusten Auto oder auch mit dem Bus zu befahren. Sie führt von Cayambe nach Nordosten über **Ayora, Paquiestancia** (optional), **Olmedo, Zuleta** und **Esperanza** vorbei am östlichen Bergrücken des Vulkans Imbabura durch eine mitunter einsame und schöne Landschaft mit zahlreichen Haciendas in etwa zwei Stunden bis nach **Ibarra** 🔢. In Olmedo zweigt optional ein Stichweg nach Osten ab, der nach 10 km zu dem wunderschönen **Bergsee San Marcos** 🔢 (3900 m) führt, an dem man auch zelten kann.

## Infos

**Orientierung:** Von Quito über die alte Panamericana kommend, führt hinter der kleinen Stierkampfarena die Hauptstraße Calle Bolívar nach rechts zum Parque Central 3 de Noviembre, um den herum sich das interessante Dorfleben abspielt.

**Touristeninformation:** Calle Teran 702 y Sucre (Parque Central), Municipio am Parque, Tel. 02-236 18 32, 02-236 04 41, www.municipiocayambe.gob.ec. Infos zur Region, kleines archäologisches Museum, Bergführer.

## Übernachten

**Im Landhausstil** ▶ **Hostería Shungu Huasi:** Richtung Granobles nach 1 km auf der Panamericana, Schild: La Casa del Cuore (kostenlose Abholung in Cayambe), Tel. 02-236 18 47, www.shunguhuasi.com. Schöne Pferderanch mit Kamin und offener Küche vor den Toren der Stadt. Internet, gute italienische Küche im angeschlossenen Restaurant Di Marcello (tgl. 12.30–16 Uhr, Hauptgericht 6–15 $), Reitausflüge (15 $/Std., auch Tagestouren) und Reitunterricht auf den gut gepflegten Pferden. Nette Zimmer im Blockhausstil. EZ/DZ mit Frühstück 20/40 $.

**Einfach** ▶ **Hostal Mitad del Mundo:** Panamericana, Av Natalia Jarrin y Cordova Ga-

den kann, bedeutet für den Reisenden einen lebendigen Einblick in die von sattgrünem Bergmassiv geprägte Hochlandvegetation und in die Kultur der Landgemeinden unterhalb des Cayambe (Kontakt: Marianne Hellwig im Café Aroma in Cayambe, s. S. 164).

## Auf Nebenrouten der Panamericana

Für den Weg nach Norden Richtung Otavalo und Ibarra gibt es zwei landschaftlich hoch attraktive Alternativen zur Panamericana. Zum einen empfiehlt sich für Selbstfahrer mit einem Allradfahrzeug die Gebirgspiste von Cayambe über **Tabacundo** zu den **Bergseen von Mojanda** 🟩. Der Weg passiert oberhalb der drei Seen mit einer grandiosen

# Entlang der Äquatorlinie

larza, Tel. 02-236 02 26, elsatandayamo@hot
mail.com. Funktionale Stadtunterkunft mit eigenem Parkplatz und Zimmern mit TV. Pool
und Sauna im Haus. Frühstück ab 2 $. EZ/DZ
15/30 $.

## Essen & Trinken

**Österreich lässt grüßen** ▶ **Café Aroma:**
Calle Bolívar Ascázubi OE 0-64, Tel. 02-236
17 73, km00jwd@yahoo.de, Do–Di 7–21 Uhr.
Gutes, vielseitiges Essen und ein grandioses
Kuchenbüfett aus feiner österreichischer
Backstube, hilfsbereites Personal, zahlreiche
touristische Informationen. Menüs 3–7 $, ve-
getarische Gerichte 2,75–5 $.

**Im Zeichen der Kuh** ▶ **El Café de la Vaca:**
Panamericana Norte km 49 via Guachalá/
Otón (außerhalb), Tel. 02-279 24 71, 099-769
90 63, www.elcafedelavaca.com. Jüngster
Spross der stilvollen Road-Café-Kette in bes-
ter Kaffee- und Kuchen-Tradition südlich von
Cayambe.

## Einkaufen

**Käse und Gebäck** ▶ **Bizcochos San Pedro:** Calle Olmedo So-35 y Bolívar, Tel. 02-
236 09 71, tgl. 7.30–20 Uhr. Traditionelles
Salzgebäck mit frischem Käse aus Cayambe;
der Holzofen brennt nur Mo–Sa vormittags.

## Aktiv

**Reiten** ▶ s. **Reiten am Cayambe,** S. 162,
und **Hostería Shungu Huasi,** S. 163.
**Wandern** ▶ s. **Besteigung des Cayambe,**
S. 162, **Touristeninformation,** S. 163.

## Termine

**Fiestas de San Pedro:** In der zweiten Juni-
hälfte fallen die Feste der Kulturen zusammen: **Inti Raymi,** das Inka- und Carafest der
Sonnenwende sowie das katholische **San-
Pedro-Fest,** gelegentlich auch noch **Corpus
Christi,** Fronleichnam. In Cayambe bedeutet
das zwei Wochen Sonnenspektakel mit Tanz,
Reiterspielen, Maskerade, der Wahl der
Schönheitskönigin und vielen Festessen, vor
allem an Wochenenden. Auf dem Land opfern
die Indígenas den Haciendabesitzern zwölf lebende Hähne für ein gutes Jahr.

## Verkehr

**Bus:** Buskooperative Flor del Valle stdl.
mehrmals ab und nach Quito, dort ist Abfahrt
in der Calle Carlos Manuel Larrea y Asunción.
Fahrpreis 1,75 $.

## Oyacachi [13]

Der Hochgebirgssattel zwischen den schneebedeckten Vulkanen Cayambe und Antisana
bietet eine atemberaubende Route aus dem
zentralen Anden über **Oyacachi** (3140 m) mit
seinen heißen Thermalquellen (2 $) im **Par-
que Nacional Cayambe-Coca** bis hinab ins
westliche Amazonasbecken.

Das sympathische Dorf war erst in den
1960er-Jahren wegen Erdrutschgefahr orts-
nah umgesiedelt worden, sodass es heute
die **Ruinen von Maucallacta** (Eintritt 1 $) sein
Eigen nennt – Mauerreste der 400 Jahre alten Siedlung inklusive eines restaurierten
Hauses.

## Infos

Die Gemeinde Oyacachi und der Nationalpark Cayambe-Coca informieren übersicht-
lich, auch auf Englisch, unter www.oyacachi.
org.ec, Tel. 02-228 89 68, 02-254 63 68.

## Übernachten

**Einfach** ▶ **Residencial Edgar:** neben der
Käserei *(quesero):* Tel. 06-299 18 08 (nicht im-
mer erreichbar), Kontakt über die Tienda von
Edgar Parión. Übernachtung ohne eigenes
Bad 5 $ p. P.

**Camping** ▶ **Direkt an den Thermen** kann
man auch zelten: Es gibt Sanitäreinrichtun-
gen und ein Regendach, aber keine weitere
Infrastruktur (1 $ pro Zelt und Nacht).

## Essen & Trinken

Einzelne **einfache Restaurants** sind verteilt
über das Dorf und kochen regelmäßig am
Wochenende; wochentags öffnen sie zudem
nach morgendlicher Voranmeldung.

## Aktiv

**Trekkingtour ins Amazonastiefland** ▶ Drei
bis fünf Tage dauert die faszinierende Trekkingtour aus dem Andenhochland von Oya-

# Tipp: Blumenfarm und Hacienda La Compañía

Von den zahlreichen Blumenplantagen der Umgebung von Cayambe ist der Betrieb Rosadex einer, den man guten Gewissens besuchen kann. Auf 16 ha Treibhausfläche werden von hier jährlich 18 Mio. Rosen in 60 verschiedenen Farbvarianten ins Ausland exportiert. Die 1993 gegründete **Rosadex Flowers** ist einer der ältesten und größenmäßig ein mittlerer unter den etwa 350 Rosenbetrieben Ecuadors.

Die gut einstündige Plantagenführung, u. a. durch Gewächshäuser und Showroom, vermittelt zahlreiche wirtschaftliche und pflanzenspezifische Details der Blumenindustrie. Die Betreiber geben sich dabei sehr offen und kritisch. Auch die soziale Komponente wird dargelegt: Die Farm beschäftigt heute 250 volljährige Mitarbeiter, darunter 70 % Frauen, und zahlt mit 250–300 $ pro Monat einen für die Branche leicht überdurchschnittlichen Lohn. Auch der Schutz am Arbeitsplatz wird laut Betriebsangaben sorgfältig betrieben, wenngleich die Farm nicht das ökologisch-soziale Blumensiegel des Flower Label Programs (FLP) trägt. Das Naturdünger- und Bewässerungskonzept von Rosadex reduzierte den Chemieeinsatz der Plantage, deren Hauptabnehmer die USA, Russland und die Niederlande sind (s. zur Rosenindustrie auch das Thema S. 32).

Oberhalb der Farm lädt die Besitzerfamilie Vallejo Moreno vor oder nach der Plantagenbesichtigung zu einem Empfang in das 1919 errichtete Wohnhaus der **Hacienda La Compañía** 7 und in die Hauskapelle. Das im original französisch-neoklassizistischen Stil eingerichtete Landhaus und das zum Blumenmuseum ausgebaute, koloniale Getreidelager der Hacienda nebenan sind stets mit einer überaus beeindruckenden Auswahl an Rosen dekoriert.

An den schönen Park des Gutsbesitzes gliedert sich außerdem noch die alte Jesuitenkapelle aus dem 17. Jh.

**Rosadex:** Panamericana, 5 km nördl. von Cayambe, www.rosadex.com, Besuche von Gruppen n. V. über María Gloria de Vallejo, Tel. 02-224 78 25, 099-946 61 93, haciendala compania@yahoo.com, telefonische Anmeldung erforderlich (Mo–Sa 9–17 Uhr), Tour pro Person 60 $. Deutschsprachige Führungen von Gruppen über: Agencia de Viajes Jungh/ Viventura, Tel. 02-289 66 38, 099-853 54 88, tom@viajesjungh.com.

cachi am Río Oyacachi entlang nach **El Chaco** im amazonischen Tiefland. Dazu sucht man entweder über das Büro des **Parque Nacional Cayambe-Coca** in Cayambe (Luis Martínez, Tel. 02-250 63 37) oder informell im Dorf von Oyacachi einen Führer. Die Ausrüstung für die Tour muss man selbst mitbringen.

**Mountainbiken** ▶ **Tour nach Papallacta:** Der Bürgermeister von Oyacachi und Luis Martínez erteilen zudem die Genehmigung, die ambitionierte 35 km lange und 6 Std. dauernde Mountainbiketour über einen 4000 m hohen Pass nach Papallacta (s. S. 142) zu fahren – als Belohnung lockt das Relaxen im Thermalbad an der frischen Luft.

**Thermalbaden** ▶ **Thermalbäder von Oyacachi:** Mehrere Becken werden vom vulkanischen Thermalwasser des Vulkans Reventador gespeist und sind ca. 35–45 °C heiß. Eine Treppe führt kneippgerecht zu dem kalten Río Oyacachi hinunter. Bei wolkenfreiem Himmel genießt man einen grandiosen Ausblick auf die Bergwelt. Es gibt Umkleidekabinen, Duschen und Toiletten, aber meist keine Bewirtung. Die wochentags recht einsamen Bäder sind quasi rund um die Uhr geöffnet (Eintritt 2 $, Einlass bis 19 Uhr).

## Verkehr

**Bus:** Ab Cayambe, gegenüber der Banco Solidario, 8 Uhr nach Oyacachi, zurück 14 Uhr, weitere Busse unregelmäßig, Fahrtzeit 2 Std., 1,50 $. Von Quito mit der Kooperative Cayambe kommend, steigt man am besten bereits an der Abzweigung zur Hacienda Guachalá um in den Bus nach Oyacachi.

# Am Fuß von Cayambe, Imbabura und Cotacachi

**Der Norden der Anden formt die vielleicht anmutigste Bergregion Ecuadors. Unter den erhabenen Gipfeln des schneebedeckten Cayambe (5790 m), des friedvollen Imbabura (4610 m) und des wie eine Felskathedrale anmutenden Cotacachi (4939 m) erstreckt sich eine weite Berglandschaft von verblüffender Schönheit mit nostalgischen Haciendas aus der Kolonialzeit und Zeugnissen indianischen Lebens.**

Traumhafte Berglagunen legen sich in die landwirtschaftlich geprägten grünen Täler des Nordens und in die Höhenzüge des Páramo. Felder und Wallhecken formen Mosaike einer jahrtausendealten Kulturlandschaft an den sanften Hängen der Vulkane.

## 4 Bergwelten am Vulkan Imbabura ▶ J/K 4

**Karte:** S. 168

Die Passage der Reiter, Kutschen und Postläufer zwischen den spanischen Verwaltungszentren Santa Fé de Bogotá und San Francisco de Quito führte jahrhundertelang über die fruchtbaren interandinen Täler der heutigen Provinz Imbabura. So entstanden um den Vulkan Imbabura herum vom 16. bis ins 18. Jh. einige der großen spanischen Haciendas der nördlichen Anden von bis heute atemberaubender Schönheit.

Der Widerstandskraft der Indianer am Imbabura wiederum sei gedankt, dass gerade an den Westhängen des von ihnen angebeteten Vulkans eine Vielzahl von familiären Handwerksbetrieben die Jahrhunderte der Fronarbeit überstanden hat. Weber, Flechter, Spinner und Hutmacher arbeiten dort in kleinen Werkstätten und Hinterhöfen der Berggemeinden, fertigen wie vor 500 Jahren grandioses Kunst- und Gebrauchshandwerk. Die teils parkartige Berglandschaft am Imbabura,

ihre Haciendas und Handwerksbetriebe stellen den berühmten Marktort Otavalo vom Reiseerlebnis her spielend in den Schatten.

## Laguna San Pablo 1

Von Cayambe und Tabacundo kommend, führt die Panamericana zwischen den beiden Vulkanen **Fuya Fuya** im Südwesten und dem **Imbabura** im Nordosten hindurch. Nach Überschreiten des weiten Sattels geht es bergab bis zur großen **Laguna San Pablo.** Vor dieser zweigt man nach rechts ab in Richtung **San Pablo del Lago,** dessen sehenswerter Kirchplatz von zahlreichen alten Häusern gesäumt wird. Der See selbst ist recht flach und in Teilen von Schilfgras umstanden, doch lange Uferzonen sind bereits dicht und modern bebaut. Auch die Nähe zur Panamericana nimmt dem See die Kraft des Idylls. Nicht weit vom Dorf befindet sich hingegen eine der schönsten Haciendas der Nordanden, die Hacienda Cusín.

## Hacienda Cusín 2

Im Jahr 1602 entschied der spanische König Felipe II, einen Großteil des späteren Ecuadors zu versteigern, und so kam auch die **Hacienda Cusín** in Sevilla unter den Hammer. Durch Erbschaft gelangte das Landgut noch im 17. Jh. an die einflussreiche Familie Chiriboga, welche zeitweise die Bürgermeister von Quito und Cuenca stellte und die Hacienda Cusín 350 Jahre lang bis ins 20. Jh.

bewirtschaftete. Durch Aufhebung des Erbgeburtsrechts und Heirat gelangte die Hacienda 1957 in US-amerikanische Obhut.

Nachdem der Ausbau zum Hotel 1970 zaghaft begann, erwarb 1990 der britische Lehrer Nicolas Millhouse die Hacienda. Er erinnert sich noch gut an die apokalyptisch anmutenden Anfänge: »Cusíns Aufstieg begann mit zwölf beschädigten Gästezimmern, acht perplexen Angestellten, einer schlammigen Zufahrtstraße, einem von kranken Pferden und Schafen beschädigten Garten ... einem offenen Abwasserkanal, einem biblischen Schwarm von Fliegen ...« Daraus entstand unter Leitung des Engländers ein Prachtstück kolonialer Architektur mit antiken Möbeln, Exponaten religiöser Kunst und üppigen Gärten, die heute zahlreiche Vögel bevölkern.

Ein ebenso großer Verdienst von Millhouse ist der Erweiterungsbau El Monasterio, Mitte der 1990er-Jahre errichtet. Diese Ausweitung des Hotelbetriebs auf bald 40 Zimmer hinter einem kleinen Bach wurde derart einfühlsam und stilecht vollzogen, dass die Hacienda Cusín wie kaum ein anderer Hotelbetrieb Ecuadors in Altbau und Neubau die nahezu gleiche Faszination ausstrahlt. Für ›Schreiberlinge‹ ist die Ausstattung aller Zimmer mit einem Schreibtisch ein Traum, besonders gut gelungen im ruhigen Gartenhaus Nummer 25. Bei alledem ist die Hacienda mit großen Kaminräumen, Bibliothek, Mediathek, WLAN-Internet, Billardraum, Sternenteleskop und sogar einer Squashhalle äußerst gut ausgestattet. Auch das Ausflugsprogramm per Bike, Pferd oder zu Fuß ist breit. Die sehr gut geführte Hacienda Cusín zählt heute zu den schönsten Unterkünften des Landes.

## Übernachten, Essen

**Herrschaftlich und blumig** ▶ **Hacienda Cusín:** Calle Chiriboga, San Pablo del Lago, Tel. 06-291 80 13, www.haciendacusin.com. Große, individuell gestaltete Zimmer teils mit Vorraum und antiken Möbeln ausgestattet, alle mit Kamin oder Ofen. Alternativ Garten-

**Traditionelles Handwerk im Kanton Otavalo: die Filzhutherstellung**

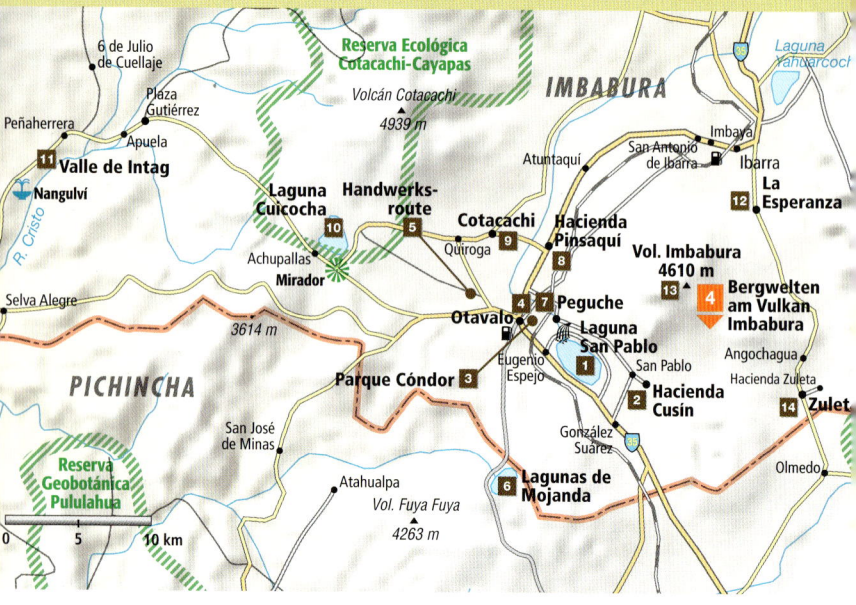

cottages oder auch Luxussuiten, alles verteilt auf 7 ha Park mit viel Blumenpracht. Restaurantbetrieb mit Menü (22–30 $). EZ/DZ Standard 120/150 $, Gartenhaus und kleine Suiten 250 $, jeweils mit Frühstück.

## Parque Cóndor ❸

Auf der anderen Seite der Laguna San Pablo liegt etwas versteckt auf der Anhöhe Pucará Alto die Vogelschutzstation **Parque Cóndor** (s. Thema S. 170).

# Otavalo und Umgebung
▶ J 4

**Karte:** oben

Von der Laguna San Pablo aus sieht man gut, wie der 95 000 Einwohner zählende Kanton Otavalo weiträumig zersiedelt ist, wie kleine Landgemeinden am See und unterhalb der Hänge des Imbabura oder des versunkenen Vulkans Mojanda kleben. Erste Gemeinde der Region war Zaranse, das heutige Otavalo. Die Dörfer im Umland sind teilweise noch von Armut, primitivem Landbau und hoch entwi-

ckeltem Handwerk geprägt. In solchen Dörfern ist bis heute der Tauschhandel (Mais gegen Wolle) üblich. Die Gemeinschaftsarbeit der Minga droht jedoch durch Einflüsse von außen auszusterben. Infolge der Geldströme aus dem Ausland und des regen Textilhandels sind in den Dörfern exponierte Neubauten entstanden und der vermeintliche Wohlstand lässt die Traditionen schwinden.

Erhalten hat sich jedoch eine seltene Form der Feldbestellung: Die Kleinbauern pflanzen Kulturpflanzen wie Bohnen, Mais, Lupinen, Kürbisse und *quinoa,* ein proteinreiches Getreide, direkt Blatt an Blatt auf dem gleichen Feld und erzielen so ganzjährige Ernten und einen sich selbst regenerierenden Boden, ohne teure Chemikalien zusetzen zu müssen.

Auch in der Kleidung, in ihren Bräuchen und in der Physiognomie unterscheiden sich die Indianer westlich des Imbabura von denen im Osten. Das bringt einige Historiker zu der interessanten Hypothese, dass die Menschen im heutigen Kanton von Otavalo niemals von den Inkas unterworfen wurden. Man weiß, dass sie die Sonnenkrieger an der Laguna Mojanda aufhielten. Die Hypothese besagt nun, dass die Inkas ihren Feldzug daraufhin östlich des Imbabura über Cayambe und Zuleta fortgesetzt und somit einen weiten Bogen um Zaranse (Otavalo) geschlagen haben. Das würde auch erklären, warum in Otavalo das Kunsthandwerk derart ausgeprägt überlebt hat, während das antike Handwerk auf der Zuleta-Passage nahezu ausgestorben ist. Angochagua, Ayora, Zuleta und Esperanza waren nachweislich Inkasiedlungen, Otavalos Dörfer wahrscheinlich nicht.

## Otavalo 4

**Cityplan:** S. 173; **Karte:** links

Die mittlerweile 40 000 Einwohner – mehrheitlich Indianer – zählende Stadt im Norden des Lago San Pablo zehrt noch immer von ihrem Ruf als eines der größten Handelszentren für Kunsthandwerk in Lateinamerika. Doch in **Otavalo** (2556 m) ist längst nicht immer drin, was außen drauf steht. So schmückt die zentrale **Plaza Bolívar** 1 ein mächtiger in Stein gehauener Kopf des Inka-Generals Rumiñahui und keineswegs, wie der Name vermuten ließe, ein Standbild des berühmten Befreiers Simón Bolívar. Und so verkauft auch der Großteil der zahllosen Handwerksbetriebe des Umlands, deren Markt seinerseits von wenigen mächtigen Familien kontrolliert wird, nicht in der Stadt. Kritiker bezeichnen diese monopolartige Handelsstruktur um die weltberühmte **Plaza del Poncho** 2 als »Mafiawerk«. Bedenkt man, wie viel Kitsch und Unsinn an dem berüchtigten Samstagsmarkt auf den Straßen von Otavalo verkauft wird, so ist das Angebot an den übrigen sechs Tagen der Woche repräsentativer, übersichtlicher und nicht selten preiswerter.

Verkannt bleibt im Schatten der Handelsoligarchie des Ortes, dass Otavalo über insgesamt fünf Märkte verfügt, die das historisch gewachsene Handelszentrum eher widerspiegeln als allein der erst vor wenigen Jahrzehnten entstandene Kleiderverkauf an Touristen.

Wer Samstag morgens, wenn der Ponchoplatz ›über seine Ufer tritt‹, vom Rummel der vollgepfropften Straßen Calle Sucre und Calle Jaramillo verschont werden möchte,

wird auf dem **Mercado de Animales** 1 (Tiermarkt) und dem **Mercado de Animales Pequeños** 2 (Kleintiermarkt) eine faszinierende indianische Handelswelt von Meerschweinchen bis Maultier erleben. Aber auch der Lebensmittelmarkt **Mercado Copacabana** 3 und der zentrale **Gemüse- und Früchtemarkt** 4 sind lebendiger Teil der Stadtkultur.

Die Plaza del Poncho ist übrigens nicht nur samstags, sondern täglich geöffnet, ebenso wie unzählige Boutiquen und Kunsthandwerksläden.

Ein großer Verdienst dieses verrückten Handelsplatzes ist die exzellente touristische Infrastruktur, die dem weltweiten Lockruf des Samstagsmarktes folgte. Denn ist die Stadt Otavalo selbst auch wenig attraktiv, so ist das Umland doch ergreifend schön. Im Ort selbst bietet sich ein Bad in den alten **Piscinas de 1928** 1 und ihren Dampfbädern an. Dort, hinter den Gleisen, geht es durch die Bahnunterführung zu einer Grotte, welche die Schutzheilige Otavalos beherbergt, die **Virgen de Monserrat** 3. Weiter ansteigend zum Kreuz **La Cruz** 4 eröffnet sich ein weiter Blick über Stadt und Bauernschaften. Sehenswert ist auch die anthropologisch-architektonische Ausstellung im **Museo del Instituto Otavaleño de Antropología** 5 (Av. de los Aranzes y Av de los Pendoneros, Tel. 06-292 03 21, ioa_otavalo@hotmail.com, Mo–Fr 8–13, 15–18; Eintritt frei).

## Infos

**Oficina Municipal de Turismo:** Calle García Moreno 505, Tel. 06-292 04 60, Mo–Fr 8–13, 14–18 Uhr. Stadtplan, Hotelverzeichnis und viele weitere touristische Informationen.
**Im Internet:** www.otavalo.gob.ec, www.visit otavalo.com.

## Übernachten

**Relaxen im Garten** ▶ **Hotel Posada del Quinde** 1: Calle Quito y Miguel Egas (Ecke), Tel. 06-292 07 50, www.posadaquinde.com. Modernes, etwas folkloristisch gestaltetes Gartenhotel mit vegetarischem Restaurant (Hauptgericht 11 $). Geräumige, gepflegte Zimmer mit großem Bad, Gratis-WLAN-Inter-

# Die Rettung der letzten Kondore

**Einer der größten flugfähigen Vögel der Welt droht auszusterben. Der Andenkondor, der von Kolumbien bis Chile in den Höhenlagen der Anden beheimatet ist, zählt in Ecuador heute nur noch etwa 40 Exemplare in freier Wildbahn. Und selbst das sind noch einmal 20 Tiere weniger, als Naturschützer und Biologen noch in den 1990er-Jahren registriert haben.**

Der Kondor, wissenschaftlich *Vultur gryphus* genannt, ist von seinem Verhalten her ein geierartiger Aasfresser, biologisch betrachtet ein Schreitvogel und Verwandter des Storches.

Die Spannweite eines ausgewachsenen und bis zu 12 kg schweren Kondors misst über 3 m. Mit seinen gewaltigen Schwingen und einer für das Tierreich sensationellen Atemkraft steigt er auf Höhen von bis über 7000 m auf. Aus dieser extremen Vogelperspektive sucht der Andenkondor die Gebirgslandschaft seines Lebensraums weiträumig nach verendeten Tieren ab.

Viele Bauern und Siedler in den Anden Ecuadors sehen im Kondor tragischerweise einen Feind ihrer Nutztiere, weil sie glauben, die Tiere würden Schafe oder Rinder anfallen und töten. Doch der Kondor nutzt seine starken Greifkrallen weder zum Fangen noch zum Töten, sondern lediglich zum Festhalten der toten Tiere. Mit dem starken Schnabel öffnet er das Fell und reißt das Fleisch heraus. Mit dem Fressen von Tieren, die aus Schwäche oder Krankheit gestorben sind, erfüllen die Vögel eine wichtige Rolle als ›Reinigungspersonal‹ und ›Gesundheitspolizisten‹, da sich Tierkrankheiten durch die rasche Beseitigung der Kadaver erst gar nicht ausbreiten können. Zum Schutz der Tiere gehört deshalb die Aufklärung der lokalen Bevölkerung, dass der Kondor kein Raubvogel ist.

Die Zersiedelung von Naturräumen, die Abholzung von Wäldern, das Abbrennen von Páramograsflächen und die chemische Düngung in der Landwirtschaft gefährden zudem das sensible Ökosystem der Hochanden – und damit auch den Lebensraum des Kondors.

Seit vielen Jahren kämpfen Biologen und Vogelschützer in Ecuador mit Schutzprojekten, der Nachzucht und dem späteren Auswildern gegen das Aussterben des Kondors. Das erste Schutzprojekt ›Cóndor Huasi‹ gründeten die deutschen Biologen Friedemann und Heide Köster einst auf der Hacienda Zuleta, nahe dem Vulkan Cayambe.

Eines der bemerkenswertesten Kondor-Schutzprojekte in Ecuador ist der **Parque Cóndor** (s. S. 168). Er liegt auf einem exponierten Hügel nahe der Stadt Otavalo in der Provinz Imbabura, im Norden der Anden. Der Park ist eine Rettungs- und Aufzuchtstation für Raubvögel, Uhus und Kondore. Dabei stammen alle der derzeit rund 70 Tiere in den Gehegen der Station aus Gefangenschaften oder aber sie wurden verletzt oder erkrankt im Parque Cóndor abgegeben. Etwa 100 Tiere, die kurzzeitig im Quarantänebereich des Parque Cóndor versorgt wurden, konnten bislang wieder ausgewildert werden. Die meisten Vögel hingegen, die auch im Park besucht werden können, sind nach Misshandlungen, durch Gewöhnung an den Menschen oder wegen Behinderungen in freier Wildbahn nicht mehr überlebensfähig. Sie bekommen hier ihr Gnadenbrot und schenken den Besuchern die einmalige Chance, diese exotischen und wunderschönen Vögel Ecuadors und einiger Nachbarländer zu studieren. Auch hier ist die Umwelterziehung, vor allem die zahlreichen Führungen für Schulklassen, aber auch Infrastrukturprojekte für die Nachbargemeinde der Station wesentlicher Teil der Arbeit. Mittlerweile trägt sich die Arbeit des Parks durch Eintrittsgelder und Spenden von monatlich mehreren tausend Futtertieren selbst. Die Grundfinanzierung kommt seit 1998 von der staatlichen niederländischen Lotterie sowie von der Adlerwarte Berlebeck in Ostwestfalen. Gründer und Leiter des erfolgreichen Projektes ist der niederländische Falkner Joep Hendriks. Er oder sein spanischer Kollege José Antonio Flores führen Gruppen auch persönlich auf

dem Rundgang zu den Adlern, Falken, Habichten, Uhus und natürlich Kondoren.

Schon der berühmte Forscher Alexander von Humboldt schwärmte auf seiner Andenexpedition Anfang des 19. Jh. von diesem wunderschönen Vogel. Damals begegnete er dem Kondor auf seinen Bergexkursionen nahezu täglich und nutzte den »Riesen unter den Geiern« als Referenzpunkt für Höhen- und Fernsichtbeschreibungen.

**Besuch im Parque Cóndor:** Pucara Alto, Otavalo, Anreise von der Panamericana nördlich des Sees San Pablo an der P&S-Tankstelle rechts Richtung Imbabura abbiegen und den Schildern folgen, Tel. 06-292 44 29, 098-431 17 69, www.parquecondor.org, Di–So 9.30–17, Flugshow mit Falken um 11.30 und 15.30 Uhr, Eintritt 4,50 $, mit Cafetería.

**Gesundheitspolizist der Anden: der Kondor**

## Am Fuß von Cayambe, Imbabura und Cotacachi

netzgang. EZ/DZ 55/79 $, Mehrzimmer-Suite 140 $.

**Stilvoll und hell** ▶ **Hotel Acoma** **2** : Calle Salinas 7–57 entre 31 de Octubre y Ricaurte, Tel. 06-292 65 70, www.hotelacoma.com. In Holz gehaltenes, freundliches Hotel, Suite mit Kamin, Café, Internet, Parkplatz. EZ/DZ 38/56 $, Suite 45/70 $, jeweils mit Frühstück.

**Kolonial** ▶ **Hostal Doña Esther** **3** : Calle Juán Montalvo 4–44 y Bolívar, Tel. 06-292 07 39, www.otavalohotel.com. Hübsche, kleine Pension in einem historischen Gästehaus der Stadt mit 12 Zimmern am Patio und einer Suite mit eigener Terrasse. Pizza-Restaurant mit Holzofen. Gepflegte Standardzimmer. EZ/DZ 34/48 $ Suite 73 $, Frühstück 4–5 $.

**Traditionell** ▶ **Hotel Otavalo** **4** : Calle Roca 504 y Juán Montalvo, Tel. 06-292 37 12, 06-292 04 16, hotelotavalo.reservaciones@yahoo.com. Stadthotel mit 100 Jahre alter, teilweise der Kolonialzeit nachempfundener Architektur um den geschlossenen Patio. Oben liegt eine offene Terrasse, wie auch die Zimmer 1 bis 5 eine Sicht auf die Berge genießen. Restaurant mit hausgemachtem Eis. Einfache Standardzimmer mit Telefon und Kabel-TV. 22 $ p. P. mit Frühstück.

**Grünes Ambiente** ▶ **Hostal Valle del Amanecer** **5** : Calle Roca y Quiroga (Ecke), Tel. 06-292 09 90, www.valledelamanecer.com. Das Eckhaus mit grünem Patio samt großen Palmen, Avocadosträuchern und Hängematten ist eine freundliche Low-Budget-Adresse mit eigenem Mountainbikeverleih im Haus. Schlichte Zimmer mit Bett und Stuhl am Patio, hübsche Sitzecken und ein kleines Restaurant. Nur fünf von den 25 Zimmern verfügen über ein eigenes Bad. Mit Bad und Frühstück p. P. 16 $, ohne Bad 12 $. Komfortzimmer mit Kamin 30 $.

**Ruhig und farbenfroh** ▶ **Hotel Riviera Sucre** **6** : Calle García Moreno 380 y Roca, Tel. 06-292 02 41, 06-292 56 82, www.rivierasucre.com. Patiohaus einer 150 Jahre alten Posada mit schönen Holzböden, Rankenpflanzen, einem Garten mit Kolibris, gemütlichem Kaminzimmer, Küche. Zimmer im Haupthaus und am Garten, teils mit Kabel-TV, Internet. EZ/DZ 16/28 $, Frühstück um 4 $.

### … in Quichinche:

**Abseits** ▶ **Las Palmeras de Quichinche** **7** : 1 km nördlich von Otavalo, Abzweig links nach Quichinche (2 km), Tel. 06-292 26 07, www.laspalmerasinn.com. Die versteckt gelegene, 150 Jahre alte Finca verfügt über sehr schöne cabañas in einem großen Garten mit Blick auf den Cotacachi. Die heimeligen Zimmer sind mit Kamin, Minisalon, Schreibtisch und kleinen Terrassen zum Garten hin ausgestattet. Die stilvolle Finca steht unter dem Management der Hacienda Cusín, San Pablo (s. S. 167). EZ/DZ 73/79 $.

## Essen & Trinken

**Freundlich und preiswert** ▶ **Restaurante Otavalito** **1** : Calle Sucre 11–13 y Morales, Tel. 06-292 01 76, Mo–Sa 8–23 Uhr. Gute, traditionelle Küche aus Otavalo in stilechtem, mitunter etwas kitschigem Ambiente, Livemusik am Wochenende. Hauptgericht 6,50 $.

**Urig** ▶ **Restaurant Quino** **2** : Calle Roca 740 y Juán Montalvo, Tel. 06-292 49 94, Di–So 12–23 Uhr. Das kleine Restaurant bietet verschiedene Fisch- und Fleischgerichte Hauptgericht 6 $.

**Gastronomie und Kultur** ▶ **Sisa Restaurante y Galería** **3** : Calle Calderón 4-09 y Sucre, Tel. 06-292 01 54, Mo–So 8–22 Uhr. Serviert werden nationale und internationale Gerichte. Zum Restaurant gehören eine Eisdiele und ein Café, ein Laden mit Kunsthandwerk und Kleidung sowie ein Programmkino, in dem am Wochenende englischsprachige Filme laufen (2,50 $). Hauptgericht 5–7 $.

## Einkaufen

**Märkte** ▶ **Mercado de Animales** **1** : Panamericana y Av. Calderón, Sa 7–10 Uhr. Viehmarkt. **Mercado de Animales Pequeños** **2** : Calle Collahuazo zwischen Terminal Terrestre und den Bahngleisen, Sa 7–12 Uhr. Kleintiere und Haustiere. **Mercado Copacabana** **3** : Calle Montalvo y Atahualpa, tgl. 7–14 Uhr. Lebensmittel und Textilien. **Mercado 24 de Mayo** **4** : Calle Jaramillo y García Moreno, tgl. 7–18 Uhr. Obst, Gemüse und Lebensmittel. **Plaza del Poncho** **2** : tgl. 6–18 Uhr. Webarbeiten und Kunsthandwerk.

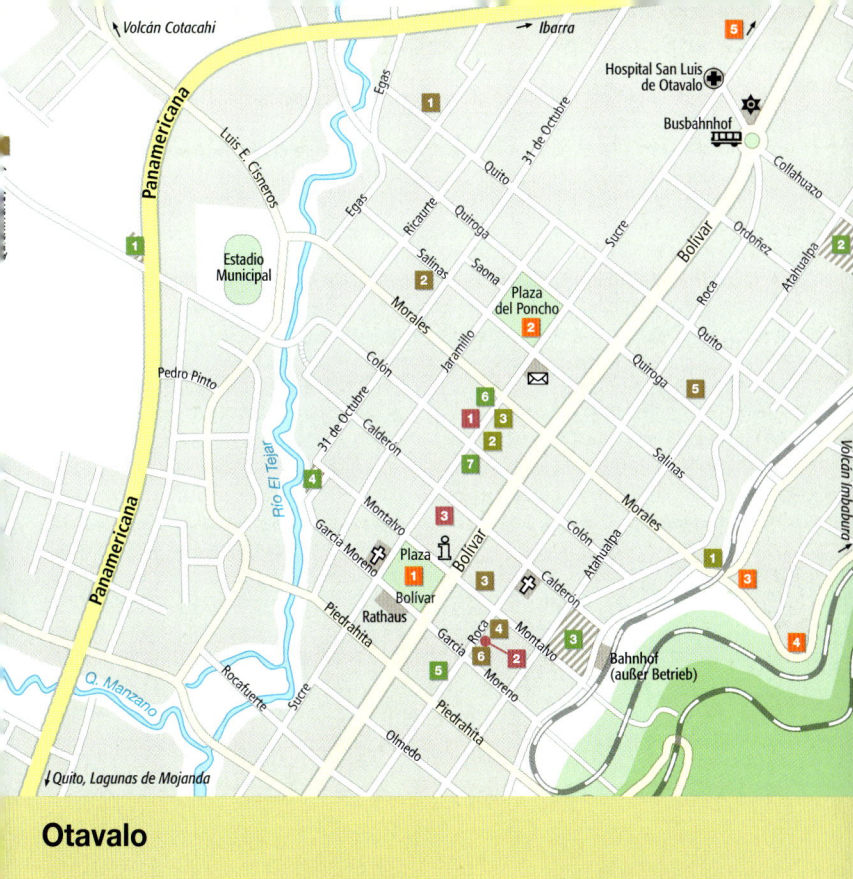

# Otavalo

**Sehenswert**

1 Plaza Bolívar
2 Plaza del Poncho
3 Virgen de Montserrat
4 La Cruz
5 Museo del Instituto Otavaleño de Antropología

**Übernachten**

1 Posada del Quinde
2 Hotel Acoma
3 Hostal Doña Esther
4 Hotel Otavalo

5 Hostal Valle del
   Amanecer
6 Hotel Riviera Sucre
7 Las Palmeras de
   Quichinche

**Essen & Trinken**

1 Restaurante Otavalito
2 Restaurant Quino
3 Sisa Restaurante y Galería

**Einkaufen**

1 Mercado de Animales

2 Mercado de Animales
   Pequeños
3 Mercado Copacabana
4 Mercado 24 de Mayo
5 The Book Market
6 Hilana

**Aktiv**

1 Piscinas de Neptuno
2 Agencia de Viajes Zulaytur
3 Segunda Lengua Spanish
   School

**Bücher ▶ The Book Market** 5: Calle Roca
y García Moreno (Ecke), Tel. 06-292 85 35,
099-175 46 56, luzmmaldonador@yahoo.es,
Mo–Fr 9–13, 15–19, Sa 14–17 Uhr. Empfehlenswerter Buchladen, auch mit Landkarten,
Postkarten sowie Büchertausch und sogar
einigen deutschen Büchern. Verkauf von
Briefmarken, Postkasten vorhanden!

## Am Fuß von Cayambe, Imbabura und Cotacachi

**Aus Wolle** ▶ **Hilana** `6`: Calle Sucre 1121 y Morales (Ecke), Tel. 06-292 24 39, hilana@ puntonet.ec, Di–Sa 9–18 Uhr. Otavalos beste Einkaufsadresse für Kleidung und Accesoires aus Schafwolle und Alpaka mit klassischen und modischen Designs, hergestellt unter strenger Qualitätskontrolle.

**Kooperative** ▶ **La Casa de Intag** `7`: Calle Colón 465 y Sucre, Tel. 098-194 98 93, 06-292 06 08, decointag@gmail.com. Die selbstverwaltete Landkooperative des subtropischen Tals von Intag (s. S. 181) verkauft hier Kaffee, Honig, Sisalarbeiten und anderes Handwerk in einem sehr netten Laden nebst kleiner Cafetería und Infos über den Umweltschutz in Intag. Die Projekte werden auch von dem Monatsmagazin GEO unterstützt.

### Aktiv

**Baden** ▶ **Piscinas de Neptuno** `1`: Calle Morales, ganz in der Nähe der Bahngleise, tgl. 8–21 Uhr.

**Touren** ▶ **Agencia de Viajes Zulaytur** `2`: Calle Colón y Sucre, Tel. 06 292 48 48, 09-944 00 04, www.hosteltrail.com/zulaytur. Der im Jahr 2008 verstorbene Anthropologe Rodrigo Mora entwickelte und leitete über 25 Jahre diese außergewöhnlichen Touren im Kanton Otavalo. Seine Kinder und Freunde führen heute auf seinen Spuren in die Kultur und Geschichte des Kantons. Zum Programm gehören ein Ritt um die Laguna Cuicocha (4 Std., 40 $ p. P.), eine Wanderung um die Lagunas de Mojanda oder die Besteigung des Fuya Fuya (4,5 Std., 40 $ pro geführter Tour zzgl. Transport) sowie eine ethnografische Tour durch die Handwerksdörfer (4 Std., 24 $ p. P., detaillierte Infos s. Tipp unten). **Community Tourism:** www.sanclementetours.com. Ein weiteres Erlebnis bieten einige indigene Gemeinden direkt an – man kann einen Tag mit Übernachtung bei einer Familie leben und aktiv deren Alltag miterleben (ca. 40 $ p. P.).

## Tipp: Handwerkskunst am Vulkan Imbabura

Eine für ganz Ecuador außergewöhnliche ethnologische **Tour durch mehrere Handwerksdörfer** `5` des Kantons Otavalo entwickelte der Anthropologe Rodrigo Mora (s. Agencia de Viaje Zulaytur oben). Dabei besuchen die Teilnehmer 8–10 Familienbetriebe. Weber, Flechter, Spinner und Presser, die in der Tradition von Jahrhunderten mit Naturstoffen wie Gräsern, Bambus, Wolle und Agaven auf primitive, aber handwerklich hoch entwickelte und geniale Weise ihre Produkte herstellen. Die archaischen Arbeiten mit Händen, Füßen und Zähnen sowie einfachen Geräten sind hier keine Folklore, sondern authentische Produktionsweisen, so wie auch die offensichtliche Armut und das Arbeiten auf dem harten, grauen Lehmboden eine Realität sind, die man auf den bunten Ponchomärkten allzu leicht vergisst.

Die Rundtour führt – in Variationen – ab Otavalo in die Wollproduktion von **Carabuela,** zu einem filigran arbeitenden Zierkorbhersteller in **Puyaro,** in eine Poncho-werkstatt von **Cerotal,** die bis heute mit der präinkaischen Technik des Gürtelwebstuhls arbeitet, in die Sisalproduktion und zu den Webern von **La Esperanza de San Roque** und schließlich in eine der letzten Filzhutmanufakturen von **San Juan de Ilumán.**

Die Besucher werden in die Techniken eingeführt und können sie nach Wunsch auch selbst ausprobieren. Außerdem darf fotografiert werden. Die Handwerker oder ihre Gemeinden erhalten einen Teil des Reisepreises und bieten ihre Waren zudem zum Kauf an, meist deutlich unter dem üblichen Marktpreis. Die harte und mitunter verstörende Arbeitsweise und die offenkundige, bittere Armut stehen in einem verblüffenden Gegensatz zur Freundlichkeit und Offenheit dieser Familien.

Nach dem Tod von Rodrigo Mora im Jahr 2008 führt seine Familie die Touren und Förderung von Sozialprojekten heute weiter. In der zunehmend entwurzelten und folkloristischen Welt der indianischen Anden ist diese vierstündige Reise eine Sensation.

174

Sprachschule ▶ **Segunda Lengua Spanish School** 3**:** Calle Sucre 1110 y Morales, 2. Etage, Tel. 06-292 24 14, www.spanish-otavalo-ecuador.com. 1 Woche (20 Std.) Einzelunterricht 149 $, kostenloser Trasfer vom Flughafen Quito, Vermittlung von Zimmern, auch in Familien.

## Verkehr

**Bus:** Der Terminal Terrestre befindet sich in der Calle Atahualpa y Collahuazo im Nordosten der Stadt. Häufige Busverbindungen nach Quito und Ibarra mit den Kooperativen Otavalo (Tel. 06-292 29 51) und Los Lagos (Tel. 06-292-06 68).

**Taxiruf:** Tel. 062-92 62 22, 062-92 84 00.

# Bergseen von Mojanda und Cuicocha ▶ J 4

**Karte:** S. 168

Wo die geschäftige Calle Sucre im Westen Otavalos nahe der Fußgängerbrücke auf die Panamericana trifft, beginnt auf der anderen Seite der Hauptstraße der Anstieg zu den **Seen von Mojanda** 6. Ein 13 km langer gepflasterter Fahrweg windet sich durch die Bauernlandschaft zu den drei Bergseen, die der eingestürzte Krater des Vulkans Mojanda hinterlassen hat: Auf etwa 5 km Durchmesser liegen dort zunächst die **Laguna Grande de Mojanda,** dahinter die kleinere **Laguna Huarmicocha** und etwas versteckt in einem Taleinschnitt die ganz kleine, von einem Gletscher geformte **Laguna Yanacocha.** Der große See, an dem sich gleich zu Beginn zwei Übersichts- und Infotafeln zur Seenplatte befinden, ist mit 10 °C einer der kältesten Bergseen des Landes. Umrahmt wird die Seenplatte von der zackigen Krone des Vulkans **Fuya Fuya** (4279 m) und schroffen Resten des **Yanaurco de Mojanda** (4300 m).

Das Gebiet mit seinen Páramo-Steppen eignet sich sehr gut zum Wandern und für kälteresistente Camper. Und auf der Südostseite des großen Sees haben Fischer einen offenen Unterstand errichtet, der zum Übernachten Schutz vor Regen und Wind bietet.

Ansonsten gibt es an den Seen weder Bewohner noch Bewirtung. Vom Unterstand führt ein Schotterweg weiter nach oben über einen schmalen Sattel, der auf der anderen Seite zu einer 17 km langen Abfahrt nach Tabacundo bei Cayambe einlädt, ein Downhill-Erlebnis für Mountainbiker und Allradfahrzeuge. Auf dem Weg zwischen Otavalo und den Seen liegen mehrere Hosterías mit großartigem Blick auf den Cotacachi und andere Gipfel der nördlichen Anden.

## Übernachten, Essen

Natur und Kultur ▶ **Casa Mojanda:** km 3,5 via Otavalo–Mojanda, Tel. 06-299 10 10, 098-033 51 08, www.casamojanda.com. Edles Bergcottage in exponierter Lage mit exzellentem Service und hervorragendem Essen aus weitgehend eigenem biologischem Anbau. Zudem große Bibliothek, Internet, Videoraum und Holzofenschwitzbad. Zum Programm zählen Ausritte mit eigenen Pferden und der Besuch des benachbarten Wasserfalls Cascada Taxopamba. Große stilvolle *cabañas* in Lehmziegelbauweise mit eigener Terrasse. Mittags-/Abendmenü für auswärtige Besucher 19 $. EZ/DZ mit HP 122/195 $.

In den Bergen ▶ **Hostal la Luna de Mojanda:** km 4,5 via Otavalo–Mojanda, Tel. 099-315 60 82, 099-973 74 15, www.lalunaecuador.com. Die sympathische Bergpension zwischen Wiesen und Kiefern erinnert etwas an voralpines Hüttenleben. Die gemütlichen kleinen Zimmer und Schlafräume sind farbenfroh und einfach eingerichtet, einige haben ein eigenes Bad. Kleines Restaurant; Exkursionen zu Fuß. DZ mit Kamin 42 $, Schlafsaal 12 $ mit Frühstück, Camping 7 $.

## Aktiv

Ausritte/Wanderungen ▶ **Casa Mojanda,** s. oben.

## Verkehr

**Taxi:** Beide Unterkünfte können von Otavalo aus mit dem Taxi für 4–5 $ erreicht werden. Casa Mojanda bietet zudem einen **privaten Transfer** von und nach Quito zu 60 $ für bis zu vier Personen an.

## Am Fuß von Cayambe, Imbabura und Cotacachi

### Wasserfall von Peguche 7

Die Route führt, zurück auf der Panamericana, nun weiter nordwärts. Der 30 m hohe Wasserfall **Cascada de Peguche** entspringt der Laguna de San Pablo und führt ganzjährig Wasser. Er ist leicht zu erreichen über das Otavalo benachbarte Weberdorf **Peguche** (3 km), in dem tagsüber aus etlichen Häusern das Rattern der Webstühle zu hören ist. Am Dorfrand liegt auch der alte Bahnhof von Otavalo, heute Restaurant und Pension. Der vom Bahnhof aus leicht zu findende Weg führt durch einen Wald zu dem über Vulkanfelsen herabstürzenden Wasser, das an seinen Ufern eine üppige Vegetation entstehen ließ. Ein idealer Ort zum Erholen von Stadt, Staub und Straßenständen.

### Übernachten, Essen

**Schöner Blick auf den Imbabura** ▶ **Hostal Aya Huma:** Peguche, Atahualpa, 10 Min. von der Cascada de Peguche entfernt, Tel. 06-269 03 33, www.ayahuma.com. Ruhige Oase an der Eisenbahnlinie mit hellen Zimmern und üppigem Garten mit Kolibris; Massagen, jeden 1. Sa im Monat ab 15 Uhr Dampfbad (15 €). Restaurant (Hauptgericht 7,50 $), Sa Livemusik. EZ/DZ 20/32 $ ohne Frühstück.

### Hacienda Pinsaquí 8

Etwa 5 km nördlich von Otavalo liegt kurz hinter dem Panamericana-Abzweig nach Cotacachi die 1790 gegründete **Hacienda Pinsaquí.** Große Gebäudeteile des kolonialen Gutshofes und seiner alten Textilfabrik sind bis heute erhalten, so auch die originalen Holzböden und meterdicken Wände des opulenten Kaminraums, der einst als Scheune diente.

Den Außenbereich dominiert eine prächtige Garten- und Parkanlage mit zahlreichen Vögeln vor dem weiten Flusstal. Im Innern der Räume, in denen einst Simón Bolívar auf seinen Reisen zwischen Ecuador und Kolumbien Rast machte, finden sich noch zahllose Möbelstücke aus vergangenen Jahrhunderten, insbesondere aus der Sammlung der Familie Pedro Freile Larrea, in deren Besitz das Gut seit 1820 ist. Schon das Mobiliar von Wintergarten, Restaurant und Sitzecken lässt einen eintauchen in die Zeiten der jungen Republik. Der Buffetschrank aus den 1880er-Jahren aus afrikanischem Holz mit originalen Glasschein lässt erahnen, wie wohlhabend Pinsaquí war, als die Hacienda noch stolze 4000 ha Land besaß. Durch die Agrarreformen sind es heute immerhin noch wunderschöne 12 ha.

### Übernachten, Essen

**Kolonialer Gutshof** ▶ **Hacienda Pinsaquí:** Panamericana, 5 km nördlich von Otavalo, Tel. 06-294 61 16, 06-294 61 17, www.hacien dapinsaqui.com. Das prächtige Gut ist ausgestattet mit 30 kleinen Suiten inmitten der Parkanlage, jeweils mit Kamin oder Holzofen. Das schöne Restaurant ist leider überteuert. EZ/DZ 112/144 $.

### Cotacachi 9

Bei Pinsaquí verlässt die Nebenstraße nun die Panamericana nach Westen und trifft nach einer Viertelstunde auf das Dorf und die Kantonalhauptstadt **Cotacachi.** Dieses regionale indianische Zentrum heimste in den vergangenen Jahren einige Auszeichnungen für sein partizipatives Gemeindekonzept ein. Bürgermeister Auki Tituaña und die bekannteste Tochter der Stadt, Ex-Außenministerin Nina Pacari, arbeiten an einem neuen Selbstbewusstsein am Fuß des Vulkans Cotacachi.

Die einstige »indianische Pfarrgemeinde«, so die spanische Gründungsbezeichnung aus dem Jahr 1598, ist – weniger partizipativ denn kapitalistisch – landesweit bekannt für ihre Lederwaren. Cotacachi produziert nahezu alles, was Rind, Kalb, Schwein, Ziege oder Schaf nach ihrer Häutung den Gerbern überlassen. Hat man den Tieren einmal das Fell über die Ohren gezogen, erstellen die Handwerker von Cotacachi Serienprodukte, Einzelstücke und auch Auftragsanfertigungen von teilweise hoher Qualität.

Doch nicht alle in Cotacachi ziehen vom Leder. Säumt die unendliche Boutiquenkette vornehmlich die Hauptdurchgangsstraße, so liegt ein paar Blocks abseits ein verträumter Kirchplatz, von dem abzweigend eine hübsche historische Gasse zum **Stadtmuseum** führt. Untergebracht im ehemaligen Palacio Municipal (1888), gibt eine gut sortierte Ausstellung einen detaillierten Überblick über die regionale Kulturgeschichte von Cotacachi und seiner benachbarten Kantone: über Handwerksgeschichte, Brauchtum, seltene Musikinstrumente wie eine antike Pífanoflöte aus Kondorknochen und Kuriositäten der republikanischen Epoche wie die trompos – Cotacachi ist Spielort und gar maschinelle Produktionsstätte jener im Englischen spintops genannten Wurfkreisel (Museo de las Culturas, Calle García Moreno 13-41 y Sucre, Tel. 06-291 59 45, Mo–Fr 9–12, 14–17, Sa 14–17, So 10–13 Uhr, Eintritt 1,50 $).

## Übernachten, Essen

**In einer 130 Jahre alten Finca ▶ Hostería Tierra del Sol:** Calle García Moreno y Sucre (Ecke), Tel. 06-291 60 09, 06-291 58 28, hotel.landofsun@gmail.com. Patiohotel mit schönen Zimmern, Bädern und Balkonen im restaurierten Teil und schlichtem Ambiente im alten Teil. DZ mit Frühstück 72 $, Restaurant tgl. 7.30–19 Uhr, Hauptgericht 7 $.

## Verkehr

**Bus:** Ab dem Terminal Terrestre, Calle 10 de Agosto, fahren ca. alle 20 Min. Busse nach Otavalo, einzelne Direktbusse nach Quito sowie 5 x tgl. Busse in das subtropische Valle de Intag.

## Laguna Cuicocha 🔟

Bis die Spanier das heutige Ecuador unterwarfen, lebten am traumhaften **Cuicocha-Gebirgssee** mit seinen zwei grünen Inseln die Cayapas-Indígenas, die auch Chachis genannt werden und heute im westlichen Tiefland siedeln. In ihrer Sprache heißt Cuicocha ›See der Liebe‹, denn er spielte im Heirats- und Vereinigungsritual der Cayapas eine bedeutende Rolle. Im heiratsfähigen Alter von 13 Jahren brachten die Eltern ihre Töchter im November zum ›Winterzauber‹ auf die Inseln. Die *cuichas,* die zu Liebe und Heirat fähigen Jünglinge, mussten schließ-

**Ein Prachtstück kolonialer Architektur: die Hacienda Pinsaquí**

# Tipp: Besteigung des Vulkans Cotacachi

Der Vulkan Cotacachi hat in den vergangenen Jahrzehnten zwar sein Gletscherkleid eingebüßt, übt auf Bergsteiger aber nach wie vor große Anziehungskraft aus. Der 4939 m hohe Gipfel kann ganzjährig bestiegen werden, die Bedingungen sind von September bis Dezember am besten.

Es gibt **zwei Routen:** Die eine führt südlich am Kratersee von Cuicocha vorbei über einen 300 m über dem See liegenden mirador. Für diese technisch mittelschwere Wanderung ist ein ganzer Tag einzuplanen. Eine andere Route ist zunächst bis zu einem Plateau mit Radioantennen auf ca. 4300 m zu befahren. Von dort läuft man auf technisch anspruchsvollerer Route bei häufig starkem Wind in fünf Stunden auf den Gipfel und zurück. Der Blick vom Gipfel des Cotacachi ist phänomenal. Ernesto Cevillano (s. S. 180, Aktiv) führt beide Routen für 150 $ pro Tour.

chincha, ihr das gemeinsame Kind entrissen hatte. Eine Strafe, denn Cotacachi hatte ein Verhältnis mit Taita Imbabura begonnen. So zeigt sich: Auch Vulkane haben Probleme.

Die noch geringe Aktivität des Vulkans Cuicocha erlebt man am deutlichsten an dem Nadelöhr zwischen den Inseln, dem teils nur 8 m breiten und 15 m tiefen **Canal del Ensueño.** Hier brodelt es sichtlich. Die Inseln können ab dem Uferlokal mit einem Boot umrundet werden.

15 Vogelarten leben heute auf den beiden Inseln, die dem Naturschutzgesetz entsprechend unbewohnt sind und auch nicht mehr von Touristen betreten werden dürfen. Auf dem Wasser und im Schilf leben vier Entenarten. Fische kennt das vegetationsarme und kristallklare Wasser hingegen nicht.

Über dem See thront der 4939 m hohe Vulkan Cotacachi, von dem es nach Westen in die weite **Reserva Cotacachi-Cayapas** geht (Eintritt frei). Der Gipfel kann von ausgerüsteten Bergsteigern über zwei Routen von der Laguna aus bestiegen werden. Informationen und Bergführer im Mirador, s. u.

lich in das 14 bis 16 °C kalte Wasser springen und die 600 m an der kürzesten Verbindung zum Eiland durchschwimmen. Wer die Strapazen überlebte, nahm das Mädchen seines Begehrens zur Frau und blieb bei ihr bis ans Ende seiner Tage. Noch heute wird im Juli ein traditionelles Schwimmen im See veranstaltet.

Cuicocha machte später aber auch den Kichwa sprechenden Indígenas Sinn, denn die vielen wilden Meerschweinchen auf der **Isla Wolf** und der kleineren **Isla Yerovi** ließ aus *cui cuy* werden – und so hießen sie fortan ›Inseln der Meerschweinchen‹.

Der 180 m tiefe See mit seinem Wasserspiegel auf 3070 m Höhe ist ein noch aktiver Kratermund am Fuß des 4939 m hohen Cotacachi. Der Vulkan **Cotacachi** entstand erst, nachdem der einst viel höhere Vulkan Cuicocha in sich zusammengebrochen war.

Die Legende besagt, dass die Tränen der Mama Cotacachi den heutigen Kratersee formten, nachdem der viejo, der alte Rucu Pi-

## Infos

Es gibt keine bessere Informationsquelle über den See und den Berg, über Legenden, Heilpflanzen und Aktivitäten in der Region als **Ernesto Cevillano.** Der Sohn eines Naturmediziners, der selbst auf einer der Inseln im Kratersee geboren wurde, betreibt heute die Herberge El Mirador, s. u.

## Übernachten, Essen

**Freizeitprojekt der Gemeinde ▶ Hostería Cuicocha Tincuicem:** am Seeufer unterhalb des Mirador, Tel. 099-147 41 72, 099-147 41 45, www.cotacachi.org. Recht opulentes Hotel, am Wochenende oft laut. Exkursionen per Boot, auch zum Tauchen im See. Mit Restaurant (tgl. 8–22 Uhr, Hauptgericht 7 $). EZ/DZ 50/90 $ mit Frühstück.

**Familiär ▶ Cabañas El Mirador:** am Parkwächterhaus den linken Schotterweg etwa 300 m fahren, dann rechts, Tel. 099-990 87 57, 063-01 72 21, miradordecuicocha@yahoo.com. Sympathischer Familienbetrieb ca.

## aktiv unterwegs

# Umrundung der Laguna Cuicocha

### Tour-Infos

**Anreise:** mit dem Bus ins Dorf Cotacachi und weiter mit dem Taxi; am Parkwächterhaus links in den Fahrweg bis zum Wald an der ehemaligen Hostería Los Pinos
**Start:** Pinienwald Los Pinos
**Länge:** 9 km
**Dauer:** 3–4 Std. (zzgl. Pausen)
Schwierigkeitsgrad: leicht bis mittel
**Eintritt:** kostenlos
**Wichtige Hinweise:** Bei und nach Regenfällen nasse und rutschige Abschnitte. Aus Sicherheitsgründen die Wanderung und die Rückkehr melden, z. B. am Mirador.

Die Umrundung der Laguna Cuicocha ist eine der schönsten Trekking-Touren in den Nordanden Ecuadors. Im Prinzip ist der See komplett zu umrunden (12 km). Wegen einiger Privatgrundstücke im Südwesten empfiehlt sich der Einstieg in die Wanderung ab der ehemaligen **Hostería Los Pinos** an einem Pinienwald im Westen des Sees. Der Weg führt hier von der Straße an einem Zaun entlang direkt zur Kraterkante. Im Uhrzeigersinn geht es nun durch eine vielfältige Hochgebirgsvegetation mit zahlreichen endemischen Pflanzen wie auch Orchideen und etlichen Heilpflanzen. Der Weg ist einfach zu finden, teils beschildert und führt mit Blick zur Rechten auf den See und seine zwei Inseln um dieselben herum. Links ragt immer wieder der 4939 m hohe Vulkan Cotacachi empor. Nach etwa einer Stunde Laufzeit kommt ein Wiesenstück, das nach Regenfällen rutschig wird, gefolgt von einem zwar befestigten aber etwas steilen und rutschigen Abstieg. Anschließend erreicht man den tiefsten Punkt der Wanderung, die **Brücke** über das Geröllbett des ›trockenen‹ Río Seco. Nun führen befestigte Stufen die anstrengendste Passage bergauf bis zu einem **Unterstand** mit Sitzbänken und erneutem Panoramablick. Ein **zweiter Unterstand** folgt eine halbe Stunde später. Danach tangiert der Wanderweg zur Mitte der Wanderung einen Fahrweg, der in Notfällen oder bei Einbruch der Dunkelheit nach rechts gehend zum vereinfachten Abstieg genutzt werden kann. Links führt er hoch in den Páramo zu Antennen auf über 4000 m. Der deutlich schönere Panoramaweg führt weiter an der Kraterkante um den See, teils durch tief ausgespülte Pfade. Vor der Grundstücksmauer eines unbewohnten Hauses nimmt man links einen steilen Pfad, der bald darauf am Parkwächterhaus endet. Zum Abschluss empfiehlt sich die Einkehr im **Mirador,** etwa 300 m oberhalb der Parkwache, erneut Richtung Los Pinos.

179

**Die Laguna Cuicocha – der ›See der Liebe‹ – am Fuß des Cotacachi**

50 m oberhalb des Sees. Einfache Cabañas mit Kamin und grandioser Aussicht direkt an der Kraterkante sowie einige Zimmer. Im Panoramarestaurant gibt es frische Forellen (5 $) und exzellentes Meerschweinchen (10 $, muss man vorbestellen). Das Menü kostet 8 $. EZ/DZ 15/24 $.

## Aktiv

**Insider-Exkursionen ▶ Ernesto Cevillano** (s. S. 178, Cabañas El Mirador) bietet verschiedene Aktivitäten an, u. a. naturkundlich geführte Wanderungen um die Laguna Cuicocha (ca. 4 Std., 60 $), mehrtägige Expeditionen in die Reserva Ecológica Cotacachi-Cayapas und auf Anfrage naturmedizinische Exkursionen.

**Kajak ▶** Die **Hostería Cuicocha Tincuicem** bietet Fahrten mit dem Motorboot zu den Inseln (16 $ pro Boot oder 2,25 $ p. P.) an und verleiht Kajaks (8 $ pro Std.).

## Termine

**La Vuelta al Lago Cuicocha:** 2. So im Juli. Nationaler Schwimmwettbewerb im Rahmen der Fiestas de Cotacachi. In Anlehnung an historische Rituale umrunden 80–100 Teilnehmer aus allen Landesteilen die beiden Inseln. Der Rekord für die ca. 4000 m lange Strecke liegt derzeit bei 1,01 Std.

## Verkehr

**Bus:** etwa 5 x tgl. Busse von Otavalo über Cotacachi und die Lagune Cuicocha ins Valle

Primärwald in den höheren Lagen und einer auf das angenehme Mikroklima abgestimmten Landwirtschaft.

Herausragend ist das Gemeinwesen des Tales. Denn der jahrelange Kampf der Anwohner gegen die Ausbeutung der Berge durch einige Minengesellschaften hat Kaffeebauern, Umweltschützer, Frauenkooperativen und den Tourismussektor in einem der schönsten Täler Ecuadors zusammengeschweißt. »Wo auch immer die Minengesellschaften einfallen wollen: Hier graben sie nicht mehr, so lange es uns gibt«, beteuert Nelson Vetancourt, der Direktor des gut vernetzten ›Konsortiums Toisán für eine nachhaltige Entwicklung‹. 2006 konnte die mächtige kanadische Gesellschaft Ascendant Copper nach schweren Auseinandersetzungen vom Kupferabbau im Valle de Intag abgehalten werden. Laut Bergbaugegnern hatten die Kanadier keine rechtmäßige Lizenz. Ende 2010 versetzten die Pläne der staatlichen Minengesellschaft ENAMI die Gemeinden in Sorge, dass der Kupferabbau wieder aufgenommen werden soll. Weitere Infos zum Umweltengagement im Tal und zur Bewerbung für Volunteers finden sich unter www.decoin.org. Die Hamburger Medienstiftung GEO schützt den Regenwald e. V. (www.regenwald.de) unterstützt die Gemeinden im Valle de Intag gegen die Kupferminenbetreiber. Rettet den Regenwald e.V. kauft in Intag Wald zum Schutz vor Kahlschlag (www.regenwald.org). Die Organisation hat über Spenden bereits 3000 ha Gemeindewald gekauft und unterstützt ein Tourismusprojekt in **Junín.**

Der Fremdenverkehr gilt immer mehr Bewohnern des Tals neben der organischen Landwirtschaft und anderen Naturprodukten als eine nachhaltige Perspektive und Alternative zum Raubbau an der Natur. Dabei steckt er noch in den Kinderschuhen und verlangt etwas Flexibilität vom Reisenden. Doch schon heute lassen sich zwischen Wasserfällen, Flüssen und Regenwäldern in dem warmen Tal von Intag bei einfacher Infrastruktur einige spannende Exkursionen gerade auch in die solidarischen Gemeindepro-

de Intag. Diese halten nach 30–40 Min. Fahrtzeit an beiden Unterkünften am See. Ein Taxi ab Cotacachi spart Zeit.

# Valle de Intag  ▶ H 4

**Karte:** S. 168

Von der Laguna de Cuicocha führt die Piste über einen hohen Sattel von gut 3500 m über eine geologisch und botanisch äußerst spannende und interessante Strecke immer tiefer in das hinter dem Vulkan Cotacachi liegende Tal von Intag. Auf 1800 m trifft es auf den gleichnamigen Fluss und das Dorf Apuela. Das **Valle de Intag** 🔟 ist ein grünes, fruchtbares Tal mit zahlreichen Flüssen, reichlich

## Am Fuß von Cayambe, Imbabura und Cotacachi

jekte unternehmen, z. B. der Besuch von organischen Kaffeeplantagen und von kleinen Kunsthandwerksbetrieben sowie abenteuerliche Flusswanderungen. Man beginnt eine Intag-Reise und organisiert weitere Aktivitäten am besten ab dem zentralen Dorf **Apuela,** das zwei Stunden von Otavalo entfernt liegt.

## Infos

Aktuelle Informationen über den *turismo solidario* sind auf Spanisch oder per Mail auch Englisch zu erfragen über das **Consorcio Toisán,** www.toisan-intag.org (span.), und **DECOIN,** www.decoin.org (engl.).

## Übernachten, Essen

### … in Nangulví bei Apuela:

**Kleine Lodge ▶ El Refugio de Intag:** am Río Toabunchi, 33 km von Otavalo entfernt, Tel. 06-291 80 13 (über Hacienda Cusín), san dystatz@gmail.com, www.elrefugiocloudfore st.com. Sieben Zimmer in zwei Häusern einer kleinen Farm auf 1800 m. Mittag-/Abendessen 13 $, 61–73 $ p. P. mit Frühstück.

**Neben Thermalbädern ▶ Cabañas Rio Grande:** direkt neben dem Thermalbädern des Complejo Ecoturístico Nangulví, s. u.), Tel. 06-292 01 71. Einfache, aber passable Cabañas am Fluss mit Balkon und preiswertem Restaurant. Swimmingpool. So–Do 20 $, Fr, Sa 25 $ pro Cabaña.

**Baden inklusive ▶ Complejo Ecoturístico Nangulví:** einfache Thermalbäder (40 °C) in einem schönen, aber nicht guten Restaurant am Fluss, einfache Cabañas im Blockhausstil. Fr, Sa 20 $ pro Cabaña, So–Do 7 $ p. P.

**Einfach ▶ Hostal El Cafetal de Intag:** Hauptstraße, 1,6 km von den Thermalbädern Nangulvís, Tel. 062-92 09 90, 099-830 01 60, lucybuitron@hotmail.com. Sympathisches Hostal, helle Zimmer mit Bad, Kochgelegenheit. Cabaña 20 $, Bett im Schlafsaal 5 $.

## Einkaufen

**Kaffee und mehr ▶** Der hier produzierte Café Río Intag ist ein organischer, fair gehandelter und exzellenter Kaffee, der in drei Röstungen vorliegt. Weitere Angebote des Tals

sind organische Lebensmittel wie Honig und Pilze, biologische Kosmetika sowie wunderschöne Sisaltaschen und -accessoires. Der Verkaufsladen der Kooperative ist in Otavalo (s. S. 174). Einige Produkte aus Intag gibt es auch bei Camari in Quito (s. S. 137).

## Aktiv

Aktivitäten wie **Kajaking** und **Rafting** nahe dem Dorf Cuellaje sowie Besuche der Wälder und **Wasserfälle von Junín** samt Unterkünften, z. T. Familienunterkünfte, organisiert man am besten über das Red de Turismo Comunitario, Tel 06-301 61 35, www.intagtours. com. Auch die Mitarbeiter im Consorcio de Intag sind sehr hilfsbereit.

## Verkehr

**Bus:** 6 x tgl. zwischen Otavalo und dem Valle de Intag. Abfahrt ab Terminal Terrestre in Otavalo 8, 10, 12, 13, 14, 15 Uhr. Alle Busse der beiden Kooperativen Otavalo und 6 de Julio fahren über Apuela (ca. 3 Std.) und dann weiter Richtung Cuellaje oder García Moreno.
**Pkw:** Es gibt zudem eine recht schlechte Straße nach Norden über Nanegal und Nanegalito nach Quito, jedoch keinen Busverkehr in diese Richtung.

# Auf der Inkastraße am Imbabura ▶ K 4

**Karte:** S. 168

Noch einmal zurück auf der Panamericana Norte endet die Route mit einem spannenden Abstecher auf die alte Inkastraße östlich des Vulkans Imbabura. Die Panamericana am Stadtrand von Ibarra (s. S. 184) nach Südosten verlassend, gelangt man auf die Kopfsteinpflasterstraße in Richtung **La Esperanza** 12. Dieses lang gezogene Straßendorf war einst eine Aussteigeroase für Freaks und Backpacker auf der Suche nach einem stillen und unbehelligten Platz am Osthang des erloschenen Vulkans. Schon in den 1970er-Jahren war Esperanza, die ›Hoffnung‹, somit eine kleine Berühmtheit in der Travellerszene, was unter den Dorfbewohnern misstrauisches Erstaunen weckte. Doch Patronin Quiteña Aida Buitrón gewann den jahrelangen Kampf gegen Vorurteile der Dorfbewohner gegenüber den Freaks und betreibt bis heute ihre hübsche Herberge Casa Aida (s. u.) an der Dorfstraße. Esperanza ist der ideale Ort, um einfache bis mittelschwere Exkursionen bis hinauf in den Páramo zu starten.

## Besteigung des Imbabura 13

Von La Esperanza aus ist auch der 4609 m hohe **Vulkan Imbabura** leichter zu besteigen als von der Westseite. Am besten sollte man im Morgengrauen aufbrechen. Ein Parkplatz an der Ostflanke des Imbabura auf etwa 3800 m ist entweder nach einem zweistündigen Fußmarsch oder mit der *camioneta* zu erreichen. Hier geht der Fahrweg in einen mehr oder minder gut erkennbaren Weg über, auf dem man nach etwa vier bis sechs Stunden den Gipfel erreicht. Dabei führt der Weg während der letzten Stunde über felsigen Untergrund mit leichten Kletterpassagen. Der Abstieg zum Parkplatz dauert etwa zwei Stunden, ist aber recht steil und belastet die Gelenke. Nähere Informationen und bei Bedarf einen Führer findet man bei Aida Buitrón in der Casa Aida (s. u.).

## Übernachten, Essen

… **in La Esperanza** (20 Min. von Ibarra):
Familiär ▷ **Casa Aida:** Calle Galo Plaza, Tel. 06-266 02 21, 099-068 36 17, www.casa aida.com. Gastfreundliche Herberge mit einfachen, aber stilvollen Garten-Cabañas, überwiegend vegetarischem Restaurant, zum Frühstück unvergesslichen Pfannkuchen mit Brombeersauce und jeder Menge Tipps. Frühstück 4 $, Dinner 5 $. EZ/DZ 12 $ p. P.

## Hacienda Zuleta

Die 1691 gegründete Hacienda neben dem gleichnamigen Dorf **Zuleta** 14 zählt zu den schönsten des Landes. Seit mehreren Generationen bewirtschaftet die Familie des ehemaligen Staatspräsidenten Galo Plaza Lasso das über 2000 ha große Landgut. Rund 300 holstein-friesische Kühe sorgen für die Milch, aus der die Hauskäserei einen exqui-

siten Käse fertigt. 13 von Gras bewachsene *tolas* (Steinmonumente) und Pyramiden auf den Weiden der Hacienda zeugen von den Caranqui, die an diesem Ort etwa 1000 Jahre lang lebten und ihre Häuser und Kultstätten errichteten. In einem steil ansteigenden Tal des Gutes wurde unter Leitung des deutschen Biologen Friedemann Köster eine Kondor-Aufzuchtstation errichtet. Neben den zur Genesung und Fortpflanzung gehaltenen Kondoren sind hier auch wilde Tiere im Anflug auf das Gehege zu beobachten. Die wilden Kondore kommen häufig vormittags zu einer Visite bei ihren Artgenossen. Ein Kondorpaar nistet sogar in den Berghängen der Hacienda. In den steilen Bergwäldern des abgelegenen Tals leben zudem Füchse, die scheuen Brillenbären, zahlreiche Vögel und viele andere Andenbewohner.

Die Gebäude der Hacienda mit ihrem prächtigen Blumenbewuchs und der alten Parkanlage werden heute als Luxushotel, Reiterhof und Wochenend-Residenz der Familie Plaza genutzt. Antikes Mobiliar und historische Dokumente in den Salons der Hacienda sowie Gespräche über die Familie vermitteln ein einzigartiges historisches Erlebnis, das leider allein den Gästen des exklusiven Hotelbetriebs vorbehalten bleibt. Ein besonderes Abenteuer ist das San-Pedro-Fest Ende Juni, wenn die Bauern die Hacienda Zuleta ›einnehmen‹.

## Übernachten, Essen

Herrschaftlich ▷ **Hacienda Zuleta:** Angochagua, Zuleta, Tel. 06-266 21 82, www.ha ciendazuleta.com. Hervorragende Küche und exklusiver, persönlicher Service. 11 gediegene Zimmer mit Kamin und großen, ausgezeichneten Betten. Übernachtung mit exzellenter Vollpension 215/365 $ p. P.

## Verkehr

**Bus:** Zuleta, die gleichnamige Hacienda und La Esperanza sind über die Nebenstrecke auch von Süden her zu erreichen: Etwa stdl. verkehren Busse zwischen Cayambe und Ibarra über die Kopfsteinpflasterstraße von La Esperanza, Zuleta, Olmedo und Ayora.

# Von Ibarra in Richtung Kolumbien

**Im zunehmend dünner besiedelten Norden Ecuadors befinden sich einige außergewöhnlich schöne Wälder mit seltenen Gebirgspflanzen. Mit dem Abstecher in den nördlichsten Küstenzipfel des Landes führt diese Route zu nunmehr fünf Waldarten in Höhen zwischen null und 4000 Metern.**

In einem Land des kurzfristigen Denkens und unter dem Druck täglicher Notlagen hat ein Wald nicht allzu viel Lobby. Und schreiten aggressive Unternehmen und dunkle Gestalten mit lauten Sägen in das Unterholz, so ist Waidmanns Heil oft schneller verloren, als die Naturschützer laufen können, ähnlich wie in Europa, wo kaum noch Naturwald steht. So gesehen, gehören die noch erhaltenen Wälder zu den botanischen Sensationen Ecuadors. Dabei sind nicht die Regenwälder des Oriente gemeint, sondern weltweit seltene und kaum bekannte Hochlandwälder mit Papier- und Myrtenbäumen. Da der extreme Nordwesten des Landes vom nördlichen Hochland aus am besten zu erreichen ist, nimmt die Route auch die beeindruckenden Mangroven- und Küstenwälder nahe der kolumbianischen Grenze mit auf.

Die Landwirtschaft des Nordens hat viele Wälder einfach verdrängt und an ihrer Stelle weite Ackerbau- und Weidelandschaften entstehen lassen, welche zweifelsfrei eine verführerische Kraft für Auge und Gemüt besitzen. Der relativ wenig bekannte Norden Ecuadors ist eine der schönsten Regionen des Landes und liegt dabei nur zwei Stunden nördlich der Hauptstadt Quito. Die Route führt über einen verzweigten und etwas verzauberten Waldpfad. Der Ausgangspunkt will es, dass sie an einer einsamen Palme im Hochland beginnt und den Weg zu den Wäldern zunächst durch ein kurioses – und waldfreies – Tal sucht, das Valle del Chota. Dieses Tal ist das andine Herz der afroecuadorianischen Bevölkerung Ecuadors und zugleich die Wiege des ecuadorianischen Fußballs.

## Ibarra ► K 4

**Karte:** S. 186

Die beschauliche Hauptstadt der Provinz Imbabura liegt in angenehmem Klima auf 2200 m Höhe. **Ibarra** **1** heißt auch *ciudad blanca,* die ›weiße Stadt‹, und jeder, der die letzten Hügel bei San Antonio passiert, sieht sie unter sich: eine weite, weiß getünchte Stadt. Dieser Beiname erschließt sich historisch jedoch anders: Das erst 1606 als eine der letzten Andenstädte von den Spaniern gegründete San Miguel de Ibarra kam den Indianern recht absonderlich vor. Sie nannten es die ›weiße Stadt‹ – die Stadt der Weißen.

### Geschichte

Für Quito sollte Ibarra einst der Brückenkopf einer großen Anden-Pazifik-Verbindung nach Esmeraldas werden. Doch das Projekt stellte sich wegen seiner Dimension und der Topografie als schwierig heraus. Auch Guayaquil wehrte sich vehement gegen die drohende Handelskonkurrenz aus dem Norden.

1823 rückte Ibarra für Momente in den Blickpunkt der sich befreienden ›Neuen Welt‹. Noch im Unabhängigkeitstaumel von Bolívars Siegesschlacht 1822 am Pichincha drohte dem großkolumbianischen Reich in Imbabura die Rückeroberung durch die Spanier. Die daraufhin von Simón Bolívar siegreich koordinierte Schlacht von Ibarra am 17. Juli 1823 hat bis heute einen festen Platz im Herzen der Ibarreños.

Haben auch mehrere Erdbeben in der Vergangenheit große Schäden angerichtet, so entstand in den Fluchten der Pflasterstraßen immer wieder das Flair einer kolonial-republikanischen Stadt. Das Zentrum und einige seiner Straßenzüge mit einstöckigen und weiß gestrichenen Lehmziegelhäusern erinnern an Antigua in Guatemala. Und der kleine Schienenbus, der morgens für zwei Stunden Richtung Norden fährt, lässt an die großen Zeiten der ecuadorianischen Eisenbahn denken, für deren Zukunft in den nächsten Monaten und Jahren neue Weichen gestellt werden.

## Sehenswürdigkeiten

Im heutigen Stadtteil **Caranquí** ließ einst im 15. Jh. Inkakönig Huayna Capac, vielleicht auch schon sein Vater Tupac Yupanqui, einen Sonnentempel errichten, einen der nördlichsten Inkaprunkbauten überhaupt. Huayna Capacs Sohn Atahualpa soll in diesen Gemäuern geboren worden sein, hier in der ›Wiege der ecuadorianischen Nation‹. Der Komplex war gebaut auf vier Terrassen; von einer sind noch Grundmauern unter der katholischen Gemeindekirche **Iglesia del Señor del Amor** vorhanden. Gegenüber der Kirche klopft man am Haus Avenida Atahualpa 23–94 bei Familie Flores, die einen netterweise in ihren Garten führt. Hier stehen noch rund 60 m

**Nicht nur Architekturliebhaber erfreuen sich an der Kolonialarchitektur des Städtchens Ibarra**

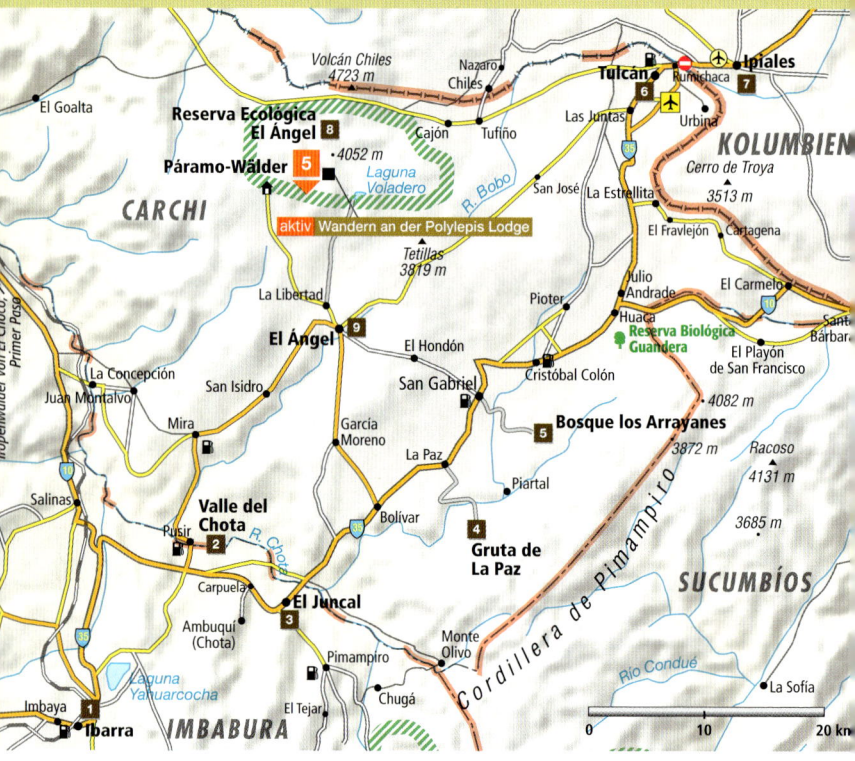

Ostmauer der einst höchsten Tempelterrasse. Einige trapezförmige Fenster und Türen sind noch derart gut erhalten, dass man den unsterblichen Blick Atahualpas im Nacken zu spüren meint.

Eine weitere Sehenswürdigkeit Ibarras ist der nostalgische Lokschuppen der **Talleres del Ferrocarril Quito–San Lorenzo** am Bahnhof. Er kann zu den Bürozeiten des Bahnschalters besucht werden, die antiken Lokomotiven selbst sind nach Quito gebracht worden. Das kleine archäologisch-anthropologische **Museo Arqueológico de la Sierra Norte,** heute unter Leitung des Kulturministeriums, verfügt über viele Exponate aus der präinkaischen Epoche des País Caranquí, wohlsortiert in Vitrinen und ansprechend illustriert (Calle Sucre 7-21 y Oviedo, Mo–Fr 8.30–17, Sa 10–16 Uhr, Tel. 06-264 40 87, 06-260 20 93, Gratis-Eintritt und -Führung).

Einer der schönsten Straßenabschnitte verläuft von der kleinen **Iglesia San Agustín** in der Calle Rocafuerte über die Calle Flores bis zur antiken Apotheke **Botica de Ibarra** an der Ecke der Calle Maldonado.

Die Botica de Ibarra ist ein Kabinett der Kuriositäten des 1928 geborenen Pharmazeuten Fausto Yepes Almeida. Denn Don Fausto arbeitete 20 Jahre lang als Konsularbeamter und hatte den ecuadorianischen Reisenden die Visa in die Pässe zu stempeln. Als kleine Anerkennung für Tausende von Stempeln ließ er sich gerne Figuren, Souvenirs und vor allem Schlüsselanhänger aus den bereisten Ländern mitbringen. Selbst sein hinter der Apotheke liegender Schlafraum ist bis unters Dach mit Fotos und Urkunden gefüllt – Zeugnisse eines Lebens.

Erstaunlicherweise gibt es in der Botica auch Medikamente ... Don Faustos Wunsch an die Leser: »Bringen Sie mir ein Andenken mit!« (Calle Flores 386 y Maldonado).

## Rundgang durch die Parks der Stadt

Es empfiehlt sich, einen Rundgang durch die zahlreichen Parks der weißen Stadt zu unternehmen, wozu das Tourismusbüro an der Esquina del Coco, der ›Straßenecke der Kokospalme‹, einen Stadtplan bereithält: Der schöne **Parque Pedro Moncayo** ist umstellt von den bischöflichen Gemäuern und Kirchen, vom republikanischen Bau der **Antigua Gobernación,** der alten **Casa de Ayala,** die ein stadthistorisches Museum beherbergt, und der Stadtuhr im **Torreón.** Allein der Betonbau der Stadtverwaltung stört ein bisschen beim Betrachten des Standbildes des verdienten Politikers Moncayo (1804–1888).

Der ebenfalls sehenswerte **Parque La Merced** wird überstrahlt von dem mächtigen Backsteingebäude der alten Kaserne **Antiguo Cuartel de Ibarra.** Die dortige **Iglesia La Merced** bewahrt die Statue des gleichnamigen Schutzheiligen der Streitkräfte auf.

Im **Parque Bolívar,** die Calle Bolívar einige Blocks stadtauswärts nach Norden gehend, steht das große Denkmal des Befreiers zu Ehren des »am 23. Juli 1823 für die Freiheit geopferten Patrioten«. Romantischer ist hingegen der gepflasterte **Parque González Suárez** mit dem Priesterseminar und der **Iglesia San Francisco** am Ostende der Calle Pedro Moncayo.

## Mit dem Schienenbus nach Salinas

Die Bahnstrecke Ibarra–San Lorenzo wird nach aktuellem Kenntnisstand bis auf Weiteres nicht wieder instand gesetzt. Einen Hauch Eisenbahngeschichte zwischen Anden und Pazifikküste vermittelt jedoch noch heute der romantische Bahnhof von Ibarra. Außerdem verlässt mehrmals wöchentlich ein Zug oder Schienenbus den winzigen Bahnhof. Vorbei an Feldern und Dörfern, durch sieben Tunnel hindurch und über hohe Brücken fährt der Tren de la Libertad (s. S. 189) in das trockene Tal von Chota. Endstation ist nach etwa zwei

Stunden das Dorf **Salinas**, an dessen altem Bahnhof ein kleines Gemeindemuseum, ein Imbiss und Erfrischungen auf die Zuggäste warten.

## Infos

**I-Tur:** Calle Sucre y Oviedo, Ecke Calle del Coco, Tel. 06-260 84 89, www.touribarra. gob.ec, Mo–Fr 9–12.30, 14–17.30 Uhr. Hilfsbereite Menschen haben reichlich Broschüren und Plänen über Imbabura, auch einfache Karten und eine Liste regionaler Feste auf Lager.

**Stadtführerin:** Alexandra Maldonado, Tel. 06-295 88 60, 098-622 32 83, malex37@ya hoo.es. Junge, engagierte Führerin.

## Übernachten

**Tagungs- und Eventhotel** ▶ **Hotel Ajavi:** Av. Mariano Acosta 16-38, Tel. 06-295 55 55, 06-295 57 87, www.hotelajavi.com. Modernes Mittelklassehotel mit großem Veranstaltungssaal und großem Pool in weitem Garten. Komfortable Zimmer. EZ/DZ 73/110 $ mit Frühstück.

**Modernes Geschäftshotel** ▶ **Hotel La Giralda:** Av Atahualpa 15-142 y Juan Francisco Bonilla esq., Tel. 06-295 60 02, 06-264 10 59, www.hotelgiralda.com. Kühles, aber komfortables Geschäftshotel mit Schwimmbad im modernen Patio, außerdem Sauna, WLAN und Parkplatz. Zimmer mit Minibar, Telefon, Kabel-TV, EZ/DZ 38/51 $ mit Frühstück. Im Haus: Restaurante Los Galetos, tgl. 7–22 Uhr, Hauptgericht 8 $.

**Zentrales Stadthotel** ▶ **Hotel Montecarlo:** Av Jaime Rivadeneria 555 y Oviedo. Tel. 06-295 81 82, 06-295 82 66, montecarlohotel@ gmail.com. Zentrales Hotel an belebter Straße mit Schwimmbad, Sauna, Parkplatz, WLAN und Restaurant (13–15, 19–22 Uhr). Schöne, gepflegte Zimmer, gutes Frühstück und nettes Personal. EZ/DZ 29/50 $, Suite 37/53 $.

**Mit Whirlpool** ▶ **Hostal del Rio:** Juan Montalvo 455, zwischen Garcia Moreno y JJ Flores, Tel. 06-261 18 85, jimmyguzman@hot mail.com. Modernes, einfaches Hotel. Zimmer mit Kabel-TV, Parkplatz, WLAN, Cafete-

## Von Ibarra in Richtung Kolumbien

ría (tgl. 7–22 Uhr). DZ 18 $, Zimmer mit Whirl-pool 30 $.

**Charmant und einfach ▶ Hostal Imba-bura:** Calle Oviedo 9-33 y Sanchez y Cifuen-tes, Tel. 06-295 01 55. Das älteste Hotel der Stadt, erbaut in den 1930er-Jahren, mit Pa-tio, kleinem Garten und hauseigener archäo-logischer Sammlung. Sehr einfache, aber ge-räumige Zimmer, teils mit Balkon, jedoch ohne eigenes Bad. 8 $ p. P., ohne Frühstück.

## Essen & Trinken

**Grillrestaurant ▶ El Argentino:** Calle Sucre y Pedro Moncayo, Plazoleta Francisco Cal-derón, Tel. 099-945 90 04, dondeelargenti-no@hotmail.com, Mo–Sa 12–21, So 12–16 Uhr. Traditionshaus mit Blick auf den Platz. Spezialität: argentinische Steaks und andere Fleischgerichte. Hauptgericht 8 $.

**Bis mittags ▶ Entre Tenedores:** Calle Pe-dro Moncayo 2-13 y Salinas, Tel. 06-295 13 07, marthaobdulia0508@hotmail.com, Mo–Sa 8.30–15.30 Uhr. Gutes Restaurant in schönem traditionellem Haus mit alten Bil-dern von Ibarra. Menü 3 $, Hauptgericht 5 $.

**Zur Musik der 80er ▶ Cafetería Caribu:** Av. Pérez Guerrero 5-37 y Sucre, Tel. 06-260 51 37, barcaribu@hotmail.com, Mo–Sa 13–24 Uhr. Hübsches Café, in dem gerne Muik aus den 1980er-Jahren aufgelegt wird. Kaffee-spezialitäten, internationale Küche. Hauptge-richt 5 $.

**Lokale Spezialitäten ▶ Café La Hacienda:** Calle Sucre y Oviedo, Plazoleta del Coco, Tel. 099-502 84 39, cafela.hacienda@ymail.com, Mo–Do 7.30–22.30, Fr–Sa 7.30–23.30 Uhr. Café-Bar mit lokalen Spezialitäten und etwas dunklem Holzambiente.

**Bestes Eis von Ecuador ▶ Heladería Suá-rez:** Calle Oviedo y Olmedo, tgl. 8.30–19 Uhr. Ibarra gilt seit 1896 als der Ort mit der bes-ten hausgemachten Eiscreme des Landes. Seither rührt die Familie Rosalía Suárez in ei-ner eisunterlegten Bronzepfanne Speiseeis der Spitzenklasse an – von Hand. Die Her-stellung und natürlich der Geschmack des *Helado de Paila* sind in der Eisdiele zu be-wundern. Und frühstücken kann man hier auch.

## Einkaufen

**Holzschnitzer ▶** Der Vorort **San Antonio de Ibarra** ist ein Zentrum für Holzschnitzarbei-ten mit exzellenten Handwerksprodukten und schrecklichem Kitsch. Wer sich für die Kunst des Holzschnitzens interessiert, kann in San Antonio auch Werkstätten besuchen. Das or-ganisiert man informell, indem man in den Lä-den am Hauptplatz nach einem *taller* (Werk-statt) fragt oder einen Termin mit dem Schnit-zer Jorge Yepez vereinbart: Tel. 099-702 05 29, 06-255 00 22, cocheins_8@hotmail.com.

## Abends & Nachts

**Kultur-Café ▶ Café Arte:** Calle Juan de Sa-linas 5-43 y Flores/Oviedo, Tel. 06-295 08 06, Di–Mi 17–23, Do–Sa 17–2 Uhr. Lauschige junge Café-Bar mit Ausstellungen, Doku-mentarfilmen (Di), Musik und mexikanischen Snacks (3–6 $), Fr, Sa ab 20 Uhr Livekonzerte (Eintritt 3 $).

**Lounge und Restaurant ▶ RE Finadooo:** Calle Maldonado 7–60 y Flores, Tel. 06-260 30 33, 099-831 81 76, lisbeltran2002@yahoo. es, Di–Sa 12–22.30, So 12–15.30 Uhr. Res-taurant (Hauptgericht 6–10 $) und vor allem abends eine beliebte Musik-Lounge.

## Aktiv

**Extremsport ▶ Natural Adventure:** Calle Mariano Acosta y Chica Narváez, Tel. 06-295 90 22, 099-983 61 08, www.natadventure. com. Reiseagentur, die auf Extremsport spe-zialisiert ist.

**Gleitschirmfliegen ▶ Flyecuador:** Calle Ra-fael Troya 51-17 y Vicente Fierro, Tel. 098-487 55 67, 099-419 45 07, www.flyecuador. com. Renommierter Gleitschirmklub, in dem auch ausgebildet wird.

**Segelfliegen ▶ Planeadores Ecuador:** au-ßerhalb von Ibarra in Concordia, Tel. 099-601 52 59, 099-953 34 28, www.planeadoresecua dor.blogspot.com. Segelflüge über die An-den, sicherlich einzigartig in Ecuador (20 Min. 50–70 $).

## Termine

**Fiesta de los Lagos:** 15.–30. Sept. Feier-lichkeiten zum Stadtgründungsfest mit Stierkampf, Umzügen, Musik und Fuchsjagd, v. a. freitags bis sonntags, der offizielle Festtag ist der 28. September.

### Verkehr

**Bus:** Das moderne Busterminal Imbabus ist gleichzeitig Einkaufszentrum mit Internet, Reiseagentur u. v. a. m. Häufige Busverbindungen in alle Landesteile und in die umliegenden Dörfer. Av. Teodoro Gómez 1609 y Eugenio Espejo, Tel. 06-264 46 76.

**Zug:** Mi–So um 10.30 Uhr fährt vom Bahnhof in Ibarra, Tel. 06-295 03 90 ext. 101, ein Zug oder Schienenbus das erste Teilstück der Bahnstrecke Richtung San Lorenzo bis Salinas. Die Rückfahrt ab Salinas ist um 14 Uhr. Fahrtzeit pro Strecke ca. 2 Std. (s. auch S. 187). Fährt der Zug mit Lok und Reiseleitung, kostet es pro Person 10 $ einfach bzw. 15 $ hin und zurück. Kommt der kleine Schienenbus Autoferro zum Einsatz, reduzieren sich die Kosten auf 6,50 $ für ein Rückfahrticket. Der Schienenbus kann auch gechartert werden. Infos: Tel. 1800-87 36 37, www.trenecuador.com.

**Taxiruf:** Tel. 06-264 17 77.

## Valle del Chota ▶ K 3/4

**Karte:** S. 186

Verlässt man Ibarra über die Panamericana in Richtung Norden, stößt man bald auf die **Laguna de Yahuarcocha,** den von vorzeitlichen Gletschern geformten ›Blutsee‹. An seinen Ufern wurde einst die Stadt Ibarra gegründet, weswegen das Stadtfest bis heute Fiesta de los Lagos heißt. Mittlerweile sind Kultur und Gründungsgeschichte tief in dem historischen See versunken, da die einstige Naturlandschaft heute als Autorennstrecke missbraucht wird.

Die Panamericana durchläuft im Weiteren das Andenbecken am Río Ambi, steigt noch einmal höher in die Berge, bevor das große **Valle del Chota 2** von den Bergkehren aus sichtbar wird: grüne Felder und Zuckerrohrplantagen in den Niederungen des Flusstals stehen in einem scharfen Kontrast zu den wüstenartig ausgedörrten Hängen und Höhen der Talränder.

### Geschichte

Das heiße, trockene Tal des **Río Chota** ist das Land der einzigen großen Population von Afroecuadorianern in den Anden. Ihre Vorfahren wurden im 17. Jh. von den Jesuiten zur Sklavenarbeit in die Baumwoll- und Zuckerrohrplantagen des Valle del Chota ›importiert‹. Viele von ihnen stammen von der afrikanischen Elfenbeinküste.

Erst als die Jesuiten im Jahr 1767 aus Ecuador verbannt wurden, begann ein langwieriger Prozess der Befreiung aus der Leibeigenschaft, die erst 1931 und letztlich 1964 mit den weit reichenden Agrarreformen ihr längst überfälliges Ende fand. Endgültig vorbei war es nun mit Inventarlisten wie dieser von 1722: »Auf der Hacienda verbleiben fünf Neger, drei Negerinnen, Rindviecher, Maultiere, drei Pferde (…).«

Nichtsdestotrotz zählt das Valle del Chota bis heute zu den ärmsten Regionen des Landes. Denn weiterhin ist der Grundbesitz am Río Chota ungerecht verteilt und es herrscht chronischer Wassermangel. Die Choteños finden kaum adäquate Mittel, um ihre spärlichen Agrarprodukte besser als am staubigen Straßenstand zu vermarkten.

Die katholische Kirche, die den einstigen Missbrauch und die Ausbeutung der Farbigen nicht leugnet, gründete im Jahr 1981 in Quito das Centro Cultural Afroecuatoriano zur Armutsbekämpfung in Esmeraldas an der Küste und im Valle del Chota. Im Missionshaus von **Carpuela** arbeiten heute die italienischen Comboni-Schwestern in der Förderung der Schulausbildung der Kinder.

Lebendig wie eh und je ist der afroecuadorianische **Karneval** im Valle del Chota. Musik, Tanz und Fußballturniere verwandeln das gesamte Tal eine Woche lang in einen richtiggehenden Volkszirkus, bei dem auch Besucher von außerhalb willkommen sind. Berühmt ist der populäre akrobatische Tanz ›Bomba del Chota‹, bei dem die Tänzer auf der Stirn eine Flasche unter einem Stab hindurch balancieren.

Eine wüstenhafte Enklave: das Valle del Chota

### El Juncal 3

Das für die Anden extrem heiße und trockene Klima des Chota-Tals sorgt dafür, dass die Gegend vielen Hochland-Ecuadorianern als willkommener Erholungsort fürs Wochenende dient. Entsprechend säumen zahlreiche Hotels mit Swimmingpool und sogar große Freizeitanlagen mit Spaßbädern die Panamericana im Valle del Chota. Ganz am Ende des Tals liegt schließlich ein unscheinbares Dorf, das seit 2002 internationale Sportgeschichte schreibt, **El Juncal.** Etliche der Fußball-Nationalspieler, die 2002 in Japan und Korea sowie 2006 in Deutschland spielten, stammen aus diesem recht staubigen, aber freundlichen Nest am Río Chota. Der ehemalige Stürmerstar Agustín Delgado hat in seinem Dorf sogar eine Stiftung ins Leben gerufen, die sich der Ausbildung junger Fußballer und dem Gesundheitswesen widmet. Wer das Dorf passiert, sollte an Straßenmarkt an der Panamericana-Abzweigung nach Pimampiro und an der großen Brücke mit den Fußballplätzen haltmachen. Die Fußballstars aus dem Chota-Tal werden wohl auch 2014 bei der Weltmeisterschaft in Brasilien auflaufen.

### Übernachten

**Bezaubernde Hacienda** ▸ **Hostería Pantavi:** km 8 via Salinas–Tumbabiro, Tel. 06-293 41 85, 02-234 74 76 (Büro in Quito), www.hosteriapantavi.com. Liebevoll gestaltete Hacienda mit charmanten Zimmern, Spa, Pool, WLAN, Garten. Viel Raum zur Erholung in diesem abgelegenen kleinen Paradies. Mittag-/Abendessen 16 $. EZ/DZ 71/108 $, Suiten 107/119 $, jeweils mit Frühstück.

**… im Nachbartal des Río Salinas:**

**Kolonialer Charme** ▸ **Hacienda San Francisco:** von der Panamericana 20 km via Salinas und Mira, Tel. 06-64 84 42, 099-478 39 64, www.hosteriasanfrancisco.com. Charmante Hacienda von 1640 in einem abgelegenen warmen Tal mit schönem Garten, Swimmingpool für Hotelgäste, eigenem Tennisplatz und Restaurant. Große, schlichte und helle Zimmer. Die Hacienda bietet preiswerte Pakete mit Unterkunft, Vollpension und Wellness an. EZ/DZ 65/95 $.

### Einkaufen

**… im Dorf Mascarilla:**

**Afrikanische Masken** ▸ Die Kooperative **Grupo Artesanal Esperanza Negra** (GAEN) fertigt, verkauft und exportiert – über das Centro Cultural de Mascarilla (http://preser corpec.com/mascarilla_en) – afrikanische Bembona-Tonmasken. Ferner betreibt die Organisation die kleine **Dorfherberge** El Patio de mi Casa und widmet sich engagiert der Einrichtung des ecuadorianischen **Museums der Sklaverei.**

# Auf der Panamericana Richtung Kolumbien
▸ K/L 2/3

**Karte:** S. 186

### Gruta de La Paz 4

Mittlerweile in der Provinz Carchi, geht es von der Panamericana nach rechts ab in das kleine Dorf **La Paz.** Hinter der Kirche mit ihrem schönen weißen Portal geht es links wieder aus dem Dorf heraus und dann 5,5 km eine sehr bald steile Abfahrt entlang dem Río Pisán bis zur **Gruta de La Paz.**

Eigentlich heißt sie ›Grotte von Rumichaca‹, die große Tropfsteinhöhle mit den rötlichen und grünen Gewölben, in denen Vögel und Fledermäuse leben. Zur Hälfte ist die Grotte für die Wallfahrer zur Naturkapelle ausgebaut: mit Altar, Kirchenbänken, Kerzenbankett und natürlich der Grottenjungfrau María. Die andere Hälfte bestreitet der Gebirgsbach, der sich aus dunklen Höhlengängen kraftvoll aus dem Berg schiebt. Am Grotteneingang quert eine schmale Brücke das rauschende Flüsschen, und ein Weg führt an kleinen Wasserfällen entlang zu einem **Schwimmbad,** dessen Eintritt gegebenenfalls zuvor oben am Parkplatz zu entrichten ist. Dort oben gibt es auch eine Cafeteria und eine *tienda* (Laden). Die Grotte und die dramatische Abfahrtsstrecke dorthin sind einen Abstecher wert, auch wenn die Pfleger der Anlage die Bescheidenheit nicht gerade erfunden haben: »Die Grotte von Rumichaca ist ein Design Gottes für die Künstler der Welt«, heißt es gleich am Eingang.

## Hochlandwald von Los Arrayanes [5]

Wenige Kilometer weiter nördlich liegt das Dorf **San Gabriel** an der Panamericana. Von hier zweigt ein gut beschilderter und wunderbar gepflasterter Weg über eine Strecke von 11 km nach Südosten ab, um schließlich auf einen der letzten Myrtenwälder Ecuadors zu treffen, den **Bosque los Arrayanes.** Die in Ecuador vertretene Art der Myrte ist deutlich größer als die Gemeine Myrte des Mittelmeerraums. Der Arrayanesbaum Ecuadors gilt nicht als Symbol von Fruchtbarkeit, Keuschheit und Jungfräulichkeit wie in der römischen Mythologie. Vielmehr waren die einst deutlich größeren Myrtenwälder in Ecuadors Norden heilige Stätten der Tusas- und Pasto-Indianer. Es gilt als wahrscheinlich, dass die Tusas hier Rituale pflegten, in denen sie ihre Toten der Erde übergaben, damit sie von dort, »im Schoß der Mutter Erde«, über die Lebenden wachen.

Dem Besucher eröffnet sich heute ein kleiner Rundweg durch die schattige, grüne Welt der stämmigen Bäume und ihrer zahlreichen ›Mitbewohner‹ wie Bromelien, Farne und Moose. Nicht nur Botaniker werden über die Blütenpracht dieses ungewöhnlichen Waldes staunen. Der bescheidene, 16 ha messende Schutzwald wird mittlerweile liebevoll von der Gemeinde Monteverde und dem Kanton Montúfar gepflegt (weitere Informationen im Departamento de Ambiente des Kantons in San Gabriel, Panamericana Norte y 27 de Septiembre, Tel. 06-229 10 15, Mo–Fr 7.30–12, 13.30–17 Uhr).

## Tulcán [6]

Wer Richtung Kolumbien reist, trifft 36 km nördlich von San Gabriel auf **Tulcán.** Der Ort ist nicht wirklich eine Reise wert, allerdings verfügt die stattliche, 2950 m hoch liegende Provinzhauptstadt von Carchi über einen Regionalflughafen und ist für den Handel und Verkehr zwischen Ecuador und dem nahen Kolumbien von Bedeutung. Am Wochenende wird es daher voll.

Kulturelle Akzente setzten der Gartenbaukünstler José Franco und seine Nachahmer mit der Heckenscherkunst auf einigen Plätzen und vor allem auf dem Zentralfriedhof der Stadt. Die Werke werden daher als Skulpturen in Grün bezeichnet. Auf dem Friedhof von Tulcán liegt der Scherenkünstler Franco heute unter seiner selbst gewählten Inschrift: »Tulcáns Friedhof ist so schön, dass er zum Sterben einlädt.« begraben.

## Übernachten

**Moderne Herberge** ▶ **Hotel Saenz International:** Calle Sucre y Rocafuerte, Tel. 06-298 19 16. Schlicht und sauber. 12 $ p. P.

## Verkehr

**Bus:** Der Busterminal liegt am südlichen Stadtrand. Anfahrt per Taxi empfohlen. Häufige Verbindungen nach Quito, Ibarra, Otavalo und Guayaquil.

## Grenzübertritt nach Kolumbien

Vom Stadtzentrum Tulcáns gelangt man nach einer Fahrt von 13 km zum **Grenzübergang von Rumichaca.** Die Formalitäten am Grenzposten sind unkompliziert. Eine Weiterfahrt ins nahe **Ipiales** [7] (Kolumbien) sollte per Taxi angetreten werden. Geld nur bei Wechslern mit dem obligatorischen Ausweis tauschen.

# Reserva Ecológica El Ángel ▶ K 3

**Karte:** S. 186

## Auf der Piste ins Naturschutzgebiet

4 km südlich von Tulcán zweigt eine spektakuläre Abfahrt von der Panamericana in die **Reserva Ecológica El Ángel** [8] ab. Reisende mit Allradfahrzeug sollten sich die 36 km lange Strecke durch den Páramo und die Frailejones-Wälder bis nach El Ángel nicht entgehen lassen.

## Auf der Hauptroute ins Naturschutzgebiet

Die Hauptroute in die Frailejones-Wälder (s. rechts) der Nordanden führt nicht über Tulcán, sondern zweigt 33 km nördlich von Ibarra nach links von der Panamericana ab, überquert dort den Rio Chota und führt durch eine auffällig trockene Landschaft nach weiteren 16 km in das unscheinbare Dorf **Mira**. Noch einmal 18 km und durch nun immer grünere Vegetation und große Kartoffelanbaugebiete geht es nach **El Ángel** 9 am Rand des gleichnamigen Naturreservats. Am Dorfeingang überragt eine reichlich naive Skulptur den Kreisverkehr, die einen Indianer zeigt.

Im Dorfzentrum befindet sich ein bemerkenswerter Park, der mit Heckenskulpturen ausgestattete **Parque de la Libertad,** ein Open-Air-Museum aus großen Zypressen, die seit vielen Jahren liebevoll und filigran vom ersten Trompeter der Dorfkapelle, Guillermo Chalacán, beschnitten werden.

Um zum Naturreservat zu gelangen, durchquert man das Dorf El Ángel und fährt weiter nach **La Libertad,** wo einen Kunst ohne Erbarmen in Form einer Statue begrüßt: Ein Mönch mit dem Fuß auf der Weltkugel geleitet den von der Kreuzigung blutenden Jesus vom Kreuz.

## Info

Das Büro des **Naturreservats von El Ángel** befindet sich einen halben Block vom Park entfernt an der Straße zum Markt (*mercado*) und ist zu büroüblichen Zeiten meist besetzt.

## Übernachten, Essen

### … in El Ángel:

**Deutsche Leitung ▶ Hostería El Ángel:** Av. Espejo 1302 y Panamericana Norte, Durchgangsstraße, nahe Indianerstatue, Tel. 06-297 75 84, in Quito: 02-222 14 80, www. ecuador-sommergarten.net. Kleines Gartenhotel mit nettem Kaminzimmer, gute Küche. EZ/DZ ohne Frühstück 20/36 $.

## Verkehr

Außer der Nebenstrecke Tulcán–El Ángel und der Hauptroute Ibarra–Mira–El Ángel zweigt

an der Indianerskulptur eine weitere Verbindung zur Panamericana ab. Sie führt nach 22 km nach San Gabriel.

##  Páramo-Wälder von El Ángel

Das im Jahr 1992 gegründete ökologische Reservat umfasst ausschließlich eine Páramo-Zone in den kalten Höhen zwischen 3644 und 4768 m. Höchster Punkt ist der **Vulkan Chiles** exakt auf der Landesgrenze zu Kolumbien. In der Kargheit und Kälte dieser Landschaft wachsen riesige Exemplare der Frailejones, deren biologischer Name *Speletia grandiflora* oder auch *Speletio pycnophylla* lautet. Es handelt sich um extrem widerstandsfähige Stauden mit samtigen, fein behaarten Blättern und gelben, sonnenblumenartigen Blütenkörben.

Während einige Arten der ›Mönchsgewächse‹ eng am Boden leben, strecken die *frailejones gigantes* ihre bubikopfartige Blätterkrone bis zu 5 m hoch in den mitunter eisigen Wind. In Anbetracht der Naturextreme in diesen Höhen ist das eine abstruse Begegnung, bei Mondlicht gar eine unheimliche Erscheinung. Außer den ›Mönchen‹ sind trotz der Höhe über 250 weitere Páramo-Pflanzen im Reservat registriert worden, darunter auch einige Orchideenarten und zahlreiche Heilpflanzen.

Das Gebiet, in dem man die Frailejones am eindrucksvollsten erleben kann, sind die drei **Lagunas de El Voladero** (3580 m). Sie liegen nach wunderschöner Panoramafahrt etwa 15 km oberhalb von La Libertad. Ein befestigter Rundgang führt um die Seen und Teiche herum. Am Ufer gibt es zudem die Möglichkeit, an einer Hütte zu campen. Etwas oberhalb des Sees liegt die primitive Schutzhütte der ›gesunden Herzen‹, das Refugio Corazones Sanos. Wenn sich der häufig aufziehende Nebel lichtet, genießt man von der Anhöhe eine grandiose Sicht.

In einem kleinen Teil des Reservates befindet sich unter dem breiten landschaftlichen Saum der Frailejones ein außergewöhnlicher Wald, der **Bosque Polylepis.** Hierbei handelt es sich um einen Feenwald, der in der Mo-

# aktiv unterwegs

## Wandern an der Polylepis Lodge

### Tour-Infos

**Lage/Anfahrt:** Karte S. 186; Anreise stdl. ab Quito mit Transportes Espejo nach El Ángel (3 Std., 4,50 $), von dort mit dem Taxi weiter zur Lodge (13 km 10–12 $) oder man lässt sich vom Lodge-Personal abholen.

**Start:** Polylepis Lodge

**Dauer:** je nach Route 1–4 Std.

**Schwierigkeitsgrad:** einfach bis mittel

**Unterkunft:** Polylepis Lodge, Tel. 06-263 18 19, 099-403 14 67, www.polylepislodgeec.com, DZ mit VP 90 $, Tagesgäste 10 $ Eintritt.

**Wichtige Hinweise:** ca. 3600 m hoch, daher kalt und windig; Gummistiefel erforderlich, die man in der Lodge ausleihen kann (1 $).

Zwischen zwei prächtigen Polylepiswäldern und einem Heer von *frailejones gigantes* hat in einer ehemaligen Forellenzucht eine bewirtschaftete Páramo-Herberge die Tore geöffnet. Die **Polylepis Lodge** verfügt zudem über Teiche, Bäche und Stromschnellen, die den Polylepiswald in unmittelbarer Umgebung der Herberge nähren.

Die einfache Rundwanderung von etwa einer Stunde Gehzeit führt ab der **Lodge** direkt in den Wald und zunächst durch üppige Vegetation mit zahlreichen Medizinalpflanzen und flachen Lagunen. Es sind einige Bäche, einzelne flach liegende Bäume und Stellen mit morastigem Boden zu überqueren. Im zweiten Teil kommt man an einen reißenden Bach. Hier steigt man neben dem Wasserfall ein steileres Stück etwa 30 Höhenmeter hin-

auf, verlässt den Wald und gelangt zu den großen **Frailejones.** Nun führt ein Weg oberhalb des Waldes und mit toller Fernsicht durch die offene Páramo-Landschaft zurück zur Lodge.

Für Besucher von Universitäten, aber auch für Touristen werden täglich Exkursionen mit detaillierter Beschreibung des Ökosystems organisiert, das sind leichte Wanderungen durch die Zauberwelt im zarten Duft von Humus und Moor. Optional führen die Betreiber der Lodge auch Reitausflüge in den Páramo durch. Spannend sind ferner die Nachtwanderungen, zum einen wegen des grandiosen Lichts auf den hellgrünen Blättern der Mönchsgewächse, aber auch wegen der klaren Fernsicht auf die Vulkane der Anden und die Lichter ihrer Städte. Eine Leidenschaft der Guides ist das Erzählen und Ausschmücken der gruseligen Legenden von Kobolden im Páramo, die den Hausprospekt liebevoll konterkarieren, wonach die Lodge von »Stress, Albträumen und Sorgen« befreie. Die Küche ist traditionell und gut. Kaminfeuer in den rustikalen *cabañas* und dicke Bettdecken lassen einen die Kälte des Páramo vergessen. Die Lodge bietet Unterkünfte in drei Kategorien an: Zum einen die als Doppelzimmer mit Kamin ausgelegten lauschigen Cabañas an den Forellenteichen, dann einzelne besonders heimelige und von der Lodge etwas abgelegene Cabañas direkt im Polylepis-Wald, wo man nur noch die Bäche rauschen hört, und schließlich, vornehmlich für Gruppen, die rustikalen Gemeinschaftsunterkünfte.

räne eines alten Gletschers entstanden ist. Das Holz des mit jährlich 15 mm extrem langsam wachsenden Baumes ist hart. Zum Schutz gegen Frost und Parasiten häutet er sich regelmäßig, wobei er seine orangerote und blätterige Rinde in zahlreichen Schichten abwirft. Dieses Phänomen brachte dem Po-

lylepis den Beinamen ›Papierbaum‹ ein. Die ältesten Papierbäume des etwa 30 ha großen Waldes sind vermutlich bis zu 1500 Jahre alt. Ableger des Polylepis erwachsen aus seinen Wurzeln. Im Gegensatz zu eingeführten Hochlandbäumen wie den Pinien und Eukalyptusbäumen ist der Polylepis kein Wasserräuber, sondern ein Wasserspeicher und erfüllt damit eine äußerst wichtige Funktion in dem von Extremen geprägten Ökosystem des Páramos.

Die zauberhafte Páramo-Landschaft der Reserva Ecológica El Ángel gehört zu den spektakulärsten biologischen Entdeckungen Ecuadors.

## Abstecher zu den Tropenwäldern im Chocó
▶ G/H 1/2

Von Ibarra gen Norden zweigt nach ca. 20 km auf der Panamericana links die Hauptverbindungsstraße zur Küste ab. Sie führt zunächst

**Frailejones-Pflanzen gedeihen nur dort gut, wo auf häufigen Regen Sonnenschein, Nebel und Kälte folgen**

nach **Salinas,** einer afroecuadorianischen Gemeinde mit einem romantischen Bahnhof, der mehrmals in der Woche von Ibarra auf dem Schienenweg angefahren wird.

Die Küstenstraße führt bald am Río Mira entlang, passiert **La Concepción** und mehrere unscheinbare Landgemeinden, bis sie 62 km hinter Ibarra auf den Badeort **El Limonal** stößt.

Nach etwa drei bzw. vier Busstunden erreicht man den schmuddeligen Küstenort **San Lorenzo** und weiter südlich **Borbón,** die Heimat der Marimba-Musik. Während von San Lorenzo aus häufig Boote in den großen Mangrovenwald der **Reserva Manglares Cayapas-Mataje** starten, legen in Borbón die Boote in den Küstennebelwald des Río Cayapas ab.

Die beiden Waldgebiete des weiten Biosphärenservates **El Chocó** sollte man tunlichst nicht auf eigene Faust besuchen, sondern im Vorfeld Kontakt aufnehmen mit den Organisationen vor Ort, die Unterkünfte für Touristen bereithalten und geführte Touren organisieren.

Die tropischen Küstenregenwälder des Nordens zählen zu den artenreichsten des Landes, wenngleich sie von mehreren Seiten bedroht werden: Garnelenzuchten, Holzfäller, die Agroindustrie der Afrikanischen Ölpalme und Minengesellschaften machen dem Wald gewaltig zu schaffen. Die Mehrheit der Afroecuadorianer an der Küste und die Chachi-Indianer im Regenwald kämpfen vehement gegen den Raubbau an ihrem natürlichen Lebensraum. Mit dem Wald würde auch die über Jahrhunderte gewachsene Kultur der Waldindianer der Awá verschwinden. Immerhin sind bis heute Affen, Vögel, Frösche, Schmetterlinge und zahlreiche andere Tiere noch regelmäßig anzutreffen.

Tourismus ist hier eine kleine wirtschaftliche Alternative zur Ausbeutung von Mensch und Natur. Die Flusslandschaft am **Río Cayapas** und an seinen Nebenflüssen, die Landwirtschaft der Ureinwohner, der dichte Regenwald und die Alltagskultur in den Gemeinden an den Flussufern sind ein besonderes Erlebnis für abenteuerfreudige Reisende ohne hohe Serviceansprüche und auf der Suche nach exotischen Zielen. Wegen der Regenfälle und Mücken im Winter sind die Sommermonate von Juni bis September für diese Gegend die beste Reisezeit.

## Infos

**Verde Milenio:** Calle Obs. Miguel y Solier 122 y Selva Alegre, Quito, Tel. 02-290 61 92, 099-984 22 56, www.verdemilenio.org (auch auf Deutsch), Mo–Fr 9–18 Uhr. Diese Organisation arbeitet in der Region und koordiniert ökotouristische Reisen.

Der **Eintritt** in die Reserva Manglares Cayapas-Mataje ist frei. **Startpunkt** für Regenwaldexkursionen am Río Cayapas ist die an das Mangrovenreservat angrenzende Gemeinde **San Miguel** mit dem Rangerbüro der Guardabosques.

## Übernachten, Aktiv

**Belgisches B & B ▶ Bosque de Paz:** El Limonal, vom Dorf aus beschildert, Tel. 06-301 66 06, www.bospas.org. Familiäres Gästehaus unter belgisch-ecuadorianischer Leitung inmitten eines Wiederaufforstungsprojekts und üppiger tropischer Pflanzenwelt. Geführte Wanderungen und Ausritte. Das Projekt sucht ständig freiwillige Mitarbeiter. Freundliche, einfache Zimmer mit Veranda und Bad, kleiner Pool. Bed & Breakfast: 18 $ p. P., im Schlafsaal 13 $, Frühstück 2,5 $, Abendessen 5,5 $.

**Einfache und preiswerte Unterkünfte ▶** (5–10 $ pro Nacht) und Verpflegung findet man in den Gemeinden **San Miguel, Loma Linda** und auf der **Kumanii Lodge,** Kontakt über Verde Milenio, s. o.

## Verkehr

**Bus:** häufige Verbindungen Ibarra–San Lorenzo (3 Std., 4 $) mit Anschluss an San Lorenzo–Borbón (1 Std., 1 $). Alternativ: Quito–Borbón mit direktem Nachtbus (6 Std., 9 $) oder Quito–Esmeraldas (3 Std., 6 $) und Esmeraldas–Borbón (3 Std., 4 $).

**Kanu:** In Borbón verkehren zwischen 10 und ca. 16 Uhr etwa 4 x tgl. Boote nach San Miguel (6 Std., 8–10 $).

Der 6310 m hohe Chimborazo überragt eine eindrucksvolle Andenlandschaft

# Kapitel 3

# Die Straße der Vulkane

Südlich von Quito erstreckt sich der geografisch größte Teil der ecuadorianischen Anden, der auch die höchsten Erhebungen aufweist: den 5897 m hohen und aktiven Vulkan Cotopaxi und den 6310 m hohen erloschenen Vulkan Chimborazo. Ihre Gipfel sind zweifelsohne die topografischen Höhepunkte zahlreicher Bergsteiger. Etliche andere Vulkane vermitteln nicht minder dramatische Naturerlebnisse mit Fernsichten von Hunderten von Kilometern. Dazwischen liegen die Weiten der Haciendas und des Páramo, Traumwelten für tagelanges Trekking in Einsamkeit. Diese lange Andenpassage, eine atemberaubende Gebirgslandschaft mit Vegetation bis in eine Höhe von 4500 m und rauchenden Gipfeln, taufte Alexander von Humboldt die »Straße der Vulkane«. Auf dem Land taucht man ein in das indianische Herz der Region, entdeckt noch heute archaische Lebenswelten zwischen ›Mama Tungurahua‹ und ›Taita Chimborazo‹.

An der Panamericana des Südens liegen gleichzeitig einige der historisch bedeutendsten und schönsten Städte Ecuadors, Riobamba und Loja, aber allen voran das Weltkulturerbe von Cuenca, die schönste Stadt Ecuadors und heimliche Kulturhauptstadt des Landes.

Für Aktivsportler ist der Süden der Anden ein gelobtes Land. In fast allen Regionen finden sich Routen und Veranstalter für Bergsport, Reiten und Radfahren, und das auf einem hohen Erlebnisniveau. Hier hat sich besonders die klimatisch angenehme Kleinstadt Baños unter dem Vulkan Tungurahua zu einem Eldorado der Aktivreisenden entwickelt.

Die wasserreichen Nationalparks El Cajas und Podocarpus sind die Höhepunkte im südlichsten Teil der ecuadorianischen Anden.

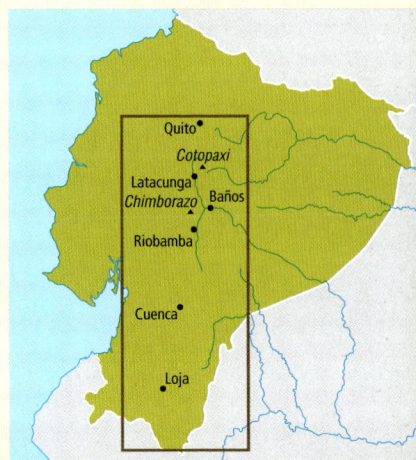

# Auf einen Blick
# Die Straße der Vulkane

## Sehenswert

**6** **Nationalpark Cotopaxi:** Der Gipfel eines der höchsten noch aktiven Vulkane der Welt (5900 m) ist ein Höhepunkt für Bergwanderer. Der nach ihm benannte Nationalpark bietet exzellente Möglichkeiten zum Trekking und für Haciendabesuche (s. S. 206).

**7** **Cuenca:** Die heimliche Kulturhauptstadt Ecuadors an den Ufern des Río Tomebamba wurde unter mitteleuropäischem Einfluss architektonisch zu einem Juwel. Das Kunst- und Kulturangebot wie auch das feminine Gesicht der Stadt überraschen (s. S. 244).

**8** **Nationalpark Podocarpus:** Der spektakulärste Bergnebelwald des südlichen Ecuador verläuft über fünf Vegetations- und Höhenstufen und verfügt über eine weltweit herausragende Vogelvielfalt und große Waldflächen andiner Eiben, Podocarpus genannt (s. S. 264).

## Schöne Routen

**Cotopaxi-Südroute:** Die selten begangene Südroute ist einsam, verwunschen und ein authentisches Expeditionserlebnis (s. S. 210).

**Umrundung der Laguna Quilotoa:** Das Hochland um den traumhaft schönen Bergsee Quilotoa ist ein einzigartiges Wandergebiet nahe an der indianischen Lebenswirklichkeit (s. S. 212).

**Wandern am Río Pastaza:** Wo der Río Pastaza sich in zahllosen Wasserfällen Richtung Amazonien wirft, unterhalb der Zuckerrohrstadt von Baños, liegt ein faszinierender Uferwanderweg (s. S. 226).

**Chimborazo-Südflanke:** Ob mit dem Bus, dem eigenen Fahrzeug oder auch als lange Tageswanderung – die Südverbindung von Guaranda nach Riobamba, ein gut befestigter Fahrweg, ist eine tief beeindruckende Panoramastrecke (s. S. 235).

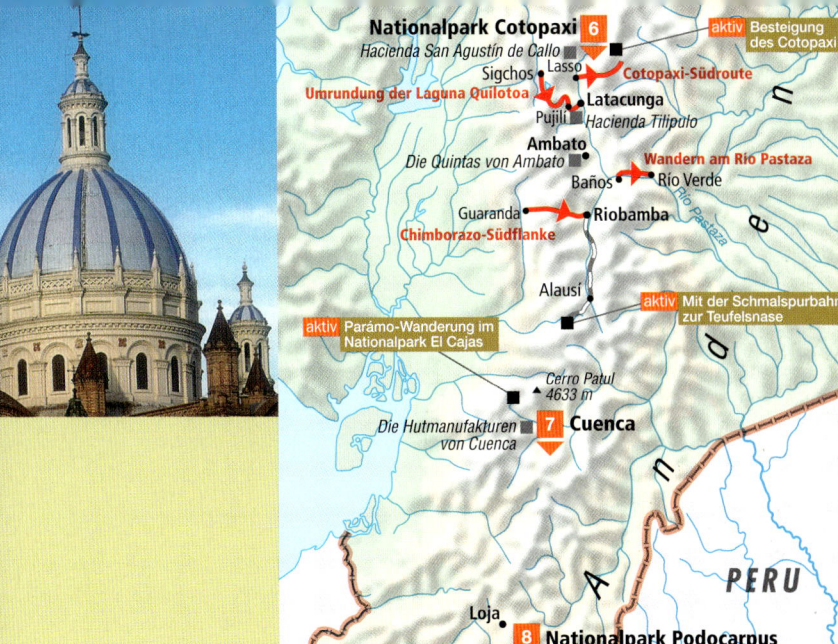

# Meine Tipps

**Hacienda San Agustín de Callo:** Aus den Grundmauern einer Inkafestung des 15. Jh. bauten Mönche ein Kloster am Cotopaxi. Es ist heute das älteste und außergewöhnlichste Hotelgebäude des Landes (s. S. 208).

**Hacienda Tilipulo:** Die von den Jesuiten errichtete Weberei und die alte Kirche stehen heute leer. Ihre meterdicken Mauern und der Blütengarten sind magisch (s. S. 220).

**Die Quintas von Ambato:** Am Stadtrand von Ambato sind zwei wunderbar restaurierte republikanische Landsitze des 19. Jh. mit originaler Einrichtung als Museum zu bewundern (s. S. 222).

**Die Hutmanufakturen von Cuenca:** Obwohl das Palmblatt der Toquilla von der Pazifikküste kommt, zählen die Hutmacherbetriebe in und um Cuenca seit Generationen zu den besten des Landes (s. S. 253).

# aktiv unterwegs

**Besteigung des Cotopaxi:** Einer der höchsten aktiven Vulkane der Welt bietet mehrere spannende Tracks, auf denen man den 800 m breiten Krater auf fast 6000 m Höhe besteigen kann (s. S. 207).

**Mit der Schmalspurbahn zur Teufelsnase:** Eine der ingenieurtechnisch ambitioniertesten Eisenbahnstrecken Lateinamerikas führt von Alausí zu den dramatischen Spitzkehren um die legendäre Teufelsnase. Ab Mitte 2013 soll sogar die gesamte Strecke Quito–Guayaquil wieder befahren werden (s. S. 241).

**Parámo-Wanderung im Nationalpark El Cajas:** Mit fast 800 Bergseen und Lagunen ist der Nationalpark oberhalb von Cuenca nicht nur eines der wasserreichsten Gebiete des Landes, sondern auch von traumhafter Schönheit, ein Eldorado für Wanderer (s. S. 257).

# Am Fuß des Cotopaxi

Cotopaxi ist zugleich eine spektakuläre Hochlandprovinz Ecuadors, einer der größten Nationalparks des Landes und einer der größten aktiven Vulkane der Erde. Der Teil der Anden, der von diesem 5900 m hohen Vulkangipfel dominiert wird, umfasst eine Reihe von Bergen beider Kordilleren, ein wahres Trekkingparadies. An den 33 000 ha großen Nationalpark grenzt das Naturschutzgebiet El Boliche.

## Cotopaxi-Nordroute

▶ H/J 6/7

**Karte:** rechts

Die Route in die zentralen Hochanden beginnt in **Tambillo** 🔳, wo sich die Panamericana aus Quitos Süden und die Osttangente aus dem Valle de los Chillos vereinen und fortan autobahnähnlich durch die interandinen Täler auf der ›Straße der Vulkane‹ nach Süden führen. Im Osten bietet sich ein schöner Blick auf den üppig bewaldeten und halb offenen Krater des Vulkans **Pasochoa**. Im Westen zweigt nach wenigen Kilometern bei **Alóag** die wichtige Straße zur Küste nach Esmeraldas und Manabí ab.

### Übernachten, Aktiv

**Pferderanch** ▶ **Hacienda La Alegría:** km 2 via Aloag-Santo Domingo vom Abzweig 2 km durch das Barrio Rumipamba, Tel. 099-980 25 26, 099-992 08 20, www.haciendalaalegria.com. Empfehlenswerter Reiterhof im Süden von Quito. Der alte Gutshof verfügt über 45 Pferde, allesamt gemischte *criollo*-Rassen mit einem deutlichen Anteil andalusischer und arabischer Pferderassen. Die gut 2 km von der Panamericana entfernte familiäre Hacienda bietet Reitausflüge zwischen ein und neun Tagen in die Bergwelt von Corazón und Cotopaxi an und hält dabei Anforderungsprofile von ›soft adventure‹ bis ›intensive‹ bereit. Von den Gärten der Hacienda bietet sich eine

prächtige Sicht auf die umliegenden Vulkane. Das Haus mit seinen alten Bädern und dem Kaminzimmer ist sehr gemütlich. Zum Übernachten sind hingegen die neueren Zimmer wohnlicher. Da die Hacienda nahe der Bahnlinie Quito–El Boliche liegt, hält die Bahn auf Wunsch mehrfach wöchentlich vor den Toren der Ranch. 65 $ p. P. mit Frühstück.

## Machachi 🔳

Weiter südlich auf der Panamericana, am Fuß des schroffen Vulkans **Rumiñahui** (4712 m), liegt das landwirtschaftliche Zentrum **Machachi,** etwa 50 km südlich der Hauptstadt. Die Kleinstadt ist in ganz Ecuador berühmt für ihr ausgezeichnetes Mineralwasser, dessen bekannteste Marke das Güitig ist. Seinen seltsamen Namen gab man dem Quellwasser nach einem alten chemischen Zertifikat aus Deutschland: Reinheit und Mineraliengehalt entsprachen seinerzeit den ›gültigen‹ Normen, so heißt es in der Dorfchronik.

Das kalte **Gebirgswasser-Schwimmbad** (7–16 Uhr), der gute Käse und die sonntäglichen Hahnenkämpfe runden das bescheidene Erlebnisangebot dieses beschaulichen Städtchens ab. Sehenswert sind der schöne **Parque** mit seinem alten Baumbestand und der große betriebsame **Sonntagsmarkt** (6–17 Uhr). Besonders lohnend in den Morgenstunden des Sonntags ist auch der außerhalb der Dorfkerns gelegene Viehmarkt *Feria de animales.* Vorsicht, auf dem großen

Markt treiben sich einzelne Taschendiebe herum. Täglich findet zudem ein kleiner Markt im Zentrum statt.

Über Machachi führt auch die nördliche Einfahrt ins Gebiet des **Nationalparks Cotopaxi** (s. S. 206).

## Übernachten

### … außerhalb der Stadt:

**Treff für Trekker ▶ Hostería Papa Gayo:** Panamericana Sur km 26, dort rechts abbiegen, 600 m gepflasterter Weg, Tel. 02-231 00 02, 098-044 88 12, www.hosteria-papagayo. com. Einfache, aber nette Unterkunft in einer Freizeitanlage mit Restaurant und Bar sowie Internet und Waschmöglichkeiten. Zudem Ausrüstung und Guides zur Besteigung von Ilinizas, Pasochoa, Corazón (65 $) und Cotopaxi (175 $, jeweils ab 2 Personen), Preise inkl. Transport, Lunch und Guide. Zimmer für 1–3 Personen 33 $ p. P.

### … in Aloasí:

**Bergbahnhof ▶ Hostería La Estación:** Panamericana Sur km 40, Einfahrt nach Aloasí, Tel. 02-230 92 46, 099-277 15 78, hosteriagranjalaestacion@hotmail.com. Am alten ausgelagerten Bahnhof von Machachi liegt dieses schöne Haus einer alten Hacienda. Gemütliche Zimmer mit Kamin, angeschlossen ist ein Restaurant (Frühstück 6 $, Mittag-

# Am Fuß des Cotopaxi

essen 14 $, am Wochenende reservieren!).
EZ/DZ 40/45 $.

## Essen & Trinken

**Kult-Café ▶ El Café de la Vaca:** Panamericana Sur km 41, Tel. 02-231 50 12, 099-915
56 57, www.elcafedelavaca.com, tgl. 8–17.30
Uhr. Mit viel Liebe und Sorgfalt geführtes
Café-Restaurant im Zeichen der ›Kuh‹ mit guter internationaler Küche, hausgemachten
Kuchen sowie Kaffee- und Milchspezialitä-
ten. Am Wochenende unbedingt reservieren!
Mittagsmenü 9,50 $, Hauptgericht 8–16 $.

## Aktiv

**Canopying ▶ Agencia Tierra del Volcán:**
Tel. 02-204 15 20, 02-600 95 33, www.tier
radelvolcan.com. Anfahrt mit der *camioneta*
ab Machachi-Dorfplatz etwa 10 $, Eintritt
Hacienda Santa Rita 6 $ p. P., Canopying ab
17 $ p. P., Tagestour in Santa Rita 25 $.

## Termine

**Paseo del Chagra:** Um den 23. Juli veranstaltet Machachi alljährlich ein großes **Rei-
terfest** mit Tanz, Köstlichkeiten der lokalen
Gastronomie, Reiterwettbewerben und Stierkampf.

## Verkehr

**Bus:** Von Quito, Terminal Terrestre, fahren
etwa alle 30 Min. Busse der Coop. Brito nach
Machachi, Fahrpreis 0,75 $. Weitere Busse
mit Ziel Ambato oder Latacunga lassen einen
an der Panamericana aussteigen.

## Unterwegs zum Eingang
## Control Norte

Vorweg sei angemerkt: Die meistbefahrene
Route in den Nationalpark ist die von der
Panamericana im Westen über den gut beschilderten Parkeingang El Boliche oder
15 Minuten weiter südlich von Control Caspi
nach Osten. Von dort sind es etwa 30 km,
vorbei am Parkwächterhäuschen, an der Laguna Limpiopungo bis zum Parkplatz des
Refugio José Ribas. Schöner und weniger
befahren ist hingegen die hier näher beschriebene Nordroute.

Diese Cotopaxi-Route setzt sich von Machachi aus Richtung Osten fort, um später
den Nordeingang zum Park zu erreichen. Zunächst passiert die gepflasterte Straße zahlreiche einfache Bauernhäuser und Weiden,
durch die der Vulkan **Rumiñahui** im Süden
immer wieder beeindruckend durchlugt.

Im weiteren Verlauf steigt die alte Straße
an, passiert die Bauernschaft **Santa Ana del
Pedregal,** wo man sich rechts hält, um
schließlich auf etwa 3600 m Höhe, nur 4,5
km vor dem Parkeingang auf die **Hacienda
El Porvenir 3** zu stoßen. Auf dem alten
Landgut ist eine neue, aber stilvoll in warmen
Farben und Holz gehaltene Hostería mit einem sehr heimeligem Kaminzimmer entstanden. Die Hacienda und ihr Veranstalter
haben sich spezialisiert auf zahlreiche Out-

**Der riesige Krater des Cotopaxi hat einen Durchmesser von 800 m**

door-Angebote im Páramo wie Wandern, Bergsteigen, Reiten (28 $ für 3,5 Std.) und Mountainbiken (28 $ pro Tag). Dabei verfügt das Haus über einen Schlafsaal (35 $ p. P.) und Zimmer (88 $ p. P., Suite 132 $), Preise jeweils mit Frühstück.

Von dort nach Nordosten auf der Rückseite des Pasochoa (4200 m) führt ein Weg zur **Hacienda Santa Rita** der gleichen Outdoor-Gruppe. Besondere Attraktion ist hier das Canopying. Sieben Drahtseile von insgesamt 1500 m Länge sind über Wasserfälle und klare Flüsse gespannt (s. S. 204). Ferner kann man hier zahlreiche Vögel und die typische Páramo-Vegetation beobachten.

Die dritte **Hacienda, El Tambo,** abgeschieden am Fuße des Vulkans **Quilindaña** gelegen, ist ein ganz besonderer Ort für Freunde der Einsamkeit und der kalten Páramo-Welt.

## Übernachten, Aktiv

Aktivsport-Spezialisten ▶ **Haciendas El Porvenir, Santa Rita** und **El Tambo:** Kontakt über Tierra del Volcán, Vía Lactea 350 y Chimborazo, vía al Colegio Menor Quito, Tel. 02-204 15 20, 02-600 95 33, 099-498 01 21, www.tierradelvolcan.com, Anfahrt zu den beiden ersten Haciendas mit der *camioneta* ab Machachi-Dorfplatz etwa 8–10 $, nach El Tambo in Absprache mit der Agentur. Übernachtung ab 48 $ p. P.

Bergsteigerlodge ▶ **Mountain Lodge Chilcabamba:** Tel. 099-134 34 76, 099-946 04 06, in Quito: 02-222 42 41, www.chilcabamba.com. Von Santa Ana del Pedregal aus

205

## Am Fuß des Cotopaxi

links abzweigend, gelangt man nach 17 km von Machachi zu der privaten Lodge (3487 m) des Bergführers Reno Román. Er bietet Wanderungen, Ausritte (30 $) und Gipfelbesteigungen an. 8 lauschige Doppelzimmer mit Vorzimmern und bullernden Schwedenöfen. Stilvolles Restaurant (Menü 17 $), offener Kamin, Teleskop zur Sternenbeobachtung. EZ/DZ mit Frühstück 73/90 $, Schlafsaal 31 $. Pauschalpakete. Zufahrt auch über die Nordstrecke Sangolquí–Rumipampa.

## 6 Nationalpark Cotopaxi

▶ H/J 7

**Karte:** S. 203

Ob von El Porvenir, Chilcabamba oder Santa Rita kommend – nach Süden führen alle Wege in den **Nationalpark Cotopaxi,** und zwar in diesem Teil des Gebirges über den Eingang **Control Norte** (Einfahrt tgl. 8–16, Ausfahrt 8–18 Uhr, Eintritt frei). Gleich hinter dem Parkwächterhäuschen zweigt nach links der Weg zu den präinkaischen Bergmarken von **Pucará El Salitre** ab sowie zu der weit abgelegenen und von traditioneller Stierzucht geprägten **Hacienda Yanahurco,** die man auch für einige Tage besuchen kann. Geradeaus wiederum führt der Hauptweg nach 2,8 km zu der Bergherberge **Tambopaxi** (3750 m), die von einer Gruppe renommierter ecuadorianischer Bergführer geleitet wird.

Cotopaxi bedeutet in der Sprache der Cayapas auch ›Hals des Mondes‹ und im Idiom der vorinkaischen Panzaleos ›Feuerschlund‹. Schon seit 1742 notieren die Chronisten die verheerenden Katastrophen seiner Eruptionen, die allein die 35 km entfernte Stadt Latacunga mehrmals unter der Asche des Cotopaxi begruben. Der letzte verheerende Ausbruch datiert auf 1877, doch aktuelle, gut sichtbare Schmelzen am Westhang unter dem Krater alarmieren die Vulkanologen. Nachts liegt der magische Berg ›Mama Cotopaxi‹ häufig unter spektakulärem Wetterleuchten und einer leichten Nebelhaube.

Der mehr als 33 000 km² große Nationalpark Cotopaxi ist geprägt von recht karger

bis botanisch vielfältiger Páramo-Landschaft. Nur in weniger hohen Zonen im Westen findet man forstwirtschaftlich gepflanzte Kiefernwälder und Steinbrüche. Traditionelle Haciendas laden Gäste ins Páramo-Land, die Nationalparkdirektion kümmert sich um Parkbelange. Immer wieder stößt man auf Schlackefelder und die Wände ehemaliger Lava- und Schlammflüsse. In dem Reservat sind u. a. Pumas, fuchsartige Wölfe, Wildpferde sowie einige der letzten Kondore beheimatet. Vom am häufigsten genutzten Eingang zum Nationalpark bei **El Chasqui** an der Panamericana bis zur Schutzhütte **Refugio José Ribas** [4] sind es etwa 30 km auf einer geteerten Straße.

### Übernachten, Essen

**Bergsteiger-Basecamp** ▶ **Tambopaxi:** La Pampa de Limpios, km 1,8 Entrada Norte, Tel. 099-944 82 23, Quito-Büro: Calle Diego de Almagro N26-105 y la Pinta, Tel. 02-222 02 41, www.tambopaxi.com. Herberge mit Schlafsälen und einfachen, aber warmen Zimmern mit Kamin und Bad, verteilt auf mehrere Häuser, einige schon etwas älter. Panorama-Restaurant mit ecuadorianischer Küche (Mittagsmenü 16 $, Hauptgericht 10–14 $). EZ/DZ mit Frühstück 92/116 $, Schlafsaal 24 $ p. P., Camping mit Nutzung der Sanitäranlagen 8 $ p. P. Transportservice auf Anfrage.

**Abgelegen** ▶ **Hacienda Yanahurco:** Tel. 02-244 52 48, 099-612 77 59, www.hacienda yanahurco.com, Camping 15 $; Übernachtung mit Vollpension 90 $, inkl. Touren und Reiten; Haus mit 3 Zimmern, Bad und Küche 30 $ p. P. und Nacht, s. links.

**Cotopaxi-Schutzhütte** ▶ **Refugio José Ribas:** an der Aufstiegsroute auf der Nordseite auf 4800 m, Quito-Büro: Calle Obispo Díaz de la Madrid s/n, Tel. 02-320 07 07, 098-350 21 09, Mo–Fr 9–17.30 Uhr, Sa nur über Handy erreichbar, www.cotopaxihut.com. Sehr einfache Schutzhütte mit 70 Etagenbetten, einfacher Suppenküche, Kaminraum und Snackbar – der höchst gelegene und meistgenutzte Ausgangspunkt zur Gipfelbesteigung. Parkplatz 200 m tiefer. Übernachtung 20 $, mit Halbpension 30 $.

# aktiv unterwegs

## Besteigung des Cotopaxi

### Tour-Infos

**Karte:** S. 203

**Anfahrt:** über die Panamericana und Control Caspi oder über Machachi und Control Norte bis zum Parkplatz (4600 m) unterhalb des Refugiums, weiter zu Fuß

**Start:** Refugio José Ribas (4800 m)

**Eintritt:** kostenlos

**Länge:** Gipfelaufstieg von und bis Refugio 5–10 Std., je nach Wetter und Kondition

**Schwierigkeitsgrad:** mittel bis hoch

**Kontakt zu Bergführern:** www.aseguim.org und die Bergagenturen in Quito. Preisbeispiel (Tambopaxi, s. links) für die Gipfelbesteigung: Bergführer für bis zu 3 Personen 120 $, zzgl. 30–40 $ p. P. für die Ausrüstung, zzgl. Anreise, Übernachtung, Verpflegung und Parkeintritt.

**Wichtige Hinweise:** Bergführer sowie Eis- und Bergausrüstung sind obligatorisch! Refugio mit 70 einfachen Betten, Kamin und Kochküche, Nutzung 20 $ p. P.

Vor 127 Jahren, am 28. November 1872, bezwangen der deutsche Geologe Wilhelm Reiss und der Kolumbianer Angel María Escobar erstmalig den 5897 m hohen Cotopaxi. Acht Jahre später ging der legendäre britische Alpinist Edward Whymper mit der ersten Gipfelübernachtung in die Annalen des Bergsports ein.

Heute gehört einer der **höchsten aktiven Vulkane der Erde** zu den großen Attraktionen für die Bergsteiger aus aller Welt. Der gleichmäßige konische Vulkankegel des Cotopaxi überragt das Land ›öfter‹ als jeder andere Berg, da er im zentralen Hochlandklima die meisten Tage mit freier Sicht zählt und ganzjährig zu erklimmen ist.

Vor dem Aufstieg suchen die Bergsteiger ein Ruhelager auf, sei es die staatliche Schutzhütte José Ribas oder, niedriger gelegen, die privaten Berghütten von El Tambo oder Chilcabamba. Zum Schlafen kommt man kaum, denn die Besteigung des Gipfels beginnt zwischen 0 und 2 Uhr früh, gemessen ab dem Refugio José Ribas. Am Anfang steht der stetige Aufstieg, mit Stirnlampen und dampfendem Atem, die Eisausrüstung im Gepäck, die Schneebrille am Gurt. Nach einer guten halben Stunde ist auf 5000 m die ewige Schneegrenze erreicht, und die Teams binden sich samt Steigeisen und Eispickel zu kleinen Seilschaften an ihre Führer.

Nun folgen 700 Höhenmeter meist gleichmäßiger Anstieg im ewigen Eis des ›Feuerschlundes‹, bis die Morgendämmerung die anderen Schneegipfel Ecuadors aus der Nacht entlässt, bis das glitzernde Lichtermeer von Quito dem Tag weicht. Die Besteigung ist technisch nicht sehr schwer, doch die Höhenluft, der teils starke Wind oder mitunter eisige Niederschläge stellen hohe Anforderungen an die Kondition.

Den Gipfel schon erahnend, beginnt unter dem Kraterrand unverhofft die steilste Passage, an der so mancher keuchend verzweifelt. Bei guter Sicht lohnt dieser Kampf gegen die Höhe. Denn wer den **Sonnenaufgang auf dem Gipfel** erlebt, am Rand des 800 m durchmessenden Kraters, dem wird dieses Bild auf ewig im Gedächtnis bleiben.

Die Besteigung dauert ab dem und zurück zum Refugio zwischen fünf und zehn Stunden. Wegen der Witterung sowie Schneebrücken und Gletscherspalten ist ein Bergführer obligatorisch. Mehr noch: Die Schmelze, aber auch neue Schneefälle erfordern gelegentlich Routenänderungen. Alternativ ist der Cotopaxi auch über die einsame Südroute zu besteigen, wie es schon Humboldt 1802 versuchte (s. S. 210).

Beste Saison für eine Gipfelbesteigung ist August bis Dezember, denn von Februar bis Mai bildet sich häufiger Nebel.

# Tipp: Augustinerresidenz im Inkapalast

Die heutige **Hacienda San Agustín de Callo** 5 war eine der nördlichsten Bastionen der Inkas. Hier, unter den Gletschern des Cotopaxi, errichteten die Sonnensöhne aus Cuzco auf 3000 m über dem Meer einen festungsartigen Palast, den sie erst im 16. Jh. den Spaniern überlassen mussten. Der Versuch, eine ähnliche Festung in Guayllabamba nördlich von Quito zu errichten, scheiterte am Widerstand der Cayambe-Indianer. Nach der Unterwerfung durch die Europäer nahmen sich die Augustinermönche der imperialen Festung an, um hier ein kleines Landkloster und eine Weberei zu betreiben. Im 18. Jh., schließlich diente das Anwesen zudem der Geodäsischen Mission Frankreichs als Zentrum für ihre Studien zur Bestimmung der Erdform. Auch der deutsche Naturforscher Alexander von Humboldt (s. Thema S. 234) untersuchte die Ruinen 1802 und begann hier seine kaum bekannten Aufzeichnungen über die Inkaarchitektur, die er in Ingapirca, Cuenca und in Peru fortsetzte.

Im Jahr 1921 erwarb der zweimalige liberale Staatspräsident General Leonidas Plaza Gutiérrez die Hacienda. Er vererbte das Landgut an seinen Sohn Galo Plaza Lasso, der seinerseits von 1948 bis 1952 Staatspräsident war. Dessen Nichte Mignon Plaza wiederum überführte den antiken Palast schließlich in ein Hotel und ein Restaurant.

Ihr ist es zu verdanken, dass jüngere architektonische Eingriffe zurückgebaut wurden, die passgenau gehauenen Steinblockwände der Inkas und frühe Entwicklungen der Augustiner restauriert wurden. Und so betreibt die Enkelin des liberalen Präsidenten heute die älteste und bedeutendste Hacienda des Landes.

Die fünf Zimmer und sechs beeindruckenden Suiten in den mehr als 550 Jahre alten Mauern verfügen über herrschaftliche Betten, wuchtige Feuerstellen und über große farbenprächtige, von Kaminen beheizte Bäder. Ist das Umfeld des Anwesens mit ausgedehnten Brokkoliplantagen und einer schlichten Zufahrt zur Hacienda noch nicht erbaulich, so taucht der Besucher spätestens beim Betreten des inneren Patios in eine andere Epoche ein (Infos s. rechts).

**Moderner Komfort in 500 Jahre alten Mauern: Hacienda San Agustín de Callo**

# Zurück zur Panamericana

▶ **H 7**

**Karte:** S. 203

Vom Refugio José Ribas und seinem Parkplatz aus geht es auf demselben Weg zurück bis zu der Piste aus dem Norden des Parks. An dieser Anschlussstelle wiederum nach Westen liegt die meistgenutzte Verbindung von der Panamericana in den Nationalpark. Diese kürzeste Anbindung führt vorbei an der flachen **Laguna Limpiopungo** mit seltenen Wasservögeln des Páramos. Häufiger sieht man hier auch Wildpferde. Die Straße passiert ferner alte Ablagerungen früherer Eruptionen sowie typische Páramo-Vegetation, einen großen Steinbruch und forstwirtschaftliche Kiefernwälder. Unterwegs zur Rechten liegt ein sehr einfacher, unbewachter **Campingplatz.** Die Übernachtung hier ist gratis, die anliegende baufällige, aber windfeste Hütte kann mitgenutzt werden (3 $ p. P.). Zahlung und Schlüssel am Eingang Control Caspi (s. u.). Das Wasser stammt aus dem Páramo.

Als nächste Orientierungspunkte am Weg dienen ein paar Kilometer weiter westlich ein leider vernachlässigtes **Museum** sowie das nur sporadisch geöffnete **Restaurant Paja Blanca.** Bald erreicht man die Ausfahrt bzw. für viele die südliche Einfahrt zum Nationalpark Cotopaxi. Auch dieses Parkwächterhäuschen, **Control Caspi,** häufig auch als Control Sur bezeichnet, lässt nur von 8 bis 16 Uhr hinein- und bis 18 Uhr herausfahren (Eintritt frei).

## Hacienda San Agustín de Callo

Zwischen dem Parkeinlass Süd und der Panamericana liegt gut ausgeschildert die historisch bedeutendste Hacienda Ecuadors mit den vielleicht schönsten Gästezimmern des Landes, die **Hacienda San Agustín de Callo** (s. Tipp links).

## Übernachten, Essen

**Inkapalast** ▶ **Hacienda San Agustín de Callo:** Lasso, 5 km östlich der Panamericana,

Abfahrt bei km 42, Tel. 03-271 91 60, 02-290 61 57 (Quito), www.incahacienda.com. Die Hacienda besteht aus drei Häusern, deren ältestes die Casa Inca ist. Preise inklusive Vollpension, Wanderungen und Angeln; Mountainbike-Verleih. EZ/DZ 250/382 $, Suite mit Jacuzzi 437 $, Menü 48 $, s. Tipp S. 208.

# Auf der Straße der Vulkane gen Süden ▶ H 7

**Karte:** S. 203

Auf der Straße der Vulkane, die natürlich zu Zeiten des Schöpfers dieses Namens weder asphaltiert noch beschildert war, kehrt man zurück ins 21. Jh. Nur wenige 100 m südlich des Nordabzweigs in den Nationalpark bietet sich alternativ eine hübsche Bergpension zur Übernachtung an.

## Übernachten, Essen

**Stilvolle Herberge** ▶ **Cuello de Luna:** Sector El Chasqui, Panamericana Sur km 44 (gegenüber der südlichen Einfahrt in den Nationalpark Cotopaxi), Tel. 02-290 60 39, 099-970 03 30, www.cuellodeluna.com (auch auf Deutsch). Ruhige, auf einer Höhe von 3125 m gelegene Herberge für Bergwanderer mit freundlichen Zimmern samt Kamin um ein nettes Gärtchen; Restaurant (Abendmenü 10 $). EZ/DZ 50/63 $, Schlafsaal 22 $.

## Lasso ⑥

Weiter nach Süden fahrend, passiert die Straße der Vulkane bald das Dorf **Lasso** und seine recht verwaisten Eisenbahnschienen. Bei klarem Wetter genießt man nahe dem Ort eine sensationelle Sicht auf den Cotopaxi, die schon Alexander von Humboldt begeisterte, wie er 1810 in seinem Buch ›Pittoreske Ansichten der Cordilleren berichtete: »Der Cotopaxi hat die schönste und regelmässigste Form unter allen colossalen Spitzen der hohen Anden. Er ist ein vollkommener Kegel, welcher, mit einer ungeheuern Lage Schnees bedeckt, bei Sonnenuntergang in blendendem Glanze erstrahlt, und sich auf dem azurnen Himmels-Gewölbe mahlerisch heraus-

## Am Fuß des Cotopaxi

hebt. Dieser Schneemantel verbirgt dem Auge des Beobachters auch die kleinsten Unebenheiten des Bodens. Keine Felsenspitze, keine Steinmasse ragt aus diesem ewigen Eis hervor, um die regelmässsige Kegel-Figur zu unterbrechen.«

Humboldts Zeichnungen vom Cotopaxi und den nahen Gipfeln der Ilinizas gingen ein in die berühmte Sammlung seiner 69 Tafeln der Amerika-Reise. Er fertigte die hiesigen Arbeiten im Garten der **Hacienda La Ciénega,** mitten »in den Ruinen des Palais in der Ciénega«. Der Franzose Charles-Marie de la Condamine hatte 1742 noch in der Hacienda gewohnt. Humboldt fand das Anwesen 1802 völlig zerstört vor. Fünf Jahre vor seinem Besuch war es durch »die verheerenden Auswirkungen des großen Erdbebens von 1797« in sich zusammengefallen. Der deutsche Forscher genoss den Ort dennoch, vor allem aufgrund des majestätischen Blickes auf den Cotopaxi und die umliegenden Nevados: »Das Haus von la Sienega, das von einer, mit Hrn. de la Condamine sehr genau verbundenen, Person erbaut wurde, liegt in der grossen Ebene (...). Man sieht hier, zu gleicher Zeit und in furchtbarer Nähe, den colossalen Vulcan von Cotopaxi, die aufgeschlossenen Piks von Ilinissa, und den Nevado von Quelendaña. Es ist diess eine der majestätischsten und imposantesten Ansichten, die mir auf beiden Hemisphären vorgekommen sind.«

In der wieder aufgebauten Hacienda logierten im Lauf der Jahrhunderte zahlreiche Staatspräsidenten. So auch Gabriel García Moreno, der den Eukalyptus nach Ecuador brachte, wodurch der Ciénega eine der eindrucksvollsten Alleen im Land erwuchs. Später wurde an den Gebäuden architektonisch immer wieder interveniert, was zu einer Transformation der antiken Struktur führte. Das Management ist jedoch bemüht, den alten Zustand nach und nach zurückzugewinnen. So erstrahlt heute der Rundgang um den zentralen Patio ebenso in neuem alten Glanz wie Bögen, Kuppeln und Gewölbe. Alter Mief verschwindet langsam, und die bis zu 2 m dicken Wände rücken optisch wieder

in den Vordergrund. Imposant ist der Bimsstein-Kuppelbau von 1700, der heute die ›Humboldt-Suite‹ überwölbt. Die Pergolen wiederum wurden 1800 im französischen Stil angebaut.

Die vom spanischen Calatrava-Orden errichtete **Kapelle** wurde bereits 1590 fertig gestellt und ist damit das nach La Balbanera (Riobamba) vermutlich zweitälteste Gotteshaus des Landes.

Die einst 12 000 ha große Hacienda hatte früher eine große Molkerei und exportierte schon 1840 Käse nach Europa. Auch der erste Traktor Ecuadors knatterte über die Felder der Ciénega, wo sich heute die Blumenindustrie ausbreitet. Der Trecker ruht nunmehr hinter den Gartenhäusern.

Die Hacienda La Ciénega ist indes eine Hostería, offen für Hotel-, Restaurant- und Kaffeegäste und füllt sich vor allem am Wochenende mit zahlreichen Besuchern, die im historischen Ambiente und bei folkloristischer Musik speisen möchten.

## Übernachten, Essen

**Feiner Familienbetrieb** ▶ **Hacienda Hato Verde:** Panamericana Sur km 55 (gegenüber der Fábrica Novacero), von dort 700 m bis zur Zufahrt nach Mulaló, Tel. 03-271 93 48, 03-271 99 02, www.haciendahatoverde.com. Stilvoll restauriertes, 150 Jahre altes Landhaus, in dem heute in familiärem Ambiente eine Hostería mit 9 Zimmern und kleinem Reiterhof besteht. Beeindruckend sind die restaurierten Bimsteinwände des großen Kaminzimmers. Schöne, warme Zimmer mit Ofen. Gutes Restaurant (Menü 28 $). EZ/DZ mit Frühstück 134/183 $.

**Koloniales Schmuckstück** ▶ **Hostería La Ciénega**: 2 km südl. von Lasso Panamericana nach rechts verlassen, 1,5 km Nebenstraße, Tel. 03-271 90 52; Büro in Quito, Tel. 02-254 13 37, 02-254 91 26, Mo–Fr 8–19 Uhr, www.hosterialacienega.com. 34 große, beheizte Zimmer um den üppigen Blumenpatio und, in einem neueren Teil, im anliegenden Garten. WLAN, Massagen, Restaurant und Reiten (10,50 $/Std.). EZ/DZ mit Frühstück 71/101 $, ›Humboldt-Suite‹ 199,53 $.

**Die Besteigung des Cotopaxi ist nicht risikofrei: Schneefall und Schneeschmelze, Gletscherspalten und Schneebrücken machen einen Bergführer obligatorisch**

# Cotopaxi-Südroute ▶ J 7

**Karte:** S. 203

Im Sommer und zum Jahreswechsel, wenn die Sicht in den zentralen Anden besonders gut ist, wird es mitunter voll im Refugio José Ribas auf der Nordflanke des Cotopaxi. Die selten gegangene Südroute hingegen ist einsam und verwunschen. Die Besteigung auf dieser Route erfolgt zunächst über ein drei- bis vierstündiges Páramo-Trekking ab dem kleinen Dorf **Ticatilín** (3200 m) und bis zum **Refugio Cara Sur** 7 auf dem Vulkansattel von **Rasularca** (4000 m). Die rustikale und gemütliche Schutzhütte eröffnet einen fantastischen Blick auf die südlichen Anden. Das zugehörige Schlafhaus ist einfach, aber zweckmäßig mit Etagenbetten und einem Kamin ausgestattet.

Weitere drei Stunden Wanderung sind es bis zum festen Höhencamp **Campo Alto** auf 4780 m, das ständig mit Zelten zum Übernachten und Kochen ausgestattet und gelegentlich im Schnee liegt. Gegen 1 Uhr früh beginnt auch im Süden der Aufstieg zum Gipfel. Über diese fast unberührte Route erreicht man nach etwa fünf bis sechs Stunden den **Südgipfel** des Kraters, der mit 5880 m Höhe knapp unter dem höchsten Gipfel von 5897 m liegt. Die Südroute ist auch interessant für Trekkingfans mit weniger Kondition und Gipfelhunger, die ein eindrucksvolles Trekking nur bis Campo Alto organisieren oder aber den Cotopaxi-Nebengipfel von **Morurco** (4823 m) aus besteigen möchten.

Ein großartiges Erlebnis ist auch die dreitägige **Überquerung des Cotopaxi** von Süd nach Nord über beide Gipfel (s. auch Nordroute S. 202).

## Aktiv

**Südrouten-Spezialist ▶ Cotopaxi Cara Sur:** Tel. 099-800 26 81, 098-461 92 64, www.coto paxicarasur.com. Betreiber der Schutzhütte und einer der erfahrensten Bergführer in Ecuador ist Eduardo Agama. Komplettpreise p. P. samt Führer, Verpflegung, Ausrüstung ab Quito bei 2 Bergsteigern: 3 Tage Trekking mit Gipfel 280 $, 4 Tage 310 $. Die Schutzhütte auf 4000 m ist ohne VP für 30 $ p. P. zu nutzen, das Höhencamp auf 4800 m mit kleiner Kochgelegenheit für 8 $.

# Umrundung der Laguna Quilotoa

**Die Westkordillere der Anden formt zwischen dem Zwillingspaar der Vulkane Ilinizas (5126, 5263 m) und dem südlichen Doppel von Carihuairazo (5020 m) und Chimborazo (6310 m) eine weite, zerklüftete Páramo-Landschaft, die nicht über 4300 m hoch steigt und in weiten Teilen völlig einsam ist. Im Norden dieser ›topografischen Atempause‹ liegt mit der Laguna Quilotoa einer der schönsten Bergseen Ecuadors.**

## Bergdörfer im Umland des Kratersees

**Karte:** S. 215
Am eingestürzten Krater der **Laguna Quilotoa** leben Kichwa-Indianer in der Abgeschiedenheit der Bergdörfer und einsamen Fincas, arme Maisbauern und Hirten in den Härten von Wind und Kälte. Für Wanderer und Mountainbiker mit Ausdauer ist diese Gegend ein faszinierendes Reiseziel. Und wer gern mit dem Bus fährt, entdeckt hier im Westen der Provinz Cotopaxi, fernab der Panamericana, die Weite und Langsamkeit der Anden. Das Straßen- und Wegenetz erlaubt eine weiträumige Umrundung des Sees, die hier gegen den Uhrzeigersinn beschrieben ist.

### Verkehr

**Unterwegs mit dem Pkw:** Von der Panamericana aus gibt es mehrere Ausfallstraßen in den Westen, die allesamt in dem Dorf **Toacazo** zusammenlaufen, sei es aus dem Norden kommend über **Pastocalle** oder aus dem Süden über **Saquisilí** oder **Guayatacama**. Von Toacazo führt eine ganz passabel hergerichtete Straße nach **Sigchos** im Westen. Selbstfahrer kommen nicht umhin, in den Dörfern nach der jeweiligen Ausfallstraße zu fragen.
**Bus:** Die einzige Busverbindung nach **Chugchilán** über den Norden dieser Umrundung bedient die Cooperativa Ilinizas auf der Route Latacunga–Saquisilí–Toacazo–Sigchos–Chugchilán. Abfahrt in Latacunga ist 11.30, Ankunft in Chugchilán ca. 15 Uhr. Nach **Sigchos** gibt es häufigere Verbindungen: Die Kooperativen Ciro und Reina de Sigchos fahren ab Terminal Latacunga Mo–Fr 10, 12, 14, 16, 17, Sa 10, 11, 12, 14, 16, So 12, 14, 17 Uhr.

### Saquisilí ▶ H 7

Das nicht fern der Panamericana gelegene Städtchen ist einer der wichtigsten Marktplätze der deutlich indianisch geprägten Provinz Cotopaxi und lohnt an Markttagen immer einen Besuch oder Einkauf.

### Übernachten, Essen

**Familiär und preiswert** ▶ **Hosteria Ecológica Gilocarmelo:** Calle Chimborazo s/n y Bartolomé de las Casas, nordöstlicher Ortsrand von Saquisilí, hinter dem Friedhof, Tel. 03-272 16 34, 099-966 97 34, 02-340 09 24 (in Quito), Ruhige und ländliche Hosteria mit Möglichkeiten zum Reiten, Fischen, Schwimmen (Pool und Sauna 5 $) und zur Vogelbeobachtung. Zimmer mit Kamin und mit Frühstück 18 $ p. P. Menü 8 $.

### Einkaufen

**Donnerstagsmarkt** ▶ Schon ab dem frühen Morgen verwandelt sich die ganze **Innenstadt von Saquisilí** samt dem angestammten Marktplatz in einen der größten Wochenmärkte des Landes: landwirtschaftliche Produkte, Kleinvieh, Kleidung, Alltagsgerät und Schnickschnack. Der größere Viehmarkt mit Kälbern, Lamas etc. liegt 1 km entfernt vor den Toren der Stadt.

## Von Sigchos nach Chugchilán
▶ G 7

Kopfsteinpflaster kündigt auf 2800 m schließlich das Dorf **Sigchos** 🔳 an, einen Ort, den die Puruháes im 10. Jh. von Norden kommend auf der Flucht vor den imperialistischen Indígenas der Caras oder auch Panzaleos gründeten. 500 Jahre später wiederum »wehrten sich die wilden Krieger der Stämme von Sigchos, Tacunga, Mocha und Jambato« vehement gegen die von Huayna-Cápac angeführten Inkas aus dem Süden, schreiben die Chronisten der Gemeinde. Die Spanier machten sich Sigchos vor allem wegen der Goldadern der Region untertan. Im 18. Jh

wurde Sigchos mehrfach Opfer von Ausbrüchen des Vulkans Quilotoa. Zwar gibt es im Dorf einzelne sehr einfache Pensionen, doch empfiehlt sich die Unterkunft im 24 km weiter südlich liegenden **Chugchilán** 🔳.

## Übernachten, Essen

**Aussteiger-Ökohaus** ▶ **Black Sheep Inn Ecolodge:** Chugchilán, Tel. 03-281 45 87, 099- 963 54 05, www.blacksheepinn.com. Zwei ehemalige ›hardcore backpackers‹ aus Massachusetts errichteten einst am Dorfrand von Chugchilán eine idyllische Wohnanlage mit einem ausgefeilten biologischen Wassersystem, vegetarischer Küche, Biosauna und selbst entworfenen Trekkingrouten. Mittlerweile führt die Gemeinde das erfolgreiche und preisgekrönte Tourismuskonzept weiter. Ökologisch und liebevoll versorgt, entspannt man hier auf 3200 m Höhe vor dem selbst gebauten Holzofen und dem weiten Bergpano-

**Fast kreisrund: der Kratersee Quilotoa**

rama, bei Bedarf mit Internet und im Yoga-raum. EZ/DZ mit HP 100/160 $, ohne eigenes Bad 70/120 $, im Schlafsaal 35 $ p. P.

**Traditionsherberge** ▶ **Hostal Mamá Hilda:** Chugchilán, Tel. 03-270 80 05, 03-281 48 14, in Quito: 098-267 26 54, 099-826 67 61, www.mamahilda.com. Schönes Hostal im Stil einer Almhütte, um ein kleines Maisfeld gebaut, mit Liegestühlen und Hängematten. Gepflegte Zimmer mit Balkon, die liebevoll dekoriert sind. Restaurant (Menü 3 $). EZ/DZ mit Halbpension 31/44 $, ohne eigenes Bad 19/22 $.

**Freundlich** ▶ **Hostal Cloud Forest:** Chug-chilán, Tel. 03-270 80 16, 098-954 56 34, www.cloudforesthostal.com. Junge Pension an der Straße, nahe Mamá Hilda, mit einfa-chen kleinen Zimmern sowie Restaurant (Menü 2,50 $, ein ganzes Meerschweinchen 5 $) und Internet. Mit Halbpension 17 $ p. P.

## Aktiv

**Reiten** ▶ Neben dem Trekking ist Reiten die angesagte Fortbewegungsart in diesem ab-gelegenen Páramo. Alle Hostales vermieten preiswert Pferde (10–20 $/Tag), auch ein Guide kostet nur 10 $ pro Tag.

## Abstecher nach Isinliví ▶ G 7

Isinliví **3** ist ein kleines, weit abgelegenes und 200 Einwohner zählendes Andendorf, das im Wesentlichen von Kartoffeln, Kürbis-sen, Mais und Viehhaltung lebt. Für Ruhe-suchende und Wanderer in der Bergwelt von Quilotoa bietet das Dorf in einem ehemaligen Bauernhaus auf 2900 m Höhe eine schöne kleine Herberge mit ökologischem Konzept sowie eigener Müsli- und Joghurtherstellung.

## Übernachten, Essen

**Abgeschiedenes Dorfidyll** ▶ **Hostal Llullu Llama:** Tel. 03-281 47 90, 098-573 78 29, www.llullullama.com. Kleine Zimmer oder im Schlafsaal mit Halbpension 18–21 $ p. P. Das Team des Hostals kennt alle Wanderungen der Umgebung und verfügt über eigene Kar-ten. Mitarbeit von Volontären in Gemeinde-projekten und im Hostalbetrieb gegen Kost und Logis möglich.

## Verkehr

**Bus/Camioneta:** Mo, Di, Mi, Fr um 13 Uhr fährt Coop. Vivero von Latacunga nach Isin-liví, ansonsten tgl. etwa 5 x bis Sigchos, *ca-mioneta* ab dort 10 $.

## Laguna Quilotoa ▶ G 7

Hinter Chugchilán windet sich die Straße all-mählich ihrem Höhepunkt zu. Frauen wa-schen am Fluss, andere spinnen Wolle, wäh-rend sie gehen. Paja-Gras, das gelb blü-hende *julo* und *yauhil* bedecken die karger werdenden Böden. Die Landschaft vollzieht einen dramatischen Wandel vom Wald zu ei-ner Art Halbwüste. Die Menschen leben von Schafzucht, Kartoffeln und Gerste. Gele-gentlich passiert der Weg tiefe Schluchten. Nach etwa 20 km, auf dem höchsten Punkt dieser weiträumigen Kraterumrundung, er-reicht man die **Laguna Quilotoa** **4** (3570 m). Der Gebirgssee liegt direkt hinter dem gleich-namigen Dorf (3854 m) und leuchtet sma-ragdgrün und sanft in der Sonne, sein 16 °C warmes Wasser ist mineralienhaltig und leicht salzig. Das Dorf lebt zunehmend vom Touris-mus und von der naiven Malerei.

Nahezu kreisrund fasst der schroffe Kra-terrand den 250 m tiefen See ein. An den In-nenwänden kleben einzelne Maisfelder. Ein meditativer Moment der Reise, ein Ort zum Verweilen. Während am dorfnahen Krater-rand mehrere Händler Tigua-Kunst feilbieten, ist man bei der etwa vierstündigen Wande-rung um den bis auf 4010 m Höhe anstei-genden Krater ganz allein und kann hervor-ragend abschalten.

## Übernachten, Essen

**Feiner Blockhausstil** ▶ **Quilotoa Crater Lodge:** 300 m vor der Laguna Quilotoa an der Straße nach Chugchilán, Tel. 098-502 35 59, www.quilotoalodge.com.ec. Großes Ka-minzimmer, schöne Balkenkostruktionen, Restaurant, komfortable Zimmer. Führungen 20 $ pro Gruppe. Übernachtung mit Früh-stück und Abendessen 27 $ p. P. Camping 5 $ p. P. mit Küchenbenutzung.

**Einfach und familiär** ▶ **Hostal Cabañas Quilotoa:** Quilotoa-Dorf, Tel. 099-212 59 62.

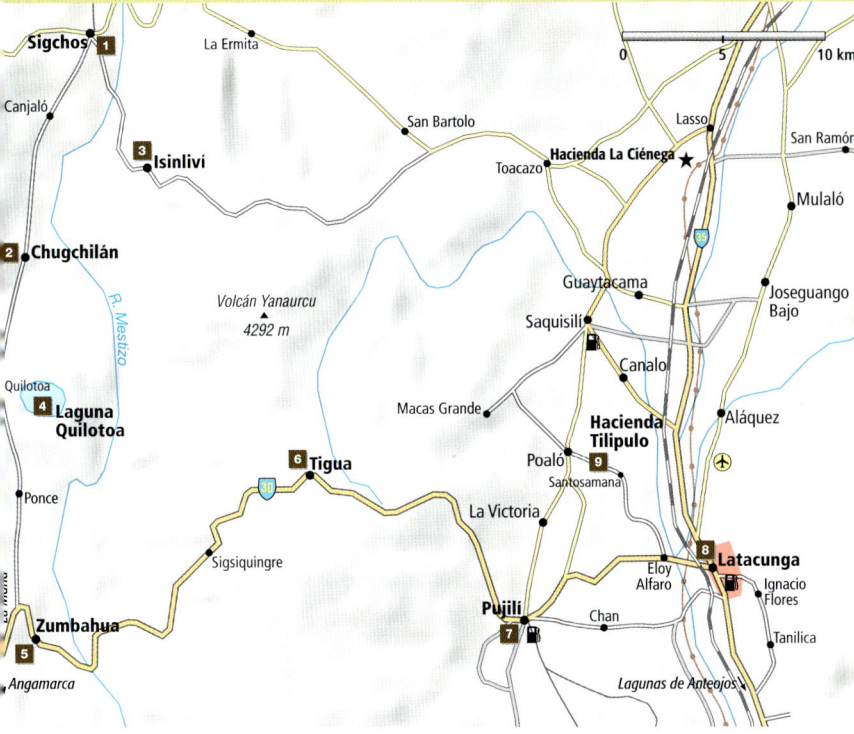

Mittlerweile gibt es mehrere einfache Hostales in Quilotoa, doch der Pionier des lokalen Fremdenverkehrs, Humberto Latacunga, besitzt die schönsten *cabañas.* Die Hütten sind mit einem kleinen Kaminofen und Warmwasser ausgestattet; angeschlossen ist ein einfaches Bergrestaurant. EZ/DZ 11/22 $, mit Halbpension 17/28 $, Schlafsaal 8 $ p. P., Menü 5 $.

## Aktiv

**Geführte Touren ▶** Die Zimmer des Hostal Intipacari waren zuletzt zwar noch nicht in akzeptablem Zustand, aber die Besitzer José und Delfina leiten seit einigen Jahren ein Tourismus- und Gemeindeprojekt. Ihre mit deutscher Unterstützung 2003 gegründete Stiftung **Fundación Visocial Corporación** organisiert und führt Touren nicht nur zum Krater und in die umliegende Bergwelt, sondern auch in Landgemeinden, in die Landwirtschaft und in Schulen. Das Projekt finanziert mit den Einnahmen Dinge des täglichen Bedarfs für Menschen am Existenzminimum, beschafft Schulbücher und will langfristig eine eigene Schule eröffnen. Außerdem sucht die Fundación ständig Freiwillige für Gemeindearbeit und Unterricht. Tel. 098-651 12 73, 098-534 33 55, www.viventura.com, dort ›Länder: Ecuador‹ und ›Schulförderung‹.

## Zumbahua   ▶ G 8

Weiter nach Süden geht es z. T. an einer erodierten Schlucht entlang nach **Zumbahua** **5**, einem regionalen, farbenfrohen Marktplatz (samstags) und Verkehrskreuz. Hier treffen die Straßen aus Quilotoa, **La Maná** (77 km) und **Quevedo** (109 km) an der Küste, **Latacunga** in den zentralen Anden sowie nach **Angamarca** im südlichen Páramo zusammen. Unter der Woche ist der Ort, in dem die Salesianer seit den 1970er-Jahren

215

eine angesehene Poliklinik und eine Schule aufgebaut haben, sehr, sehr ruhig.

## Übernachten

**Einfach und funktional ▶ Cóndor Matzi:**
Av. Quilotoa, Plaza Central y Angel Omazinga, Tel. 098-906 15 72. Sehr einfache Herberge mit Gemeinschaftsbad, aber heißem Wasser. 7 $ p. P., Frühstück 2,50 $, Abendessen 2 $.

**Einfach und dörflich ▶ Hotel Quilotoa:** gegenüber dem Cóndor Matzi, Tel. 098-684 06 16. Zimmer 10 $ p. P. Sollten sowohl das Cóndor Matzi als auch das Hotel Quilotoa belegt sein, bietet das nahe gelegene Hostal Richard noch Plätze im Mehrbettzimmer.

## Termine

**Niñu Fishta:** Vom 23. bis 27. Dezember begeht Zumbahua jedes Jahr ein rauschendes indianisches Weihnachtsfest mit Maskentanz, Rinder- und Hammelfleisch und reichlich Branntwein. Das Fest ist eine Mischung aus Dankfest, Verehrung des Jesuskindes und der Bitte um Regen.

## Tigua ▶ H 7

Von Zumbahua aus führt die Route zurück Richtung Panamericana. Die Straße steigt noch einmal kräftig an zur **Loma Yuctoloma,** von deren Pass sich dem Auge ein majestätisches Bergmassiv bietet. Der nächste größere Ort an der Route ist das Straßendorf **Tigua** 6 das Zentrum der gleichnamigen naiven Malerei. Die Bilder sind Ausdruck von Realität und Traum, von Fröhlichkeit, vom Glauben an das Magische und von Respekt vor Mensch, Tier und Pflanze, vor allem aber vor der Mutter Erde, sagt der Filmemacher Rainer Simon.

Von Tigua aus geht es weiter auf der Landstraße nach Osten. Nun öffnet sich bei klarem Wetter der sensationelle Blick auf eines der schönsten Bergpanoramen Ecuadors,

**Auf den Hochlandmärkten finden sich noch immer Handwerker ein, die ihre Kunden vor Ort bedienen**

welches sich hier über dem Andenbecken von Latacunga erhebt: Der Iliniza Sur, der Altar, der Tungurahua und nicht zuletzt der Cotopaxi wachen über das weite Becken.

## Übernachten

**Nettes Gemeindehaus ▶ Hostal Samana Huasi:** direkt an der Straße am Westende von Tigua, Tel. 03-381 48 68, huasi@yahoo.com. Ein von der Gemeinde geführtes Hostal direkt neben dem kleinen **Museum für Tigua-Kunst.** Einfache Zimmer ohne eigenes Bad, aber es gibt ein großes Esszimmer und kleine Balkone und man genießt eine tolle Fernsicht. EZ/DZ 15/25 $.

## Pujilí ▶ H 8

**Karte:** S. 215

65 km östlich von Zumbahua gelangt man nach **Pujilí** 7, in das stille Zentrum der zahlreichen Keramikmanufakturen, die in den umliegenden Dörfern zu Hause sind. Produziert werden bemalte Keramikbilder und -figuren mit traditionellen oder schlicht touristischen Motiven sowie Töpferwaren des alltäglichen Gebrauchs. Der Ort war ein bedeutender Handelsplatz an der zentralen Verkehrsachse zwischen Quito und der Küste, bis die Straße Quito–Alóag–Santo Domingo eröffnet wurde. Damit tauchte Pujilí wirtschaftlich nahezu in die Bedeutungslosigkeit ab. 1996 war die Stadt Epizentrum eines schweren Erdbebens und musste in großen Teilen binnen kürzester Zeit wieder aufgebaut werden, was ästhetisch ob der akuten Not auf breiter Flur misslungen ist.

Doch das Zentrum der Stadt ist eine kleine Perle geworden. In der ruhigen Kantonalstadt lohnt daher ein Besuch des wunderschönen **Parque Luis Fernando Vivero,** der wegen Tausender von Vögeln, die in seinen Bäumen ruhen oder schreien, auch Parque de los Pájaros (tgl. 7–12, 13–18 Uhr) genannt wird. Die angrenzende **Kirche** aus Bimsstein ist hervorragend restauriert. Empfehlenswert ist ein Blick auf die beeindruckende Seitenkonstruktion, zu sehen von der Seitenstraße mit dem Pfarrhaus. Auf der anderen Seite des Parks liegt das **Municipio.** Ein erster Patio zeigt eine Gemäldegalerie mit den Berühmtheiten der Stadt. Im zweiten Patio schließlich ein Holzfigurenkabinett, das Musiker zeigt: die Protagonisten der Stadtidentität und seiner Musikschule.

## Übernachten, Essen

**Zimmer in der Hotelschule ▶ Hostería El Capulí:** Calle García Moreno 4-24 y Juan Salinas, Tel. 03-272 38 70; auf unbestimmte Zeit geschlossen, vorher anrufen. Das Gefängnis der Stadt wurde 2007 in das Vorzeigehotel des Ortes umgewandelt. Konnte man die Grundfeste nach dem Erdbeben retten, so wurde das obere Geschoss des Kerkers unter neoklassizistischem Einfluss neu gebaut. Säulen und Interieurs sind aus feinem Kirschbaumholz *(capuli),* während das Gesamtwerk streng sachlich gehalten ist. Restaurant (Hauptgericht 12 $), Bar und Internetbereich runden das Angebot ab. Feine, wenn auch schlichte Zimmer mit Holzböden; Kabel-TV. EZ/DZ 42/60 $.

## Einkaufen

**Keramik ▶ Cerámica Olmos:** Calle Rafael Morales 701 y Rocafuerte, Parque Central, Tel. 03-272 48 26, 03-272 34 18, ceramica olmos@gmail.com, tgl. 8–13, 14–17.30 Uhr. Dem Urteil von Kennern nach der beste Keramikhändler in Pujilí. Das benachbarte Dorf **La Victoria** (ca. 5 km nördlich) gilt als einer der besten Orte, um Gebrauchskeramik bei den Herstellern zu kaufen, vor allem Vasen und Töpfe, aber auch Dekowaren.

## Termine

**Corpus Christi:** an Fronleichnam. Der Name *pujilí* stammt aus dem Kichwa und bedeutet ›Land der Spiele‹. Er bezieht sich auf die mittlerweile legendären Maskentänze der *danzantes* und das zugehörige Straßenfest. Die von vielen tausend Zuschauern begleiteten Tänze haben historische Motive, welche die tiefen Wurzeln des Menschen mit seinem Ursprung widerspiegeln. Die Tänzer von Pujilí wurden zum ›Nationalen Kulturgut‹ erklärt.

# Latacunga ▶ H 8

**Karte:** S. 215

Die kleine Hauptstadt der Provinz Cotopaxi zählt heute geschätzte 75 000 Einwohner. **Latacunga** **8** (2770 m) wurde von den Spaniern 1533 zunächst als Cabildo gegründet und 1584 umbenannt. Wer den Río Cutuchi von der Panamericana kommend Richtung Marktplatz überquert, begegnet zunächst dem schmutzigeren und geschäftigen Teil dieser früheren Niederlassung einer vorinkaischen Puruháes-Siedlung. Erst einige Blocks südöstlich des landwirtschaftlichen Umschlagplatzes gelangt man zu dem etwas romantischeren Teil von ›La Tacunga‹.

## Stadtbesichtigung

Im **Parque Vicente León** sitzt der gleichnamige Sohn der Stadt auf einem wuchtigen Marmorsockel. Seinen grünen Garten umgeben Bänke, Banken und die innen etwas steril weiß getünchte **Kathedrale** sowie ihr kleines Museum. Einen Block weiter zeugen der **Parque Bolívar** und zwischen den alten Kliniken der Stadt der **Parque Filantropía** von ihrer kolonialen Vergangenheit (Calle Quevedo y Maldonado).

Im Gegensatz zu anderen neoklassizistischen Stadtzentren wie in Riobamba, Cuenca oder Quito sind die wenigen alten Wohnhäuser überwiegend eingeschossig. Dieses rührt zum einen von der ländlichen Bautradition her, doch vor allem von den vier verheerenden Vulkanausbrüchen in den vergangenen 500 Jahren. Zuletzt 1877 begrub der feuerspeiende Cotopaxi die Stadt unter Asche und Schlamm. Interessant ist die 260 Jahre alte, 1877 zerstörte und heute andeutungsweise rekonstruierte **Casa de los Marqueses de Miraflores.** Im ersten Raum zeigt sie industriearchäologische Fundstücke der Textil- und Wollfabrik San Gabriel, vor allem Werkzeuge und Überreste alter französischer Maschinen. Auch diese mussten aus den Vulkanschlämmen gegraben werden. Der zweite Ausstellungsraum beherbergt neben klassischer Kirchenkunst wunderschöne Möbel aus dem 19. Jh. und Kuriositäten wie ein altes Grammofon mit Schellackplatten aus der Vor-Vinyl-Epoche. Auf dem Plattenteller liegt ›La Cucaracha Macabre‹ von dem mexikanischen Sängerduo Tin Tan und Marcelo. Im dritten, ›gelben Saal‹ versammeln sich noch heute die Stadtoberen unter ihrem Wappen.

Das vielleicht schönste Gebäude der Stadt ist das Dominikanerkloster **Convento de Santo Domingo** in der Calle Quito und Guayaquil. Das 1608 gegründete Kloster umrahmt dessen üppigen Garten mit einem Rundgang unter hohen Bögen im Schatten der zwei weißen Glockentürme. Bemerkenswert ist die Ausstellung von 60 Originalgemälden von Fray Enrique Mideros.

## Ausflug zu den Lagunas de Anteojos ► J 8

Die 220 **Bergseen** auf durchschnittlich 3750 m Höhe formen eine bezaubernde Seenplatte in einzigartiger Páramo-Landschaft. Sie zählt zu den feuchtesten Zonen von ganz Ecuador. Letzteres behindert nicht selten die Fernsicht über diese riesige Seenplatte in der Einsamkeit einer kaum besuchten Andenlandschaft. Die zentrale Laguna de Anteojos, die ›schwarze‹ **Laguna Yana Cocha,** und die zu einem großen Wasserkraftwerk gestaute **Laguna Pisayambo** zählen zu den schönsten Seen. Im gleichen Gebiet liegt der ›schöne Berg‹, der **Cerro Hermoso,** an der Seengruppe des Río Verde Grande.

Zugang besteht, aus Latacunga kommend, über Salcedo (s. S. 221, ► H 8), von wo eine Bergpiste nach Osten abzweigt. Für Wanderungen und Off-Road-Exkursionen muss man ortskundige Führer beauftragen.

## Infos

**Cámara de Turismo de Cotopaxi:** Calle Sánchez de Orellana y Guayaquil, Tel. 03-281 49 68, 03-280 11 12, www.capturcotopaxi. com, Mo–Fr 8–12, 14–17 Uhr. Provinzbüro.

## Übernachten

**Modern und zentral** ► **Hotel Rodelu:** Calle Quito 1631 y Padre Salcedo, nahe Parque Central Vicente León, Tel. 03-281 12 64, www.rodelu.com.ec. Solides Hotel der Tou-

ristenklasse im Zentrum mit farbigen Wänden und kleinen Balkonen. Restaurant im Haus (s. u.). 19 Zimmer mit Kabel-TV. EZ/DZ 27/44 $, Frühstück um 3 $.

**Einfach und preiswert** ► **Hotel Cotopaxi:** Calle Padre Salcedo y Sánchez de Orellana, Parque Central Vicente León, Tel. 03-280 13 10, Fax 03-280 13 10. Einfaches, modernes und preiswertes Hotel mit schlichten Zimmern. EZ/DZ 12/24 $, Frühstück 2,50 $.

**Backpacker-Herberge** ► **Hostal-Café Tiana:** Calle Guayaquil 5-32 y Quito, Tel. 03-281 01 47, www.hostaltiana.com. Gemütliche, kleine Pension mit Café (Hauptgericht 4 $) um einen alten Patio; WLAN, Internet-Café, Tourinfos. Zimmer mit Frühstück p. P. 12 $, im Schlafsaal 10 $.

## Essen & Trinken

**Pizza und Lokales** ► **Restaurante Rodelu:** Adresse wie Hotel, s. o., tgl. 7–22 Uhr. Gute, ecuadorianische Küche. Frühstück 3 $, Mittagsmenü 4 $, à la carte ab 7 $. Auch Unterkunft, s. o.

**… außerhalb an der Panamericana:**

**Praktischer Stopp** ► **Paradero La Finca:** Panamericana Sur km 1,5, Tel. 03-281 12 46, lafinca@andinanet.net, Di–Sa 7–19, So 7–16.30 Uhr. Restaurant, Cafeteria und Delikatessenladen an der Panamericana. Frühstück 2,50–5,50 $, Hauptgericht 7–9,50 $.

## Einkaufen

**Großer Markt** ► **Feria de Saquisilí:** Einer der traditionellsten Landmärkte Ecuadors findet jeden Do auf insgesamt acht Plätzen des Dorfes Saquisilí statt. Feldprodukte, Nutztiere, Kunsthandwerk und allerlei andere Handelsware verwandeln das Dorf für Stunden in einen großen bunten Jahrmarkt. Anreise über Latacunga oder Lasso. Wie auf allen Märkten ist besonders in Saquisilí auf Taschendiebe zu achten.

## Aktiv

**Breite Palette** ► **Tovar Expeditions:** Calle Guayaquil 5-38 y Quito, Tel. 03-281 13 33, www.tovarexpeditions.com, Mo–Sa 8–13, 15–19 Uhr. Reiseagentur, die u. a. Bergstei-

## Umrundung der Laguna Quilotoa

gen, Trekking, Mountainbiken und Reiten anbietet. Auch Ausrüstungsverleih.

**Off-Road-Exkursionen ▶** Die **Lagunas de Anteojos** sind eine kaum besuchte, aber magische Páramo-Region (s. S. 219).

## Termine

**Fiesta de la Mama Negra:** Das größte Fest wird offiziell am 24. Sept., als Volksfest aber am 2. Novembersamstag zum Stadtgründungsfest mit Maskenumzügen und Tänzen begangen. Für die Herkunft des von bis zu 30 000 Gästen besuchten Festes zu Ehren der schwarzen Virgen de las Mercedes gibt es

verschiedene Erklärungen. Den einen zufolge geht es auf die spanische Vertreibung der Mauren nach Nordafrika zurück. Andere bringen es mit der Sklavenbefreiung aus den Silberminen von Sigchos im 19. Jh. zusammen. Die Figur der schwarzen Muttergottes am Cotopaxi ist seit dem 18. Jh. bekannt; sie gilt heute auch als Schutzpatronin des Vulkans.

## Verkehr

**Bus:** Der zentrale Busterminal Latacungas mit häufigen Verbindungen in alle Landesteile liegt an der Panamericana südlich der zentralen Brücke in die Stadt.

## Tipp: Hacienda Tilipulo

Einige Kilometer östlich von Pujilí liegt etwas versteckt in einer weiten Tiefebene ein wunderschönes Landgut. Die **Hacienda Tilipulo** **9** ist ein um 1680 erbautes kurioses Gut, das lange Zeit eine Weberei beherbergte und ursprünglich im Besitz des Inka-Nachfahren Sancho Hacho war. Zeitweise und bis zu ihrer Ausweisung im Jahr 1767 lag das Anwesen in der Hand der Jesuiten. Seit 1979 befindet es sich im Besitz der Stadt Latacunga, die Tilipulo samt seiner um 1770 gebauten Kirche gerne verpachten möchte. Leider haben die Stadtoberen diesem Ansinnen sündenfälligen Vorschub geleistet, indem sie einen modernen, pseudokolonialen Hotelanbau in Auftrag gaben, der die harmonische Säulenform und Deckenstruktur des kolonialen Schatzes verschandelt.

Der alte Teil der kleinen Hacienda ist hingegen derart beeindruckend, dass der Besuch unbedingt lohnt. Die Patiobögen, die Gewölbe der heute leer stehenden Kirche und die 3 m dicken Außenwände, teilweise aus Quaderbimsstein, zeugen von inkaischem Einfluss auf ein ambitioniertes katholisch-koloniales Bauobjekt. Unter den vielfachen weißen Farbschichten der hohen Wohn- oder Wirtschaftsräume kämpfen sich unablässig 300 Jahre alte Wandgemälde durch, rufen die doch so stolze Stadt zur Einkehr und fordern mehr Dankbarkeit. Immerhin sei im ›Monas-

terio Tilipulo‹, wie es im Volksmund genannt wird, am 11. November 1820 die Unabhängigkeitserklärung von Latacunga unterzeichnet worden, meint die Stadt.

Der prächtige Blumengarten zwischen 150-jährigem Eukalyptus und zwei riesigen Palmen ist eine Augenweide, wie auch der gepflasterte Pferde- und Wirtschaftshof der Hacienda, von dem auch die Kirche abgeht.

Besichtigungen sind noch kaum geregelt. Gruppen können im Municipio von Latacunga (Edificio Benalcázar de los Marquezes, Mo–Fr 8–16 Uhr) persönlich eine Erlaubnis *(permiso)* abholen. Aber man kann auch direkt zur Hacienda fahren und den netten, ausgezeichnet informierten Aufseher Daniel Guerrero (Tel. 099-274 40 63) freundlich um Zutritt bitten. Die Hacienda unterhält eine kleine archäologische und eine textilindustrielle Ausstellung. Die Exponate aus dem 19. Jh. waren teils lange verschüttet vom Ausbruch des Cotopaxi im Jahr 1877.

**Anreise:** Das Landgut befindet sich zwischen Poaló und Santosamana, Dörfer, die jeweils 2 km entfernt sind. Von Latacunga (ca. 22 km entfernt) aus fährt man über die Universidad Técnica, Barrio San Felipe, via La Calera durch eine staubige Zementsteinproduktion, bis man die Kirche von Santosamana erreicht, wo man geradeaus den gepflasterten Weg verlässt.

# Unterhalb des Tungurahua

Der 5000 m hohe Vulkan Tungurahua wacht über die tiefe Schlucht des Río Pastaza. Kann man seinen Gipfel seit einigen Jahren wegen häufiger Eruptionen nicht mehr besteigen, so liegen unter seinen nördlichen Flanken doch wunderschöne Wasserfälle und Wandergebiete wie auch der Ort Baños, ein Eldorado für Aktivsportler und Wasserfreunde.

## San Miguel de Salcedo
▶ H 8

Die Panamericana verlässt nun die ›Keramikprovinz‹ der zentralen Anden und führt alsbald nach **San Miguel de Salcedo,** das landesweit berühmt ist für sein Eis am Stiel. Das leckere gelb-weiß-rot geschichtete Frucht- und Milcheis der kleinen Stadt wurde so zu ihrem Wahrzeichen.

### Übernachten
Großes Hotel ▶ **Hostería Rumipamba de las Rosas,** Av. Norte s/n y Eloy Yerovi (Ortseingang Nord), Tel. 03-272 61 28, www.rumipamba.com. Gediegenes, gepflegtes Hotel und Gasthaus, beliebt bei Gruppen. EZ/DZ 62/84 $ mit Frühstück, Unterkunft für 16 Personen 15 $ p. P.

## Ambato  ▶ H 8/9

**Karte:** S. 224
Die alte Gerberstadt am Río Ambato ist neben Quito, Guayaquil und Santo Domingo heute eines der Industriezentren des Landes. Im Norden Stadt (300 000 Einw.) hat sich die Lederindustrie niedergelassen. Aber auch Glas-, Textil- und Kunststofffabriken lassen die Schornsteine an den Stadträndern rauchen und die Flüsse leiden. Der Karosseriebau und die Fahrzeugzulieferer bescherten der historischen Stadt den undankbaren Spitznamen ›das Ersatzteillager Ecuadors‹.

Bekannt ist **Ambato** ▮1▮ (2577 m) aber auch für sein traditionelles Holzofenbrot, das landesweit immer mehr Nachahmer in Backstuben und Brotindustrie findet.

### Geschichte
Geschichtlich hat Ambato hingegen ein völlig anderes Gesicht als die Stadtränder und Handelsplätze glauben machen. Es ist eine Wiege des republikanischen Journalismus in Ecuador. Die Stadt und ihre Umgebung heißen auch das ›Land der drei Juans‹. Gemeint sind die hier geborenen und ecuadorweit berühmten Schriftsteller Juan León Mera, Juan Montalvo und Juan Benigno Vela. Zu Ehren der schreibenden Zunft und der ›ersten Druckerei‹ der Stadt baute man noch 1988 das **Monumento a la Primera Imprenta** auf einem exponierten Hügel im Westen der Stadt (Calle Eloy Alfaro). Von diesem Aussichtspunkt über die Stadt und die sie umgebenden Gipfel Tungurahua, Cotopaxi, Sangay und Chimborazo begreift man am ehesten das mitunter wilde Wachsen des Ballungsraums und seiner Industrie im Zentrum der Kordilleren.

### Besichtigung
Sehenswürdigkeiten gibt es nicht viele in Ambato. Einige Ausstellungen finden sich in der **Casa de Montalvo,** dem Leben des Juan Montalvo gewidmet, am gleichnamigen Parque, im naturkundlichen **Museo de Ciencias Naturales** und in der **Casa de la Cultura.**

## Tipp: Die Quintas von Ambato [1]

Die ältesten Häuser der Stadt stammen aus dem 19. Jh. Zwei romantische Landsitze können heute abseits des Trubels im Stadtteil Atocha über dem Westufer des Rio Ambato besichtigt werden. In einem großen grünen Garten findet sich dort zunächst das Landhaus des Malers, Politikers und Schriftstellers Juan León Mera (1832–1894), die **Quinta Atocha de Juan León Mera.** Er stammt aus einer bedeutenden Familie Ambatos und verfasste auch die bei den Spaniern recht unbeliebte Nationalhymne Ecuadors. 1874 ließ er sich oberhalb des Flusses seine Quinta bauen, welche heute einige originale Möbel und Accessoires aus seinem Leben zeigt, darunter Juan León Meras Schreibtisch und ein 1862 von M. F. Rachals in Hamburg gebautes Piano. Einen Spaziergang durch den Gar-

ten entfernt liegt die noch einige Jahre ältere **Quinta La Liria,** das Haus von Meras Onkel, Dr. Nicolás Martínez Vásconez (1821–1887). Ebenfalls Politiker, schenkte er seine freie Zeit vor allem dem bis heute wunderschönen **Botanischen Garten** auf seinem Landsitz. In dem 14 ha großen Park sind über 200 Pflanzenarten zu bewundern. Familie Martínez führte im 19. Jh. zudem die Weinbautechnologie nach Ecuador ein. Die Quinta dokumentiert das Leben der in Ecuador berühmten Familie mit Möbeln, Gemälden und einem Kabinett mit 14 Wachsfiguren, das Ende 2010 eröffnet wurde. Die Quinta Liria trägt nun den Beinamen **Casa Museo Juan León Mera.** Gärten und Gebäude lohnen auf jeden Fall einen Besuch (Mi–So 9–16.30 Uhr, Tel. 03-282 04 19, Eintritt 1 $).

Montalvos Landhaus, die **Quinta,** lässt sich im Stadtteil Ficoa besuchen.

### Infos

**www.ambato.gob.ec:** Touristische Infos, vor allem online-übersetzte Beschreibungen der Landgüter und der historischen Gebäude, aber auch Hinweise zu den Kunsthandwerksdörfern der Umgebung (›Turismo‹/›Rutas de Compras‹) finden sich auf der Stadtseite (Tel. 03-299 78 00). Hotelliste mit Preisen unter www.hotelesambato.com.

### Übernachten, Essen

Boutique-Hotel ▶ **Hotel Roka Plaza:** Av. Bolivar, zwischen Calle Quito y Guayaquil, Tel. 03-242 23 60, 03-242 38 45, www.hotel rokaplaza.com. Schön restauriertes Haus im Zentrum mit Restaurant im überdachten Patio; sehr individuelle Zimmer. EZ /DZ 49/78 $ mit Frühstück.

Ruhig und stilvoll ▶ **Quinta Loren:** Urbanización Loren-Ficoa, Av. Los Guaytambos y Los Taxos, Tel. 03-246 06 99, www.quintalo renambato.com. Schöne Sommerresidenz im Kolonialstil in ruhiger Lage mit 9 gepflegten Zimmern. Sehr gutes, üppig dekoriertes Res-

taurant 7–22 Uhr (Hauptgericht 10 $). EZ/DZ 47/75 $ mit Frühstück.

Kühle Moderne ▶ **Hotel de las Flores:** Av. El Rey 333 y Mumul, Tel. 03-252 06 44, www.hoteldelasflores.com. Modernes Hotel für Geschäftsreisende im Norden der Stadt, drei Blocks vom Busbahnhof, mit Parkplatz und Konferenzsaal. 30 Mittelklassezimmer mit allen Standards. EZ/DZ mit Frühstücksbüfett 40/52 $.

Preiswerte Empfehlung ▶ **Gran Hotel:** Calle Rocafuerte 10–45 y Lalama, Tel. 03-282 42 35, granhotelambatoecu@hotmail.es. Lesertipp, mit Cafetería, Parkplatz und Wäscheservice. EZ/DZ 18/34 $ mit Frühstück.

### Essen

Sympathisches Platzcafé ▶ **El Portal:** Calle Sucre y Castillo, Parque Montalvo, Tel. 03-242 45 07, Mo, Di 8–22, Mi, Do 8–24, Fr, Sa 8–2 Uhr. Schönes Café am Parque Montalvo, es gibt Frühstück, Sandwiches und Snacks, abends Musikkneipe.

### Einkaufen

Haupteinkaufsstraße ▶ im Zentrum ist die Avenida Cevallos.

**Marktstadt** ▶ Ambato ist nicht nur zu den Fiestas (s. u.) Ecuadors größter und umfassendster Stadtmarkt, sondern auch jeden Montag. Wo das Angebot sich überdimensional ausgeweitet hatte, bildeten sich immer mehr **güterspezialisierte Kleinmärkte** wie der Schuhmarkt, der Kleinviehmarkt, der Gebrauchtwagenmarkt, der Kleidermarkt und selbst ein eigener Zwiebelmarkt.

## Termine

**Fiesta de Frutas y Flores:** an Karneval. Seit den 1950er-Jahren gehören die Stadt und ihre großen Karnevalsfeste zusammen. Für eine Woche wird Ambato im Zeichen der Blumen und Früchte zu einem gewaltigen Markt- und Rummelplatz, Marschmusik erfüllt die Straßen, die Stierkampfarena wird bis auf den letzten Platz gefüllt, und die Schönheitskönigin ist jedes Jahr so schön wie nie zuvor.

## Verkehr

**Bus:** Der viel frequentierte Terminal im Norden der Stadt, Av. Colombia, hat landesweit die besten Verbindungen in alle Richtungen und ist daher der wichtigste Umsteigebusbahnhof Ecuadors. Achtung: Auf der Strecke Quito–Ambato kam es in der Vergangenheit häufiger zu Diebstählen im Bus.

**Umgehung:** Für die meisten Touristen ist das wichtigste ›Bauwerk‹ der Stadt die Umgehungsstraße, die einen weiträumig um den grauen Ballungsraum von Ambato herumführt. Auf der Ostumgehung gelangt man direkt nach Baños.

# Urbina ▶ H 9

**Karte:** S. 224

Der direkte Weg von Ambato nach Riobamba führt ungefähr 60 km über die Panamericana Richtung Süden. Nach gut der Hälfte der Strecke erreicht man einen Pass, der nicht nur die höchste Stelle dieser transamerikanischen Straße in Ecuador markiert. Hier oben auf 3600 m liegt **Urbina** 2, eine Handvoll Häuser am alten Rangierbahnhof, dem höchstgelegenen des Landes.

## Unterkunft

**Bahnhofsherberge** ▶ **Estación Urbina:** im Bahnhof. Das neue staatliche und etwas lieblose Hostal will sich ab 2013 etablieren. Café im Haus. 16 Schlafplätze ohne Bad. Ca. 20–30 $ p. P. mit Halbpension.

**Treff der Bergfreunde** ▶ **Posada la Estación:** gegenüber vom Bahnhof, Tel. 099-969 48 67, aventurag@yahoo.com. Gemütliche Herberge des erfahrenen Chimborazo-Experten Rodrigo Donoso. Küche, Kamin, Veranda, Naturgarten, kleine Tagua-Fertigung, einfache Zimmer. 14 $ p. P., Frühstück 5 $, Abendessen 8 $. Exkursionen ab 60 $ p. P. und Tag.

# Am oberen Río Pastaza

**Karte:** S. 224

## Salasaca ▶ H 9

Unsere Route führt von Ambato aus zunächst nach Südosten Richtung Baños. Das Dorf **Salasaca** 3 und seine Umgebung sind seit knapp 600 Jahren Heimat der gleichnamigen Indígenas. Ulf Scheller schrieb 1979 im Merian über die Geschichte und Legende der Salasacas, die von den Inkas aus dem bolivianischen Hochland vertrieben worden waren und denen man am Fuß des Teligote ein Stück Land zugewiesen hatte: »Ihre Aufgabe war es, jetzt und in Zukunft das Land zu kultivieren und die Straße der Inka von Quito nach Cuzco zu schützen. Bei Anbruch der Nacht schworen 55 Indianer, Salasaca zu bleiben, sich jeder Integration zu widersetzen, zu arbeiten und zu schweigen. Der Schwur ist bis heute gehalten worden.«

Und so ließen sich die Salasacas unabhängig und frei östlich des heutigen Ambato nieder. Auffällig gekleidet mit hellen Baumwollhosen und Hemden unter dunklen Ponchos und weißen Hutkrempen, gelten sie in ganz Ecuador als hervorragende Handwerker. Neben dem traditionellen Ackerbau haben sich die Salasacas auf das Weben von Teppichen und auf den modernen Hausbau spezialisiert, und das nicht nur in ihrem eigenen Dorf: Sie stellen etwa in dem rapide

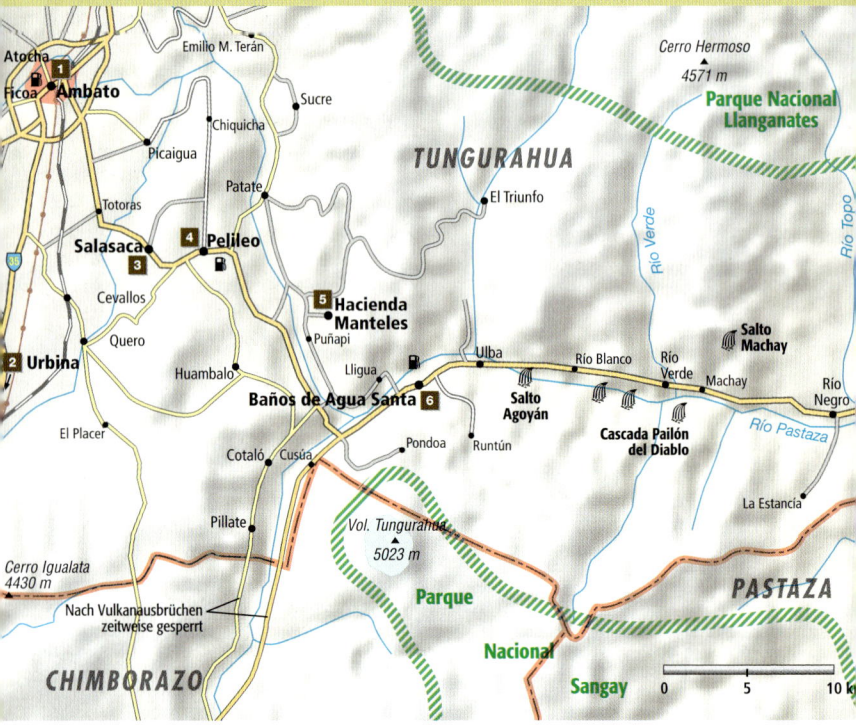

wachsenden Puerto Ayora auf Galápagos einen großen Teil der Poliere und Bauarbeiter. In Salasaca selbst verkaufen sie ihre Webarbeiten direkt aus den Bodegas an der Hauptstraße oder im benachbarten Pelileo. Das Weberdorf selbst ist ansonsten recht verlassen, doch findet man eine Handvoll einfacher Restaurants am zentralen Parque.

## Einkaufen

**Markt ▶** am Sonntag.

## Pelileo   ▶ H 9

Das Straßendorf **Pelileo** 4 oberhalb des Río Patate schließt sich bald dahinter an. Es ist das Zentrum der ecuadorianischen Jeansproduktion – ein Paradies für Schnäppchenjäger, aber auch für diejenigen, die vielleicht eine qualitativ hochwertige Einzelanfertigung in Auftrag geben möchten. Das Angebot säumt die gesamte Durchgangsstraße, die im weiteren Verlauf auf direktem Weg nach Baños führt, nicht ohne das beeindruckende Lavafeld von jüngsten Ausbrüchen des Vulkans Tungurahua zu kreuzen.

## Hacienda Manteles   ▶ J 9

Von Pelileo führt eine Seitenroute nach links in Richtung der Dorfbauernschaft von **Patate.** Der Nebenstrecke weiter folgend – nun Richtung Baños –, erreicht man nach einer knappen halben Stunde (11 km) die schöne **Hacienda Manteles** 5 (2700 m) unter dem großen gutseigenen Primärwald und mit freiem Blick auf den meist rauchenden Krater des Tungurahua. Die 300 ha große Hacienda gehörte einst zu der 100 000 ha messenden Hacienda Leito, die heute im Tal ein trauriges Dasein zwischen den Foliengewächshäusern ihrer Nachbarn führt.

Die noch rund 100 ha Primärwald auf der Hacienda Manteles, ihre Quellen und ihre

30 Wasserfälle sind ein ökologisches Juwel. Erst recht, wenn man bedenkt, dass der einstige ›König der Hölzer‹, Marco Antonio Restrepo, in dieser Gegend einen Großteil der Bohlen für den ecuadorianischen Eisenbahnbau schlagen ließ. So bescheinigten jüngst Ornithologen der Hacienda, an nur einem Tag über 114 Vogelarten gesehen oder gehört zu haben. Zwei Waldpfade führen durch Brombeeren und Taxobüsche den steilen Hang hinauf zu zweien der Wasserfälle und zu zahlreichen Orchideen am rauschenden Bach.

Das alte Gebäude von Manteles ist zu einer wohnlichen Hostería umgebaut, in der zahlreiche Gefäße der Panzaleokultur stehen. Nur 17 km von Baños entfernt, ist die Hacienda ein wunderbarer Ruheort zur Vogelbeobachtung, für Waldwanderungen und zum Studieren der Vulkanaktivitäten.

## Übernachten

**Landhaus mit Wald** ▶ **Hacienda Manteles:** zwischen Patate (11 km, *camioneta* 4 $) und Baños (19 km, *camioneta* 15 $) nahe der Rettungsroute Vía turística Ecológica de Evacuación, Tel. 099-213 53 09, Büro in Cumbaya/Quito: Tel. 02-603 94 15, www.hacienda manteles.com. Im Landhausstil eingerichtetes Gutshaus. Sehr gemütliche Zimmer mit guten Betten und großen Bädern, teils im neueren Haupthaus, teils im Gartenhaus mit Kaminvorzimmer. EZ/DZ 119/201 $ inkl. Begrüßungscocktail, Frühstück, Dinner, offener Kaffeebar und einer geführten Wanderung durch den Naturwald Payacucho der Hacienda. Preisnachlässe. Menü 20 $. Reiten, Mountainbiken, Cannopying, Kanufahren 15–30 $ p. P.

# Baños de Agua Santa
▶ **J 9**

**Cityplan:** S. 227; **Karte:** links
Die kleine Kantonalstadt **Baños de Agua Santa** 6 am Fuß des 5016 m hohen Vulkans Tungurahua ist eines der bedeutendsten Reiseziele in Ecuador. Ein ehemaliges Zuckerrohranbaugebiet und Wallfahrtsziel mit ein-

gehender Traditionspflege begegnet heute einer modernen und mobilen Reisewelt, von der fast das gesamte Städtchen lebt. Carlos Freire, ein Romancier und Historiker des Zuckerdorfs erklärt sich das wenig bescheiden:

»Baños de Agua Santa ist einer der magischen Orte des ecuadorianischen Berglands, getauft aus nur allzu berechtigten Gründen als die Pforte zum Goldenen Land und die Zufluchtsstätte der Wasserfälle, wegen seiner Verführungskraft und seines unerschöpflichen Zaubers, seines wunderbaren Klimas, seiner thermalen Wasser, die aus den Tiefen des Vulkans Tungurahua quellen, jenem Schutzberg dieses Ortes der Bäder, Alfeñiques, Orchideen und Vögel von tausend Farben, der Traditionen, des Glaubens, der unverwechselbaren Abenteuer, die den Reisenden die Sensationen genießen lassen, die die Bergwelt hervorbringt, die Flüsse, die Wasserfälle und der Dschungel Amazoniens.« (aus: Freire Heredia, Carlos/Hg., Baños. Puerta al Dorado, Refugio de las Cascadas, Riobamba 1997).

Und wo Bescheidenheit keine Tugend ist, stimmt die Hymne der Stadt Baños ein:

»Als der Herr die Sterne schuf,
glitt ihm aus seinen göttlichen Händen
ein Stück des Himmels (...)
und es war Baños!«

## Geschichte

Die Spanier wussten 1553 zunächst nicht, was Gott hier verloren hatte. Sie zogen an der Schlucht des Río Pastaza entlang auf der Suche nach dem ›Land des Zimts‹ und dem Inkaschatz von Llanganati, den die Indígenas nahe bei Baños am Berg **Cerro Hermoso** versteckt haben sollen. Er ist übrigens bis heute nicht gefunden worden. Die europäischen Eroberer und die Dominikaner-Padres gründeten eine Zuckerrohrhacienda an den mineralhaltigen Vulkanwassern, die schon Inkakönig Huayna Capac und seine Frauen zur Verjüngung genossen haben sollen.

Das ›Paradies der Bäder‹ wurde jedoch oft von Ausbrüchen des **Tungurahua,** von Erdbeben und Überschwemmungen heimgesucht. Bereits im 16. Jh. nahm die Schutz-

# Unterhalb des Tungurahua

herrin Nuestra Señora del Rosario de Agua Santa daher ihre Aufgaben wahr. Im Jahr 1773 rettete die heilige Jungfrau schließlich die Bañeños vor einem der schwersten Vulkanausbrüche ihrer Geschichte. Seither wird sie jedes Jahr nicht nur zu Karneval bei einem gewaltigen Volks- und Glaubensfest mit Umzügen durch die Straßen getragen. Der Wallfahrtsort Baños mit seiner stilarmen **Basílica** `1` war somit geboren. Die Virgen hat offensichtlich auch bei den jüngsten Ausbrüchen des Tungurahua Schlimmeres als eine zeitweilige Evakuierung und den Verlust von Vieh und Ernte verhindern können.

## Baños heute

Im Schatten der Schnapsbrenner und Schmuggler wuchs allmählich ein religiöser und gleichzeitig thermal-therapeutischer Tourismus auf angenehmen 1820 Höhenmetern. Zwei schwefelhaltige Thermalquellen besitzt das Städtchen, bekannter ist – wie könnte es anders sein – das **Baño de la Vírgen** `1`, das Thermalbad der Jungfrau.

Zu den großen Pilgerschaften von ecuadorianischen Gläubigen und Kurgästen gesellen sich immer mehr internationale Bergwanderfreunde, Erholungssuchende und Abenteuersportler.

Was wie so oft mit neugierigen, Idyll suchenden Rucksacktouristen begann, lieben heute Reisende aller Herkunft und mit unterschiedlichem Budget, ohne dass der Ort jemals überlaufen wirkt, es sei denn, die Jungfrau gleitet gerade durch die Straßen.

Und so sorgen in diesem architektonisch durchaus ernüchternden Örtchen eine europäisch orientierte Gastronomie und zahlreiche hübsche Herbergen für das Wohlergehen der Besucher, zunehmend auch die Nasszellen moderner Spa-Anlagen.

## Ausflug zum Zoo `2` und in die Umgebung

Zum **Zoo von Baños** führt die Puente San Martín und lässt dabei die beeindruckende 50-m-Schlucht des Río Pastaza unter sich. Die engen Käfige beherbergen einzelne Kondore, Adler, Tukane, Papageien, Affen,

Schildkröten, Pumas, Bären, einen Jaguar und andere Tiere. Der Bus aus Agoyán hält am Markt und fährt weiter zum Zoo.

Kurz hinter dem Zoo liegt der **Wasserfall Inés María,** weiter oben der Aussichtspunkt **Cerro Chontilla** (1 Std. vom Zoo).

## Wandern am Rio Pastaza

Relativ einfache Wanderstrecken – wenngleich mit Steigungen – sind die Wege nach **La Cruz de Bellavista** `3` oberhalb des Dorfes (45 Min.), der Weg ins Bergdorf **Runtún** (2 Std.) sowie auf der anderen Seite des Flusses der Weg auf die **Loma Chontilla** (2 Std.) mit einem grandiosen Blick auf den Tungurahua. Weiter den Río Pastaza hinab führt ab dem **Staudamm Agoyán** rechtsseitig ein Wanderweg durch üppige Natur- und Kulturlandschaft vorbei an mehreren großartigen Wasserfällen und Bächen über die Bauernschaften El Arroyo, Chinchín, San Pedro nach **Río Verde.** Seilbahnen und Hängebrücken lassen einen an mehreren Punkten der Wanderung zum anderen Ufer und damit zur Straße mit Busverkehr zurückkehren.

**Achtung:** Der Tungurahua kann wegen der Vulkanaktivität nicht bestiegen werden. Tägliche Updates dazu unter www.igepn.edu.ec.

Wanderkarten gibt es u. a. im Tourismusbüro (s. o.), bei Geotours (s. S. 230) und in der Casa Hood (s. S. 228).

## Infos

**Oficina de Turismo:** Calle Tomás Halflants y Rocafuerte (am Parque), Baños, www.banos-ecuador.com (u. a. Hotel- und Restaurantadressen), tgl. 8–17.30 Uhr. Städtisches Büro mit komplettem Kataster-Adressauszug der Stadt, zahlreichen Visitenkarten, aber wenig persönlicher Beratung.

## Übernachten

**Ruhige Hanglage** ▶ **Hostería Monte Selva** `1`: Calle Tomás Halflants y Montalvo (am Hang), Tel. 03-274 05 66, www.monteselva ecuador.com. Größeres Mittelklassehotel mit Pool und breit gefächertem Spa-Angebot in schöner Hanglage einige Meter oberhalb der Stadt. *Cabañas* EZ/DZ 45/76 $ mit Nutzung

# Baños de Agua Santa

**Sehenswert**
1 Basílica
2 Zoo
3 La Cruz de Bellavista

**Übernachten**
1 Hostería Monte Selva
2 Isla de Baños
3 Hostal El Pedrón
4 La Casa del Molino Blanco
5 Hostal Plantas y Blanco
6 Hostal La Chimenea
7 Spa-Hotel Luna Runtún
8 Finca Chamanapamba

**Essen & Trinken**
1 Le Petit Restaurant
2 Ristorante Pappardelle
3 Ristorante Pappardelle
4 Restaurant Mariane
5 Casa Hood

**Einkaufen**
1 Casa de Arte Huillacuna
2 Kunsthandwerkergasse
3 Markthalle

**Abends & Nachts**
1 Calle Eloy Alfaro

**Aktiv**
1 Baño de la Virgen
2 Samira Spa Resort
3 Geotours

aller Einrichtungen, Bäderbereich für Auswärtige 4 $.
**Klassiker ▶ Isla de Baños** 2: Calle Tomás Halflants y Montalvo, Tel. 03-274 06 09, www. isladebanios.com. Der zuvor hauptsächlich für Reittourismus am Vulkan bekannte Deutsche Christian Albers setzt in seinem gepflegten, schönen Hostal am Dorfrand vermehrt auf Spa mit Jacuzzi, Sauna und Schwitzfass; Internet und Garage. Wohnliche, gepflegte Zimmer. EZ/DZ 30 $ p. P., Minisuite 38 $, Frühstück 4–7 $.

## Unterhalb des Tungurahua

**Familienpension mit Garten ▶ Hostal El Pedrón** **3** : Calle Eloy Alfaro y Luis Martínez, Tel. 03-274 07 01, 099-504 98 03, hostalpe dron@yahoo.es. Auf einem Stadtfelsen thronende, ruhige Familienpension mit großem, sattgrünem Garten, Hängematten, großzügiger Frühstücksterrasse in einem der ältesten Häuser der Stadt; Parkplatz. Einfache Zimmer mit Kabel-TV, teils mit Balkon zum Garten 13 $ p. P., Suite 17 $, jeweils inkl. Frühstück; Schlafsaal mit Bad für 5 Personen 9 $ p. P. ohne Frühstück.

**Schöne Aussicht ▶ La Casa del Molino Blanco** **4**: Calle Misioneros Dominicanos y Mera, Stadtviertel San José, Anstieg Richtung Jungfrauenstatue, Tel. 03-274 11 38, 099-491 74 74, www.casamolinoblanco.com. Ruhiges, freundliches Hostal am Ortsrand mit Küchenbenutzung und Tour-Infos. EZ/DZ 12/20 $, im Schlafsaal 8 $, jew. mit Frühstück.

**Backpacker-Pension ▶ Hostal Plantas y Blanco** **5**: Calle Luis Martínez y 12 de Noviembre (Ecke), Tel. 03-274 00 44, www.plantasyblanco.com. Einfaches Hostal mit schöner Cafetería auf der Dachterrasse und privatem ›Heilbad‹. Einfache Zimmer 12 $, Schlafsaal 6–9 $ p. P., Frühstück 3–4 $.

**Dachterrassen-Traum ▶ Hostal La Chimenea** **6**: Calle Luis Martinez y Rafael Vieira, Tel. 03-274 27 25, www.hostalchimenea.com. Gemütliches Hostal mit Pool (2 $), Massage (25 $), Dampfbad (3,60 $), Dachterrasse und freiem Internetzugang. DZ 9,50 $, Schlafsaal 8,50 $ p. P., Frühstück 2,50–3,50 $.

**... in Runtún** (ca. 6 km südöstl. von Baños):
**Wellness in Einsamkeit ▶ Spa-Hotel Luna Runtún** **7**: Casería Runtún km 6, Tel. 03-274 08 82, www.lunaruntun.com. Das schweizerische Resort ist das First-Class-Landhotel bei Baños mit prächtigem Blick auf den Vulkan und umliegende Berge und Täler. Am Dorfrand von Runtún liegt diese komfortable und üppig bewachsene alpin-andine Wohnwelt auf dem Plateau und bietet erstklassige Spa- und Wellnessprogramme (ab 20 $ p. P.) bei gutem Service. Diverse mehrtägige Wellness-Programme, Restaurant (Hauptgericht 10 $), Reiten, Mountainbiken, Canyoning. Übernachtung mit Halbpension und Teilen

der Spa-Anlage 77 $ p. P. inkl. Frühstück, Abendessen, Cocktail, Internet, Schwimmbad und Steuern.

**... in Ulba** (ca. 4 km nordöstl. von Baños):
**Deutsches Idyll ▶ Finca Chamanapamba** **8**: Casería Chamana, vom Dorf Ulba 1 km den Fluss hinauf, Tel. 03-277 62 41, 098-618 77 81, www.chamanapamba.com. Idyllische deutsche Herberge mit grandiosem Blick unter dem Wasserfall des Río Chamana und schönen Terrassen. Das angeschlossene Restaurant (kleine Karte samt Gulasch und Schokoladenkuchen) ist ein futuristisch lichtdurchfluteter Naturstoffbau mit einer Grasdach-Bambus-Konstruktion. Drei große und fein in Holz gearbeitete Zimmer mit verspielten, hellen Bädern. EZ/DZ mit Frühstücksbüfett 79/110 $.

## Essen & Trinken

**Fondue und mehr ▶ Le Petit Restaurant** **1**: Calle 16 de Diciembre 240 y Montalvo, Tel. 03-274 09 36, www.lepetit.banios.com. Rustikales Restaurant mit Garten, französische Küche, ein einfaches Hostal gehört zum Betrieb. Hauptgericht 7–10 $.

**Italienische Küche ▶ Ristorante Pappardelle:** Calle Rocafuerte 232 y 16 de Diciembre **2** und Calle Ambato y Pasaje Eremita de la Virgen **3**, Tel. 03-274 17 24, pappardelle.ecuador@yahoo.com, tgl. 12.30–23 Uhr. Gleich zweimal gibt's das Pappardelle: etwas nüchterner in der Calle Ambato und gemütlicher in der Calle Rocafuerte. Der ecuadorianische Chef lernte das Pizzabacken in Italien, musste dann in Long Island stets zu dicke Böden rollen, um schließlich in seiner Heimat die beste Pizza im Ort zu backen. Hauptgericht ca. 5 $.

**Französische Küche ▶ Restaurant Mariane** **4**: Calle Tomás Halflants y Rocafuerte, Tel. 03-274 19 47, patalarcou@hotmail.com, tgl. 18–23 Uhr, Reservierung empfohlen. Kleines, gutes Restaurant mit provenzalischer

**Unterwegs mit der Seilbahn auf der Wasserfallroute entlang der Pastaza-Schlucht**

## Tipp: Vulkanbeobachtung

Der 5023 m hohe Stratovulkan **Tungurahua** wirft seit 2006 wieder verstärkt Rauch, Lava und Magmagestein aus. Die Ascheauswürfe erreichen Spitzenwerte von 10 km Höhe über dem Krater. Vulkanologen sagen, eine plinianische, also eine stark explosive Eruption sei »bald fällig«. Klare Abendstunden bieten eine große Chance, das derzeitige Naturspektakel zu bewundern. Den besten Blick hat man auf dem Weg von Baños nach Westen oder, den Río Pastaza überquerend, nach Norden.

Küche und süßem Abgang von Crêpes bis flambierten Bananen. Hauptgericht 4–10 $.
**Kuchen und Treff** ► **Casa Hood** 5 : Calle Luis Martínez y Eloy Alfaro/Halflants, Tel. 03-274 26 68, casahood1@gmail.com, tgl. 12–22.15 Uhr. Die beste und umfassendste Frühstückskarte der Stadt sowie internationale Küche und Kaffeespezialitäten; Beliebter Travellertreff mit Büchertausch, Wanderkarten und Infoboard. Meist 1 x wöchtl. Videokino tgl. 16.30 Uhr. Hauptgericht 3,25–6,50 $.

## Einkaufen

**Alfeñique** ► so heißt der traditionelle, karamellartige Rohrzuckerriegel, der vor allem an der Hauptstraße **Av. Ambato** am Holzpflock geschlagen und verkauft wird.
**Kunst** ► **Casa de Arte Huillacuna** 1 : Calle 12 de Noviembre y Juan Montalvo, Tel. 03-274 29 09, yojairatour@yahoo.com, tgl. 8–22 Uhr. Moderne Popart und Antiquitäten. Zu sehen ist hier auch eine beeindruckende Fotoausstellung von Baños und dem Río Pastaza um 1930. Angeschlossen ist ein Hostal (15 $ p. P. mit Frühstück).
**Kunsthandwerk** ► Gutes Angebot in der **Gasse** 2 , die neben der **Markthalle** 3 die Av. Ambato und die Rocafuerte verbindet.

## Abends & Nachts

**Bars und Diskotheken** ► Vergnügungsmeile ist die **Calle Eloy Alfaro** 1 ab der Calle Ambato Richtung Fluss.

## Aktiv

**Bäder** ► Das älteste und zu Recht meistbesuchte Bad ist **El Baño de la Virgen** 1 (Bad der Jungfrau) unter dem Wasserfall, tgl. 4.30–17, 18–22 Uhr.
**Gleitschirmfliegen** ► Flugschulleiter und Tandempilot **Edgar Soria**, flyedgar@hotmail.com, hat beste Wind- und Wetterkenntnis. Mit Blick auf die Vulkane zeigt er erfahrenen Fliegern das Fluggebiet von Niton.
**Spa und Wellness** ► **Samira Spa Resort** 2 : Av. de las Amazonas, Vía a Puyo km 1, Tel. 03-274 18 55, 098-962 03 64, www.samarispa.com. Ein modernes Wellness-Resort mit den größten Spa-Anlagen und vielseitigen Anwendungen weit und breit (optional mit Übernachtung, DZ 213 $). Weitere gute Angebote finden sich auch in den genannten Hotels (s. ab S. 226).
**Sport und Naturaktivitäten** ► In der Umgebung von Baños gibt es ein großes Angebot: Rafting, Mountainbiken, Reiten, Trekking, Canyoning, Klettern, Bungee und Dschungeltouren (1–3 Tage). Als renommierte, seriöse Agentur, die dankenswerterweise keine lauten Quad-Fahrzeuge vermietet, empfiehlt sich: **Geotours** 3 , Av. Ambato y Halflants, Tel. 03-274 13 44, 099-543 32 93, www.geotoursbanios.com, tgl. 8–21 Uhr. Preisbeispiele: Rafting und Canyoning ab 30 $.

## Termine

Festtage in Baños sind **Karneval** u. a. mit Marienprozessionen, **Stadtteilfeste** im gesamten Oktober, gelegentlich mit Hofmusik ab morgens um 5 Uhr, und am 15./16. Dezember der **Gründungstag** des Kantons Baños.

## Verkehr

**Bus:** tagsüber zahlreiche Busverbindungen nach Quito durch Cooperativa Baños (Tel. 03-274 04 15), Cooperativa Amazonas und Expresso Baños. Recht häufige Verbindungen auch nach Riobamba und Puyo, ein paar Verbindungen tgl. nach Tena und Coca. Fahrkarten-Vorverkauf tgl. 8–12, 14–18 Uhr.
**Taxi:** Abends ab 19 Uhr empfiehlt sich ein Taxi nach Ambato und vom dortigen Terminal weiter in alle Landesteile.

# Am Chimborazo

**Der höchste Berg des Landes überragt eine fantastische Andenland-
schaft und arme wie ursprüngliche Lebenswelten der Indianer, für die
der ›Taita‹ Chimborazo ihr Vater ist. Hier wurde Ecuador gegründet. Zugleich führt heute eine spektakuläre Bahnstrecke über die Hochebenen am Fuße des Sechstausenders.**

## Riobamba ▶ H 10

### Geschichte

**Riobamba** (2754 m), die ›Wiege der Nation‹,
war die Hauptstadt des Volkes der Puruhá-
Indianer und später Spaniens erste Stadtgründung im heutigen Ecuador. Inzwischen
liegt die Stadt jedoch 19 km vom ursprünglichen Ort – dem heutigen Cajabamba – entfernt, da ein verheerendes Erdbeben am
4. Februar 1797 zu einer Neugründung der
Stadt an heutiger Stelle zwang.

Wiege der Nation, weil die Unabhängigkeitstruppen in den Morgenstunden des 21.
April 1822 in Riobamba eine entscheidende
Schlacht gegen die Spanier gewannen. Riobamba war somit wenig später Wegbereite-
rin der Entscheidungsschlacht am Pichincha
bei Quito (s. S. 41). Schließlich wurde die
Abspaltung von Großkolumbien in Riobamba
festgeschrieben, nämlich am 14. August
1830 mit der ersten Verfassung des Staates
Ecuador.

Noch heute liegt die republikanische
Stadtgeschichte in der Luft: Auf der Avenida
Primera Constituyente (›Erste Verfassung‹),
am Heldendenkmal des **Parque del 21 de
Abril,** der zudem eine fantastische Sicht auf
die zentralen Anden beider Kordilleren frei-
gibt, oder am zentralen **Parque Sucre,** wo
die republikanische Verfassung hinter der
wuchtigen aschgrauen Fassade des heutigen
Colegio Nacional Pedro Vicente Maldonado
unterzeichnet wurde.

### Orientierung

Im rosafarbenen **Rathaus** der beschaulichen,
mittelgroßen Provinzhauptstadt sind heute
rund 140 000 Einwohner registriert. Spätko-
loniale und mehr noch republikanische Bauten säumen die Kopfsteinpflasterstraßen im
›Herzen des Vaterlandes‹. Zahlreiche kleine
Läden und Boutiquen füllen das Schach-
brettraster der Innenstadt. Indígenas beleben
die Straßen nicht nur auf dem großen und beeindruckenden **Samstagsmarkt,** sondern
sind Teil des Stadtlebens auch unter der Woche. In den Straßen handeln Frauen mit Zimt
und Anis. Es riecht nach Nelken und süßem
Pfeffer. Das Zentrum ist so überschaubar,
dass die Taxifahrer gerne Umwege fahren,
um ihren Fahrpreis rechtfertigen zu können.

### Sehenswürdigkeiten

Am **Parque Maldonado** liegt die Kathedrale
**Santa Barbara,** wo sich hinter einer schönen
Sandsteinfassade das sachliche Interieur einer vermeintlich deutschen Pfarrkirche ohne
Schmuck und Bilder verbirgt. Sehenswerter
ist die Seitenkapelle **Capilla El Sagrario,**
in der Tonkachel-Mosaike den Kreuzweg
schmücken. An der Außenwand des Kirchen-
komplexes stößt man auf eine Gedenktafel
für Bischof Leónidas Proaño (1910–1988),
der auch als ›Indianerbischof‹ bekannt wurde:
Wie kein anderer prägte er die indigene Be-
freiungsbewegung des jungen Ecuador. Im
Herzen einer Provinz, die zu 67 % von Indígenas bewohnt und bewirtschaftet wird, ge-

231

# Am Chimborazo

**Straßenplausch im kolonial-klassizistischen Riobamba**

lang es Proaño in einem umstrittenen und mutigen Prozess, die indigenen Wurzeln der Provinz und des ganzen Landes zurück ins Bewusstsein der mestizisch dominierten Gesellschaft zu holen. Wo vor ihm noch Haciendas samt Personal verkauft wurden, ließ sich der Befreiungstheologe an der Seite der Kichwas als ›Marxist‹ und ›Sowjetkommunist‹ titulieren – seine Option für die Indígenas war nicht zu beugen. Bischof Leónidas Proaño

aus Riobamba steht heute für »... eine spirituelle Strömung, sein ganzes Leben hinter sich zu lassen und tief in ein anderes Volk hineinzugehen«, so Kirchenhistoriker José Oscar Beozzo.

Ein bemerkenswertes **Museum** befindet sich im **Convento de la Concepción**. Präsentiert wird religiöse Kunst des 18. und 19. Jh. – schönster Kitsch und scheußliche Geißelungen im Ambiente einer kolonialen

1950 sind in der ständigen Ausstellung des **Museo de la Ciudad** zu sehen. Die Wechselschauen lokaler Künstler fallen meist dagegen ab (Primera Constituyente y Espejo, Tel. 03-294 44 20, 03-295 19 06, culturaimr@yahoo.es, Mo–Fr 8–12.30, 14.30–18 Uhr, Eintritt frei).

## Märkte in der Umgebung

Märkte in der Umgebung finden sich in **Guamote** (Do, s. S. 240), **Cajabamba** (So, s. S. 239) und **Colta** (s. S. 240). Besondere handwerkliche Attraktionen sind die Flechtarbeiten aus dem robusten Shigra-Gras. **Guano** ist bekannt für seine Wollteppiche.

## Infos

**i-TUR:** Av. Daniel León Borja y Brasil, Tel. 03-294 73 89, turismorioamba@hotmail.com, Mo–Fr 8–12, 14–18 Uhr. Infos und Adressen zu Reisen in der Provinz Chimborazo.

## Übernachten

**Republikanisches Schmuckstück ▶ Mansión Santa Isabella:** Calle Veloz 2848, zw. Carabobo y Magdalena Davalos, Tel. 03-296 29 47, www.mansionsantaisabella.com. Das 1910 von einem Franziskaner erbaute Stadthaus beherbergt ein stilvolles Hotel mit kleinem Garten, gutem Mittagstisch und einer abendlichen Tapas-Bar im Felsenkeller. Zimmer mit Holzböden, Wannenbad, Schreibtisch und isolierten Fenstern, teilweise mit Balkon. EZ/DZ/Suite 55/90/140 $.

**Traditionshaus ▶ Hotel Montecarlo:** Calle 10 de Agosto 25–41 y García Moreno, Tel. 03-296 15 77, www.hotelmontecarlo-riobamba.com. Etwas verspieltes, blau-weiß gehaltenes, gut 100-jähriges Patiohotel im Zentrum mit Internet, Restaurant und Cafeteria. 20 Zimmer mit Teppichboden, Telefon und Kabel-TV. EZ/DZ mit Frühstück 25/39 $.

**… außerhalb in Richtung Guano:**

**Stilvolles Alpenambiente ▶ Albergue Abraspungo:** km 3 Vía a Guano, Tel. 03-236 40 31, 03-236 42 74, www.haciendaabraspungo.com. Die schönste Hostería der Region. Rustikales, alpin anmutendes Landgasthaus mit architektonischen Hacienda- und Bauern-

Klosteranlage. Größter Schatz ist die güldene Monstranz des alten Riobamba (Calle Argentinos s/n y Larrea, Tel. 03-296 52 12, Di–Sa 9–12.30, 15–17.30 Uhr, 3 $).

Die stadthistorische Privatsammlung des **Museo Particular Familiar Córdoba-Román** befindet sich in der Calle Velasco 24–25 y Veloz (Mo–Fr 10–13, 15–17 Uhr, 1 $).

Beeindruckende Schwarz-weiß-Fotografien von Riobamba aus den Jahren 1900 bis

# Alexander von Humboldt in Ecuador

Thema

**Der berühmte deutsche Mineraloge und Geologe Alexander von Humboldt besuchte das heutige Ecuador zweimal im Rahmen seiner fünfjährigen Amerikareise. Unverhofft wurde Ecuador dem jungen Naturforscher zu einem Meilenstein seines Lebenswerks, mit dem er die Grundlagen der modernen Geografie und Pflanzenkunde schuf.**

Aus Bogotá über die Anden kommend, erreichte Humboldt am 6. Januar 1802 Quito, wo er fünf Monate als Gast des Herzogs Juan Pío Aguirre y Montúfar lebte. Dessen junger Sohn, Carlos Montúfar, begleitete die Expedition von Humboldt und Aimé Bonpland fortan bis zu Humboldts Rückreise nach Europa im Jahr 1804. Quito erstaunte den deutschen Gelehrten: »Ihre Stadt atmet nur Wollust und Üppigkeit, und nirgends vielleicht gibt es einen entschiedeneren und allgemeineren Hang sich zu vergnügen. So kann sich der Mensch gewöhnen, ruhig am Rande eines jähen Verderbens zu schlafen.«

In Ecuador entwickelte der Berliner Forscher seine Leidenschaft für die extremen Höhen der andinen Vulkane, deren Gestein und Vegetation als auch für ihren majestätischen Bewohner, den Kondor. Am 26. Mai bezwang er, begleitet von einem ortskundigen Indianer und unter körperlichen Qualen, den Guagua Pichincha, im Weiteren sammelte Humboldt Steine, Pflanzen und Tiere an den Vulkanen Cotopaxi, Tungurahua, Iliniza und Antisana, bevor die Wissenschaftlergruppe am 9. Juni 1802 Richtung Chimborazo aufbrach. 14 Tage später begann sie den dramatischen Aufstieg an dem 6000er, kaum besser ausgestattet als mit Straßenschuhen und Gehrock.

Humboldt notierte damals: »Zur Linken war der Absturz mit Schnee bedeckt, dessen Oberfläche durch Frost wie verglast schien. Zur Rechten senkte sich unser Blick schau-

rig in einen tausend Fuß tiefen Abgrund, aus dem schneelose Felsmassen senkrecht hervorragten. Wir fingen nun nach und nach an, alle an großer Übelkeit zu leiden. Der Drang zum Erbrechen war mit etwas Schwindel verbunden und weit lästiger als die Schwierigkeit zu atmen. Wir bluteten aus dem Zahnfleisch und aus den Lippen. Die Bindehaut der Augen war bei allen ebenfalls mit Blut unterlaufen.« – »Die Besteigung des Chimborazo« verfilmte der Regisseur Rainer Simon 1988/1989 als einzige deutsch-deutsche Kinoproduktion der Geschichte.

Humboldts Forschungen auf der nach ihm benannten ›Straße der Vulkane‹ führten ihn u. a. zu der bahnbrechenden Widerlegung des in Europa verbreiteten Neptunismus – jener Theorie nach Abraham Gottlob Werner, wonach alles Gestein aus der Ablagerung im Meer stamme. Humboldt hingegen wies in Ecuador den vulkanischen Ursprung etwa des Basaltsteins nach und räumte auf mit der Legende von den riesigen Kohlebränden in den rauchenden Bergen.

Im weiteren Verlauf der Reise besuchte Humboldt Latacunga, Riobamba, Cuenca und Loja. Begeistert war er vom Páramo und der Inka-Architektur im Süden des Landes. Im Januar 1803 bereiste er Ecuador noch einmal für sechs Wochen. Zwar brach er seine Untersuchung des gerade rumorenden Cotopaxi ab. Doch zeichnete und schrieb Humboldt auf seiner zweiten Ecuador-Reise einige seiner wichtigsten Dokumente.

hauselementen; Service und Küche sind ausgezeichnet; Parkplatz. Schöne und große Zimmer, teils mit Kamin. EZ/DZ 87/120 $, Frühstücksbüfett 6,40 $.

**Hotel der Rucksacktouristen** ▶ **Hotel Tren Dorado:** Calle Carabobo 22–35 y 10 de Agosto/Primera Constituyente, Tel. 03-296 48 90, 097-943 52 44, www.hoteltrendorado. com. Modernes Stadthotel mit kleinen, aber sauberen Zimmern in Bahnhofsnähe sowie ganz frühem Frühstücksbüfett (3,36 $). EZ/ DZ 19/33 $.

**Charmant und preiswert** ▶ **Hotel La Estación:** Av. Unidad Nacional 2915 y Carabobo, Tel. 03-295 52 26, www.hotelaestacion.com. Stadthotel mit mehreren Aufenthaltsräumen und einer kleinen Ausstellung kolonialer Relikte. Die Touristenzimmer verfügen teilweise über Balkone oder Panoramaterrassen. EZ/ DZ mit Frühstück 18/32 $.

**Schlicht und praktisch** ▶ **Hotel Riobamba Inn:** Calle Carabobo 23-20 y Primera Constituyente, Tel. 03-296 16 96, www.hotelriobambainn.com. Solides Stadthotel mit geräumigen Zimmern und stadttypischen Teppichböden. EZ/DZ mit Frühstück 16/29 $.

## Essen & Trinken

**Schöner Patio** ▶ **Restaurante El Delirio:** Av. Primera Constituyente y Rocafuerte, Tel. 03-296 64 41, deliroel01@gmail.com, Di–So 12–22 Uhr. Historisches Stadthaus mit Kamin, hübsch dekoriert mit vielen Sammlerstücken und alten Fotografien. Auf Gegrilltes und Meeresfrüchte spezialisierte, leider ver-

## Ecuadors höchste Schutzhütte

Das **Refugio Edward Whymper** auf 5000 m hat Kapazitäten für bis zu 50 Gäste, Kojen, Kochstellen, Speiseraum, Bad, Wasser und Strom. Schlafsack und Verpflegung müssen mitgebracht werden. Die Übernachtung ist kostenlos. Achtung: 2013 wegen Renovierung geschlossen (Alta Montaña Agentur, Av. Leon Borja y Uruguay, Riobamba, aventurag@ch.pro.ec, Mo–Fr 9–13, 15–19 Uhr).

nachlässigte Küche. Menü ab 10 $, Hauptgericht ab 7 $.

**Guter Imbiss** ▶ **Restaurante El Boni:** Calle Villaroel 15-58 y Almagro, Tel. 03-295 21 80, 099-814 61 20, Di–So 9–22 Uhr. Exzellente Hausmannskost und Spezialitäten. Mittagsmenü 5 $, Hauptgericht 7–10 $.

**Museumscafé** ▶ **Cafetería Díos le Pague:** Primera Constituyente y Espejo, Tel. 03-228 38 82, ext. 110, Mo–Fr 9–17, Sa, So 10–17 Uhr. Günstiges, nettes Café mit Mittagstisch in schönem Bau von 1905 direkt am Parque.

## Einkaufen

**Kunsthandwerk** ▶ **Almacén Apicultura Cacha:** Calle Orozco y Colón, Mo–Sa 9–13, 15–17 Uhr. Der Laden bietet eine vielfältige Auswahl, darunter Keramik-, Flecht- und Webarbeiten.

## Aktiv

**Bergwandern** ▶ Die Bergwelt der Provinz ist großartig. Zur Besteigung des Chimborazo (3 Tage) und weiterer Gipfel empfehlen sich zwei lokale Agenturen: **Expediciones Andinas,** außerhalb in der Urbanización Las Abras km 2,5 via Guano, Tel. 03-236 42 78, 03-236 42 58, www.expediciones-andinas.com. International renommierte Agentur des Bergsteigers und Bergfotografen Marco Cruz mit exzellentem Service und eigener Schutzhütte am Fuß des Vulkans, dem Chimborazo Basecamp – Refugio Estrella del Chimborazo (EZ/DZ 84/112 $ mit HP, Hauptgericht 18 $), sowie Camping (10 $ p. P.). Spezialist für Gipfelbesteigungen und längere Hochgebirgstouren (ab 30 $). **Agencia Incañan Ecoturismo,** Calle Brasil 20–28 y Luis Alberto Falconi, Tel. 03-294 05 08, 099-294 88 96, www. incanian.com.ec, Mo–Fr 9–13, 15–19, Sa 9–13 Uhr. Trekking (ab 25 $), Bergsteigen (ab 200 $), Mountainbiking (ab 30 $), Gleitschirmfliegen rund um Riobamba und Pelileo (ab 60 $) und andere Exkursionen einschließlich dem dreitägigen Trek auf dem Inkatrail.

**Radfahren** ▶ **PROBICI:** Primera Constituyente 23-5 y Larrea, Tel. 03-295 17 59, 099-823 81 29, www.probici.com, tgl. 8–20 Uhr. Touren verschiedener Länge und Schwierig-

# Am Chimborazo

In diesen Höhen wird jeder Sonnenstrahl zum Aufwärmen genutzt

keit, z. B. zum Chimborazo oder zur Laguna Colta (Tagestouren inkl. Ausrüstung 35–80 $). **Ausflüge zu Hochlandgemeinden ▶ Agencia Puruhá Razurku:** Av. Canonigo Ramos y Miguel Ángel Jijón (Ciudadela los Álamos), Tel. 03-260 67 74, 099-557 55 17, www.cord tuch.org.ec, Büro tgl. 8–19 Uhr.

**Gemeindeprojekt ▶ Casa Cóndor:** Gemeinde Pulingui, von Riobamba kommend 7 km vor dem Eingang zum Faunareservat Chimborazo, Tel. 099-513 04 26, 098-575 50 31, manuela_gualanc@hotmail.com. Freundliches Gästehaus auf 3800 m mit authentischem Hochlandmenü, Schlafsaal mit BC, aber mit Heißwasser, Handwerksladen mit Wollsachen. Anmeldung erforderlich. 12 $ p. P., Mahlzeiten 5 $.

## Verkehr

**Bus:** Riobamba und Quito verbinden tagsüber etwa alle 15 Min. Busse der Kooperativen Riobamba, Chimborazo, Ecuador Ejecutivo, Patria und Vencedores, Fahrtzeit etwa 3,5 Std. Nach Guayaquil fahren Busse um 5.30, 10, 12, 14.30, 17.30 und 18.30 Uhr, ähnliche Zeiten in Gegenrichtung.

**Bahn:** Estación de Riobamba, Av. 10 de Agosto y Carabobo, Tel. 03-296 19 09, 1800-87 36 37, www.trenecuador.com. Die landschaftlich traumhafte Bahnstrecke Riobamba–Durán (Guayaquil) soll ab Sommer 2013 wieder befahren werden; Fahrpläne am Bahnhof und im Internet. Bis heute besitzt Riobamba den schönsten Bahnhof Ecuadors mit Ausstellungen im Warteraum.

# Abstecher in die Provinz Bolívar

## Guaranda ▶ G 10

Die 60 km lange Piste von Riobamba nach Guaranda verläuft im Süden des Vulkans Chimborazo auf einer spektakulären Bergstrecke mit atemberaubenden Steilpassagen über dem rechts in der Tiefe rauschenden Río Tililag. Darüber thront der mächtige ›Taita‹ Chimborazo. Die Straße steigt auf über 4000 m Höhe an, legt im Südosten manchmal den Blick auf den selten enthüllten Sangay frei. Aber auch von Ambato aus ist Guaranda über die nördlich des Vulkans verlaufende asphaltierte Straße zu erreichen.

Das einst zwischen Puruháes und Inkas heftig umkämpfte **Guaranda** (2650 m) liegt am ›königlichen‹ Camino Real, einem wichtigen Handels- und Postläuferweg Kolonialspaniens, und im Westen des Vulkans Chimborazo**.** Heute säumen republikanische Bauten der vorletzten Jahrhundertwende mit wunderschönen Holzbalkonen und Hand geschlagene Pflasterstraßen die ruhige Hauptstadt der Provinz Bolívar. Das Zentrum

des Ortes bilden die **Calle de la Concepción de 1884** und der **Parque Libertador Simón Bolívar.**

## Übernachten

**Einfaches Hostal** ▶ **Hotel Cochabamba:** Calle García Moreno y 7 de Mayo, Tel. 03-298 21 24, hotelcochabamba@yahoo.es. Alt und einfach, aber stilvoll; Cafetería. EZ/DZ 18/30 $.

**Quadratisch, praktisch** ▶ **Hotel Tambo El Libertador:** Av. Guayaquil, Urbanización Coloma Roman (gegenüber der Policia), Tel. 03-298 06 34, hoteltamboellibertador@hotmail.com. Kühl, modern und kantig, dafür mit Pool, Dampfbad und schönem Blick auf die Stadt. EZ/DZ mit Frühstück 33/55 $.

**Einfach und charmant** ▶ **Hostal de las Flores:** Calle Pichincha 804 y Rocafuerte, Tel. 03-298 43 96. Haus von 1920 mit nettem, überdachtem Hof. Die Zimmer sind leider etwas hellhörig. EZ/DZ 18 $.

## Essen & Trinken

**Klein & Italienisch** ▶ **Pizzeria Buon Giorno:** Calle Sucre 909 y García Moreno, Parque Central, Tel. 03-298 36 03, 099-950 80 35, Di–So 12–22 Uhr, Hauptgericht etwa 5 $.

## Termine

**Karneval:** Berühmt ist der rauschhaft gefeierte Karneval von Guaranda. Es handelt sich dabei um ein sehr eigenwilliges Fest mit Umzügen und Tanz in den Straßen. Man wird mit Eiern, Mehl und Wasserbomben beworfen, lacht zu der traurigen Musik des Carnival Andino, einer frühspanischen Tradition, und schießt den ›blauen Vogel‹ ab. Jener *pájaro azul* ist ein verlässlicher Begleiter vom Straßentanz in die Bewusstlosigkeit – ein gnadenloser Zuckerrohr-Hausbrand ›made in Guaranda‹.

## Verkehr

**Bus:** Es fahren mehrfach täglich Busse von Ambato und von Riobamba nach Guaranda.

## Salinas de Guaranda ▶ G 9

**Salinas,** eines der höchstgelegenen Dörfer in ganz Ecuador (3550 m), lebte und litt schon

## Am Chimborazo

vor Kolumbus und noch bis vor rund 40 Jahren von und unter seinen oberirdischen Salzminen, den *salinas.* Heute zählt das Dorf dank der Solidarität seiner Bewohner und internationaler Entwicklungshilfe landesweit zu den erfolgreichsten landwirtschaftlichen Kooperativen. Ökonomische Grundidee der Cooperativa Salinas ist es, ihre landwirtschaftlichen Primärgüter wie Milch, Wolle und Fleisch zu verarbeiten, ihre Palette an Endprodukten zu erweitern und den Handel damit weitestgehend in den eigenen Händen zu behalten. Der Deutsche Entwicklungsdienst unterstützte die Campesinos schon in den 1970er-Jahren. Die Umstrukturierungen in Salinas waren ursprünglich getragen von der Idee, einen zukunftsfähigen Wechsel von der Schaf- zur Lamazucht in enger Zusammenarbeit mit eigenen Spinnereien zu vollziehen. Und siehe da: Heute züchtet man sogar Alpakas.

1978 kam der Schweizer Käsetechniker Sepp Dubach im Rahmen eines UN-Projektes der Ernährungs- und Landwirtschaftsorganisation (FAO) nach Salinas. Mit einfachen Techniken und lokalen Mitteln gelang es ihm und den Campesinos, die Temperatur der reifenden Käse und die Feuchtigkeit in den Räumen zu kontrollieren. Es entstanden die ersten Käsereien von Salinas – Prototypen einer kooperativen Entwicklung. Heute sind die Salineritos in aller Munde, zumindest bei denen, die den Tilsiter, Dambo, Gruyère, Parmesan und Camembert in den Einkaufskorb legen. Neben Salinas haben die Technologie und das Kooperativen-Modell etliche weitere Käsereien im Land entstehen lassen. Die Waren gibt es auch im Dorf in der **Tienda El Salinerito** (www.salinerito.com).

## Übernachten, Essen

Herberge der Cooperativa Salinas ▶  **Hosteria El Refugio:** am Dorfrand von Salinas, Postadresse: Fundación Grupo Juvenil Salinas, Casilla 15 Obispado, Guaranda, Salinas de Guaranda, Tel. 03-221 00 44/-42, turismo salinas@andinanet. Die gemütliche, familiäre und gut bewirtete Herberge der Kooperative ist ein hervorragender Ausgangspunkt für Wanderungen und Reitausflüge (ab 20 $ p. P.) in die Berge und Subtropen und natürlich zur Besichtigung der zahlreichen Produktionsstätten (Mo–Fr). Übernachtung 36 $ p. P. mit Vollpension und Touren in die nähere Umgebung des Ortes.

## Verkehr

**Bus:** ab Guaranda, Plaza 15 de Mayo, mehrfach tgl., Fahrtzeit 1 Std.

Jeden Donnerstag verwandelt sich das kleine Städtchen Guamote in einen riesigen farbenprächtigen Markt

# Von Riobamba nach Ingapirca

### Auf der Panamericana von Cajabamba nach Guamote
▶ H 10/11

Von Riobamba aus setzt sich die Route nun weiter nach Südwesten Richtung **Licán** fort. Kurz dahinter, an einem unübersehbaren, rie-

sigen Zementwerk, zweigt die Straße rechts Richtung **Calpi** und im weiteren zu den Schutzhütten des Chimborazo ab. Unsere Hauptroute bleibt jedoch auf der Panamericana und erreicht etwa 17 km von Riobamba entfernt, in mehreren Passagen parallel zur Eisenbahn, das Dorf **Cajabamba,** auch Villa La Unión genannt, wo Riobamba von 1534 bis zu dem verheerenden Erdbeben von 1797

## Am Chimborazo

lag. Die Colta-Indígenas halten hier sonntags einen traditionellen und sehenswerten kleinen **Markt** ab.

4 km südlich von Cajabamba tangieren Straße und Bahnlinie die **Laguna de Colta** (km 23) und eine Kirche, die auf den 1797 zurückgebliebenen Grundfesten von Ecuadors ältestem christlichen Gotteshaus gebaut wurde: **La Balbanera,** eine Steinkapelle am Straßenrand, einst errichtet zu Ehren der Jungfrau von Balbanera in der spanischen Provinz Logroño. Auf dem flachen See sieht man gelegentlich die hier heimischen Colta-Indianer in ihren Kanus, wenn sie Schilf schneiden.

## Guamote

Von hier ab führt ein langer Streckenabschnitt der Panamericana durch sehr dünn besiedeltes Hochland entlang der Bahnlinie bis nach **Guamote** (3056 m, km 50). Das Dorf veranstaltet einen faszinierenden **Donnerstagsmarkt:** Die Indígenas aus der Region in verschiedenen Trachten kaufen und verkaufen ihre Früchte und Waren. Die ganze Kleinstadt ist voller Straßenstände – geschäftiges Treiben einer bunt gekleideten Menschenmenge auf den Plätzen und in den Straßen. Oberhalb, am Bahnhof, liegt ein idyllisches Gleisdreieck mit Rangierfahrt und dem alten Wassertank für die Dampflok.

## Übernachten

**Landherberge mit Gemeindekonzept ▶ Inti Sisa Guesthouse:** Calle Vargas Torres y García Moreno, Tel. 03-291 65 29, www.intisisa.org, Reservierung erforderlich. Belgischniederländisches Landprojekt mit kleinem Gästehaus, Moutainbike- und Trekkingprogramm, Reiten, Besuch von Indígena-Gemeinden/-Schulen. EZ/DZ 32/44 $, Schlafsaal 10 $, Mahlzeit 6 $.

**Mit Kamin ▶ Chuza Longa Home:** Calle García Moreno y Manabí, Tel. 03-291 65 67, 099-294 44 64, www.chuzalonga.com. Sympathisches Hostal mit nettem Café-Restaurant (tgl. 8–19 Uhr, Hauptgericht ab 5 $) freundlichen, einfachen Zimmern. Auf Anfrage Transportservice. EZ/DZ mit Frühstück 18/36 $.

## Auf der Nebenroute nach Guamote ▶ H 10/11

Mit der Straßenkarte und etwas Orientierungsvermögen empfiehlt sich dem Selbstfahrern alternativ die Nebenroute von Riobamba nach Guamote über **San Luis** und **Punín.** Eine wenngleich staubige, so doch beeindruckende Fahrt durch die Welt der Colta-Indianer, eine Region, in der angeblich auch Paccha Duchicela, die Frau des Inkakönigs Huayna Cápac, geboren wurde.

## Alausí ▶ H 11

**Alausí** bietet vor allem drei Dinge: ein Ambiente steiler Bergwelt, die das Dorf zu allen Seiten beeindruckend und den Wanderer einladend umgibt, ein paar Pensionen, die sich zum Verschnaufen vor der anstrengenden Strecke nach Cuenca anbieten, und nicht zuletzt einen der touristisch wichtigsten Bahnhöfe Ecuadors. Denn Alausí liegt nicht nur an der spektakulären **Transandinischen Eisenbahn** Durán–Riobamba–Quito, sondern genau oberhalb eines seiner beeindruckendsten Streckenabschnitte, der Zickzack-Bergpassage an der Teufelsnase, **Nariz del Diablo.**

## Übernachten

**Hauptstraßen-Tipp ▶ Hotel Gampala:** Av. 5 de Junio y Pedro de Loza, 3 Blocks vom Bahnhof, Tel. 03-293 01 38, www.hotelgampala.com. Unter den einfachen Unterkünften im Dorf ist diese entschieden die passabelste. Geräumiges Hotel, zwei Balkone zur Straße hin, schlichte Zimmer mit TV. 17 $.

## Essen & Trinken

**Gut und bahnhofsnah ▶ Mesón del Tren:** Calle Ricaurte y Eloy Alfaro (Bahnhofsausfahrt Richtung Teufelsnase), Tel. 03-302 75 44, 099-343 40 81, 098-729 19 23, Di–So 8–18 Uhr. Die beste Adresse zum Essen; ecuadorianische Küche, freundlich, famliär, gepflegte Räumlichkeiten. Menü 10 $ p. P.

**Geschichten vom Lokführer ▶ Cafetería La Higuera:** Av. 5 de Junio y Ricaurte, Tel. 03-293 15 82, 099-145 72 84. Freundliche Sandwich-Bar und Cafetería mit ein paar Au-

## aktiv unterwegs

# Mit der Schmalspurbahn zur Teufelsnase

## Tour-Infos

**Lage:** ▶ G 11/12
**Start und Ziel:** Bahnhof Alausí
**Abfahrt:** Di–So 8, 11, 15 Uhr
**Fahrtzeit:** ca. 2,5 Std. hin und zurück
**Fahrpreis:** 20 $ inkl. 2 $ Verzehr an Bord
**Wichtige Hinweise:** Reservierung empfohlen. Fahrten auf dem Dach des Zuges sind nicht mehr erlaubt. Kleiner Museumsbesuch eingeschlossen. Die gesamte Bahnstrecke Durán (Guayaquil)–Alausí–Riobamba–Quito wird ab Sommer 2013 wieder befahren. Infos: www.trenecuador.com.

Die **Nariz de Diablo** oder Teufelsnase ist eine ingenieurtechnisch atemberaubende Zickzackstrecke an einer steilen Felsnase südlich von Alausí. Die Fahrt beginnt an dem romantischen Bahnhof von Alausí mitten im Dorf.

Die Lokomotive zieht dreimal täglich den offenen Arbeitswagen und mehrere schön restaurierte alte Waggons auf den 1067 mm breiten Gleisen aus dem Dorf. Alternativ fahren auch Schienenbusse. Schon bald führt die Bahn an Steilwänden entlang, einem Flusslauf folgend und über kleine Brücken in die hier karge Vegetation der Anden, vorbei an Agaven und Eukalyptus.

Nach einem Fotostopp mit liebevollen Erläuterungen durch den Zugbegleiter nähert sich der Höhepunkt der Fahrt: Es wird so steil, dass die Gleisführung in Spitzkehren weiter ins Tal hinabgeht. Die mitfahrenden Rangierarbeiter stellen mehrfach von Hand die Weichen, und der Zug windet sich vor und zurück ins Tal zu der entlegenen Bahnstation **Cóndor Puñuna/Sibambe,** wo ein kleines Museum zu besuchen ist. Auf dem gleichen Weg geht es zurück nach Alausí.

---

ßentischen. Besitzerin ist die liebevolle Miriam Sanchez. Ihr Mann, Sergio Luna, arbeitet seit Ende der 1980er-Jahre als Lokführer und kennt fast die ganze Geschichte der Bahn. Hauptgericht ab 6 $.

**Bahnhofscafé** ▶ **La Diligencia:** im Bahnhof. Das hübsche Café mit seiner antiken roten Postkutsche vor dem Fenster öffnet mehr oder weniger verlässlich von 8 bis 11 und von 15 bis 19 Uhr, jeweils an den Tagen, an denen der Zug erwartet wird.

## Verkehr

**Bahn:** Der historische Zug verlässt Alausís Bahnhof mehrmals tgl. Richtung Teufelsnase (s. o.), Fahrpläne, auch der gesamten Strecke Guayaquil–Quito: Tel. 1800-87 36 37, www.trenecuador.com.

**Bus:** Mit der Cooperativa Alausí tagsüber bis 19 Uhr etwa stdl. nach Riobamba, um 4, 9, 11, 13 und 16 Uhr nach Guayaquil, um 7 und 9 Uhr nach Cuenca. Weitere Busse kann man problemlos oberhalb des Dorfes Alausí an der Panamericana stoppen.

## Auf der Panamericana nach Cuenca ▶ H/G 11/12

Im weiteren Verlauf der Straße nach Cuenca muss mit häufigen Straßenschäden gerechnet werden. Nebel und Regenfälle tun mitunter das Ihre, um die wunderschönen Bergkulissen zu verstecken. Eine Wanderung auf dem Inkatrail ist wegen des schlechten Wegzustands und Überfällen in der Vergangenheit ohne ortskundigen Führer nicht mehr zu empfehlen. Bei der Durchfahrt von **Chunchi** (km 130) an der alten Bahnlinie nach Cuenca warten die Wirte von ein paar Straßenrestaurants auf Kunden, ähnlich an dem Straßenabzweig von **Zhud,** wo es Richtung Westen nach Guayaquil geht. Ganz in der Nähe von **El Tambo** bei km 189 zweigt die 11 km lange Nebenstrecke zur Ausgrabungsstätte von **Ingapirca** ab (s. S. 242).

**Die südlichen Andenprovinzen Cañar, Azuay und Loja formen eine wasserreiche und sich abflachende Hochgebirgslandschaft, die Region des sogenannten Austro. Die Inkas wollten in dieser Region ihr ›Cuzco des Nordens‹ errichten und hinterließen immerhin die Tempelanlage von Ingapirca. Mit Cuenca entstand eine europäisch geprägte, moderne Stadt – architektonisch die schönste des Landes.**

## Die Ruinen von Ingapirca

▶ G 12

Ingapirca – das sind die besterhaltenen Ruinen aus der Inkazeit in ganz Ecuador und sie weisen darüber hinaus archäologische Detailfunde ihrer ursprünglichen Erbauer, der Cañaris, auf. Das Wort Ingapirca bedeutet Inkamauer und beschreibt einen heute teilrekonstruierten Komplex aus Tempel, Grabstätten, Wasserleitungen, Wirtschaftsräumen und Gemächern. Humboldt beschreibt die Ruinen als »Peruanisches Monument« und »Festung von Cañar«, überragt von der »Zitadelle« und dem »Haus des Inka«.

### Geschichte

Vermutlich stammen die ältesten Teile der einstigen Cañari-Festung aus der Zeit um 800 n. Chr. Von ihr ließen Tupac Yupanqui und seine Inkakrieger Ende des 15. Jh. außer einem trapezförmigen Tempelportal jedoch nicht viel übrig. Sie bauten ihren ›Sonnentempel‹, das spanisch bezeichnete Castillo de Ingapirca, auf das ellipsenförmige Fundament (ca. 37,5 x 13,5 m) des exponiertesten Punktes der Anlage, mit freiem Blick nicht nur auf die umliegenden Bergrücken, sondern auch auf den gesamten Sonnenlauf von Aufgang bis Untergang.

Die religiösen und Cuzco verehrenden Zeremonien an dieser Kultstätte vorchristlicher Völker lassen sich heute nur vermuten. Bei der Betrachtung der geografischen Ausrichtung der 4 ha großen Anlage und seiner mächtigen Steinquader lässt sich die einstige strategische Bedeutung von Ingapirca erahnen. Bis heute überleben so Zeitdokumente inkaisch-militärischer Machtbesessenheit und mit Sklavenarbeit umgesetzter Extremarchitektur unter der Schirmherrschaft von Inti, der verehrten Sonne.

### Ausgrabungsstätte heute

Es ist nicht mehr viel vom Innenleben der einstigen Tempelburg zu erkennen. Angedeutete Räume könnten Schlafzimmer, Gebetsraum oder Stallung sein. Allein der **Templo del Sol** und seine Lage steil über den Tälern strahlen eine erhabene Energie aus, eine Wärme und mystische Kraft, die die Steine bereits seit 1200 Jahren von der Sonne beziehen.

Dem Park angegliedert ist ein kleines **Archäologisches Museum** mit Keramiken, Stoffresten und Metallkunst sowie einer Fotodokumentation des Wiederaufbaus von Ingapirca durch die Bürger des gleichnamigen benachbarten Dorfes (tgl. 8–17 Uhr, Eintritt 6 $ in der Regel inkl. Englisch sprechendem Führer; Besichtigungsdauer: ca. 90 Min. für Ruinen und Museum).

Optional sind neben den Tempelanlagen weitere Relikte aus der Inkazeit zu sehen, u. a. ein Fels mit der Silhouette eines Inkagesichts – **Cara del Inca,** den man zu Fuß in

20 Minuten erreicht. Infos dazu am Museum. Die Ausgrabungsstätte verfügt über ein modernes Besucherzentrum, wo man freundlich Auskunft erhält (Tel. 07-221 71 07/-09, ingapirca@complejoingapirca.gob.ec).

## Übernachten, Essen

**Geräumig und stilvoll ▶ Posada Ingapirca:** 500 m oberhalb der Ruinen, Tel. 07-221 71 16, 07-283 11 20, www.grupo-santa ana.net. 100-jährige Hacienda, bestehend aus drei Gebäuden, z. T. mit Steinböden, teils alte Dielenumläufe, Kamine, Billardzimmer, gemütliches Restaurant mit Ingapirca-Blick (Hauptgericht ca. 10 $). Gemütliche, große Zimmer. EZ/DZ mit Frühstück 72/91 $.

## Verkehr

**Bus:** Ab El Tambo fahren tagsüber etwa alle 20 Min. Busse nach Ingapirca, das zugleich ein kleines Dorf ist. Ab Cuenca fährt ein Bus der Cooperativa Cañar 2 x tgl. um 9 und um 13 Uhr zu den Ruinen sowie um 13 und 16 Uhr zurück.

# Von Ingapirca nach Cuenca  ▶ G 12/13

Von **El Tambo** (s. S. 241) aus weiter auf der Panamericana kommt man nach 7 km durch die Kleinstadt **Cañar,** ein Handelszentrum für die Indígenas der Umgebung mit einem prächtigen Sonntagsmarkt, inmitten eines landwirtschaftlich genutzten Beckens.

Die Route in die Anden des Südens passiert im Folgenden das Dorf **Biblián** (km 225), das die Jungfrau von Rocío in der hoch über dem Ort gelegenen Kirche verehrt. Auch Johannes Paul II. ließ das schöne Gotteshaus 1985 bei seiner Ecuador-Reise nicht aus. Neben dem Gebet zur Beschützerin von Biblián

**Die Ruinen von Ingapirca – eines der bedeutendsten Monumente prähispanischer Kulturen in Ecuador**

## Cuenca und der nördliche Austro

imponierte ihm sicherlich auch die traumhaft schöne Sicht vom Portal hinab.

Cañars Provinzhauptstadt **Azogues** (km 232) ist einen Stopp wert zur Besichtigung der großen Franziskanerkirche Virgen de las Nubes, des Samstagsmarktes und der Handwerksbetriebe der mittelständischen und familiären Panamahut-Produktion.

Nach 264 km ab Riobamba erreicht die Route schließlich die größte Stadt der südlichen Anden, Cuenca.

# 7 Cuenca
▶ G 13

**Cityplan:** S. 248
Von der einstigen Inkahauptstadt des Nordens entwickelte sich die ›Stadt der vier Flüsse‹ zu einem liberalen Kunst- und Kulturzentrum Lateinamerikas. Cuencas Innenstadt ist ein Juwel des 19. Jh. Die selbstbewusste Andenmetropole des Südens ist unübersehbar europäisch geprägt und verknüpft Geschichte und Moderne wie keine andere Stadt des Landes.

## Unter der Herrschaft der Inkas und der Spanier

Die schönste Stadt Ecuadors war einst die umkämpfteste des Landes. Die Cañaris im damaligen Tumipamba, auch Tomebamba genannt, wehrten sich bis zum bitteren Ende gegen die Inkakrieger aus Cuzco. Doch sie unterlagen schließlich. Etwas später war es der Inka-Königssohn Atahualpa, der dem Machtkampf mit seinem Halbbruder Huascar hier ein jähes Ende setzte. Er ließ das ›Tor des Pumas‹ und den Ostteil der Stadt um 1525 niederbrennen und riss die Inkas damit aus den Träumen von einer großen goldenen Hauptstadt des Nordens. Atahualpa schlug noch grauenhafter zu: 30 000 Cañari-Männer fielen ihm zum Opfer. Vielen ließ er gar das Herz herausreißen und zum Austreiben ihrer widerspenstigen Kraft in Salz legen. Mit diesem Racheakt, mit dieser Ausrottung der Männer, bereitete Atahualpa das Ende der langen indigenen Kultur dieser Stadt vor.

Doch Cuenca blieb nicht lange die Stadt der Witwen. Die Spanier waren gewarnt und gingen zunächst behutsam vor, bis sie 23 Jahre nach Beginn der Conquista, am 12. April 1557, ihr Santa Ana de los Cuatro Ríos de Cuenca gründeten und relativ harmonisch mit den von den Inkas gepeinigten Cañaris zusammenlebten.

Die wachsenden Familienbande von Spaniern und Cañari-Frauen schufen die *chola cuencana,* jene typische, mestizische Frau aus Cuenca, die europäisch-christliches Denken und die cañarischen Attribute Kraft und Stolz in sich verbindet. Indígenas gibt es indes in Cuenca nur noch wenige. Das Stadtbild an der Neuen Kathedrale dominiert die kräftige Frau mit weißem Hut und von Blumen gesäumtem grellfarbenen Rock. Den Rock sollen die *cholas* sich übrigens bei einer österreichischen Prinzessin abgeschaut haben, die zu Zeiten von Karl V. in Cuenca eine Lungenkrankheit kurierte.

## Französische und jüdische Spuren im Stadtbild

Ende des 19. Jh. pflegten die Cuencaner intensiven Austausch mit Frankreich, was sich bis heute im Stadtbild niederschlägt. In Architektur, Erziehung, Sprache und selbst in der Mode lernten und importierten sie aus dem kulturellen Herzen Europas. Für das wachsende cuencanische Bürgertum markierte die Übernahme des französischen Lebensstils die Abkehr von Spanien. Auch wenn Cuenca traditionell enge Verbindungen und relativ wenig Klassendenken zwischen dem einfachen Volk und gehobenen Schichten kennt, so darf man die Dekadenz dieser Pariser Lebensstil-Liebschaften nicht übersehen: Der neue republikanische Geldadel Cuencas importierte nicht nur Wein, Lampen und Gläser aus Frankreich, er war sich auch nicht zu schade, Möbel und Klaviere auf den Schultern der Indígenas vom Hafen in Guayaquil in die Berge tragen zu lassen. Kaum zu glauben, aber auch das erste Auto von Cuenca brachten die Indígenas in den 1930er-Jahren auf diese Weise über die Höhen der 4000er von El Cajas in die Stadt.

Europäische Juden emigrierten zweimal in größerer Zahl nach Cuenca. Die erste Einwanderungswelle begann bereits kurz nach der Conquista im 16. Jh., als sie der spanische Klerus in Massen aus dem Land vertrieb. Der Holocaust der deutschen Nazis ließ 300 Jahre später erneut viele – diesmal deutsche – Juden nach Cuenca fliehen und am Río Tomebamba eine neue Heimat finden. Deutsche Spuren finden sich heute auch im Bildungssektor, so zählt das Colegio Alemán heute bereits über 700 Schüler.

## Cuenca heute

Cuenca war eigentlich immer eine ambivalente Stadt: fortschrittlich bei der Einführung neuer Technologien, wie sie zu Beginn des 20. Jh. Straßenbeleuchtung, Wasserkraft und Landwirtschaftsmaschinen darstellten. Gleichzeitig war Cuenca stets wehrhaft konservativ – Eloy Alfaros liberale Revolution verzeichnete trotz blutiger Revolutionsgefechte keine tiefer gehenden Erfolge in der Stadt am Tomebamba.

Diese Doppelstrategie der Cuencaner zwischen Tradition und Neuerung findet auch Ausdruck in der Berufswelt: Ganz im Gegensatz zur Hauptstadt Quito gilt das Handwerk in Cuenca nicht als eine zweitklassige Tätigkeit der Armen, sondern als eine respektierte Beschäftigung. Bis heute finden sich in Cuenca Ärzte, die nebenbei schneidern, und Anwälte, die auch tischlern.

Die Andenmetropole Cuenca empfindet allen regionalistischen Konflikten zwischen Quito und Guayaquil zum Trotz eine – nicht nur geografische – Nähe zu der Hafenmetropole Guayaquil.

Politisch linksliberal wurde die Provinzhauptstadt von Azuay so recht erst seit der Verfassung von 1979, zumindest in der Stadtpolitik. Diese jüngste demokratische Epoche macht Cuenca vielleicht selbstbewusster als je zuvor. Kein Wunder, dass sich sowohl in Kultur als auch in Presse und Politik des Landes immer wieder Cuencanerinnen in Schlüsselpositionen finden, so auch im Kabinett des Staatspräsidenten Rafael Correa.

## Stadtbild und Orientierung

Dem Besucher zeigt sich Cuenca heute facettenreicher als jede andere Stadt der ecuadorianischen Anden. Cuenca ist neben Montecristi an der Costa die zweite Heimat der weltberühmten Panamahüte und pflegt eine alte Keramiktradition.

Die Stadt der vier Flüsse ist eine ruhige, beschauliche Schönheit, nicht spektakulär, nicht aufregend. Cuenca sucht den Reisenden mit Zeit und wirkt dann unvergesslich. Andererseits wächst die Stadt unaufhörlich auf heute schon 400 000 Einwohner, und auf 750 000 Mitbürger im Jahr 2035, wenn sich der Stadtentwicklungsplan erfüllt.

Das Straßenbild der 2001 zum Welterbe der UNESCO erhobenen Stadt prägen wunderschöne republikanische Stadthäuser mit zahlreichen französischen Bauelementen, dazwischen gelegentlich mit deutschen und neoklassizistischen Akzenten sowie kolonialer Architektur vor allem in den zahlreichen Kirchen und einigen prächtigen Patiohäusern. Diese Bauten und das schachbrettartige Straßenraster ließen einst die Konquistadoren an dem genialen Bewässerungssystem der Inkas errichten. Nicht wenige Quadersteine der Inkas stützen heute die kolonialen Fundamente, selbst die der beiden Kathedralen.

Charakteristisch für die Universitätsstadt Cuenca, im Vergleich zum Zentrum Quitos, ist der gewachsene Lebenszusammenhang aus Wohnen, Geschäftswelt, Bildung und Kultur innerhalb des großen Stadtkerns, der eben nicht in Stadtbezirke aufgespalten ist. Wenngleich an den Rändern der Stadt in den vergangenen Jahren zunehmend neue mittelständische und feine Wohnbezirke entstehen. Der relative Reichtum der Stadt wird dabei nicht nur am Río Tomebamba, sondern auch am Hudson River, fern der Heimat, geschaffen, denn Cuenca ist das Epizentrum der ecuadorianischen Auswanderung. Aber bei allem Schmerz um die Fortgegangenen steht die Migration auch für Cuencas Weltoffenheit.

Das stolze Cuenca, das ›Becken‹ von vier Flüssen, ist heute ein Schmelztiegel der Epochen von Cañarís, Inkas und Spaniern. Musik, Malerei und Kunsthandwerk machen sie zur Kulturhauptstadt mindestens des südlichen Ecuadors.

### Die beiden Kathedralen

Ein kleiner Rundgang im Zentrum beginnt zwischen den Kathedralen. Die **Nueva Catedral**  mit ihren aus statischen Gründen nie vollendeten Glockentürmen und den blauen Kuppelkacheln aus der einstigen Tschechoslowakei überragt den **Parque Calderón** **2**, das Herz der Stadt. Nach Plänen des deutschen Padre Johannes Baptist Stiehle wurde diese ›Kathedrale der Unbefleckten Empfängnis‹ von 1885 bis 1967 gebaut. Sie ist heute eines der größten Gotteshäuser Lateinamerikas. Für Johannes Stiehle wurde links vorm Hauptaltar eine kleine Gedenktafel angebracht. Auffälliger geriet die Statue von Johannes Paul II., der die Kirche 1985 besuchte. Durch die lange Bauzeit im Zentrum dieser weltoffenen Stadt fanden acht Baustile den Weg in die Kathedrale, u. a. Klassizismus, Neoklassizismus und Barock.

Unscheinbarer auf der anderen Seite des von acht hohen chilenischen Araukarien beschatteten Parks liegt die **Vieja Catedral** **3** oder auch **Iglesia del Sangrario**. Ihre nichtsynkretistische Innengestaltung macht sie zur ›einzigen original spanischen Kirche‹ des Landes. Baubeginn war 1557, und in den Fundamenten finden sich Mauersteine der Cañari, der Inka und der Spanier. Vor einigen Jahren wurde dieses Prachtstück restauriert und 2005 wieder eröffnet, heute wird sie jedoch weniger als Kirche denn vornehmlich als Kulturzentrum genutzt. Von überwältigender Schönheit ist die filigran gearbeitete Abendmahldarstellung im **Altar del Santísimo** mit einem lebensechten, weiblichen (sic!) Santo Tomás.

### Rund um die Kathedralen

An derselben Straßenecke wie die Alte Kathedrale liegt der **Corte Suprema de Justicia** **4**, der Oberste Gerichtshof, in einem mächtigen Marmor- und Backsteinbau von 1914, in dem einst die Universität untergebracht war.

Seitlich der Neuen Kathedrale liegt das alte Gebäude der **Casa de la Cultura** **5**, ebenfalls gut sichtbar ihre Inkasteine im Fundament. Aber auch die Deckenbalken und Teile des Bodens verraten das Alter des Hauses, dessen kleiner Garten an die Mauern des Karmeliterklosters angrenzt. Das Haus zeigt im **Museo Casa de la Cultura** wechselnde Kunstausstellungen zeitgenössischer ecuadorianischer Künstler (Calle Sucre y Benigno Malo, Ecke Parque Calderón, Tel. 07-283 25 15, Mo–Fr 9–18 Uhr). Die Casa de la Cultura beherbergt außerdem das **Tourismusbüro.**

Vor der angrenzenden **Iglesia del Carmen de la Asunción** **6** findet täglich der farbenfrohe **Blumenmarkt** statt. Weitere koloniale

Blickfang: die blau gekachelten Kuppeln der Neuen Kathedrale

Kirchen in der Altstadt sind die Gotteshäuser von **Santo Domingo, San Blas, San Francisco, El Cenáculo, Todos Santos** sowie das **Monasterio de las Conceptas.**

In der Calle Bolívar unweit des Parque Calderón liegt die deutsche **Bótica y Droguería Central** [1], eine Apotheke von 1909, die bis heute hausgemachte Heilbrause anrührt. Im gleichen Gebäude sind das deutsche Konsulat, das deutsche Kulturhaus **Casa Alemán** und die Tageszeitung Hoy untergebracht.

Zurück in der Calle Luis Cordero, befindet sich das **Municipio** [7], das Rathaus, in einem ebenso wuchtigen Säulenbau aus Marmor von 1915.

In der Calle Bolívar weiter östlich liegt die **Casa Arzobispal** [8] mit ihrem schönen Patio. Der Bischofssitz war einst das Wohnhaus

des später heilig gesprochenen Hermano Miguel Febres Cordero.

Wunderschöne Patios mit Gastronomie befinden sich in der **Mansión Alcázar** [1] und im **Hotel Santa Lucía** [3] (beide S. 251).

## Museen auf dem Weg zum Río Tomebamba

Über die Calle Borrero geht es nun zum **Museo del Monasterio de las Conceptas** [9]. Das Museum für religiöse Kunst der Ordensgemeinschaft der Unbefleckten Empfängnis zeigt Exponate aus dem 18. und 19. Jh., darunter Bilder, Figuren und Gebrauchsgegenstände der Nonnen. Zudem sind einzelne schöne Schatullen und Truhen aus dem 16. Jh. zu sehen. Das Museum verfügt über ein historisches Fotoarchiv zum Klosterleben.

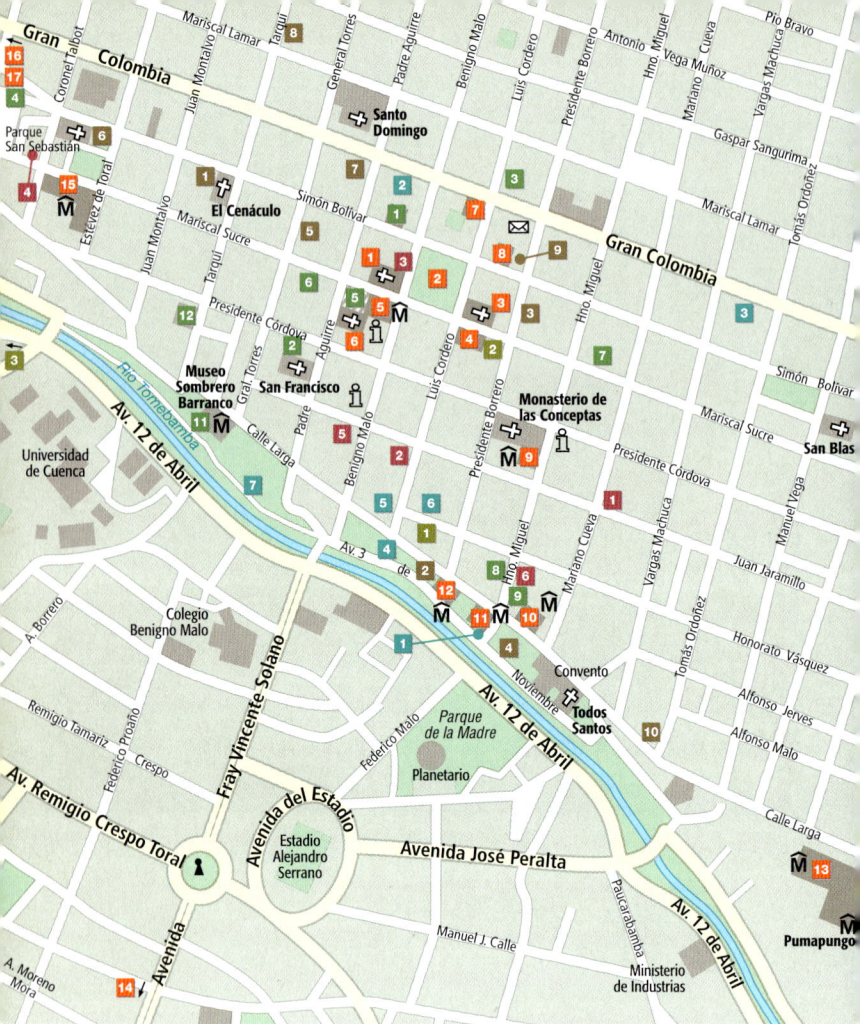

Beeindruckende Bilder daraus, z. B. von Gustavo Landívar, sind ständig in den Räumen des Museums ausgestellt (Calle Hermano Miguel 6-33 y Juan Jaramillo, Tel. 07-283 06 25, www.museodelasconceptas.org.ec, Mo–Fr 9–18.30, Sa 10–13 Uhr, 2,50 $).

Das nächste Museum auf dem Weg zum Tomebamba ist das **Museo de las Culturas Aborígenes** 10. Das Museum der alten Kulturen umfasst eine beeindruckende Privatsammlung aus drei Generationen der Familie Cordero López, die die präkolumbianische Vergangenheit des Landes veranschaulichen. Gezeigt werden über 5000 archäologische Exponate wie Steine, Werkzeuge und Keramiken, penibel geordnet und ausgestellt. Der Museumsshop des alten Hauses verfügt über ein breites Repertoire an Bildbänden und Postkarten sowie Schmuck und exzellente wie preiswerte Repliken von Keramikfiguren der frühen Kulturen des Landes (Calle Larga 5-24 y Hermano Miguel, Tel. 07-283 91 81, museodelasculturasaborigenes@hotmail.com, Mo–Fr 9–18, Sa 9–14 Uhr, 2 $).

# Cuenca

## Sehenswert

1. Nueva Catedral
2. Parque Calderón
3. Vieja Catedral
4. Corte Suprema de Justicia
5. Casa de la Cultura
6. Iglesia del Carmen de la Asunción
7. Municipio
8. Casa Arzobispal
9. Museo del Monasterio de las Conceptas
10. Museo de las Culturas Aborígenes
11. Museo del CIDAP
12. Museo R. Crespo Toral
13. Museo del Banco Central
14. Museo de los Metales
15. Museo de Arte Moderno
16. La Casa de las Posadas
17. Galería Salón del Pueblo

## Übernachten

1. Mansión Alcazar
2. Hotel Crespo
3. Hotel Santa Lucía
4. Hotel Victoria
5. Hotel Inca Real
6. Posada del Ángel
7. Hostal Colonial
8. Hostal Macondo
9. Hostal Orquidea
10. Posada Todos Santos

## Essen & Trinken

1. Tiestos Café Restaurant
2. Ristorante La Viña
3. Raymipampa
4. Café San Sebas
5. Café Austria
6. Moliendo Café

## Einkaufen

1. Bótica y Droguería Central
2. Centro Artesanal Municipal
3. Artesa
4. De La Tierra
5. Blumenmarkt
6. El Tostador
7. Libri Mundi
8. Carolina Bookstore
9. Used Books
10. Homero Ortega
11. Rafael Paredes
12. Sombreros Manuel Valencia

## Abends & Nachts

1. Café Wunderbar
2. Café Eucalyptus
3. Discoteca La Mesa
4. Sankt Florian
5. Monday Blue
6. El Cafecito
7. Brujas

## Aktiv

1. Terra Diversa
2. Explorador Andino
3. Monodedo

---

In unmittelbarer Flussnähe liegen die beiden folgenden Museen. Das Museum für Volkstümliche Kultur (Centro Interamericano de Artesanías y Artes populares), **Museo del CIDAP 11**, zeigt mehr als 7000 Exponate lateinamerikanischen Kunsthandwerks (Calle Hermano Miguel 3–23 y La Escalinata, Tel. 07-282 94 51, 07-284 09 19, www.cidap.gob. ec, www.ubicacuenca.com, Mo–Fr 9.30–13, 14–18, Sa und Fei 10–13 Uhr, Eintritt frei).

In der Nachbarschaft befindet sich das **Museo Remigio Crespo Toral 12** in einem Gebäude, das einst dem cuencanischen Schriftsteller Honorato Vásquez gehörte und bereits seit 1946 als Museo Municipal (Stadtmuseum) dient. Daneben sind auch Exponate religiöser Kunst zu sehen (Calle Larga 7-27 y Borrero, Tel. 07-283 32 08, Mo–Fr 9–18, Sa, So 9–14 Uhr, Eintritt frei).

## Weitere Museen

Südöstlich des Zentrums stößt man auf das **Museo del Banco Central 13**. Das interessante dreiteilige stadthistorische, ethnografi-

249

**Cuenca wird auch die ›Stadt der vier Flüsse‹ genannt, hier der Río Tomebamba**

sche und numismatische Museum verfügt u. a. über originale Ausgrabungsstätten wie das rekonstruierte Tor des Pumas, Pumapungo (Calle Larga y Av. Huayna Capac, Tel. 07-283 15 21, Mo–Fr 8– 17.30, Sa 10–16 Uhr).

Seit 1994 logiert das Städtische Museum für Metallkunst im Süden Cuencas in einer Stadtvilla im Stil des 18. Jh. An das **Museo de los Metales** 14 ist die mexikanische Cafetería El Nopal angeschlossen, die aber nur zu Großveranstaltungen wie der Biennale öffnet. Das Restaurant Kadaffa hingegen hat die gleichen Öffnungszeiten wie das Museum (Av. Solano 11-83 y 10 de Agosto, Tel. 07-281 13 02, Mo–Fr 10–14, 18–23 Uhr, Eintritt frei).

Westlich der Kirche El Cenáculo ist in der 1876 errichteten, ehemaligen geschlossenen Anstalt für Kranke und Alkoholiker heute das Museum für Moderne Kunst untergebracht. Das **Museo de Arte Moderno** 15 stellt nationale und internationale Künstler aus und veranstaltet Lesungen, Seminare und Workshops (Calle Sucre 15–27 y Coronel Talbot, Tel. 07-283 10 27, mmartemoderno@etapa net.net, Mo–Fr 9–17.30 Uhr, Sa 9–13 Uhr, Eintritt frei).

Das um 1780 erbaute Pilgerhaus der Stadt, **La Casa de las Posadas** 16, zeigt im Patio und innen unter antikem Gebälk wechselnde Foto- und Kunstausstellungen, gelegentlich finden auch Musikveranstaltungen statt. Als eines der ältesten Häuser Cuencas war es einst Herberge für Händler auf dem Weg von der Küste nach Nordperu und die berüchtigten Schnapsschmuggler. Nur ein paar Blocks außerhalb des Zentrums ein absoluter Tipp (Gran Colombia 17-42 y Miguel Heredia, Tel. 07-282 25 27, 098-728 54 86, casadelaspo sadas@gmail.com, Mo–Fr 8–17.30 Uhr, Eintritt frei).

Die an die Casa de la Cultura Ecuatoriana angeschlossene **Galería Salón del Pueblo** 17 beherbergt eine der besten Galerien für moderne Kunst, Installationen und Happenings mit wechselnden Ausstellungen und Veranstaltungen (Calle Sucre y Benigno Malo, Parque Calderón, Tel. 07-283 26 39, 07-282 14 29, Mo–Fr 8–16.30 Uhr, Eintritt frei).

## Infos

**i-Tur:** Calle Sucre zwischen Luis Cordero y Benigno Malo gegenüber Parque Calderón,

Tel. 07-282 10 35, itur@cuenca.com.ec, Mo–Fr 8–20, Sa, So 8.30–13.30 Uhr. Gut organisiertes Touristenbüro, betrieben von der städtischen Stiftung für Tourismusförderung.

**www.cuencaecuador.com.ec:** Städtische Website mit zahlreichen gut gegliederten Informationen, Adressen und ausführlichen Routen zu Galerien, Kirchen, Museen und Kunsthandwerk, auf Spanisch und Englisch. Hier ist auch das monatliche Kulturprogramm ›Agenda Cultural‹ mit etlichen Adressen und Berichten als PDF-Datei zu finden.

## Übernachten

Cuenca verfügt über ein exzellentes Angebot an stilvollen Hotels, viele davon zu günstigen Tarifen. Alle hier gelisteten Unterkünfte liegen im historischen Zentrum und sind zumeist in kolonialen oder republikanischen Bauten untergebracht.

**Boutique-Hotel ▶ Mansión Alcázar** 1: Calle Bolívar 12-55 y Tarqui, Tel. 07-282 38 89, www.mansionalcazar.com. Erhabener Stadtpalast um einen wunderschönen Patio mit hohen, schlanken Säulen, zentralem Brunnen, einem Flügel und einer antiken

Harfe sowie Retromöbeln aus dem 19. Jh. Im hinteren Bereich ein prächtiger kleiner Garten und ein feines Restaurant (12–15, 19–21.30 Uhr, Steak nach Art des Hauses 16–23 $) mit traditioneller und internationaler Küche. Die hohen, aristokratisch wirkenden Zimmer verfügen über Kabel-TV und einen Safe, die Nummern 104 und 204 sind zum hübschen Garten hin ausgerichtet. EZ/DZ 128/213 $, Suite 280 $.

**Traditionshotel ▶ Hotel Crespo** 2: Calle Larga 7-93 y Luis Cordero, Tel. 07-284 25 71, www.hotelcrespo.com. Gebaut um 1860 von der angesehenen cuencanischen Familie Heredia Crespo, ist das Traditionshaus bereits seit 1942 Hotel. Die Lage am steilen Barranco will es, dass man das verwinkelte Haus mit seinen schwingenden Dielen und hohen Treppenabgängen über den 4. Stock in der Calle Larga betritt. Zum Service gehören Garage, Internetzugang, Bar, ein ecuadorianisches Restaurant (tgl. 12–15, 19–22 Uhr) und ein großer Salon für Empfänge. Von den gediegenen und geräumigen 39 Zimmern mit Heizung haben einige eine Terrasse mit Blick auf den Fluss. Kostenloser Flughafentransfer. EZ/DZ 95/124 $, Frühstück ab 3,50 $.

**Neoklassizistische Filmkulisse ▶ Hotel Santa Lucía** 3: Calle Borrero 844 y Bolívar/Sucre, Tel. 07-282 80 00, 099-741 81 89, www.santaluciahotel.com. Prächtiges Stadthaus mit feinem Restaurant in traumhaftem Patio, in dem die Hochzeitsszenen des ecuadorianischen Roadmovies »Qué tan lejos« (2006) spielen. Elegante Zimmer in Holzambiente mit großen Bädern, Kabel-TV, Minibar, Safe, Schreibtisch und WLAN, allein der Blick auf Straße und Hinterhof ist nicht inspirierend. Prunkstück des 20 Zimmer umfassenden Hotels ist der republikanische Salon mit blechernen französischen Innenfassaden. Patiorestaurant und Trattoria Novevento tgl. 12–15.30, 19–22 Uhr, Hauptgericht 16 $. EZ/DZ mit Frühstück 85/110 $.

**Eleganz am Flussufer ▶ Hotel Victoria** 4: Calle Larga 6-93 y Borrero, Tel. 07-282 74 01, www.grupo-santaana.net. Das Hotel am Hang des Barranco verfügt über einen schönen Garten am Flussufer, zu dem auch der

## Cuenca und der nördliche Austro

Blick aus dem fein verglasten internationalen Restaurant El Jardín führt (tgl. 11.30–15, 17.30–23 Uhr, Hauptgericht ca. 10 $). Ferner sind Fahrstuhl und Garage im Haus. Die schönen Ladrillo-Böden führen zu 19 netten Zimmern auf fünf Etagen, zumeist mit Blick auf den Barranco. EZ/DZ 80/100 $.

**Kolonialhotel der Mittelklasse ▶ Hotel Inca Real** 5 : Calle Torres 8-40 y Sucre/Bolívar, Tel. 07-284 44 35, www.hotelincareal.com.ec. Das schöne Kolonialhaus aus den 1790er-Jahren verfügt über drei Patios und breite Dielenumläufe, die vom altweißen ersten in Stein gearbeiteten Patio in den zweiten sanftblauen und den dritten avocadogrünen Hof führen. Hübsch ist auch die integrierte Tapa-Cafeteria Akelarre (tgl. 11–22 Uhr, Hauptgericht 12 $, Abendmenü 18 $). Die Zimmer sind gut ausgestattet, ihre Wände in Altgelb gehalten und teilweise tapeziert. EZ/DZ mit großem Frühstück 57/74 $, Preisnachlässe.

**Gepflegt und verspielt ▶ Posada del Ángel** 6 : Calle Bolívar 14-11 y Estévez de Toral, Tel. 07-284 06 95, www.hostalposadadelangel.com. Ein farblich recht poppiges, etwa 100 Jahre altes Haus mit zwei Patios, zahlreichen Pflanzen, Sitzecken und Holzstiegen, Restaurant (Mo–Sa 12–15, 18–23, So 12–16 Uhr, Hauptgericht 10 $). Sympathische Herberge unter argentinischer Leitung mit Garage, Internet und gepflegten Zimmern mit Kabel-TV. EZ/DZ mit Frühstück 51/73 $.

**Einfach und charmant ▶ Hostal Colonial** 7 : Calle Gran Colombia 10-13 y Padre Aguirre, Tel. 07-284 16 44, 07-282 37 93, www.hostalcolonial.com. Das 200 Jahre alte Kolonialhaus ist einfach, aber durchaus charmant restauriert. 12 Zimmer mit Teppichböden, Kabel-TV und Schreibtisch, einzelne allerdings ohne Fenster. EZ/DZ mit Frühstück 25/45 $.

**Gartenpension ▶ Hostal Macondo** 8 : Calle Tarqui 11-64 y Lamar, Tel. 07-284 06 97, www.hostalmacondo.com. Ruhige Gartenpension mit hübschen kleinen Zimmern und Küchenmitbenutzung. EZ/DZ 29/40 $, ohne eigenes Bad 23/33 $, Suite 35 $, jeweils mit Frühstück.

**Exzellentes Preis-Leistungs-Verhältnis ▶** **Hostal Orquidea** 9 : Calle Borrero 9-31 y Bolívar, Tel. 07-282 45 11, alexandrasolis@etapanet.net. Altes Stadthaus im Kolonialstil mit schönen Holzböden und schlichten, aber geräumigen und hellen Zimmern mit Kabel-TV, WLAN, Kühlschrank und z. T. Balkon zur gegenüberliegenden Kirche. Angeschlossen ist ein einfaches Restaurant. EZ/DZ 19/31 $, Frühstück 2,50 $. Eine große Suite für bis zu 5 Pers. kostet 112 $. Tipp für Langzeitaufenthalt: Im Nachbarhaus Suiten mit Küche und wöchentlicher Reinigung für 448 $/Monat.

**Familiäre Pension ▶ Posada Todos Santos** 10 : Calle Larga 3-42 y Ordoñoz, Tel. 07-282 42 47. Ruhige Posada mit 6 einfachen, gepflegten Zimmern zum Innenhof, in dem eine Sitzecke mit Kabel-TV und Internet zum Verweilen einlädt. Küchenmitbenutzung. EZ/DZ 18/32 $.

**Einfach ▶ El Cafecito** 6 : s. S. 255. DZ 25 $, ohne eigenes Bad 7 $ p. P.).

## Essen & Trinken

**Stilvoll und schmackhaft ▶ Tiestos Café Restaurant** 1 : Calle Jaramillo 7-34 y Mariano Cueva, Tel. 07-283 22 56, 099-833 22 93, www.tiestosrestaurante.com, Di–Sa 12.30–15, 18.30–22 Uhr. Empfehlenswertes Gourmet-Restaurant in gepflegtem, rustikalem Ambiente, die Spezialität sind Fleischgerichte. Reservieren! Hauptgericht ab 15 $.

**Feines Restaurant ▶ Ristorante La Viña** 2 : Calle Luis Cordero 5–101 y Jaramillo, Tel. 07-283 96 96, Mo–Sa 16–24 Uhr. Sympathisches italienisch-ecuadorianisches Lokal mit hausgemachten Nudeln in einem atmosphärisch warmen Eckhaus mit zwei Etagen und schönen Holztischen. Hauptgericht 7 $.

**Platzcafés ▶ Raymipampa** 3 : Calle Benigno Malo 8-59 y Sucre, Parque Calderón, Tel. 07-283 41 59, raymi859@hotmail.com, Mo–Fr 8.30–23, Sa 9.30–23, So 9.30–22 Uhr. Cuencas schönstes Platzcafé direkt neben der Neuen Kathedrale, gute lokale wie internationale Küche zu moderaten Preisen. Menü 3 $, Hauptgericht 7 $. **Café San Sebas** 4 : San Sebastián 1-94 y Sucre, Tel. 07-283 34 96, 099-419 65 88, www.sansebascuenca.

# Tipp: Die Hutmanufakturen von Cuenca

Der Rohstoff für den Panamahut wächst an der fernen Pazifikküste von Guayas. Doch den jahrhundertealten Handelsrouten zwischen Cuenca und der Küste ist es zu verdanken, dass die Fasern der Toquilla-Palme seit jeher in das Kunsthandwerkszentrum der südlichen Anden gelangen. Der Panamahut aus Cuenca hat sogar den Löwenanteil am ecuadorianischen Huthandel. Er ist keineswegs nur Folklore und Ausfuhrgut, sondern wird auch in Cuenca selbst viel getragen.

Eines der Traditionsunternehmen der Stadt hat mittlerweile beachtlichen Anteil am Export: **Rafael Paredes y Hijos** 🔟. Die Familie Paredes kauft Hutrohlinge und ist auf die Endfertigung spezialisiert. Dazu werden die Hüte in alten Pressen mit Wasser-Gas-Betrieb in Form gebracht. Etwa 1000 Hüte verlassen die Manufaktur jeden Monat, die meisten in Richtung England.

Zu besichtigen sind einerseits der Herstellungsprozess, andererseits eine große Verkaufsausstellung mit Panamahüten im Preis von 25 bis 700 $ im **Fabrikmuseum Sombreros Barranco** (Calle Larga 10–41 y General Torres, Tel. 07-283 15 69, Mo–Fr 8–18, Do 9.30–13.30, Sa 9–16.30 Uhr).

Der älteste Hutmacher der Stadt, der stumme Alberto Pulla ist gestorben. Im Ladenlokal seines Hauses betreibt **Manuel Valencia** weiterhin die bedeutende und beeindruckende Reparaturwerkstatt und Reinigung für Pánamahüte (**Sombreros Manuel Valencia** 🔢, Calle Tarqui 6-91 y Presidente Córdova, Tel. 07-2822 93 99, Mo–Sa 6–18, So 6–12 Uhr).

com, Mi–So 8.30–3 Uhr. Nordamerikanisches Frühstückscafé mit Mittagstisch, kleine Außenterrasse, Fr 17.30–21 Uhr Livemusik.

**Wiener Charme** ▶ **Café Austria** 5 : Calle Benigno Malo y Juan Jaramillo (Ecke), Tel. 07-284 08 99, www.cafeaustria.wordpress.com, tgl. 9–24 Uhr. Charmantes österreichisches Kaffeehaus unter deutscher Leitung mit traditioneller Karte von Sachertorte über Zwiebelplootz bis Wiener Lenden, dazu Mozartmusik und die unabdingbare Kaffeekarte. Frühstück 3,80–5,50 $, Mittagsmenü 6,50 $, Hauptgericht 6 $.

**Snacks** ▶ **Moliendo Café** 6 : Calle Honorato Vásquez 6-24 y Hermano Miguel, Tel. 07-282 87 10, moliendocafe4@hotmail.com, Mo–Sa 9–22 Uhr. Einfaches Restaurant mit deftiger, reichhaltiger kolumbianischer Küche (2–5 $) sowie gutem Kaffee. Arepas (Maisfladen) und Frühstück 2–3 $.

## Einkaufen

**Alte Apotheke** ▶ **Bótica y Droguería Central** 1 : Calle Bolívar 9-18 y Benigno Malo. Hier gibt's u. a. eine schmackhafte Heilbrause.

**Kunsthandwerkermarkt** ▶ **Centro Artesanal Municipal** 2 : Portal de San Francisco, Calle General Torres 7-33 y Presidente Córdova, Mo–Fr 9.30–18.30, Sa 9.30–17, So 9.30–13 Uhr. Großes Kunsthandwerkerzentrum mit breiter Palette regionaler Produkte in rund 60 Läden des Kirchenportals.

**Keramik** ▶ Unter den zahlreichen Manufakturen und Händlern der exzellenten cuencanischen Keramik empfehlen sich **Artesa** 3 , Calle Luis Cordero 10-31 y Gran Colombia, Tel. 07-288 17 55, www.artesa.com.ec, Mo–Fr 8–13, 14.30–17.30 Uhr, und **De la Tierra** 4 , Calle Cipreses 1–74 y Av. Ordoñez Lasso (Westende der Altstadt), Tel. 07-283 64 52.

**Blumen** ▶ **Blumenmarkt** 5 : wochentags in der Calle Mariscal Sucre, neben der Neuen Kathedrale und vor den Toren der Iglesia Carmen de la Asunción.

**Kaffee** ▶ **Kaffeerösterei El Tostador** 6 : Calle Sucre 10–20 y Aguirre. Frisch gemahlenen und stark gerösteten Kaffee aus Loja gibt es in diesem kleinen Straßenladen.

**Bücher** ▶ **Libri Mundi** 7 : Calle Hermano Miguel 8–14 y Sucre, librimundicuenca@etapanet.net, Mo–Fr 9–19, Sa 10–18 Uhr. Bestsortierte Buchhandlung in Cuenca mit einer kleinen Abteilung deutscher Bücher. **Carolina Bookstore** 8 : Calle Hermano Miguel y Lar-

ga, Tel. 099-779 40 57. **Used Books** 9 : gegenüber dem Carolina Bookstore. Zwei Buchantiquariate.

**Noble Hutfabrik** ▶ **Homero Ortega** 10 : Av. Gil Ramirez Dávalos 386 (außerhalb der City, Taxi ca. 4 $). Tel. 07 280 90 00, www.homero ortega.com. Fabrikation, Showroom, Verkauf und Export von Panamahüten.

**Antiquitäten** ▶ Mehrere Antiquitätenhändler findet man in der Calle Córdova zwischen Borrero y Hermano Miguel.

## Abends & Nachts

**Lieblingskneipe** ▶ **Café Wunderbar** 1 : Escalinata y Calle Larga, Tel. 07-283 12 74, www.wunderbarcafe.wordpress.com, Mo–Fr 11–2, Sa 15–1 Uhr. Eine der schönsten Bars der Stadt mit verschiedenen Ebenen und kleinem Biergarten sowie Billardtisch, kleinem Restaurantbetrieb und Sport-TV. Deutsche Leitung. Mittagsmenü 6,50 $.

**Szenelokal** ▶ **Café Eucalyptus** 2 : Calle Gran Colombia 9-41 y Benigno Malo, Tel. 07-284 91 57, eucalyptuscuenca@gmail.com, Mo–Do 16–24, Fr, Sa 16–2, So 17–23 Uhr. Großes, britisch geführtes Patiohaus mit Kamin, Barmusik und asiatisch-mexikanischer Tapa-Küche (7 $), in dem »Mitarbeiter von Texaco Oil, der Zoll von Guayaquil und Diego Maradona (die Hand Gottes) Lokalverbot« genießen. Eine Mischung aus englischem Pub, französischem Caféhaus und der Liebe zu Landkarten und Che Guevara. Mi Ladynight, Sa wird Salsa getanzt (Eintritt 5 $).

**Kult-Disco** ▶ **Discoteca La Mesa** 3 : alle Gran Colombia 3-35 y Tomas Ordoñez, Do–Sa 21–2 Uhr. Die älteste und berüchtigste Salsoteca der Stadt, am Wochenende voll.

**Billardbar** ▶ **Sankt Florian** 4 : Calle Larga 7-119 y Luis Cordero, www.sanktflorian. wordpress.com, Mo–Sa 11–24 Uhr. Großes österreichisches Café-Bar-Restaurant in einem neoklassizistischen Patiohaus am Barranco mit guten Billardtischen und Kicker. Mittagsmenü 3 $, Hauptgericht 3,50–15 $.

**Der tägliche Blumenmarkt an der Kathedrale – eine Augenweide**

**Musikkneipe** ▶ **Monday Blue** 5 : Calle Larga y Luis Cordero (Ecke), Tel. 098-877 90 09, 07-282 31 82, monday6blue@yahoo.ec, tgl. 11–24 Uhr. Beliebte junge Bar auf zwei Etagen mit netter Musik, lauschigem Kerzenlicht, jeder Menge Krimskrams an den Wänden und einer passablen Pizzakarte. Pizza 4,50–10 $.

**Backpacker-Treff** ▶ **El Cafecito** 6 : Calle Honorato Vásquez 7-36 y Luis Cordero, Tel. 07-283 23 37, www.cafecito.net, tgl. 8–23.30 Uhr. Bei Einheimischen wie Ausländern beliebter Travellertreff und Cafetería in einem überdachten Patio mit WLAN, guter Auswahl an Kaffee-, Tee- und Kakaospezialitäten sowie kleinen Gerichten wie Pasta und Chili, Hauptgericht 5–7 $. Angeschlossen ist ein **einfaches Hostal.**

**Am Ufer** ▶ **Brujas** 7 : Paseo 3 de Noviembre, gegenüber Universidad Estatal, Tel. 07-284 28 95, 098-431 15 95, Mo–Sa 12–22 Uhr. Nettes Café mit schönen Außenflächen direkt am Río Tomebamba. Diverse Happy Hours.

## Aktiv

Vier der sechs renommierten Reiseagenturen in Cuenca, u. a. Terra Diversa, haben einen Pool gebildet, wodurch sie viele feste Termine für Exkursionen und stabile Preise garantieren können.

**Exkursionen** ▶ **Terra Diversa** 1 : Calle Larga 841 y Luis Cordero , Tel. 07-282 00 85, 099-920 48 32, www.terradiversa.com. Die Walk-In-Agentur und ihre Poolpartner bieten folgende Exkursionen an: **Nationalpark El Cajas** (tgl., 8 Std., 50 $); **Ruinen von Ingapirca** und Indianergemeinden (Mi, Fr, So, 8 Std., 50 $, 6 $ Eintritt); **Kunsthandwerkerdörfer** Gualaceo u. Chordeleg (Fr, So, 8 Std., 55 $); **Stadtführung Cuenca** (Di–Sa, 3 Std., 20 $); **Nebelwald und Wasserfälle** von Yunguilla/El Chorro de Girón, Wanderung (Termine auf Anfrage, 8 Std., 50 $); **Reiten** auf einer Hacienda (auf Anfrage, 8 Std., davon 4 Std. auf dem Pferd, 60 $); **Mountainbike-Touren.** Alle Tagestrips inkl. Transport, Ausrüstung und Mittagessen. Lohnend sind zudem mehrtägige Touren nach El Cajas und auf dem **Inkatrail** (3 Tage mit Camping 430 $

## Cuenca und der nördliche Austro

p. P.). Ein exzellenter Führer ist Juan Muñoz, Tel. 099-865 83 07.

**Trekking- und Campingausstatter** ▸ **Explorador Andino** `2`: Calle Borrero 7-52 y Sucre, Tel. 07-284 73 20, exploradorandino1 @hotmail.com. Hersteller und Verkauf.

**Klettern** ▸ **Monodedo** `3`: Av. 12 de Abril y Guayas, Tel. 07-288 59 09, 099-724 58 70, www.monodedo.com, Mo–Fr 9.30–12.30, 14–19, Sa 9–13 Uhr. Kletterausrüstung, Kletterkurse ab 50 $ p. P.

**Thermalbäder** ▸ Im Stadtteil Baños liegen vulkanische Thermal- und Dampfbäder mit einzelnen Unterkünften und Restaurants. Eine gute Adresse ist das schon 1930 eröffnete Traditionshaus der **Hostería Durán,** Av. Ricardo Durán, Tel. 07-289 24 85, www.hosteriaduran.com (EZ/DZ 67/97 $), offen auch für Tagesgäste. Anfahrt per Taxi etwa 7 $.

## Termine

**Bienal Internacional de Cuenca:** www.bienaldecuenca.org. Bislang alle zwei Jahre präsentiert Cuenca dezentral im ganzen Stadtgebiet eine amerikaweite Kunstausstellung mit Malerei, Skulptur, Fotografie und Installationen. Das Bienal-Büro veranstaltet darüber hinaus ganzjährig Einzelausstellungen.

**Kulturreihe der Banco Central:** Jeden Donnerstag veranstaltet die Staatsbank Kulturveranstaltungen aus verschiedenen Sparten. Informationen in der Tagespresse.

**Sinfonieorchester der Stadt Cuenca:** Das Orchester unter Leitung von Medardo Caizabamba spielt meist Fr an wechselnden Orten. Konzertinfos in der Tagespresse und in der Touristeninformation. Eintritt frei.

## Verkehr

**Bus:** Überlandbusse ab dem Terminal Terrestre, Av. España, fahren etwa stdl., bevorzugt jedoch über Nacht nach Quito (8–10 Std.). Guayaquil wird etwa alle 20 Min. bedient (4 Std.), Loja mehrmals tgl.

**Flug:** Etwa 10 Flüge tgl. nach Quito, 7 nach Guayaquil, in Zukunft auch Flüge nach Piura, Peru. Buchung über Aerogal, LAN, Tame sowie in allen Reisebüros Cuencas.

**Taxiruf:** 07-286 37 74 (Minimalgebühr 1,50 $).

# Nationalpark El Cajas

▸ **F/G 13**

Der **Parque Nacional El Cajas** zählt zu den landschaftlich spektakulärsten und schönsten Gegenden Ecuadors, wenn das Páramo-Wetter will. Insgesamt 786 Bergseen und kleinere Lagunen liegen in diesem riesigen Páramo-Gebiet von 28 500 ha Größe in Höhen zwischen 3150 und 4450 m. Der größte See, **Luspa,** durchmisst 5 km, die kleinste Lagune ist nur wenige hundert Quadratmeter groß. Trotz der Höhe ist der nahezu unberührte Park von Cajas artenreich, zählt etwa 157 Vogelarten, mehrere Säugetiere, eine grandiose Flora mit vielfältigen Gräsern und Flechten sowie zahllosen Polylepis-Wäldchen. Eine fantastische, häufig im Nebel liegende Landschaft, die an Schottland oder Irland erinnert, geologisch geprägt von großen Gletschern, die vor 15 000 Jahren diesen Teil der hier allmählich verflachenden Anden abschliffen. Die Seen fließen über ihre Bäche und Flüsse in beide Ozeane ab: in den nahen Pazifik und über das amazonische Flusssystem in den fernen Atlantik. Durch den Nationalpark, der von der Stadt Cuenca gemanagt wird, verlaufen acht Trekkingrouten und fünf einfachere Wanderwege durch die Seenlandschaft, von denen eine Variante hier näher beschrieben wird, s. rechts (Nationalparkbüro: Surocucho km 3,5 via Cuenca–Naranjal, Tel. 07-237 01 28, www.etapa.net.ec, Mo–Fr 10–15 Uhr).

## Übernachten

**Schutzhütte** ▸ **Refugio La Toreadora:** Tel. 072-404 95 73. Die Schutzhütte stellt schlichte Betten, Bäder und eine Gemeinschaftsküche für 4 $ pro Nacht (eigenen Schlafsack mitbringen). Rezeption 8–16.30 Uhr besetzt, doch das Haus ist rund um die Uhr bewacht und somit zugänglich. Telefonische Reservierung erbeten. Mit Restaurant.

## Aktiv

**Exkursionen** ▸ Ein großes Angebot hat **Terra Diversa:** s. S. 255.

## aktiv unterwegs

# Páramo-Wanderung im Nationalpark El Cajas

### Tour-Infos

**Anreise:** Bus ab Cuenca, ca. 1 Std.
**Start:** Nationalparkgrenze, 2,5 km hinter dem Kontrollpunkt Quinuas
**Dauer:** 3,5 Std.
**Höhen:** 3809–3951 m
**Schwierigkeitsgrad:** Bergwandern, moderat (T2)
**Wegvarianten:** Im Nationalpark gibt es leichte, kleine Wanderungen (1–2 Std.) sowie 8 Tracks verschiedener Schwierigkeitsgrade von 2 bis 18 km Länge. Detailinfos und Karte kostenlos am Kontrollpunkt.
**Wichtige Hinweise:** Bei dichtem Nebel braucht man Orientierungssicherheit im Gebirge. Mit Wetterumstürzen ist immer zu rechnen! Der Weg ist allerdings gut sichtbar. Infos zu Flora, Fauna und Geografie s. links.

Diese Bergroute ist eine verkürzte Variante der Nationalpark-Route 1, Routenfarbe pink. 2,5 km hinter dem Kontrollpunkt und Nationalpark-Einlass **Quinuas** beginnt in der zweiten scharfen Linkskurve die Wanderung. Hier nimmt man rechts an einem kleinen Parkplatz den Wanderweg auf, der einen Richtung Nordwesten bald an die **Laguna Patoquinuas** bringt. Diese und die sich direkt anschließende **Laguna Totoras** läuft man am Westufer entlang, die Seen stets zur Rechten, bis man den nördlichen zuführenden Bach nach Norden kreuzt. Nun stößt man auf einen schönen **Polylepiswald** mit seinen blätternden orangenen Stämmen. Südlich der als nächstes folgenden kleinen Seenplatte **Unidas** – hier ist etwa die Hälfte des Wanderweges erreicht – überquert man den Bach erneut zurück nach Südwesten. Nun läuft man, einen weiteren Polylepiswald zunächst zur Rechten und dann durchkreuzend, über einen etwas verschlungenen Weg, Richtung Südwesten, wo man nach einer weiteren gemächlichen Stunde die große **Laguna Toreadora** erreicht, ein beliebtes Ausflugsziel, auch für Spaziergänger.

Im Uhrzeigersinn am See entlang geht es zurück zur Fernstraße, wo sich auch die bewirtete **Schutzhütte** und das Informationszentrum (s. links) befinden, quasi das logistische Zentrum des Nationalparks. Hier nimmt man dann – tagsüber – den nächsten Bus zurück nach Cuenca oder zur Küste Richtung Guayaquil.

# Die Provinz Loja

Die Anden werden ab Cuenca zusehends flacher und bilden spätestens in ihrer südlichsten Provinz Loja eine ›seichte‹ Gebirgslandschaft, geprägt von fruchtbaren Hochebenen und indianischen Siedlungen. Die Hauptstadt Loja hat sich in den letzten Jahren angenehm entwickelt, auch in Folge des Friedensschlusses mit Peru. Mit Podocarpus besitzt die Provinz einen großartigen Nationalpark, mit Vilcabamba den Südposten des internationalen Tourismus im Tal der Hundertjährigen.

## Gen Süden nach Loja

### Saraguro ▶ F 15

Das Dorf **Saraguro** (2520 m) ist Zentrum des gleichnamigen Kantons und beteuert, »das Land des Maises und das bedeutendste indigene Zentrum von Amerika« zu sein. Die Saraguros, das südlichste Kichwa-Volk Ecuadors, fallen durch die dunkle, oft schwarze Tracht der Männer auf. Sie tragen dabei kurzbeinige Hosen und eine Schultertasche über dem Poncho. Die Frauen wiederum halten ihren Umhang traditionell mit einer schweren Silbernadel geschlossen. Auffällig ist auch ihr heller Hut mit der breiten Krempe. Ihre Vorfahren stammen höchstwahrscheinlich aus der heute peruanisch-bolivianischen Region um den Titicaca-See.

Lohnend ist ein Besuch des sehr lebendigen **Sonntagsmarktes** (9–15 Uhr) auf der **Plaza del Mercado.** An den Ständen werden landwirtschaftliche Produkte, aber auch qualitativ hochwertiges Handwerk aus Stoff und Silber zum Verkauf angeboten. Den verschlafenen **Parque Central** säumen schöne Verandahäuser und das Sandsteinportal der Kirche (Sa, So 8–16 Uhr). Ihr Inneres ist grün-weiß getüncht, unter ihrer Holzdecke und zwischen den bleiverglasten Fenstern treffen sich die Bürger ebenfalls sonntags zu einem lebendigen Gottesdienst.

### Verkehr

**Bus:** stdl. in beide Richtungen zwischen Cuenca und Loja.

### Von Saraguro nach Loja
▶ F 15–17

Zurück auf der Hauptroute sind es noch 70 km bis Loja. Die Strecke ist nun deutlich grüner als weiter im Norden. Zur Linken passiert man gar 300 ha Primärwald – ein privates Schutzgebiet dreier Saraguro-Gemeinden. Wälder, Wiesen und Bergrücken, die an Faltenröcke denken lassen, erinnern an Almen im Allgäu. Eine schöne Passage der Panamericana endet nach 90 Busminuten in der Stadt Loja.

## Loja ▶ F 16/17

### Geschichte

Wo der Río Zamora und der Río Malacatos das Valle Cuxibamba formen, das ›Tal des lächelnden Gartens‹, dort unten in der Flussgabel erstreckt sich das Zentrum von **Loja,** Hauptstadt der gleichnamigen Provinz. Auf 2100 m erfreuen sich die 160 000 Lojanos eines angenehmen Klimas mit ganzjährigen Temperaturen um 17 °C. 1546 sandte der im Bürgerkrieg von Quito siegreiche

Gonzalo Pizarro seinen Capitán Alonso de Mercadillo in den Süden, damit er spanisch verwaltete Städte anlegte. Pflichtbewusst gründete Mercadillo Ende jenes Jahres La Zarza nahe dem heutigen Loja, schloss sich dann fähnchenwendend Präsident La Gasca an, unterwarf Pizarro und kehrte erneut in das Land der Palta-Indígenas zurück. Diesmal gründete er am 8. Dezember 1548 etwas westlich des verlassenen La Zarza die Stadt Imaculada Concepción de Loja. Sie erhielt damit nicht nur den Namen einer Kleinstadt in den Bergen Spaniens, sondern entwickelte sich bis heute zu der am stärksten spanisch geprägten Stadt Ecuadors: Rund 95 % der Lojanos sind Mestizen, und man sagt ihnen nach, sie sprächen das beste Castellano des Landes.

Mercadillo hat hier ein intellektuell geprägtes Städtchen gegründet, mit heute angesehenen Universitäten, landesweit bekannten Poeten und einem großen Sinfonieorchester, das gern kostenlose Konzerte im Parque Jipiro gibt. Loja brachte ausgezeichnete Sänger und Gitarristen hervor und unterhält eine der führenden Musikakademien des Landes. Den Lojanos gingen schon am 1. April 1897 die Lichter an, als sie Ecuadors erstes Wasserkraftwerk in Betrieb nahmen. Loja wurde wegen seiner Entsorgungspolitik und sauberen Straßen 2001 als die ökologischste Stadt Ecuadors ausgezeichnet.

## Sehenswertes

Die Stadt ist selbstbewusst, offenherzig und gastfreundlich, sagen nicht nur die Reiseprospekte: »Loja, das ewige Herz der Menschheit.« Schon Alexander von Humboldt bezeichnete Loja als seinen »Garten Ecuadors«. Es lohnt ein Spaziergang zwischen der **Katedrale** am **Parque Central,** dem **Parque Santo Domingo** samt Kirche und dem **Parque de la Independencia** mit der **Iglesia San Sebastián.** Letztgenannter Park ist umgeben von schönen republikanischen Stadthäusern mit traditionellen Holzbalkonen, nur ein unsensibel in die Parkmitte gepfropfter Uhrturm schmerzt das Auge des Betrachters. Das Innere der **Iglesia Santo**

Domingo ist ein eindrucksvolles Farberlebnis, eine prächtige Galerie von Wandgemälden hinter den allgemein in Loja gewaltig hohen Kirchentüren.

Unweit der Kirche liegt das **Museo del Banco Central,** das eine archäologische Sammlung, religiöse Kunst und eine stadthistorische Ausstellung zeigt (10 de Agosto y Bernardo Valdivieso/Bolívar, gegenüber dem Parque Central, Mo–Sa 9–13, 15–17 Uhr, Eintritt 0,50 $).

Schön ist auch die alte **Calle Lourdes.** Über ihrem Kopfsteinpflaster ragen nicht selten die grünen Flanken der Loja umgebenden Berge empor. Die **Calle 10 de Agosto** wird nach gelungenen Bemühungen der hier ansässigen Kaufleute allmählich zu einem Schmuckstück der City zwischen Calle 18 de Noviembre und Kathedrale.

Der älteste botanische Garten Ecuadors, der **Herbario y Jardín Botánico Reinaldo Espinosa,** mit einer sehr guten Medizinalpflanzensammlung liegt außerhalb (5 km Richtung Vilcabamba, Mo–Fr 8–18, Sa, So 13–18 Uhr, Eintritt 1 $).

## Infos

**i-Tur:** Calle José A. Eguiguren y Bolívar (Ecke), Parque Central, Tel. 07-257 04 07, ext. 219/220, www.loja.gob.ec, Mo–Fr 8–17 Uhr. Stadtbüro mit Broschüren, Kartenmaterial und Hotelinfos.

## Übernachten

Ruhig ▶ **Casa Lojana:** Calle Paris 00-08 y Zoilo Rodríguez, Ciudadela Zamora, Tel. 07-258 59 85, www.utpl.edu.ec/casalojana. Unterkunft der Hotelfachschule der Universidad Técnica de Loja, umgeben von Gärten; Restaurant (Hauptgericht ab 15 $). Komfortable Zimmer mit TV. EZ/DZ mit Frühstück 73/98 $.

Komfortabel ▶ **Hotel Libertador:** Calle Colon 14-30 y Bolivar, Tel. 07-257 21 19, www. hotelellibertador.com. 4-Sterne-Hotel mit Pool, Parkplatz, Restaurant, Reiseagentur. Große Zimmer mit Kabel-TV und WLAN. EZ/DZ 50/61 $ mit Frühstück.

Sportlich ▶ **Ramses:** Calle Colón 14-31 y Bolívar, nahe Parque Central, Tel. 07-257 14

# Die Provinz Loja

**Kunstvolle Muster zieren die Stoffbahnen auf dem Markt**

02, ramses_hotel@hotmail.com. Innenstadthotel mit Pool, Fitnessraum und Restaurant (Menü 5 $), Standardzimmer. EZ/DZ mit Frühstück 30/45 $.

**Low Budget ▶ Hostal Metropolitano:** Calle 18 de Noviembre 6-31 E/Colon y Eguiguren, Tel 07-257 00 07, hans_martinez2000@yahoo.es. Einfache Zimmer mit eigenem Bad, Kabel-TV und Internet. 15 $ p. P.

## Essen & Trinken

**Meeresfrüchte ▶ Riscomar:** Calle Rocafuerte 900 y 24 de Mayo, Tel. 07-258 51 54, info@riscomarloja.com, Di–So 9–16, 19–22 Uhr. Hier wird gute maritime Küche serviert. Hauptgericht 8 $.

**Meistergrill ▶ Parrilladas Uruguayas:** Calle Juan de Salinas y Av. Universitaria, Tel. 07-257 02 60, Mo–Sa 12–24 Uhr. Das exzellente Restaurant ist bekannt für seine deftigen Spezialitäten (besonders Rindfleisch) vom Holzkohlegrill. Hauptgericht 7 $.

**Im Zeichen des Krebses ▶ Cueva del Cangrejo:** Orillas del Zamora y Segundo Puertas, Tel. 07-256 26 38, alberticoramiro@yahoo.es, tgl. 8–17.30. Empfehlung für die Mittagszeit, nicht nur Krebsfleisch. Hauptgericht 4–7 $.

**Großartiges Panorama von Loja ▶ Pucará del Podocarpus:** Loma Panecillo José Marti y Ramón Cajas, Mo–Sa 12–20 Uhr. Ecuadorianisches Ausflugsrestaurant am Hügel. Hauptgericht 2–7 $.

**Fleischlos ▶ Vegetariano El Rizzoto:** Calle Bolívar y Miguel Riofrío, Mo–Sa 12–15 Uhr. Charmantes Restaurant mit guter biologisch-vegetarischer Küche. Hauptgericht 3 $.

**Frisch und fruchtig ▶ Cafetería Jugo Natural:** Calle José A. Eguiguren y Bolívar, Tel 07-257 52 56, tgl. 7–19 Uhr. Kleine, hübsche Cafetería mit gutem Frühstück, Fruchtsalaten, Säften und einfachen Gerichten (2–5 $).

**Typisches aus Mais ▶ Tamal Lojano:** 18 de Noviembre e Imbabura, Tel. 07-258 29 77, tgl.

8–20.30 Uhr. Maispolentas – *tamales lojanos* – ab 1 $.

## Einkaufen

**Markt ▶ Mercado Centro Comercial:** Calle 18 de Noviembre y 10 de Agosto, tgl. 8–18 Uhr. Zweistöckige Markthalle mit großer regionaler Produktauswahl. Gastronomie und die traditionelle Naschwerk-Abteilung Lojas im oberen Geschoss.

## Abends & Nachts

**Musikbars ▶ Santo Remedio para Tanto Pecado:** Calle Bolívar y Bernardo Valdivieso (Mercadillo am Parque San Sebastián), Di–Sa 16–2 Uhr. Bar im Kolonialstil, verschiedene Räume mit unterschiedlicher Deko, wechselnde moderne Musikrichtungen. Eintritt 2–4 $. **Viejo Minero:** Calle Sucre 10-76 y Azuay, Tel. 07-258 58 78, Mo–Do 16–12, Fr, Sa 16–2 Uhr. Kleine, gemütliche, etwas dunkle Musikbar, Snacks (Chili con Carne, Tapas ab 3,50 $), gelegentlich Live-Rock. Eintritt 3 $.

## Termine

**Wallfahrt Virgen del Cisne:** 20. Aug.–8. Sept. Wenn die Hl. Jungfrau von Cisne unter Teilnahme von 500 000 Wallfahrern in Loja verweilt, steht die Stadt Kopf: Musikkapellen, Feuerwerk, Feste, Straßentanz und Freudenfeuer huldigen der über 70 km auf den Schultern hergetragenen Mutter Gottes.

**Feria de Integración Regional Ecuatoriana-Peruana:** 1.–15. Sept. Laut Dekret von Simón Bolívar (1829) findet ihr zu Ehren in dieser Zeit auch die Landwirtschafts-, Industrie- und Kunsthandwerksmesse mit jährlich rund 200 000 Besuchern aus der grenzübergreifenden Region statt.

## Verkehr

**Bus:** Cooperativa Loja fährt ab Quito, Terminal Terrestre, um 12, 15, 18, 19 und 20 Uhr nach Loja, Fahrtzeit ca. 14 Std., 14–17 $, Nachtfahrt empfohlen.

**Flug:** Tame, Icaro und Saereo mit tgl. mehreren Verbindungen Quito/Guayaquil–Loja. Flug: 45 Min., 70 $. Der Flughafen liegt 45 Automin. westl. von Loja, in Catamayo.

**Ausreise nach Peru:** Bislang 3 x tgl. verkehren direkte Busse zwischen Loja und Piura in Peru. Sie halten jeweils an der Grenze bei **Macará** für die Passformalitäten.

# El Cisne  ▶ F 16

Vorbei am ausgelagerten Loja-Flughafen des Städtchens **Catamayo** führt die Straße gen Westen nach 70 km zum bedeutendsten Wallfahrtsort des südlichen Ecuadors: **El Cisne.** Die zuletzt über 20 km fast permanent ansteigende Straße heißt auch ›Weg zum Himmel‹. Aus der Einsamkeit der Landschaft erhebt sich schon von Weitem sichtbar ein gewaltiger gotischer Tempel auf 2440 m Höhe. Schwanenweiß liegt er auf einem Hügelvorsprung, umringt von alten, rot bedeckten Dorfhäusern und Gassen.

Die Heilige Mutter Gottes von El Cisne ist seit dem 16. Jh. auch die Königin der Campesinos. El Cisne, ›der Schwan‹, geht historisch zurück auf die deutsche König-Artus-Sage. Lohengrin, der Sohn Parzivals, kam demnach auf Geheiß von König Artus der Fürstin von Brabant auf dem Rhein zu Hilfe – gezogen von einem weißen Schwan. Später führte die in Deutschland tief verwurzelte Sage zur Gründung des Königlichen Ordens des Schwans, noch später zum Marienorden des Schwans mit Sitz in Brandenburg, aber mit europaweiter Bedeutung. 1594 ließ der Bischof von Quito, Fray Luis López de Sólis, den nach einer Heiligen suchenden Campesinos eine Kapelle bauen und widmete sie Nuestra Señora del Cisne. Die großen Pilgerfeste mit Tausenden von Wallfahrern finden am 30. Mai und am 15. August statt. Vom 17. bis 20. August wird die Heilige in einer großen Prozession über die 70 km weite Strecke nach Loja zum Stadtfest getragen. Die Männer reißen sich darum, die Statue zu berühren oder gar zu tragen. Viele von ihnen laufen barfuß durch die Anden als Ausdruck ihrer Ergebenheit an die Schutzpatronin.

Die heutige, etwa 80 Jahre alte **Basílica de Cisne** wird innen dominiert von cremefarbenen Säulen, die das blaue Gewölbe zwischen

## Die Provinz Loja

den Glasmalereien der Fenster tragen. Die Jungfrau steht im güldenen Hochaltar, daneben eine Fahne mit dem Schriftzug »mit Maria ins 3. Jahrtausend«. Außen bewachen einige graue Drachen die Seitenflügel. Das Zeitliche dokumentiert daneben ein neuerer Uhrturm. Während das kleine **Museum** auf der Kirchenrückseite neben Ehrengeschenken an die Beschützerin wenig zu bieten hat (Di–So 8–12, 13–17 Uhr), lohnt sich unbedingt ein Spaziergang durch die romantischen Gassen des Dorfes, dessen älteste Häuser über 150 Jahre zählen. Eine traumhafte Sicht bietet sich von der Anhöhe gegenüber dem Hauptportal der Kirche.

### Essen & Trinken

Am Kirchplatz ▶ Hier gibt es einige kleine Restaurants. **El Sabor** ist ein einfaches, nettes Lokal mit Außentischen auf der Rückseite der Basilika. Hauptgericht 2–3 $.

### Verkehr

**Bus:** Ab Loja mit Cooperativa Sur Oriente tgl. mehrmals nach El Cisne (6–15 Uhr, 1,40 $).

# Auf abgelegenen Wegen Richtung Peru

## Zaruma und die Goldminen

▶ E 16

Weiter nach Westen Richtung Küste führt eine wenig bekannte Straße nach mehreren Stunden zu einigen außergewöhnlichen Orten. 500 m über den Goldschürfern von Portovelo thront eine wunderschöne Goldgräberstadt mit einem weiten Panoramablick: **Zaruma.** Das Zentrum der Bergsiedlung, auf der Kuppe eines kleinen Bergkamms gelegen, besteht aus grellbunten, mehrstöckigen Holzhäusern der vorletzten Jahrhundertwende. Der obere alte Stadtteil **Bolívar** und seine zentrale **Plaza de la Independencia** bilden den Kern dieser Bergwerksstadt mit ihren steilen Gassen.

Die Spanier erkannten früh den Rohstoffreichtum der Region und die zentrale, fast schon festungsartige Lage dieses Ortes. Capitán Alonso de Mercandillo gründete Za-

ruma 1549 im Auftrag von Gonzalo Pizarro, was König Felipe II jedoch nicht davon abhalten konnte, die Goldstadt wenig später erneut zu gründen, etwas goldiger, etwas reicher, etwas heiliger: Via Real de las Minas de Cerro Rico de San Antonio de Zaruma – so gefiel es dem Königshaus, während die Männer das Gold auf Eseln an die Küste schafften und Felipe die Indígenas aus der Region vertreiben ließ. Später unterstützte Zaruma dann die Unabhängigkeitstruppen von Bolívar und Sucre mit Geld und Nahrung. Soldaten mochten die Feldherren hier nicht rekrutieren – die Zarumeños galten ihnen als zu undiszipliniert.

Schon bald begann in der jungen Goldprovinz ein erneuter Goldboom: Der US-Investor South American Development Company suchte von 1896 bis 1950 nach den Edelmetallen Gold, Silber und Kupfer. Zwischenzeitlich beschäftigte der Konzern 5000 Arbeiter zuzüglich Technikern, Chemikern, Geologen und Maschinisten. Nicht wenige Historiker vertreten allerdings die Meinung, dass die Inkas während ihrer Herrschaft über die Region bereits die weitaus größten Goldbestände ausgebeutet hatten.

In Zaruma unternimmt man einen der vielleicht außergewöhnlichsten Spaziergänge in Ecuador: In kleinen Läden sitzen Männer abschätzend hinter der Goldwaage, im *almacén* gibt es noch traditionelle Karbidlampen für die sechs- bis siebenstündige Schicht im Stollen. In den steilen Gassen begegnen einem 13-jährige Schulmädchen mit Goldzähnen und Tätowierungen. Der Park wird geziert von einem goldenen Brunnen, benetzt von ›Männeken Piss‹. Das kommunale **Goldmuseum** ist unregelmäßig geöffnet. Die zwischen 1912 und 1930 gebaute **Holzkirche** glänzt mit einem poppigen Interieur von 40 beeindruckenden Wandgemälden in den hohen Dreiecken über den gotischen Holzbögen. Hinter dem Gotteshaus die andächtige Fernsicht auf das Tal von La Urdés.

### Übernachten

Gutes Dorfhotel ▶ **Hostal Roland:** Calle Alonso de Mercadillo, Ortseingang, Tel. 07-

297 28 00, 099-797 72 83, rolandhotel@hot
mail.com. Eines der besseren Hotels im Ort
mit Cafetería und Swimmingpool sowie or-
dentlichen Zimmern mit TV. EZ/DZ 25/44 $,
Cabañas 26 $.

## Einkaufen

**Hochlandkaffee** ▶ In Zaruma gibt es einen
der besten des Landes. Der exzellente Café
Molido der **Despensa El Cafetal** ist u. a. in
der Calle San Francisco y Bolívar zu beziehen – im rustikalen Kaffeesäckchen oder
preiswerter in der Papiertüte.

## Termine

**Unabhängigkeitstag:** Am 26. November
1820 wurde Zaruma unabhängig, was noch
heute groß gefeiert wird.

**Stadtfest zu Ehren der Stadtpatronin
Nuestra Señora del Carmen:** drei Tage um
den 16. Juli herum.

## Bosque Petrificado de Puyango ▶ D 16

Noch abgelegener als Zaruma liegt an der
peruanischen Grenze der ›Versteinerte Wald
von Puyango‹ nahe dem gleichnamigen Dorf,
ein 5000 ha großer Naturpark mit urzeitlich
versteinerten Pflanzen, die schätzungsweise
70 Mio. Jahre alt sind. Im Gestein finden sich
Abdrücke von Bäumen, Farnen und Palmen.
Forscher sind sogar auf Dinosaurierspuren
und Profile von Meerestieren gestoßen, was
auf immense kontinentale Hebungen hin-
weist. Über 100 Vogelarten sind in dem selten besuchten Reservat zu entdecken. Am
Parkeingang bieten Führer ihre Dienste an
(tgl. 8–17 Uhr, 1 $ inkl. kleinem Museum).

## Übernachten

**Einfache Hostales** ▶ **Grand Hotel Sica:**
Calle 10 de Agosto y Colón, Tel. 07-268 02
30. Angenehmes Hostal nahe dem Parque,
zweckmäßig eingerichtete Zimmer mit Bad
und TV. EZ/DZ 15/30 $. **Hotel Del Bosque:**
Calle Sucre y 10 de Agosto, Tel. 07-268 00
90, salvadorlede@hotmail.com. Zimmer mit
Bad, Kabel-TV, Internet, Parkplatz. EZ/DZ
14/22 $.

## Verkehr

**Bus:** Ab Loja fährt die Cooperative Unión Ca-
riamanga um 4 und um 19 Uhr bis Alamor.
Von dort sind es noch etwa 30 Min. mit einem
Anschlussbus nach Puyango bzw. in den Naturwald. Man kann Puyango auch von der
Küste her erreichen. Dazu fährt man von Machala mit den häufigen Verbindungsbussen
bis Arenillas und steigt dort um in einen Bus
nach Puyango.

# Zamora und Nationalpark Podocarpus

## Zamora ▶ G 17

**Zamora** ist die abgelegene, knapp 10 000
Einwohner zählende, tropische Hauptstadt
von Ecuadors südlichster Provinz, Zamora-
Chinchipe. Goldgräber und andere *mineros*
geben sich hier die Klinke in die Hand, kaufen ein und verschwinden wieder zu den Er-
zen in den Minen.

Touristisch interessant ist allenfalls ein
Stopp beim Agrarministerium, um die Erlaubnis für eine mehrtägige Tour in den Nationalpark Podocarpus (s. S. 264) einzuholen.

## Übernachten, Essen, Aktiv

**… in Zamora**

**Einfach und preiswert** ▶ **Hostal Gymfa:**
Calle Diego Vaca y Pío Jaramillo Alvarado,
Tel. 07-260 50 24. Kleines Hostal mit einfa-
chen Zimmern mit Teppichboden und TV;
Restaurant. Zimmer 12 $ p. P.

**… außerhalb**

**Hotel mit Pool** ▶ **Hostería El Arenal:** 12 km
via Cumbaratza, Tel. 07-260 69 71, www.hos
teriaelarenal.com.ec. Hostería mit Swimmingpool, Whirlpool und Restaurant (Hauptgericht 5–10 $), die auch geführte Exkursio-
nen in den Nationalpark Podocarpus und
zum Río Nangaritza (20–25 $) organisiert.
EZ/DZ 37/60 $.

**Abseits aller Routen** ▶ **Yakuam Lodge:** am
Río Nangaritza, Tel. 07-260 61 47, 099-947
07 40, www.lindoecuadortours.com. Abgelegene Lodge mit hübschen Holzhäusern und

Die Welt der Kinder ist im Nationalpark Podocarpus, dem letzten großen zusammenhängenden Bergnebelwald der Region, noch in Ordnung

vegetarischer Küche. Besonders interessant für Vogelliebhaber. Abholservice aus Zamora und Loja. 30 $ p. P. mit Frühstück. Dinner oder Lunch 10 $.

**Schöne Alternative ▶ Copalinga:** auf halbem Weg von Zamora zum Park Podocarpus, Tel. 099-347 70 13, www.copalinga.com. Vogelhotspot mit Cabañas und schönen Zimmern. Restaurant mit internationaler Küche, und Frühstück. EZ/DZ 23/75 $ p. P. ohne Essen. Reservierung mindestens 3 Tage im Voraus erbeten.

## Verkehr

**Bus:** häufige Verbindungen mit der Cooperativa Loja zwischen Loja und Zamora (2,40 $).

## 8 Nationalpark Podocarpus
▶ **G/H 16–18**

Der letzte große zusammenhängende Bergnebelwald der Region südliches Ecuador und nördliches Peru wurde mit einer Fläche von 146 280 ha im Jahr 1982 als National-

park unter Naturschutz gestellt. Die typischen und Namen gebenden Podocarpus-Nadelwälder des Parks gelten als die einzigen heimischen Nadelhölzer der ecuadorianischen Anden.

Darüber hinaus verfügt das Gebiet ob seiner fünf verschiedenen Vegetations- und Höhenzonen (1000–3600 m) über eine außerordentliche Biodiversität – man nennt den Park seit Humboldts Besuch 1802 auch den ›Botanischen Garten Amerikas‹.

Die Artenvielfalt an Pflanzen mit unzähligen Orchideen sowie an Tieren, vor allem den zwischen 560 und 800 geschätzten Vogelarten wie Weißhalspapageie, Kolibris und Hochland-Tukane, machen den abgelegenen Park zu einem biologischen Höhepunkt.

Im nördlichen Zentrum des Parks befinden sich die **Lagunas del Compadre**, eine von 14 Seen und etlichen Weihern dominierte Páramo-Zone. Erst 1910 entdeckte eine Expedition aus Loja diese Seenplatte zwischen den Granitfelsen des regenreichen Gebietes der Cordillera de Numbala. Zugleich sind diese Seen die potenziellen Trinkwasserreserven der beiden Anrainer-Provinzen Loja und Zamora-Chinchipe. Hier wächst auch der *chinchona* oder *quina,* der Nationalbaum Ecuadors, der früher erfolgreich zur Malariabehandlung verwendet wurde. Zu den zahlreichen Tieren des Parks zählen auch mehrere vom Aussterben bedrohte Tierarten wie der Jaguar, der Brillenbär und der Tapir.

Bedroht ist der Park heute von Minengesellschaften, die große Erzfunde in der Region machten und deren vorsintflutliche Methoden wenig Rücksicht auf Flüsse und Wälder nehmen. Umweltschützer kämpfen seit Jahren vehement um den Erhalt des Parks und hoffen auf die Neuordnung des Bergbausektors durch Staatspräsident Rafael Correa.

## Infos

**Besuch des Parks:** Die Bergzone im Westen des Parks erreicht man von Loja über die Straße nach Vilcabamba. Etwa nach 15 km biegt man am Parkwächterhaus (7–17 Uhr) links in die noch einmal 8 km lange Zufahrt zum **Refugio Cajanuma** im Bergnebelwald auf 2750 m ein. Die Hütte ist mit sehr einfachen Schlafräumen ausgestattet, bietet aber eine gute Gelegenheit, über drei verschiedene kleine Wege von bis zu 1,5 km am Park zu ›schnuppern‹. Um den Park in seiner ganzen Pracht und Weite zu erfassen, ist hingegen eine mindestens zweitägige Tour mit Zeltcamps über eine Agentur zu buchen, wobei dazu der Zugang über Zamora (Station Río Bombuscaro) noch besser ist. Wegen der ansonsten starken Niederschläge ist die Zeit von Oktober bis Dezember die beste Wanderzeit im Park (Eintritt 5 $). Der Nationalpark Podocarpus ist eines der wichtigsten Forschungsprojekte der Deutschen Forschungsgemeinschaft (DFG) in den Tropen. Biologisch Interessierte finden weitere Infos unter: www.bergregenwald.de. Eine ZEIT-Reportage über den Park und die Forschung findet sich unter www.zeit.de, Suchbegriff ›Podocarpus‹. Die Forschungsstation kann nicht von Touristen genutzt werden.

# Vilcabamba ▸ F 17

Der heutige Kurort **Vilcabamba** wurde 1756 von Luis Fernando de la Vega gegründet. Sein Name bedeutet in der Sprache der Kichwa-Indianer ›Heiliges Tal‹. Und tatsächlich scheint der Ort gesegnet zu sein, denn seine Bewohner werden überdurchschnittlich alt. Auf angenehmen 1500 m Höhe bei ganzjährigen 19 °C im Tagesschnitt, der wohl reinsten Atemluft des Landes und seinem erstklassigen Mineralwasser Vilca Vida überrascht es nicht, dass die Menschen sich hier bester Gesundheit erfreuen. Auch wenn die angeblich ›ältesten Menschen der Welt‹ durch eine gewisse Freizügigkeit der Meldebehörden zu ihrer Ehre kamen, ist Vilcabamba heute ein besinnlicher Gesundbrunnen, umgeben von schönen Wandergebieten sommergrüner Bergwelt, ideal zum Relaxen zwischen Swimmingpool und Beautyfarm.

War Vilcabamba lange Zeit eine Domäne der Rucksacktouristen, so haben sich das Dorf und seine Umgebung im Zuge der weltweiten Spa- und Wellnessbewegung heute einem breiten Publikum geöffnet. Nach wie vor ist Vilcabamba eines der preiswertesten Reiseziele Ecuadors mit guter touristischer Infrastruktur.

Einige Reisende suchen neben der Energie des Ortes auch nach einer Erfahrung mit dem halluzinogenen Sud des San-Pedro-Kaktus, der in den Bergen wächst. Auch jenseits dieser – verbotenen – Droge ist Vilcabamba beruhigend und zugleich anregend für Geist und Seele, ein herrlicher Ort zum Entspannen und zum Erkunden einer friedvollen, grünen Umgebung oder des Nationalparks Podocarpus.

## Infos

**i-Tur:** Calle Diego Vaca de Vega y Bolívar (Ecke), Tel. 07-264 00 90, Mo–So 8–17 Uhr. Toureninfos, Wanderwege, Karten, Hotellisten, Kontakte zu Agenturen für den Besuch des Nationalparks Podocarpus (s. links).
**www.vilcabamba.org:** Homepage des Dorfes mit Ortsplan, Hotel- und Restaurantlisten sowie weiteren Infos über Dorf und Tal.

# Übernachten

**Wellness ▶ Hotel Spa & Restaurant Madre Tierra:** 1 km nördl. des Dorfes, Tel. 07-264 03 62, 099-446 49 72, www.madretierra.com.ec. Ruhe und völlige Entspannung inmitten einer üppigen Gartenanlage, internationales Restaurant (Hauptgericht 2,50–7,50 $), guter Wellnessbereich mit Spa und Massagen, sehr guter Service. Komfortable, stilvolle Zimmer mit Spa-Benutzung und Internet. Zimmer mit Frühstück variieren je nach Standard von 19–89 $.

**Deutsches Gartenhotel ▶ Hotel Izhcayluma:** 2 km vom Dorf Richtung Zumba, Tel. 07-302 51 62, 099-915 34 19, www.izhcayluma.com. Idyllische Berglodge unter deutscher Leitung mit grandioser Fernsicht, Poollandschaft, großem Garten, eigenen Wanderwegen, bayerisch-ecuadorianischer Küche, Massagen und Wellness. Unterkunft in Naturstein-Bungalows, Schlafsälen oder im Komforthaus. WLAN, Transfer vom Flughafen Loja 30 $ p. P. EZ/DZ 22–28/30–49 $ mit Frühstück, Schlafraum 12 $ p. P. Hauptgericht 5–7 $, Taxi nach Vilcabamba 1,50 $.

**Freundliche Pension ▶ Hostal Le Rendez-Vous:** Calle Vaca de Vega 06–43 y la Paz, Tel. 099-219 11 80, www.rendezvousecuador.com. Schöne, kleine Pension mit gewachsenem Garten und Obstbäumen. Die 8 großzügigen Zimmer bieten eine Waschgelegenheit und jeweils eigene kleine Terrasse mit Hängematte. Übernachtung mit Frühstück im EZ/DZ 12–20/13–15 $ p. P., ohne eigenes Bad 10/12 $ p. P.

**Backpacker-Hostal ▶ Hostal Jardín Escondido:** Calle Sucre y Agua del Hierro, Tel. 07-264 02 81, jardinescondido@yahoo.com. Hübsche und zentral gelegene Traveller-Unterkunft mit Swimmingpool, Jacuzzi und Hängematten, mexikanischer und Thai-Küche (4,50–7 $), TV-Raum. Gelegentlich Livemusik. Einfache, gepflegte Zimmer. EZ/DZ 20/40, im Schlafsaal 12 $, jeweils mit Frühstück.

**Der Tukan ist an seinem markanten Schnabel zu erkennen**

**Idyll in Flusslage ▶ Ecolodge Rumi Wilco:** über die Calle Agua del Hierro 800 m dem Fluss folgen, www.rumiwilco.com. Romantischer Ort in einem kleinen Schutzwald an Ortsrand; 4 Waldhütten mit Küche und Bad. Das von zwei argentinischen Biologen geführte Kleinod bietet eine gute Küche mit organischen Lebensmitteln und Waldpfade zum Selbstentdecken. Ab 7 $ p. P., in dem schönen Pole House 9–13 $ p. P., River Cabins 9–12 $ p. P., Camping 3,50 $ pro Platz.

# Essen & Trinken

**Einfach ▶ La Terraza:** am Parque Central (Ecke), tgl. 13–21 Uhr. Nettes Restaurant mit guter internationaler Küche, Holztischen und Außenbereich. Hauptgericht 4–12 $.

**Café und Snackbar ▶ Café el Punto:** Calle Diego de Vega, am Parque Central, tgl. 8–20 Uhr. Szenetreff mit Bücherboard-Zeitschriften direkt am Parque. Exzellenter Kaffee, einfache Gerichte, Pasta und Snacks 3–8 $.

**Gesund und lecker ▶ Natural Yogurt:** am Parque Central, Mo–Sa 8–20 Uhr. Beliebtes Frühstückscafé am Parque mit Fruchtsalaten und kleiner Speisekarte. Hauptgericht 2–7 $.

# Abends & Nachts

**Livemusik ▶ Jardín Escondido:** im gleichnamigen Hostal, s. links. Fr, Sa Livemusik und Tanz, Eintritt 3 $.

## Aktiv

**Wandern ▶** Verschiedene **Wanderwege** (Zutritt meist 1 $), so zum **Cerro Mandango** (2250 m), einem heiligen Hügel mit weitem Blick über das gesamte Tal von Vilcabamba, oder nach **El Agua del Hierro,** einer Quelle in üppigem Garten von Medizinalpflanzen.

**Radfahren ▶** Für Mountainbiker bietet sich die Tour zur Felsformation **Catedral del Diablo** an (20 km Richtung Yangana). Geführte Tagestouren kosten 25–60 $.

**Reiten ▶** Kontakte über i-Tur.

# Verkehr

**Bus:** Die Cooperativa Vilcaturis verbindet Vilcabamba mit Loja etwa alle 15 Min., Fahrtzeit 45 Min., 1,50 $.

Der Malecón Simón Bolívar gilt als einer der Meilensteine in der
Architekturgeschichte Guayaquils

# Kapitel 4

# Die Pazifikküste

Die 2237 km lange Pazifikküste Ecuadors wird gesäumt von unendlich langen Stränden mit teils skurrilen Sandstein-formationen. Dabei dominieren die tropischen Trockenwälder unter dem Einfluss des kalten Humboldt-Stroms die Küstenprovinz Guayas, während es in den nördlichen Provinzen Manabí und Esmeraldas unter dem Einfluss des Peru-Stroms zunehmend feuchter wird.

Manche Strände sind von magischer Schönheit und Einsamkeit. Da die offene Flanke des Ozeans wenig Korallenbestände kennt, sind die Strände jedoch aus feinem hellen bis gräulichen Sand, der das Wasser in der Brandung meist eintrübt. Große Kokospalmenbestände finden sich allein im Norden der Costa.

Der Zauber der ecuadorianischen Strände liegt auch im einfachen Handwerk der zahllosen kleinen Fischer und in den Zeugnissen einer langen Tradition, die das Meer an etlichen Stellen bis heute aus dem Sand spült. Schließlich ist die Pazifikküste des heutigen Ecuadors seit etwa 12 000 Jahren besiedelt. Seit nunmehr 5000 Jahren haben sich hier eigene Kulturen entwickelt, die einen archäologischen Schatz von Werkzeugen, Waffen und Keramik hinterlassen haben. Zeichnungen, archäologische Funde und die bis heute tradierte Kunst des Bootsbaus weisen die Küstenvölker in diesem Teil Südamerikas als eines der ersten Seefahrervölker aus. Museen der Küstenkulturen wie in Guayaquil, Bahía de Caráquez und Salango zeigen beeindruckende Funde und Dokumente dieser Epoche.

Die Städte des Hinterlandes und die großen Bananenanbaugebiete des Südens sind weniger interessant für den Reisenden. Die Millionenmetropole Guayaquil hingegen hat sich erstaunlich gut entwickelt.

# Die Pazifikküste

## Sehenswert

**9** **Nationalpark Machalilla:** Das große Naturschutzgebiet an und vor der Küste Manabís verbindet auf einzigartige Weise Traumstrände, Tauchgründe, eine wunderbare Vogelwelt und im Sommer das Naturspektakel sich paarender Buckelwale – und das alles an historischer Stätte (s. S. 294).

**10** **Guayaquil:** Die Millionenmetropole am Rio Guayas hat mit dem Beginn dieses Jahrtausends eine Wiederbelebung und Rückbesinnung vollzogen, die niemand für möglich gehalten hätte. Die verrufene, schmutzige Hafenstadt, oft gepeinigt von verheerenden Bränden, ist heute wieder eine Reise wert (s. S. 298).

## Schöne Routen

**Agua Blanca:** Eine Gemeinde organisiert spannende Touren durch die Küstenwälder (s. S. 291).

**Inselexkursion:** Mit dem Boot von Puerto López geht es hinaus auf den Pazifik zur ›Silberinsel‹ Isla de la Plata. Dort führt ein zauberhafter Rundweg zu Küstenvögeln und Seelöwen (s. S. 292).

**Bananatour:** Eine der Bananen-Kooperativen bei Machala produziert nicht nur für den fairen Handel, sondern hat eine spannende Erlebnistour von der Pflanzung bis zur Verschiffung im Hafen ausgearbeitet (s. S. 309).

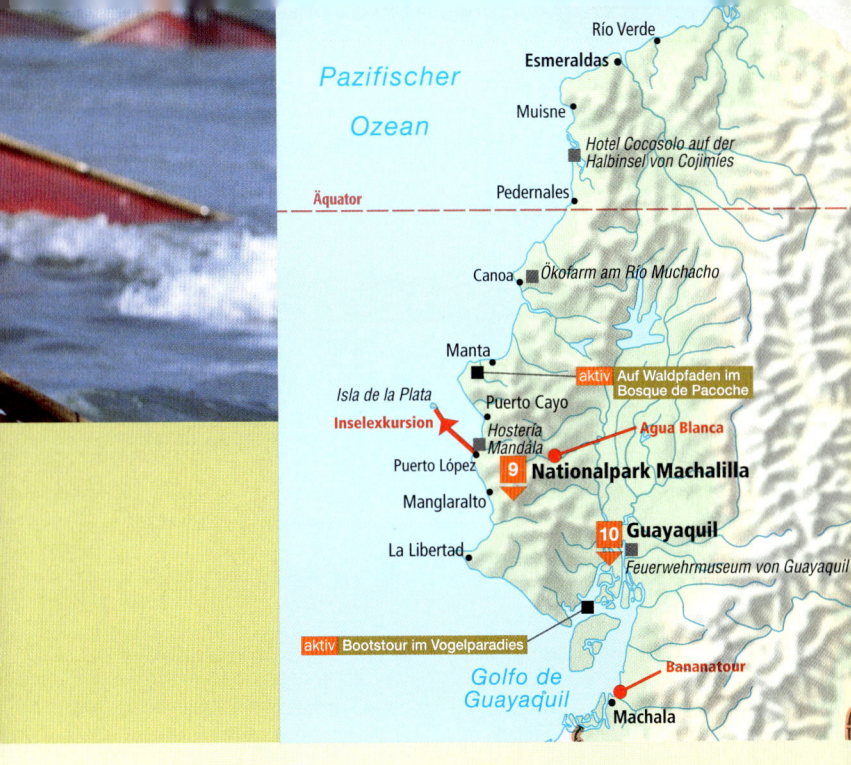

Map labels:
- Río Verde
- **Esmeraldas**
- *Pazifischer Ozean*
- Muisne
- Hotel Cocosolo auf der Halbinsel von Cojimíes
- **Äquator**
- Pedernales
- Canoa
- Ökofarm am Río Muchacho
- Manta
- aktiv Auf Waldpfaden im Bosque de Pacoche
- Isla de la Plata
- Puerto Cayo
- **Inselexkursion**
- *Hostería Mandála*
- **Agua Blanca**
- Puerto López
- **9 Nationalpark Machalilla**
- Manglaralto
- **10 Guayaquil**
- La Libertad
- *Feuerwehrmuseum von Guayaquil*
- aktiv Bootstour im Vogelparadies
- *Golfo de Guayaquil*
- **Bananatour**
- **Machala**

# Meine Tipps

**Hotel Cocosolo auf der Halbinsel von Cojimíes:** Ein einfaches, einsames Hotel inmitten von 20 Kilometern Palmenstrand (s. S. 275).

**Ökofarm am Río Muchacho:** Jenseits der großen Agroindustrie der Küste entdeckt man im Tal des Río Muchacho noch den traditionellen und biologischen Landbau – ›Bauernhofurlaub‹ mit Familienkontakt (s. S. 279).

**Hostería Mandála – die Oase von Puerto López:** Zwei europäische Aussteiger und Walschützer schufen einen Palmenstrand und legten rund um ihr Hostal den schönsten tropischen Garten der Küste an (s. S. 293).

**Feuerwehrmuseum von Guayaquil:** Ein für Lateinamerika einzigartiges Museum ist das Museo de los Bomberos (s. S. 304).

# aktiv unterwegs

**Auf Waldpfaden im Bosque de Pacoche:** Unweit von Manta hat inmitten der trockenen und halbtrockenen Küstenvegetation ein tropischer, feuchter Wald überlebt – und in ihm eine spannende Fauna. Bis vor wenigen Jahren noch völlig unbeachtet , lassen sich hier heute zahlreiche Vögel und Affen auf professionell geführten Touren beobachten (s. S. 289).

**Bootstour im Vogelparadies:** In einem abgelegenen kleinen Garnelenfischerhafen beginnt eine spannende Tour in die von Mangroven bewachsenen Seitenarme des Río Guayas. Weiter im Delta des großen Flusses besucht man mit dem Boot eine Insel, auf der mehrere tausend Fregattvögel leben. Und meistens begegnet man auf diesem Küstenausflug sogar Flussdelfinen (s. S. 313).

# Die Strände des Nordens

**Der schnellste Weg zum Strand ist für die Zerstreuung suchenden Hochland-Ecuadorianer die wichtigste Freizeitformel. Zwischen Esmeraldas und dem Río Chone finden Quiteños und Reisende aus aller Welt gleich mehrere außerordentlich schöne Orte. Die endlos langen Sandstrände sind teils von Kokospalmen gesäumt. Aber auch das tropische Land hinter den Gestaden birgt attraktive Ökosysteme.**

## Aus den Anden an den Strand

Die Fahrt aus den Anden über 3000 Höhenmeter an die *playa* ist dramatisch und dauert im besten Fall fünf Stunden. Die Anreise aus Quito führt entweder im Norden der Stadt über die gut ausgebaute Straße über **San Miguel de los Bancos** nach Esmeraldas oder aber 50 km südlich von Quito ab dem Straßendreieck von **Alóag** auf eine atemberaubende und nicht ungefährliche Nebelwaldstrecke über **Santo Domingo de los Colorados** nach **Esmeraldas** bzw. auch nach **Pedernales.** Auf der Südroute bieten sich bei Santo Domingo zwei Rastpunkte an.

### Übernachten

Traditionshaus ▶ **Tinalandia:** am Kilometerstein 85, gemessen von Alóag (noch vor Santo Domingo de los Colorados), Tel. 02-244 90 28, 099-946 77 41, www.tinalandia.com. Eines der ältesten Landhotels Ecuadors, wurde bereits in den 1950er-Jahren von jüdisch-russischen Auswanderern an den subtropischen Westhängen der Anden eröffnet. Die einstige Plantage des Landgutes ist einem 9-Loch-Golfplatz Par 35 unter riesigen Bambushainen gewichen. Preise und Reservierung unter scpffm@gmail.com. Den großen Cottagezimmern hängt etwas der Muff der Geschichte an. EZ/DZ 86/117 $, Frühstück 9 $. Für Biologen interessant sind zahlreiche Amphibien, Reptilien und Heuschre-

cken auf der Finca. Restaurantbetrieb nach Voranmeldung, Menü ca. 19 $.

### Essen & Trinken

Grüner Rasthof ▶ **Nuevo Miravalle:** östl. von Santo Domingo, an der Straße aus den Anden an die Küste, Mo–So 7–19 Uhr. Das Restaurant, das von der Straße aus und auch innen einem Intershop an der Transitautobahn ähnelt, entpuppt sich als eine gute und preiswerte Mittagsadresse mit einem schönen tropischen Garten mit Pfauen und Gänsen hoch über dem Fluss. Mittagsbüfett etwa 4 $.

## Die Küstenorte von Esmeraldas

### Esmeraldas ▶ E 2

Von der Stadt Esmeraldas aus, die einen Besuch nicht lohnt, erstreckt sich in südwestliche Richtung die **Bucht von Atacames,** die eigentlich mehr einem langen Küstenstreifen mit zahlreichen kleinen Strandbuchten entspricht. Dieser Teil der Costa zählte bis in die späten 1970er-Jahre zu den attraktivsten Stränden ganz Südamerikas: feiner weißer Sandstrand mit unendlich vielen Kokospalmen. Jedoch die Erwärmung des Meeres durch *El Niño,* die daraus resultierenden Re-

**Kochbananen sind ein wichtiges Grundnahrungsmittel an der Küste**

## Die Strände des Nordens

genfälle und Hochwasser haben besonders 1979, 1983 und 1998 an der Substanz dieser Traumstrände genagt.

Von den Palmen sind leider nicht mehr viele übrig, zahlreiche Orte grenzen mit der Uferstraße heute direkt ans Wasser oder haben ihre Uferstraßen in den letzten 20 Jahren gar mehrfach an den Pazifik abgeben müssen. Doch auch heute noch hat der Süden von Esmeraldas herrliche Ebbstrände, gelegentlich durch Palmenaufforstung oder von Gnaden der Natur bewahrtes Kokosidyll und einige sehr schöne tropische Ferienanlagen.

Die Route ab der Stadt Esmeraldas nach Süden beginnt zunächst ernüchternd. Statt einem Idyll passiert man die große alte Raffinerie und den ökonomisch bedeutenden Erdölverladehafen von **Puerto Balao.** Der erste Ferienort ist dann **Tonsupa,** dominiert allerdings von privaten Ferienapartments der *upper class* aus Quito. Dem gemeinen Reisenden bleibt ein gesichtsloser Teil des Dörfchens, zu dessen bescheidenem Strand es an der beschilderten Abzweigung ›Playa Ancha‹ geht.

## Atacames  ▶ E 2

Bald erreicht man einen Unort der ecuadorianischen Küste: **Atacames.** Das alte Fischerdorf ist zu einem Begegnungszentrum für Menschen geworden, die vor der Erholung fliehen. Am Wochenende beschallen hier über 40 Bambusbars den Strand und seine Besucher, weitere Bars und Absteigen tun das Ihre, um auf sich aufmerksam zu machen. Der Konsum von Alkohol, Drogen und Prostituierten ist dann in Atacames so hoch wie an keinem anderen Ort der ecuadorianischen Küste. Das Stranddorf hat sich einer besorgniserregenden Unbekümmertheit ergeben und wurde so zu einer tropisch-narkotischen Mischung aus ostwestfälischem Kirmessamstag und mallorquinischem Ballermann 6. Aus kulturellen und medizinischen Gründen ist insbesondere an langen Wochenenden und in Ferienzeiten von Atacames abzuraten, es sei denn, man sucht genau diese betäubende Grenzerfahrung. Andere Reisende mögen Strand und Strandbars zu-

mindest tagsüber und wochentags – und diese Freiheit ist ihnen nicht zu nehmen.

## Infos

**Sicherheitshinweise:** Keine Strandspaziergänge im Dunkeln unternehmen und nie über den Strand nach Súa wandern. Nicht am Strand schlafen und campen. Trotz des scheinbaren *easy living* keine Drogen kaufen und konsumieren. Vorsicht: Die phasenweise sehr präsente Prostitution hat Atacames vermutlich eine der höchsten Aids-Raten des Landes beschert.

## Übernachten

**Cabañas in zweiter Reihe** ▶ **Villas Arco Iris:** Calle Malecón del Río, am Nordende des Strandes von Atacames, leider mittlerweile hinter einem Hochhaus, Tel. 06-273 10 69, tommolina@hotmail.es. Nette *cabañas* für bis zu 6 Personen in einem üppigen Palmengarten am Strand. Pool, AC, Kühlschrank, kleine Küche und Cafetería. DZ 32–38 $.

## Súa und Same  ▶ D 2

Nur 4 km hinter Atacames liegt das Fischerdorf **Súa,** wo in den 1950er-Jahren im einstigen Hotel Turismo der Fremdenverkehr der Provinz Esmeraldas seinen Anfang nahm. Súa hat unter dem Niño zu leiden: Der Strand ist nur noch bei Ebbe breit, Teile der Uferstraße waren über Jahre ganz verschwunden. Das ansonsten sympathische Dorf der Langustinenfischer ist leider nicht mehr die erste Adresse für Fernreisende.

Auch **Same,** einer der schönsten Orte der Gegend, hatte in den 1990er-Jahren Pech. Erst zog der schöne und lang gezogene Palmenstrand einige unverbesserliche Nachbarn an, die in erster Zeile bis zu 13-geschossig zu beweisen gedachten, was Beton kann. Dagegen nehmen sich die mediterranen Luxusanlagen des Club Casablanca an den zurückliegenden Hügeln durchaus sehr gelungen aus.

## Übernachten, Essen

**Toller Meerblick** ▶ **El Acantilado:** 3 km südwestlich von Same auf der Anhöhe, Tel.

06-273 34 66, 02-510 89 26, www.elacanti
lado.net. Eine schöne Ferienanlage mit hübschen *cabañas*, Swimmingpool und einem
esmeraldeñischen Restaurant (Hauptgericht
11–15 $). EZ/DZ 35/65 $, in der Hauptsaison
50 % mehr.

**Direkt am Strand** ▶ **La Terraza:** direkt in
der Mitte des Strandes von Same, Tel. 06-
247 03 20, 099-732 44 05, pepol@hotmail.
com, tgl. 12–22 Uhr. Einfache, aber recht
hübsche *cabañas* mit unmittelbarem Meerblick, dazu das beste Restaurant am Platz
mit spanisch-mediterraner und ecuadorianischer Küche (Hauptgericht 8–10 $). Über-
nachtung 12–20 $ p. P. mit Kabel-TV, eige-
nem Bad und Hängematten.

## Playa Escondida  ▶ D 3

Weiter Richtung Süden zweigt in dem Dorf
**Tonchigüe** die Straße Richtung **Galera** ab.
Nach etwa 10 km erreicht man **Playa Escondida,** den ›versteckten Strand‹ in einer romantischen Bucht mit hoch aufragenden und
erodierenden Sandsteinfelsen. Die hier wild
wirkende Küste ist fürwahr ein magischer und
romantischer Ort.

### Übernachten, Essen

**Palmenoase** ▶ **Cumilinche:** ca. 1 km südlich der Playa Escondida, Tel. 06-273 34 96,
099-973 68 14, www.cumilincheclub.com.ec.
Komfortable *cabañas* der gehobenen Klasse
unter französischer Leitung an einem wunderschönen kleinen Palmenstrand, der kari-
bisch anmutet und zudem von einem kleinen
Süßwasserfluss gespeist wird. Sehr gutes
Uferrestaurant. EZ/DZ *(cabañas)* 41/61 $, in
der Hochsaison nur komplette *cabañas* für
1–4 P. zu 98 $.

**Backpacker-Idyll** ▶ **Playa Escondida:** Tel.
06-273 31 06, 06-273 31 22, www.playaes
condida.com.ec. Sehr einfache Zimmer in
Holzhäusern direkt am kleinen Palmenstrand
von Escondida mit offenem Restaurant. Die
Kanadierin Judith Barrett arbeitet eifrig daran,
das idyllische Plätzchen und seine 100 ha Vogelparadies und Naturwald zu einem gemütlichen Treffpunkt internationaler Vogelbeobachter und Entspannungsuchender zu ma-

chen. Unterkunft in einfachen Zimmern 20–
30 $ p. P., Campingmöglichkeit.

# Die Palmenstrände von Pedernales  ▶ D 3–5

In **Tonchigüe** auf der Hauptroute bleibend,
quert man weiträumig die Landzunge von
Galera. Ein Abzweig führt zu dem Dorf von
**Muisne** und der gleichnamigen flachen Insel,
die sich wenige Bootsminuten dahinter erstreckt. Das Eiland ist zwar weitgehend au-
tofrei, aber dennoch etwas schmuddelig. Auf
der Festlandseite fahren durchschnittlich drei
*lanchas* am Tag über teils unruhige See zur
**Halbinsel von Cojimíes** (▶ D 3, s. u.). Die
wechselnden Abfahrtszeiten sind an der Mole
zu erfragen.

Bequemer ist die Weiterfahrt auf der Pazifikroute. Die führt zunächst am kleinen Fischerort **Mompiche** vorbei, der, auf direktem
Weg aus Quito kommend, kürzer über die
Küstenstadt Pedernales anstatt über Esmeraldas erreicht wird.

**Pedernales** selbst lebt vom Garnelenhan-
del. In den Straßen herrscht teils rege Be-

## Tipp: Hotel Cocosolo auf der Halbinsel von Cojimíes

Hinter dem 40 km langen Strand der Halbinsel von Cojimíes liegen die dichtesten Pal-
menwälder an Ecuadors Pazifikküste. Und inmitten dieser Kokoswelt befindet sich nach
etwa 20 km Landstraße von Pedernales das
kleine **Hotel Cocosolo.** Neben einem Swimmingpool, einem einfachen Restaurant und
hübschen *cabañas* bietet das Hotel auch
preiswerte Ausfahrten in die Mangroven (ca.
10 $ pro Stunde) sowie in die Reserva Chin-
dul, auf benachbarte Inseln und nur wenige
Minuten hinter dem Hotel zu einer Sippe von
Brüllaffen (Tel. 099-940 60 48, 099-966 17 94,
www.hotelcocosolo.com; Unterkunft wahl-
weise in *cabañas* oder Zimmern inkl. Frühstück 26 $ p. P., in der Hauptsaison 29–52 $,
Hauptgericht 10 $).

## Die Strände des Nordens

**Ceviche-Stand an der Straße – von den Einheimischen gern besucht**

triebsamkeit. Dies ist ein guter Ort für letzte Einkäufe vor den Stränden und Ausgangspunkt für einen Abstecher zum Palmenstrand von Cojimíes (s. Tipp S. 275).

Der kleine Fischerort **Mompiche** steht vor einem ungeahnten Aufschwung, da in unmittelbarer Umgebung gewaltige Investitionen geplant sind. Mittlerweile entstehen dort ein Jachtklub, ein Golfplatz, ein Flugplatz und weitere touristische Infrastruktur, was die Grundstückspreise in Mompiche und auf der südlich vorgelagerten Insel bereits explodieren ließ. Dessen ungeachtet verfügte Mompiche schon immer über einen wunderschönen, endlos langen Sandstrand. Kom-

men die Wellen kraftvoll aus dem Norden, sagen die Surfer, gibt es kaum einen besseren Platz an der Küste für den Wellenritt.

### Infos

Die kommerzielle Website **www.mompiche. org** ist noch im Aufbau, aber es gibt schon brauchbare Hinweise auf Strand, Surfen und Unterkünfte.

### Übernachten

**Abgelegen und familiär ▶ Cabañas Iruña:** am Strand, 3 km nördlich vom Dorf, nur bei Ebbe über den Strand zu erreichen oder per Boot ab Muisne (ca. 15 $ p. P.), Tel. 099-947

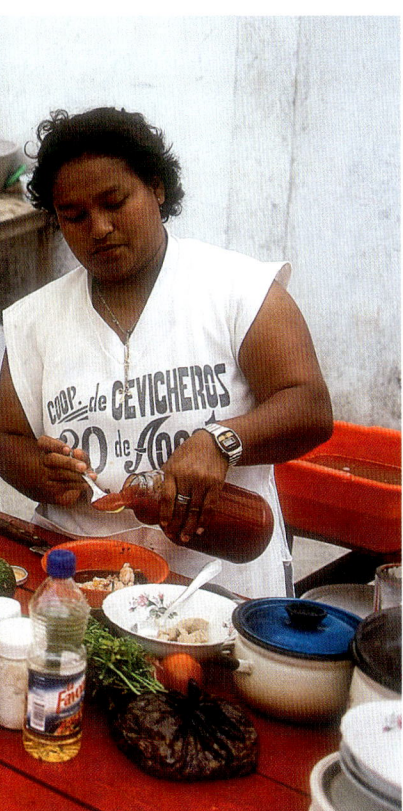

mern. Surfunterricht möglich. Übernachtung 6–8 $ p. P.

## Essen & Trinken

**Strandbar ▶ La Langosta:** 1 km südlich des Malecón, Mo–So 8–17 Uhr. Einfaches, offenes, sympathisches Restaurant mit Meeresfrüchten. Hauptgericht 5-7 $.

## Aktiv

**Surfen ▶** Aktuelle Informationen über die Wetter- und Wellenkonditionen sowie die besten Plätze für Surfer finden sich auf der Website **www.wavehunters.com.**

# Felsküste und Strände am Äquator

## Tabuga ▶ D 5

Verlässt man **Pedernales** (km 461) in Richtung Süden, so betritt man nach rund 10 km bei **Punta Palmar** wieder die Südhalbkugel der Erde, was durch eine kreuzende Äquatorlinie auf dem Teer angezeigt wird. Wenig später erreicht man das kleine Küstendorf **Tabuga** (km 497).

## Infos

Der Ort verfügt auch über ein **Touristenbüro** an der Durchgangsstraße, das offiziell Di–So 9–18 Uhr geöffnet sein sollte.

## Reserva Bosque Seco Lalo Loor ▶ D 5

Bei km 500 bzw. km 22 an der Straße von Pedernales nach Jama liegt dieses private Reservat im tropischen Trockenwald mit zahlreichen Vögeln und Affen (bei Tabuga; Büro in Quito: Calle Juan Ramírez N3-14 y Germán Alemán, Tel. 02-603 59 04, www.ceiba.org/loor.htm. Führungen. Einfache Unterkunft im Mehrbettzimmer mit 3 Mahlzeiten 25 $ p. P. Bitte anmelden! Besuche: Eintritt 5 $, Mittagessen 2,50 $; Voluntäre 500 $/Monat).

## Übernachten

**Ohne Meer ▶ Finca Il Peperoncino:** 1 km nördl. von Tabuga einem beschilderten Feld-

24 58, teremompiche@yahoo.com. Schöne Anlage mit tropischen *cabañas*. Nebensaison 15 $ p. P., sonst DZ 45 $, Frühstück 4 $, Dinner/Lunch 12 $.

**Meerblick ▶ Hostal Gabeal:** Mompiche-Dorf, Tel. 099-969 65 43, mompiche_gabeal@hotmail.com. Einfaches, aber nettes Hostal auf einer Anhöhe, luftige Zimmer, preiswertes Restaurant. EZ/DZ 15/30 $, in der Hochsaison 20/40 $.

**Mit Liebe ▶ De Mompiche Con Amor** (DMCA Hostal): an der Haupt-Dorfstraße in Strandnähe, www.hosteltrail.com/hostels/dmca. Surfer-Hostal mit luftiger Veranda und Hängematten und einfachen sauberen Zim-

## Die Strände des Nordens

weg landeinwärts folgen, Tel. 099-131 22 49, 099-048 13 54, www.ilpeperoncino.com. Finca im Landesinneren mit kleinem biologischem Anbau unter italienischer Leitung. Eine unscheinbare Ausgrabungsstätte von Öfen der Jama-Coaque-Kultur von 350 v. Chr. befindet sich auf dem Grundstück. In der Regenzeit umfließt ein Fluss die Finca und man kann Süßwassergarnelen fischen. Ausritte. Zum Strand sind es 1,5 km. Ein sympathischer Ort zum Ausspannen ohne Salz und Wellen. Zimmer 22–26 $ p. P. mit Frühstück.

### Don Juan ▶ C 5

Unter den zahlreichen kleinen Siedlungen und Dörfern der manabitischen Küste besitzt **Don Juan** (km 510) mit die besten Strände und Berge. Obschon das Dorf klein ist, haben sich in der unmittelbaren Umgebung einige sehr schöne und teils spektakulär gelegene Herbergen eingerichtet.

Zwischen Juni und September bietet Don Juan eine informelle, aber dafür recht preiswerte Möglichkeit, die vor der Küste vorbeiziehenden **Buckelwale** zu beobachten. Das ist die abenteuerliche Variante, ohne Versicherung und internationale Standards. Die einheimischen Fischer verlangen pro Boot ungefähr 40 $ für eine zwei- bis dreistündige Ausfahrt.

### Übernachten, Essen

**Magisches Felsennest** ▶ **Punta Prieta Guest House:** Vía del Pacífico km 507, 36 km von Pedernales, Tel. 099-342 38 11, in Quito 02-286 29 86, www.puntaprieta.com. Das ruhige Panorama-Gästehaus liegt auf dem steil aufragenden Vorsprung eines Lavafelsens hoch über der Brandung, belauert von Landleguanen und umkreist von Pelikanen und Fregattvögeln. Die schönen und hellen *cabañas* mit spektakulärer Aussicht, z. T. 270 Grad über die weite Pazifikküste, und mit direktem Zugang zu zwei Stränden an der ›schwarzen Spitze‹ Punta Prieta sind nicht nur magische Orte, sondern auch die besten Unterkünfte ihrer Klasse an der Küste. In dem preiswerten ecuadorianischen Restaurant können die Hotelgäste essen. *Cabañas* 30–40 $ p. P.

**Komfortabel hinterm Strand** ▶ **Samvara Eco-Lodge:** Vía del Pacífico km 380, Playa Bellavista de Don Juan, Tel. 05-302 06 08, 099-363 93 53, www.samvara-ecolodge.com. Schöne, ruhige Wohn- und Campinganlage mit weitem Blick über die Bucht von Don Juan und eigenem Zugang zu einem ruhigen Teil des Strandes. Die komfortablen, 2006 entstandenen *cabañas* unter schweizerisch-ecuadorianischer Leitung liegen recht hoch am Hang, ihre Veranden sind leider (bisher noch) verglast. DZ mit Halbpension 55 $.

**Aussteigeradresse** ▶ **Latitud 7:** Vía del Pacífico Pedernales–Jama km 42, kein Telefon, jmelat7@yahoo.es. Der französische Aussteiger Jean-Marie hat einige einfache, aber charmante und luftige Bambus-*cabañas* in den Berg gebaut. Sie sind mit einer Küche ausgestattet und schenken einen weiten Blick auf die Küste. Er ist zudem ein vorzüglicher Koch und bereitet ein komplettes und preiswertes französisch-italienisches Abendmenü. *Cabañas* EZ/DZ 10/15 $.

### Abstecher zum Strand von Matal ▶ C 5

Wenig später kommt man durch die Kantonalhauptstadt **Jama** (km 521). Von hier lässt sich ein kleiner Abstecher zu einem Zwischenstopp an dem schönen Strand von **Matal** unternehmen, der sich südlich der **Punta Ballena** erstreckt. Auch in Matal bieten Fischer zwischen Juni und September informelle Ausfahrten zur Beobachtung von Buckelwalen an. Weiter der Vía del Pacífico folgend erreicht man bald den Abzweig zum **Río Muchacho** (km 556, s. Tipp rechts).

## Canoa ▶ C 6

Nicht weit hinter dem wuchtigen Felskap **Cabo Pasado** beginnt ein 17 km langer Sandstrand. Gleich der erste Ort hier ist einer der ältesten der gesamten Region. **Canoa** (km 566) hat wie kaum ein anderes Fischerdorf in Manabí die Geschichte von Mensch und Meer geprägt und geschrieben. So auch diese: Immer bei Neumond nahmen

## Tipp: Ökofarm am Río Muchacho

Am Ufer des schönen Río Muchacho betreibt die engagierte Agentur Guacamayo Tours aus Bahía eine **tropische Farm mit organischem Landbau.** Ihr Motto lautet: ›Tourismus für einen besseren Planeten.‹ Neben einer Einführung in die Grundlagen der ökologischen Landwirtschaft bietet die Farm dem Besucher u. a. Reitausflüge in die Umgebung. Man kann an Kursen teilnehmen, bei denen man die Fertigung von Kunsthandwerk aus der Taguanuss lernt, oder aus dem organischen Anbau der Farm Schokolade herstellt. Außerdem gibt es Gelegenheit zum Baden unter dem Wasserfall und zum Besuch der Umweltschule.

Dieser *agroturismo comunitario* ragt aus den üblicherweise angebotenen Reisedestinationen an der Küste auf sympathische Weise heraus. Er zeigt eine ganz andere Seite der Welt auf dem Land, die zudem dazu angetan ist, von der Hektik des Alltags gänzlich abzuschalten.

Dabei spielt der direkte Kontakt mit den Bewohnern des Tals am Río Muchacho und ihrem Alltag eine wesentliche Rolle.

**Kontakt:** Río Muchacho Organic Farm ▶ C 6, Via Canoa-Jama, Tel. 05-261 63 84, www.riomuchacho.com. Übernachtungsmöglichkeiten, Tagestouren, 3-Tages-Tour ab 115 $. Spanischkurse, Volunteers gesucht.

---

einst die Fischer ihren Frauen die Unterröcke weg, kauften in der *tienda* die Feinstrumpfhosen auf und wateten stundenlang knietief durch das seichte Wasser des breiten Strandes bei Ebbe, um die begehrten Shrimpslarven zu fischen. Erst Anfang der 1980er-Jahre – die Damenwelt danke es ihnen – stiegen die Larvenfischer auf feine rote Polyesternetze um. Mittlerweile werden die Larven in Labors gezüchtet.

Die Fischer und Ureinwohner der Jama-Coaques bauten hier aus den Bäumen der Küstenwälder einst ihre Einbäume, die *canoas,* um Garnelen und Fisch zu fangen. Heute gehört der schöne breite Strand von Canoa den Erholungsuchenden aus Nah und Fern. Ein Dutzend Fischer laufen noch mit ihren Booten aus. Ansonsten lädt Canoa mit einem der schönsten Strände Ecuadors zum Schwimmen, Surfen und Sonnen ein. Bei Ebbe lassen sich am Nordende des 800 m langen Strandes einige Blaufußtölpel beobachten und **Felsenhöhlen** begehen, die die Brandung ins Kap spülte. Wegen der Tücken der Gezeiten ist es ratsam, einen Führer mitzunehmen, zumal ein Pfad durch den Trockenwald Teil des Weges ist.

Seit einigen Jahren unterstützt der Verein deutscher Frauen in Quito, die Damas alemanas, Schule, Bibliothek und Gesundheits-

zentrum in Canoa und einigen umliegenden Dörfern, damit die angestammte Bevölkerung zwischen Surfern und Sonnenanbetern nicht auf der Strecke bleibt.

Denn das Dorf hat sich inzwischen spürbar auf den Tourismus eingestellt und bewirbt sich gar bei der UNESCO um den neu kreierten Titel ›Ökologisches Welterbe‹ als ein vorbildlich und nachhaltig geführter Badeort. Um diesem Anspruch gerecht zu werden, muss Canoa jedoch noch einiges tun.

Bei Westwind gehören die Hügelketten bei Canoa zu den besten Plätzen für das *hangsoaring,* dem mitunter stundenlangen Flug der **Gleitschirmflieger** in der stetigen Aufwindzone des Seewindes.

### Infos

Ein Tourismusbüro gibt es in Canoa bislang nicht. Aber in den meisten Hostales finden sich reichlich Informationen und Aushänge über Exkursionen, Sportangebote (Surfen, Gleitschirmfliegen etc.), Sprachkurse, Salsakurse und sogar Massagen.

### Übernachten

Generell heben die Unterkünfte in Canoa die Preise zur Hochsaison um 10–20 % an.
**Szenetreff** ▶ **Hotel Bambu:** Strand am Nordende, Tel. 099-926 33 65, 05-258 80 17,

## Die Strände des Nordens

www.hotelbambuecuador.com. Ein schönes Bambushotel unter holländischer Leitung mit einfachen Zimmern und Gemeinschaftsbädern direkt am Strand; schöne Restaurant-Bar mit sehr freundlichem Service, Billard, Surf- und Bodyboard-Verleih und einem vorbildlichen Abfallkonzept. EZ/DZ 12–18 $, mit eigenem Bad DZ 25–30 $. Campingmöglichkeit 5 $.

**Kleine Dorf-Lodge** ▶ **La Posada de Daniel:** Calle Javier Santos, am Parque, Tel. 05-258 81 08, 099-750 88 25, www.laposadadedaniel.com. Gästehaus mit Swimmingpool und sehr schöner Bar abseits vom Strand, einfache Zimmer, teils etwas überholungsbedürftig. Beste Surferinfos und schnellstes Internet im Dorf, WLAN. 15 $ p. P., Bungalows 50 $, alle mit AC.

**Einfache Strandunterkunft** ▶ **Posada Olmito:** direkt am Strand, Tel. 05-258 81 74, www.olmito.org. ›Ökologisches Hostal‹ in kreativer Holzbauweise. Freundlich, gutes Frühstück. EZ/DZ 12/15 $ mit Frühstück.

**Hostal am Strand** ▶ **Hostal Coco Loco:** Strand im Südteil, Tel. 099-397 28 84, hostal cocoloco@yahoo.com. Hübsches Strandhotel mit netter Bar, gepflegte Zimmer mit Meerblick. Gleitschirmfliegertreff. DZ 14–16 $. Schlafsaal 5 $ p. P.

## Essen & Trinken

**Traditionslokal** ▶ **Restaurante Costa Azul:** Calle Javier Santos y Malecón, Tel. 099-963 31 41, tgl. 7.30–21 Uhr. Alteingesessenes Fischrestaurant im Familienbetrieb mit guten Langostinos und chilenischen Weinen. Hauptgericht 8 $.

**Einfach und gut** ▶ **Restaurante Genesis:** Av. Principal (Javier Santos) 306, tgl. 8–22 Uhr. Kleines Restaurant mit einfacher, aber guter manabitischer Küche – auch die Einheimischen gehen hier gerne essen. Mittagstisch 2,50 $, Hauptgericht 4–6 $.

## Aktiv

**Affenfelsen** ▶ Das **Cabo Pasado** beherbergt bis heute eine stattliche Sippe von Brüllaffen und zahlreiche Vögel. Das Terrain ist zwar privat, kann aber mit einem Führer betreten werden. Kontakt: Hostal Troncobar, Javier Velásquez, Tel. 098-634 44 40. Tagestouren mit Lunch 40 $ p. P.

**Gleitschirmfliegen** ▶ Die Konditionen fürs *hangsoaring* sind ganzjährig gut, nur in den Monaten Januar und Februar sind die Winde manchmal zu stark. Der Amerikaner **Greg Gilliam** ist ein vom US-Verband USHGA zertifizierter Ausbilder für Paragliding und bietet zudem Tandemflüge (40 $) und einen Gleitschirmverleih für in Europa zertifizierte Flieger an. Ein 20-minütiger Tandemflug mit dem Fluglehrer kostet 40 $. Kontakt: Tel. 098-519 85 07, www.hosteltrail.com/flycanoa.

**Surfen** ▶ Die besten Informationen über das Surfen an der gesamten ecuadorianischen Küste hat Daniel von der gleichnamigen Posada (s. links). Die meisten Strandhotels leihen Surfboards aus. Die besten Wellen bauen sich nördlich des Dorfes auf.

## Verkehr

**Bus:** Die Kooperative Coactur fährt tgl. von 6 bis 17 Uhr alle 30 Min. ab Pedernales nach Canoa, Fahrtzeit etwa 3 Std. In Pedernales hat Transvencedores um 11.45 Uhr eine Direktverbindung nach Quito, ansonsten fährt man über Santo Domingo. Die gleichen Busse von Coactur verkehren auch zwischen Canoa und San Vicente, 30 Min. Fahrtzeit. Dort bietet sich der Bootstransfer nach Bahía de Caráquez an sowie nach Quito die Weiterfahrt in einem Ejecutivo-Bus der Kooperative Reina del Camino. In Gegenrichtung fahren diese Busse um 9 und um 22 Uhr in Quito ab, Fahrtzeit ca. 9 Std.

# San Vicente  ▶ C 7

Von Canoa aus führt die Straße an weiteren Strandhotels und Privathäusern vorbei. Nach einer guten halben Stunde ist der Ort **San Vicente** (km 586) an Río Chone erreicht. Das Dorf hat sich von dem Erdbeben des Jahres 1998 sichtlich erholt. Lange war es bedeutend für die Fährschifffahrt über den Río Chone. Heute verbindet eine Brücke den Ort mit Bahía de Caráquez (s. S. 281).

# Südliche Küstenprovinz Manabí

Der Süden der Küstenprovinz Manabí, das antike Zentrum der hoch entwickelten Zivilisation der Manteños, kennt kilometerlange schöne Strände und verfügt noch über Küstenwälder im Hinterland. Ihr urbaner Mittelpunkt ist die prosperierende Hafenstadt Manta. Puerto López im extremen Süden der Provinz hat sich zu einem attraktiven Ausgangspunkt für Exkursionen zu Wasser und an Land entwickelt.

## Bahía de Caráquez

► C 7

Am Südausgang der gleichnamigen Bucht liegt die etwas verschlafene Residenzstadt **Bahía de Caráquez** im Mündungsgebiet des Río Chone. Auf die ins Meer ragende Landzunge verteilen sich einige schöne Villen mit Gärten sowie zwei Dutzend Hochhäuser. Im alten Teil an der Mole finden sich noch etliche 100 Jahre alte Häuser mit romantischen Arkadengängen und verträumt blätterndem Fassadenanstrich.

### Geschichte

Historisch war Bahía ein bedeutendes Siedlungszentrum in der Periode der regionalen Entwicklung. Vor über 2000 Jahren entstand hier die Bahía-Kultur mit einer zunehmend ausgeprägten Formen- und Farbgebung vor allem bei ihrer facettenreichen Keramik, die heute in dem ausgezeichneten Archäologischen Museum der Stadt zu besichtigen ist.

Der spanische Conquistador Francisco Pizarro ›entdeckte‹ und eroberte 1531 nahe der Stelle der heutigen Stadt Bahía die etwa 300 Häuser zählende Gemeinde Cuaque. Ein Jahr später wurde Inkakönig Atahualpa hier von den Spaniern gefangen genommen. Die heutige Stadt wurde dann 1624 zunächst als San Antonio de Caráquez von den Konquistadoren an der schon damals wichtigen See-

handelsstraße zwischen Mexico und Chile gegründet. Die ›goldenen Bohnen‹ der Kakaoplantagen verhalfen dem Handelsstädtchen zu Reichtum und Bekanntheit. Im Jahr 1735 nutzte auch die Wissenschaftliche Akademie von Paris Bahía als Stützpunkt für ihre Erdvermessungen, als sie die Punta Palmar bei Pedernales als Schnittpunkt von Äquator und Pazifikküste ermittelten. Nach der Unabhängigkeit zum Ende des 19. Jh. florierte Bahía weiterhin vor allem durch den Export von Taguanüssen, die sich in Europa als Knöpfe großer Beliebtheit erfreuten, und durch den Handel mit Panamahüten.

### Naturgeschichte

Die Naturgeschichte dieser Küstenzone liest sich dagegen etwas bedrohlicher: Meeresgeologische Untersuchungen lassen vermuten, dass der Pazifik hier vor rund 12 000 Jahren 30 m tiefer und seine Küsten 10 km weiter entfernt lagen. Das 5 km vor der heutigen Stadt liegende **Santa-Marta-Riff** weist erstaunliche, teils rechtwinklige Unterwasserwände auf, die möglicherweise von Menschenhand gebaut wurden. Weitere meeresarchäologische Forschungen scheitern bisher am Geld, doch vielleicht entpuppt sich die Bahía-Kultur eines Tages als noch viel älter als bislang angenommen. Dramatisch entwickelte sich der Landfraß des Meeres in den letzten 30 Jahren, verstärkt vom weltweiten Treibhauseffekt und immer wärmeren

**Keramikfiguren im Museo de Bahía, einem der schönsten Museen des Landes**

El-Niño-Jahren. Von den einstigen Traumstränden der Landzunge bleibt heute ein müder Ebbstrand an der nicht ungefährlichen Strömungskante des Río Chone zurück. Kleine Sandflächen finden sich auch noch an der Westseite Bahías.

## Bahía heute

Das moderne Bahía und seine Umgebung sind wirtschaftlich geprägt vom einstigen Garnelenboom. Es war aber die Liebe der Oberschicht zur Zweitresidenz am Meer, die zur Bebauung der Landzunge in ihrer heutigen Form führte. Vor allem der Staatspräsident Sixto Durán-Ballén schob diese Entwicklung während seiner Amtsperiode von 1992 bis 1996 an. Ihm setzte man am westlichen Ende des Malecón schon zu Lebzeiten ein **Denkmal.**

Die charmante und überschaubare Stadt beherbergt eine lebendige **Markthalle** und bietet eine fantastische Aussicht vom **Mirador Colina de la Cruz** auf die gesamte Bucht, ihre Mangroveninseln, Fischerdörfer und die Garnelenzucht, wie auch über die weite Küstenlinie Ecuadors. 2007 entstand auf dem Stadthügel ein leider überdimensioniertes Betonkreuz, das künftig per Sessellift erreichbar sein soll.

Sanfter und vielversprechender ist die Entwicklung an der Mole. Dort eröffnete der erste **Jachtklub** im Schutz des Río Chone. Segler aus aller Welt finden nun einen attraktiven und gut geführten Liegeplatz. Und jedermann kommt das schöne Bar-Restaurant auf dem Fluss zugute.

## Museo de Bahía

Nach dem Mutterhaus der Banco Central in Quito ist das **Museo de Bahía** am Malecón Alberto Santos im Osten der Landzunge das beste Museum des Landes und vielleicht noch besser aufgebaut als die große Sammlung in der Hauptstadt. Die ständige und sensationelle Ausstellung des Archäologischen Museums beginnt mit 11 000 Jahre alten

Werkzeugen aus Las Vegas, den ältesten je in Ecuador gefundenen Stücken. Im weiteren Verlauf führt sie mit 600 Ausstellungsstücken und einem Archiv von 2500 Exponaten über alle präinkaischen Epochen des heutigen Ecuadors. Schwerpunkte bilden die Kulturen der Caras, Jamas und Coaques. Zu sehen ist u. a. die 5500 Jahre alte Venus von Valdivia, eine Keramikfigur und Fruchtbarkeitssymbol, das die Archäologen an ein mögliches Matriachat in Valdivia denken lässt. Auch die 600 v. Chr. einsetzenden Gold- und Platinarbeiten sind mit außergewöhnlich guten Exponaten vertreten. Das Foyer füllt ein originalgetreuer Nachbau eines traditionell getakelten Balsafloßes, das jahrtausendealte Verkehrsmittel der Küstenvölker, mit dem sie den Handel von Atacama bis Acapulco betrieben (s. Thema S. 296).

Das 2001 eröffnete Museum ist sehr gut ausgeleuchtet und gestattet sogar das Fotografieren (Malecón Alberto Santos, Tel. 05-269 22 85/-86, www.museobahiadecaraquez.com, Di–Fr 8.30–17, Sa, So 10–17 Uhr; Führungen mit Voranmeldung; Hinweise: Im Lesesaal steht ein schnelles Internet zur Verfügung. Das Museum ist sehr kühl klimatisiert).

## Infos

**Guacamayo Tours:** Calle Bolívar 902 y Arenas, Tel. 05-269 11 07, 05-269 14 12, www.guacamayotours.com, Mo-Fr 7–18.30, Sa, So 8–18.30 Uhr. Die am besten informierte Agentur über alle Reisebelange von Ausflug bis Zimmervermittlung, inkl. Sprachkursen und Einführung in den organisierten Landbau.

## Übernachten

**Komforthotel ▶ Hotel La Piedra:** Av. Bolívar y Circunvalación, Tel. 05-269 07 80, www.hotellapiedra.com.ec. Traditionelles Komforthotel am Meer mit Kabel-TV, Klimaanlage und Swimmingpool sowie guter Küche. DZ 127 $ ohne Frühstück.

**Kleines Garten-Hostal ▶ Cabañas Life:** Octavio Viteri 5-04 y Muñoz Davila, Tel. 05-269 04 96, sindilife_5@hotmail.com. Familienorientierte, freundliche *cabaña*-Anlage. Zimmer mit Bad, Küche, Kabel-TV. 20 $ p. P.

**Schlicht und zentral ▶ Hotel Italia:** Av. Bolívar y Checa, Tel. 05-269 11 37, 05-269 04 49, hotelitalia@gmail.com. Standardhotel mit vier Geschossen im Zentrum – quadratisch, praktisch, preiswert. DZ 34–56 $, Frühstück 3 $.

## Essen & Trinken

**Weitgehend vegetarisch ▶ Restaurante Colombius:** Av. Bolívar 1205 y Ante, gegenüber dem Colegio Nocturno, Mo–So 7–22 Uhr. Restaurant im Zentrum mit vegetarischen u. a. Gerichten. Hauptgericht 8 $.

**Meeresfrüchte an der Mole ▶** Unter der Vielzahl einfacher, aber beliebter Fischrestaurants an der Mole seien hier drei Empfehlungen gegeben, alle mit Blick auf den Río Chone: **El Muelle Uno,** Tel. 05-269 23 34, **El Buen Sabor,** und **La Terraza.** Alle Mo–So 10–22 Uhr, Hauptgericht 3–5 $.

## Aktiv

**Exkursionen ▶** Die Umgebung von Bahía bietet exzellente Bedingungen für Ausflüge in die tropischen **Trockenwälder,** zu **Traumstränden** etwa bei Punta Bellaca sowie in die sensationelle Mangroven- und Vogelwelt der **Islas Fragatas** und der **Isla Corazón** in der Bucht des Río Chone. Dort finden sich besonders zwischen August und Dezember eine riesige Population von Fregattvögeln, aber auch Ibisse, Pelikane und Reiher ein. Informationen gibt es bei Guacamayo Tours, s. links.

**Jachthafen ▶ Club Náutico Puerto Amistad:** Malecón Alberto Santos, Tel. 05-269 31 12, www.puertoamistadecuador.com. Jachtklub unter freundlicher amerikanisch-kolumbianischer Leitung am Südende der Mole, preiswerte Restaurant-Bar (Hauptgericht 6–8 $). Hilfe bei den Hafendokumenten und bei der Vorbereitung auf die Galápagos-Passage.

**Schwimmen ▶** s. **Chirije,** S. 284.

## Verkehr

**Bus:** Wichtigste Buskooperative mit regelmäßigen Verbindungen zu den Stränden im Süden ist Reina de Camino (Av. Velasco Ibarra, neben der Polizei, tgl. 6–23.30 Uhr).

## Ausgrabungsstätte von Chirije ▶ C 7

Etwa 15 km südlich von Bahía liegt die kleine **Ausgrabungsstätte von Chirije** direkt am Meer. Zwar haben schwere Regenfälle das archäologische Feld zugeschüttet, doch die Exponate wurden gerettet und sind heute in einem ganz kleinen **Museum** zu sehen.

Interessant ist ein Aufenthalt über Nacht in der völlig abgelegenen Anlage mit geräumigen *cabañas* und einem Uferrestaurant (buchbar über Bahía Dolphin Tours, s. u.). Der einsame Strand eignet sich gut zum Schwimmen sowie Spazierengehen, und noch immer findet man zuweilen Scherben der Bahía-Kultur im Sand.

## Infos

Besichtigung von Anlage und Museum nur möglich mit Voranmeldung über **Bahía Dolphin Tours:** Av. Bolívar 1004 y Riofrío, Bahía, Tel. 099-975 47 73.

# San Clemente und Crucita

## San Clemente ▶ C 7

Es ist etwas stiller geworden um das Fischer- und Feriendorf **San Clemente.** Das einst boomende Geschäft der Garnelenfischer erlebte Ende der 1990er-Jahre gleich mehrere Tiefschläge: schwere El-Niño-Schäden, ein starkes Erdbeben und schließlich die Garnelenvirusseuche *mancha blanca.* Das Schicksal ließ einige der einstigen ›Garnelen-Millionäre‹ auf der Strecke, die sich zu ihrem Unglück nicht auf solch ein Szenario eingestellt hatten und wieder arbeiten müssen.

Das Dorf ist heute still und beschaulich und am Wochenende noch immer beliebt bei den Städtern aus Portoviejo. Einer der bekanntesten Wahlbürger des Ortes ist der fast 2 m große Berliner Torsten ›Maya‹ Meier, ein alter Häuserkämpfer aus Friedrichshain, der sich 1995 nach San Clemente verirrte, hier seine Liebe fand und heute ein einfaches Restaurant mit küstenweit berühmtem *ceviche* und einem sensationellen Schwertfisch

nebst hübschen *cabañas* führt, und das alles zu Hausbesetzer-Solidaritätspreisen.

## Übernachten, Essen

**Berliner Aussteiger** ▶ **Sabor de Bamboo** oder **Aleman Mier's:** 50 m vom Strand im Nordende des Dorfes, Tel. 098-024 35 62. Liebenswerte, sehr preiswerte deutsch-ecuadorianische Pension mit exzellentem Essen und über 300 deutschsprachigen Büchern von Camus bis Dostojewski. *Cabaña* mit eigenem Bad 8 $, Rabatt bei mehreren Tagen. Hauptgericht 4–6 $, abends gibt es auch Pizza und Drinks.

## Verkehr

**Mototaxis:** Im Ort gibt es sogenannte Mototaxis, die für 0,50 $ zu allen gewünschten Zielen in der nahen Umgebung fahren.

## Crucita ▶ C 7

Der Ferienort **Crucita** gilt in Fliegerkreisen als Ecuadors erste Adresse für Gleitschirmflüge am Hang. Der lang gezogene Ort bietet Fliegern und Strandliebhabern zudem jede Menge Restaurants und Unterkünfte an der Strandstraße sowie ein reges Nachtleben besonders am Wochenende. Über 30 Jahre Tourismus hinterließen hier ihre Spuren, ohne dass der Charme ganz verloren ging. Zwischen den Fischerbooten spielen die einen Fußball, andere flirten und kuscheln im Sand.

Am südlichen Dorfende führt eine Straße steil hinauf auf die *loma*, den Fliegerhorst der Gleitschirmszene. Gerade wenn in der Sierra die Sommerwinde zu stark werden, kommen fast alle Flieger zu den stetigen, an der Küste aufsteigenden Seewinden von Crucita und fliegen teils stundenlang die Steilküste nach Süden entlang. An manchen Sommertagen lassen sich von hier oben auch bestens die Buckelwale beobachten.

## Übernachten

**Standard** ▶ **Hostería Casa Grande:** Malecón 100 (unterhalb der Kirche), Tel. 05-234 01 33, 05-234 01 37/-06, hosteria_casagrande@ hotmail.com. Einfaches, freundliches Hotel mit eigener Parkgarage und 2 Swimmingpools, schlichte Zimmer, *cabañas* mit TV, Hängematten. EZ/DZ 18/22 $.

**Fliegerhotel ▶ Hostal Cruzita:** Malecón Sur y Calle Sucre, Tel. 05-234 00 68, 099-917 52 96, flyraul2005@hotmail.com. Einfache Fliegerpension des Fluglehrers Raúl Tobar; Restaurant, Schwimmbad, Parkplatz und Kontaktpunkt für Gleitschirmflieger. Flugausrüstung 35 $ p. P. Zimmer 12–15 $ p. P.

**Einfach ▶ Hostal Voladores:** Calle Principal y Nueva Loja. Einfach, aber mit Swimmingpool. EZ/DZ 8–15 $ p. P.

### Aktiv

**Gleitschirmfliegen ▶ Luis Tobar,** Besitzer des Hostal Voladores (Kontakt s. o.), ist einer der Fluglehrer mit ecuadorianischer Lizenz vor Ort. Er verleiht Flugausrüstung und bietet Tandemflüge von etwa 12 Min. Länge (35 $) sowie fünftägige Anfängerkurse (350 $) an. Eine Alternative: **Parapente Crucita,** Tel. 05-234 00 68, 09-9-399 47 81, www.parapente crucita.com.

### Verkehr

**Bus:** Die Anreise ab Quito verläuft am bequemsten über Portoviejo (8 $). Von dort fahren bis abends um 22 Uhr alle 15 Min. Busse von Transportes Crucita in eben diesen Ort. Die Kooperative verbindet auch Manta über Rocafuerte mit Crucita.

# Abstecher nach Montecristi und La Pila

## Montecristi  ▶ B 8

Ein Abstecher von der Pazifikroute führt etwa eine halbe Stunde ins Inland nach **Montecristi** in eines der Produktionszentren von Panamahüten und die Heimat von Revolutionären: »Es war an einem Nachmittag im Mai 1864. Isabel Muentes de Alvia hatte in ihrer Finca nahe Montecristi ein geheimes Treffen mit etlichen Landarbeitern aus der Nachbarschaft organisiert. Der junge Eloy Alfaro war noch keine 22 Jahre alt, aber schon weitläufig bekannt als ein Kämpfer gegen die Tyrannen und ein besseres Ecuador (...)« (aus:

Dumar Iglesias Mata, Eloy Alfaro. 100 facetas históricas, 2005).

Das kleine, stolze Montecristi ehrt seinen einstigen Bürger und großen liberalen Revolutionär Eloy Alfaro bis in die Gegenwart. In der 1894 von ihm gegründeten Dorfschule befindet sich heute die Bibliothek des Ortes. Exponate der Jahrhundertwende, die persönlichen Gegenstände von Eloy Alfaro und selbst die sterblichen Überreste des Liberalen sind direkt gegenüber der Bibliothek in einem opulenten **Mausoleum** und einem kleinen **Museum** ausgestellt.

Natürlich trug auch Eloy Alfaro einen Panamahut, den bis heute weltberühmten Exportschlager des Dorfes. Der Montecristi Superfino schaffte es bis in die Topauslagen der Galeries Lafayette in Berlins Friedrichstraße.

Montecristi bietet neben dem Hut für den Souvenirjäger jede Menge Handarbeiten aus Gras, Korb und mehr. Die Hauptstraße **Calle 9 de Julio** säumen unzählige Läden, ein paar kleine Restaurants und der gewaltig hohe, weiße Kirchturm – und überall vermeint man die Aura des großen Eloy Alfaro zu spüren.

### Einkaufen

**Panamahüte ▶ Chávez Franco:** Die Hutmacherfamilie von José Chávez Franco lebt in der Calle Rocafuerte 386, nahe der Avenida – wie kann es anders sein – Eloy Alfaro. Hier freut man sich über internationalen Besuch in der heimeligen Werkstatt. Gerne geben die Chávez Auskunft über ihr Handwerk und das internationale Geschäft. Immerhin verkaufen sie seit Jahren an den Kölner Importeur Friedrich W. Schneider GmbH. Leider sei die Nachfrage vom Rhein in den vergangenen Jahren auf jährlich 500 bis 600 Hüte zurückgegangen, da die Konkurrenz in Cuenca die Preise drücke, klagt Señora Chávez. Früher habe man 1500 Hüte im Jahr nach Köln geschickt. Neben Deutschland sind Italien und England heute die wichtigsten Absatzmärkte des feinen Montecristi.

### La Pila  ▶ B 8

Von Montecristi Richtung Jipijapa nach Südosten führt eine glatte, aber ›bodenwellige‹

## Montecristi Superfino

Es ist schon kurios: Seit US-Präsident Theodore Roosevelt 1906 die Arbeiten am Panamakanal inspizierte und dabei einen hellen Hut aus fein geflochtenem Palmenblatt trug – Fotos von dieser Visite gingen um die ganze Welt – heißt dieser Hut aus dem ecuadorianischen Montecristi verwirrend wie banal **Panamahut.**

Schon seit dem 19. Jh. ernten die Bauern im Umland des kleinen Küstenstädtchens Montecristi die fächerförmigen Palmenblätter mit der Machete. Die Toquilla-Palme für die beste Hutqualität wächst nur hier in einem bestimmten Mikroklima bei Montecristi. Auch wenn heute die meisten und kommerziell bekanntesten Hutmanufakturen im Hochland in Cuenca ansässig sind, stammt das Material, häufig in Form von Hutrohlingen, aus der Geburtsstadt von Eloy Alfaro. Doch noch immer gibt es allerbeste Produktion aus Montecristi selbst. Kooperativen ernten, kochen, spleißen und bleichen die Palmenblätter, und meist kleine Familienbetriebe flechten aus den aufbereiteten Halmen die Hüte. In den Werkstätten im Ort ist das exzellent zu beobachten. Dabei variieren die Hutmacher nicht nur die Größen der Hüte, sondern vor allem die Feinheit der Struktur: je dünner das gespleißte Blatt, je dichter und feiner es verwoben wird, umso geschmeidiger und eleganter der Hut. Ein einfacher Panamahut kann in wenigen Stunden produziert und für ein paar Dollar verkauft werden. Für einen Montecristi Superfino braucht der Hutmacher bis zu drei Monate, und er kostet in Europa teils mehrere Tausend Euro.

Landstraße durch die Hügel der Küstenkordillera. Das Dorf **La Pila** säumen zahlreiche Keramikhändler. Die Dorfbewohner fertigen gute und preiswerte Figuren und Gefäße. Leider hat sich zuletzt die Mode durchgesetzt, die handwerklich feinen Keramiken mit Goldlack und ähnlichem Gepinsel zu verhunzen. Ein Stopp zum Kauf von diesen Repliken der Küstenkulturen lohnt für Autofahrer und Souvenirsammler dennoch, denn es gibt auch noch die traditionellen Arbeiten, und Moden sind zum Glück nicht langlebig.

## Manta ▶ B 8

Zurück an der Küste stößt man auf die Stadt **Manta** (km 550). Vor etwa 1500 Jahren gründeten die Manteños die kleine Hafensiedlung Jocay, Lebensort einer Küstenkultur, die ausgezeichnete Keramiken hervorbrachte. Bemerkenswerte originale Fundstücke dieser Huancavilca-Manta-Epoche stellt heute das

**Carmen Rubio, Besitzerin einer Hutreparaturwerkstatt in Montecristi**

**Museo Centro Cultural de Manta** aus (Av. Malecón Jaime Chávez Gutiérrez, Tel. 05-262 29 56, Di–Fr 9–17, So, Fei 10–17 Uhr, Führungen nach Voranmeldung).

Das schließlich 1535 von den Spaniern als Manta neu gegründete Seehandelszentrum gehört heute zu den führenden Wirtschaftsräumen Ecuadors. Insbesondere der alte Hochseehafen und die Fischindustrie erzielen in Manta, das bereits über 150 000 Einwohner zählt, beträchtliche Umsätze.

Der **Jachthafen,** breite Strände und jede Menge Fischrestaurants lassen zumindest am Wochenende auch einen nationalen Tourismus boomen. Seit einigen Jahren laufen sogar internationale Kreuzfahrtschiffe den Hafen an, und in ferner Zukunft soll die Stadt Brückenkopf ins brasilianische Manaus und zum Atlantik sein.

Zu Erholungszwecken kann man Manta jedoch nicht empfehlen: Zu schmutzig sind die Strände, zu laut, chaotisch und mitunter unsicher ist die Stadt. Verkehrstechnisch ist Manta nicht nur für die Seeleute bedeutend, sondern mit dem Flughafen auch ein Drehkreuz zu den Ferienorten der manabitischen Küste.

## Infos

**Orientierung:** Manta sollte nur mit dem Pkw bzw. dem Taxi befahren werden. Denn die Stadt zieht sich etwa 6 km am Meer entlang, von Ost nach West über Flughafen, Playa Tarqui, Malecón, Puerto und Playa de Murciélago. Nahe dem Malecón liegt das eigentliche Stadtzentrum. Wichtigste Verkehrsachse nach Westen ist die Avenida Flavio Reyes.

**Tourismusbüro:** Paseo José María Egas, Calle 10 y 11, Tel. 05-262 29 44, in Portoviejo: Tel. 05-263 52 53.

## Übernachten

**Komforthotel ▶ Hotel Balandra:** Av. 7 y Calle 20, Tel. 05-262 05 45, www.hotelbalandra.com. Schönes, ruhiges Gartenhotel mit Swimmingpool, Sauna und gutem internationalen Restaurant (9–22 Uhr, Hauptgericht ab 8 $), sympathische, schöne Zimmer mit Kabel-TV, AC und Minibar. EZ/DZ mit Frühstück 86/104 $.

**Modern und kühl ▶ Hotel Mar Azul:** Calle 22 y Flavio Reyes, Tel. 05-262 94 55, 05-262 90 49, www.marazulhotel.com.ec. 2007 eröffnetes, modernes Hotel, 100 m vom Meer entfernt, mit Pool, Restaurant (Hauptgericht 12 $, Mittagstisch 4 $, tgl. 7–22.30 Uhr) und Blick auf die Hafenmole. Große, etwas hellhörige Zimmer mit Balkon, Kabel-TV und AC. EZ/DZ mit Frühstück 76/86 $.

## Essen & Trinken

**Italienische Küche ▶ Restaurante Pizzería Mamma Rosa:** Av. Flavio Reyes y Calle 26 (gegenüber vom Park), Barrio Umiña, Tel. 05-262 60 76, 099-994 67 29, www.mammarosa.com.ec, Mo–Sa 17–2 Uhr. Hervorragende italienische Pizza und andere Gerichte sowie Frisches vom Grill. Schöne Terrasse im 1. Stock, Fr Livemusik. Hauptgericht 11–20 $.

**Grillrestaurant ▶ Restaurante Martinica:** Ciudadela Umiña No. 2, Mz. 1, Lote 1, Tel. 05-261 37 35, www.martinica.com.ec, Mo–Sa 12.30–24 Uhr. Sehr gutes Restaurant am Stadtrand von Manta, serviert werden exquisite Fleischspezialitäten vom Grill sowie eine

Auswahl anderer internationaler Gerichte. Hauptgericht ab 10 $.

## Verkehr

**Flug:** Der Aeropuerto Eloy Alfaro, 2,5 km östlich von Tarqui, ist durch TAME, LAN und AEROGAL etwa 6 x tgl. mit Quito verbunden. TAME: Malecón, Edificio Vijía, Mo–Fr 9–12, 14–17 Uhr.

**Bus:** Der Terminal Terrestre liegt gegenüber dem Fischerhafen am Fuß der Banco Central. Busse fahren in alle Landesteile, stdl. Fahrten nach Quito (9 Std.) und nach Guayaquil (4 Std). Bis etwa 16.30 Uhr stdl. Verbindungen auf der langen Strandroute nach Süden mit Coop. Jipijapa und Coop. Manglaralto.

**Taxi:** Taxis kosten innerstädtisch ab 1 $, mit Rufservice 1,50 $, eine Fahrt nach San Lorenzo 10 $, Flughafentaxis nehmen mehr.

# An der Küste entlang bis Puerto López

## San Lorenzo de Manabí ▶ B 8

Bei der Weiterfahrt auf der Straße um das Kap herum gelangt man nach einer Weile zu der verschlafenen Ortschaft **San Lorenzo** (km 587), unterhalb des Bosque de Pacoche (s. rechts). Das Fischerdorf verfügt über einen weiten, weißen Sandstrand, den eine eindrucksvolle Felsformation im äußersten Norden der Bucht abschließt. Im Norden hinter dem ›Leuchtturm‹ einer architektonisch kalten, norwegischen Hotelanlage liegt auch der schönste Teil des Strandes mit einer sympathischen Herberge.

## Übernachten

**Strandlage ▶ Cabañas La Cueva:** am Nordende des Strandes von San Lorenzo, Tel. 099-104 70 27. Nettes, familienbetriebenes Hotel am Strand mit exzellentem offenem Restaurant (Hauptgericht ab 6 $), kleinem Swimmingpool, Hängematten und einfachen, gepflegten *cabañas*. Hier lässt es sich gut relaxen. Ausflüge zur Affenbeobachtung kosten 10 $ p. P., EZ/DZ mit Frühstück 30/50 $.

## Auf Waldpfaden im Bosque de Pacoche

### Tour-Infos

**Lage:** ▶ B 8, Ruta del Sol bei km 582, 20 km südwestl. von Manta, 10 km von San Lorenzo
**Kontakt:** Pacoche Lodge, Ruta del Sol, Vía Manta-Puerto Cayo, Carretera E 15, km 582, Tel. 099-500 16 90, 099-707 97 21, www.pacochelodge.com. Gefuhrte Touren durch den Wald und zum Strand, auch auf Englisch (Tour mit Lunch 18 $). Restaurantbetrieb, Transfer von/nach Manta (20 $), EZ 25–35 $, DZ 46–70 $.

Nur 20 km südwestlich von Manta, im Hinterland der Strände von San Lorenzo und Liguiqui, liegt ein relativ großer zusammenhängender Bergnebelwald, der von Wollaffen, Brüllaffen und Kapuzineraffen bewohnt wird und mit einem erfahrenen Führer relativ leicht zu erkunden, ohne Führung hingegen nicht zu empfehlen ist. Es ist keine Wanderroute auszuweisen, doch es gibt mehrere Waldpfade zur Affen- und Vogelbeobachtung sowie zur Erkundung der vielseitigen Küstenvegetation. Die hier lebenden Raubkatzen sind hingegen scheu und selten anzutreffen.

Dieser 2000 ha große tropische Trocken- und Halbtrockenwald Bosque Pacoche mit zahlreichen Palmen, großem Bambus und riesigen Ficusbäumen setzt sich auf wohltuende Weise von den Trockenwäldern des Umlandes ab.

Das Schutzgebiet wurde schließlich geografisch wie sprachlich auf 13 445 ha als **Refugio de Vida Silvestre Marino y Costero Bosque de Pacoche** ausgedehnt. Mittlerweile haben Wissenschaftler im Wald 152 Vogelarten und 42 Säugetierarten gezählt. Und die ecuadorianische Biologin Carolina Toapanta wurde von der Pionierin bei Waldführungen in Pacoche zur Betreiberin ihrer eigenen Lodge (s. Kontakt).

**Wollaffe im Dickicht des Bosque de Pacoche**

# Die Buckelwale von Manabí

## Thema

**Im antarktischen Winter ziehen große Gruppen von Buckelwalen die südamerikanische Pazifikküste hinauf, um sich zu paaren und ihren Nachwuchs zur Welt zu bringen. Vor den Küsten Manabís sind dann über mehrere Monate großartige Naturspektakel zu beobachten. Alljährlich ab Ende Mai versammeln sich etwa 450 Buckelwale aus der Antarktis in den ecuadorianischen Gewässern.**

Wohlgenährt aus dem krillreichen Meer des Südens folgen sie dem kühlen Humboldt-Strom nach Norden. So wie die arktischen Wale Hawaii aufsuchen, treffen sich zahlreiche antarktische Buckelwale auf dem Äquator, um sich zu paaren oder zu kalben. Sie gehören zu den Bartenwalen, finden sich hier nicht zum Fressen ein, sondern genießen offensichtlich das seichte, warme Schelf der südamerikanischen Pazifikküste. Manabí ist ihr auserwähltes Winterquartier.

In diesen tropischen Gewässern Ecuadors päppeln sie schließlich die kleinen, 4 m langen Neugeborenen mit ihrer extrem fetthaltigen Muttermilch auf, bis diese Ende September kräftig genug sind für den langen Rückweg in ihr antarktisches Sommerquartier.

Walkühe, die nicht kalben und säugen, sind höchst begehrt bei den bis zu 15 m langen Bullen im Tross. Diese riesigen, manchmal 25 t schweren Säuger kokettieren und versuchen zu imponieren, indem sie die Waldamen elegant umschwimmen, um Aufmerksamkeit und anderes zu erregen, um dann plötzlich mit gewaltigen Sprüngen aus den Fluten zu steigen. Wie mit einem Donnerschlag krachen die kolossalen Leiber schließlich zurück in das aufgerissene Meer.

Diese akrobatischen Sprünge und das Schlagen mit Fluke und Flippern, was die Wissenschaftler *breaching* nennen, dient vermutlich dem Abstecken eines Paarungsreviers. Die Pazifische See zwischen der Küste und der Isla de la Plata ist quasi das Schlafzimmer der Wale. Möglicherweise springen die Tiere aber auch nur, um die juckenden Seepocken abzuschlagen.

Auseinanderhalten lassen sich die Wale anhand der breiten schwarzen Fluke, die wie ein Fingerabdruck ist. Wenn diese sich mitunter in absoluter Stille aus dem Wasser hebt, um alsdann abzutauchen, erkennen die Forscher beim langsamen Ablaufen des Wassers exakt die unverwechselbaren Bisse, Risse und Kratzer, die sich ein jedes Tier im Lauf seines Lebens zuzieht.

Obschon Buckelwale allenfalls große Raubhaie und ›Killerwale‹ als natürliche Feinde kennen, sind ihre Bestände von einst geschätzten 130 000 durch den kommerziellen Walfang auf heute nur noch 12 000 Exemplare zurückgegangen, eine Zahl, die sich seit Unterzeichnung des internationalen Artenschutzabkommens zum Schutz der Buckelwale von 1966 immerhin stabilisiert hat.

Die Boote, die von Juni bis September die Touristen zu den Walen herausfahren, sollen einen Mindestabstand von 50 m zu den großen Säugern halten. Allerdings halten sich die Tiere nicht immer an die Bestimmungen … Und so kommt es immer wieder vor, dass plötzlich der fauchende Blas eines Buckelwals direkt vor dem Bug des Bootes aufsteigt oder dass sich Walkühe neben den Booten im Wasser drehen, das Kalb an der Brust.

## Puerto Cayo ▶ B 9

Das Dorf gehört zu den größeren Siedlungen am Pazifik. Hier laufen die Küstenstraße aus Manta und die mit dichten Ceibowäldern bestandene Tieflandroute aus Jipijapa und Montecristi zusammen. Obwohl **Puerto Cayo** (km 625) nahezu an den Nationalpark Machalilla grenzt, ist es touristisch wenig entwickelt. Die unglaublich lange Uferpromenade täuscht somit über den tatsächlichen Freizeitwert des Ortes hinweg.

## Übernachten

**Ältere Anlage** ▶ **Hotel Puerto Cayo:** Malecón, am äußersten Südende, Tel. 05-261 60 19, www.hotelpuertocayo.com. Hotel im Stil der 1970er-Jahre, aber mit sehr großen Zimmern, Balkon und in direkter Meerlage. Restaurant (Hauptgericht 6–9 $). EZ/DZ 25/30 $.

## Zu den Stränden von Los Frailes ▶ B 9

Im weiteren Verlauf durchfährt man das etwas melancholisch wirkende Fischerdorf **Machalilla** (km 650), das dem Nationalpark seinen Namen gab. Die Fischerboote liegen hinter einer leblosen Promenade vertäut, und der traditionelle Bootsbau hat auch schon bessere Tage gesehen. Die Hauptstraße ist zwar geschäftiger, aber doch nicht mehr als eine blasse Händlerzeile. Die Friedhofsmauer am Nordausgang des Dorfes ist wiederum derart opulent, dass man befürchten muss, in Machalilla würde gern und viel gestorben.

Schattenlos und einsam liegen die drei fotogenen Traumstände von **Los Frailes** zwischen den hellen Sandsteinfelsen der Küste. Am besten zum Baden geeignet ist der 5 km lange Hauptstrand **Los Frailes.** Der nördlich davon liegende Strand **La Tortuguito** ist wegen der Strömungen nicht ungefährlich. Der dritte Strand **La Playita** besteht aus Kies. An der Zufahrt zum Strand wird ein Eintritt von 2 $ erhoben. Infrastruktur wie Toiletten gibt es hingegen nicht.

## Infos

**Anfahrt und Eintritt:** Von der Küstenstraße mit dem Parkwächterhaus aus führt ein knapp 3 km langer Schotterweg durch den Trockenwald, passiert den Einstieg eines Fußweges zum Mirador und gelangt schließlich zum Hauptstrand. Die Strände liegen zwischen Machalilla und Puerto López und werden gelegentlich auch von Booten angefahren.

## Agua Blanca ▶ B 9

Bei km 659 der Pazifikroute zweigt links ein Schotterweg ab und führt nach 5 km durch ein großes Portal zu den **archäologischen Fundstätten** der kleinen Gemeinde **Agua Blanca.** Die Bewohner dieser Trockenwaldregion leben in der Nähe einer heiligen Stätte der Mantakultur (800–1532 n. Chr.). Und sie betreiben sehr engagiert den Aufbau des Gemeindetourismus. So verfügt das Dorf des ›weißen Wassers‹ mittlerweile über einfache *cabañas,* Familienunterkünfte, ein kleines Restaurant, einen Kunsthandwerksverkauf und einen Spezialisten für Massagen mit dem duftenden Öl des Palo-Santo-Baums dieser Region. Wie schon zu Zeiten der Manteños bereiten die Bewohner viermal im Jahr, jeweils zur Sonnenwende sowie zur Tag- und Nachtgleiche, indianische Saunabäder.

Lokale, speziell geschulte Führer bieten einen 2,2 km langen Rundgang durch Dorf und Umgebung an. Er beginnt an dem kleinen **Dorfmuseum** (tgl. 7.30–17 Uhr) mit originalen Fundstücken der Mantakultur, vornehmlich Gefäßen, Figuren und Schmuck. Anschließend führt der Weg zu Resten von Mantagrabstätten und weiter durch das kleine Flusstal des Río Buenavista, wo farbenprächtige Vögel wie der blauköpfige Motmot und der gelb-schwarze Tangara zu sehen sind. Weitere Stationen auf dem Rundweg sind schließlich die Fundamente von Tempeln und Zeremonienhäusern, die Archäologen hier 1985 entdeckt haben. (Die zweistündige Führung und der Museumseintritt kosten zusammen 3 $ P. P., bei Alleinreisenden 5 $, ein Entgelt, das bereits am Portal an der Straße erhoben wird).

Gegen Ende des Rundgangs lädt ein **See** neben dem Flussbett zu einem Bad ein. Er misst etwa 30 m, ist 4 m tief und enthält ei-

## Südliche Küstenprovinz Manabí

nen sehr hohen Anteil von Schwefel – das ›weiße Wasser‹. Der abschließende **Aussichtspunkt** bietet einen schönen Blick auf die umliegende Bergwelt aus Trocken- und Feuchtwäldern.

### Infos, Übernachten
**Kontakt zu Gemeinde, Museum** und **Touren:** Tel. 099-443 48 64, casaculturalagua blanca@hotmail.com, tgl. 7.30–18 Uhr. Einfache Übernachtung möglich: Cabañas 7 $ p. P., Zelten 6 $ p. P., lokale Küche, Hauptgericht 3–4 $, Reitausflüge 10 $ p. P.

### Aktiv
**Exkursion ▶** Eine weitere Exkursion von Agua Blanca führt auf einer zweitägigen Tour zu Fuß oder mit dem Pferd ins Hinterland in den 800 m hoch gelegenen **Küstenregenwald** von **San Sebastián** (▶ B 9). In den sehr gut erhaltenen Wäldern mit noch immer hoher Artenvielfalt sind verschiedene Affen, Tukane und viele andere Vögel zu entdecken, ein Abenteuer für Natur- und Campingfreunde (Tourpreis mit Führer: Reiten, Zelt und 4 Mahlzeiten 60–80 $, Alleinreisende 120 $, Tel. 099-443 48 64).

# Puerto López ▶ B 9

Das Städtchen mit gut 10 000 Einwohnern hat sich als Zentrum und Verwaltungssitz des 1979 eingerichteten Nationalparks Machalilla allmählich zu einem der wichtigsten Reiseziele an der Küste entwickelt. Im Naturhafen von **Puerto López** klettern die Touristen in die Boote von Reiseveranstaltern und einheimischen Fischern, um sich zur Isla de la Plata fahren zu lassen, die Buckelwale zu suchen oder an den Traumstränden von Los Frailes absetzen zu lassen. Der Trockenheit des Umlandes setzen einige Betreiber von Hotelanlagen schöne tropische Gärten entgegen. Das Schmuckstück ist die Hostería Mandála (s. Tipp rechts), die sogar den öffentlichen Strand im Norden des Ortes mit Hunderten von Palmen bepflanzt hat, heute der schönste Fleck am Meer von Puerto López.

### Übernachten
**Tropisches Idyll ▶ Hostería Mandála:** Malecón, Nordende des Strandes, Tel. 099-951 39 40, 05-230 01 81, www.hosteriamandala. info. Die schönste Adresse im Ort mit *cabañas* inmitten eines tropischen Gartens am Strand (s. Tipp S. 293). WLAN. Reservierung empfohlen. EZ/DZ 35/49 $, in der Hochsaison 20 % mehr.

**Mittelklassehotel ▶ Hotel Pacífico**, Malecón Julio Izurieta y González Suárez, Tel. 05-230 01 33/47, www.hotelpacificoecuador. com. Standard-Strandhotel mit Swimmingpool und Restaurant. EZ/DZ mit Ventilator 30/40 $, EZ/DZ mit AC 50/65 $.

**Entspannend und freundlich ▶ Hostería Nantu:** Malecón Julio Izurieta, 150 m vom Terminal Pesquero, Tel. 099-781 46 36, 099-529 45 24, www.hosteriananantu.com. Schöne Unterkunft mit Pool-Billard, Tischfußball, Hängematten, kleinem Swimmingpool, Jacuzzi. Parkplatz, WLAN. Hilfsbereite Gastgeber. EZ/DZ 22/34 $, Frühstück 4 $.

**Sympathisch ▶ Hosteria Itapoa:** Malecón Julio Izurieta, Tel. 099-314 58 94, 099-478 49 92, itapoa_25@hotmail.com. Travellerpension mit Zimmern und *cabañas* um einen kleinen Garten, Cafetería mit schönem Meerblick; brasilianische Leitung. EZ/DZ 20/30 $ mit Frühstück.

**Panorama-Unterkunft unter deutscher Leitung ▶ Hostería La Terraza:** Calle San Francisco, *cabañas* und Name sind gut sichtbar am Hang oberhalb von Puerto López, Tel. 05-230 02 35, 098-855 48 87, www.laterra za.de. Die schönen *cabañas* liegen in einem Garten über der Stadt und über dem Meer mit großartiger Aussicht und Pool. Die deutschen Herbergseltern servieren ein exzellentes Frühstück. Abends Restaurantbetrieb mit reichlich Fisch und Spießen, Hauptgericht 14 $. EZ/DZ 38/60 $, Zimmer ohne Bad 17 $ p. P., Abendmenü 12–18 $. Unbedingt reservieren!

**Preiswertes Backpackerhaus ▶ Hostal Sol Inn:** Calle Juan Montalvo y Eloy Alfaro, Tel. 05-230 02 48, 098-997 87 86, hostalsol inn@hotmail.com. Nette Pension mit Garten, Hängematten, Küchenmitbenutzung und Wä-

# Tipp: Die Oase von Puerto López

Die **Hostería Mandála** (Adresse s. links) ist eine der außergewöhnlichsten Herbergen an Ecuadors Küste. Von der Restaurantveranda aus windet sich ein feines Netz von Wegen durch den üppigen tropischen Garten und führt zu verwunschenen *cabañas,* in denen alles stimmt: Sie sind Erholungsinseln aus Holz, mit Terrasse und Hängematte, bis ins letzte Detail durchgeformt und liebevoll dekoriert. Nicht ›esoterisch verwurzelt‹, aber ein Hort des Friedens, eine Hommage an das Grün des Lebens unter schweizerisch-italienischer Leitung, durchströmt vom Gesang tropischer Vögel und vom zarten Rauschen des Meeres. »Wir haben keine Klimaanlage, keine Fernse-

her und keinen Swimmingpool, weil wir Menschen ansprechen wollen, die darauf gerne verzichten«, lautet das Konzept der Oase von Puerto López. Dafür gibt es viele Spiele und ein großes Musikzimmer mit einer Marimba und anderen Holzinstrumenten.

Hier entstand (und wird auch zum Verkauf angeboten) die CD ›Mandála‹, eine einzigartige Komposition aus Walgesängen und Saxophon mit der deutschen Musikerin Astrid Pape. Denn die Herbergseltern Maja und Aurelio sind aus tiefer Überzeugung Walschützer und setzen den friedlichen Säugern Kunst- und Naturdenkmäler am Strand und in der Hostería.

scheservice im Dorfkern; die freundlichen und sonnengelben Zimmer sind etwas stickig. 10 $ p. P., ohne Bad 8 $.

## Essen & Trinken

**Italienischer Geheimtipp ▶ Ristorante Bellitalia:** Calle Juan Montalvo y Abdón Calderón, Tel. 099-617 51 83, Mo–Sa 18–24, Nebensaison Mo–Sa 18–21.30 Uhr. Etwas versteckt im Dorfinnern liegt dieses ausgezeichnete italienische Restaurant in dem kleinen Garten von Vitorio und Elena aus Modena. Hauptgericht 6–13 $.

**Meeresfrüchte ▶ Restaurant Carmita:** Malecón y General Córdova, tgl. 10–22 Uhr. Doña Carmita verkaufte hier schon in den 1970er-Jahren die beste *ceviche* des Ortes, damals noch für 2,50 Sucres pro Schale. Noch heute ist das Straßenrestaurant eine Top-Adresse für *ceviche* und Meeresfrüchte. Hauptgericht 6–8 $.

## Einkaufen

**Palo Santo ▶ Ciudadela Luis Gencon:** Tel. 099-353 21 08, www.elartesan.com.ec, tgl. 8–20 Uhr. Hochwertige Ölextrakte aus dem stark duftenden Palo-Santo-Baum für Massagen, Bäder und Aromatherapien, außerdem Wachskunst, Repliken archäologischer Keramiken.

## Aktiv

**Exkursionen ▶ Whale Expeditions:** Calle General Córdova y Juan Montalvo, Tel. 05-230 01 06, 099-199 53 90, apincay72@hotmail.com, Whale Watching 25 $, Isla de la Plata 40 $, u. a. Naturführer und Manager Angel Puncay ist ein erfahrener und zuverlässiger Mann für die Organisation von Touren aller Art. Puerto López und der Nationalpark Machalilla (s. u.) sind hervorragend geeignet für eine Vielzahl von Touren: **Whale Whatching** von Juni bis September, Tagestouren zur **Isla de la Plata,** zu den Traumstränden von **Los Frailes,** zu den Feuchtwäldern am **Rio Ayampe, Reitausflüge, Sportfischen, Schnorcheltouren** und Besuche von **Kunsthandwerkern.** Zudem **Kajakausflüge** zur Insa Salango (20 $ p. P.).

**Tauchbasis ▶ Exploramar Diving:** Malecón (neben dem Restaurant Spondylus), Tel. 05-230 01 23, in Quito Tel. 02-256 39 05, www.exploradiving.com. Die erfahrenste und am besten ausgestattete Tauchbasis von Puerto López fährt etliche verschiedene Tauchplätze an. Besonders zu empfehlen ist **Isla de la Plata** (40 $ p. P.). Gute Sichtverhältnisse (15–20 m) hat man am ehesten von Juni bis Okt. Tagesausfahrt mit zwei Tauchgängen und Mittagessen 125 $, PADI-OWD-Kurs (5-Star-Center) 471 $.

**Buckelwal-Mutter mit Kalb vor der Küste Manabís**

## Verkehr

**Bus:** ab Quito tgl. 8, 20, 21.30 Uhr (8 $) mit Coop. Reina de Camino, Malecón Alberto Santos, Südende, Tel. 05-293 06 32, direkt nach Puerto López (10 Std.). Alternativ die Coop. Carlos Alberto Aray, die Quito um 10 und 19 Uhr verlässt, Rückfahrt nach Quito: 9, 19 Uhr. Ab Guayaquil nicht zu empfehlen: der ›direkte‹ Bummelbus der Coop. Jipijapa, sondern ein *ejecutivo* von Reina del Camino, Coactur, Rutas Portoviejenses bis Jipijapa (4 Std.), wo man – bis 19 Uhr – in einen Anschlussbus nach Puerto López umsteigt. Ab Manta tagsüber alle 30 Min. ein Direktbus (2 Std.).

## 9 Nationalpark Machalilla

▶ B 9/10

Der 1979 eingerichtete **Nationalpark Machalilla** umfasst 55 000 ha Trockenwälder und Küste sowie ein großes Meeresschutzgebiet, das weit hinaus bis zur ›Silberinsel‹, Isla de la Plata (s. S. 294), reicht.

Einst vom Deutschen Entwicklungsdienst beraten, wird der Park von der Kleinstadt Puerto López aus betreut, die auch das touristische Zentrum der Region ist. Fotografen werden die Traumstrände von Los Frailes lieben. Zum Schwimmen geeigneter und einfacher zu erreichen sind hingegen zahlreiche andere Buchten und Gestade im Park.

Von Juni bis September zählen die Ausfahrten zu den sich paarenden Buckelwalen zu den spektakulärsten Erlebnissen in ganz Südamerika. Zur gleichen Jahreszeit bieten einige felsige Küstenabschnitte und vorgelagerte Inseln im Nationalpark die besten Tauchgründe an der Festlandküste. Mit sehr schönen, teils ökologisch gebauten Unterkünften und einzelnen spannenden Exkursionen ins Hinterland ist der Nationalpark Machalilla sicherlich das attraktivste Reiseziel der Costa.

## Isla de la Plata ▶ A 9

Die **Isla de la Plata** liegt 24 km vor der Festlandküste Ecuadors sowie 36 km und etwa zwei Bootsstunden nordwestlich von Puerto López. Das heute 1200 ha große nicht vulkanische Felseneiland brach vor Millionen von Jahren vom Kontinent ab, wovon die bis zu 90 m hohen Steilwände zeugen. Priester der indigenen Küstenkulturen beteten hier um Regen für die Feldfrüchte. Gleichzeitig befand sich hier ein Hochseehandelsplatz zwischen Süd- und Zentralamerika, was der britische Freibeuter Sir Francis Drake Ende des 16. Jh. mit Angriffen auf die spanischen Silbergaleonen gnadenlos ausnutzte. Die Isla de la Plata war ihm Hinterhalt und Versteck. In der republikanischen Epoche wurde das dürre Eiland von Archäologen, Fischern, Jägern und sogar Bauern genutzt.

In einem ehemaligen Hotel in der Landungsbucht, **Bahía Drake,** wohnt heute der Inselwächter. Auf der verlassenen Terrasse können die Ausflügler ihren Durst stillen. Über 5,1 km führt der **Sendero Punta Escalera** in den etwas vogelreicheren Ostteil, der 3,2 km lange **Sendero Punta Machete** passiert eine gelegentlich auftauchende kleine Seelöwenkolonie. Die Fregattvögel, Masken-, Blaufuß- und Rotfußtölpel sind zwar nicht so zahlreich wie auf Galápagos oder in den Bahía de Caráquez, doch sie lassen sich hier fast ebenso gut und aus der Nähe beobachten. Von April bis November treffen sich einige Albatrosspaare auf der Isla zur Fortpflanzung.

Zum Besuch der Insel sind ein Naturguide und die Rückfahrt vor 17 Uhr obligatorisch. Achtung: Auf der Insel ist es sehr heiß!

### Aktiv

**Geführte Touren/Tauchen** ▶ s. Aktiv in Puerto López (S. 293) und Montañita (S. 319).

# Südlich von Puerto López ▶ B 10

## Salango

Ein kleiner Ort mit einer großen Geschichte: Das Fischerdörfchen **Salango** (km 670) ist so etwas wie die Wiege der ecuadorianischen Seefahrt und dokumentiert das auch in einem liebevoll ausgearbeiteten **Museum** (Museo Salango, im Dorfzentrum, tgl. 9–12, 13.30–17 Uhr, 3 $; s. auch Thema S. 296).

### Essen & Trinken

**Kult-Restaurant** ▶ **Delfín Mágico:** Parque Central, Tel. 05-258 92 91, 099-114 75 55, tgl. 10–20 Uhr. Alfredo Pincay und seine Familie

bereiten seit Jahren die besten Meeresfrüchte und Fische der Gegend zu. Hauptgericht 7–19 $.

### Termine

**Festival de la Balsa Manteña:** Noch heute feiert das Dorf von Salango einmal im Jahr das Fest der Flöße, ein Ritual ihrer 5000-jährigen Seefahrerkultur. Um den 12. Okt. bauen sie Balsaboote am Strand, schmücken sie mit Blumen, tanzen und feiern ein rauschendes Fest mit Pantomime und den Beschützern der Meere, der Seejungfrau und Neptun.

## Río Chico

Eigentlich ist es ein Fischerdorf wie so viele an der Sonnenküste. Doch die Fischer von **Río Chico** (km 671) kommen nicht mehr ans Meer vor dem Dorf, seit ein schweizerischer Großgrundbesitzer den Strand »offiziell privatisiert« hat, was nach ecuadorianischem Gesetz verboten ist, aber irgendwie doch dazu geführt hat, dass man heute 1 $ Eintritt zahlen muss, um die wunderbare geschlossene Strandbucht zu begehen. Zugleich hat sich der Schweizer zum ›Diplomaten‹ des Traumstrandes aufgeschwungen, denn er bezeichnet sein Hotel als »Ökotouristische Botschaft für den Süden Manabís«. An diesem »didaktischen Ort« zu Ehren »unserer Vorfahren« kann man also noch so einiges lernen …

### Übernachten, Essen

**Wunderbarer Strand** ▶ **Hostería Piqueros Patas Azules:** Strand von Río Chico, Tel. 05-258 92 79, 05 258 92 79, www.hosteriapiqueros.com. Familienorientiertes Hotelrestaurant mit Volleyballfeld und Fangobad an einem der schönsten Strände Ecuadors. Daneben leuchten quietschbunte *cabañas* mit Balkon, Hängematte und z. T. Meerblick. Cabañas für 2 Pers. 63 $ ohne Frühstück, Cabañas für 2 Pers. 121 $, Frühstück ab 4 $, Campen inkl. Zelt 10 $ p. P., Hauptgericht 6–10 $.

### Puerto Rico

Ein weiteres freundliches Fischerdorf (km 676), das nicht so ›reich‹ ist, wie der Name versprechen mag. Animiert und angeleitet von

# Die Balsas von Salango     Thema

**Salango war eines der frühen Seefahrerzentren der amerikanischen Küstenvölker. Schon vor 5000 Jahren beherrschten die Männer an den Stränden des heutigen Manabí die Kunst des Bootsbaus. Sie waren wahrscheinlich die ersten Menschen, die die Navigation auf hoher See und das Segeln am Wind entwickelten. Und sie waren ein bedeutendes Volk der Seehändler an der amerikanischen Westküste.**

Dazu bauten die Küstenbewohner große Flöße aus dem leichten Balsaholz der nahen Trockenwälder, eine Schiffsbautechnik, die sie bereits in kleineren Dimensionen für ihre Fischerboote genutzt hatten. So ist es heute noch in dem Fischerort Playas auf der Halbinsel Santa Elena (s. S. 312) zu bewundern.

Die frühen Schiffsbauer wählten das Balsaholz sorgfältig aus, denn zu grüne Stämme waren zu schwer, und die trockenen saugten zu viel Wasser auf. Sie verschnürten die zum Schutz vor Termiten geteerten Stämme mit Hanfseilen, versahen sie mit Aufbauten aus Bambus und errichteten einen starken Dreiecksmast. Die Seefahrer von Salango warteten auf Neumond und den nächtlichen Landwind, um mit ihrem Balsafloß bei Flut auf den Pazifik auszulaufen.

War das große und schwere Rechtecksegel an sich behäbig, so erfanden die Seeleute eine grandiose Steuertechnik, die das Kreuzen am Wind erlaubte und sogar die Strömung zu nutzen oder auch zu kompensieren wusste. Die kiellosen Balsaflöße verfügten über vier Stechschwerter, mit denen sie das Floß je nach Wind und Strömung navigieren und stabilisieren konnten.

Dank dieser genialen Schiffstechnik entwickelten die Küstenbewohner von Salango einen regen Seehandel. Sie transportierten Baumwolle und Süßkartoffeln, Kürbisse und Kokosnüsse sowie Werkzeuge auf gewaltigen Strecken zwischen Atacama im heutigen Peru und dem mexikanischen Acapulco. Und bereits vor der Entdeckung der Goldschmelze hatten sie eigene Währungen: die rote Spondylus-Muschel, edle Perlmuscheln und die Häuser der Strombusschnecken, nach denen sie vor den Küsten Manabís tauchten. Funde in den Anden und entlang der ganzen lateinamerikanischen Westküste bezeugen diesen Handel mit den tropischen Zahlungsmitteln.

Archäologen kommen einem Beleg dafür immer näher, dass die südamerikanischen Seefahrer wie die von Salango sogar Polynesien und die Osterinsel sowie mit hoher Wahrscheinlichkeit auch die Galápagos-Inseln entdeckt haben, lange bevor die Spanier dort strandeten. Denn wie sonst sind Baumwolle und Kokosnuss nach Polynesien gelangt? Woher stammt die verblüffende Ähnlichkeit der Steinfiguren auf der Osterinsel mit den Miniaturen der Valdiviakultur?

Keramiken und Grabbeilagen mit kleinen Modellen von Balsaflößen geben Aufschluss über die Seefahrt und den Handel der Ureinwohner von Salango. Und so präsentiert das kleine Museum des Fischerdörfchens gemessen an der Bescheidenheit seiner Mittel heute eine ausgezeichnete und wunderbar aufbereitete Ausstellung über die Balsas von Salango: »Wir widmen diese kleine Ausstellung der Genialität der alten Händler, Handwerker, Seefahrer, Taucher, Fischer und Priester von Salango.«

dem mittlerweile berühmten Nachbarn aus der Hotelbranche hat **Puerto Rico** eine so ambitionierte wie luftige Bambuskirche gebaut, ein unbedingt sehenswertes Gotteshaus, das nur nach etwas mehr Pflege ruft.

## Übernachten, Essen

**Kleine Cabañas** ▶ **Hostería La Barquita:** Strandlage Puerto Rico, 1 km südlich des Cantaelmar, Tel. 05-234 70 51, 099-369 88 18, www.hosterialabarquita.com. Etwas verspielte Anlage mit einem in den Sand gesetzten Schiffsnachbau als Restaurant und Cocktailbar (Hauptgericht 5–14,50 $). Die *cabañas* sind nett, aber recht klein. EZ/DZ 59/85 $.

**Öko-Hotel** ▶ **Hostería Cantaelmar** (ehemalige Hostería Alándaluz)**:** Ortsausgang vía Ayampe, Tel. 05-234 70 28, 099-495 89 62, in Quito: 02-224 54 32, www.hosteriacantaelmar.com. Die Hostería hat ein architektonisch auf Bambus und weitere Naturmaterialien gestütztes ökologisch orientiertes Konzept. Holistic Health Center mit Yoga, Reiki, Meditation und vegetarischem Essen. Der Strand ist bei starker Brandung nicht ungefährlich. Ein Swimmingpool, ein botanischer Garten mit 60 Palmenarten und das hochgeschossige Bambusrestaurant liegen zwischen den atmosphärisch äußerst gelungenen Zimmern und ihren Terrassen und Balkonen. Zimmer unterschiedlicher Kategorien. EZ/DZ 45–65/60–80 $, Camping 15 $ p. P., jeweils mit Frühstück. Im Restaurant Menü 8 $, Hauptgerichte 11–21 $.

## Vogelschutzgebiet Cantalapiedra

**Cantalapiedra** ist das ökologische Rückgrat der Hostería Cantaelmar: Hier baut das Bambushotel seine organischen Lebensmittel an, und hier lagern große Wasservorräte. In diesem Quellgebiet des Río Ayampe haben zudem zahlreiche Tiere überlebt, so Brüllaffen, Ameisenbären und Pumas. Der geduldige Ornithologe findet in diesem schönen Wildlife Sanctuary zudem über 200 Vogelarten. Der tropische Küstenwald ist Teil der Cordillera Chongón-Colonche und besteht z. T. aus üppigen Bambuswäldern. Aber auch zahlreiche

Palmen und heimische Fruchtpflanzen formen diesen attraktiven Wald am Ufer des Ayampe, auch wenn ein großer Teil sekundärer und kein primärer Wald mehr ist. Besuche sind nur in angemeldeten Gruppen möglich (Kontakt: Hostería Cantaelmar, s. oben).

## Umgebung von Ayampe

Das Spannende an dem Fischerdorf von **Ayampe** (km 682) ist sein Hinterland, denn an den Ufern des hier ins Meer fließenden Río Ayampe findet sich noch immer eine hohe Biodiversität in Flora und Fauna, von der man sich auch selbst ein Bild machen kann. Zudem bieten sich nahe Ayampe sehr schöne Unterkünfte an. Die weitere Strecke führt teilweise durch bergigen und grünen Küstenregenwald.

## Übernachten, Essen

**Luxus über dem Meer** ▶ **Hostería Atamari:** (km 685) 22 km südlich von Puerto López, im Süden von Ayampe, Tel. 099-190 13 00, 09–932 36 013, www.atamariresort.com. Luxuriöses Resort auf einem hohen Felsenkap über der Küste mit Swimmingpool und Panoramarestaurant (öffentlich, Mo–So 7–21 Uhr, Hauptgericht 17 $, Menü 18 $). Die großen, hellen Zimmer der Hostería sind vergleichsweise teuer: EZ/DZ mit Frühstück 122/146 $.

**Freundliches Gästehaus** ▶ **La Tortuga Guest House:** in unmittelbarer Strandlage, gegenüber dem Friedhof, Tel. 05-258 93 63, 099-433 00 52, www.latortuga.com.ec. Familiengeführtes Gästehaus mit hübschen *cabañas* und kleinem Restaurant (öffentlich, 8.30–20 Uhr, Hauptgericht 5–10 $). EZ 30–35 $, DZ 40–50 $.

**… in San José** (km 697):

**Kleines Mittelklassehotel** ▶ **Hostería Cuna Luna:** Südseite des Dorfes am Strand, Tel. 04-278 07 35, 099-961 09 27, www.cunaluna.com. Fein aus Chontillo-Holz gearbeitete *cabañas,* nur 1 m vom Strand, mit Balkon und Hängematten, umgeben von Bougainvilleen, Palmen und grüner Wiese. Das öffentliche Restaurant öffnet täglich von 8 bis 20 Uhr, Hauptgericht 9–14 $. *Cabañas* 60–80 $.

# Südliche Pazifikküste

**Seit Beginn des neuen Jahrtausends entwickelt sich die tropische Metropole Guayaquil unter Rückbesinnung auf ihre Geschichte zu einem schicken und attraktiven Ort. Und je mehr sich die schon heute international gut angebundene Millionenstadt herausputzt, desto schneller werden auch die Halbinsel von Santa Elena und die Strände der Provinz Guayas zu internationalen Adressen, nicht nur für Surfer.**

Der weitere Verlauf der Küstenroute nach Süden zwischen Montañita und Guayaquil ist von nun an in Gegenrichtung, also von Süd nach Nord, beschrieben, weil die meisten Reisenden die Küste der Provinz Guayas von Guayaquil aus besuchen.

 ## Guayaquil
▶ D/E 11

**Cityplan:** S. 300
**Guayaquil** ist heute die mit Abstand größte Stadt des Landes. 2,2 Mio. Menschen bevölkern das Stadtgebiet am Río Guayas und seinen Mangrovenarmen. Im Großraum sind es gar 3 Mio. Menschen, fast jeder vierte Ecuadorianer lebt hier.

Um den Namen der Stadt weben sich zahlreiche Legenden. Die schönste besagt, dass sich der Indianerführer Guayas mit seiner Frau Quil beim Eintreffen der Spanier von den Klippen des Cerro Santa Ana in den Freitod stürzte. Die wissenschaftlich glaubwürdige Version zeigt hingegen, dass der Name der Ureinwohnersprache Tsafiquí entnommen ist. Demnach bedeutet *hua* ›Land‹, *illa* ›fruchtbarer Boden‹ und *kill* ›Reich der Killcakultur‹. *Hua-illa-kill* verschob sich alsbald sprachlich zu Guayaquil.

Doch noch bis weit ins 17. Jh. hinein stand Guayaquil für die ganze Küstenregion. Die heutige Stadt hieß bis dahin Santiago, im Weiteren dann Santiago de Guayaquil und erst mit der Unabhängigkeit im 19. Jh. kurz Guayaquil.

## Geschichte

Die ersten 140 Spanier, die im Gefolge der kolonialen Stadtgründung am 25. Juli 1547 auf dem Hügel Santa Ana am Río Guayas angesiedelt wurden, blieben lange unter sich. Und stieg die Einwohnerzahl in den folgenden Jahrzehnten allmählich an, so raubten immer wieder große Brände die Holzhäuser der sich entwickelnden Stadt und das Leben ihrer Bewohner. 1764 gar drohten gleich zwei Großfeuer die gesamte Stadt auszulöschen. Nachdem *el fuego grande* ein Viertel der Häuser in Asche gelegt hatte, begann der Exodus. 4000 Menschen blieben damals zurück. Piratenüberfälle und Seuchen taten das Ihre dazu, diesen heißen, schwülen Ort nicht zu einem Siedler-Eldorado werden zu lassen. Selbst in den Unabhängigkeitskriegen um 1820 zählte Guayaquil erst 15 000 bis 20 000 Bewohner.

Mitte des 19. Jh., mit dem einsetzenden Kakaoboom, entdeckte der internationale Seehandel den vom zähen Flusslauf geschützten Naturhafen der Stadt. Fortan wuchsen der Handel, der Wohlstand und mit ihm die Bevölkerung. Die Nachfrage nach Kaffee und später nach Bananen forcierten die Entwicklung. Der Konsum der Menschen selbst schuf Nachfrage nach Importen. Spä-

testens mit der Einrichtung der Eisenbahnlinie zwischen Quito und Guayaquil im Jahr
1908 wurde Guayaquil zur Großstadt und
nunmehr zum machtpolitischen Gegenpart
der Hauptstadt in den Anden. Mitte des
20. Jh. lebte eine Viertelmillion Menschen in
den allmählich wuchernden Stadtteilen am
Río Guayas. Und mit dem Aufstieg zum wichtigsten Hafen des Landes begann die Verar-
mung breiter Bevölkerungsteile – ein schwe-
lendes Problem, mit dem die Millionenmetropole bis heute kämpft.

## Orientierung

Die meisten Reisenden spüren die Kraft dieser Widersprüchlichkeit, doch sie sehen und
fühlen sie nur kurz und verschwommen. Zu
schnell taucht der Weltreisende von heute
wieder ein in die Annehmlichkeiten einer
Stadt, die sich seit 1998 herausputzt, als
wolle man sie noch einmal gründen. So zählen das Zentrum der Stadt mit ihrer modernen Uferpromenade Malecón und die von
den letzten Großfeuern verschonten wie
mittlerweile restaurierten Stadtteile Santa
Ana und Las Peñas zum Besten, dem man
städtebaulich an der Küste Ecuadors begegnen kann. Wer am Flughafen oder am benachbarten Busbahnhof ankommt, ist gut beraten, zunächst mit dem Taxi sein Hotel aufzusuchen. Einen Parkplatz gibt es unter dem
Einkaufszentrum des Malecón. Diese Uferpromenade ist das Herz der Stadt. Das überraschende Guayaquil ist heute eine Reise
wert.

Die Straßennamen der Stadt funktionieren
mittlerweile nach zwei Systemen, dem traditionellen wie Av. Boyacá und dem numeri-
schen wie Av. 6 SE. Dabei stehen die Groß-
buchstaben Süden (S), Osten (E), Norden (N)
und Westen (O) für ihre Lage bezogen auf die
zentralen Avenidas Bulevar 9 de Octubre und
Avenida Quito, die ein Kreuz bilden.
**Sicherheitshinweis:** Man bleibe bei
Nacht in den bewachten touristischen Bereichen der Stadt wie dem Malecón sowie den
Vierteln Santa Ana und Las Peñas. Tagsüber
sollte man sich an den empfohlenen Rund-
gängen orientieren.

## Südlicher Malecón

Der **Malecón Simón Bolívar** gilt der Stadtverwaltung als einer der bedeutendsten Meilensteine in der Geschichte Guayaquils. Dieser 2,5 km lange Uferpark will »der Stadt ihre
verlorene Beziehung zum Río Guayas zu-
rückgeben« und damit gar ihre »verlorene historische Identität«. Während die Architekten
einzelne Statuen und Monumente aus der
Zeit der Befreiung von den Spaniern inte-
grierten, formen vier neue und teilweise begehbare Skulpturen das heutige Gesicht des
Guayas-Ufers: Im modernen Gewand sym-
bolisieren sie die vier Elemente Erde, Feuer,
Wasser und Luft.

Dabei steht die aus Eisen und Holz gefer-
tigte Skulptur Erde für die Fruchtbarkeit des
guayaquileñischen Bodens. Abstrakter bleibt
die rot gehaltene Skulptur Feuer, welche –
wenn auch ungewollt, so doch unausweichlich – die dramatischen Feuersbrünste der
Vergangenheit assoziieren lässt. Eo ipso versteht sich am Ufer des Guayas der Quell des
Wassers aus der Holz- und Glasstruktur. Holz
und Segelformen auf schwarzem Marmorsockel im Zeichen der Windrose stehen für den
Hafen und die Schifffahrt.

Eine Begehung des gepflegten, bewachten und von 6 bis 24 Uhr geöffneten Malecón
beginnt im Süden am alten **Fischmarkt.**
Nach dem Großbrand von 1896 entschied
man sich beim Wiederaufbau der Markthalle
für eine große Stahlkonstruktion, die architektonisch zweifelsfrei von dem französischen Ingenieur Gustave Eiffel beeinflusst ist.
Großflächig verglast und lichtdurchflutet fun-
gieren die Hallen heute unter dem Namen
**Palacio de Cristal** **1** als modernes Aus-
stellungszentrum.

Eine sanft geschwungene Brücke führt zu
einem Helden. Umringt von Kanonen thront
**José Joaquín Olmedo** **2** an der gleichnamigen Plaza auf einem großen Marmorsockel. Olmedo war der erste Bürgermeister
der Stadt und Wegbereiter der Revolution
vom 9. Oktober 1820.

Schmuckstück, aber kein Millionengrab
sollte die Promenade werden, weswegen das
folgende **Centro Comercial Malecón** 200

Cerro el Carmen

Flughafen, Busterminal

Flughafen, Busterminal

LAS PEÑAS

Santo Domingo

Calle Julián Coronel

C. José de Antepara

Avenida Machala

Avenida Quito

Estero Salado

C. Vicente Piedrahita

Calle Lorenzo de Garaicoa

Calle Alejo Lascano

Calle Boyacá

Calle Baquerizo Moreno

Calle Juan Montalvo

Calle Loja

Calle Martínez

Calle Mendiburo

Avenida Rocafuerte

C. Imbabura

C. F. de Orellana

Calle Luis Urdaneta

Casa de la Cultura

C. Víctor M. Rendón

Calle Junín

C. General Córdova

C. Panamá

Malecón

Calle Francisco de Paula Icaza

Plaza La Merced

C. Vélez

Avenida 9 de Octubre

C. Vélez

Calle Luque

C. Aguirre y Abad

García Avilés

C. Escobedo

Av. Chimborazo

Plaza Vicente Rocafuerte

Malecón

Calle Luque

Calle Aguirre y Abad

Calle Clemente Ballén

Av. 10 de Agosto

Avenida Sucre

Calle Rumichaca

Av. 10 de Agosto

Avenida Sucre

Avenida Colón

Avenida Alcedo

Avenida Chimborazo

Avenida Chile

Avenida Pedro Carbo

Avenida Pichincha

Avenida Colón

Malecón

Bulevar José Joaquín Olmedo

Av. Joaquín Chiriboga

Capitanía del Puerto

Río Guayas

Calle Francisco Dávila

Calle Ayacucho

C. A. Reina

Einkaufszentrum

Calle Manabí

Parque Olmedo

0        200        400 m

Konzessionen an Gastronomie und Handel vergab. Dabei entstanden auch einige schöne Bars mit Flussblick.

Dahinter liegen am Ufer aufgereiht zunächst das nach dem englischen Seeräuber benannte Vergnügungsschiff **El Morgan 3**, das Klubhaus des privaten **Guayaquil Yacht Club 4** und der Club Naval der Marine mit dem großen **Segelschulschiff Guayas 5**, sofern es nicht gerade auf Fahrt ist.

Auf der Promenade folgt der 23 m hohe Uhrturm **Torre Morisca 6**. Das arabisch-byzantinische Bauwerk von 1931 trägt eine englische Turmuhr, welche der spanische Händler Manuel Antonio Lizárraga dem Rathaus von Guayaquil bereits 1842 schenkte.

# Guayaquil

Unscheinbar, aber original und das authentischste Element der Wiederbelebung der Flussgeschichte sind die **Escalinatas del Mercado de las Orillas** 7 gleich hinter dem Uhrturm, die Granit-Treppenstufen des Ufermarktes aus dem 19. Jh.

## Nördlicher Malecón

Der **Hemiciclo de la Rotonda** 8 ist ein ebenfalls aus den 1930er-Jahren stammendes Monument, welches das bedeutende Treffen von Simón Bolívar und José de San Martín dokumentiert, die 1822 in Guayaquil die Aufteilung des westlichen Südamerikas besiegelten. Das im Halbkreis aufgebaute Säulenmonument trägt die Flaggen der südamerikanischen Staaten.

Die **Plaza de Vagón** 9 ist eine Hommage an die ecuadorianische Eisenbahn, die noch bis vor wenigen Jahren über die Schienen über dem Ufermarkt und bis zum Fischmarkt führe. Damals war die Stadt sogar über eine Eisenbahnfähre mit Durán, dem heutigen Bahnhof, und dem Hinterland auf der anderen Seite des Río Guayas verbunden. Heute steht ein feuerroter alter Waggon der *primera clase* auf den verbliebenen Metern Gleis. Tipp: Im Waggon gibt es kostenloses Internet: Mo–Fr 9–13, 14–18, Sa 11–19 Uhr.

Den folgenden **Jardines del Malecón** 10 hat man mit über 350 einheimischen und eingeführten Pflanzenarten zu einem kleinen tropischen Garten ausgebaut. An einer kleinen Lagune liegt eine schattige Cafetería.

Da die Stadt das 100-Millionen-Dollar-Projekt nicht alleine stemmte, widmete Guayaquil den 48 400 privaten und institutionellen Spendern mit dem **Pabellón de los Donantes** 11 ein transparentes Denkmal aus 32 Glaswänden.

Direkt dahinter entstand 2000 das 185 Zuschauer fassende und erste **IMAX-Kino** 12 Südamerikas. Und spätestens jetzt scheint die einst verlorene Identität Guayaquils zurückerobert zu sein. Denn als habe er erst gestern Guayaquil besucht, schrieb der Brite

## Südliche Pazifikküste

Frederick Walpole schon 1845: »Abends um zehn ist es Mode, spazieren zu gehen und zu flanieren, und der Malecón ist der Treffpunkt der Jugend.«

Hier endet der Malecón nun mit dem **Museum für Moderne Kunst** (MAAC; im selben Gebäude wie IMAX). Das moderne Gebäude scheint förmlich über dem Wasser des Río Guayas zu schweben. Die große und beeindruckende anthropologische und archäologische Sammlung verfügt über exzellente Figuren und Gefäße. Zudem finden wechselnde Ausstellungen zeitgenössischer Kunst statt, und das Museum hat sich der Förderung junger lokaler Künstler verschrieben. Hörenswert sind auch die Konzerte im Innenhof (Museo de Antropología y Arte Contemporáneo, Malecón Simón Bolívar y Loja/Las Peñas, Tel. 04-230 94 00, www.portalcultural.gob.ec, Di–Fr 9.30–17 Uhr).

### Las Peñas und Santa Ana

Das Ufer geht hier über in eine der ältesten und schönsten Straßen Guayaquils, die **Calle Numa Pompilio Llona** 13. Sie ist benannt nach einem verehrten Sohn der Stadt, dem Dichter und Philosophen Numa Pompilio Llona (1832–1907) und bildet heute die Lebensader des **Künstlerviertels Las Peñas.** Die Fassaden und Balkone der Holzhäuser, deren älteste ebenfalls nach dem Großbrand im ausklingenden 19. Jh. entstanden, werden seit einiger Zeit aufwendig restauriert und beherbergen einige sehenswerte Galerien und Ateliers. Ende Juli, zum Stadtfest, findet in diesem romantischen Stadtteil der alten guayaquileñischen Bohème gleichzeitig ein großer Kunstmarkt statt. Geht man die Uferstraße weiter, gelangt man kurz darauf zu den neuen Hotel- und Geschäftshäusern am hier entstehenden Jachthafen Puerto Santa Ana.

Wenn man das Ufer verlässt, führt eine Treppengasse hoch in das bunt bemalte Stadtviertel von **Santa Ana** 14, das in den vergangenen Jahren neue Fassaden, freundliche Wächter und dank der engagierten Anwohner viele kleine Bars, Cafés und Galerien gewonnen hat. Die lange Treppe führt durch die Gassen hinauf zu einem rekonstruierten

Leuchtturm 15 und einer Kapelle, wo man einen prächtigen Blick über den Río Guayas und große Teile der Stadt Guayaquil genießt.

### Entlang der Avenida 9 de Octubre

Der Rundgang durch die Innenstadt: Von dem Bolívar-Monument La Rotonda führt die **Avenida 9 de Octubre** als wichtigste Verkehrsachse des Stadtzentrums vom Río Guayas weg. Alsbald lichtet sich die Straßenschlucht an der **Plaza San Francisco** 16 vor der gleichnamigen Kirche und überragt von dem **Monumento Vicente Rocafuerte,** dem gebürtigen Guayaquileño und zweiten Staatspräsidenten Ecuadors (1834–1839).

Die breite Geschäftsstraße zieht sich nun sieben Blocks weiter bis zur **Plaza del Centenario** 17, der größten Grünanlage innerhalb des Zentrums. Den Anfang des 20. Jh. gestalteten Park prägen große Bäume, etliche Skulpturen und historische Monumente. Am Wochenende beschleicht einen leicht das Gefühl, dass die Guayaquileños hier Urlaub in der Stadt verbringen. Die Avenida 9 de Octubre führt in Taxientfernung weiter bis zum **Estero Salado,** wo ein weiteres Naherholungsgebiet samt Promenade am Mangrovenufer entstanden ist.

### Parque de las Iguanas

Doch die achitektonischen Sehenswürdigkeiten des Stadtzentrums liegen in den Parallelstraßen zum Malecón. Zwei Blocks westlich der Rocafuerte-Statue führt die Calle Chimborazo zu einem wunderschönen kleinen Park, dessen historische Namen viel von der Geschichte der Stadt erzählen: Schon 1695 wurde der Platz am Fuß der Hauptkirche Guayaquils, **La Catedral** 18, als Plaza de Armas, Waffenplatz, eingeweiht. Die später sternförmig angeordneten Steinarbeiten des Platzes führten um 1850 zur Umbenennung in Parque de la Estrella. Mit dem Errichten der Reiterstatue von Simón Bolívar (1889) erhielt der Platz den Namen Plaza Bolívar. Damit nicht genug: Nachdem sich ein wohlhabender Guayaquileño um die Parkgestaltung verdient gemacht hatte, wurde er bereits 1895

**Der Leuchtturm von Guayaquil weist den Weg zum Altstadthügel von Las Peñas**

zu Ehren Don Miguels in Parque Seminario umbenannt.

Im Nachmittagsschatten der neugotischen Spitztürme hätte er heute genauso gut auch ›Platz der Kathedrale‹ heißen können. Doch die Ureinwohner des begehrten Ruheplatzes setzten sich schließlich durch, und die sind klein und grün, haben einen gezackten Rückenkamm, einen kräftigen Schwanz und lange Krallen, mit denen sie vormittags zur Fütterung von ihren Bäumen klettern. So heißt der Park heute **Parque de las Iguanas** 19, Platz der Leguane.

## Verwaltungspaläste und Alte Universität

Die verkehrsberuhigte Straße Clemente Ballén führt zurück Richtung Malecón, wo sie auf die franko-romanisch anmutenden Säulen des tatsächlich neoklassizistischen **Palacio Municipal** 20 aus den 1920er-Jahren trifft.

Wie aus dem gleichen Guss entstanden steht gleich neben dem Stadtpalast der **Palacio de la Gobernación** 21, Sitz der Polizei und der in Quito gefürchteten Provinzregierung von Guayas. Nahe dem lauschigen Springbrunnen steht eines der zahlreichen Monumente zu Ehren von **José Joaquín de Olmedo.** Dieser verdiente Bürger von Guayaquil arbeitete in den 1820er-Jahren u. a. die Verfassung der Stadt aus.

Gleich um die Ecke, in der Calle Sucre y Chile/Pedro Carbo, liegt das **Museo Municipal** 22. Neben kleinen Ausstellungen religiöser Kunst, Münzen und wechselnder Künstler ist insbesondere die ständige Ausstellung zur Stadtgeschichte im Erdgeschoss sehenswert. Exponate, Karten und Zeichnungen dokumentieren die jahrtausendelange Stadtgeschichte bis in die Gegenwart. Darunter auch die im 18. Jh. ›längste Brücke der Welt‹, die das einstige Sumpfgebiet hin-

## Tipp: Feuerwehrmuseum von Guayaquil

Guayaquil war traditionell und tragischerweise aus Holz gebaut. Der große Brand vom 5. bis 7. Oktober 1896 nahm der Stadt ein Drittel, der Brand von Carmen am 16. Juli 1902 gar die Hälfte der Bausubstanz und kostete viele Menschenleben.

Das beeindruckende und einzigartige **Nationale Feuerwehrmuseum** 24 hinter dem Polizeiposten von Las Peñas stellt u. a. etliche hervorragend erhaltene Löschfahrzeuge des 19. und 20. Jh. aus, darunter die Salamandra No. 2 von 1856, eine Mannschaftshandpumpe, an der die »heldenhaften Feuerwehrleute« auf den Befehl »Pica Salamandra!« um ihr Leben schwitzten. Die erste Lösch-Dampfmaschine, Olmedo No. 7, wurde ab 1885 von einem Pferdegespann zum Brand gezogen. Im Museumshaus, dem ehemaligen Pumpwerk der Feuerwehr, liegen noch immer die deutschen, mit Brennholz betriebenen Dampfmaschinen, die ab 1905 das Flusswasser in höher gelegene Speicher pumpten. Lange Leitern, historische Helme, Sprechtüten, die erste Alarmzentrale der Siemens-Halske AG von 1940 und Ehrentafeln runden die Ausstellung ab. Eine Galerie von Titelseiten der internationalen Tagespresse vom 12. September 2001 zeigt die Solidarität mit der New Yorker Feuerwehr bei ihrem schwersten Einsatz. Das wenig bekannte und außergewöhnliche Feuerwehrmuseum von Guayaquil gehört zu den größten Überraschungen der Stadt, ist ein Spiegelbild der Stadtgeschichte und dürfte in Lateinamerika einzigartig sein. Namentlich hat man das Museum später einem der löschenden Helden gewidmet: **Museo Nacional de Bomberos Coronel Felix Luque Plata** (Calle Cornelio Escipión Vernaza y Malecón Simón Bolívar, frente Univ. Politécnica), Tel. 04-230 85 65, www.bomberosguayaquil.gob.ec, Di–Sa 10–17, So 10.30–17.30 Uhr, 0,75 $).

ter dem Fluss überquerte (Di–Sa 9–17 Uhr, Eintritt frei, englischsprachige Führung auf Anfrage).

### Alte Universität 23

In der Alten Universität von Guayaquil befindet sich ein außergewöhnlicher Hörsaal. Das in feinem Zedernholz gearbeitete Auditorium der 1906 in Betrieb genommenen **Vieja Casona Universitaria** wird dominiert von einem phänomenalen Wandgemälde des ecuadorianischen Malers Oswaldo Guayasamín. »A la Gloria de Bolívar«, »Dem Ruhm Bolívars«, lautet der Name des 1961 entstandenen Werkes. Das neoklassizistische Hochschulgebäude fungiert heute als Bibliothek und Musikschule (Calle Chile y Calle Chimborazo, Mo–Sa 9–18 Uhr, Eintritt frei).

### Cementerio General 25

Der 1843 eröffnete Zentralfriedhof berherbergt tragischerweise die ältesten Gebäude der Stadt, denn nicht nur Grabsteine bedecken die Gruften, sondern aufwendige Mausoleen, Kapellen und Marmormonumente formen eine riesige Stadt der Toten, die auch die ›weiße Stadt‹ genannt wird.

Mit der Vielzahl unterschiedlicher Stilrichtungen und Begräbniskulturen, die hier im Lauf der Dekaden eingeflossen sind, zählt der Generalfriedhof von Guayaquil architektonisch zu den außergewöhnlichsten und schönsten von Amerika. Er ist heute nationales Kulturgut.

Dabei wurde der **Cementerio General** einst von den europäischen Siedlern gegründet und bis weit ins 19. Jh. hinein allein von ihnen genutzt. Denn die Guayaquileños pflegten ihre Verbliebenen auf der nahen Isla Puná zu bestatten. Katholiken, Protestanten und Juden konnten nicht ohne Weiteres den gleichen Friedhof belegen, sodass im Lauf der Zeit fünf Bereiche der Gräberstadt und ihre *avenidas* entstanden. Einschließlich kleiner Urnengrabkammern zählt der Friedhof von Guayaquil bereits über 700 000 Bauten. (Av. Julián Coronel y Av. Pedro Menéndez Gilbert, Tel 04-229-38 49, 04-239-41 65, tgl.

8.30–17 Uhr). Eine Führung, auch wegen der Taschendiebe, sei empfohlen.

## Parque Histórico Guayaquil 26

Der von der Banco Central entwickelte Geschichtspark versteht sich als ein ›Lebensstilmuseum‹ zur Pflege von Tradition in Stadt und Umland. Herzstück ist der sogenannte **Malecón 1900,** ein komplett restaurierter Straßenzug der vorletzten Jahrhundertwende. Die wunderschön wieder aufgebauten Uferhäuser dokumentieren die Verandagänge der traditionellen *portales* und im ersten Stock die hölzernen Lamellenfenster, die *chasas.* Stilecht wartet vor den Häusern und dem Café die alte Schienenbahn auf das Gespann. Regelmäßig sonntags gibt es Veranstaltungen im Park.

In weiteren Abteilungen des Themenparks sind ein im Mangroven gelegener **Zoo** mit verschiedenen Küstentieren und daneben ein heimischer **Kräuter- und Früchtegarten** zu sehen. Star des Zoos ist ein Greifvogelpärchen der südamerikanischen Harpyie. Außerdem wird man auf einem Rundgang mit der traditionellen Landwirtschaft vertraut gemacht (Samborondón, Av. Esmeraldas, neben der Ciudadela Entreríos, nahe dem Centro Comercial Ríocentro, Tel. 04-283 29 58, 04 283 53 56, www.parquehistorico.gob.ec, Mi–So 9–16.30 Uhr, Eintritt frei, So 4,50 $, Taxifahrt zum Park 4–5 $, Rückfahrt per Telefon oder nach Absprache bestellen).

## Infos

**Dirección de Turismo:** Calle Clemente Ballén y Pichincha, Plaza Cívica, Ed. Crillón, 1. Etage, Tel. 04-259 48 00, ext. 3479, www.portalcultural.gob.ec, Mo–Fr 8.30–17 Uhr. Allgemeine Informationen, Adressen, Stadtpläne.

**www.visitaguayaquil.com:** Offizielle Besucherseite der Stadt Guayaquil mit zahlreichen Adressen und Tipps sowie City-Routenbeschreibungen auf Spanisch und Englisch.

**Agenda Cultural Municipal:** Monatlich erscheinender Kulturfahrplan der Stadt, zu beziehen über das Municipio oder telefonisch zu bestellen unter Tel. 04-2524200, ext. 7402.

## Übernachten

Geschäftsreisende und Liebhaber US-amerikanischer Luxushotels finden in Guayaquil eine üppige Auswahl von Schlafstätten der weltweit bekannten Hotelketten wie Hilton (www.hilton.com), Radisson (www.radisson.com) und Sheraton (www.ghlhoteles.com). Tipp: Eine Buchung dieser Hotels ist über Reiseagenturen fast immer günstiger als an der Rezeption. Gleichzeitig findet sich eine Unmenge von Billig- und Stundenhotels in der Stadt, die dem Reisenden jedoch nicht zu empfehlen sind. Im moderaten bis mittleren Preissegment ist das Angebot hingegen mager, doch gibt es ein paar gute Ausnahmen.

**Hotel im Park ▸ Unipark Hotel 1** : Calle Clemente Ballén 406 y Chile, Tel. 04-232 71 00, www.uniparkhotel.com. Zentrales Stadthotel der gehobenen Klasse direkt am Parque de las Iguanas mit großer Lounge und einem sehr guten Frühstücksbüfett. Große, gut ausgestattete Zimmer, teilweise zum Park. EZ/DZ mit Frühstück 158/170 $.

**Großes Traditionshotel ▸ Grand Hotel Guayaquil 2** : Calle Boyacá 1615 y 10 de Agosto, Tel. 04-232 96 90, www.grandhotelguayaquil.com. Traditionshotel und ehemaliges Priesterseminar des Bistums im Zentrum mit großen, komfortablen Zimmern, Swimmingpool und gutem Restaurant. EZ/DZ 145/157 $ mit Frühstücksbüfett.

**Bed & Breakfast am Fluss ▸ Hotel Mansión del Río 3** : Numa Pompilio Llona 120, Barrio Las Peñas, Tel. 04-256 60 44, 04-230 35 76, www.mansiondelrio-ec.com. Der britische Industrielle George Alexander Ashton ließ dieses schöne Stadthaus um 1925 erbauen. Heute erstrahlt die einstige Villa San Antonio wieder im alten Glanz, ein stilvolles Boutiquehotel, geziert von europäischen Antiquitäten und Kronleuchtern. 11 Zimmer mit modernen Bädern, AC, TV, großen Betten und Flussblick. Eine verspielt gestaltete Halle, ein luftiger Patio und eine tolle Panoramaterrasse. EZ/DZ mit Frühstück und Flughafentransfer 134/152 $. Restaurantservice *on demand*.

**Modern und preiswert ▸ Hotel Alexander 4** : Calle Luque 1107 y Pedro Moncayo/Av.

## Südliche Pazifikküste

Quito, Tel. 04-253 20 00, 04-253 26 51, www.hotelalexanderecuador.com. Zentrales, modernes 5-stöckiges Hotel mit Fahrstuhl, Internetzugang und Parkplatz; gefällige, saubere Zimmer mit AC, Telefon und Kabel-TV, gutes Preis-Leistungs-Verhältnis. Die Umgebung ist abends etwas verlassen, daher heim im Taxi! EZ/DZ 42/52 $.

**Nüchtern und sauber** ▶ **Hotel Atlantic Suites** [5]: Calle Escobedo 812 y Junín, Tel. 04-256 80 55, www.atlanticsuiteshotel.com. Großer Name, kleine Rezeption. Einfaches Hotel mit kleinem Restaurant. Schlichte Zimmer mit Telefon, Klimaanlage, Warmwasser, Minibar. EZ/DZ 28/40 $.

**Einfach und freundlich** ▶ **Hotel Andaluz** [6]: Calle Junín 840 y Baquerizo Moreno, Tel. 04-230 57 96, hotel_andaluz@yahoo.com. Nettes Hotel mit Aufenthaltsraum, vielen Pflanzen, einigen Antiquitäten und einer Terrasse mit Hängematten. Die Zimmer sind sehr sauber und freundlich, Telefon, Kabel-TV, Klimaanlage und Warmwasser. EZ/DZ 25/40 $ inkl. Parkplatz.

**… in Ciudadela Bolivariana:**
**Gartenpension** ▶ **Tangara Guest House** [7]: Calle Manuela Sáenz y O'Leary, Manzana F, Villa 1, nahe dem Malecón Salado, etwa 15 Taximin. vom Malecón Bolívar, Tel. 04-228 28 28, www.tangara-ecuador.com. Freundliches Gästehaus nahe dem Malecón del Salado mit vielen Pflanzen und gemütlicher Einrichtung und Küche, Zimmer mit Kabel-TV und AC. Angegliedert ist die erfahrene Reiseagentur Tangara. Kostenloser Transfer ins Guesthouse. EZ/DZ 45/56 $ mit Frühstück.

**… in Ciudadela La Cogra:**
**Exponiertes Gästehaus** ▶ **Hostal Iguanazú** [8]: Manzana 1, Villa 2, km 3,5, Av. Carlos Julio Arosemena, Tel. 04-220 11 43, 099-986 79 68, www.iguanazu.com. Guayaquils schönstes Gästehaus liegt oberhalb der Stadt und direkt unter dem Naturwald des Cerro Eduardo. Der grüne Garten, die Vögel, ein Swimmingpool und Hängematten machen das Hostal zu einem unerwarteten Idyll, zudem komfortabel mit Internet, Küche, Kabel-TV und großen Zimmern. Taxi zum Zentrum 4 $, zum Flughafen 8–10 $. Suite 85 $,

EZ/DZ 55/65 $, im Schlafsaal 16,50 $, jeweils mit Frühstück.

## Essen & Trinken
**Berühmtes Grillrestaurant** ▶ **La Parrilla del Ñato** [1]: Calle Luque y Pichincha (Ecke), Tel. 04-232 16 59, tgl 12–22 Uhr. Der in der Welt der Gauchos von Uruguay geborene Eduardo García Vergara ist seit bald 30 Jahren der unumstrittene Grillkönig von Ecuador mit nunmehr 5 großen Fleischrestaurants in Guayaquil und ersten Eroberungsversuchen im Hochland. Hauptgericht ab 12 $.

**Beste Flusslage** ▶ **Restaurante Resaca** [2]: Malecón Simón Bolívar y Junín, Tel. 099-942 33 90, tgl. 12–24 Uhr. Schöne Terrasse am Flussufer, Spezialität Meeresfrüchte und Hähnchensnacks, gelegentlich Livemusik. Hauptgericht 12 $, Mo–Do All you can eat 16 $.

**Historisches Ambiente** ▶ **Restaurante Lo Nuestro** [3]: Av. Víctor E. Estrada 903 e Higueras, Tel. Tel. 04-238 63 98 , 288 21 68, www.lonuestro.com.ec, Mo–Do 12–23, Fr–So 12–23.30 Uhr, Hauptgericht ab 10 $, Fr–So nachmittags Livemusik. Sehr gute ecuadorianische Küche im Ambiente zahlreicher historischer Fotografien von Guayaquil und von dem berühmten Sänger Julio Jaramillo sowie historische Zeitungsausschnitte von »El Telégrafo«. Hauptgericht 11–23 $.

**›Kochbananen-Restaurant‹** ▶ **El Patacón** [5]: s. S. 307.

**Meeresfrüchte und Steakhouse** ▶ **El Caracol Azul** [4]: Av. 9 de Octubre 1918 y Los Ríos, Tel. 04-226 04 61, 228 03 61, www.elcaracolazul.ec, tgl. 12–16, 18–23 Uhr. Gepflegtes Traditionshaus mit sehr guter ecuadorianischer Küche und gutem Service. Einfache Hauptgerichte 7 $.

**Am Ufer** ▶ **Restaurante & Café Santay** [5]: Malecón Simón Bolívar y Colón, Tel. 04-251 22 56, 04-251 12 82, tgl. 11–23 Uhr. Spezialitäten von der Costa und aus der spanischen Küche auf der schönen Uferterrasse des Centro Comercial Malecón. Hauptgericht 5–8 $.

**Schattiger Rastplatz** ▶ **Aroma Café** [6]: Malecón Simón Bolívar y Tomás Martínez 8, aromacafe@interactive.net.ec. Charmantes Gartenrestaurant an der kleinen Lagune des botanischen Gartens (s. S, 299), ruhig und entspannend. Hauptgericht 5–8 $.

## Einkaufen

**Zigarren** ▶ Die kleine Manufaktur **La Clemencia** **1** produziert in Guayaquil handgerollte Zigarren verschiedener Formate und von guter Qualität. Besitzer und Zigarrenliebhaber Eduardo Jurado ist gleichzeitig Kneipier in der Bar – nomen est omen – Diva Nicotina (s. u.), wo er die Hausmarke direkt vertreibt und wohin in Bälde auch die Fertigung verlagert werden soll.

## Abends & Nachts

**Gemütliche Musikbar** ▶ **La Paleta** **1** : Barrio Las Peñas, Calle Numa Pompilio Llona 174, Tel. 099-909 12 95, 04-604 50 99, lapaleta@gmail.com, Mi–Sa 20–3 Uhr, Mindestverzehr 10 $, Fr, Sa 15 $. Urige, verspielt dekorierte und in die Felsen gebaute Szenebar auf zwei Etagen mit guter Musik, Kerzenlicht und kleiner Tapaskarte.

**Konzertkneipe** ▶ **Diva Nicotina** **2** : Cerro Santa Ana, Escalón 10, am Treppenaufgang unten rechts, Tel. 099-909 92 08, 04-230 90 40, lilianrendon@hotmail.com, Mo–Sa 18–2 Uhr. Nette Musikkneipe, am Wochenende regelmäßig Livemusik (Eintritt 5–7 $), vor allem Rock, Blues sowie mittwochs Modern Jazz. Aus der Küche gibt es Snacks und Hamburger. Eintritt frei.

**Direkt am Wasser** ▶ **Artur's Café** **3** : Barrio Las Peñas, Calle Numa Pompilio Llona 127 y Antigua Cervecería, Tel. 04-231 22 30, 04-256 10 17, arturs-cafe@hotmail.com, So–Do 18–24, Fr, Sa 18–2 Uhr. Auch bei Einheimischen beliebte offene Musik- und Cocktailkneipe, exponiert am unteren Ufer des Río Guayas gelegen. Einfache Küche, Snacks (Hauptgericht 10 $).

**Romantischer Low-Budget-Tipp** ▶ **Bar Café El Faro de Santa Ana** **4** : Cerro Santa Ana, Escalón 356, Mo–Do 14–ca. 22, Fr, Sa 14–2, So 10–16 Uhr. Einfache und preiswerte Cafetería mit schönem Blick über den Río Guayas, ein ›Budgettraum‹ für den schlichten

Sundowner nach 356 Treppenstufen. Einfache Küche (Hauptgericht 2,50 $).

**Bierkneipe** ▶ **El Patacón** **5** : Stadtteil Urdesa, Av. Las Monjas 308 y Cuarta, Tel. 04-288 05 66, jcassis6@hotmail.com, Mo–Mi 17–1, Do 17–3, Fr, Sa 17–4 Uhr. Über dem empfehlenswerten ›Kochbananen‹-Restaurant (tgl. 8–22 Uhr, Hauptgericht 8–14 $) liegt die luftige Musikbar mit den bei den jungen Guayaquileños beliebten Tischzapfsäulen. Do, Fr und Sa Livemusik, der Eintritt ist frei.

**Partyschiff** ▶ **Buque El Morgan** **6** : Av. Malecon 2000 y Calle Sucre, Tel. 099-108 61 72, 04-251 72 28, elbarcomorgan@hotmail.com. Das Ausflugsschiff startet wochentags um 16, am Wochenende um 12.30 Uhr, Fahrpreis 1-stündige Fahrt 7 $, Partyabende 15 $, Do 7 $.

**Open-Air-Galerie** ▶ **Las Pinturas** **7** : Am kühlen Abend lohnt ein Besuch der groß dimensionierten Kunstwerke ecuadorianischer Maler. Reproduktionen der Arbeiten hängen hier, an der Kreuzung Calle Pichincha und Calle Pedro Icaza, gut ausgeleuchtet im Freien.

## Aktiv

**Exkursionen** ▶ In Guayaquil und Umgebung gibt es mittlerweile zahlreiche Ziele für Exkursionen zu Geschichte, Tradition und Natur. Die interessantesten, hier größtenteils beschriebenen Ziele sind: der Küstenwald von **Cerro Blanco,** die Vogelinsel **Isla de los Pájaros,** das Mangrovenreservat von **Churute,** der zoologische und historische **Parque Histórico de Guayaquil, Haciendas** im Umland sowie mehrere Routen innerhalb der Stadt etwa durch **Museen, Stadtgeschichte** und über den alten **Friedhof.** Einiges kann man bequem alleine mit diesem Buch unternehmen, für andere Exkursionen außerhalb der Stadt bieten sich verschiedene Agenturen mit einem Tagesprogramm an. Die Standardausflüge haben alle Agenturen im Programm. Tagestouren kosten etwa 60–80 $ pro Person.

**Spezialist für Küstentouren** ▶ **Expedisa Travel** **1** : Calle Escobedo 835 y Junín, Tel. 04-600 26 36, 099-177 56 88, www.expe

## Südliche Pazifikküste

disa.travel, Mo–Fr 9–17 Uhr. Engagierte deutschsprachige Agentur, spezialisiert auf Küstenprogramme – Mangroven und Delfine, Panamahut, Wale, Guayaquil u. a. m.

**Stadtführungen** ▶ Die englischsprachige Historikerin **Pilar Luzuriaga** ist eine der besten Stadtführerinnen von Guayaquil und schneidet das Tourenprogramm auf die Ansprüche, auf Zeit und Interessen der internationalen Gäste zu. Kontakt: Tel. 099-722 64 31, plm29@hotmail.com.

**Stadtrundfahrten** ▶ **Guayaquil Visión** [2]: Büro Av. de las Américas 406, Centro de Convenciones, Tel. 04-228 07 32, 04-230 07 44, 098-906 40 33, www.guayaquilvision. com. Rundfahrten im luftigen Doppeldecker-bus, u. a. über Parque Histórico, Santa Ana und Parque Olmedo. Die genaue Route, der Fahrplan und die Preise sind im Internet nachzulesen.

**Gleitschirmfliegen** ▶ **Latitud 0** [3]: Tel. 099-741 45 51, flyguayaquil@samerica.com. Die Paragliding-Schule fliegt bei Guayaquil und Montañita, auch Tandemflüge und zur Ausbildung.

### Termine

**Stadtfest:** Jeweils um den 24. Juli herum begeht Guayaquil seinen Stadtgründungstag mit vielen Veranstaltungen und Paraden. Gleichzeitig veranstaltet das Künstlerviertel Las Peñas in seinen Straßen mehrwöchige **Ausstellungen von Malerei.**

**Konzertreihe:** Etwa 2–3 x im Monat veranstaltet das Museo Municipal in seinem 200 Gäste fassenden *auditorio* klassische Konzerte oder auch Jazz und Tanz. Häufiger spielen das Kammer-, das Jugend- und das Sinfonieorchester der Stadt. Eintritt frei.

### Verkehr

**Bahn:** Die Ferrocarriles del Ecuador verlassen Guayaquil über den vorgelagerten Bahnhof von Durán am Ostufer des Río Guayas. Zur Zeit 8 x wöchentlich geht es von dort auf dem ›Reispfad‹, dem Sendero de Arrozales, in das fruchtbare Hinterland bis nach Yaguachi (Distanz 22 km). Abfahrt in Durán Do–So 9 und 13 Uhr, hin 7 $, hin und zurück 10 $, Tel.

1800-87 36 37, 04-280 80 64, www.ferrocarrilesdelecuador.gob.ec.

**Bus:** Vom Busterminal im Stadtteil Sauces neben dem Flughafen (Av. Benjamín Rosales y Av. de las Américas) fahren mit hoher Frequenz Busse in fast alle Landesteile (Alle Buslinien mit ihren Reisezielen und Kontaktdaten unter www.terminalterrestreguayaquil.com). Aus Sicherheitsgründen sollte man im innerstädtischen Verkehr statt auf Busse besser auf Taxis amigos (s. u.) zurückgreifen.

**Flug:** Der internationale Flughafen von Guayaquil ist sehr gut gegliedert und verfügt über die wesentliche Infrastruktur eines modernen Airports. Direkt angeflogen werden national Quito, Cuenca, Baltra und San Cristóbal, international Madrid, New York, Miami, Atlanta und viele Metropolen Lateinamerikas. Die Airportseite www.tagsa.aero informiert über den Flughafen, über die täglichen Flugverbindungen und Kontakte zu allen Airlinebüros in Guayaquil.

**Taxis:** Aus Sicherheitsgründen empfiehlt es sich, auf innerstädtische Busse zugunsten von Taxis zu verzichten. Eine Taxifahrt in Guayaquil kostet je nach Entfernung im Stadtgebiet 2 bis 5 $, der Preis sollte aber vor jeder Fahrt abgesprochen werden. Sicheren Taxiservice bieten die **Taxis amigos,** über eine Zentrale registrierte und neutral aussehende Fahrzeuge. Bei der telefonischen Reservierung erhält man einen *código,* den Namen des Fahrers und die Farbe des Autos, um sicher einzusteigen. **Amigo-Taxiunternehmen:** Ruedacar 04-264 64 64, Vipcar 04-239 30 00, Autocity 04-227 03 28.

# Reserva Ecológica Manglares Churute ▶ D/E 12

Südlich von Guayaquil (50 km) lohnt die **Reserva Ecológica Manglares Churute** einen Abstecher. Das 1979 eingerichtete ökologische Reservat umfasst 30 ha gut erhaltenen Mangrovenwaldes sowie weitere 25 ha tropischen Trocken- und Feuchtwald. In oberen Regionen des bewaldeten Hügels steht sogar noch Primärwald. Zu den auffälligsten

Bäumen zählen hier der kräftige ›Knoblauch-baum‹ und die großen, geraden Königspalmen. Doch auch Affen und Vögel sind keine Seltenheit. Auf der Kanufahrt durch die Wasseradern der Mangrovenwälder lassen sich alle vier vertretenen Mangrovenarten sowie zahlreiche Ufer- und Watvögel entdecken.

### Aktiv

**Mangroventour** ▶ Diese Tour bucht man am besten über eine Agentur. Die **Agencia Tangara** (s. Tangara Guest House, S. 306) bietet ein interessantes Tagesprogramm mit Reservat- und Fincabesuch samt Transport ab Guayaquil und Naturführer für 65 $ p. P.

# Bananenprovinz El Oro

## El Guabo ▶ E 14

Das kleine Städtchen im Nordosten der Provinzmetropole Machala ist das Zentrum des Fairtrade-Bananenanbaus. Seit 1998 produziert der ›Verband der kleinen Bananenproduzenten El Guabo‹ für den fairen Handel in Europa, besonders für den schweizerischen Markt. Die rund 400 organisierten Kleinbauern exportieren direkt und bilden die weltweit erfolgreichste und größte Vereinigung im Handel mit Fairtrade-Bananen. Die Asociación hat mit ihrer spannenden **Bananatour** sogar ein eigenes Tourismusprogramm aufgelegt und führt mehrtägig durch Bananenanbau, Hafenanlagen und zu den schönsten Plätzen der Region, u. a. in den versteinerten Wald von Puyango (s. S. 263).

### Aktiv

**Exkursion zu Bananenproduzenten** ▶ **Asociación de Pequeños Productores Bananeros El Guabo:** Gran Colombia 2321 y Av. Del Ejército, El Guabo, Tel. 07-295 22 47, 07-295 00 88, www.asoguabo.com.ec. Kontakt **Bananatour:** Tel. 099-432 77 40, mvalle427@hotmail.com.

## Machala ▶ D 14

Der Drehpunkt des ecuadorianischen Bananenexports ist im Grunde keine Reise wert.

Recht lauschig ist die Hafenmeile. Ansonsten hat die nüchterne, 150 000 Einwohner zählende Provinzhauptstadt von El Oro vor allem als Verkehrsknotenpunkt und Handelszentrum der Region strategische Bedeutung. Machala ist zudem ein guter Ausgangspunkt für die Ausflüge in den versteinerten Wald von Puyango (s. S. 263).

## Übernachten

**Luxushotel** ▶ **Hotel Oro Verde:** Circunvalación Norte y Calle vehicular, Tel. 07-293 31 40, www.oroverdemachala.com. Großzügige Zimmer, Swimmingpool, Fitnessraum, Tennis- und Squashplatz, in einem schattigen Palmengarten am Stadtrand gelegen. EZ/DZ mit Frühstück 157/183 $. ›Tarifas Corporativas‹ für Geschäftsreisende und Wochenend-Specials sind deutlich günstiger.

**Gepflegt** ▶ **Hotel Bolívar:** Calle Bolívar y Colón, Tel. 07-293 07 27. Einfaches Innenstadthotel mit TV, AC, Safe, kostenlosem Internetzugang und Restaurant (tgl. 7.30–15 Uhr). EZ/DZ mit Frühstück 21/33 $.

**Familiär** ▶ **Hostal Mercy:** Calle Junín 915 y Olmedo/Sucre, Tel. 07-292 01 16, laudelocc @hotmail.com. Einfaches Hostal, Wäscheservice, Garage. Zimmer mit AC 13,44 $, mit Ventilator 11 $ p. P.

## Essen & Trinken

**Gutes Grillrestaurant** ▶ **Restaurant Mesón Hispano:** Av. Las Palmeras y Sucre, Tel. 07-296 78 30, www.mesonhispanoecuador. com, Mo–Do 11– 24, Fr, Sa 11–1, So 11–3 Uhr. Sehr gutes Grill- und Fischrestaurant. Hauptgerichte 8–12 $.

## Verkehr

**Bus:** Häufige Verbindungen nach Guayaquil, einige nach Quito und in den Osten nach Zaruma und Loja. CIFA fährt täglich über den Grenzort Huaquillas nach Peru: Abfahrt nach Tumbes 8.20, 10.20, 14, 17 und 19 Uhr; nach Piura 11 und 22.45 Uhr. Machala ist ein guter Startpunkt für Besuche des versteinerten Waldes von Puyango (s. S. 263).

**Taxi:** Bequem, sicher und schnell sind die regelmäßig nach Guayaquil fahrenden Groß-

**Ausgedehnte Mangrovenwälder säumen die Pazifikküste südlich von Guayaquil**

raum-Sammeltaxis von Turismo Guayas, Calle Guayas y Pichincha, Tel. 07-293 43 82.

## Puerto Bolívar ▶ D 14

Die etwas verkommene Uferpromenade neben dem Bananenhafen – der nach Guayaquil bedeutendste des Landes – entfaltet abends vor der erleuchteten Frachterkulisse ihren Reiz und wird am Wochenende zur großen Flanier- und Ausgehmeile. Tagsüber fahren Ausflugsboote vom Ende der Promenade – *muelle de cabotaje* – zur vorgelagerten Insel **Jambelí.** In Puerto Bolívar speist man luftiger und romantischer als in der Provinzhauptstadt selbst. Ein Taxi von Machala nach Puerto Bolívar kostet etwa 4 $.

### Huaquillas ▶ C 15

Das betriebsame Grenzstädtchen ist der bedeutendste Grenzübergang nach Peru, eine Brücke über den Zarumilla-Fluss verbindet es mit dem peruanischen **Aguas Verdes.** 3 km weiter trifft man zunächst auf den Ort **Zarumilla** und im weiteren als erste peruanische Stadt auf **Tumbes.** Huaquillas lohnt ansonsten keinen Besuch.

### Verkehr

**Internationaler Bus:** Einfacher und schneller ist der Grenzübertritt nach Peru, wenn man mit einer internationalen Buslinie fährt, entweder mit CIFA auf der Route Guayaquil–Machala–Huaquillas–Tumbez oder mit Rutas de America auf der Fernstrecke Guayaquil–Lima.

# Auf der Halbinsel von Santa Elena

Zurück zur Sonnenroute der ecuadorianischen Costa: Von Guayaquil aus geht es nach Westen großenteils über eine Autobahn zu den Ferienstränden der Großstädter. Diese Route sollte man an langen Wochenenden und Feiertagen tunlichst meiden, um nicht an den größten Staus des Landes teilzunehmen. Die Route in die Halbwüste der extrem trockenen Halbinsel von Santa Elena passiert hingegen schon nach einigen Kilometern eines der interessantesten Naturreservate der Provinz.

### Bosque Protector Cerro Blanco ▶ D 11

Der **Schutzwald Cerro Blanco,** benannt nach dem ›weißen‹ kalkhaltigen Boden des ›Berges‹, ist ein üppig regenerierter Sekundärwald von mittlerweile 6000 ha – und das nur 16 km von Guayaquil entfernt. Ein Viertel des Waldes hat sogar als Primärwald überlebt. Biologen konnten bereits 219 Vogelarten und 54 Säugetierarten auf dem bis auf 400 m ansteigenden Berg entdecken. Besucher erleben am ehesten Brüllaffen und zahlreiche Insekten. Wer jedoch länger auf den

## Essen & Trinken

**Terrasse am Wasser** ▶ **Pepe's Bar-Restaurant:** Malecón y Rocafuerte, Tel. 07-292 95 05, tgl. 10–24 Uhr. Solide Küche, der Schwerpunkt liegt auf Meeresfrüchten. Sehr romantisch über dem Fluss gelegen mit Außenterrasse und Hafenblick. Hauptgericht 10 $.

# Südliche Pazifikküste

Wegen bleibt oder gar im Cerro übernachtet, hat deutlich mehr Chancen, Wildtiere wie Nasenbären, Rehe und viele Vogelarten zu erleben.

Doch auch wegen der Flora wie den gewaltigen Ceibo-Bäumen dieses tropischen Trockenwaldes sind die **Naturpfade** die Wanderung wert, für Besucher mit Ausdauer vor allem die drei- bis vierstündigen Wege, die von Buenavista in die höheren Hanglagen führen.

Das Schutzwald-Projekt der Stiftung Pro-Bosque dient Naturschutz, Wissenschaft und Tourismus in gleicher Weise. Mit Beratung aus Costa Rica, Geldern aus England und einem Zuschuss der benachbarten Zement-industrie konnte das Waldgebiet seit 1989 durch Zukauf und Aufforstung stetig ausgeweitet werden. In einer **Tierrettungsstation** werden zudem Affen, Tukane, Papageien, Schildkröten und Zwergwildschweine bis zu ihrer Wiederauswilderung gehalten. Zum Service des Projektes zählen auch ein Campingplatz, eine Cabaña und eine Cafetería.

## Infos

**Lage:** km 16 via Salinas, Ausfahrt rechts, Tel. 04-287 49 46/47, tgl. 8–17 Uhr, nach Absprache auch früher oder über Nacht. Eintritt 4 $; obligatorische Führungen auf den 1–4-stündigen Rundwegen 7–12 $ pro Gruppe mit max. 8 Personen. **Tipp:** Unter der Woche und zur Sicherstellung eines englischsprachigen Führers wird empfohlen, sich vorher telefonisch anzumelden.

## Übernachten

**Einfache Unterkünfte ▶ Camping:** 16 $ pro Gruppe, **Cabaña:** 12 $ p. P.

## Essen & Trinken

**Einfache Küche ▶ Cafetería** im Schutzwald vorhanden. Hauptgericht 2,50–6 $.

## Verkehr

**Anreise mit dem Bus** mit Transportes Chongón alle 15 Min. ab Calle García Moreno y 10 de Agosto **oder mit dem Taxi** für 7 $ ab Guayaquil-Zentrum.

## Playas ▶ C 13

In dem Dorf **Progreso**, manchmal noch Gómez Rendón genannt, zweigt eine Ausfallstraße nach Süden ab, die einen in etwa einer halben Stunde nach **Playas** bringt, einem der bevorzugten Wochenendziele der Guayaquileños. *Playas* heißt bekanntlich ›Strände‹ und macht seinem Namen alle Ehre. Es ist der nach Salinas zweitgrößte Ferienort der Guayaquileños, etwas ruhiger, etwas hübscher und wochentags ebenso verlassen wie die Freudentürme am Westzipfel der Halbinsel. Das offiziell **General Villamil** genannte Städtchen schmiegt sich in eine weite und im Osten bis an den Nachbarort **Data** reichende Bucht. Am Hauptort liegen etliche Fischerboote, darunter auch noch eine kleine Flotte der traditionellen Balsaholzboote mit Dreieckssegeln. Diese lediglich aus drei Balsastämmen, Bambusmast, Tuch und Strick gebauten Segler fahren täglich bei Flut hinaus aufs Meer zum *corvina*-Fang (s. S. 296). Viele Fischer haben ihre Boote inzwischen für Touristen zum Mitfahren ausgestattet – ein besonderes Erlebnis unter bunten Segeln.

Westlich neben den Booten türmen sich einzelne Hotel- und Apartmentanlagen auf. Unterhalb dieser Hochhäuser geht es bei Ebbe unter einer Strandbrücke hindurch, und man erreicht die luxuriöse und in Teilen wunderschöne Residenzmeile des Ferienortes. Manko: Das Meer nahm sich bereits den trockenen Strand. Einzelne Austernfischer sitzen hier auf den ausgewaschenen Felsen und brechen die rauen grauen Gehäuse der Muscheltiere auf. Östlich von Playas dehnt sich der Sandstrand kilometerweit aus, ist aber häufig gesäumt von Strandgut.

## Übernachten, Essen

**Strandhotel ▶ Hostería Los Patios:** Playas km 1,5 via Posorja, Tel. 04-276 11 15. Pension in unmittelbarer Strandnähe mit Restaurant, Bar, Kinderpool. Zimmer mit Kabel-TV und Klimaanlage. EZ/DZ 33/60 $, Frühstück/Abendessen ca. 3 $, Mittagessen 3,50 $.

**Einfach ▶ Hostería El Delfín:** Playas km 1 vía Data, Tel. 099-203 52 65, 04-276 17 40. Freundliches Hostal recht nahe am Meer, mit

# aktiv unterwegs

## Bootstour im Vogelparadies

### Tour-Infos

**Lage/Anreise:** ▶ C/D 13; von der Fernstraße Guayaquil–Salinas zweigt in El Progreso die Nebenstrecke nach Playas Richtung Süden ab (ca. 25 km). In Playas noch einmal etwa 15 km nach Osten über El Morro nach Puerto del Morro.

**Dauer:** 2–4 Std.

**Wichtige Hinweise:** Mückenschutz und Schwimmzeug mitnehmen!

Das bei Ebbe schlickige Hafenufer schützt nicht nur die alte Garnelenflotte von Puerto El Morro, sondern ist gleichzeitig Ausgangspunkt für eine der schönsten Exkursionen in die Küstenfauna des südlichen Ecuadors. Bei **El Morro** existieren noch 10 000 ha kaum berührter Mangrovenwälder, die von zahlreichen Vögeln bewohnt werden. 40 Arten haben die Biologen gezählt, darunter große Tiere wie Fregattvögel, Möwen und Reiher. In den schmalen Mangrovenflüssen vor der weiten Mündung des **Río Guayas** leben außerdem graue Süßwasserdelfine in Schulen von jeweils etwa 120 Tieren.

Die Bootstour beginnt am Ufer des **Puerto El Morro,** wo man das Motorboot besteigt. Die Fahrt führt nun den mäandernden Flussarm gen Südosten aus dem Mangrovenwald heraus. Dabei bieten sich beste Gelegenheiten, Flora und Fauna aus nächster Nähe zu studieren. An einer breiten, lagunenartigen Stelle des Flusses werden regelmäßig Süßwasserdelfine gesichtet. Hier bietet sich auch eine Pause zum Schwimmen an. Der Flussarm endet im Delta des Golfs von Guayaquil, wo man nach kurzer Überfahrt über den Río Guayas die Vogelinsel **Isla de los Pájaros** erreicht. Dort nun zu Fuß führt ein Rundgang um die Zuchtbecken einer Shrimpsfarm herum und gleichsam am außen liegenden Mangrovenring entlang. Ungeachtet der Fischindustrie sind hier Tausende von Küstenvögeln hautnah zu erleben. Landesweit dürfte es hier die größte Zahl von Fregattvögeln geben.

Bislang sind die Touren über die Reiseagenturen in Guayaquil oder informell in El Morro zu organisieren. Empfehlenswert ist die **Agentur Expedisa.travel** (s. S. 308), die viel Erfahrung hat und gute Führungen mit einem Biologen anbietet.

---

einfachen Zimmern, Kabel-TV, Ventilator. Zimmer 14 $ p. P., Frühstück 3 $.

### Termine

**Fiesta de San Pedro:** 29. Juni. An diesem Tag begeht Playas traditionell das Fest des Schutzpatrons der Fischer, u. a. mit Pferderennen und Stierkampf.

**Fiesta de la Virgen de las Mercedes:** um den 24. September herum mit großem Aufwand begangenes Stadtfest.

### Verkehr

**Bus:** Verbindungen im 15-Min.-Takt von Playas nach Progreso; einzelne Busse fahren auch direkt bis Guayaquil.

### Von Playas nach Salinas

▶ A 11–C 13

Nur wenige Minuten östlich von Playas liegt das Dorf **El Morro** mit seiner schönen alten, wenn auch überdimensionierten Holzkirche, gefolgt von dem kleinen Hafen des Fischerdorfes, **Puerto El Morro** (s. o.).

Zurück in **Progreso** setzt sich die Route in westlicher Richtung fort. Die gut ausgebaute Straße führt nun durch Hügellandschaft und Trockenwälder der Halbinsel Santa Elena, bestanden mit zahlreichen Ceibo-Bäumen und verlassen von so manchem Hühner- oder Rinderfarmer. Der hier gen Westen abdrehende Humboldt-Strom will es, dass die Halbinsel zu den trockensten Zonen des Landes zählt. Nächster Ort ist das geschäftige **Santa Elena.**

## Verkehr

Santa Elena ist der wichtigste **Verkehrsknotenpunkt** zwischen Guayaquil, Salinas und der Sonnenroute nach Norden. Nahezu alle **Busse** halten hier an der Hauptstraße bzw. enden hier, um zu einem Anschlussbus zu wechseln. Letzte Busse ab Santa Elena fahren um 18 Uhr.

### Salinas ▶ A 11

Die Neugier, den Freizeitspaß der Millionenstädter aus Guayaquil kennenzulernen oder aber selbst in das Tohuwabohu der langen Nächte in kurzen Röcken einzutauchen, mag diesen kleinen Abstecher begründen. Am Wochenende sind die Strände von **Salinas** (km 780) ein Spaßbad mit aufgeblasenen Bananenflößen und Tretbooten vor feiner Jachthafenkulisse, wo sich die neureichen Fans von Jet- und Wasserski vergnügen. Des Abends wummern Autokorsos die Strandpromenade entlang, im Kofferraum die weibliche Jugend ausführend. Sehen und gesehen werden heißt das Tagesprogramm, bevor sich die Nacht der langen Gläser irgendwo im Bermudadreieck vom Schnapsladen Yo, sí tomo (›Ja, ich trinke‹), Dunkin' Donuts und Pizza Cozzoli's entleert. Ganz anders wochentags: Da liegt der Ort nahezu im Tiefschlaf.

Der ruhigere und schönere Strand liegt übrigens etwas entlegen im westlichen **Sektor Chipipe,** direkt zwischen Jachthafen und Militärstützpunkt. Bedingt durch den kalten Humboldtstrom ist das Meerwasser an dieser exponierten Landzunge zwischen Juni und Dezember recht kühl, Badesaion ist also bevorzugt von Januar bis Mai.

## Übernachten

An Wochenenden steigen Salinas' Zimmerpreise erheblich.

Luxushotel ▶ **Barceló Colón Miramar:** Malecón y 40, Playa San Lorenzo, Tel. 04-277 16 10, www.barcelo.com/ecuador. Rundum-Sorglos-Paket im spanischen Fünf-Sterne-Hotel mit großem Swimmingpool, spanisches

und japanisches Restaurant. EZ/DZ mit Frühstück 116/185 $.

Modern ▶ **Cocos Hostal:** Malecón de Salinas y Fidon Tomala, Tel. 04-277 03 61, 04-277 03 67, www.cocos-hostal.com. Solides Strandhotel mit AC und Kabel-TV. Restaurant, Cafetería, Bar. EZ/DZ 24/37 $.

### Ayangue ▶ B 11

Von Salinas aus geht es zurück nach **La Libertad** bei Santa Elena. Die Weiterfahrt an der Küste führt an einer sommertrockenen Kakteenwüste entlang. Man passiert große Garnelenfarmen und deren Larvenlaboratorien sowie die Meersalzgewinnungsanlagen von ECUASAL. Das erste Kap auf der Strecke ist **Punta Blanca** mit einzelnen Ferienanlagen. Doch erst das folgende ›wilde‹ Kap der **Punta Brava** und der Ort **Ayangue** laden zu einem Aufenthalt ein.

Der Fischer- und Ferienort Ayangue ist bei Guayaquileños an den Wochenenden sehr beliebt, weil er eine weite, von Felsvorsprüngen geschützte Badebucht besitzt. Die Felsen und auch die vorgelagerte kleine Insel **El Pelado** sind gute Plätze zum Tauchen und Schnorcheln. Auch Surfer kommen gerne nach El Pelado.

## Übernachten, Essen

Fitness-Hotel ▶ **Cumbres de Ayangue:** Tel. 04-291 60 41, www.cumbresdeayangue. com. Mittelklassehotel mit nierenförmigem Swimmingpool, exponiert über dem Meer. Sport- und Freizeitprogramm. Restaurant. EZ/DZ mit Frühstück 85/110 $.

### Abstecher nach Barcelona ▶ B 10

Von Ayangue aus bietet sich ein kleiner Abstecher ins Hinterland an. Schon für ein paar Dollar bringt einen eine *camioneta* auf die Fährten des Panamahutes, der in dieser Region der Küste seinen Ursprung hat. Eines der für die Hutproduktion wichtigsten Dörfer ist **Barcelona.** In dem unscheinbaren Ort mit dem großen spanischen Namen wird das Rohmaterial der Toquilla-Palme für die zahlreichen Handwerker im Dorf und im Umland aufbereitet. Dieser Prozess ist vor allem Frauenarbeit.

Die Frauenkooperative freut sich übrigens über Besuch aus aller Welt und lässt einen teilhaben an dem aufwendigen wie filigranen Arbeitsprozess bei der Herstellung der fein gesplissenen Palmenblätter für die Manufakturen in Guayas und Cuenca.

### Valdivia ▶ B 10

Der nächste Ort am Meer trägt einen großen kulturhistorischen Namen, dem er heute allerdings nicht mehr gerecht wird: **Valdivia**. Denn das Fischerdorf (km 724), einstiges Zentrum der großen amerikanischen Küstenkultur von Valdivia, wirkt heute sehr vernachlässigt. Selbst das etwas versteckt liegende **Museo de Valdivia** reiht seine zahlreichen kleinen archäologischen Fundstücke recht lieblos um einen rechteckigen Hof herum auf, sodass die in Arbeit befindliche Rekonstruktion einer antiken Grabkammer keine großen Hoffnungen erweckt (tgl. 8–18 Uhr, 1 $).

Noch schmerzlicher ist der Besuch des **Acuario** von Valdivia, wo Meeresschildkröten, Seesterne, Langusten, ein Seebär und sogar ein peruanischer Eselspinguin gehalten werden. Es mag nicht wirklich überzeugen, dass es sich hierbei um die ›Tierrettungsstation‹ eines Straßenkinderprojektes aus Guayaquil handelt (Calle Mariano Merchan, Tel. 098-055 25 48, tgl. 8–18 Uhr, 3 $).

### Übernachten, Essen

**Einsam mit Meerblick** ▶ **Hospedería Valdivia Ecolodge:** am südlichen Dorfrand auf einem Küstenvorsprung, www.valdiviaecolodge.com. Einfache *cabañas* und einzelne Zimmer mit Panoramablick, kleiner Swimmingpool mit Meerblick und Restaurant, in der Nebensaison mitunter etwas leb- und lieblos und zudem etwas zu teuer: DZ ohne Frühstück ab 35 $.

### Libertador Bolívar ▶ B 10

Das nördliche Nachbardorf ist interessanter. An einem Sonntag Mitte Januar wird die Badesaison im Norden der Halbinsel von Santa Elena feierlich eröffnet. Dann erstrahlt der kleine, verschlafene Küstenort **Libertador Bolívar** (km 716) mit viel Tamtam und einer neuen Schönheitskönigin im Glanz der Gazetten, ganz so, als habe der ›Befreier Bolívar‹ schon vor 200 Jahren nur an Bauch und Beine gedacht. Schon am folgenden Montag sitzt der Gemeindepräsident wieder im Büro, der Strand wird gefegt, es kehrt Alltag ein.

### Einkaufen

Unter den zahlreichen Kunsthandwerksdörfern der Region hat sich Líbertador Bolívar zu einem kleinen und bedeutenden Handelszentrum entwickelt. Denn im Windschatten der Sonnenanbeter erwies sich die attraktive Strandlage als ideal für den Direktvertrieb von **Hängematten, Muschelschmuck, Textilien** und natürlich dem heimischen **Panamahut.** An dem langen Strand südlich des Dorfkerns ist daher eine bunte Meile von Händlern und Sunsetbars sowie einzelnen Unterkünften zum Verweilen entstanden, wochentags in aller Ruhe und ansonsten mit Tamtam.

### Übernachten

**Kleine Strandpension** ▶ **Hospedería Casa del Sombrero:** Av. Principal, Tel. 099-349 11 85, 04-203 89 60, www.lacasadelsombrero.info. Hinter dem einfachen, aber guten Meeresfrüchterestaurant (5–7 $) bietet das ›Haus des Hutes‹ 4 hübsche Strand-Cabañas und ein paar Hängematten an. EZ/DZ mit Frühstück und Willkommenscocktail 20/40 $.

### Manglaralto ▶ B 10

Im folgenden einfachen Fischerdorf **Manglaralto** gibt es eine kleine Bastion der Ruhe vor dem ›surfersagenumwobenen‹ Montañita mit zahlreichen einfachen Unterkünften – die Ruhe herrscht zumindest wochentags.

### Übernachten, Essen

**Cabañas am Strand** ▶ **Tagua Lodge:** Tel. 099-942 68 19, www.tagualodge.com. Einfache *cabañas* mit lauschigem Restaurant (Pasta und Pancakes) und **Ausflugsprogramm nach Dos Mangas** (6–15 $ p. P.). Wochentags günstiger, an Ferienwochenenden das Dreifache. EZ/DZ mit Frühstück 20/30 $.

Fischer fangen nördlich von Salinas
Garnelenlarven vor dem Strand

## Ausflug nach Dos Mangas
► B 10

Von Manglaralto aus bietet sich ein Ausflug per Taxi oder *camioneta* zu der kleinen Inlandsgemeinde von **Dos Mangas** an, in der ausgezeichnete Tagua-Nuss-Arbeiten entstehen (s. u.). Andere Bewohner des Dörfchens reiten morgens aufs Land hinaus, um die bei den Hutmachern so begehrten Toquillapalme zu ernten. Die Toquilla-Palmen wachsen auch im benachbarten **Schutzwald Chongón-Colonche,** der u. a. von der deutschen KfW Geld für seine Aufforstung erhielt.

Einige Bewohner von Dos Mangas bieten auch für Touristen **Reitausflüge zur Palmenernte** an, andere vermieten Gästezimmer. Am schönsten ist der Weg zu dem gut 5 km entfernten **Wasserfall La Cascada.** Diese Erfrischung wird besonders zu schätzen wissen, wer in die heiße Mittagssonne gerät. Die Touren sind preiswert und leicht zu organisieren, wenn man etwas Zeit mitbringt.

## Schmuck aus der Tagua-Nuss

Das Kunsthandwerk aus Palmen kennt in dieser Region Ecuadors ein weiterer exotischen Naturstoff: Die im tropischen Tiefland zwischen Panama und Peru verbreitete Tagua-Nuss ist der natürlich gehärtete Samen der gleichnamigen Fiederpalme *(phytelephas macrocarpa).* Geschliffen offenbart die hühnereigroße Nuss ihren sanftweißen Glanz, dem der Samen auch den Beinamen ›pflanzliches Elfenbein‹ verdankt. Vor dem Siegeszug der Kunststoffe war Tagua in der Tat ein wichtiges Exportprodukt zur Fertigung von Knöpfen, Knäufen, Würfeln und Pfeifen. Heute fertigen die Menschen an der Küste vor allem Schmuck wie Ketten und Armbänder aus der hochwertigen Nuss und schnitzen und fräsen Figuren oder Brettspiele, wie sie in fast allen Dörfern zum Kauf angeboten werden (Informationen im Internet unter www.regenwaldmenschen.de und www.taguagalerie.de).

## Olón ► B 10

Die kleine Fischergemeinde errichtete mit Hilfe aus Deutschland und der Schweiz ein beeindruckendes katholisches Kirchen-›Schiff‹ hoch oben auf den steilen Klippen über dem Meer. **Olón** ist der nördlichste Ort dieser Teilroute und grenzt an die Provinz Manabí (s. S. 281).

## Montañita ► B 10

Zurück an der Küste folgt ein Eldorado des Wassersports. Für nicht wenige Rucksacktouristen und Surfer ist der kleine, aber ruhelose Ort **Montañita** (km 703) das Mekka der Bretter. Er ist das ultimative Stelldichein der langen Wellen und kurzen Nächte. Dabei ist der Strand allenfalls bescheiden und das hippe Dorf selbst staubig und laut: Wenn die Straßenbars von Hola Ola und Funky Monkey schon zur Mittagsstunde um die musikalische Lufthoheit ringen, lässt sich der Barkeeper vom Hostal Tsunami nicht lange bitten. Das ehemals relaxte Surferparadies von Montañita ist heute vor allem eine Reise wert, wenn man es vom Meer her sieht, auf einem Brett stehend. Der Rest ist Abhängen und Party ohne Ende. Montañita ist tätowiert, gepierct und braun gebrannt, allseits beschallt, süßlich vernebelt und hinreichend durchgeknallt, um den Ort nach kurzem Erstaunen mit einem Ausspruch Kurt Tucholskys zu bedenken: »Ach!«

Hier schließt die **Route der südlichen Küste** an die Strände von Manabí an (s. S. 281), die von dort an in Nord-Süd-Richtung beschrieben ist, da sie häufiger von Quito aus bereist wird.

### Infos

**Orientierung:** Das kommerzielle Leben des Dorfes spielt sich entlang der zentralen Calle Principal ab, die die Durchgangsstraße mit dem Meer verbindet, sowie der Calle Guido Chiriboga, welche die Principal mittig kreuzt. Der **Surferstrand** befindet sich am Nordende des Ortes.

Eine **öffentliche Touristeninformation** gibt es in diesem sehr lockeren und informellen Ort nicht. Auf dem kommerziellen Portal www.infomontanita.com finden sich einige hilfreiche Adressen und Tipps.

## Übernachten

Grundsätzlich ziehen die Preise innerhalb des Ortes an langen Wochenenden und Feiertagen um 100 bis 200 % an. Im Folgenden sind, wenn nicht anders ausgewiesen, die Preise für die Nebensaison aufgeführt.

**Mittelklasse** ▶ **Hotel Baja Montañita:** Nordende der Surferbucht La Punta, Tel. 04-283 08 32, www.bajamontanita.ec. Mittelklasse-Ferienanlage in einer Ruhezone des Orts mit Whirl- und Swimmingpool bei schönem Meerblick. Die Zimmer sind groß und anständig mit AC und Kabel-TV. EZ/DZ je 115 $, *cabañas* für bis zu 4 Personen 170 $ (jeweils Hochsaison).

**Zentrales Surferhotel** ▶ **Hotel Montañita:** Calle Guido Chiriboga, Tel. 099-913 74 14, hotelmontanita.ec@gmail.com. Großes Hotel mitten im Ort mit Swimmingpool, Parkplatz und einfachen Zimmern. DZ mit Ventilator 60 $, mit AC 75 $, in der Hochsaison 100 $. Restaurant mit Hauptgerichten ab 5 $.

**Mitten im Getümmel** ▶ **Hostal Tiki Limbo:** Calle Guido Chiriboga, Tel. 099-954 06 07, 099-367 70 86, www.tikilimbo.com. Kleines Hostal inmitten der Partyzone mit Café, Surfshop, Gästeterrasse, kleinen, netten Zimmern und einer Buchtauschbörse, wo sich überraschend auch ›Das deutsche Gedicht‹ aus der Fischer-Bücherei von 1959 findet – »Früh, wenn Tal, Gebirg und Garten Nebelschleiern sich enthüllen ...« (Goethe). Zimmer 16–24 $ p. P., Saison 25–30 $, Frühstück ab 4 $.

**Surfercamp** ▶ **Casa del Sol:** im Ortsteil la Punta direkt am Strand, www.casadelsolsurfcamp.com. Mit Surf- und Yogaschule, Bar und Surfervideos. Freakiger Chillout-Tipp. 25 $ p. P. mit Frühstück, in der Hochsaison 40 $.

**Preiswertes Hostal** ▶ **Hostal Solemare:** Punta Montañita, gegenüber der Casa del Sol, Tel. 099-953 28 92, 04-206 01 19, info@solemare-ecuador.com. Einfache Zimmer mit Bad und Ventilator. Hängematten und Parkplatz. EZ/DZ 15/25 $ mit Frühstück.

**Nettes Gartenhostal** ▶ **Cabañas Pakaloro:** Guido Chiriboga y Calle Tercera (Ende der Hauptstraße), Tel. 099-741 54 13, 04-206 00 92, www.pakaloro.com. Die schönste unter den einfachen Pensionen mit Garten, Terrasse und gemütlichem Balkon direkt am Fluss. EZ/DZ 12–20 $.

## Essen & Trinken

Gastronomisch ist nicht sehr viel geboten. Einige Surfer empfehlen das **Restaurante Vistamar,** noch belebter ist das **Tierra Prometida** und etwas ruhiger zum späteren Bier bei Surfervideos das **El Tiburón**.

## Aktiv

**Surfen** ▶ Dieser Sport ist hier eine Art Religion, und im Karneval zu den nationalen Surfmeisterschaften ist Montañita eine Pilgerstätte. Ein Leihboard kostet je nach Qualität 8–15 $ pro Tag, ein Anfängerschnupperkurs ca. 12 $, die einwöchige Ausbildung 200 $. Alteingesessen und auf dem Wasser gefürchtet ist ›Rasty‹ César Moreira, der auch hochwertige Boards aus Balsaholz und Glasfaser baut und einen Surfshop betreibt: **Balsa House,** Ruta del Spondylus, Ortsteil la Punta, Calle G. Chiriboga, neben der Banco Bolivariano, www.balsasurfcamp.com, tgl. außer Fei 8–19 Uhr. Boardverleih: 4 $/Std., 15 $/Tag, 70 $/Woche. Surfunterricht, z. B. 15 $ für 2 Std.; Übernachtung mit Frühstück 18–30 $. **Casa del Sol:** s. links. Unterricht, Boardverleih und Info-Börse. Private Surfkurse 6 Tage mit Unterkunft und VP für 1260 $.

**Gleitschirmfliegen** ▶ Die Paraglidingschule **Latitud 0** aus Guayaquil (s. S. 308) fliegt in und um Montañita, auch Tandem und zur Ausbildung. Tel. 099-932 61 81, flymontanita @samerica.com.

**Sportangebote und Exkursionen** ▶ Wer schnorcheln, tauchen, reiten oder sportfischen möchte, wende sich an die Surfläden und Hostales. Diese helfen auch bei der Vermittlung von Exkursionen zur Isla de la Plata und zu den Buckelwalen, die von Juni bis September vor der Küste sind.

Kanuwandern in Cuyabeno – eine ideale Form
naturnahen, erlebnisintensiven Reisens

# Kapitel 5

# Der Regenwald

Noch immer verfügt Ecuador über dichte Regenwälder – Lebensräume von überschwänglicher Vielfalt, Heimat indianischer Waldvölker und Schauplätze großartiger Naturspektakel. Wer die feuchte Luft, den nächtlichen Gesang der Tiere und auch Regen und Morast nicht scheut, wird hier unvergessliche Tage und Nächte verbringen, wie sie allein im engen tropischen Gürtel der Erde zu erleben sind. Der vergleichsweise kleine ecuadorianische Teil des Amazonasbeckens gehört wegen seiner unmittelbaren Gebirgsnähe in Bezug auf Flora und Fauna zu den artenreichsten Gebieten der Welt.

Heute bieten einfache bis sehr komfortable Regenwaldlodges das Basislager für Waldwanderungen, Kanufahrten, Besuche bei indianischen Gemeinden, die Besteigung von schwindelerregenden Baumtürmen oder auch abenteuerliche Fahrten im Wildwasser. Zwar sieht man die großen Säuge- und Raubtiere des Waldes wie Jaguar, Puma, Tapir und Riesenotter nur selten, doch verschiedene Arten von Affen, zahlreiche Vögel, skurrile Insekten, Zwergfrösche und lauernde Kaimane in der Abenddunkel gehören zu den regelmäßigen Stars auf der Naturbühne dieses immergrünen Freilufttheaters. Für Vogelbeobachter zählt der ecuadorianische Regenwald zu den besten Regionen der Welt. Die unendliche Pflanzenvielfalt und ihre Naturheilkräfte sind phänomenal.

In diesem Kapitel nun werden insbesondere Naturparks, Lodges und Projekte vorgestellt, die ein intensives Naturerleben in weitgehender Kooperation mit den indianischen Gemeinden ermöglichen. Dabei stehen je nach Reiselust komfortable wie auch rustikale oder aber sportliche Regenwaldkonzepte zur Wahl.

# Der Regenwald

## Sehenswert

**11** **Nationalpark Yasuní:** Eines der wichtigsten Quellgebiete des Amazonasbeckens ist Ecuadors größter Nationalpark, Yasuní. Die Flüsse und Lagunen in den artenreichen Wäldern sind bei gleichsam exzellenter Infrastruktur ein idealer Ort für mehrtägige Expeditionen in einen beeindruckenden Regenwald (s. S. 340).

**12** **Faunareservat Cuyabeno:** Im fernen Nordosten Ecuadors liegt die größte Fluss- und Seenlandschaft der tropischen Regenwälder Ecuadors. Die Kanuexkursionen auf den Schwarzwasserflüssen des Schwemmlandes von Cuyabeno erlauben intensive und hautnahe Begegnungen mit der Tierwelt dieses einzigartigen Primärwaldes (s. S. 348).

## Schöne Routen

**Dschungelwanderung auf den Vulkan Sumaco:** Eine stilechte Abenteuertour mit großartigen Naturerlebnissen, die in vier Tagen Trekking aus dem üppigen Regenwald auf den Gipfel des Vulkans hinauf führt (s. S. 325).

**Wildwasserfahren im Regenwald:** Ecuadors heimliche ›Hauptstadt des Wassersports‹ begeistert mit drei Flüssen, die Topkonditionen für Rafting und Kajaking bieten: dem Río Jatunyacu, dem Río Hollín und dem Río Napo (s. S. 327).

**Auf dem Río Napo nach Peru:** Noch steht diese Fahrt in keinem Reiseprogramm. Aber für Abenteurer ohne Komfortansprüche ist die 11-stündige Flussfahrt von Coca (s. S. 340) nach Nuevo Rocafuerte (s. S. 343) unvergesslich.

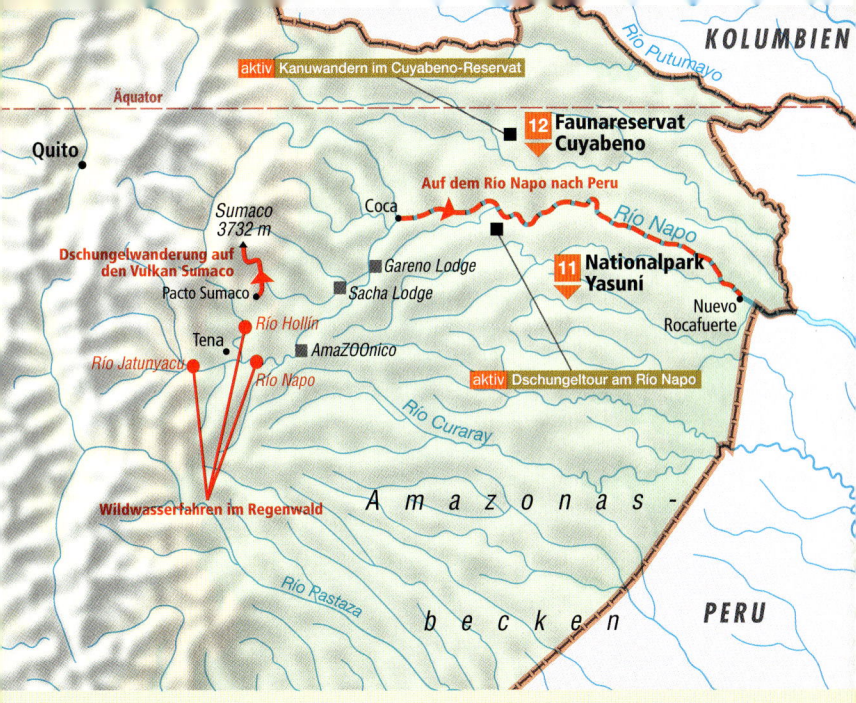

# Meine Tipps

**AmaZOOnico:** Unter den zahlreichen Tierrettungsstationen des Regenwaldes ist das deutsch-ecuadorianische Projekt bei Tena das vielleicht vorbildlichste, erfolgreichste und am engsten in die Lebenswelt der Indianer integrierte (s. S. 329).

**Gareno Lodge:** Wer die Harpyie, den größten tropischen Waldadler der Welt ganz in Ruhe beobachten möchte, ist in der Gareno Lodge richtig (s. S. 331).

**Sacha Lodge – Pfad durch die Baumwipfel:** Die Krönung der Baumtürme im ecuadorianischen Regenwald befindet sich auf dem Gebiet dieser Lodge. Drei Gittertürme tragen über 275 m Länge und in 30 m Höhe einen schwebenden Pfad zwischen den Baumwipfeln und erlauben so einzigartige Studien der Baumkronen des Primärwaldes und ihrer Bewohner (s. S. 341).

## aktiv unterwegs

**Dschungeltour am Río Napo:** In das Regenwaldgebiet des Río Napo und seiner Nebenflüsse führen zahlreiche Exkursionen, zumeist mit einer Lodge als Basislager und weiter in Tagestouren in Kanus und Gummistiefeln. Mit dem Napo Wildlife Center ist hier ein vorbildliches Dschungelprogramm stellvertretend porträtiert (s. S. 343).

**Kanuwandern im Cuyabeno-Reservat:** Die größte Seenplatte, das dichteste Flusssystem und der magische Überschwemmungswald von Ecuador haben mit dem Kanuwandern ihre ideale Form für ein naturnahes und intensives Reisen gefunden (s. S. 348).

Der zentrale Westen des ecuadorianischen Regenwaldes verfügt durch seine relative Nähe zu den Anden über eine hohe Artenvielfalt und immensen Wasserreichtum. Das große Seen- und Flusssystem der Cordillera de los Llanganates in den Ostanden ergießt sich letztendlich in den Amazonaszufluss Río Napo. Auf dem steilen Weg dorthin ist eine verwunschene Landschaft stiller und wilder Wasser entstanden.

## Río Napo

### Baeza  ▶ K 6

Von Papallacta aus führt eine gut ausgebaute Straße nach Osten Richtung Regenwald, wo man zunächst das verkehrstechnische Drehkreuz des westlichen Amazoniens, Baeza, erreicht.

Auf angenehmen 1400 m Höhe liegt das ruhige Städtchen **Baeza** an der präkolumbianischen Handelsstraße zwischen *sierra* und *selva,* wo die Spanier später eine ihrer frühen Missionen am Tor zum Regenwald gründeten. Von diesem historischen Charme ist stadtarchitektonisch nicht viel geblieben. Baeza liegt jedoch inmitten eines spektakulären, aber regen- und nebelreichen Trekkinggebietes, mit dem Antisana im Westen, dem Cayambe im Norden und Ecuadors östlichstem Andengipfel, dem 3732 m hohen Sumaco. Diese drei umschließen ein Gebiet mit zahlreichen Wasserfällen, einer prächtigen Orchideenblüte im Juni/Juli und einer ausgesprochen vielfältigen Vogelwelt in dieser Übergangszone von subtropischen Nebelwäldern der Osthänge der Anden in den tropischen Regenwald.

### Verkehr

Baeza als Drehkreuz zwischen Sierra und Selva verfügt über häufige Verbindungen nach Quito, nach Lago Agrio und nach Süden Richtung Tena und Puyo.

## Nationalpark Sumaco
▶ L/M 5–7

Südlich von Baeza passiert diese Regenwaldroute den Vulkan **Sumaco** (3732 m). Der seit über 70 Jahren schweigende Berg liegt im gleichnamigen Biosphärenreservat, das die UNESCO im Jahr 2000 unter Beratung der deutschen Gesellschaft für Technische Zusammenarbeit (die heutige GIZ) einrichtete. Es besteht aus fast 1 Mio. ha Schutzgebiet einschließlich der Quellgebiete des Río Napo und des Río Coca und der Siedlungsgebiete.

Das Kerngebiet des wasserreichen Biosphärenreservats ist der **Parque Nacional Sumaco** mit einer Größe von 205 000 ha und Niederschlägen zwischen 2000 und 6000 mm pro Jahr. Der Park steigt topografisch von 600 m bis auf 3732 m Höhe und schließt die nördlich des Vulkans Sumaco liegenden Gipfel des **Pan de Azúcar** (3482 m) und des **Cerro Negro** (3064 m) mit ein. Die Biodiversität des Parks gilt als eine biologische Weltsensation.

### Infos

**Tourismusbüro Pacto Sumaco:** Av. A. Vallejo, Oficinas Ministerio del Ambiente, Tena, 06-288 84 97, 06-287 00 77, 06-288 71 54, www.sumaco.org. Verantwortlich: German Ruíz und Marco Gubi. Spanischsprachiger Guide ca. 25 $ pro Tag, Parkeintritt 5 $, Hüttenübernachtung ca. 20 $.

**www.sumaco.org:** Parkinfos, Organisationen, Kontakte, Unterkünfte.

## Übernachten

**Schutzhütten** ▶ Alle drei **Refugios** auf dem Weg zum Volcán Sumaco sind einfach und mit Holzbetten, WC und Regenwassersammelcontainer ausgestattet.

## Aktiv

**Vogelspezialisten** ▶ **Agentur Andean Birding:** Calle Salazar Gómez E1482 y Eloy Alfaro, Tel. 099-418 45 92, www.andeanbirding.com. Organisation von einwöchigen Vulkan- und Vogelexpeditionen zum Sumaco als Trekking für kleine Gruppen. Unterkunft, Vollpension, englischsprachige Führung, Eintritt und Transport bei mindestens 4 Personen 1300 $ p. P.

## Archidona ▶ L 8

Das kleine Dorf **Archidona** wurde bereits 1560 gegründet und ist somit eine der ältesten Stadtgründungen der Spanier, wenngleich die 10 km südlich liegende Stadt Tena heute größer und bedeutender ist. Der beschauliche Ort mit der netten Kirche liegt nicht weit von den Wasserfällen des Río Hollín, von den Höhlen von Jumandí und von einigen antiken Steinzeichnungen entfernt.

Diese **Petroglifos en el Valle Sagrado de Cotundo** liegen gut beschildert 6 km nördlich des Dorfes. Es handelt sich dabei um zahllose in Felsen gravierte Symbole der präinkaischen Ureinwohner dieser Gegend, eine in Stein konservierte Kosmovision der Waldindianer. Sieben von den Felsen sind gut zugänglich bei Boa Loma zu finden (Eintritt frei).

Die **Cavernas de Jumandí** sind ein Labyrinth dreier großer und mehrerer kleiner Kammern eines verzweigten Höhlensystems mit Stalaktiten, steilen Wänden und offenen Wasseradern. Der Legende nach soll sich einst der Indianer Jumandí samt einem wertvollen Schatz beim Eintreffen der Spanier hier versteckt haben. Die von Fledermäusen und Insekten bewohnten Höhlen können bei einem Spaziergang oder bei mehrstündigen, geführten Touren erforscht werden (Archidona via

Quito km 5, tgl. 9–17 Uhr, Eintritt 2 $, Übernachtung 10 $ p. P.).

## Übernachten, Aktiv

**Komfortabel und liebevoll** ▶ **Hostería Hakuna Matata:** via Chaupi Shungo km 3,9, Tel. 06-288 96 17, 099-337 74 41, www.hakunamat.com. Ruhig inmitten üppiger Gärten liegt diese von den belgischen Besitzern vorbildlich geführte Hostería. Die stilvollen, komfortablen *cabañas* mit ihren kleinen Balkonen, ein Swimmingpool und das exzellente Essen des Restaurants machen diesen Ort zu einem

# Dschungelwanderung auf den Vulkan Sumaco ▶ L 6

Eine abenteuerliche Trekkingtour führt in vier Tagen durch den Nationalpark zum Gipfel des Vulkans Sumaco und zurück. Ausgangspunkt ist das Dorf **Pacto Sumaco** (zu erreichen über die Nebenstrecke Narupa–Loreto), wo man auch einen lokalen Führer über das dort ansässige Tourismusbüro findet.

Der Aufstieg passiert mehrere **Schutzhütten** auf 1700 m, 2500 m und 2800 m Höhe, kann aber auch per Zeltcamp gestaffelt werden. Die Dschungelwanderung führt vorbei am **Affenwald** und an Sammelpunkten von Schmetterlingen. Die Machete voraus, kreuzt man Bäche, kleine Regenwaldlagunen und quer liegende Bäume, watet mitunter durch Schlamm. Ab dem dritten **Refugio, Pava Yacu,** auf 2800 m wird es merklich kühler, die Vegetation wird spärlicher, weniger Moskitos stören. Diese Tour mit drei Übernachtungen ist so aufgebaut, dass man täglich etwa sechs bis acht Stunden geht und am dritten Tag den Gipfel des Sumaco besteigt. Bei gutem Wetter lohnt dort eine **Kratergratwanderung,** den Kratersee hat man dabei jederzeit unter sich.

Die Wanderwege werden von den Führern stets aufs Neue frei geschlagen und machen somit die Besteigung zu einer abenteuerlichen, aber risikofreien Trekkingtour. Die komplette regenfeste Ausrüstung und die Verpflegung für vier Tage sind mitzubringen.

**Den Besuchern des Río Napo präsentiert sich eine Wasserlandschaft von außergewöhnlicher Schönheit**

ökologischen Kleinod und zu einem guten Ausgangspunkt für Exkursionen in die attraktive Umgebung. Angeboten werden Wanderungen, Reiten, Rafting und Schwimmen am Strand des Flusses. Einige Wege sind ohne Guide zu erwandern. Anlagen nur für Hotelgäste. Zimmer 60–72 $ p. P. mit Frühstück und Abendessen. Menü 20 $. Taxis ab Archidona 5 $, ab Tena 8 $.

## Tena ► L 8

Das bereits 1560 von spanischen Missionaren gegründete **Tena** (eigentlich San Juan de los Dos Ríos del Tena) ist Hauptstadt der Provinz Napo, einer 13 300 km² großen Fläche von biologischem Weltrang. Als oberen Napo bezeichnet man den Flussabschnitt von Tena bis Coca.

Die Provinzhauptstadt ist heute Zentrum eines der spektakulärsten **Biosphärenreservate** der UNESCO, das den Nationalpark Sumaco, den Nationalpark Llanganates, die Reserva Ecológica Antisana und Teile der Reserva Ecológica Cayambe-Coca umfasst – mit einer weltweit herausragenden Artenvielfalt auf einer Höhe von 250 m bis 5704 m.

Das recht idyllisch gelegene Städtchen mit seinen kühlenden Nachtwinden aus den Anden hat eine interessante Topografie. So liegt mitten in der Stadt die Halbinsel Isla Amazónica zwischen Río Tena und Río Pano. In ihrem **Parque Amazónico La Isla** (tgl. 9–17 Uhr, Eintritt 2 $) führt ein schöner Lehrpfad durch die Pflanzen- und Affenwelt. Ein Sandstrand und ein hier sauberer Fluss machen das Relaxen leicht.

Tena ist ein ausgezeichneter Ausgangspunkt für Regenwaldtouren und zudem relativ schnell von Quito aus zu erreichen. Die heimischen Kichwa-Indianer des Regenwaldes setzen heute vermehrt auf den Tourismus und konnten bislang einen großen Teil ihres Primärwaldes vor den Maschinen der Agro-, Holz- und Ölindustrie bewahren.

## Infos

**www.capturnapo.com:** touristische Infoseite der Provinz mit umfangreichen Adressenlisten aus Hotellerie, Gastronomie und Reiseservice.

## Übernachten

**Nüchterner Bau am Ufer ▶ Hostal Los Yutzos:** Calle A. Rueda 190 y 15 de Noviembre, Tel. 06-288 67 17, 06-288 67 69, yutzos@uchutican.com. Baulich kein großer Wurf, liegt die Hostería mit ihrem tropischen Garten jedoch direkt am Ufer des Río Pano. Restaurant, Internet. Einfache, geräumige Zimmer mit AC. EZ/DZ 37/49 $, Suiten 48 $ mit Frühstück.

**Traditionelle Pension ▶ Residencial Alemana:** Av. 15 de Noviembre y Puente Carrozable, Tel. 06-288 64 09, 099-157 62 00. Eine der ältesten Herbergen der Stadt mit nettem Garten, Hängematten, einem kleinen Swimmingpool mit einfachen Zimmern oder *cabañas* in familiärer Atmosphäre. EZ/DZ 10/20 $.

**Einfaches Backpacker-Hostal ▶ A Welcome Break:** Calle Augusto Rueda 331 y 12 de Febrero (Ecke), Tel. 06-288 63 01. Hostal mit Hängematten im Garten. EZ/DZ 11/14 $, ohne eigenes Bad 7 $.

**Backpacker-Haus ▶ Hostal Limoncocha:** Sagrado Corazón de Jesús, 300 m oberhalb des Busterminals, Tel. 06-288 75 83, 098-705 31 85. Hilfsbereites, deutsch geführtes Traveller-Hostal auf einer Anhöhe mit Fernsicht, Zimmer mit Kabel-TV, Warmwasser und Ventilator. Internet gratis, Wäscheservice, Hängematten, Tourenvermittlung (Tagestour 40–45 $ p. P., Rafting 45 $ p. P., 3-Tages-Tour zur

Laguna Limoncocha 144 $). EZ/DZ mit Bad 8/15 $, ohne Bad 6 $ p. P., Frühstück 2,50 $.

**… oberhalb des Río Jatunyacu:**
**Mit Panoramablick ▶ Cabañas Amarongachi** und **Shangrila:** Stadtbüro Tena, Av. 15 de Noviembre 438 y 9 de Octubre, Tel. 06-288 82 04, 099-274 74 96, www.amarongachi.com, tgl. 7–22 Uhr. Schöne Naturstoffcabañas mit tollem Blick von der Veranda und breitem Exkursionsprogramm im Regenwald. 2-Tage-Tour/1 Nacht 98 $ p. P., 3-Tages-Tour 147 $, jeweils mit Vollpension.

## Essen & Trinken

**Pizza am Fluss ▶ Pizza Bella Selva:** Av. Francisco de Orellana (Malecón), Tel. 06-288 79 64, tgl. 8–24 Uhr. Kleine Pizzeria mit Außentischen am Flussufer, freundlicher Service. Familienpizza 12–15 $.

**Mit schönem Flussblick ▶ Chuquitos Restaurant:** Calle Juan León Mera y García Moreno (am Parque), Tel. 06-288 76 30, cabaniaschuquitos@gmail.com, tgl. 7.30–21 Uhr. Nationale und internationale, teils vegetarische Küche. Hauptgericht 4,50–9 $.

# Wildwasserfahren im Regenwald

Das Außergewöhnliche an Tena und seiner Umgebung sind die Wasserkonditionen der klaren Flüsse, die den dichten Regenwald durchfließen. So wurde die Region zu einem der weltbesten Plätze für **Rafting** und **Kajaking.** Ecuadors heimliche ›Hauptstadt des Wassersports‹ begeistert mit drei Flüssen, die Topkonditionen bieten: dem Río Jatunyacu, dem Río Hollín und dem oberen Río Napo. Diese werden in verschiedenen Abschnitten mit Wildwasserschwierigkeitsgraden (nach der International Canoe Federation, ICF) von Klasse II bis Klasse V befahren, d. h. von mäßigem Schwierigkeitsgrad mit freien Durchfahrten und mittlerem Schwall bis zu äußerst schwierigen Strecken mit extremen Wasserwalzen und hohen Gefällstufen. An seichteren Stellen und Nebenflüssen findet man tolle Bedingungen auch für das Kajak.

## Oberer Río Napo

**Deutsches Lokal ▶ Pizzeria El Vaga-bundo:** Av. Francisco de Orellana, neben Hostal Brisa del Río, j.halli@gmx.de, tgl. ab 17 Uhr. Mexikanische und deutsche Speisen, Biergarten. Deutsche Leitung, deutsches Bier. Hauptgericht 4–9 $.

**Schweizer Café ▶ Café Tortuga:** Av. Francisco de Orellana (Malecón), Tel. 099-529 54 19, cafetortuga@yahoo.com, Mo–Sa 7.30–21, So–Mo 7.30–12 Uhr. Sympathische, einfache Cafetería mit vegetarischen Gerichten, Crêpes, Snacks und gutem Kaffee bei schönem Blick auf den Fluss; WLAN. Schweizerische Leitung. Frühstück und Hauptgericht jeweils 2–6 $.

### Aktiv

**Wassersport ▶** Die drei gelisteten Agenturen verfügen über das erforderliche Equipment für den Wassersport und erfahrene, meist englischsprachige Guides. Die Preise der Anbieter sind nahezu identisch: **Rafting** je nach Grad ganzer Tag 45–80 $, halber Tag 35–45 $, **Kajak** ganzer Tag 60 $, Kajakkurs 250 $, **Regenwaldexkursion** 100 $ p. P. (2 Tage mit Vollpension). Ferner werden mehrtägige Pakete samt Unterkunft, Verpflegung und Transporten angeboten. Die meisten Raftingstrecken liegen in den Klassen III bis IV+. **Ríos Ecuador:** Calle Tarqui 230 y Díaz de Pineda, frente al Hostal Austria, Tel. 06-288 67 27, 099-680 40 46, Büro in Quito Tel. 02-290 40 54, www.riosecuador.com, Mo–Sa 8–17 Uhr. Raftingtouren ab 65 $. **Aqua Extrem:** Av. Francisco de Orellana 248 (neben Pizzeria Bella Selva), Tel. 06-288 87 46, 098-874 85 70, www.axtours.com, Mo–Sa 8.30–13, 15–20, So 15–19 Uhr. Erfahrung seit 1999, auch Biketouren und Canyoning. **River People:** Av. 15 de Noviembre y 9 de Octubre (Ecke), Tel. 06-288 83 84, www.riverpeoplerafting.com, Mo–Sa 8–18 Uhr. Erfahrung seit 1994, irische Leitung, Pioniere der extremen Raftingklasse V am Río Hollín, Touren ab etwa 70 $ p. P.

### Termine

**Fiestas de la Provincialización:** ab dem 12. Februar im Gedenken an die Provinzgrün-dung etwa eine Woche lang Kulturprogramm in Tena.

### Verkehr

**Bus:** ab Quito, Terminal Terrestre, 6 x tgl. mit Transportes Baños und 6 x tgl. mit Cooperativa Pelileo, Fahrtzeit 5–6 Std., 6 $.

# Die Wasserwelt um Tena

### Misahuallí    ▶ L 8

Am Nordufer des Río Napo zweigt die Straße in **Puerto Napo** nach **Misahuallí** ab. Das Dorf ist ein Travellertreff und guter Ausgangspunkt für Exkursionen. Bereits 15 Fahrminuten vor dem Ort zweigt der beschilderte Weg zu den Wasserfällen **Cascadas de Latas** ab. Schon nach 50 m erreicht man den ersten Wasserfall zum Baden, 100 m weiter führt eine Art Naturfelsen-Rutschbahn in ein tieferes Becken. Noch weiter unten liegen die breiteren Wasserfälle in einem sehr schönen Flussrelief (Eintritt 2 $).

Nahe dem Dorf liegt die von üppigen Bäumen umstandene **Playa de Misahualli,** wo dank der täglichen Fütterung eine Sippe von Kapuzineräffchen lebt und mitunter mit den Touristen spielt oder sie auch ärgert.

### Übernachten

**Garten-Cottage ▶ Jungle Lodge El Jardín Alemán:** Vía Misahualli–Punono, 5 Taximinuten vom Dorf, Tel. 06-289 01 22, 099-981 21 39, www.eljardinaleman.com. Sympathisches und gepflegtes Hostal mit großem Garten, einigen Waldtieren und Restaurant (Frühstück 9 $, Menü 15 $). *Cabañas* mit Hängematten. Verschiedene Touren und Pakete. 92 $ p. P. mit Vollpension.

**Garten-Hostal ▶ Misahuallí Jungle Lodge:** auf der anderen Flussseite, Tel. 06-289 00 63, Büro in Quito, Av. Iturralde y Av. de la Prensa, Tel. 02-224 96 51, 02-245 41 46, www.hosteriamisahualli.com. Mit Swimmingpool, großem Restaurant und traditionellen *cabañas*. Tourprogramme und Schamanensitzungen. DZ 57 $ p. P. mit Frühstück, Tour mit Vollpension in *cabañas* 85 $, in Suite 97 $ p. P.

**Grüner Wohnpark** ▶ **Hotel France Amazonía:** Calle Santander, Vía a Tena, 1 km vom Dorf, Tel. 06-289 00 09, 098-023 63 64, www.france-amazonia.com. Große Wohnanlage unter Gemeindebeteiligung. Verzweigte Wege führen zu palmengedeckten *cabañas* mit teils tollem Flussblick. Außerdem Natursteinpool, Restaurant und Feuerstelle sowie Organisation verschiedener Touren im Regenwald und auf dem Fluss. Ausgezeichnetes Preis-Leistungs-Verhältnis. Unterkunft 20–30 $ p. P. mit Frühstück.

**Nettes Dorfhotel** ▶ **El Albergue Español:** Misahuallí, ein Block vom Parque entfernt, Tel. 06-289 00 04, 098-469 12 71, www.albergueespanol.com. Praktische Unterkunft im Dorf mit Doppel- und Mehrbettzimmern und kleinem Pizza-Restaurant. Die Betreiber unterhalten im Wald eine kleine Jungle Lodge. 12–20 $ p. P.

## Essen & Trinken

**Nettes Café-Restaurant** ▶ **Restaurante Ekokafe:** am Parque im gleichnamigen Hostal, Tel. 06-289 00 19, tgl. 7–22 Uhr. Freundliches, einfaches Restaurant mit Leseecke und internationaler Karte. Hauptgericht 2–6 $. Es werden auch Zimmer vermietet: 8 $ p. P., Frühstück 2,50–3 $.

## Aktiv

**Touren** ▶ Neben den Hotelbetrieben bieten auch Agenturen im Dorf ein breites Spektrum von Touren an: Regenwaldwanderungen, Vogelbeobachtungen, Besuche von Wasserfällen und Höhlen, Rafting, Kajak, Tubing in Lkw-Reifen. Die Tagestourenpreise liegen bei 45–60 $. **Ecoselva Tours:** im Hostal Ekokafe, Tel. 099-815 05 32, ecoselva@yahoo.es. Besondere Empfehlung: der englischsprachige Guide Pepe Tapia. Touren 40–50 $ p. P. und Tag. **Selva Verde:** Av. Santander y Rivadeneyra, am Parque, Tel. 06-289 01 65, 099-821 57 10, www.selvaverde-misahualli.com. Breites Angebot, ebenfalls gute Guides.

## Verkehr

Die **Flussüberquerung** ist unkompliziert ganztags möglich (0,25 $).

## Jatún Sacha   ▶ L 8

Die bereits 1985 gegründete biologische Station **Jatún Sacha** ist eines der ältesten Umweltschutzprojekte des Landes. Die federführende Stiftung betreibt mittlerweile acht private biologische Stationen und Reservate im ganzen Land, für die sie ständig Volunteers sucht. Jatun Sacha, der ›Große Wald‹, ist mit 2000 ha eines ihrer größten Reservate.

# Tipp: AmaZOOnico

Die Bambergerin und in Afrika aufgewachsene Angelika Raimann widmete ihr Leben seit 1993 der Rettung von Tieren am oberen Río Napo. Hier gründete sie damals auf 49 ha das **Centro de Rescate de Animales AmaZOOnico Selva Viva** im Widerstand gegen den illegalen Handel mit Tieren aus dem Regenwald, insbesondere zur Rettung beschlagnahmter, verletzter und misshandelter Tiere. Das Schutzgebiet umfasst heute eine Fläche von 1400 ha, der weitaus größte Teil ist Primärwald. Die geretteten Tiere wie Affen, Papageien und Ozelote werden bei erfolgreicher Genesung nach Möglichkeit wieder ausgewildert, was etwa bei einem Viertel der Tiere gelingt. Zurzeit sind rund 500 Tiere in der Station, für deren Versorgung auch Volunteers gesucht werden. Mit einer Beteiligung von 100 $ im Monat für Kost und Logis zahlen freiwillige Helfer einen fairen und im Vergleich mit anderen Stiftungen niedrigen Beitrag. Der Besuch der Station und Exkursionen ab der angeschlossenen Lodge (s. Liana Lodge S. 331) verbinden Naturtourismus, Gemeinwesen und ein außerordentliches Hilfsprojekt auf vorbildliche Weise. Leider verunglückte Angelika Raimann 2011 bei einem Autounfall tödlich. Die Zukunft des Reservats und der Lodge scheinen aber gesichert (▶ L 8, Vía Santa Rosa km 26, übersetzen in Puerto Barantilla, Schild ›Selva Viva‹, Tel. 099-980 04 63, www.selvaviva.ec, tgl. 7–16 Uhr).

Neben der Erhaltung der biologischen und kulturellen Vielfalt widmet sich die Stiftung der Umwelterziehung und dem nachhaltigen landwirtschaftlichen Anbau. Jatun Sacha unterhält für Volunteers und Touristen einige sehr einfache Schlafräume (Vía Ahuano km 22, Quito-Büro: Tel. 02-233 18 56, 098-513 9369, www.jatunsacha.org, Touristen 30 $ pro Tag, Volunteers 400 $ pro Monat, jeweils inkl. Vollpension).

## Übernachten, Essen

**Lodge mit Adlerhorst** ▶ **Gareno Lodge** (▶ L 8): s. Tipp unten.

**Umweltprojekt** ▶ **Liana Lodge:** Anschrift wie AmaZOOnico, S. 329, www.lianalodge.ec. Gemütliche Lodge mit direktem Blick in den Regenwald, großen Terrassen, Restaurant, Feuerstelle, Hängematten und einem Aussichtspunkt mit Blick auf den Fluss. Die Lodge trägt ein Kichwa-Gemeindekonzept und ist Teil der Tierrettung von AmaZOOnico Selva Viva (s. S. 329). Übernachtung mit Vollpension bei 2 Nächten und 3 Tagen Programm 125 $, 3 Nächte/4 Tage 200 $.

## Ahuano und Santa Rosa
▶ **L/M 6**

Am Nordufer des Río Napo, hinter der Stahlbrücke, führt eine weitere Ausfallstraße Richtung Osten in den Regenwald und trifft dort auf die Gemeinde **Ahuano,** eine kleine Kichwa-Siedlung, die einst als Mission gegründet wurde. Im weiteren Verlauf führt die Piste nach **Santa Rosa,** wo die Straße eine Kontrollstation der Erdölgesellschaften, Sumac Sacha, passiert. An dieser Seitenroute des oberen Río Napo liegen einige sehr schöne **Regenwaldlodges** mit einem guten Exkursionsprofil sowie bemerkenswerte private Schutzgebiete.

## Übernachten, Essen

**Gehobene Regenwald-Lodge** ▶ **Casa del Suizo:** in der Gemeinde Ahuano, Punta Ahu-

**Der in Ecuador Ceibo genannte Kapokbaum kann bis zu 70 m hoch werden**

ano, 1 km vom Dorf, Tel. 06-285 00 20, Quito-Büro: Calle Julio Zaldumbide 397 y Valladolid, Tel. 02-256 60 90, ext. 11, www.casadel suizo.com. Großes Regenwaldhotel an einer Flusskehre mit Swimmingpool, Büfett-Restaurant, Fernseh- und Konferenzraum, einer kleinen Galerie und sehr aufmerksamem Personal. 75 geräumige und gepflegte Zimmer, Ventilator, Balkon und Hängematte. 119 $ p. P. mit Frühstück.

**Am Ufer** ▶ **Cotococha Amazon Lodge:** 45 Min. von Tena, 10 km von der Brücke, beschildert, Büro in Quito: Av. Amazonas N24-03 y Wilson, Tel. 02-223 43 36, 099-904 44 19, Mo–Fr 9–18.30 Uhr, www.cotococha. com. Schöne Lodge am Flussufer mit üppig wucherndem Garten und freundlichen *cabañas* aus Holz und Palmen, Restaurantbetrieb (Frühstück 6,50 $, Hauptgericht 13 $) und Tourprogramm. Die Lodge kommt bislang ohne Stromversorgung aus. Programm 3 Tage/2 Nächte 235 $/2 Pers.

## Villa Huaorani Gareno
▶ **O–Q 7/8**

Die **Villa Huaorani Gareno** ist eine indianische Gemeinde nahe der gleichnamigen

---

# Tipp: Gareno Lodge

Die idyllische Lodge am Río Gareno liegt im Reservat der Huaorani-Indianer, wird aber von einer Kichwa-Gemeinde betrieben. Die Lodge liegt in einer Zone mit außergewöhnlicher Vogelvielfalt – Star der Umgebung ist ein Pärchen von Harpyie-Adlern. Im Angebot sind Kanutouren, Wanderungen von 3 bis 4 Std. Länge, Besuch einer Huaorani-Gemeinde, Baden im See und Nachtwanderungen. **Gareno Lodge** (▶ L 8): Vía Santa Rosa bis zum Kontrollpunkt Sumac Sacha und weitere 9 km (20 Min.) Richtung Sumino, insgesamt ab Tena 75 km, Tel. 098-618 03 32, churipe dro@yahoo.es. Einfache *cabañas* mit Bad und Warmwasser, aber ohne Strom samt Vollpension und Touren 60 $ pro Tag und Person. Transport beide Wege ab Tena 90 $, Eintritt ins Huaorani-Reservat 20 $.

Lodge. Die einstigen Nomaden des Volkes der Huaoranis – der Name bedeutet übersetzt ›die Menschen‹ – haben sich vor etwa 40 Jahren niedergelassen und befinden sich unübersehbar im Kontakt mit der Zivilisation und den benachbarten Kichwa-Gemeinden. Dennoch haben sich die Huaorani in Jagd, Schmuck und Handwerk, aber vor allem in ihrer Kosmovision und ihren Mythen viel Ursprüngliches erhalten. So lohnt ein Besuch dieser Gemeinde unbedingt.

Um sich selbst nicht einfach auszustellen, sondern auch vom Tourismus zu profitieren, erheben sie eine Geführ von 10 $ von jedem Besucher in ihrer Gemeinde. Ein Besuch bietet sich in Kooperation mit der Gareno Lodge (s. S. 331) an.

## Übernachten, Essen

**Abgeschieden ▶ Yachana Lodge:** in der Nähe der Gemeinde Mondaña, etwa 2 Std. per Motorkanu von Misahuallí oder auch stromaufwärts von Coca, Quito-Büro: Reina Victória N21-226 y Vicente Ramón Roca, Tel. 02-252 37 77, 099-725 82 35, www.yachana. com. Völlig abgelegene und ökologisch einwandfrei geführte Lodge am Flussufer des Río Napo mit einem guten Restaurant. Langjähriges Gemeindekonzept (u. a. mit biologisch angebautem und fair gehandeltem Kakao). Komfortable, großzügige Zimmer. 2/3 Nächte mit Vollpension und Exkursionen 506/759 $ p. P.

**Indianisches Projekt ▶ Sinchi Pura:** Comunidad Talag/La Serena, Río Jatunyacu, 22 km südwestlich von Tena, tgl. 4 Busse oder Taxi (10 $), Tel. 099-250 04 62, 06-301 87 57. Neueres indianisches Tourismusprojekt der Asociación Kichwa Sinchi Pura mit Waldexkursionen zu Seen, einem Wasserfall, einem Aussichtspunkt und Wassersport wie Kajak und Rafting, dabei stets in engem Kontakt zur Gemeinde. Einfache *cabañas*. Übernachtung mit Vollpension und Exkursionen 45 $, Studenten 38 $, nur Schlafplatz 8 $. Sinchi Pura bietet eines der preiswertesten Regenwaldprogramme überhaupt. Ein recht authentisches Gemeindeprojekt für Leute ohne hohe Komfortansprüche.

# Abstecher in den Süden und Südosten

Weiter im südlichen Teil des ecuadorianischen Regenwaldes finden sich nicht mehr so viele Lodges und Reisemöglichkeiten wie im Quito nahen Norden. Aber einige Optionen im Raum **Puyo** sind dennoch bemerkenswert.

## Übernachten

**Mit Wasserfall ▶ Las Cascadas Jungle Lodge:** ▶ L 9, Santa Clara, Gemeinde Cajabamba II, 40 km nördlich von Puyo, Tel. in Quito 02-250 06 60, www.surtrek.com/cascadas_jungle_ecuador. html. Kleine Lodge an einem 35 m hohem Wasserfall. 3/4 Tage mit Vollpension, Programm und Landtransport ab Quito (5 Std.) 540/700 $ im DZ.

## Fátima ▶ K 9

Da wäre zunächst **Fátima**, ein zoologisches Zentrum des Indígena-Verbandes OPIP, 9 km vor Puyo. Ureinwohner und Biologen errichteten hier eine **Aufzuchtstation für bedrohte amazonische Tiere,** die einst Grundnahrungsmittel der Indígenas waren und wichtige Stellen der Nahrungskette im Regenwald bildeten. Diese Tiere sind heute jedoch von der Rinderzucht und anderen zivilisatorischen ›Errungenschaften‹ in ihrem Bestand und in ihrer Bedeutung gefährdet. Den Schutz des Centro Tecnológico de Recurcos Amazónicos, Fátima, so der komplette Name, genießen u. a. die Süßwasserschildkröten *charapas,* Kaimane, Tapire und der Capibara, das größte Nagetier der Erde. Der zoologische Park ermöglicht es, Tiere des Regenwaldes aus nächster Nähe zu sehen (Kontakt: Gemeinde Fátima, 8 km nördlich von Tena, Tel. 099-288 93 75, tgl. 8–17 Uhr, Eintritt 2 $).

## Puyo und der Río Pastaza ▶ K 9

Die lebendige Hauptstadt der großflächigen Regenwaldprovinz Pastaza, **Puyo,** zählt heute etwa 25 000 Einwohner. Die Kleinstadt ist ein regionales Handelszentrum für landwirtschaftliche Güter und Gebrauchsgegenstände aller Art. Sie ist verhältnismäßig preiswert und gilt als sicher für Reisende.

Nur 1 km vor der Stadt lädt der **Paseo Turístico Río Puyo** zu einem etwa 2,5 km langen und leichten Wanderweg entlang dem Río Puyo ein. Am Beginn des Weges liegt dem der **Parque Pedagógico Etno-Botánico Omaere,** ein von der EU finanziertes Projekt. Speziell ausgebildete, Spanisch sprechende Führer informieren hier über Kultur sowie medizinale und botanische Pflanzen der Region und erklären im Park, wie die Häuser der Kichwas, Huaoranis, Shuar und Záparos gebaut wurden.

## Infos

**Orientierung:** Der **Parque Principal** liegt nur einen Block vom Fluss entfernt. In den Parallelstraßen südlich des Parque, Calle Bolívar, Calle Atahualpa und Calle Francisco de Orellana, finden sich die meisten Geschäfte und Restaurants.

**Regionales Tourismusbüro:** einen halben Block vom Parque entfernt, in der Calle Marín y 9 de Octubre, Piso 4, Tel. 03-288 46 55.

## Übernachten, Essen

**Flusshotel** ▶ **Hostal El Jardín:** Paseo Turístico del Río Puyo – Barrio Obrero, außerhalb der Stadt hinter der Hängebrücke, Tel. 03-288 77 70, www.eljardinrelax.com.ec. Größeres, zweistöckiges Hostal in ruhiger Lage am Fluss mit nettem Restaurant und eigenem Parkplatz. Zimmer inkl. Frühstück, Internetzugang, WLAN und Wäscheservice 40 $ p. P. mit Frühstück.

**Komfortabel** ▶ **Hostería Turingia:** Calle Ceslao Marin 294 y Francisco de Orellana, Tel. 03-288 51 80, www.hosteriaturingia.com. Zentral gelegene Garten-Hostería mit kleinem Swimmingpool, Parkplatz und Restaurant (Hauptgericht 8 $), Zimmer mit Kabel-TV, Ventilator und Telefon. EZ/DZ 28/45 $, Frühstück 4,50 $.

**Gepflegt** ▶ **Hostal Las Palmas:** Av. 20 de Julio y 4 de Enero, Tel. 03-288 48 32, hostal_laspalmas_puyo@yahoo.com. Sympathisches Hostal mit Restaurant, Garage, Internet, kleinem Garten und Terrasse mit Hängematten.

Saubere Zimmer mit Kabel-TV. EZ/DZ mit Frühstück 15/26 $.

**… in Mera bei Shell** (▶ K 9):
**Schweizerische Spezialitäten** ▶ **Hostal La Loma:** Shell-Mera, Tel. 03-279 52 16. Gastfreundliches schweizerisches Hostal mit bei klarem Wetter prächtigem Blick in die Anden und vielfältigem Ausflugsprogramm. Restaurant. Solide, sehr gepflegte Zimmer ab 24 $ p. P. mit deftigem Frühstück.

## Einkaufen

**Kunsthandwerksladen** ▶ **Jana Puma** der Pueblos Indígenas de Pastaza (OPIP): Adresse wie Papangu-Atacapi (s. u.). Gute und preisgünstige Auswahl an Balsaholzkunst, Keramik, Schmuck, Blasrohren u. a. direkt aus den Gemeinden des Regenwaldes.

## Aktiv

**Spannendes Gemeindeprojekt** ▶ **Papangu-Atacapi Tours:** Calle 9 de Octubre y Atahualpa (anterior municipio), Tel. 03-288 38 32, http://papangu.yuricrea.it. Das lange Jahre vom Deutschen Entwicklungsdienst beratene Projekt für Umweltschutz und Tourismus des Verbandes der Indígenas in der Provinz Pastaza (OPIP) bietet einen spannenden Einblick in den Regenwald und in das Leben der Gemeinden. Die mehrtägigen Touren lassen eintauchen in Pflanzenwelt, traditionelle Landwirtschaft, Naturmedizin, Spiritualität und Kultur.

**Mit dem Mountainbike nach Puyo** ▶ Die Route **Baños–Puyo** ist eine der schönsten und abenteuerlichsten Mountainbikestrecken Ecuadors. Man kann bequem samt Rad im Bus nach Baños fahren und dann die Canyon-Abfahrt genießen. Es geht großenteils bergab, erst gen Ende vor Shell und Puyo passagenweise bergauf.

## Verkehr

**Bus:** Die Buskooperativen San Francisco, Sangay, Amazonas, Flota Pelileo, Riobamba und Centinela del Oriente fahren mehrmals täglich von und nach Baños, Ambato, Quito, Riobamba, Tena, Coca und Guayaquil. Der Terminal liegt am Stadtrand.

## Oberer Río Napo

**Flug:** Im Vorort Shell gibt es einen Flugplatz für Charterflugzeuge aus Quito, aber auch für die zahlreichen Flüge kleiner Propellermaschinen in den Regenwald, für die Gemeinden sowie für Touristen. Flugabwicklung, Charter und Rundflüge über die Agenturen und den Flughafen in Shell.

## Macas  ▶ K 12

Von Puyo erreicht man nach anstrengender, mehrstündiger Busfahrt nach Süden die etwas gesichtslose Regenwaldstadt **Macas,** Hauptstadt der Provinz Morona-Santiago und damit von großer Bedeutung für die Indianer der Shuar, welche in dieser Provinz die weitaus größte Landbevölkerung stellen. 13 500 Menschen leben in dem 1000 m hoch gelegenen, verschlafenen Städtchen am Ufer des Río Upano und genießen mit der erneuerten Brücke über den Fluss mehr Anschluss an den Rest des Landes. Derweil unterhalten die italienischen Ordensbrüder der Salesianer seit Jahrzehnten eine ›Flugmission‹ in Macas, auch um die Ureinwohner auf den katholischen Weg zu bringen. Von der hoch über Macas thronenden Kirche eröffnet sich ein fantastischer Blick auf den Río Upano und den Urwald-Höhenzug Vieja Cordillera de Cutucú. Die Stadt kann als Ausgangspunkt zu Regenwaldexkursionen genutzt werden, wenngleich die Region logistisch nicht so weit entwickelt ist wie der Río Napo. Aber über die Handvoll lokaler Agenturen in Macas erhält man den vielleicht authentischsten Einblick in die Welt der Shuar.

## Infos

Eine ausführliche Liste mit allen Kontakten zu Hotels, Restaurants, Reiseagenturen und weiteren Einrichtungen findet sich auf **http://turismo.moronasantiago.gob.ec.**

## Übernachten

Etwas charmanter ▶ **Hostal La Orchidea:** Calle 9 de Octubre y Sucre, Tel. 07-270 09 70. Einfache und familiäre Pension mit sauberen Zimmern. EZ/DZ 11/12 $ p. P.
Sachliches Stadthotel ▶ **Hotel Peñón del Oriente:** Calle Domingo Comín y Amazonas (Ecke), Tel. 07-270 01 24, 07-270 04 50. Kleines Hochhaus am Markt. Zimmer schlicht, aber akzeptabel, etwas laut. EZ/DZ 9/16 $.

## Aktiv

Exkursionen ▶ Neben dem Regenwald und den Shuar-Gemeinden werden auch Expeditionen in den **Sangay-Nationalpark** in den Anden angeboten. **Amazonía Corazón de la Selva:** Domingo Camin y Av. Amazonas, einen Block von der Banco del Austro entfernt, Tel. 099-346 45 21. Spezialität sind Exkursionen in den Sangay-Nationalpark, z. B. als Tour mit 3 Nächten zu 250 $ für 2 Personen. **Aventura Tsunki Touring:** Av. Amazonas y Domingo Comín, tsunki@cue.satnet.net.

## Verkehr

**Flug:** Tägliche Flüge nach Quito mit TAME, am Flughafen, Tel. 07-270 49 40, www.tame. com.ec. ›Flugmission‹ der Salesianer im Flughafen, Tel. 07-270 01 42, sam@salesianos. org.ec, Regenwaldflüge ab 40 $ p. P.
**Bus:** tgl. mehrere Direktbusse von Turismo San Francisco auf der Route Quito–Baños–Puyo–Macas, Fahrtzeit ca. 12 Std. Weitere Busse nach Cuenca und Loja.

## Kapawi Lodge  ▶ N 12

Edles Regenwaldcottage an einer stillen Lagune des unteren Río Pastaza und innerhalb eines 5000 km² großen Reservats der Achuar. Hervorragender Service und großartige Biodiversität in den Händen eines ambitionierten Gemeindekonzeptes. Erlesene *cabañas* mit Veranda direkt am Wasser.

## Übernachten

Ferne Luxuslodge ▶ **Kapawi Lodge:** Quito-Büro: Av. Granados E14-958 y Charapa, Edificio Los Granados, oficina 2A, Tel. 02-600 93 33, www.kapawi.com. 4-Tage-Tour (3 Nächte im DZ) 940 $, 5-Tage-Tour 1175 $, zzgl. Flug Quito–Kapawi–Quito 390 $ p. P. Gemeindegebühr 35 $.

**Beobachtungsstation im Regenwald – nicht nur spannend für Ornithologen**

# Unterer Río Napo

Unter den zahlreichen Schutzgebieten der Provinz Orellana ist der Nationalpark Yasuní am unteren Río Napo der bedeutendste. Der 1979 eingerichtete Parque Nacional wurde 1989 von der UNESCO zum Biosphärenreservat erklärt. Yasuní ist der größte Nationalpark des Landes und verfügt über eine unglaublich hohe Artenvielfalt. Mit den angrenzenden Gebieten ist er ein Eldorado für Biologen und Touristen.

## Río Napo ▶ N–S 6–8

Der wichtigste Fluss des ecuadorianischen Regenwaldes ist der Río Napo. Dieser Amazonaszufluss ist der breiteste des Landes. Ab der Regenwaldstadt Coca ist er sogar schiffbar bis nach Iquitos in Peru und damit über den Río Amazonas bis nach Brasilien und in den Atlantik. Dabei bestehen zwar sporadische Schiffsverbindungen, aber bis heute existiert zwischen Ecuador und Peru noch kein Linienverkehr per Boot.

Der Río Napo ist ein flacher Strom, der mehrere 100 m breit werden kann, dann aber von weiten Sandbänken durchzogen ist. Vor allem bei Niedrigwasser ist die Navigation daher schwierig, zumal auch Baumstämme aus dem Regenwald in den natürlichen Fahrrinnen liegen. Doch die *motoristas* der vielen schmalen Boote kennen den Verlauf des Flusses und seine Tücken trotz des trüben Wassers verblüffend gut. Sie scheinen fast jeden kleinen Strudel genau zu interpretieren und lenken die Boote mit Geschick um fast jedes Hindernis herum.

### Die ›Bewohner‹ des Waldes

Der Fluss ist die Lebensader der erst vor wenigen Jahren gegründeten Provinz Orellana und ihrer Hauptstadt Francisco de Orellana, die seit *motorista* Gedenken El Coca oder schlicht Coca genannt wird. Etwa 90 000 Menschen leben in der Provinz, darunter Indígenas dreier Ethnien: neben zahlreichen Gemeinden der Kichwas Amazoniens auch Huaoranis, die sich zunehmend von ihrem Nomadenleben abkehren und ebenfalls Siedlungen im Familienverbund gründen, weiterhin einige Shuar im abgelegenen Südosten der Provinz.

Allein 107 Reptilienarten und 111 Arten von Amphibien wurden bis dato in **Yasuní** registriert. Der Park zählt über 2500 Baumarten und weist mit bis zu 283 Arten auf einem einzelnen Hektar Fläche am unteren Río Napo eine immense Baumartendichte auf. Daher haben die biologischen Fakultäten mehrerer renommierter Universitäten des Landes gerade hier ihre Forschungsstationen aufgebaut, so auch die Universidad Católica und die Universidad San Francisco de Quito. Aus diesem Grund liegen eine Vielzahl von attraktiven Regenwaldlodges für die Reisenden aus aller Welt an den Ufern des Río Napo, seiner Nebenflüsse und Lagunen. Der Eintritt in den Nationalpark kostet 10 $.

### Tourismus statt Erdöl

Unvermeidbar sind die Regenwälder von Orellana und auch der Nationalpark selbst gleichzeitig Fördergebiet der Erdölindustrie, was zu den bekannten Konflikten mit Ureinwohnern, Ökologen und Touristen führt. Der spanische Konzern Repsol und die nationale Petroecuador sind u. a. am Río Napo aktiv. Der Tourist bemerkt das an der industriellen

Schifffahrt auf dem Fluss, wo teilweise schweres Gerät und Fahrzeuge mit Fähren transportiert werden, sowie an gelegentlichen Helikopterflügen über den Baumwipfeln. In den vergangenen Jahren verstärkte sich im Gefolge der *petroleros* leider auch der Raubbau am Wald.

Es malt die Sache schön, wenn es heißt, dass die Indianer des Regenwaldes von Orellana »den Eroberern, den Kautschukbaronen, den Erdölkonzernen und den Epidemien widerstanden« hätten, wie die Provinzregierung schreibt. Immerhin richtig sieht sie die »dringende Aufgabe, die indianischen Kulturen zu bewahren und vor allem den Regenwald zu schützen, diesen wahren Protagonisten der Geschichte und die Wiege einer facettenreichen, geheimnisvollen und fantastischen Geografie des Menschen«.

Dank des Widerstandes vieler Gemeinden konnten bis heute wichtige Reservate und

Regionen vor dem Zugriff der *petroleros* geschützt werden, sodass die Regenwälder am mittleren und unteren Río Napo zu den in biologischer Hinsicht besten Plätzen der ecuadorianischen *Región Amazónica* zählen.

Der Tourismus selbst ist ein weitgehend nachhaltiger, konstruktiver und öffentlichkeitswirksamer Gegenspieler der Erdölindustrie und bildet zudem eine wirtschaftliche Alternative für die Regenwaldbewohner.

# Francisco de Orellana (Coca) ▶ N 6

## Geschichte

An diesem Ort begann Anfang 1542 die dramatische Entdeckungsreise des erst 30-jährigen spanischen Leutnants Francisco de Orellana und seiner 57 Soldaten. Auf der Suche nach dem Zimtland spülte ihn der Río

**Farbenfroher Bewohner des Regenwaldes: der Zwergfrosch**

## Unterer Río Napo

Coca an Bord eines selbst gebauten Segel-bootes in den großen Río Napo. Im weiteren Verlauf des Napo-Flusses trennte sich Orellana von General Pizarro, um Verpflegung zu besorgen, wie es hieß. Oder aber um nicht mehr an den Greueltaten des Indianerschän-ders Gonzalo Pizarro teilzuhaben, wie andere Historiker mutmaßen. Und hierher, an den Ort des heutigen Coca, kehrte Orellana nie wie-der zurück. Denn der Río Napo trug ihn in die Europa unbekannte Welt des Regenwaldes und der wilden Waldindianer. Zwischen den Angriffen mit Giftpfeilen fand Francisco Orel-lana jedoch immer wieder Indianer, die ihm Geleit und Schutz boten, sodass er letztend-lich nach sechs Monaten der Odyssee auf dem Strom den Atlantischen Ozean erreichte, was dem Abenteurer somit kurz vor seinem Tod den unverhofften Titel als ›Entdecker des Río Amazonas‹ einbrachte.

## Coca heute

470 Jahre später trägt das 18 000 Einwohner zählende Siedlerstädtchen an Río Napo und Río Coca den Namen des spanischen Entde-ckers. Francisco de Orellana, kurz Coca ge-nannt, ist auch die Hauptstadt der Provinz Orellana und hat sich im Zuge der Erdölaus-beutung im Oriente zu der nach Lago Agrio zweitwichtigsten Stadt des Regenwaldes ent-wickelt. Der zeitweise hohe Ölpreis und die starke Hand der Bürgermeisterin haben auch Coca in jüngster Zeit einen bescheidenen Aufschwung beschert: Die Uferpromenade wurde gepflastert, daneben entsteht ein mo-dernes Einkaufszentrum, und ein neues Fünf-

**Blick von der Öko-Lodge in die Weite Amazoniens**

Sterne-Hotel lädt in die Spa-Anlagen ein. Mit dem Asphalt auf den wichtigsten Straßen verschwanden in Teilen auch der Staub und die einst beunruhigend hohe Kriminalität. Ein Ferienziel ist Coca damit jedoch noch lange nicht. Der Tag beginnt weiterhin mit einem *desayuno petrolero* (›Ölarbeiter-Frühstück‹) und endet tränenreich bei Karaoke. Es sei das ›Paris des Oriente‹, meint wiederum der deutsche Arzt Michael Knipper, der jahrelang nahe Coca forschte, »gemischt mit einem Schuss Bronx und Macondo«. Dieser medizinethnologische Forscher lehrt heute im Institut für Geschichte der Medizin an der Uni Gießen.

Wer das alltägliche Leben auf den Straßen betrachtet, stellt fest, dass die Menschen in Coca heute anscheinend gerne ausgiebig miteinander tratschen und singen, abends vor dem Fernseher sitzen oder Kugeln über grüne Tische jagen und ansonsten viel verreisen – ein Leben, dass offenbar krank macht. Denn selten findet man eine derart hohe Dichte von Telefonkabinen, Karaokebars, Videoverleihen, Billardkneipen, Taschenhändlern und auch Apotheken wie in Coca. Aber vielleicht ist genau das die einzig mögliche Überlebensform in einer feuchtwarmen Stadt mit Durchschnittstemperaturen von 25 °C …

## Ausflug zu den Wasserfällen bei Coca

Wer einen halben oder ganzen Tag in Coca zu verbringen hat, findet einige erfrischend schöne Wasserfälle in der Umgebung. Mit dem Bus oder Taxi erreicht man binnen einer Stunde etwa die **Cascada de las Conchas,** die **Cascada de San Pablo** oder auch die **Cascada El Refugio de los Loros,** die zum Baden einladen. Teilweise muss man sich vor dem Besuch der Wasserfälle bei der Gemeinde anmelden, weswegen ein vorheriger Kontakt zum Tourismusbüro in Coca empfohlen wird.

## Infos

**Orientierung:** Eine zentrale Brücke quert den Río Napo und mündet am Nordufer in die zentrale Geschäftsstraße Avenida Lavaca.

Zwei Parallelstraßen weiter im Westen verläuft die logistisch wichtige Calle Napo, die an den Anlegestellen des Flussufers und damit an der Promenade endet.

**i-Tur:** Calle Chimborazo Z1-S 83-04 y Amazonas (am Malecón), Tel. 06-288 05 32, www.orellanaturistica.gob.ec, turismo@orellana.gob.ec, Mo–Fr 8–12, 14–18 Uhr. Freundliches, städtisches Tourismusbüro mit Prospekten von der Provinz und reichlich Postkarten. Das Personal spricht nur Spanisch. **Regenwaldtouren** sind besser in den Agenturen in Quito oder Guayaquil zu buchen.

## Übernachten

**Modernes Stadthotel ▶ Hotel El Auca:** Calle Napo y García Moreno, 300 m vom Fluss, Tel. 06-288 01 27, www.hotelelauca.com. Freundliches, gepflegtes Hotel der Mittelklasse und recht schöne Holzcabañas, beides um einen kleinen tropischen Garten samt Affen und Guatusa-Tapiren gruppiert. EZ/DZ mit Kabel-TV, Minibar und AC 42/67 $, *cabaña* 40/61 $.

**In die Jahre gekommen ▶ Hotel La Misión:** Río Napo, 200 m östlich der Brücke, Tel. 06-288 05 44, 06-288 02 60, hotelamision@hotmail.com. Auf den Grundmauern der Kapuzinermission an dem hier einst idyllischen Ufer des Río Napo entstand in den 1980er-Jahren eine große Hotelanlage. Dem Objekt mit Pool (auswärtige Gäste 2 $), Wasserrutsche, Disco, Fitnessraum und ein paar tropischen Haustieren fehlen Renovierung und ein besserer Service, um an den Glanz vergangener Zeiten erinnern zu können. Geräumige, teils laute Zimmer mit Minibar, TV und alter AC. EZ/DZ mit Kabel-TV 32/45 $.

**Einfache Uferpension ▶ Hotel Oasis:** Calle Camilo de Toreno y Alejo de Vidanio, Tel. 06-288 02 06, www.yuturilodge.com. Pension im Stil eines amerikanischen Motels mit eigenen Parkplätzen, TV und Uferterrasse bei gutem Preis-Leistungs-Verhältnis. EZ/DZ ohne AC 13/18 $, mit AC 18/22 $.

## Essen & Trinken

**Hotelrestaurant ▶ Restaurant Dayuma:** im Hotel El Auca (s. Übernachten), Tel. 06-288

## Unterer Río Napo

06 00, tgl. 6.30-21.30 Uhr. Reiche Auswahl an nationaler und teils internationaler Küche, guter Service in einem hellen, hohen Restaurant mit nettem Gartenblick. Mittagsmenü 6 $, Hauptgericht 7–10 $.

**Kleine Pizza-Bar ▶ Restaurant Pizza Choza:** Calle Rocafuerte y Napo, Tel. 06-288 10 25, suzancabrera@yahoo.com, Mo–So 18–22 Uhr. Sehr leckere Pizza in stilvoll eingerichtem Restaurant mit angenehmer Atmosphäre und Musik unter kanadischer Leitung; der ›hühnchenfreie Lichtblick‹ in Cocas Gastronomie. Pizza ab 5 $.

### Aktiv

**Exkursionen ▶ River Dolphin Expeditions:** Bürositz in Puyo-Shell, Av. las Unidades y Demetria Aviles, Tel. 098-725 20 22, www.amazonecuadoryasuni.com, tgl. 7–12, 13–19 Uhr, Kontakt vor Ort: Tel. 03-279 53 85, 099-460 30 87 (Randy Smith und Ramiro Viteri). Veranstalter von Boots- und Angeltouren, Vogelbeobachtungen und Gemeindebesuchen. Bootscharter nach Iquitos/Peru auf Anfrage.

### Verkehr

**Flug:** Täglich etwa 9 Flüge verbinden Coca mit Quito (55–63 $ pro Flug). TAME bietet zudem einen preiswerten Quito-Anschluss u. a. nach Guayaquil, Cuenca und Esmeraldas. TAME: Calle Napo y Rocafuerte, Ecke Edif. Amazonas, Tel. 06-288 10 78, www.tame.com.ec, Mo–Fr 7–19, Sa 7–16, So 8–16 Uhr. VIP Airline: Büro im Flughafen, Tel. 06-288 17 42, 1-800-84 78 47, www.vipec.com.

**Bus:** Transportes Baños, Calle Napo y Bolívar, Tel. 06-288 01 82, 6.30–24 Uhr. Tgl. 10 x nach Quito und 5 x über Loreto, Tena, Puyo und Baños nach Ambato. Weitere Kooperativen im Ort.

**Bootsverkehr:** Cooperativa de Transporte Fluvial Orellana, Malecón y Calle Chimborazo (an der Capitaniá), Tel. 06-288 00 87, 099-146 01 82, jorgevicente35@yahoo.com. Mo, Do 8 Uhr über Pañacocha zur Grenze nach Nuevo Rocafuerte, Fahrtzeit 11–12 Std., Do 7.30 Uhr ab Coca, So 5 Uhr ab Nueva Rocafuerte, 15 $ pro Weg (▶ S 8). **Hinweis:** Für die abenteuerliche Ausreise über den Río Napo nach Peru empfiehlt es sich, bereits in Coca bei der Migración die Ausreiseformulare in Ordnung zu bringen.

**Taxiruf:** Tel. 06-288 01 69.

## 11 Nationalpark Yasuní

▶ O–R 6–9

Mit fast 1 Mio. ha Fläche ist der **Parque Nacional Yasuní** der größte Nationalpark auf dem ecuadorianischen Festland. Die zahlreichen Flüsse in einer der bedeutendsten Quellregionen des Amazonasbeckens haben eine sanfte Hügellandschaft aus der Weite des tropischen Regenwaldes geformt, der hier in Höhenlagen von 300 bis 600 m gedeiht. Die zum Park zählenden Quellgebiete der Flüsse Napo, Yasuní, Tiputini, Nashiño, Cononaco Curara und in Teilen Curaray beherbergen berühmte Regenwaldvölker wie die Huaoranis, eine extrem hohe pflanzliche Artenvielfalt und eine großartige Fauna.

Der wichtigste Fluss und die touristische Lebensader des Parks ist der untere Río Napo. Ihm gliedern sich zahlreiche Nebenflüsse, darunter biologisch wertvollste Schwarzwasserflüsse (s. Thema S. 344) und Lagunen wie am Río Añangu an. In und an den westlichen Randzonen des Nationalparks ist mit mehreren hoch- und mittelklassigen Regenwaldlodges eine exzellente Infrastruktur für Exkursionen und Leben an den Ufern der Amazonaszuflüsse entstanden. Die meisten Lodges werden auf dem Wasserweg von der Stadt Coca aus nach Osten über den von mehr als 100 Inseln gesäumten Río Napo erreicht. Unvermeidbar dabei ist der gelegentliche Kontakt mit der Erdölbranche (Parkeintritt 10 $).

### Estación Científica Yasuní

Vormals unter der Leitung des deutschen Biologen Friedemann Köster betreibt die renommierte Katholische Universität von Quito (PUCE) seit 1994 eine gut ausgestattete biologische Forschungsstation inmitten des Nationalparks Yasuní und im Reservat der Huaoranis. Forscher können sich in Quito anmelden und einen Aufenthalt in der Station vereinbaren (Kontakt: Estación Científica Yasuní, Pontificia Universidad Católica del Ecuador, Avenida 12 de Octubre 1076 y Roca, Quito, Tel. 02-299 16 79, www.biologia.puce.edu.ec).

# Über den Río Napo zur Lodge ▶ O/P 6

Fast alle Lodges und Flussschiffe werden von Coca aus angefahren – jeden Tag verlässt eine Vielzahl von *lanchas* die Molen der kleinen Regenwaldstadt. Bis zu 80 Personen besteigen dann ein Motorkanu gen Osten. Bessere Lodges verfügen über eigene Schnellboote mit bequemen Sesseln und einem Rundumschutz gegen Spritz- und Regenwasser. Andere Veranstalter schieben Gäste auf die lange Holzbank ihrer Riesenkanus – hart, aber reizvoll. Die Kanus sind schnell und effektiv, ihre Skipper stehen mit höchster Konzentration am Heck des Bootes. Sie umkurven die Sandbänke, fahren teils sehr nah an den sattgrünen Ufern vorbei, an denen manchmal Indianerinnen waschen oder Kinder spielen. Grandios sind die Wolkenbilder, die gerade über dem offenen Río Napo hervorragend zu sehen sind.

In der Nähe der Lodges muss man wegen der weniger tiefen Nebenflüsse dann meist auf ein kleines Kanu wechseln, oder man ist bereits wenige Schritte von seiner *cabaña* entfernt. Die Magie des Río Napo ist ergreifend, und ein Hauch des großen Amazonas liegt bereits über seinen sanften Wellen und Strudeln. Die Route führt nun von Coca zu allen wichtigen Lodges und Exkursionsschiffen bis an die peruanische Grenze, die von Touristen selten aufgesucht und nach etwa 300 km und elf Stunden erreicht wird. Alle Lodges liegen im oder in unmittelbarer Nähe des Nationalparks Yasuní und verfügen über Primärwald in direkter Umgebung.

## Übernachten

**Lodge am stillen See** ▶ **Napo Wildlife Center:** ▶ P 6, Lodge an der Laguna Añangu, 70 km östlich von Coca, s. S. 343.

**Für den Kurzaufenthalt** ▶ **Yarina Lodge:** ▶ O 6, Río Napo 25 km östl. von Coca, Büro in Quito: Av. Amazonas N24-240 y Colón, Tel. 02-250 40 37, www.yarinalodge.com. 20 *cabañas* für bis zu 4 Pers., relativ nahe an Coca, Turm von 45 m Höhe. Buchbar flexibel 75 $/Tag. 3 Tage/2 Nächte 270 $ p. P., 4 Tage/3 Nächte 360 $ p. P.

### Auf der Manatee Amazon Explorer

Das charmante dreistöckige Schiff Manatee Amazon ist eine Amazonien-Alternative für Leute, die ›kreuzfahrtähnlichen‹ Übernachtungskomfort suchen oder ungern im Regenwald selbst schlafen möchten. Das ruhig im Wasser liegende, 27 m lange und 7 m breite Schiff bietet Platz für bis zu 30 Übernachtungsgäste und macht täglich zwei Stopps an den Ufern des Río Napo. Von dort geht es dann in der Gruppe zu Fuß auf Waldwegen oder im Kanu auf kürzeren **Ausflügen in den Regenwald** und zu einer Kichwa-Gemeinde. Auch der 30 m hohe **Baumturm der Sani Lodge** (s. unten) wird im Tourenverlauf bestiegen.

# Tipp: Pfad durch die Baumwipfel

Das englische Wort *canopy* bezeichnet den Lebensraum von Tieren und Pflanzen in der 10 m dicken Schicht aus Ästen und Blattwerk in den Baumkronen, so z. B. von Epiphyten, Flechten, Lianen und Affen, Vögeln oder Insekten. Gerade im Regenwald ist die Biodiversität dieser Baumkronen-Biotope am größten. Um sie genau betrachten und erforschen zu können, bedienen sich Wissenschaftler und in ihrem Gefolge viele Reisende der in großer Höhe angelegten Wipfeltürme und -pfade. Der bislang längste dieser inzwischen zahlreich vertretenen Canopy Walks ist der **Sacha Bird Walk** auf dem Gelände der Sacha Lodge (s. S. 342). Hier sind drei Gittertürme über 275 m Länge durch einem schwebenden Pfad zwischen den Baumwipfeln in 30 m Höhe verbunden.

# Unterer Río Napo

Das vergleichsweise wenig anstrengende Programm auf und mit der Amazon Explorer ist eine Art Regenwald *light,* entbehrt etwas der Authentizität des Lebens im Wald, doch hat durchaus seine Reize, zumal nur tagsüber in meist kürzeren Abschnitten gefahren und nachts am Ufer des Flusses festgemacht wird. Ein kleines Vortragsprogramm rundet das Erlebnis ab.

## Übernachten

**Regenwaldschiff ▶ Manatee Amazon Explorer:** Río Napo, Liegeplatz Indillana, 2 Bootsstunden östlich von Coca, Büro in Quito: Advantage Travel, Calle Gaspar de Villaroel 11-00 y 6 Diciembre Ritz Plaza esq., Tel. 02-336 08 87, 02-336 08 88, ext. 21/17, www.manateeamazonexplorer.com, Mo–Fr 9–18 Uhr. Die klimatisierten Kabinen sind sehr gepflegt, das gemütliche, gute Bordrestaurant und das Sonnendeck sowie das insgesamt von viel Holz geprägte Ambiente sind sehr ansprechend. Tour mit Vollpension und Naturführer 3 Nächte Fr–Mo 963 $ p. P., 4 Nächte Mo–Fr 1204 $ p. P. Auf Anfrage werden auch längere Exkursionen durchgeführt, etwa zu den nördlichen Seen von Cuyabeno.

**In den Baumwipfeln ▶ Sacha Lodge:** ▶ P 6, Río Napo, etwa 70 km östlich von Coca an einem kleinen See gelegen, Büro in Quito: Calle Julio Zaldumbide N25-42 y Valladolid, Tel. 02-250 95 04, 099 415 28 11, www.sachalodge.com. Diese Lodge mit einem eigenen Reservat von 2300 ha Regenwald bietet bis zu 80 Gästen Platz. Besonderer Höhepunkt ist der 275 m lange Baumkronenweg (s. S. 341). Die *cabañas* sind geräumig, stilvoll und gut ausgestattet. Unterkunft, Programm und Vollpension Mo–Fr EZ/DZ 1385/1980 $, Fr–Mo EZ/DZ 1185/1580 $.

## Saladeros de Loros y de Pericos ▶ P 6

Die häufig auch mit dem englischen Namen **Napo River Clay Licks** bezeichneten Salzstellen der Papageien auf dem Territorium des Napo Wildlife Center sind der beste Ort in Ecuador, um verschiedene Papageienarten zu studieren und sie zu Hunderten beim Salz-

aufnehmen zu beobachten. Wenn es nicht regnet, treffen sich die Vögel meist morgens um 7 Uhr am **Saladero de Loros** am Ufer des Río Napo oder hinter dem Flusshügel an einer Lehmwand, wo ein Beobachtungsstand errichtet wurde.

Das Betreten dieses Beobachtungsbereiches ist den Gästen des Napo Wildlife Center und angemeldeten Gruppen vorbehalten. Den Gästen der Napo-Lodge (s. rechts) steht zudem weiter im Inneren des Waldes der **Saladero de Pericos** frei zur Verfügung, wo die Tiere mit noch größerer Wahrscheinlichkeit gegen 11 Uhr eintreffen.

## Übernachten

**Regenwald-Pioniere ▶ La Selva Jungle Lodge:** ▶ P 6, Río Napo, 95 km östlich von Coca und weitere 30 Min. im Kanu sowie zu Fuß bis zur Laguna Garzacocha, Büro in Quito: Calle Foch 265 y 6 de Diciembre, Tel. 02-255 09 95, 02-254 54 25, www.laselvajunglelodge.com. Eine der ältesten Lodges im ecuadorianischen Regenwald mit Baumturm, Spa, einer Schmetterlingsfarm und einer wissenschaftlichen Station. 16 komfortable *cabañas* mit schönem Blick. Standard-Familiensuite 3/4 Nächte 905/1075$ p. P., Flug ab und nach Quito samt Transfers 170 $, andere Preise auf Anfrage.

**Einfachere Lodge ▶ Sani Lodge:** ▶ P 6, Río Napo, etwa 100 km östlich von Coca und weitere 20 Min. über einen Nebenfluss zu dem kleinen See Challuacocha, Büro in Quito: Calle San Ignacio 134 y Av. 6 de Diciembre, Edif. San Ignacio, 3. Stock, Büro Nr. 8, Tel. 02-254 34 92, 099-434 17 28, Mo–Fr 9–13.30, 14.30–18 Uhr, www.sanilodge.com. Die einfache Lodge wird in Selbstverwaltung von der Kichwa-Gemeinde Sani Isla im Grenzgebiet zum Nationalpark betrieben (sehr freundlicher Service). Schwerpunkt der Aktivitäten sind Wanderungen auf Waldpfaden der Gemeinde und der Besuch bei einer Familie. Der Baumturm der Lodge ist 30 m hoch, das Schwimmen im See bleibt hingegen den prächtigen Schwarzen Kaimanen vorbehalten. 4 Tage und 3 Nächte EZ/DZ 1020/1430 $, Camping 4 Tage und 3 Nächte 470 $.

## aktiv unterwegs

## Dschungeltour am Río Napo

### Tour-Infos

**Lage/Anreise:** ▶ P 6; Flug ab Quito (30 Min., 189 $ mit Aerogal-Tame), mit dem Nachtbus (ca. 8 Std.)

**Start:** Stadt Coca = Francisco de Orellana

**Beginn:** Mo–Sa

**Dauer:** 4 Tage/3 Nächte

**Kosten:** 820 $ ab Coca inkl. Transporte, Unterkunft, Guides, Vollpension, Eintritt

**Kontakt:** Yanez Pinzon N26-131 y la Niña, Quito, Tel. 02-600 58 19, 099-275 00 69, www.napowildlifecenter.com

**Wichtige Hinweise:** Mückenschutz und insektenabweisende Kleidung sind obligatorisch, Gummistiefel und Regenponcho werden gestellt, Sitzkissen o. Ä. für die Bootsfahrten empfohlen; Regenfälle und variierende Wasserstände können zu Programmänderungen führen; persönliche Abholung der Gäste in Coca.

Der erste Tag dient vor allem der Anreise, am bequemsten zunächst per Vormittagsflug aus Quito. Mitarbeiter des Napo Wildlife Center holen die Reisenden ab, fahren zum Flusshafen und schiffen auf einem großen Motorkanu zu einer zweistündigen Flussfahrt auf dem Río Napo ein. Dabei werden Stromschnellen, teils dichte Vegetation, teils bewohnte Ufer passiert. Für unterwegs gibt es eine Lunch Box. An der Mündung des Río Añangu wird eine Pause eingelegt, und alle steigen um auf die nichtmotorisierten Kanus der Lodge zur einstündigen, stillen Fahrt in das Gemeindegebiet mit ersten guten Möglichkeiten zur Tierbeobachtung. Spätnachmittags dann ist die **Lodge** des **Napo Wildlife Center** an der Laguna Añangu erreicht. Die komfortablen, frei stehenden *cabañas* mit Bad, Ventilator, 24 Stunden Strom, Veranda und Seeblick liegen traumhaft schön. Es folgen Begrüßung, Einchecken und Dinner sowie abends optional die Ausfahrt zu Kaiman-Beobachtungen.

Der zweite Tag beginnt mit einer frühen Kanufahrt zu großen Papageien-Salzstellen nahe der Napo-Mündung und geht später mit einer Waldwanderung zu der gastgebenden Kichwa-Gemeinde von Añangu weiter. Nachmittags ist eine weitere Wanderung mit zweiter Option auf Papageienbeobachtung geplant, was mit den Regenfällen variieren kann. Nachmittags Rückfahrt zur Lodge und Gelegenheit zum Schwimmen.

Am dritten Tag geht es nach kurzer Kanufahrt über die Lagune Añangu und einem kurzen Waldspaziergang hinauf auf den 36 m hohen Baumturm der Gemeinde. Mit viel Zeit und Muße beobachtet man nun auf verschiedenen Höhenebenen des Waldes aus nächster Nähe die Vegetation und insbesondere auf der obersten Hauptplattform des gewaltigen Ceibo-Baums die Vogelwelt und einige Affen in und über den Wipfeln. Mittags geht es zurück zum Lunch in die Lodge. Nachmittags Exkursion zu Fuß und über See und Nebenflüsse zum Aufspüren von Affen, Ufervögeln und Ottern.

Am vierten Tag geht es wieder zurück nach Coca bzw. Quito.

### Nuevo Rocafuerte  ▶ S 8

Im Ostzipfel Ecuadors liegt das stille 300-Seelen-Dorf **Nuevo Rocafuerte** mit einem Kantonalskrankenhaus und einer Kaserne, einer einstigen Bastion im Regenwaldkrieg gegen Peru. In gastronomischer Hinsicht hat der Ort allerdings noch viel Entwicklungsbedarf … Die sehr einfache Pension Ibis bietet Rat und Nachtruhe. Ist der Ort in 11–12 Stunden per Kanu ab Coca (s. S. 340) recht regelmäßig zu erreichen, so sind für abenteuerlustige Reisende auf diesem Wege nach Peru aktuelle Infos und die Vorbereitung der Ausreisepapiere in Coca obligatorisch.

# Schwarzwasserfluss – glasklar und bitter

Thema

**Die glasklaren Schwarzwasserflüsse des tropischen Regenwaldes sind ideale Orte zur Tierbeobachtung. Umgeben diese sauren Gewässer selbst kaum Leben, so beherbergen sie an ihren Ufern eine atemberaubende Flora und Fauna und stellen somit traumhafte Wegenetze für stille Kanuexkursionen dar.**

Schwarzwasserflüsse führen im Grunde glasklares Wasser. Denn sie transportieren nur eine geringe Sedimentfracht und besitzen allenfalls eine feine bräunliche Färbung. Doch sie erscheinen bei geneigtem Blick auf die Oberfläche tiefschwarz und nahezu unheimlich. Diese Flüsse, die schon Alexander von Humboldt am Río Orinoco faszinierten, entspringen in der Regel Moorlandschaften auf kristallinen Untergründen der Regenwälder, haben also keinen Gebirgskontakt. Schwarzwasserflüsse führen vor allem Huminsäuren mit sich, die beim biochemischen Abbau abgestorbener Pflanzenteile im Fluss entstehen. Und davon gibt es reichlich, wie schon die Umrisse der zahllosen Baumstämme unter dem Wasserspiegel erahnen lassen.

Es fehlen hingegen die in den Weißwasserflüssen dominierenden Partikel von Sand und Schluff. Dadurch besitzen Schwarzwasserflüsse wenig Erosionskraft, die ihre Stromschnellen aufbrechen und abbremsen könnten. Diese Gewässer sind äußerst nährstoffarm. Der hohe Anteil an Huminsäuren lässt praktisch kein pflanzliches und tierisches Leben entstehen. So nutzt auch der Kaiman den Fluss nicht als Nahrungsquelle, sondern als Jagdrevier, in dem er seine Wendigkeit ausspielen kann.

Atmosphärisch gehören die stillen Kanufahrten in den meist engen Schwarzwasserflüssen zu den ganz besonderen Erlebnissen einer Regenwaldexpedition: Es riecht intensiv nach sattem Blattgrün und nach nassem Holz. Aus dem dichten Wald dringen zahlreiche Vogelstimmen, der Ruf der Zikaden und das Brüllen der Affen. Die Ufer sind an manch flacher Biegung von Seerosen gesäumt, und dann wieder wird der Fluss zügig und eng, von einem Dach aus Bäumen wie ein Tunnel bedeckt, nur gelegentlich durchstoßen vom Sonnenlicht, das durch ein Fenster im immergrünen Laubdach in die dunkle Tunnelfahrt dringt. An anderen Stellen scheinen riesige Luftwurzeln nach dem Fluss zu greifen, und schon nach der nächsten Biegung reißt das Sichtfeld auf: Urwaldriesen spiegeln sich im Fluss, Ufervögel fliegen erschreckt auf, und eine Familie von Affen schwingt sich von Ast zu Ast mit einem Getöse, als gelte es, den Wald zu retten.

Während die Bootsführer das Kanu allein mit dem Paddel und dem langen Holzstab, gerüstet wie im Stakboot, in aller Stille durch die Flüsse schieben, lassen sich die besten Tierbeobachtungen machen.

Am schwärzesten ist der Fluss nachts, wenn die Regenwaldbesucher im Kanu mit der Lampe die Ufer der Schwarzwasserflüsse und ihrer Lagunen absuchen, bis sie das Rote im Auge des Kaimans entdecken. Dann gleitet das Kanu sanft wie ein Blatt auf dem Wasser zu den im Extremfall 5 m langen Reptilien aus der Familie der Alligatoren zu. Momente, in denen man froh ist, dass der Kaiman ein Passivjäger ist und nur wartet, bis eine Ratte oder ein Otter dem Köder auf seiner Zunge zu nahe kommt.

# Der nördliche Regenwald

Der Norden der ecuadorianischen Selva ist in Folge der Erdölförderung die als erste erschlossene Regenwaldregion. So ist die Busanreise entlang der ›Petrostraßen‹ und Pipelines einigermaßen bequem, doch optisch nicht gerade eine Freude. Dennoch ist es den indianischen Gemeinden und Naturschützern gelungen, das große Faunareservat von Cuyabeno bis heute zu erhalten.

## Cascada San Rafael und Río Quijos ▶ K/L 5/6

Von dem Verkehrsknotenpunkt **Baeza** (s. S. 324, ▶ K 6) aus geht es auf der mittlerweile recht passablen Regenwaldstraße nach Nordosten Richtung **Lago Agrio.**

Nach etwa 10 km trifft man auf das 1700 m hoch gelegene unscheinbare Straßendorf **San Francisco de Borja.** Nördlich der Hauptstraße geht es zu einer charmanten Hostería, die auch zahlreiche Touren in die Umgebung sowie Aktivsportangebote organisiert (s. Übernachten, Aktiv).

Rrund 50 km von Baeza entfernt liegt bei dem Ort **San Rafael** die **Cascada San Rafael.** Die 160 m hohen Wasserfälle am Fuß des meist wolkenverhangenen und noch aktiven Vulkans **Reventador** (3562 m) zählen zu den größten Wasserfällen Ecuadors. Ein Schild weist den Eingang zu dem Naturspektakel. Hier stürzen klare, kalte Wassermassen in drei Fallstufen aus insgesamt 900 m Höhe rauschend in die Tiefe.

Die erste Stufe der Cascada ist bereits nach gut einer halben Stunde Abstieg ab dem Parkplatz erreicht. Der Abstieg zur untersten Stufe dauert noch eine weitere Stunde. Während das Schauspiel des herabstürzenden Wasserfalls phänomenal ist, lässt sich der Tierreichtum dieser Zone nur mit Geduld bewundern (Eintritt 10 $).

Der parallel zur Straße verlaufende **Río Quijos,** der im späteren Verlauf in den Río Coca mündet, bietet ferner hervorragende Bedingungen für Rafting-Touren. Er wird u. a. von der Outdooragentur Surtrek in Quito angefahren (www.surtrek.de, s. S. 139).

### Übernachten

Charmant ▶ **La Campiña del Quijos:** San Francisco de Borja, Tel. 099-876 89 39, camp quijos@gmail.com. Schönes Landhotel mit Garten. 11 Zimmer und Suiten sowie komfortable Gemeinschaftsräume. DZ mit Frühstück 44 $, Suite 56 $.

## Lago Agrio ▶ N 5

Die erst 1989 gegründete Stadt **Lago Agrio** – ›Saurer See‹ – entlehnt ihren Namen dem Hauptquartier von Texaco in Sour Lake, USA. Der Ölmulti begann Anfang der 1970er-Jahre im nördlichen Regenwald Ecuadors mit der kommerziellen Erdölförderung und richtete an dem ursprünglich und bisweilen heute noch **Nueva Loja** genannten Ort sein logistisches Zentrum ein. Im Lauf der Jahrzehnte wuchs daraus recht rasant die größte Stadt der Selva. Texaco, heute unter dem Namen Chevron tätig, wurde im Februar 2011 von einem ecuadorianischen Gericht dazu verurteilt, die Betroffenen von den dramatischen Umweltschäden dieser Region mit 8 Mrd.

# Der nördliche Regenwald

Dollar zu entschädigen – ein weltweit historisches Strafmaß. Die staatliche Petroecuador und zahlreiche private Erdöl- und Servicefirmen sind in Lago Agrio übrigens kaum behutsamer in die Fußstapfen des US-Konzerns getreten.

In den vergangenen Jahren geriet die Stadt zunehmend unter Einfluss der Drogenhändler im Nachbarland Kolumbien und einiger anderer Krimineller. Zeitweise herrschten raue Sitten in der Stadt, und Konflikte unter den Beteiligten wurden nicht selten im Handumdrehen auf der Straße ›bereinigt‹. Auch die Auswirkungen des Bürgerkriegs im Nachbarland und des aggressiven, nordamerikanischen ›Plan Colombia‹ spülen Flüchtlinge und Konflikte in die Stadt. Der Tourismus bleibt jedoch davon bis auf wenige Ausnahmen verschont.

Ohnehin ist Lago Agrio weder architektonisch noch kulturell oder ökologisch einen Besuch wert. Aber die alte Erdölstadt liegt an der Pforte zum **Faunareservat Cuyabeno,** einem der spektakulärsten Regenwaldgebiete Ecuadors mit einer großen Seenplatte, einem eng verzweigten Flusssystem und einer äußerst hohen Biodiversität. Als Ausgangspunkt für einige der großartigsten Expeditionen in den nördlichen Regenwald ist dieser Brückenkopf in die Welt der Kaimane von Bedeutung, wenngleich Exkursionen in das Reservat allein mit den Agenturen durchgeführt werden können.

Eine etwaige Ausreise von Lago Agrio über den Grenzort San Miguel nach Kolumbien ist theoretisch machbar, wegen der unklaren Sicherheitslage im Grenzgebiet jedoch nicht zu empfehlen.

## Übernachten

**Bestes Hotel im Ort ▶ Gran Hotel de Lago:** Av. Quito y 20 de Junio, Tel. 06-283 24 16/17, granhoteldelago@grupodelago.com. Die erste Adresse im Ort, 5 Taximinuten vom Zentrum, in kleiner Parkanlage mit Swimmingpool, Restaurant (Büfett 20 $), Parkplatz und Konferenzräumen. Gute Zimmerausstattung mit Kühlschrank, Minibar, Klimaanlage, TV und Telefon. Zimmerpreise müssen individuell angefragt werden. EZ/DZ 50/80 $ mit Früstücksbüfett, Suite für 2 Personen 134 $.

**Mittelklasse ▶ Hotel La Cascada:** Av. Quito 291 y Avenida Amazonas, 06-283 01 24, www.hcascada.com. Zentrales Hotel mit kleinem Swimmingpool, Sauna und Gartenrestaurant. Kleine und etwas dunkle Zimmer sowie deutlich bessere Suiten, allesamt mit Klimaanlage, Kühlschrank, Telefon und TV. EZ/DZ mit Frühstück 40/52 $.

**Preiswert und gut ▶ Hotel Oasis:** Av. 9 de Octubre 402 y Francisco de Orellana, Tel. 06-283 43 21. Geschmackvolles und gepflegtes Mittelklassehotel mit Dachterrasse, Billard, Cafetería, Parkplatz und Pool. Helle, große Zimmer mit Kühlschrank und TV. EZ/DZ mit Ventilator 12/20 $, mit AC 18/28 $, jeweils mit Frühstück (Reservierung empfohlen!).

**Preiswert und sauber ▶ Hotel Don Julio:** 18 de Noviembre y Calle Vilcabamba 328, nahe Picapiedra-Park, Fax 06-283 03 32. Familiäres, kleines Hotel, einfach, freundlich, gutes Preis-Leistungs-Verhältnis, keine Verpflegung. Saubere schlichte Zimmer mit Klimaanlage und TV. EZ/DZ 15/20 $.

## Essen & Trinken

**Gute Auswahl ▶ Restaurante Machala:** Av. Quito 161 und Pasaje Gonzánama, tgl. 6.30–22 Uhr. Breite Auswahl, saubere Küche, empfehlenswertes Mittags- und Abendbüfett, zudem Frühstück, Säfte, Shakes und Restaurant à la carte: Hauptgericht 7 $.

**Beliebte Pizzeria ▶ Restaurante Pizzeria d'Mario:** Av. Quito 263 y Pasaje Gonzánama, Tel. 06-283-01 72, www.hoteldmario.com, tgl. 6.30–22 Uhr. Sehr beliebtes Restaurant mit Frühstück, Mittags- und Abendmenüs mit bekannt großen Portionen, Hausspezialität ist Pizza. Hauptgericht 5,50–8,50 $.

## Verkehr

**Bus:** Transportes Baños (Tel. 06-283 03 30, fast stdl.) und Transportes Esmeraldas (Tel. 06-283 19 54, die moderneren Busse) fahren

**Farbenprächtig im traditionellen Gewand: Ureinwohner von Cuyabeno**

## aktiv unterwegs

## Kanuwandern im Cuyabeno-Reservat

### Tour-Infos
**Lage/Anreise:** ▶ P 5; Abholung in Lago Agrio
**Dauer:** 5 oder 8 Tage
**Kanufahrt:** bis zu 4 Std. tgl.
**Teilnehmerzahl:** ab 2 Personen
**Kontakt:** Magic River Tours, Lotización 18 de Diciembre, Calle Primera y Pacayacu, Tel. 06-236 65 10, 02-600 94 01 (Quito), 099 736 06 70, www.magicrivertours.com. Preise p. P. ab Lago Agrio: 5 Tage 330 $, 8 Tage 800 $.
**Wichtige Hinweise:** Mückenschutz erforderlich. Das Faunareservat von Cuyabeno ist aus Sicherheitsgründen nur mit geführten Touren zu betreten.

In der weiten Wasserwelt von Cuyabeno gibt es keine geeignetere Form der Fortbewegung als das Kanuwandern. Tagsüber kommt man damit eng an die Uferfauna heran, während das Kanu still über die Flüsse und Seen gleitet. In der Dunkelheit ist es das beste Vehikel, um das rote Leuchten an Ufer und Böschung zu suchen – die reflektierenden Augen der auf der Lauer liegenden **Kaimane.** Auch die **Einstiege in verschiedene Regenwaldwanderwege** sind gerade im Faunareservat des Nordens am besten und ökologischsten mit dem traditionellen Gefährt der Selva zu erreichen.

Es gibt keine Route, die man eigenständig befahren könnte. Die mehrtägigen Touren verbinden Kanufahrten auf kleinen Seen und Flüssen und kleine Wanderungen mit Besuchen von Gemeinden. Übernachtet und gekocht wird in Zelten oder in dem einfachen Haus des **Magic River Camp.**

Die deutsche Naturliebhaberin Katja Saubert führt seit Jahren das kleine Reiseunternehmen Magic River Tours, das sich auf Kanuwanderungen im Cuyabeno spezialisiert hat. Ihr Headquarter ist ein recht spartanisches Camp mit respektablem Basiskomfort und liegt am ganzjährig Wasser führenden Río Cuyabeno. Das Equipment ist auf dem neuesten Stand von Komfort und Sicherheit.

nach Quito. Deren Busse (7 Std., 8 $) fahren an ihren Stadtbüros ab, halten aber auch am zentralen **Terminal,** 5 Taximinuten außerhalb. Weitere Verbindungen nach Coca und Tena.
**Flug:** TAME fliegt Mo–Sa um 10 Uhr Quito–Lago Agrio und um 11 Uhr zurück sowie Mo–Fr erneut um 17 Uhr, zurück 17.30 Uhr (Flugzeit 30 Min., 63 $ pro Strecke).

### 12 Faunareservat Cuyabeno ▶ O–S 5–7

Die 1979 gegründete **Reserva Faunística Cuyabeno** liegt im Nordosten Ecuadors in der Provinz Sucumbíos zwischen dem Amazonaszufluss Río Napo und den Grenzen zu Kolumbien und Peru. Das Gebiet des nationalparkähnlichen Reservats umfasst seit 1994 etwa 603 000 ha immerfeuchten tropischen Regenwaldes und ist damit das drittgrößte von 35 Schutzgebieten Ecuadors.

In Cuyabeno leben sieben kleinere indigene Gemeinschaften fünf verschiedener Ethnien: die Cofanes, Sionas und Secoyas als Ureinwohner sowie einige Kichwas und nun auch Shuars, die Anfang des 21. Jh. zugewandert sind. Dieses äußerst wasserreiche Reservat Amazoniens gehört zu den artenreichsten Gebieten der Welt und steht unter der Verwaltung des Umweltministeriums.

Im Westen des Schutzgebietes liegt eine besiedelte und industriell (Erdöl) wie landwirtschaftlich genutzte Pufferzone. Dieses als **Patrimonio Forestal** bezeichnete Gebiet verfügt nur noch über wenig Primärwald und wurde zudem im August 2006 Opfer einer schweren Erdölkatastrophe.

Östlich davon entfaltet sich die **Reserva Cuyabeno.** In dieser liegt nach aktuellem Stand der biologischen Forschung einer der artenreichsten Wälder der Welt mit rund 400 verschiedenen Baumarten auf nur 1 ha Primärwald und höchster Diversität an Orchideen, Epiphyten und Kletterpflanzen. Innerhalb des Reservats leben rund 500 Vogelarten und über 100 Arten von Säugetieren, darunter Pumas, Jaguare, Ozelots, Wasserschweine, Tapire, Riesengürteltiere, Ameisenbären, Otter, Faultiere, verschiedene Riesennagetiere, allein zehn Affenarten sowie Süßwasserdelfine und Seekühe. Hinzu kommen zahlreiche Reptilien, u. a. vier verschiedene Kaimanarten, Land- und Wasserschildkröten, Schlangen wie die Boa und Anakonda. Die riesige Artenvielfalt an Insekten in Cuyabeno ist wissenschaftlich noch weitgehend unerforscht. Das Faunareservat wird durchzogen von einem feinadrigen System von Schwarzwasserflüssen (s. Thema auf S. 344), dessen Hauptläufe der **Río Aguarico** und der kleinere **Río Cuyabeno** bilden. Das Reservat umfasst die Hauptflüsse, ihre Nebenarme und insgesamt drei Seengebiete, darunter auch die 14 Lagunas de Cuyabeno. Ein Besuch des Reservats wird über die Reiseagenturen in Form von Lodge-Aufenthalten, Camps oder Kanuexpeditionen ab Lago Agrio bzw. über die jeweiligen Büros in Quito organisiert. Der Eintritt in das Reservat ist frei.

## Übernachten

**Spezialist mit langer Erfahrung ▶ Cuyabeno Lodge:** Laguna Grande de Cuyabeno, Quito-Büro: Neotropic Turis, Calle Pinto E4-360 y Av. Amazonas, Tel. 02-252 12 12, 099 980 33 95, www.neotropicturis.com. Die bereits 1988 eröffnete Lodge liegt an der großen Laguna der zentralen Seenplatte mit guten Möglichkeiten zur Tierbeobachtung von der eigenen Veranda aus und täglichen Expeditionen im Kanu oder zu Fuß. Sieben Standard-Doppel*cabañas* mit Bad und Warmwasser. Preise p. P. ab Lago Agrio mit Vollpension und Führungen: 3/4 Nächte 370/430 $ p. P., ohne eigenes Bad 250 $ p. P. ab Lago Agrio. Angebote und Last-Minute-Tarife erhältlich.

## Tourismusprojekt der Cofanes in Zábalo ▶ R 6

Eine Alternative zu Regenwaldlogde und Kanuwandern ist der Aufenthalt in einer der Indianergemeinden, die sich dem Tourismus geöffnet haben. Eines der ambitioniertesten und erfahrensten Projekte ist das der Cofanes von **Zábalo.** Die engagierte Gemeinde der vom Aussterben bedrohten Cofanes liegt recht weit im Osten des Reservats, aber sie bietet spannende Touren und hautnahe Lebensgeschichten im Rahmen fünf- bis sechstägiger Besuche an.

## Infos

**Kontaktbüro zu den Cofanes:** Calle Mariano Cardenal N74–153 y Joaquín Mancheno, in Carcelén Alto (im Norden Quitos), Tel. 02-247 47 63, 02-247 48 98, coordinationfsc@gmail.com, www.cofan.org, Büro Mo–Fr 8–16 Uhr. Die Gemeinde ist auch direkter Veranstalter im ›Turismo Comunitario‹, besucht wird eine Siedlung der Cofan-Zabalo. Geführte Tour 4 Nächte inkl. VP ab Lago Agrio 560 $ p. P.

# Baden mit Piranhas

Es ist ein fantastisches Erlebnis, am Ende eines heißen und schweißtreibenden Exkursionstages zu einem Bad in eine der 14 Lagunen von Cuyabeno zu springen. Allerdings sind sie Lebensraum der Piranhas, kleiner räuberischer Fische mit scharfem Gebiss und dicker Lippe aus der Familie der Sägesalmler. Sie sind Schwarmfische, die in fast allen südamerikanischen Süßwassern leben. Entgegen hartnäckiger Gerüchte kommt es relativ selten zu Bissverletzungen durch Piranhas bei Schwimmern. Die durchaus aggressiven Tiere bevorzugen kleine Fische, Krustentiere und kleinere Säuger. In Trockenzeiten, wenn die Gewässer im Regenwald niedrigfallen und sich Verschmutzung in den flachen Lagunen sammelt, werden sie auch Badenden gegenüber aggressiver. Lokale Naturguides wissen das einzuschätzen.

Die neugierigen Galápagos-Seelöwen gibt es an allen Stränden

# Kapitel 6

# Galápagos-Inseln

1000 km entfernt von der ecuadorianischen Festlandküste liegen die weltberühmten Galápagos-Inseln. Verstreut im Pazifischen Ozean trotzen die Vulkaninseln der sengenden Hitze des Äquators, den chaotischen Strömungen vor den Küsten und ihrer eigenen Kargheit als verkrustete Eilande in totaler geologischer Isolation.

Hier – in Charles Darwins ›Labor der Evolution‹ – konnte nur landen, was von Strömung und Wind hergetragen wurde. Die wenigen Überlebenden der zufällig Gestrandeten verharr(t)en unter den Extrembedingungen von Vulkanausbrüchen, Klimaschocks und in jüngster Zeit auch menschlichem Einfluss. So entstanden in Jahrmillionen Lebensgemeinschaften auf den einzelnen Inseln mit nur wenigen Arten.

Auf dem ganzen Archipel existieren nur etwa 600 Pflanzenarten. Dafür bildeten diese jedoch derart viele Anpassungsformen und Eigenarten heraus, dass nirgends sonst auf der Welt ein so hoher Grad an Endemismus zu finden ist, an Tier- und Pflanzenarten, die allein an einem Standort existieren: Echsen, die im Meer grasen, Finken, die Werkzeuge bauen, und Kormorane, die tauchen, aber nicht mehr fliegen können, sind einige der Spezialisten (siehe auch Tierführer Galápagos S. 400).

Unter den strengen Auflagen des Nationalparks Galápagos wurden über die Jahre mehr als 100 Besucherplätze über und unter Wasser für die aus aller Welt anreisenden Touristen erschlossen. Die ›Arche Noah im Pazifik‹, wie Irenäus Eibl-Eibesfeldt die Inseln taufte, ist heute ein Eldorado für Biologen und Fotografen. Das riesige Marinereservat Galápagos zählt überdies zu den besten Tauchrevieren der Welt.

Isla Darwin

Isla Wolf

Isla Pinta

Isla Marchena

Isla Genovesa

Isla Santiago

Isla Balta

Isla Fernandina

Isla Santa Cruz

Isla Isabela

Isla San Cristóbal

Isla Floreana

Isla Española

## Auf einen Blick
# Galápagos-Inseln

## Sehenswert

**13** **Isla Española:** Die älteste Insel von Galápagos ist ein spektakulärer Ort, um große Brutkolonien von Seevögeln hautnah zu beobachten und die großen Albatrosse zu erleben (s. S. 355).

**14** **Isla Fernandina:** Die geologisch junge Insel im Westen beherbergt große Kolonien von flugunfähigen Kormoranen und von Meerechsen sowie die nördlichsten Pinguine der Welt. Die kalten Gewässer locken regelmäßig Wale und Delfine an (s. S. 359).

**15** **Isla Darwin:** Für viele erfahrene Taucher zählt Darwin zu den drei besten Tauchplätzen der Welt mit riesigen Schulen von Haien und vielen Meeresschildkröten und tropischen Fischen (s. S. 395).

## Schöne Route

**Inselhüpfen:** Da Galápagos keine regionalen Routen wie auf dem Festland kennt, sollte eine Jachtkreuzfahrt neben den zuvor erwähnten Highlights auch folgende Inseln anlaufen: die **Isla Genovesa** (s. S. 360) im Nordosten mit den dichten Nistkolonien der Rotfuß- und der Nazcatölpel, die **Isla Seymour Norte** (s. S. 366) mit den prächtigen Fregattvögeln und den gelben Landleguanen sowie zur Beobachtung der frei lebenden Elefantenschildkröten und der Hochlandvegetation die **Isla Santa Cruz** (s. S. 365), auf der sich auch die große Charles-Darwin-Forschungsstation befindet. Wer auf einer Insel wohnen möchte, findet die besten Exkursionsangebote auf den Inseln **Isabela** (s. S. 360), **San Cristóbal** (s. S. 362) und **Santa Cruz** (s. S. 378).

**Isla Darwin** `15`

Spezialschiff mit
Tauchplattform

Isla Wolf

*Pazifischer Ozean*

Isla Pinta

Isla Marchena

Isla Genovesa

aktiv Kreuzfahrt zwischen den Inseln

**Inselhüpfen**

**Äquator**

Isla Santiago

aktiv Wanderung nach Las Grietas

Isla Seymour
Norte

**Isla Fernandina** `14`

Isla Baltra

*Isla Isabela*

*Isla Santa Cruz*

Fütterung der
Landschildkröten

*Isla San Cristóbal*

Puerto
Ayora

Puerto Villamil

Puerto
Baquerizo Moreno

Organischer
Galápagos-Kaffee

aktiv Mountainbiken im Mangoland

Isla Floreana

`13` **Isla Española**

# Meine Tipps

**Bio-Kaffee auf San Cristóbal:** Im Hochland der Insel wächst ein ausgezeichneter organischer Kaffee auf einer wunderschönen Plantage (s. S. 386).

**Fütterung der Landschildkröten auf San Cristóbal:** Die großen Panzertiere sind langsam, träge und verstecken sich gerne. Im Hochland von San Cristóbal werden sie in einer naturnahen Aufzuchtstation dreimal wöchentlich gefüttert (s. S. 387).

**Spezialschiff mit Tauchplattform:** Spezialschiffe der Aggressor Fleet bringen Taucher zu den abgelegenen Inseln Wolf und Darwin. Ein Rundum-sorglos-Paket wartet auf die Gäste, inkl. ausgezeichneter Tauchguides und großer Tauchplattform (s. S. 394).

# aktiv unterwegs

**Kreuzfahrt zwischen den Inseln:** Die besten Besucherplätze sind per Kreuzfahrt anzusteuern. Jede Jacht hat eine eigene festgelegte Route – hier ist eine exemplarisch im Detail beschrieben (s. S. 363).

**Mountainbiken im Mangoland:** Im traditionell besiedelten Hochland von Isabela erlebt man per Mountainbike tropische Fincas, Elefantenschildkröten und eine großartige Aussicht (s. S. 373).

**Wanderung nach Las Grietas – Naturpool im Canyon:** Nahe der Academy Bay auf Santa Cruz laden Naturpools zu den von Süß- und Salzwasser zugleich gespeisten *grietas* ein (s. S. 381).

**Eine Kreuzfahrt von Insel zu Insel bietet die beste Möglichkeit, die außergewöhnliche Tierwelt von Galápagos, die beeindruckenden geologischen Formen der Vulkaninseln und Teile ihrer Küstenvegetation kennenzulernen. Nur so gelangt man zu den weit von jeglicher Zivilisation entfernten Inseln und Attraktionen.**

Eine **Inselkreuzfahrt** beginnt und endet üblicherweise nahe den Flughäfen von Baltra oder San Cristóbal, einige auch in Puerto Ayora auf der Insel Santa Cruz. Mit den Jachten, deren kleinste für zehn Gäste ausgelegt sind, und mit den großen Schiffen für bis zu 100 Passagiere werden üblicherweise zwei Besucherpunkte pro Tag angesteuert. Zudem landen zumindest kleinere Gruppen quasi täglich an Stränden und Schnorchelplätzen. Alle Boote bieten Unterkunft, Vollverpflegung, Landgänge und die obligatorische Begleitung durch vom Nationalpark Galápagos ausgebildete Naturführer. Einige Schiffe werden darüber hinaus von einem Biologen begleitet und bieten ein Vortrags- und Filmprogramm.

Ungefähr 20 Inseln des Archipels sind für geführte Besuche von Touristen freigegeben. Sie liegen z. T. sehr weit voneinander entfernt, sodass die Schiffe meist über Nacht zur nächsten Insel steuern, während sie tagsüber, wenn möglich, nur zwischen benachbarten Plätzen wechseln. Neben etwa **60 Besucherplätzen** verfügen fast alle Inseln über **Traumstrände** zum Baden und einige über **spektakuläre Schnorchelplätze.**

Im Folgenden werden die wichtigsten und größten Inseln von Galápagos vorgestellt und alle bedeutenden Besucherplätze des Archipels steckbriefartig beschrieben. Somit bietet sich dem Reisenden eine umfassende Möglichkeit, die ihm angebotenen Routenziele schon bei der Planung zu bewerten.

## Steckbrief zur Geografie

Knapp 1000 km westlich und geologisch isoliert vom ecuadorianischen Festland bedecken die 121 Inseln ein Fläche von rund 7882 km². Die 13 größten Inseln haben jeweils über 14 km². Höchste Erhebung ist der geologisch junge **Vulkan Wolf** auf Isabela mit 1707 m, dessen Kraterrand gleichzeitig die Äquatorlinie quert. Die größten Inseln sind **Isabela** mit 4588 km², **Santa Cruz** mit 986 km², **Fernandina** mit 642 km², **Santiago** mit 585 km² und **San Cristóbal** mit 558 km². Der Westen der Inseln ist nach wie vor vulkanisch aktiv (s. Thema S. 358). Die zentralen, meist von Schildvulkanen geformten Inseln bilden ein weites Plateau, das an den Rändern bis über 5000 m tief abfällt. Bringt der Panama-Strom warmes Wasser zu den Inseln, so sorgen der kalte Humboldt-Strom und der Cromwell-Tiefenstrom doch für relativ kühle Wassertemperaturen und ein mildes Landklima.

## Isla Baltra ▶ 4, E 6

**Karte:** S. 379

Die 26,2 km² große und mit etwa 30 m Höhe recht flache **Isla Baltra** 1 wurde 1942 von der US-Navy zum Militärstützpunkt ausgebaut. Zahlreiche Fundamente zeugen bis heute davon. Baltra half den USA im Zweiten Weltkrieg, den strategisch wichtigen Panama-Kanal weiträumig zu kontrollieren. Die besorgte Zeitzeugin Margret Wittmer (s. Literaturhinweis S. 77) erlebte das jedoch ganz anders: »Auf Baltra entsteht eine ganze Stadt: Kirche, Kino, Geschäfte, Straßen, ein eigenes Kraftwerk. (...) Kein Mensch hat je geahnt, dass die Galápagos-Inseln eines Tages von dem Lärm ununterbrochener Arbeit aus ihrer Ruhe gerissen werden könnten, (...) dass das Dröhnen der Flugzeuge die Luft unter dem blauen Galápagos-Himmel erfüllen würde.« Glücklicherweise hat die Regierung Ecuadors nach dem Krieg eine verlockende Offerte der Vereinigten Staaten ausgeschlagen, die Baltra kaufen wollten.

So ist die Insel heute ein stiller und lauschiger Stützpunkt für ein paar 100 ecuadorianische Marinerekruten und wichtigster Dreh- und Angelpunkt des Flugverkehrs zwischen Archipel und Festland. Gleichzeitig starten in einer Bucht vor Baltra die meisten Kreuzfahrten, wodurch Touristen oft schon eine Stunde nach ihrer Landung an Bord ihres Schiffes gehen können. Das **Logistikzentrum Baltra,** ehemals Seymour Sur genannt, ist erst seit kurzem Teil des Nationalparks, nicht eingeschlossen die Flächen von Flughafen und Hafen.

Übrigens galt die endemische Landleguanart von Baltra als ausgestorben. Dann entdeckte man, dass die Leguane der Nachbarinsel Seymour Norte ursprünglich von Baltra stammen. Man hatte sie wohl vor Jahrzehnten umgesiedelt. Einen Teil der Landleguane konnte man nun erfolgreich zurückbringen.

## Isla Bartolomé  ▶ 4, D 5

### Sendero a la Cima

Es sollen genau 372 Stufen sein, die einen dahin bringen, wo jeder Galápagos-Reisende ein Erinnerungsfoto schießt: jenes mit dem wunderbaren Panoramablick auf den spitz aufragenden **Pinnacle Rock** 2, auf zwei davor liegende halbmondartige Sandstrände und auf die Weite der Lavafelder der Isla Santiago als Kulisse. Rostrote Satellitenkrater, Aschefelder und kleine Lavatunnel säumen den gemächlichen Aufstieg durch die nahe-

zu vegetationslose Mondlandschaft zum Leuchtfeuer der Insel. Manchmal sieht man von Bartolomé aus Mantarochen, wie sie verspielt aus dem Wasser springen und sich wasserspritzend zurückfallen lassen.

### Playa Norte

Der **Nordstrand** ist ein großartiger Ort zum Schnorcheln. Insbesondere um den Pinnacle Rock herum findet man zahlreiche Fische und einige Pinguine. Durch die hinter dem Strand liegenden Mangroven und Dünen kann man mit dem Naturführer in zehn Minuten hindurchgehen, um zum Südstrand zu gelangen, wo gerne Rochen und Haie im flachen Gestade liegen. Wasseraktivitäten sind dort allerdings nicht möglich.

## Isla Dafne Mayor  ▶ 4, D 6

Der frei stehende alte Tuffvulkan **Dafne** 3 ist vom Meer mittlerweile sichtlich erodiert. Im Kraterinnern liegt ein oft trockener See. Die Vegetation der kleinen Insel ist äußerst spärlich. Dennoch ist das Eiland ein beliebter Ruhe- und Nistplatz von Blaufußtölpeln, Nazcatölpeln und Tropikvögeln. Ein etwa 350 m langer Weg steigt bis zum Kraterrand an.

Die kleine Schwesterinsel **Dafne Menor** kann nicht besucht werden.

## 13 Isla Española
▼ ▶ 4, F 8

Die älteste Galápagos-Insel, **Española,** ist einer der spektakulärsten Orte, um Seevögel zu

## Zur Orientierung

Auf den Seiten 354–367 werden die 15 wichtigsten Galápagos-Inseln in alphabetischer Reihenfolge sowie ihre 30 besten Besucherplätze, ab S. 395 die schönsten Tauchplätze besprochen. Die roten Ziffern verweisen auf die Karte 4 des Faltplans (Galápagos) sowie auf die Karten auf S. 371, 379 und 385.

›Doppelbucht‹ der Isla Bartolomé mit dem
spitz aufragenden Pinnacle Rock

# Die Entstehung der Feuerinseln

**Seit mindestens 3,9 Mio. Jahren erwachsen die Galápagos-Inseln aus Feuer speienden Vulkanen. Aus über 5000 m Tiefe steigen die Lavaberge aus dem Pazifik empor, um bis zum heutigen Tag etwa 121 größere und kleinere Inseln zu formen. Galápagos war somit niemals mit dem Festland verbunden – alles Leben ist Überleben in der Isolation.**

Die erdgeschichtlich jungen Inseln liegen am nördlichen Rand der Nazca-Platte, nur wenige 100 km von der Cocos-Platte entfernt. Die tektonische Bruchzone dieser zwei Kontinentalplatten wird bis heute vulkanisch durchdrungen und hat so die Galápagos-Plattform am westlichen Ende des Unterwassergebirges von Carnegie entstehen lassen. Auch die Bruchzone zur großen Pazifik-Platte im Westen ist nur rund 1000 km von Galápagos entfernt. Liegen die Inseln selbst rund 950 km vom Kontinent entfernt, so reichen die Tiefenausläufer der Plattform bis rund 50 km vor die ecuadorianische Festlandküste.

1992 veröffentlichte der Geologe David Christie die Ergebnisse seiner unterseeischen Schall- und Erosionsforschungen am Carnegie-Gebirge und entwickelte seine bis heute gültige Hot-Spot-Theorie. Demnach driftet die Nazca-Platte jährlich um etwa 14 cm Richtung Ost-Südost aufs Festland zu und passiert dabei einen plattenunabhängigen fixen Punkt, unter dem sich konstant große Lavamengen sammeln. Das flüssige Gestein bohrt sich an Christies ›heißen Flecken‹ unter stetigem Druck durch die Kante der Platte. Schieben sich alte Vulkane in Jahrmillionen nach Osten, entstehen an der jeweiligen Westflanke der Inselgruppe neue Vulkane und Inseln, so auch die jüngste, Fernandina.

Das über dem Meeresspiegel liegende Relief des Archipels besteht zum größten Teil aus flachen Schildvulkanen mit oft großen Kratern und weiträumigen Lavafeldern, ge-

formt vom einst dünnflüssigen 1100 °C heißen Magma unzähliger Ausbrüche. Die Eruptionen sind geprägt von immens großen Lavamengen, doch geringer Explosionskraft. Der heute mit über 10 000 m Durchmesser bei nur 1100 m Höhe über dem Meeresspiegel größte Krater Galápagos' ist der Vulkan Sierra Negra auf der Isla Isabela. Er ist gleichzeitig einer der größten Krater der Erde. Der höchste Vulkan des Archipels ist der Volcán Wolf, ebenfalls auf Isabela, mit 1707 m. Die Lavafelder in ihren skurrilen Erstarrungsformationen erodieren meist langsam und bleiben über Jahrtausende erhalten.

Flora und Fauna finden nur dann einen Lebensraum in dieser bizarren Welt aus Basalt und Tuff, wenn Wind und Wellen sie vom Kontinent zum Archipel getragen haben und wenn sie sich dann noch an die extremen Lebensbedingungen von Isolation, Kargheit und Süßwassermangel anpassen konnten. Durch Spezialisierung und territoriale Abgrenzung bilden sich im Weiteren neue Arten: z. B. tauchende Kormorane, die nicht mehr fliegen, oder Baumfinken, die Holzwerkzeuge herstellen.

Charles Darwin entschlüsselte aufgrund dieser extremen Anpassungen auf engstem Raum die ›natürliche Selektion‹ und damit die ›Entstehung der Arten‹. Galápagos zeichnet somit nicht Artenvielfalt aus, sondern die Einzigartigkeit seiner Bewohner und ihr exklusives Vorkommen auf dem Archipel (Endemismus). Der Mensch ist entstehungsgeschichtlich ein später Besucher.

beobachten – darunter der Albatros als der weltgrößte flugfähige Vogel, der hier nistet und das Fliegen lernt. Auf der oft besuchten Vogelinsel gelang es, einst eingeschleppte Ziegen auszurotten. Und nach Jahren der bestandsichernden Aufzucht in der Charles-Darwin-Station auf Santa Cruz konnte die endemische Elefantenschildkröte der Insel hier wieder erfolgreich ausgewildert werden, auch wenn Besucher sie in der Regel nicht sehen.

### Punta Suárez 4

Der 2 km lange Rundweg führt vorbei an zahlreichen Seelöwen und prächtigen Meerechsen, bevor er die Landzunge **Punta Suárez** quert. Neben den Albatrossen leben auch zahlreiche Nazcatölpel, Blaufußtölpel und Tropikvögel an der teils steilen Küste im Südosten der Insel. Dort befindet sich zudem ein durch Lavaröhren entstandenes **Blasloch,** das bis zu 25 m hohe Wasserfontänen spuckt. Auch der Galápagos-Bussard ist manchmal bei der Jagd zu beobachten. Der Weg ist steinig, heiß und dauert etwa 2,5 Stunden.

### Bahía Gardner 5

Die **Bahía Gardner** wird geformt von einem kilometerlangen weißen Sandstrand, an dem eine große und neugierige Seelöwenkolonie und eine nicht minder neugierige Sippe von Spottdrosseln leben. Die Bucht ist ideal zum Schwimmen und Ruhen. Die dem Strand vorgelagerten Felsen, aber besser noch die in Sichtweite befindliche **Isla Xarifa** sind exzellente Schnorchelplätze. Xarifa heißt sie nach dem Dreimaster von Hans Hass, der die Insel schon 1954 anlief.

### 14 Isla Fernandina
▼ ▶ 4, A/B 5/6

Der jüngste und weiterhin aktive Galápagos-Vulkan formt um seinen stattlichen, 1500 m hohen Krater ein weites Schild aus schwarzer Lava. In den spröden Uferzonen wachsen allenfalls Kakteen, Zyperngras und Mangroven. Auch einzelne Tierarten haben sich ihren Lebensraum am Ufer erobern können. Das kalte Wasser des aus der Tiefe des Pazifik hoch quellenden Cromwell-Stroms schafft ideale Bedingungen für Pinguine, Wale und Delfine. Wegen der Abgeschiedenheit im Schatten von Isabela wird **Fernandina** von vielen Yachten nicht angefahren.

### Punta Espinosa 6

Der einzige Besucherplatz der Insel war nicht nur einer der Hauptdrehorte von Sielmann und Eibl-Eibesfeldt. **Punta Espinosa** zählt bis heute eine der dichtesten Populationen von Meerechsen auf Galápagos. Bestens zu beobachten sind hier im Herbst ihre Kommentkämpfe (ritualisierte Kämpfe ohne große Verletzungsgefahr). Im Frühjahr und Sommer nisten hier zudem die Flugunfähigen Kormorane und präsentieren ihre einzigartige *reality show* von Nestbau und Brutpflege. An der Wasserkante finden sich zahlreiche Galápagos-Pinguine. Und hinter einer Sandfläche mit dem großen Skelett eines Wals führt ein Weg in die skurrile, junge Lavalandschaft mit Kaktusbewuchs und einzelnen Mangroven. In manchen Lavalagunen leben Glasbarsche.

## Isla Floreana  ▶ 4, D 8

Auch wenn heute nur rund 100 Menschen auf **Floreana** leben, so war die Insel schon früh im 18. Jh. von Walfängern und Piraten in Beschlag genommen. Die Siedler des 20. Jh. erlebten später ihre eigenen Dramen und Mysterien, wie beeindruckend von der Kölner Siedlerin Margret Wittmer niedergeschrieben. Familie Wittmer betreibt bis heute eine Pension am Black Beach im Hafenort Puerto Velasco Ibarra (s. S. 391). Die 173 km² große und 640 m hohe Insel besitzt nur eine Süßwasserstelle im Hochland, hatte aber dafür das erste Postfach der Galápagos-Inseln.

### Punta Cormorán 7

Von einem sichelförmigen Strand mit wenig Schatten aus führt ein 400 m langer Trockenwaldweg auf eine von zahlreichen Darwinfinken bewohnte Anhöhe mit freier Sicht auf die große Flamingolagune **Punta Cormorán,** die

## Von Insel zu Insel

auch von mehreren Uferstellen aus zu sehen ist. Im weiteren Verlauf des hügeligen Pfades gelangt man an einen weißsandigen **Traumstrand,** den auch die Meeresschildkröten zum Vergraben ihrer Eier aufsuchen. Die schlüpfenden Jungen laufen später unter den gierigen Blicken der patroullierenden Fregattvögel um ihr Leben über den Sand ins Meer. Im Wasser sind Rochen und manchmal kleine Haie zu beobachten. Schwimmen ist hier untersagt. Ein nahe gelegenes, nördlich vorgelagertes Korallenriff gipfelt in dem teilweise versunkenen Krater **Corona del Diablo,** einem der schönsten Schnorchelplätze.

### Post Office Bay 8

Den Buchtitel ›Postlagernd Floreana‹ entlehnte Frau Wittmer dem alten zusammengeflickten Holzfass von 1793, welches Walfängern und Wittmers gleichsam als postalische Überseebrücke große Dienste leistete. Noch heute funktioniert das sog. Post Office in der gleichnamigen **Post Office Bay:** Man lasse seine Post im Fass zurück und nehme die anderer Schreiber mit in sein Land zur Weiterbeförderung. Es klappt! Einige Minuten weiter auf dem Weg stößt man auf eine alte Piratenhöhle, in die man über eine Leiter und mit der Taschenlampe einsteigen kann.

## Isla Genovesa ▶ 4, E 4

Der teils versunkene, flache Schildvulkan ist etwa 14 km² groß. Er formt heute einen hufeisenförmigen Krater, der über eine enge Kraterrandpassage von den Kreuzfahrtschiffen angefahren wird. Auf der **Isla Genovesa** finden sich große Nistkolonien von Seevögeln. Auch die Kraterwand lohnt eine Schlauchbootfahrt, um Seelöwen, Seebären und Tropikvögel zu beobachten. Bei guter Sicht sind die ufernahen Felswände des Kraters auch ein hervorragender Platz zum Schnorcheln.

### Prince Philip's Steps 9

Während das Schiff im zum Meer hin offenen Krater von Genovesa ankert, besteigt man über eine in die Kraterwand gehauene Trep-

pe, die **Prince Philip's Steps,** ein weites Plateau. Dieses ist einer der besten Orte auf Galápagos, um Seevögel in unmittelbarer Nestnähe zu studieren. An dieser Stelle sieht man insbesondere Nazca- und Rotfußtölpel; Letzterer kommt allein auf Genovesa und im äußersten Norden von San Cristóbal vor. Der etwa 1 km lange Weg durchquert die Nistkolonien im Balsamo-Wald, bevor er auf der anderen Seite wieder auf eine raue Lavaküste trifft. Hier jagt die Galápagos-Eule am späten Nachmittag, doch auch tagsüber entdeckt man sie mit geduldigem, geschultem Auge zwischen den eulenbraunen Lavaspalten. Denselben Weg geht man wieder zurück.

### Bahía Darwin 10

Was mit einer ›nassen‹ Landung am Strand beginnt, ist nicht weniger spektakulär als der Besucherplatz von Prince Philip. Neben den Tölpeln nistet eine große Kolonie von Fregattvögeln in den Büschen hinter dem Strand der **Bahía Darwin.** Ein kurzer Rundweg führt hautnah an den Tieren vorbei, eine Verlängerung Richtung Leuchtfeuer durch Mangroven und über unebene Lavafelder. Eine gute Gelegenheit, Gabelschwanzmöwen in der Felswand zu sehen. Vom Strand aus sieht man teils grandiose Jagdszenen, wenn die Fregattvögel den Tölpeln den gefangenen Fisch in der Luft abjagen.

## Isla Isabela ▶ 4, B/C 4–7

**Karte:** S. 371

Mit fast 5000 km² Fläche ist **Isabela** die mit Abstand größte Insel des Archipels. Dabei ist sie geologisch jung und erzittert bis heute sporadisch unter den Eruptionen ihrer noch aktiven Vulkane, so zuletzt 2008 der Vulkan **Cerro Azul** im Südwesten der Insel. Isabela beherbergt fünf der sechs größten Feuer speienden Berge von Galápagos, darunter der **Volcán Wolf** im Norden der Insel, mit 1707 m der höchste von allen. An jedem dieser Vulkankegel hat bis heute eine endemische Landschildkrötenart überlebt, auch wenn deren Bestände gelegentlich

durch Vulkanausbrüche und Brände gefährdet scheinen.

Da Isabela schon früh von Walfängern und
Piraten genutzt und schließlich ab 1897 von
Bauern besiedelt wurde, leben die Tiere und
Pflanzen seit Jahrhunderten in Konkurrenz zu
eingeführten Tieren wie Katzen, Hunden,
Schweinen und Ratten. In einer einmaligen
Aktion ist es 2004 bis 2006 dennoch gelungen, etwa 140 000 Ziegen auf der Insel auszurotten. Dank internationaler Hilfe und der
neuseeländischen Jagdtechnik mit der ›Judasziege‹ sind nun alle Vulkane und Landschaften nördlich der kaum passierbaren
Landenge von Perry ziegenfrei, also der gesamte unbesiedelte Teil der Insel. Das um-
gangssprachlich ›Judasziege‹ genannte Konzept besagt, dass nach Abschuss der meisten Tiere einzelne Ziegenböcke gefangen, mit
einem Sexualhormon gespritzt und mit einem
Sender und leuchtend orangefarbenen Hör-
nern versehen werden. Der Bock führt die
Jäger so zu den übrigen Tieren.

Besonders die Westseite von Isabela und
das Nordkap **Punta Albemarle** werden vom
kalten Cromwell-Strom umflossen, was regelmäßig Wale und Delfine anlockt. So haben Besucher dieser Region häufig Gelegenheit zum Walebeobachten. Der dünn besiedelte Süden von Isabela bietet sich
zudem ab dem Hafenort **Puerto Villamil** zu
spannenden Exkursionen in die Umgebung
an (s. S. 368).

## Caleta Tagus [11]

Die geschützte Piraten- und Seglerbucht
**Caleta Tagus** verfügt über eine felsige Anle-
gestelle. Von dort geht es zunächst steil bergauf und an einigen Seelöwen vorbei bis hin
zu einer Holzstiege. Nun führt ein etwa
2 km langer Weg in weitem Bogen durch trockene Balsamowälder und Kakteen, wobei
man neben Finken und manchmal einem
Landleguan nur wenige Tiere zu sehen bekommt. Großartig ist aber die Aussicht, zunächst auf einen großen kreisrunden Salzsee,
die **Laguna Darwin,** über deren Entstehung
die Experten bis heute streiten. Schließlich
gelangt man an einen schroffen Parasiten-

vulkan, von dem man riesige Lavafelder und
große Teile der Westküste Isabelas sieht.

Der Weg hin und zurück dauert etwa
90 Minuten. Die Sichtverhältnisse in der
Bucht sind manchmal trüb, doch es ist hier
möglich, mit tauchenden Kormoranen und
Pinguinen zu schnorcheln. Eine Schlauchbootfahrt die Küste entlang lohnt allemal.

## Bahía Urbina [12]

Die **Urbina-Bucht** endet an einem engen,
halbmondförmigen schwarzen Lavastrand,
dessen oberen Teil die Meeresschildkröten
zur Eiablage nutzen. Dahinter erstreckt sich
ein Korallenriff, das sich erst 1954 um insgesamt 5 m aus dem Meer gehoben hat und
mittlerweile recht gut von Manzanilla- und
Muyuyo-Bäumen bewachsen ist, auf denen
sich Finken wohlfühlen. Dieses Neuland ist
bereits Heimat von kräftigen leuchtend gelben Landleguanen, die ihre Höhlen in den
Korallensand und jungen Humus graben. In
der Regenzeit kommen gelegentlich auch
Elefantenschildkröten aus den Bergen zur Urbina-Bucht hinab. Es besteht Gelegenheit zu
einem kurzen und einem langen Rundgang,
der auch an riesigen alten Korallenblöcken
vorbeiführt. Am Lavastrand und den angrenzenden Felsen sind Pelikane und Seevögel
gut zu beobachten.

## Punta Albemarle [13]

An einem ehemaligen Radarstützpunkt der
US-Armee, **Punta Albemarle,** haben die heimischen Tiere sich schließlich wieder angesiedelt. Pinguine, Kormorane, Seevögel und
Meeresschildkröten zählen zu den häufigsten
Bewohnern der felsigen Küste. Aufgrund der
rauen See am nördlichsten Kap von Isabela
wird der Besucherpunkt leider nicht häufig
angefahren.

## Punta Moreno [14]

Die ›dunkle Spitze‹, **Punta Moreno,** ist eine
zerklüftete junge Lavabucht, in deren Hinterland sich kleine Lagunen gebildet haben, die
regelmäßig Flamingos besuchen, weil sie hier
Garnelen und andere Krustentiere finden. Andere Bewohner sind verschiedene kleinere

## Von Insel zu Insel

Brackvögel und Bahama-Enten, ein eher selten besuchter, aber reizvoller Ort.

### Punta Tortuga Negra 15

In der schwarzen Lavabucht **Punta Tortuga Negra,** eignet sich sehr gut zum Schwimmen. Hier finden sich zahlreiche vom Meer zerriebene Muschelreste, die sich mit den erodierten Gesteinen alter Ausbrüche des Vulkans Darwin vermengen. In den hinter der Bucht liegenden Mangroven entdeckt man mit etwas Glück die seltenste Finkenart der Inseln, den vom Aussterben bedrohten Mangrovenfink.

## Isla Plaza Sur ▶ 4, E 6

Die Insel **Plaza Sur** 16 und ihre Schwester Isla Plaza Norte entstanden durch Hebungen des Meeresgrundes, sehr nahe der Isla Santa Cruz. Der Norden darf nicht betreten werden, bietet aber guten Schutz zum Ankern und für Wasseraktivitäten vor der Isla Plaza Sur. Die Insel bietet als Einzige eine Garantie auf die Sichtung von Landleguanen.

### Plaza Sur

Der einzige Besucherplatz auf dem kleinen Eiland führt zu einer der am engsten zusammenlebenden Kolonien von kräftigen Landleguanen. Da die Insel sehr klein ist und locker aufgereiht stehende Opuntien die einzigen nennenswerten Erhebungen sind, trifft man immer auf die gelben Echsen. Am entferntesten Punkt des Rundweges lebt eine Gruppe alleinstehender und mitunter frustrierter Seelöwenmännchen. Als weitere ständige Bewohner leben Gabelschwanzmöwen auf Plaza Sur. Der einfach zu begehende Weg nimmt etwa 1,5 Stunden in Anspruch und wird auch mit Tagestouren ab Puerto Ayora (s. Agenturen, S. 382) besucht.

## Isla Rábida ▶ 4, D 6

Oxidierter eisenhaltiger Lava verdanken die nur 5 km$^2$ kleine Insel und ihre kleine Lagune das leicht rötliche Magmakleid. Während die Lagune schon kurz hinter dem Seelöwenstrand liegt, führt der etwa 1,5 km lange Rundweg bei schönen Aussichten durch trockene Vegetation an die nördlichen Lavakanten von **Rábida** 17, das 367 m hoch ist. In den Mangroven hinter dem Strand liegen Nistplätze.

## Isla San Cristóbal
▶ 4, F/G 6/7

**Karte:** S. 385

Die alte Zuckerinsel **San Cristóbal** im äußersten Osten des Archipels ist mit 558 km$^2$ die fünftgrößte von Galápagos. Im Süden überragt sie der 895 m hohe Vulkan **Cerro San Joaquín.** Ein Siebtel der Fläche wird/wurde jedoch landwirtschaftlich genutzt und ist heute kein ausgewiesenes Nationalparkterrain. Schon seit der frühen Besiedlung wird die Insel daher geplagt von wild wuchernden Guayaba- und Brombeerbüschen. Berüchtigt war Ende des 19. Jh. die Zuckerrohrplantage des gnadenlosen Manuel Julián Cobos, einem aus Cuenca stammenden Unternehmer, der sich ›Herrscher über Galápagos‹ nannte. Nachdem ihm die Regierung in Quito eine Kolonie von Schwerverbrechern für die Plantagenarbeit überstellt hatte, versklavte er die Gefangenen mit der Peitsche und härtesten Repressionen. Cobos ›regierte‹ bis zum 15. Januar 1904, dem Tag, an dem seine rebellierenden Arbeiter ihn lynchten.

Insel und Hauptstadt stehen seit Beginn von Forschung und Tourismus auf Galápagos international im Schatten des heute prosperierenden Hafenortes Puerto Ayora auf der Isla Santa Cruz. Dennoch beherbergt San Cristóbal einige geologisch und zoologisch bedeutende Besucherplätze. Selbst die zwei endemischen Arten von Elefantenschildkröten auf San Cristóbal haben die Invasion der eingeschleppten Haustiere bis heute überlebt. Die Entfernung zum dünn besiedelten Süden des Eilands und die relative Nähe zur Insel Genovesa machen den flacheren und trockeneren Nordosten von San Cristóbal zu

## aktiv unterwegs

## Kreuzfahrt zwischen den Inseln

### Tour-Infos

**Lage/Anreise:** Karte 4 auf dem Faltplan; tgl. per Flugzeug von Quito und Guayaquil

**Start:** Insel Baltra oder Insel San Cristóbal

**Wann:** ganzjährig; tgl., je nach Turnus der Jachten

**Dauer:** 4 bis 7 Tage, Sondertouren 14 Tage

**Eintritt:** 110 $ für Nationalpark und Einwanderungsbehörde

**Wichtige Hinweise:** Rund 90 zugelassene Kreuzfahrtjachten haben individuell abgestimmte Routen zwischen den etwa 60 Besucherplätzen auf Galápagos. Hier werden zwei typische Exkursionstage beschrieben, wie sie im Ablauf ähnlich auf allen Jachten durchgeführt werden. Die Exkursionen sind Gruppenreisen und umfassen allesamt Landexkursionen, Wasseraktivitäten und das Leben Bord. Hier ist der Beginn einer Tour auf der Luxusjacht Isabela II exemplarisch beschrieben.

Die meisten Kreuzfahrtgäste landen auf der Flughafeninsel **Baltra** (▶ 4, E 6). Hier werden sie von ihren Tourguides empfangen und per Bus zur Mole gebracht. Eine kurze Schlauchbootfahrt bringt die Gruppe zu ihrer Kreuzfahrtjacht. Nach dem Empfang folgen die Vorstellung der Crew und der Nationalparkführer und die Einführung in die Abläufe an Bord. Das Gepäck findet sich bald in der gebuchten Kabine wieder. Meist nach dem ersten Mittagessen gibt es die obligatorische Seenot-Übung. Danach verlässt die Jacht die Bucht von Baltra.

Bereits am Nachmittag geht es auf den ersten Landgang. Mit Schwimmweste wird im Schlauchboot die Insel **Seymour Norte** (▶ 4, E 6) angesteuert. Nach ›trockener Landung‹ – Ausstieg mit festem Schuhwerk an einer Landungsmole – beginnt der etwa 2,5-stündige langsame Rundgang mit dem Naturführer. Die flache Insel bewohnen vor allem Seelöwen, Landleguane, Meerechsen, Fregattvögel und Blaufußtölpel. Entlang des Strandes und seiner Ufernistplätze und durch das steinige Innere des Eilands führt der nur etwa 2 km lange Weg mit vielen Stopps zum hautnahen Beobachten und Fotografieren der Tiere. Bis 18 Uhr müssen alle Touristen die Inseln wieder verlassen haben, so die Parkregeln. Zurück an Bord warten ein Sundowner, eine Dusche und der tägliche wissenschaftliche Vortrag, bevor der ecuadorianische Koch zum Dinner lädt.

Der nächste Morgen beginnt früh vor der Insel **Española** (▶ 4, F 8) Die erste Exkursion nach ›nasser‹ Barfußlandung an dem weißen Traumstrand der **Gardner-Bucht** führt zu einer riesigen Gruppe von Seelöwen. Manchmal liegen über 200 Tiere schlafend, säugend oder spielend am Strand, nebst einigen roten Klippenkrabben und Spottdrosseln. Hier lässt es sich auch ohne Guide einen Kilometer am Strand wandern, von hier wird geschwommen und geschnorchelt, nicht selten mit den Seelöwen. Erfahrene Schnorchler fahren mit dem Beiboot zu einer vorgelagerten Insel zum ›Tiefwasserschnorcheln‹. Nach dem Mittagessen an Bord ist Siesta auf dem Sonnendeck oder in der Bibliothek.

Am Nachmittag trockene Landung an der **Punta Suarez** derselben Insel, ein absolutes Highlight mit zahlreichen »Roten« Meerechsen, häufig jungen Seelöwen und gelegentlich einem Bussard schon zur Begrüßung. Española ist eine grandiose Vogelinsel, deren Stars die großen Albatrosse sind, die sich hier paaren, die Eier brüten und ihre Jungtiere aufziehen, bis sie das Fliegen lernen. Diese sensationelle Vogelexkursion auf felsigem Rundweg dauert drei Stunden.

Zurück an Bord träumt man weiter von den kommenden Inseln Floreana, Santa Cruz, Fernandina, Isabela, Santiago …

## Von Insel zu Insel

einem besonders lohnenden Reiseziel mit zahlreichen Seevögeln. Dabei ist die faszinierende **Punta Pitt** der östlichste und einer der ältesten Teile der gesamten Galápagos-Inseln. Vielerorts säumen die Insel **wunderbare weiße Sandstrände**.

Die über **Puerto Baquerizo Moreno** auf dem Landweg erreichbaren Besucherplätze werden auf S. 383 beschrieben.

### Playa Ochoa 18
Ein kleiner, aber feiner weißer Sandstrand mit einer Seelöwenkolonie sowie einzelnen Pelikanen und Meerechsen – das ist die **Playa Ochoa.** In einer hinter dem Stand liegenden Wasserstelle sind gelegentlich Zug- und Küstenvögel zu beobachten, umgeben von heimischer Vegetation wie dem Matazarno-Baum. Die Bucht ist ideal zum Schwimmen und Schnorcheln. Unter Wasser trifft man neben tropischen Fischen und einem feinen Felsenbewuchs gelegentlich auf Stachelrochen.

### Isla Lobos 19
Unweit der Playa Ochoa liegt die kleine **Isla Lobos,** nur durch einen Meereskanal von San Cristóbal getrennt, vor der Westküste der Insel. Am Rand des felsigen und knapp 1 km langen Pfades lassen sich Seelöwen, Blaufußtölpel und Fregattvögel beobachten. Anker geworfen wird im ruhigen Wasser des Naturkanals.

### León Dormido 20
Der ›schlafende Löwe‹ ist eine steil aus dem Meer aufragende Felsformation, die nicht begangen werden kann. Doch nahezu alle Schiffe, die den Westen von San Cristóbal besuchen, lassen sich die Umrundung des von einer tiefen Schlucht gespaltenen Tufffelsens **León Dormido** nicht entgehen. Der von Seevögeln bewohnte Fels erinnert manche an einen Löwen, andere an einen Fußballschuh, was ihm den Beinamen **Kicker Rock** einbrachte.

### Puerto Grande 21
Eine kleine Bucht unter einem Wäldchen von Opuntienkakteen, das ist **Puerto Grande.** Von

dem zum Baden einladenden weißen Sandstrand lassen sich nachmittags gut die Blaufußtölpel beim Fischen beobachten.

### Cerro Brujo 22
**Cerro Brujo** mit weißem Korallensand unter einem erodierten Tuffkrater bietet vor allem einen exzellenten Strand zum Schwimmen und Schnorcheln. In den Vulkanfelsen leben Tölpel, Möwen und einige Braune Pelikane. Ein schmaler Weg führt hinter dem Strand zu einer Brackwasserlagune, die Wasservogelarten wie Enten und Reiher beheimatet.

### La Galapaguera 23
Die Schildkröten-Bucht mit dem langen Sandstrand im äußersten Norden der Insel liegt in der Regenzeit oft unter starker Brandung. Doch ein Landgang führt durch alte Vulkanformationen und Trockenwälder zu einem ganz besonderen Ort: dem natürlichen Habitat der etwa 1000 Elefantenschildkröten, die Besiedlung und Landwirtschaft auf San Cristóbal überlebt haben. Auch wenn der Schotter- und Felsenpfad mit 4,8 km Länge pro Wegstrecke zu den längsten auf Galápagos zählt, lohnt der etwas anstrengende Ausflug. Übrigens leben in der **Galapaguera-Bucht** heute beide Arten von Landschildkröten der Insel, auch die einst im Süden ansässige Art. In den ersten Monaten des Jahres sieht man zudem häufig Meeresschildkröten am Ufer.

### Punta Pitt 24
Der spektakulärste Besucherpunkt der Insel, **Punta Pitt,** liegt im extremen Osten von Galápagos. Der Landungsstrand ist umgeben von erodierten Lavafelsen – ein häufig von Nebel umwobener und mysteriöser Ort, den die Seevögel lieben. Der 1,4 km lange Weg, der auch zurückgegangen wird, führt durch bedeutende Kolonien von Fregattvögeln, Gabelschwanzmöwen, Nazca-, Blaufuß- und sogar Rotfußtölpeln. Letztgenannte bilden die einzige Kolonie außerhalb der Insel Genovesa überhaupt. Für diesen außergewöhnlichen und nur selten besuchten Ort sollte man bis zu drei Stunden einplanen.

**Auf ihn treffen Grüne Meeresschildkröten häufig: den Autor dieses Buches …**

# Isla Santa Cruz ▶ 4, D/E 5/6

**Karte:** S. 379

Die Insel ist ein großer und fast 900 m hoher Schildvulkan mit einzelnen weit sichtbaren Satellitenkratern. Das häufig im Nebel liegende Hochland ist recht fruchtbar und wird in Teilen landwirtschaftlich genutzt. Durch seine zentrale Lage innerhalb des Archipels, aber mehr noch über die Festlandanbindung durch die vorgelagerte Flughafeninsel Baltra (s. S. 354) hat sich **Santa Cruz** zum touristischen, wissenschaftlichen und Besiedlungszentrum von Galápagos entwickelt. Eine asphaltierte Straße durchquert die gesamte Insel vom **Canal de Itabaca** im Norden über das Hochland durch die Landgemeinden **Santa Rosa** und **Bellavista** bis zur Südküste

in die Kleinstadt **Puerto Ayora.** Hier befinden sich die Charles-Darwin-Station und weitere ortsnahe Besucherpunkte (s. S. 375).

## Las Bachas 25

**Las Bachas** ist ein lang gezogener, feiner weißer Sandstrand, der von einer flachen Lavabrücke in zwei Abschnitte geteilt wird und auf dem sich sehr viele Nester von Meeresschildkröten befinden. Ferner sind verschiedene Salzpflanzen und Ufervögel zu beobachten, zur Essenszeit auch Blaufußtölpel, die sich ins Meer stürzen. Auf dem zweiten Strand befinden sich Wrackteile alter Armeepontons aus dem Zweiten Weltkrieg. Hinter den Stränden liegt jeweils eine kleine Lagune mit einzelnen Flamingos und Bahama-Enten.

# Isla Santa Fé ▶ 4, E 7

Die kleine Insel liegt auf Sichtweite im Südosten von Santa Cruz. Im Nordosten der Insel liegt der **malerische Strand,** vor dem Boote ankern. Ein Weg führt durch einen Opuntienwald auf eine Höhe, wo eine auf **Santa Fé** 26 endemische Art von Landleguanen lebt. Morgens kommen die Echsen näher ans Ufer und sind dann auch am Westende des Strandes an einem kleinen Weg zu sehen. Spätnachmittags sieht man auf der Insel die endemische Galápagos-Reisratte, neben der Fledermaus das einzige nicht vom Menschen eingeführte Säugetier auf Galápagos.

# Isla Santiago ▶ 4, C/D 5/6

Die viertgrößte der Galápagos-Inseln, **Santiago,** leidet noch heute unter dem Erbe ehemaliger Salzminenarbeiter, die ihre Tiere auf dem Eiland zurückließen. Immerhin sind Besiedlungsversuche seit den letzten vor rund 40 Jahren aufgegeben worden. Relativ junge Lavaflüsse und ein traumhafter Küstenabschnitt im Westen der Insel lohnen den Besuch so oder so.

## Puerto Egas 27

Der Landung auf dem schwarzen Lavastrand bei **Puerto Egas** schließt sich ein leichter Weg auf einem Plateau an. Hier entfaltet sich bald eine tiefschwarze, zerklüftete Lavaküste mit Naturpools, in denen Seelöwen baden, bewacht von den Meerechsen und einzelnen Reihern. Zahlreiche Küstenvögel wie der Amerikanische Austernfischer sind hier zu sehen. Eine Seltenheit: Hier hat sich eine kleine Gruppe von Seebären angesiedelt. Zurück am Lavastrand, kann man an den vorgelagerten Felsen der **Bahía James** hervorragend schnorcheln.

## Bahía Sullivan 28

Vis-à-vis der Isla Bartolomé breitet sich ein großes, erst 100 Jahre altes Lavafeld aus. Ein Rundweg auf teils scharfem Untergrund führt über die beeindruckende Mondlandschaft der **Bahía Sullivan** aus sog. Pahoehoe-Lava, die teils Blasen und ›Öfen‹ formt. Am Fuß des Lavafeldes liegt ein kleiner Strand mit wenigen Pionierpflanzen, der sich gut zum Schwimmen und Schnorcheln eignet, zuweilen auch mit Pinguinen, die von Bartolomé herüberschwimmen.

## Playa Espumilla 29

Die kaffeebraune **Playa Espumilla** mit ihrer sanften Brandung zählt zu den schönsten Stränden der Inseln. Im angrenzenden Trockenwald begegnet man zu bestimmten Zeiten Finken, Schreitvögeln und Galápagos-Bussarden.

# Isla Seymour Norte ▶ 4, E 6

Die kraterlose, flache Insel entstand durch eine Hebung des Meeresgrundes. Seymour Sur, die heute Baltra genannte Schwester- und Flughafeninsel, ist stets auf Sichtweite. Und **Seymour Norte** 30 bildet einen berauschenden Kontrast zu dem nahen Marine-Eiland: große Fregattvogelkolonien, Seelöwen und Meerechsen bevölkern die Küste und ihre von Balsamo dominierte Vegetation. Weitere Stars sind die gelben Landleguane, die ursprünglich auf Baltra lebten, doch in ihrer Art auf dem nördlichen Nachbareiland gerettet werden konnten. Der Rundweg kann in mehreren Varianten begangen werden und führt über Felsküste, Strand und einen steinigen Inlandpfad; Laufzeit meist 2,5 Std.

## Infos

**www.galapagosdiscover.com:** Katalog mit 40 in Galápagos zugelassenen Schiffen aller Kategorien, 1800–4600 $ Wochenpreis, sehr guter Preisvergleich.

**Reisepreis:** Für die Anreise nach Galápagos sind folgende Positionen einzukalkulieren: Flug ab Quito ca. 460 $ (Nebensaison und ab Guayaquil etwas günstiger), Nationalparkeintritt 100 $, Migrationskarte 10 $. Eine einwöchige Kreuzfahrt mit Komplettversorgung und Führung kostet je nach Bootsklasse und Saison 1400–4500 $, zzgl. Treibstoffzuschlag von 100–200 $, Trinkgeldern und alkoholischen Getränken an Bord.

**Nationalparkregeln:** Seit Anfang 2012 müssen alle für Kreuzfahrten lizenzierten Jachten Routen mit einem 14-Tage-Profil fahren. Das bedeutet, zum Schutz des Ökosystems wird jeder Besucherplatz nur einmal in zwei Wochen angefahren. Beim Buchen ist also genau auf die jeweiligen Routensegmente einer Tour zu achten.

## Übernachten

Die Koje auf dem Kreuzfahrtschiff bucht man am besten bereits vor der Galápagos-Reise. Dennoch werden auch von den Agenturen auf Galápagos selbst Plätze, nicht selten Last-Minute-Angebote, vermittelt. Zur Preisorientierung in den ortsüblichen Schiffskategorien gilt dabei für 2011, jeweils pro Kreuzfahrttag und Person in der Doppelkabine: Luxusklasse ab 350 $, First Class 275–500 $, Tourist Superior Class 200–350 $, Tourist Class 175–250 $, Standard Class 150–200 $. An- und Abreisetag zählen als volle Rechnungstage. Diese Angaben und die folgenden Beispiele für Kreuzfahrtcharter verstehen sich als Komplettpreis ohne Anreise und Nationalparkeintritt.

**Luxusjacht ▶ M/Y Isabela II:** Metropolitan Touring, Av. Las Palmeras N45-74 y De Las Orquideas, Quito, Tel. 02-298 83 00, ext. 3750, www.galapagosvoyage.com. Jacht mit viel Platz, allem erdenklichen Komfort, Spitzenküche, Sunset Bar, Whirlpool und exzellentem Service, 166 Fuß lang, 40 Passagiere, Glasbodenboot an Bord, bei 4 Übernachtungen DZ 2979 $, Master Suite 3116 $, jeweils zzgl. 203 $ Treibstoff.

**Traditionelle Segelschiffe ▶** Die **S/S Mary Anne** für 24 Gäste ist am schönsten getakelt und vermittelt am ehesten das traditionelle Windjammergefühl, wenngleich Winde und Routen auf Galápagos wenig Segelmanöver zulassen. Wochenpreis 3896 $. Agentur: Andando Tours, Moreno Bellido E 6-167 y Av. Amazonas, Quito, Tel. 02-323 73 30, www.angermeyercruises.com.

**Mittelklasse ▶ S/Y Cachalote:** Enchanted Expeditions, Calle de las Alondras N45-102 y de los Lírios (Monteserrín), of. 104, Quito,

Tel. 02-334 05 25, ext. 217, www.enchanted expeditions.com. Komfortabler Motorsegler der gehobenen Klasse, große Holzdecks, Etagenkojen, sehr guter Service, 96 Fuß lang, 16 Passagiere, Wochenpreis 2737 $, in der Hochsaison 3035 $.

**Touristenklasse ▶ M/S Angelique:** Agentur Kem Pery, Calle Ramirez Dávalos 117 y Av. Amazonas, Ed. Turis Mundial, of. 101, Quito, Tel. 02-222 65 83, 02-222 67 15, www.kem pery.com. Charmanter historischer Segler, 96 Fuß, 16 Passagiere. Wochenpreis 2300–2500 $.

## Einkaufen

**Landgang ▶** Alle Kreuzfahrtschiffe machen einen Stopp in einem der Häfen von San Cristóbal oder Puerto Ayora zum Besuch der Forschungs- oder Informationszentren. Bei der Gelegenheit sind begrenzt auch **Einkäufe in den Dörfern** möglich.

## Aktiv

**Wasseraktivitäten ▶** Alle Jachten halten in der Regel gute und ausreichend **Schnorchelausrüstung** für ihre Gäste bereit. Einige Boote haben zudem **Kajaks** an Bord. Fast täglich gibt es Gelegenheiten zum **Schwimmen** an den Stränden, manchmal auch vom Boot aus.

## Verkehr

Bei der **Einreise auf die Galápagos-Inseln** werden die Reisepass, ein ausgefülltes Nationalparkformular *(Tarjeta de Pre Entrada),* die INGALA-Einreisekarte (10 $) und der Parkeintritt (zur Zeit 100 $) verlangt. Die **Anreise zu den Jachten** erfolgt mit Flügen aus Quito oder Guayaquil nach Baltra/Santa Cruz (s. S. 383) oder San Cristóbal (s. S. 390). Die Agentur empfängt die Besucher dann am Flughafen auf Galápagos und geleitet sie, meist per Bus und Beiboot, zur gebuchten Jacht. **Individuell** fährt man auf San Cristóbal mit dem Taxi weiter in die nahe Stadt. Von Baltra wiederum geht es mit dem kostenlos Bus zur Mole, dort setzt man gegen kleines Geld über nach Santa Cruz und nimmt den dort wartenden Bus bis Puerto Ayora (ca. 45 Min., 3 $).

Drei der vier Hafenorte von Galápagos bieten mittlerweile eine ansehnliche Infrastruktur und ein spannendes Exkursionsprogramm. Von den Inselstandorten aus lassen sich Bootstouren, Hochlandausflüge und Wasseraktivitäten organisieren. Dabei hat jede der vier bewohnten Inseln, Santa Cruz, San Cristóbal, Isabela und Floreana, ihren eigenen Charme und teils traumhafte Strände.

Manche Reisende mögen keine Kreuzfahrten. Andere suchen in den Hafendörfern Erholung nach den Tagen auf See. Doch die Dörfer sind nicht nur Ausgleich, sie sind in guten Teilen Ergänzung oder sogar Alternative zu einer Jachtkreuzfahrt. Zwar lebt man hier in der Zivilisation mit ihren üblichen Begleitern wie Straßenlaternen, Telefonen und mitunter buntem Treiben. Doch als Basis für Küstentouren, ausgedehnte Hochlandtouren und sportliche Aktivitäten sind diese Orte gut geeignet.

Die Bewohner der vier Hafendörfer sehnen sich übrigens nach den Fernreisenden aus aller Welt. Denn viel zu oft, so klagen sie, bleibe von dem großen Kuchen des Tourismus fast nichts im Dorf. Die Jachteigner und Agenturen, nicht selten vom Festland, machen das Geschäft, die Galapageños schauen in die Röhre, so heißt es. Es gibt sogar gelegentlich politische Anträge, jeden Galápagos-Besucher zu mindestens einer Nacht auf den Inseln zu verpflichten. So weit ist es jedoch noch nicht.

Jedes Dorf versucht nun auf seine Weise, mit dem Tourismus das insulare Bruttoinlandsprodukt zu steigern: **Puerto Ayora** mit einem hawaiianisch-urbanen Expansionsdrang, **Puerto Baquerizo Moreno** mit mächtigen Infrastrukturmaßnahmen, das kleine **Puerto Villamil** mit Beteiligung der Fischer und Frauen an einem nachhaltigen Tourismuskonzept und schließlich das winzige **Puerto Velasco Ibarra** mit der leguanischen Ruhe einer alten Siedlerinsel ohne Flugplatz und Linienschiff.

## Puerto Villamil (Isla Isabela) ▶ 4, C 4

**Karte:** S. 371

### Das Dorf

Für nicht wenige ist **Puerto Villamil** ein Aussteigertraum. Das verschlafene 3000-Seelen-Dorf liegt an einem **kilometerlangen weißen Sandstrand,** durchzogen allein von den Spuren der Meerechsen und dem stetigen Südwind. Zusammen mit der Osterinsel gehört das stille Fischerörtchen im Pazifik zu den westlichsten Siedlungen Südamerikas, ein Paradies zwischen Lava und Palmen am äußersten Ende der ›Neuen Welt‹.

Gleichzeitig findet sich in unmittelbarer Umgebung des Dorfes eine erstaunliche Flora und Fauna. Schon nach wenigen Minuten Fahrtzeit sind etwa **spektakuläre Mangrovenwälder** zu entdecken, die größten Meerechsen von Galápagos und eine Kolonie verspielter Pinguine. Das Hochland wartet mit der **faszinierenden Tuff- und Basaltlandschaft** noch aktiver Vulkane auf.

Im Dorf selbst geht es so ruhig zu, als habe man die Uhr angehalten. Puerto Villamil kennt noch keine Banken und kein Breitbandkabel.

Die Restaurants sind einfach und rustikal. Doch wer keinen westlich etablierten Luxus sucht, sondern die Stille und Weite des Pazifiks und die Gelegenheit, in einem von Licht durchfluteten Zimmer am Strand zu sich und der Welt zu finden, der ist hier richtig.

Der Tourismus kehrt erst langsam ein. Und das ist gut so. »Wir wollen kein zweites Hawaii werden, sondern das unverwechselbare Galápagos bleiben«, erzählt ein Naturführer des Dorfes im Kajak, während sich vor ihm ein Dutzend Pinguine nach dem Fischen das Gefieder reinigt. Der Großteil der Gemeinde will offenbar nicht »wie das überlaufene Puerto Ayora« werden. Allerdings schickt das überdimensionierte Flughafengebäude von Isabela böse Boten ins Land. Am Strand entstand ein neues Hotel, der Dorfplatz wird ›modernisiert‹. Die Preise klettern rasant in die Höhe. Dank der Einbindung von ehemaligen Fischern in den Tourismus, durch die Erschließung neuer Kleinproduktion durch gut organisierte Frauenkooperativen und dank der sanften Lebensenergie, die bis heute über Puerto Villamil liegt, bleibt dieser Ort dennoch unverwechselbar.

## Las Tintoreras [1]

Die vorgelagerte, flach verzweigte Basaltinsel **Las Tintoreras** beherbergt eine außergewöhnliche Tiervielfalt, die sich mit den besten Besucherplätzen von Galápagos messen kann. Schon die kurze Bootsfahrt führt vorbei an einer Kolonie von 10 bis 15 Galápagos-Pinguinen. Die Insel wird bewohnt von den größten Meerechsen des Archipels, deren Männchen zur Paarungszeit von Januar bis Februar in prächtig grünem Panzerkleid kokettieren. Der ein- bis durchaus dreistündige Landgang führt ebenso zu Seelöwen, Blaufußtölpeln, Reihern, Stelzenläufern und Roten Klippenkrabben. Namengebend für die *tintoreras* und Stars der Insel sind andere Tiere: Denn während der Ebbe dösen im *canal* oder in einer kleinen flachen Bucht bis zu 25 Weißspitzenhaie, gut sichtbar knapp unter dem Wasserspiegel. Ebenfalls bei Ebbe sind auf der Insel gewaltige, über 200 Jahre alte weiße Mangroven zu bestaunen.

## Sendero hacia el Muro de las Lágrimas

Der 5 km lange Küstenfahrweg **Sendero hacia el Muro de las Lágrimas** beginnt rund 2 km hinter dem Westende von Puerto Villamil. Nachdem man den schönen und in seiner Friedlichkeit anrührenden **Dorffriedhof** passiert hat, erreicht man bald die große Wegtafel. Bis hierher lässt es sich auch wunderschön am Strand entlangwandern. Vom Fahrweg aus zweigen nun immer wieder Wege ab, mal zu idyllischen Stränden am Meer wie **La Payita** und **Playa del Amor,** mal durch Mangroven zu Lagunen wie **Poza Redonda** und zu Aussichtspunkten wie **Los Tunos,** idealen Orten zur Vogelbeobachtung. **El Estero** ist ein ganz besonderer kleiner Strand in den Mangroven, von dem aus man bis ins offene Meer schwimmen kann.

Nach diesem Mangrovenarm kommt hingegen lange keine Abzweigung. Der Schotterweg zieht sich über 3 km leicht bergauf, passiert im Weiteren den großartigen Aussichtspunkt **Mirador del Cerro Ochilla,** um bald danach sein Ende zu erreichen: ein absurdes Bauwerk aus den 1950er-Jahren inmitten der trockenen Kakteenlandschaft, die ›Mauer der Tränen‹ – **Muro de las Lágrimas** [2]. Baulich zwecklos und allein zur Demütigung von Gefangenen im Arbeitslager errichtet, misst die frei stehende Lavamauer etwa 70 m Länge, 6 m Höhe und an der Basis 5 m Breite. Ein kleiner Pfad, an dem gelegentlich auch wilde Elefantenschildkröten zu finden sind, führt um das Bauwerk herum.

Nach Puerto Villamil (7 km) geht es auf demselben Weg zurück. Wer sich der Hitze entziehen und zudem Zeit sparen möchte, kann im Dorf ein Taxi chartern, sich zur Mauer bringen lassen und vielleicht am Ende der Wanderung zurück am Mangrovenstrand von El Estero baden. Ab diesem Strand sollte man auf jeden Fall laufen oder biken. Denn zwischen Dorf und Estero erstreckt sich der hinsichtlich Flora, Fauna und Strandmöglichkeiten spannendste Teil des Weges. Die Tour ist einfach zu bewältigen, man kann sich nicht verlaufen, doch sollte man unbedingt an ausreichend Wasser denken!

# Die Hafenorte und ihre Umgebung

## Los Humedales 3

Mit dem Kajak dringt man bis tief in die Seen-platte im Süden Isabelas ein. Nur wenige Me-ter hinter der Brandung des Pazifiks und dem schützenden Mangrovengürtel hat sich ein 830 ha großes Feuchtgebiet geformt: **Los Humedales.** Die flachen Seen bieten fast al-len Küsten- und Watvögeln von Galápagos Schutz zum Nisten und reichlich Nahrung, so dass selbst Seevögel wie die Fregattvögel hierher zum Fischen kommen. Doch die meistgesehenen Bewohner des Habitats sind verschiedene Arten von Reihern, Stelzenläu-fern, Wildhühnern, Bahama-Enten und Fla-mingos. Unter dem ständigen Rauschen des Meeres und gelegentlich unter dem moderi-gen Geruch des aufgewühlten Schlicks ist diese Tour eine schöne zwei- bis dreistündige Safari zum Vogelbeobachten. An den Ufern finden sich Weiße, Rote, Schwarze und Knopfmangroven. Ecuador hat dieses ein-zigartige Feuchtgebiet 2002 mit seinem Bei-tritt zum RAMSAR-Abkommen unter interna-tionalen Schutz gestellt. Der Kajak-Tourismus ist nicht ganzjährig erlaubt.

## Concha de Perla 4

Ein Stelzenweg führt nahe der Fischermole durch dichten Mangrovenwald zu einer ro-mantischen Schwimmplattform. Vor dieser liegt die enge ›Perlenmuschel‹ aus drei mit-einander verbundenen Naturbecken und mit Zugang zum offenen Meer. Der frei zugäng-liche Besucherplatz **Concha de Perla** ist ideal zum Schwimmen und Schnorcheln. Häufig sind auch Meeresschildkröten zu se-hen. Beste Zeit zum Schnorcheln sind die Stunden um die Ebbe herum.

## Centro de Crianza de Tortugas Gigantes 5

Kurz hinter dem westlichen Dorfende, Av. Gil, schlängelt sich ein gut beschilderter Natur-pfad über 1200 m durch Mangroven, Küsten-wald und Lavaplateaus. Er endet an der Schildkröten-Aufzuchtstation des National-parks, **Centro de Crianza de Tortugas Gi-gantes.** In den kleinen Gehegen hat man die Gelegenheit, rund 700 Elefantenschildkröten

aller fünf auf Isabela vertretenen Unterarten im Alter von wenigen Tagen bis zu etwa 180 Jahren zu sehen. Die Aufzucht und spätere Auswilderung wird flankiert von Ausrottungs-programmen an eingeschleppten Schädlin-gen wie wilden Ziegen, Eseln und Schweinen. Gefüttert werden die Schildkröten jeweils Mo, Mi und Fr vormittags (Mo–So 6–18, Shop Mo–Fr 8–17 Uhr, Eintritt frei).

## Volcán Sierra Negra 6

Der **Volcán Sierra Negra** im zentralen Süden von Isabela ist 1490 m hoch und besitzt bei einem Durchmesser von 10 km den größten Vulkankrater der Welt. Man fährt zunächst mit dem Pickup auf gut 800 m Höhe zum **Nationalparkbüro,** von wo eine 45-minütige Wanderung oder aber ein Ritt zu Pferde zum unteren **Kraterrand** in knapp 1000 m Höhe führt. Dieser Weg ist nach Regenfällen be-schwerlich, da morastig. Liegt der Süden des Kraters bis tief an die Küste meist im Nebel, so offenbart eine Kraterwanderung gen Nord-osten oft freien Blick in den etwa 120 m tie-fen Krater mit seinen jungen Lavafeldern. Dieser Abschnitt endet unter schattigen Ja-boncillo-Bäumen, zugleich Endstation für die Pferde. Weiter geht es durch eine land-schaftliche Melange aus ocker-schwarz-braunen Lavafeldern bis zu dem Schwefel ausdampfenden **Volcán Chico** 7, von dem sich ein beeindruckender Blick auf die nörd-lichen Vulkane Isabelas, die Landenge **Istmo de Perry,** die Meerenge **Canal Bolívar** und die **Isla Fernandina** bietet.

Die geologisch außergewöhnliche Tour in die ›Hochgebirge‹ von Galápagos dauert etwa 7–8 Stunden ab Puerto Villamil. Eine Alternativroute führt vom Ausgangspunkt un-ter dem Krater gen Westen zum Schwefel-krater des **Volcán de Azufre** 8. Beide Tou-ren sind nur mit Naturführern und festem Schuhwerk durchzuführen.

## Weitere Exkursionen

Bootstouren bringen Besucher von Puerto Villamil in 40 bis 60 Minuten zu den vorgela-gerten Inseln **Islotes Cuatro Hermanos** und **Islote Tortuga** 9 oder auch zu den faszinie-

Caleta Webb

Punta Moreno 14

Bahía Isabel

Islas Mariela

Isla Isabela

Volcán Cerro Azul
1689 m

Los Túneles

Volcán Sierra Negra
1490 m

Volcán de Azufre 8

Volcán Chico 7

Las Ánimas

6

Start

12 Finca

Friedhof 11

Ballena

aktiv Mountainbiken im Mangoland

Santo Tomás

Centro de Crianza de Tortugas Gigantes 5

Finca Campo Duro 13

Mirador del Mango 14

Los Humedales 3

Muro de las Lágrimas 2

Puerto Villamil

Cabo Rosa

Roca Unión

Las Tintoreras 1

Ziel

4 Concha de Perla

Bahía Villamil

Punta Lobería

Roca Bura

Islote Tortuga 9

N

4    8 km

renden geologischen Formationen von **Los Túneles** 10. Zwar sind hier keine Landgänge erlaubt, doch sieht man auch vom Boot aus die Aktivitäten der Seevögel und kann außerdem exzellent schnorcheln. Zum Tauchen vor den Inseln sind geführte Tauchtouren vorgeschrieben.

## Infos

**Orientierung:** Der Dorfkern von Puerto Villamil verteilt sich um den Parque Central. Von hier nach Westen verläuft die Uferstraße Avenida Antonio Gil, nach Osten heißt sie Avenida Conocarpus und endet an der Mole Embarcadero.

## Die Hafenorte und ihre Umgebung

**I-Tur:** Parque Central, Edificio del Municipio, Tel. 05-252 94 61, Mo–Fr 7.30–17 Uhr. Das Büro bietet Dorfplan, Broschüren und allgemeine Informationen zu Isabela.

**Parque Nacional de Galápagos:** Av. Gil, Tel. 05-252 91 78, Mo–Fr 7.30–12.30, 14–17 Uhr. Genehmigungen zum Zelten in der Sierra Negra. Wenn es wieder aufgelegt wird, erhält man hier ein informatives Heft über Ort und Umgebung: ›Lagunas y volcanes en medio del océano‹ (auch auf Englisch).

**Internetzugang** haben Comercial Albatros und Easynet-Pacifictel.

## Übernachten

**First Class ▶ Iguana Crossing Hotel:** Av. Antonio Gil, Westende, Tel. 05-252 94 84, 05-252 94 85, www.iguanacrossing.com.ec. Hotel mit 13 luxuriösen Zimmern und Suiten direkt am Strand gelegen, kleiner Swimmingpool, Jacuzzi, Spa und gutes Restaurant. DZ 311 $ (Inlandblick) bis 389 $ (Meerblick), Suiten 527 $, jeweils mit Frühstück.

**Strand-Bungalows ▶ Red Mangrove Isabela Lodge:** Av. Conocarpus, 400 m via Desembarcadero, Tel. 05-252 65 64, www.redmangrove.com. Lauschige Bungalow-Anlage mit 8 Zimmern direkt auf dem Strand. Seafood-Restaurant (18 $). EZ/DZ 183/244 $.

**Boutiquehotel ▶ La Casa de Marita:** Av. Conocarpus, 400 m auf der Uferstraße, Tel. 05-252 92 38, 05-252 93 01, 099-108 50 74, www.casamaritagalapagos.com. Ein liebevoll und farbenfroh eingerichtetes Strandhotel mit

gutem Frühstück sowie 19 geräumigen gepflegten Zimmern und Suites; exzellenter Service, AC, Wäscheservice, Tourenvermittlung, klimatisiertes Restaurant. Die beste Wahl am Ort. EZ/DZ (teils mit Meerblick) 103/140 $, Oceanside Suites 183/244 $.

**Moderate Preise ▶ Hostal San Vicente:** Calle Cormorán y Scalesias, Tel. 05-252 91 40, 05-252 94 39, 099-349 79 40, www.gruposanvicentegalapagos.com. Einfaches, solides Traveller-Hotel im Dorfkern, Kabel-TV, Wäscheservice, tgl. Touren zu den Vulkanen und Stränden. Zimmer mit AC 28 $ p. P.

**Einfaches Strandhaus ▶ Caleta Iguana:** Av. Gil, Westende, Tel. 05-252 94 05, www.iguanacover.com. Pension mit Terrasse und Barbecue direkt am Strand, am Abend Barbetrieb nebenan. EZ/DZ 40/60 $, Schlafsaal 21 $ p. P., jeweils mit Frühstück.

**Strandhaus ▶ Cormorant Beach House:** Av. Gil, Tel. 05-252 91 92, www.galapagosislandshotel.com. Kleine Pension direkt am Strand, einfache, aber recht hübsche Zimmer mit TV, Kühlschrank, teils mit Klimaanlage und Meerterrasse, Küche zur gemeinschaftlichen Nutzung, EZ/DZ 31/65 $.

**Low Budget ▶ Beto Tortugas:** Av. los Flamingos y Av. Gil, Westende, Tel. 05-252 90 15, betossbeachbar@hotmail.com. Beto und Edith von der Strandbar vermieten auch Zimmer, das schönste direkt am Meer über der Bar. EZ/DZ 25/35 $, Frühstück 5 $.

**Zeltmöglichkeiten ▶** Auf einer Hochland-Finca der **Casa de Marita** (s. links) und auf der **Finca Campo Duro,** Tel. 098-545 30 45, 05-301 66 04, refugiotortugasgigantes@hotmail.com. Campen 10 $ p. P., EZ/DZ 25/30 $. Frühstück 6 $, Boxlunch 6 $ (s. S. 373). Das Campen am Strand ist nicht erlaubt.

## Frauenkooperativen

Mehrere Kooperativen von Fischerfrauen bauen sich seit einigen Jahren eine Existenz im Tourismus auf. T-Shirts, Souvenirs und Kunsthandwerk bietet etwa die Fischerfrauen-Kooperative **OMAI** in der Avenida Gil an. Die Fischerfrauen von **OMPAI** neben dem Post Office haben sich spezialisiert auf Produkte aus recyceltem Papier. Im Hochland kocht und vermarktet eine weitere Frauenkooperative Marmeladen, die auch bei OMAI zu kaufen sind.

## Essen & Trinken

Das Dorf zählt rund zehn offene, einfache Restaurants allein am zentralen *parque* und weitere in den umliegenden Dorfstraßen. Dort wird mittags ein *almuerzo* für 3–5 $ angeboten, à la carte speist man einfach für 5–10 $. Das Restaurant **César** am Parque kocht international, und **El Cafetal** neben der Kirche serviert guten Fisch.

## aktiv unterwegs

# Mountainbiken im Mangoland

### Tour-Infos

**Start:** Puerto Villamil
**Anreise:** im Pickup
**Länge:** ca. 22 km, meist downhill
**Dauer:** 6–7 Std.
**Wichtige Hinweise:** Bike und Ausrüstung werden gestellt.
**Karte:** S. 371, Streckenverlauf in Rot

Eine ausgezeichnete Möglichkeit, Sport, Natur und einen Finca-Besuch zu kombinieren, bietet eine organisierte Tour mit dem Mountainbike. Dazu geht es zunächst im Pickup auf etwa 400 m Höhe an den Fuß des **Vulkans Sierra Negra 6** in die landwirtschaftlich genutzte Region der Insel.

Ist der erste Teil der nun beginnenden Abfahrt noch recht steil, wird die Schotterstraße im Weiteren flacher. Unterwegs trifft man auf Nutztiere der Siedler, aber auch auf Galápagos-Tiere wie den Rubintyrann und den Finken. Ein erster Stopp erfolgt an dem alten **Friedhof 11**, wo der Führer von den Gefangenenkolonien der 1950er-Jahre und von anderen mysteriösen Bewohnern der Insel erzählt. Dann hält die Biketour auf einer seit Jahrzehnten betriebenen **Finca 12**. Die sympathischen und bereits über 80-jährigen Besitzer betreiben Subsistenzwirtschaft und zeigen die Fülle ihrer tropischen Früchte wie Mandarinen, Bananen, Maracujas und Ananas. Das Nötigste aus dem Dorf kaufen sie mit dem Erlös ihrer kleinen Kaffeeplantage. Weiter unten stoppt die Tour am **Campo Duro 13**, einer schönen Finca, die sich mit einer großen Wiese, einer Bar und einem nettem Barbecue-Restaurant (13 $) auf einkehrende Gäste von der Vulkan- oder Mountainbiketour eingerichtet hat (Tel. 098-545 30 45). Außerdem zieht die Finca hier in Zusammenarbeit mit dem Nationalpark über 40 Landschildkröten von Isabela auf (ohne Tour 2 $ Eintritt). Letzter Halt ist der **Mirador del Mango 14**, ein Aussichtspunkt mit prächtigem Blick über den Süden von Isabela und ihre Nachbarinseln.

Die Tour samt Ausrüstung kostet je nach Gruppenstärke 35–45 $ p. P. zzgl. einem optionalen Essen auf der Finca. Beste amerikanische Aluminiumbikes samt Helm und Handschuhen bietet Carapachudo Bike Tours, Calle las Escalecias, Tel. 098-596 71 79, info@carapachudotours.com. Alternativ zur Downhill-Route bietet die Agentur auch eine flache und etwa vierstündige Bike- und Schnorcheltour durch die Lagunen- und Feuchtgebiete vor der Küste an.

**Gute internationale Küche** ▶ **La Casa de Marita:** Av. Conocarpus, 400 m auf der Uferstraße, tgl. 7–22 Uhr, Tel. 05-252 92 38. Hotelrestaurant über den Palmen, zudem mit Meerblick und gutem Service, u. a. italienische Küche, Hauptgericht 11–17 $.

**Gute Auswahl** ▶ **El Encanto de la Pepa:** Parque Central, Tel. 05-252 92 84, Mo–Sa 7–21 Uhr, große Karte und meist tatsächlich große Auswahl und Portionen, Hauptgericht 6–10 $, Menü 3 $.

**Einfach und vom Grill** ▶ **La Tortuga Pepinera:** Calle Cormorán, Tel. 098-504 47 76.

Sehr einfaches, aber gutes, freundliches und preiswertes Restaurant mit Menüs von Mo–Sa und deftigen Grillgerichten am So, Hauptgericht 5 $.

**Populär** ▶ **Restaurante Oasis:** Einfaches, offenes Restaurant am Parque mit preiswerter kreolischer Küche und gutem Fisch, tgl. 18.30–22 Uhr, Hauptgericht 5 $.

### Einkaufen

**Markt, Läden und Geld** ▶ **Mercado Municipal:** Calle 16 de Marzo y Las Fregatas, Mo–Sa, winzige Markthalle mit überschau-

## Die Hafenorte und ihre Umgebung

barem Angebot. In direkter Umgebung befinden sich mehrere Kaufläden: **Comerciales** wie das **Albatros,** das auch ein **Internetcafé** hat. **Banken** gibt es nicht, aber **MoneyGram** händigt internationale Geldanweisungen aus (Av. Gil y Las Fregatas, Tel. 05-252 94 62, in Deutschland 0800-82 82 89 71, Schweiz 0800-89 59 73, www.moneygram.de).

## Abends & Nachts

**Musikbar und Szenetreff** ▶ **Bar de Beto:** Av. Gil, Westende, Tel. 05-252 90 15, Mo–Sa 15–24 Uhr. Schöne offene Strandbar mit Cocktails und guter Musik, Treffpunkt für Einheimische und Touristen, Dinnerservice nach Voranmeldung.

**Alternativen am Meer** ▶ **Sea Lion,** exponiert auf dem Moonwalk am Strand (tgl. ca. 14–2 Uhr), und die **Coco Bar** (neben der Casa de Marita).

## Aktiv

**Beachvolleyball** ▶ Treffpunkt zum Ecuavoley ist häufig gegen 17 Uhr an der **Casa Rosada,** am Westende der Av. Gil.

**Mountainbiken** ▶ Downhill- und Küstentouren sowie Fahrradverleih bei **Carapachudo,** s. S. 373.

**Naturführer** ▶ Versierte und englischsprachige Naturführer sind **Pablo Valladares,** Tel. 05-252 93 77, 099-782 99 30, und **Alfredo** ›**Minino**‹ **Boloña,** Tel. 05-252 90 08, 099-787 15 33.

**Reiten** ▶ Die besten und gepflegtesten Pferde hält **Modesto Tupiza,** Tel. 05-252 92 17. Reittouren durch die Plantagen, Teile der Feuchtgebiete und zum Sierra Negra. Tagesmiete 20 $ pro Pferd.

**Schnorcheln und Kajak** ▶ Traumhafte Buchten und vorgelagerte Inseln, darunter flache Schnorchelplätze wie Concha de Perla bei Ebbe und eine ›Ocean-Safari‹ mit dem Kajak zu den **Tintoreras.** Besondere Empfehlung: Kajaksafari durch die ruhige Seenplatte von Los Humedales. Erfahrene Beratung, sehr gute Ausrüstung und Touren: **Jacqueline Bruns,** Isabela Discovery, Tel. 05-252 93 03, 099-379 14 04, jacibruns@hotmail.com.

**Tauchen** ▶ **Isabela Dive Center:** Pablo Constante, Calle Escalecia y Av. Gil, Tel. 05-252 94 18, 099-466 65 68, www.isabeladivecenter.com.ec. Bislang einzige Tauchbasis der Insel, Ausfahrten an die Küste von Isabela und an die vorgelagerten Inseln. 2 Tauchgänge mit Ausrüstung, Boot, Divemaster und Lunchbox kosten je nach Entfernung und Gruppenstärke 150–180 $ p. P. Verleih von Schnorchelausrüstung.

**Wandern** ▶ Fast alle Reiseagenturen bieten Tageswanderungen zu den Vulkanen der Sierra Negra an. Die häufigsten Touren mit guten Möglichkeiten, sich einer Gruppe anzuschließen, organisiert **Antonio Gil** ab dem Hotel San Vicente, Tel. 05-252 91 40, 05-252 94 39, hotelsanvicentegalapagos@hotmail.com. Wanderungen am Strand und in die Feuchtgebiete zur Muro de las Lágrimas sind auch auf eigene Faust machbar, wenngleich lokale Naturführer mehr Wissen vermitteln.

## Termine

**Fiesta de la Cantonización de Isabela:** Jedes Jahr vom 14. bis 16. März begeht Isabela ein lebendiges Kantonalfest: Neben der Landwirtschaftsmesse und den Wahlen zur Schönheitskönigin finden verschiedene Wettkämpfe statt – Reiten, Fußball, Schießen und Bootsrennen. Dazu gibt es reichlich lokale Speisen, Musik, Tanz und berauschende Getränke.

## Verkehr

**Flugzeug:** Die Insel-Airline EMETEBE fliegt Mo–Sa um 8.30 Uhr nach Baltra und nachmittags nach San Cristóbal, Flugpreis 155 bzw. 170 $ pro Strecke, Tel. 05-252 91 55, www.emetebe.com.ec. Flughafengebühr 15 $. Der Flugplatz liegt 2 km vom Ort entfernt.

**Schnellboot:** Die *lancha rápida* fährt tgl. morgens um 6 Uhr nach Puerto Ayora, wodurch man die meisten Kontinentalflüge ab Baltra erreicht. Abfahrt an der Fischermole am Ostende des Ortes. Fahrpreis: 45–50 $ zzgl. 6 $ Hafengebühr.

**Taxis:** Fahrpreis 2 $, vom Flugplatz ins Dorf 3–4 $. Die Fahrt zum Ausgangspunkt der Vulkanwanderung dauert etwa 45 Min. (40 $).

# Puerto Ayora (Isla Santa Cruz) ▶ 4, D/E 6

**Karte:** S. 379

## Das Dorf

**Puerto Ayora** 1 ist die Boomtown des Paradieses: wenn irgendwo auf den Galápagos-Inseln das Wachstum grenzenlos scheint, dann in dieser Kleinstadt im Süden der Insel Santa Cruz. Hier, an der vormals einsamen **Academy Bay,** lässt sich studieren, wie ein mit hoher Intelligenz und Einfühlungsvermögen ausgestattetes Säugetier sich breit macht, wo einst kaum mehr als Algen fressende Reptilien überlebten. Seit die UNESCO 1957 einen Naturschutzplan für die Galápagos-Inseln entwarf, hat sich die Einwohnerzahl von Puerto Ayora vervielfacht – binnen 55 Jahren von 30 auf 19 000 Menschen! Seit 2008 sind die Kontrollen der Provinzbehörde INGALA strenger und es gab sogar Ausweisungen von illegalen Siedlern.

Puerto Ayora bietet ein abwechslungsreiches Kontrastprogramm für jeden Naturliebhaber, der noch seinen Erinnerungen an die Nistkolonien der Vogelwelt nachhängt. Die Kleinstadt bewegen andere, mit dem modernen Alltag zusammenhängende Fragen: Stadtökologische Themen wie Trinkwasser, Müll und Abwasser. Die Stadt legt mittlerweile Radwege an und startet Kampagnen zur kostenlosen Sterilisierung von Haustieren. In der Academy Bay ankern meist über 40 Jachten und Kreuzfahrtschiffe, darunter für Stunden auch die Schiffe mit über 100 Passagieren. Gelbe Wassertaxis und Schlauchboote rauschen oft bis in die Nachtstunden durch die Bucht.

Da irgendwo auch noch die Nationalparkgrenzen beginnen, baut man an Land neuerdings dreistöckig. Und man fährt gerne breitbeinig Chopper, denn bei mittlerweile 900 Autos stehen sich punktuell erste Parkplatzprobleme an. Wohl gemerkt genau dort, wo vor 50 Jahren allenfalls zweimal pro Woche eine kleine Gruppe von Eseln über einen Trampelpfad vom Hochland zum Ufer getrieben wurde. Vor den Toren der Stadt ließ man einen großen Busterminal errichten, was noch einiges befürchten lässt. Es gibt also in Puerto Ayora alles, was man braucht, und vieles, was man nicht braucht. Somit kann man auf der Suche nach Zivilisation und Zerstreuung in Puerto Ayora ein paar wunderschöne Tage verbringen. Als Ferienort hat das Städtchen durchaus Charme und Qualität: gute Küche, gute Hotels, problemlose Kommunikation. Wer es nötig hat, findet selbst ein Dutzend Internetcafés, drei Freudenhäuser und ein Krankenhaus.

Und während das gesellige Treiben in den neu gepflasterten Straßen zwischen Touristenmole und Forschungsstation einem das untrügliche Gefühl schenkt, man bewege sich auf einer Insel auf der Insel, so finden sich in der Umgebung durchaus ein paar reizvolle Besucherpunkte und Strände, im Hochland sogar noch frei lebende Elefantenschildkröten. Nicht zuletzt ist die große **Charles-Darwin-Station** (s. Thema S. 376) am Ortsende noch immer einen Besuch wert.

Wer sich von den Naturschönheiten und der pazifischen Stille und dem unbewohnten Inseln erholen möchte, ist in Puerto Ayora genau richtig. Die Academy Bay ist heute wieder ein Ort der Studien. Hier scheint eine neue Art im Entstehen begriffen zu sein, eine Art *homo sapiens galapagensis*.

## Tortuga Bay 2

Südwestlich von Puerto Ayora führt ab dem Kontrollhäuschen – *la caseta* – ein 2,5 km langer ausgewiesener Vulkansteinweg durch einen Kakteenwald zur **Tortuga Bay.** Diese Bucht ist geprägt von einem lang gezogenen, feinen weißen Sandstrand mit Mangroven, an dem meist ein Surflehrer seine Dienste anbietet. Im hinteren Bereich liegt eine flache Meereslagune mit etwas Schatten, die **Playa Mansa,** an der gelegentlich Kajaks verliehen werden. Hinter dem Strand entfaltet sich eine nicht zu betretene Dünenlandschaft mit saisonal zahlreichen Schildkrötengelegen. Am Ende des Strandes liegt auf einer Halbinsel ein natürlicher Opuntiengarten.

Die Tortuga Bay spendet weder Bewirtung noch Schatten und auch keinen Bademeister.

# Die Charles-Darwin-Station – Forschung und Naturschutz

**Auf den Galápagos-Inseln existiert seit über 50 Jahren eine wissenschaftliche Forschungsstelle, die u. a. ein überlebenswichtiges Aufzuchtprogramm für Elefantenschildkröten durchführt. Ohne die Arbeit der internationalen Charles Darwin Foundation in Brüssel und ihrer zentralen Forschungsstation auf Galápagos wäre es heute um einige Tier- und Pflanzenarten schlecht bestellt.**

Es war 1957, als die UNESCO den österreichischen Biologen Irenäus Eibl-Eibesfeldt mit der Mission beauftragte, Grundlagen für einen nachhaltigen Naturschutz auf Galápagos zu evaluieren. Eine UNESCO-Forschergruppe gründete dann in Zusammenarbeit mit der Internationalen Union für Naturschutz (IUCN) 1959 in Brüssel die Charles Darwin Foundation. Die Umweltstiftung setzte sich zum Ziel, gleichsam Forschung und Naturschutz auf den Galápagos-Inseln durchzuführen und zu diesem Zweck mittelfristig eine biologische Station einzurichten. 1961 nahmen die Wissenschaftler ihre Arbeit auf, und am 12. Februar 1964 eröffneten über 60 Wissenschaftler aus aller Welt feierlich die fertig gestellte Estación Científica Charles Darwin in Puerto Ayora, im Süden der Isla Santa Cruz. Namenspatron ist der britische Forscher Charles Darwin, der 1835 an Bord der ›Beagle‹ fünf Wochen lang Galápagos bereiste. Seine Untersuchungen, insbesondere an den Spottdrosseln und später an den ›Darwinfinken‹, schufen maßgebliche Grundlagen für seine damals revolutionäre Evolutionstheorie.

Schon seit 1963 gibt die Stiftung ihre spanisch- und englischsprachigen ›Noticias de Galápagos‹ über Forschung und aktuelle Entwicklungen von Galápagos heraus. Hauptanliegen der Naturschutzmaßnahmen war von Beginn an die Eindämmung und Bekämpfung eingeschleppter, verwilderter Tiere bei gleichzeitiger Rettung bedrohter heimischer Arten. Besonders betroffen waren und sind die Landschildkröten von den vielen wilden Ziegen und Schweinen. Bis Anfang der 1980er-Jahre gelang die vollständige Ausrottung von 80 000 bis 100 000 Ziegen auf den Inseln Española, Marchena, Santa Fé, Plaza Sur und Pinta. 2006 konnten die Forscher auch Santiago und den weiten Norden Isabelas als ›ziegenfrei‹ ausrufen. Allein auf Isabela wurden dank der neuseeländischen Jagdtechnik mit der ›Judasziege‹ etwa 140 000 Ziegen abgeschossen. Die Ausrottung anderer Plagen auf den vier bewohnten Inseln des Parks, z. B. ungebremst wuchernde Brombeeren und verwilderte Schweine, erscheinen utopisch in Anbetracht der topografischen Bedingungen und fortwährender Besiedelung.

Inmitten eines Kakteenhains und scharfkantiger Lavabrocken errichteten die Mitarbeiter der Forschungsstation im Lauf der Jahre ein beeindruckendes wie lehrreiches Besucherzentrum mit Informationstafeln, Ausstellungsraum und einem ca. 800 m langen Rundweg, der hautnah durch die Aufzucht- und Forschungsgehege der verschiedenen Elefantenschildkröten von Galápagos führt. Labor, Bibliothek, Messstation und Seminarräume komplettieren heute die biologische Station der Stiftung in enger Zusammenarbeit mit der Nationalparkdirektion. Die Arbeit nahm im Lauf der Jahre immens zu:

Forschung, wissenschaftliches Monitoring, Fortbildung, schulerzieherische Maßnahmen und Beratung des Parkmanagements beschreiben den Aktionsradius der auf der Basis ihrer jährlichen Generalversammlung arbeitenden Stiftung. Unterstützung kommt u. a. vom San Diego Zoo Institute for Conservation Research und dem schweizerischen Verein ›Freunde der Galapagos-Inseln‹. Die Zoologische Gesellschaft Frankfurt hingegen, die die Darwin-Station über 40 Jahre lang unterstützt hat, richtete ihre Südamerikaarbeit neu aus und zog sich 2013 aus der finanziellen Hilfe zurück.

Seit Anfang der 1990er-Jahre kämpfen die Mitarbeiter mit wissenschaftlichen Fachargumenten um einen durchgreifenden Managementplan für den Nationalpark Galápagos. Die Verabschiedung des lang umkämpften Sondergesetzes ›Ley Especial de Galápagos‹ von 1998 war auch für die Forscher ein Meilenstein ihrer mühseligen Arbeit zwischen Bürokratie, Besiedlungsdruck und Korruption.

Der berühmteste Bewohner der Darwin-Station, die Elefantenschildkröte ›Lonesome George‹, starb 2012. Er galt als letzter seiner Unterart von der Insel Pinta. Wissenschaftler haben jedoch jüngst eine Gruppe von Schildkröten mit großer Ähnlichkeit zu George entdeckt. Ein Aussterben der Art wäre abgewendet, wenn sich die Tiere als von Pinta stammend und reproduktionswillig erwiesen.

Die Wissenschaftsstation, ihre Schildkrötenaufzucht, ein Landleguan-Programm und das Besucherzentrum Van Straelen können tgl. von 7 bis 18 Uhr besucht werden: Puerto Ayora, Ostende der Av. Charles Darwin, www.darwin foundation.org, Eintritt frei.

**Elefantenschildkröten gehören zu den ältesten noch auf der Erde lebenden Reptilien**

## Die Hafenorte und ihre Umgebung

Daher seien Schwimmer ganz besonders vor den gefährlichen Strömungen am großen, vorn anliegenden Strand – *playa brava* – gewarnt! Zum Schwimmen, Schnorcheln und Kajakfahren ist die geschützte Playa Mansa ideal. Außerdem finden sich dort ein paar Schatten spendende Bäume am Ufer.

### Fincas im Hochland

Die private **Finca Las Primicias** [3] bietet Gelegenheit, die Riesenschildkröten von Santa Cruz beim Fressen, beim Baden oder sogar beim Kopulieren zu beobachten. Das Gebiet der Finca ist offen zum Nationalparkterritorium und beherbergt seit jeher angestammte Wasserstellen der Schildkröten, ist aber etwas überlaufen. Die Besitzer nehmen mittlerweile 3,50 $ Eintritt und haben um die Attraktion Infrastruktur mit Restaurant und Souvenirshop aufgebaut.

Ebenfalls auf dem Grundstück des Rancho Las Primicias liegt einer der schönsten **Lavatunnel** der Insel. Er ist auf etwa 1000 m Länge zu begehen. Der vordere Bereich des erkalteten Magmaflusses ist bis zu 10 m hoch und recht gut ausgeleuchtet. Für den hinteren Teil bis zum anderen Ausgang bedarf es fester Schuhe und einer Taschenlampe. Am Ende ist eine flache, nur etwa 80 cm hohe Passage zu durchkriechen.

Über den **Rancho Mariposa** [4], auch bekannt als ›Rancho de Steve‹, führt ein schöner Weg, ebenfalls vorbei am Eingang einer kleineren Lavahöhle und natürlich zu den Schildkröten. Das Gelände ist hügeliger, die Ranch persönlicher. Eintritt inkl. Kaffee und Tee in der Cafetería 5 $. Alle Taxifahrer kennen den Weg zu den Fincas.

Weitere Fincas mit Schildkröten je nach Jahreszeit sind **El Chato I, El Chato II** und **Manzanillo.** Beschränkt man sich auf den Besuch der Fincas, kann man eine Taxitour ohne Guide arrangieren.

### Los Gemelos [5]

Etwa auf ihrem höchsten Punkt verläuft die Inselstraße exakt zwischen zwei großen Senkkratern hindurch, den ›Zwillingen‹ oder **Los Gemelos.** Diese sind nicht etwa durch einen Vulkanausbruch an dieser Stelle entstanden, sondern durch das Einstürzen großer unterirdischer Hohlräume und Lavatunnel. Neben diesen geologisch beeindruckenden Kraterformationen ist vor allem die westliche Zwillingsschwester ein sehr guter Ort, um *scalesien* aus der Familie der Sonnenblumen, verschiedene Farne, ›falschen Kaffee‹ und Bromelien zu studieren. Neben einigen Finken stößt man hier oben auch immer wieder auf den knallroten Rubintyrannen. Ein Weg führt am Krater entlang und auf einem kleinen Rundweg durch den Wald, wo es häufiger Nieselregen gibt.

### Weitere Exkursionen

Ferner gibt es Hochlandwanderungen zum Vulkan **Cerro Crocker** [6] (870 m) im östlichen Zentrum der Insel. Eine Tour mit Guide kann über eine Agentur auch per Pferd oder Fahrrad organisiert werden. Der abgelegene schöne Strand **Playa Garrapatero** [7] im Südosten von Santa Cruz liegt 22 km von Puerto Ayora entfernt, streckenweise eine gute Downhill-Fahrradstrecke. Der Academy Bay vorgelagert liegt die flache Seelöweninsel **Islote Caamaño,** ein schöner Schnorchelplatz. Der **Canal de los Tiburones** ist ein Schlafplatz von Weißspitzenhaien, der am besten im Kajak zu besuchen ist. Dazu frage man in den lokalen Agenturen nach einer ›Baytour‹.

### Bootsausflüge

Von Puerto Ayora aus werden auch einige Kreuzfahrt-Besucherplätze mit dem Boot angefahren, regelmäßig **Isla Bartolomé** (s. S. 355), **Isla Plaza Sur** (s. S. 362), **Isla Seymour Norte** (s. S. 366) und **Isla Santa Fé** (s. S. 365). Ein Tagesausflug kostet ca. 125–265 $.

### Infos

**Orientierung:** Auf der Av. Charles Darwin zwischen Mole und Forschungsstation sowie auf der Av. Baltra spielt sich das gesamte Geschäftsleben der Stadt ab. An der Av. Charles Darwin liegen u. a. Apotheken, Boutiquen, Cafés, China-Discounter, Diskotheken, Eisdielen, ein Fahrradverleih, der Fischmarkt, Galerien, Surfshops … An der Av. Baltra fin-

det man neben etlichen Läden das Ärztehaus des Roten Kreuzes, den Wochenmarkt, den Zeitungskiosk, die Telefonzentrale und am Ortsrand den Busbahnhof.

**I-Tur:** Av. Charles Darwin y 12 de Febrero, Mo–Sa 9–12, 14–17 Uhr. Städtisches Tourismusbüro. Viele Broschüren, nützliche Infos, Hotelliste, hilfsbereites Personal.

**Cámara de Turismo:** Av. Charles Darwin y 12 de Febrero, neueres Gebäude, 2. St., Tel. 05-252 62 06, www.galapagostour.org (sehr informativ). Zahlreiche Infos, sehr hilfsbereit.

**Medizinische Versorgung:** Das Krankenhaus, Av. Baltra, bietet einen kostenlosen Notfalldienst. Dr. Gabriel Idrovo arbeitet in einer Privatklinik und ist spezialisiert auf Inneres, Allgemeines und Tauchmedizin, Calle Marchena, Tel. 099-571 09 72, 098-448 82 31. Die Zahnärztin Dra. Carina Galván spricht Englisch und verfügt über ein Röntgengerät,

Av. Charles Darwin, Tel. 05-252 43 98, 099-407 93 33.

## Übernachten

**Luxushotel ▶ Finch Bay Eco Hotel:** Barrio Estrada, Tel. 05-252 62 97/98, Buchungszentrale Metropolitan Touring in Quito: Tel. 02-298 82 00, www.finchbayhotel.com. Komfortables und landschaftlich sensibel eingepasstes First-Class-Resort-Hotel abseits des Rummels, großer Swimmingpool, Whirlpool, Sonnenterrassen, Kajaks, Tourenpakete, gutes Restaurant, z. B. 4 Nächte mit VP und Exkursionen 2169 $ p. P. im DZ.

**Feine Höhle am Meer ▶ Angermeyer Waterfront Inn:** Barrio Punta Estrada, Angermeyer Dock. Tel. 05-252 65 61, 099-216 47 20, www.angermeyer-waterfront-inn.com. Komfortable, große und stilvolle Zimmer mit Meerblick in ruhiger Lage, errichtet um die le-

## Die Hafenorte und ihre Umgebung

gendäre Wohnhöhle des Auswanderers Gus Angermeyer. DZ mit Balkon, AC, Safe, Kabel-TV, WLAN und Minibar 226 $ mit Frühstück, Superoir 327 $. Direkt am Wasser liegt das schöne, in Vulkanstein gebaute Uferrestaurant mit internationaler Küche, Mo-So 18–21.30 Uhr, Hauptgericht 20–22 $, Pizza 15 $.

**Modernes Hostal** ▶ **Casa Villa Laguna:** Calle Moisés Brito y Juan Montalvo, Barrio Las Ninfas, Tel. 05-252 48 19, reservasvl@galapagosvirtual.com, 16 gut ausgestattete und geräumige Zimmer, mit AC, TV. Swimmingpool. Standard EZ 110–149 $, DZ 143–182 $ mit Frühstück.

**Bed & Breakfast** ▶ **Green Turtle Inn:** Barrio Estrada, 300 m vom Anleger, etwas versteckt in den Gärten hinter Angermeyers Waterfront Inn, Tel. 099-509 14 08, www.thegreenturtleinn.com. Sehr gepflegtes englisch-ecuadorianisches B & B mit großen Gemeinschaftsräumen und Dachterrasse; 4 große, helle Zimmer/Apartments. EZ/DZ 88/126 $.

**Ruhiger Rückzug** ▶ **Hotel Mainao:** Calle Matazarnos e Indefatigable, Tel. 05-252 70 29, 05-252 41 28, www.hotelmainao.com. Ruhiges, stilvolles Hotel abseits der Hauptstraße. Internet, 19 Zimmer mit AC, Suites mit Meerblick. DZ 119 $, Suite 197 $.

**Gästehaus an der Lagune** ▶ **Casa del Lago:** Calle Moisés Brito y Juan Montalvo, Barrio Las Ninfas, Tel. 05-252 41 16, 099-971 46 47, www.casadellagogalapagos.ec. Klein und charmant, am Weg zur nahen Meerwasserlagune Las Ninfas. Gemütliches Frühstückscafé mit reicher Auswahl und guten Kuchen (Mo–Sa 7–19 Uhr); WLAN. Besitzerin Elenana Alvarado aus Ibarra gibt gelegentlich Gitarrenkonzerte. Suiten mit Miniküche, TV, Ventilator und Balkon 115–150 $ mit Frühstück.

**Touristenklasse** ▶ **Grand Hotel Lobo de Mar:** Calle 12 de Febrero, Weg zur Polizeikaserne, Tel. 05-252 61 88, Quito-Büro Tel. 02-250 20 89, Mo–Fr 9–18 Uhr, www.lobodemar.com.ec. Modernes Hotel am Meer mit zwei Mini-Pools, Internet, Bar, manchmal große Gruppen, EZ/DZ 84/110 $ mit Frühstück.

**An der Lagune** ▶ **Hotel Fiesta:** Calle Moises Brito y Juán Montalvo, Tel. 099-751 65 78, hotelfiestagps@gmail.com. Ruhig und

freundlich, etwas abgelegen. Mit Pool, WLAN und direktem Zugang zu einer Terrasse an der Lagune. EZ oder DZ 90 $.

**Einfach und solide** ▶ **Hotel Estrella de Mar:** Calle 12 de Febrero, am Meer, neben der Einfahrt zur Polizeikaserne, Tel. 05-252 64 27, estrellademar@islasantacruz.com. Uferhotel mit einfachen, hellen, großen Zimmern, meist mit Meerblick, AC, warmem Wasser, WLAN und Kabel-TV. EZ/DZ 55/79 $.

**Preisgünstig** ▶ **Hotel España:** Tomas de Berlanga e Islas Plazas, Tel. 05-252 61 08, www.hotelespanagalapagos.com. Zentral gelegen, hilfsbereites Personal, eigenes Reisebüro. Große und saubere Zimmer, warmes Wasser, Ventilator oder auf Anfrage AC. EZ/DZ 37/49 $ mit Frühstück.

**Von sehr einfach bis komfortabel** ▶ **Hotel Salinas:** Calle Islas Plazas, zwischen Av. Charles Darwin y Tomás de Berlanga, Tel. 05-252 61 07, reservashotelsalinas@hotmail.com. Sauberes Hotel im Dorfinnern, variierende Zimmerpreise. Ganz einfaches Zimmer ohne Warmwasser und AC 20 $, komfortables EZ/DZ 28–38/36–56 $ p. P.

## Essen & Trinken

**Traumlage an der Bucht** ▶ **Angermeyer Point Restaurant:** Punta Estrada, Tel. 05-252 70 07, 099-984 24 45, www.angermeyerpoint.com, Mo–Sa 17.30–23 Uhr. Das schönste Restaurant der Inseln erreicht man mit dem Wassertaxi über die Academy Bay. Hinter dem eigenen Steg liegt die bezaubernde Holzveranda direkt am Meer, sanfte Musik und Kerzenlicht tun ein Übriges – Abschalten mit Blick auf Bucht und Boote fällt hier leicht. 2013 wechselte die Restaurantleitung – auf die Karte darf man gespannt sein.

**Sushi-Restaurant** ▶ **Red Mangrove:** Av. Charles Darwin y las Fragatas (nahe Eingang zur Darwin-Station), Tel. 05-252 65 64, www.redmangrove.com. Sehr schönes Uferrestaurant des gleichnamigen Hotels mit guter japanischer Küche, Hauptgericht ab ca. 15 $.

**Grillmeister der Insel** ▶ **Isla Grill:** Av. Charles Darwin, gegenüber der Banco del Pacífico, Tel. 05-252 44 61, 098-462 72 40, islagrillgalapagos@hotmail.com, Di–So 12–

## aktiv unterwegs

# Wanderung nach Las Grietas ⑧ – Naturpool im Canyon

### Tour-Infos
**Karte:** S. 379
**Dauer:** Laufzeit hin und zurück 1,5 Std. ab Mole Punta Estrada
**Wichtige Hinweise:** Feste Schuhe sind wegen der schroffen Lavawege obligatorisch; Schnorchel- und Schwimmzeug benötigt man am Ziel.

*Grietas,* sogenannte Risse, sind von Meerwasser geflutete, lang gezogene Brüche in der Lavakruste nahe der Academy Bay auf Santa Cruz, gleichzeitig gespeist von Süßwasser aus den Bergen. Der Weg dorthin beginnt mit dem Wassertaxi zu der Puerto Ayora gegenüberliegenden Ufersiedlung Estrada. Ein einfacher, beschilderter Weg führt nun durch die kleine Mangrovensiedlung. An der zweiten Abbiegung befindet sich ein **Meerechsennistplatz.** Auf einer Lavamauer sitzen oft zahlreiche Jungtiere. Es folgt ein Holzweg zu einem **wunderschönen flachen Sandstrand.** Er liegt direkt vor dem Finch Bay Hotel, ist aber öffentlich und wird vor allem am Wochenende gerne von den Einheimischen genutzt. Bei Flut schwimmt man hier wunderbar, bei Ebbe ist es sehr flach. Hinter dem Strand führt der Weg, nunmehr steiniger, durch einen Trockenwald zu einer alten **Salzlagune** der Fischer von Puerto Ayora, umstanden von flachen Salzpflanzen und bewohnt von zahlreichen Finken. Die anliegende **Bar Paradise** ist nicht immer geöffnet.

Durch einen hoch gewachsenen Opuntienwald, vorbei an kleinen Lagunen, gelangt man nach insgesamt 1 km zu dem Lavariss, der einen traumhaften **Naturwasserpool** von etwa 50 m Länge und 6 m Tiefe formt. Der Einstieg ist felsig und leicht rutschig, doch ein Bad entschädigt für alles, vor allem im blaugrünen Farbenspiel morgens gegen 9 Uhr, wenn die Sonne in den Canyon fällt. Am Wochenende ist er stärker frequentiert, manchmal stören auch Felsenspringer, doch morgens hat man beste Chancen auf Stille und Genuss.

Während man auf dem gleichen Weg zurückgeht bietet sich eine Kaffeepause oder nachmittags ein köstlicher Cocktail in der **Bar des Finch Bay Hotel** an.

---

22 Uhr. Feines Argentinisch-ecuadorianisches vom Grill in freundlicher Atmosphäre und bei guter Musik. Hauptgericht 15–20 $.
**Italienisch ▶ Restaurant Il Giardino:** Av. Charles Darwin, gegenüber dem Fischmarkt, Tel. 05-252 66 27, ilgiardinogalapagos@hotmail.com, Mi–Mo 8–ca. 23 Uhr, große Terrassen, gute Italienische Küche, frischer Fisch, ausgezeichnete Desserts und Eis. Hauptgericht ca. 14 $.
**Gartencafé ▶ Tintorera Restaurant & Pub:** Av. Charles Darwin, Pelikan Bay, Tel. 05-252 41 41, 099-687 75 05 www.latintorera.com, Mo–Sa 11–23.30 Uhr. Hübsches, offenes Restaurant, gute Kuchen, große Sandwichauswahl, hausgemachtes Brot. Mittagsmenü 6 $, Hauptgericht 12 $.

**Traditionsrestaurant ▶ La Garrapata:** Av. Charles Darwin y Berlanga, Tel. 05-252 62 64, 099-370 87 11, susanaschiess@hotmail.com, Mo–Sa 9–22.30, So 17–22.30 Uhr. Gute ecuadorianische und internationale Küche und hausgemachte Desserts. Mittagsmenü 5 $, Hauptgericht ab 10 $.
**Pizza-Treffpunkt ▶ Hernan's Café:** Av. Baltra y Av. Charles Darwin, Tel. 05-252 65 73, hernancafebar@hotmail.com, tgl. 8–22 Uhr. Pizza und mehr, beliebtes Restaurant bei Einheimischen und Touristen, guter Service. Hauptgericht 6–14 $.
**Deftig und beliebt ▶ El Descanso del Guía:** Av. Charles Darwin y Los Colonos, tgl. 6.30–20.30 Uhr. Das Frühaufsteher-Restaurant mit deftiger ecuadorianischer Küche ge-

## Die Hafenorte und ihre Umgebung

genüber der Endhaltestelle der Flughafenbusse. Frühstück 2 $, Mittagsmenü 2,50 $, Hauptgericht 5–8 $.

**Kochen nach Lehrbuch** ▶ **Escuela de Gastronomía:** Av. Baltra y Binford, gegenüber Hotel Sir Francis Drake. Schüler der kleinen Hotelfachschule von Galápagos servieren wochentags ein liebevoll gekochtes und stilvoll serviertes Mittagsmenü für 8 $ auf ihrer kleinen Restaurantterrasse.

**Kaffee, Eis und Snacks** ▶ **Galápagos Deli:** Calle Tomás de Berlanga e Islas Plaza, Tel. 05-301 49 81, magustayala84@hotmail.com, Di–So 6.30–22 Uhr. Gute kleine Speisen inkl. Frühstück, Salaten und Pizzen (ab 5 $).

**Populäres Straßenrestaurant** ▶ **William:** Calle Charles Binford (Calle de los Kioscos) y Av. Baltra, Mo–Do 18–23 Uhr. Esmeraldeñische Küche, Meeresfrüchte, *menestra* (Linsengemüse) und Grillfleisch, unter den etwa 15 offenen, preiswerten Restaurants in der Kioskzeile das beste. Hauptgericht 4–7 $.

### Einkaufen

**Einkaufsstraßen** ▶ Die **Avenida Charles Darwin** ist für den Kauf von Kunsthandwerk, Souvenirs und T-Shirts die Einkaufsmeile schlechthin. Auf der Höhe Calle Tomás de Berlanga zweigt zudem der kleine Kunsthandwerkermarkt ab. Eine weitere Einkaufsstraße ist die **Avenida Baltra.**

# Multisport-Inseltour

Ein intensives Santa-Cruz-Erlebnis und sportliches Kompaktprogramm bietet eine Tagestour: Mit dem Auto geht es in die Berge, dort wandert man zu den Schildkrötenwasserstellen im privaten Reservat der Hochland-Finca **Cerro Mesa** 8 (Via al Recinto Camote, Tel. 05-252 46 39, 098-322 10 96, reservas@cerromesa.com, tgl. 8–17.30 Uhr, Hauptgericht 16 $). Anschließend fährt man mit dem Mountainbike downhill zur **Playa Garrapatero** (s. S. 378). Sportlergerecht gibt es neben der Lunchbox auch ein Früchte- und Säftebüfett im Servicepaket. Buchung über die Agentur **Lonesome George,** s. o., p. P. 65–135 $.

**Kunsthandwerkermarkt** ▶ **Mercado Artesanal**, übrigens ein lauschiger Platz am Meer mit Bar und Badestelle, tgl. ca. 10–17 Uhr.

**Supermarkt** ▶ Der größte Laden der Insel liegt am Anfang der Av. Charles Darwin, direkt an der Mole (Mo–Sa 8–20 Uhr).

**Markthalle** ▶ **Mercado Municipal:** Av. Baltra y Calle Isla Duncán, geöffnet bis mittags.

**Zeitungen** ▶ **El Idolo:** Calle Binford, Ecke Av. Baltra. Ab mittags kommen an diesem Kiosk die Tageszeitungen vom Festland an.

**Geldautomaten** ▶ Zwei Automaten gibt es in der Av. Charles Darwin: neben dem Supermarkt und an der Banco del Pacífico (Mo–Fr 8–15.30, Sa 9.30–12.30 Uhr), Höhe Calle Charles Binford, sowie am Supermarkt gegenüber der Mole.

## Abends & Nachts

**Musikbars** ▶ Ebenfalls auf der Av. Charles Darwin: Man folge den abendlichen Musiksignalen von **La Panga** und **Bongo Bar** in der Av. Charles Darwin.

## Aktiv

**Tauchen** ▶ **Scuba Iguana:** Av. Charles Darwin, Eingang zur Charles-Darwin-Station, Tel. 05-252 64 97, 05-252 62 96, www.scubaiguana.com. Beste Tauchbasis von Galápagos, tägliche Ausfahrten, schnelles Boot, sehr guter Service, PADI-Ausbildung, gutes Equipment. Es werden ca. zwölf Tauchplätze um Santa Cruz, Santiago und Floreana angefahren, darunter Highlights wie Gordon Rocks, North Seymour, Cousin's und Beagle Rocks. Tauchtag mit zwei Tauchgängen, Ausrüstung und Lunch 220 $. **Dive Center Silberstein:** Av. Charles Darwin y Seymour, Tel. 05-252 60 28, 05-252 62 77, www.divegalapagos.com. Eine kleinere, ebenfalls seriöse Tauchbasis mit vergleichbarem Angebot und Preis.

**Kajak, Surfen & Mountainbiken** ▶ **Lonesome George:** Av. Baltra y Enrique Fuentes, Tel. 05-252 62 45, 099-376 15 02, lonesome grg@yahoo.com, deutschsprachig. Der beste Ausstatter mit Ausrüstungsverleih sowie Halbtages- und Tagestouren zu Plätzen für Aktivsportler. Touren je nach Gruppengröße ab 45–85 $.

**Spezialist für Tagestouren** ▶ **Galamagic-Championstours:** Calle Tomás de Berlanga y Av. Charles Darwin, hinter Comercial Galápagos, Tel. 05-252 43 77, 099-706 75 08, 098-759 07 36, championstours@hotmail.com, Mo–Fr 16–18 Uhr und nach Absprache. Deutsche Agentur mit zertifizierter deutschsprachiger Naturführerin, spezialisiert auf Tagestouren zu Wasser und im Hochland; **Zimmervermittlung** mit sehr hilfsbereitem Personal. Die Preise für Tagesbootstouren berechnen sich je nach Teilnehmerzahl: nach Bartolome 150–260 $, Seymour Norte, Islas Plazas oder Santa Fé 125–260 $, Floreana oder San Cristóbal 90–135 $, Isabela 100–150 $; ein Schnorcheltrip nach Santa Fe kostet zwischen 65 und 120 $, halbtags an der Academy Bay 45 $.

## Termine

**Gründungsfest von Galápagos:** Jedes Jahr zwischen dem 12. und 18. Februar begeht die Insel Santa Cruz ihren Gründungstag mit Tanz, großem Essen, Volleyballmeisterschaften und der Wahl der Schönheitskönigin. Höhepunkte sind das **Strandfest mit Bikinishow** in der Tortuga Bay am ersten Sonntag der Festwoche und das **Rodeo** im Hochland von Bellavista zum Abschluss.

## Verkehr

Bei der Einreise auf Galápagos werden der Reisepass, ein ausgefülltes Nationalparkformular *(Tarjeta de Pre Entrada),* die INGALA-Einreisekarte (10 $) und der Parkeintritt in bar (zur Zeit 100 $) verlangt.

**Flug:** Über den im Norden von Santa Cruz vorgelagerten Flughafen Baltra ist Puerto Ayora mehrmals tgl. mit dem Festland und per EMETEBE tgl. mit den Nachbarinseln Isabela und San Cristóbal verbunden. Der Flughafentransfer per Bus (kostenlos) oder Taxi (18 $) und Kanalfähre (0,80 $) nach Baltra dauert etwa 1,5 Stunden. Fluggesellschaften: TAME, Av. Charles Darwin y Calle 12 de Febrero, Mo–Fr 8–12, 14–17, Sa 9–12 Uhr; AEROGAL, Calle San Cristóbal y General Rodríguez Lara, Edificio Torremar, Tel. 05-252 11 18, www.aerogal.com.ec, Mo–Fr 9.30–12,

14.30–17, Sa 9.30–12.30 Uhr; LAN, Av. Charles Darwin s/n entre las Calles Islas Plazas y 12 de Febrero, Mo–Sa 8–12, 14–18, So 9–13 Uhr; EMETEBE, Büro auf Baltra, Tel. 05-252 47 55, www.emetebe.com.ec. Flüge zwischen Baltra, San Cristóbal und Isabela, jeweils 160 $. Reservierungsformular online.

**Bootsverkehr:** tgl. via Schnellboot mit Puerto Villamil/Isabela, Abfahrt 14 Uhr, Rückfahrt ab Isabela 6 Uhr, und mit Puerto Baquerizo Moreno/San Cristóbal, Abfahrt ebenfalls 14 Uhr, Rückfahrt morgens um 7 Uhr. Fahrpreis jeweils 30 $, Fahrtzeit jeweils ca. 2–3 Std., Kapazität: 16–20 Passagiere mit je einem Gepäckstück frei. Agencia Transmartisa (empfohlen), Büro hinter dem Supermarkt, Tel. 05-301 38 88, und Reeder Coop Cabomar, Kiosk gegenüber der Mole, Tel. 05-301 44 55, 099-420 91 62, mirellivan@hotmail.com.

**Bus:** Die Kooperativen CITTEG und Transgalpas fahren ab morgens um 6.30 Uhr mehrfach tgl. von Puerto Ayora über Bellavista und Santa Rosa zum Canal de Itabaca/Baltra (1,80 $). Abfahrt der Busse ist außerhalb am Terminal, Ankunft auch an der Mole.

**Taxis:** Die weißen Pickups, die zuhauf durch die Straßen fahren, nehmen 1 $ für eine Fahrt innerorts, 18 $ bis zum Canal de Itabaca.

# Puerto Baquerizo Moreno (San Cristóbal) ▶ 4, F 7

**Karte:** S. 385

## Das Dorf

Auf San Cristóbal befindet seit 1861 die ›Hauptstadt‹ der heutigen Provinz Galápagos, genau genommen ein verschlafenes Dorf mit weitgehender Verwaltungsvollmacht über rund 5500 Einwohner. Dabei wurde **Puerto Baquerizo Moreno** erst viel später als die Hochlandgemeinde von El Progreso gegründet. Der beschauliche Hafenort verfügt über sechs Kirchen, drei Fußballfelder und seit 2006 auch über eine Verkehrsampel. Einst war der Ort geprägt von den Fischern. Mittlerweile gilt er als ›Beamtendorf‹, da etliche Ämter und öffentliche Institutionen hier ihren

## Die Hafenorte und ihre Umgebung

Sitz haben. Erst 1986 nahm der Flughafen den Betrieb auf.

In jüngerer Zeit will Puerto Baquerizo Moreno Anschluss an den internationalen Tourismus gewinnen. Dazu laden eine schicke Mole und die breite **Uferpromenade,** der Malecón, ein. Auch die Geschäfte, Bars und Hotels an der Promenade haben sich herausgeputzt und die einst niedrigen Preise erhöht. Taxifahrer haben Unterricht im Führen von Touristen genommen. Betreiber von Internetcafés beklagen die langsamen Leitungen. Und nicht wenige Fischer haben sich mit öffentlicher Förderung zu Tauchguides ausbilden lassen. Mittlerweile verfügt das Dorf über mehrere Tauchbasen, die in die reiche Unterwasserwelt führen.

Wenngleich Puerto Baquerizo Moreno mit weniger Flugverbindungen zum Festland gesegnet ist als die Konkurrenz von Baltra/Santa Cruz, so etabliert sich die Hauptstadt von San Cristóbal doch zunehmend als Ausgangspunkt für Kreuzfahrten. Aber auch ihr Hinterland bietet Spannendes und Überraschendes. Überdies hat sich der Ort zu einem Treffpunkt der nationalen und internationalen Surferszene entwickelt, mit regelmäßigen Wellenreiter-Meisterschaften zu Beginn des Jahres.

### Centro de Interpretación

Das Westende der großen Hafenbucht beherbergt nicht nur das einzige Openair-Theater der Insel, sondern auch ein modernes **Informationszentrum** ◾**1**. Dank spanischer Entwicklungshilfe hat der Nationalpark Galápagos hier eine hervorragende grafische Ausstellung zur Geschichte des Menschen auf Galápagos eingerichtet. Auf Spanisch und Englisch erläutern die Schautafeln den steinigen Weg des Archipels von seiner möglichen Entdeckung im 15. Jh. über die Walfänger, die Strafkolonien und die Siedler aus aller Herren Länder bis hin zu den Bewohnern von heute.

Am Informationszentrum steigt auch der Weg an, der einen zur Anhöhe und zur vorgelagerten Küste im Westen nach **Las Tijeritas** ◾**2** führt. Man geht etwa eine halbe

Stunde zu der Fregattvogelkolonie vor den Pforten der Stadt. Außerdem genießt man einen großartigen Blick auf Hafen und Küste. Der Weg kann im Weiteren auch über den kleinen Strand der **Punta Carola** als Rundweg gegangen werden.

Am Ufer der Bucht, aber insbesondere an der **Playa de los Marinos,** verweilt eine große Zahl von recht zutraulichen Seelöwen, die sich teils bis an die Uferstraße herantrauen.

### Die Inlandroute von San Cristóbal

Von Puerto Baquerizo Moreno aus führt die Straße nach Osten in die landwirtschaftlich geprägte Siedlung **El Progreso** ◾**3**. Hier, in der ersten menschlichen Niederlassung der Insel, trieb der grausame Manuel Julián Cobos sein Unwesen. Von seiner alten Zuckerrohrplantage liegen letzte Relikte am Dorfeingang, nämlich ein paar Zahnräder der alten Presse. Die bescheidenen Ruinen von Cobos' Wohnhaus, seinem Waffenlager und dem Gefängnis sind leider in erschreckend schlechtem Zustand. Selbst sein kubisches Grab ist heute leer. Eine private Stiftung will sich künftig um diese historische Stätte kümmern. Die Geschichte des ›Herrschers von Galápagos‹, wie sie auf der Insel noch hinlänglich bekannt ist, ist grausig und erschütternd. Eigentlich kennt sie jeder Taxifahrer.

Nur wenige Kilometer von El Progreso entfernt, auf der **Hacienda El Cafetal** ◾**4** (s. Tipp S. 386), liegt die alte Kaffeeplantage der Insel. Vom Routenverlauf her bietet sich ein Besuch am Nachmittag an, wenn der Rückweg erneut über El Progreso führt.

Weiter im Osten trifft man auf den Kratersee **El Junco** ◾**5**. Der älteste Vulkan der Insel trägt das größte natürliche Trinkwasserreservoir der Insel. Man kann es in rund 40 Minuten leicht auf dem gut 700 m hoch liegenden Kratergrat umwandern und einen **Mirador** besteigen. Bei guter Sicht bietet sich ein spektakulärer Blick über die gesamte Insel. Am See finden sich Schilf und Farne. Die Süßwassergarnelen erfreuen sich großer Beliebtheit bei den Fregattvögeln.

384

Océano Pacífico

Kicker Rock/León Dormido `20`
Punta Dedo
Cerro Brujo
Bahía Stephens `21`
Cerro Brujo `22`
Puerto Grande
*Manglecito*
Punta Bassa
Isla San Cristóbal
Bahía Rosa Blanca
Isla Lobos `19`
Five Fingers
*Playa Ochoa* `18` Ochoa
Roca Este
**Windpark** `6`
San Joaquín 896 m
`7` **Cerro Verde**
`2` **Las Tijeritas**
`1` **Informationszentrum**
`5`
**Laguna El Junco**
`8` **La Galapaguera del Colorado**
Puerto Baquerizo Moreno
`3`
**El Progreso**
`9` **Mirador del Faro**
El Pescador
`10`
**Puerto Chino**
Las Negritas
*Patricia*
`4`
**Hacienda El Cafetal**
Las Opuntias
Bahía Agua Dulce
Punta Sur
Roca Ballena
Bahía Wreck

0   4   8 km

Ende 2007 wurde der erste **Windpark** `6` Ecuadors wenige Kilometer vom Kratersee entfernt eingeweiht. Das international geförderte Projekt basiert auf einer deutschen Studie. Drei große Windräder verringern seither den Verbrauch von Diesel im alten Kraftwerk der Insel um etwa 50 % (Infos unter www.galapagoswind.org). Die Anhöhe des Parks soll in naher Zukunft auch Besuchern zugänglich gemacht werden, die sich neben dieser kleinen energiepolitischen Sensation auf eine erhabene Fernsicht freuen dürfen.

Die auf dem Hauptweg folgende Bauernschaft heißt **Cerro Verde** `7`, der ›grüne Hügel‹. Hier bietet sich eine kleine Rast an, etwa in der Bar Parador La Galapaguera, einer der wenigen Orte im Hochland, an dem man passabel essen kann. Die Farmer Julio und Wendy unterhalten hier den **Rancho Voluntad de Diós,** ein Restaurant, zudem mit Picknick- und Campinggelegenheit. Zum Essen, ein Hauptgericht kostet etwa 5 $, melde man sich mindestens eine Stunde vorher an, so etwa bei der Durchfahrt, während man dann erst die folgenden Sehenswürdigkeiten ansteuert.

Es folgt zunächst die Schildkrötenaufzuchtstation **La Galapaguera del Colorado** `8`. In diesem vom Nationalpark unterhaltenen Projekt sieht man Elefantenschildkröten in ›semi-natürlicher‹ Umgebung (s. auch Tipp S. 387). Das heißt, über 50 Schildkröten leben hier in ihrem ursprünglichen Lebensraum, jedoch auf mehreren Hektar eingezäunten Landes, um sie vor eingeschleppten Tieren zu schützen und die erfolgreiche Fortpflanzung zu kontrollieren. Interessanterweise kommen seit geraumer Zeit sogar einst von der Landwirtschaft in den Norden vertriebene Schildkröten aus eigener Kraft zurück in ihre einstige Umgebung im Südosten; sie klopfen quasi bei der Galapaguera an.

## Tipp: Organischer Galápagos-Kaffee

Während die großspurig angelegte Zucker-rohrplantage des Inseltyrannen Manuel Julián Cobos kurz nach seiner Hinrichtung zusammenbrach, überlebte die angrenzende Hochland-Kaffeeplantage bis heute. In der fruchtbaren und wasserreichen Hochlandsenke von El Socabón, nur 2 km von El Progreso entfernt, gedeihen auf 400 ha Anbaufläche beste Arábica-Bohnen. Der heutige Betreiber der Plantage, die **Hacienda El Cafetal** 4 (s. Karte S. 385), produziert in guten Erntejahren 5000 bis 6000 Zentner Kaffee, die zu 97 % für den Export bestimmt sind. Ein wichtiger Abnehmer ist Deutschland, wo Naturland den ›Galápagos-Kaffee‹ seit Jahren als organisches Produkt zertifiziert. Die Hacienda düngt rein biologisch und bereitet das bei der Erntewäsche genutzte Wasser wieder auf. Nach Ernte, Auslese, Reinigung und Schälung wird der Kaffee an der Küste von San Cristóbal getrocknet. Der Exporteur PRO-CAFE verkauft das Endprodukt als grüne Bohnen, denn die Röstung übernimmt der jeweilige internationale Importeur und Röster.

Die wunderschön gelegene Plantage kann ganzjährig besichtigt werden, aber nur zur Erntezeit erlebt man den **gesamten Produktionsprozess** hautnah. Immanent wichtig für die organische Kaffeeproduktion sind natürliche Schattenspender im Anbaugebiet. Das übernehmen auf der Hacienda Avocado- und Zedernbäume sowie Guavos, Guayabas und Matazarnos.

Der etwa halbstündige Rundgang durch die Plantage ist somit auch ein Spaziergang durch einen üppigen Wald mit teils hundertjährigen Bäumen und Überquerungen kleiner Bäche mit ihrer ureigenen Vegetation. Übrigens sind die Monate Januar bis April auch die trockensten Monate im Hochland von San Cristóbal und damit ideal für einen Besuch der Plantage.

**Kontakt:** Agraringenieur Nicolás Balón, Tel. 099-798 47 40, oder Guido Farfán, Tel. 05-252 10 03, 099-196 11 73, info@expigo.com. Für die Führung in englischer Sprache inklusive frischer Früchte, Wasser und natürlich einem aromatischer Hochlandkaffee werden 3 $ pro Person fällig. Die Plantage ist nach vorheriger Anmeldung ganzjährig zu besuchen. Erntezeit ist von Oktober bis Dezember sowie im Juni und Juli.

---

Vis-à-vis liegen ein Leuchtturm und der über einfache Stufen erreichbare **Mirador del Faro** 9, der einen weiten Blick über die Balsamo-Wälder, die schroffe Ostküste und nach Süden bis zur Insel Española erlaubt. Unauffällig, aber bemerkenswert ist ein Busch der Trockenzonen, der einzig und allein auf diesem Leuchtturmhügel vorkommt und sich biologisch Calandrinia galapasa nennt. Er ist ein Zeugnis von extremem Endemismus.

Die Straße endet kurz vor dem bezaubernden **Puerto Chino** 10, einem romantischen weißen Sandstrand, leicht aufgebrochen von schwarzen Lavabrocken und mit flachem Wasser herrlich zum Baden geeignet, während einzelne Bäume Schatten spenden. Der Strand ist vom Parkplatz über einen einfachen Weg in etwa 10 Minuten zu erreichen. Ist das Idyll wochentags leergefegt, so wird es am Wochenende gerne von einheimischen Familien besucht. Die Finken sind mittlerweile äußerst zutraulich. Am Südhang nistet eine kleine Fregattvogelkolonie, die sich am besten vom Wasser aus betrachten lässt.

Die Inlandroute endet hier. Die Rückfahrt führt auf der gleichen Straße über El Progreso nach Puerto Baquerizo Moreno. Um alle Stationen zu besuchen, sollte man einen ganzen Tag an der Seite eines Taxifahrers einplanen. Preis für bis zu vier Personen: ca. 70 $. Halbtagestouren kosten 40 $, ein punktueller Besuch der Galapaguera 30 $.

### Bootsausflüge

Von Puerto Baquerizo Moreno aus werden auch einige Besucherplätze mit dem Boot angefahren, sogar die **Isla Española** (s. S. 355). Häufiger fahren die Boote jedoch zu den Besucherplätzen auf oder direkt vor San Cristóbal. Etwa ein kombinierter Tagesausflug nach **Playa Ochoa, Isla Lobos** und **Kicker Rock** kostet 50 $. Infos zu diesen Ausflugszielen auf S. 364 und 398.

## Infos

**Orientierung:** Die Uferpromenade, die Av. Charles Darwin, zwischen Mole und Capitanía sowie ihre beiden Parallelstraßen Ignacio Hernández und Alsacio Northia decken das Geschäftsleben des Dorfes weitgehend ab.

**www.galapagostour.org:** Die offizielle Seite der Tourismuskammer hat zahlreiche Adressen und Kontakte zu Hotels und Agenturen.

**Cámara de Turismo:** Av. Charles Darwin (Malecón) y Wolf, Tel. 05-252 01 19, 05-252 01 24. Infos zur Insel, Stadtplan, persönliche Beratung.

**Oficina de Turismo del Municipio:** Av. Charles Darwin (Malecón) y 12 de Febrero, Tel. 05-252 05 92. Infos zur Insel und zu anderen Landesteilen, Stadtplan und einfache Inselkarten.

**Internetcafé:** schräg gegenüber der neuen Mole; Verbindung leider langsam.

## Übernachten

**Elegant mit Meerblick** ▶ **Casa Iguana Mar y Sol:** Sector Playa de Oro, Tel. 05-252 17 88, www.casaiguanamarysol.com. 5 großzügige Zimmer mit Meerblick in guter Lage, AC, TV, Minibar, DZ 140–380 $ mit Frühstück.

**Bed & Breakfast** ▶ **Hotel Casablanca:** Av. Charles Darwin y Herman Melville (Mole), Tel. 05-252 03 92, 098-096 66 73, www.casablancagalapagos.com. Direkt am Meer, beliebt bei Surfern; Bar und Treffpunkt. EZ/DZ 50/70 $, Dachsuite 80–100 $.

**Nahe am Strand** ▶ **Hostal Galápagos:** Playa de Oro, Tel. 05-252 01 57, info@galahost.com. Nette Pension, einige Zimmer mit Meerblick, EZ/DZ 51/61 $.

**Gemütliches Gartenhaus** ▶ **Hotel Casa de Laura:** Av. Armada Nacional, ca. 3 Min. von der Playa de los Marinos, Tel. 05-252 01 73, www.hostalcasadelaura.com. Schöne Zimmer mit AC, üppiger Garten mit Hängematten, sehr freundlicher Service. DZ 35–55 $.

**Alteingesessen** ▶ **Grand Hotel Chatham:** Av. de la Armada y Alsacio Northia, Tel. 05-252 09 23, www.grandhotelchatham.com. Einfach, mit Garten. EZ/DZ ab 25/35 $.

## Essen & Trinken

**Meeresfrüchte-Spezialist** ▶ **Bar Restaurant Rosita:** Calle Hernández y Villamil, Tel. 05-252 15 81, 093 956 90 61, restaurantero sita-sancristobal@hotmail.com.ar, tgl. 10–23 Uhr. Alteingesessenes, einfaches Lokal mit guter Inselküche an einer Dorfkreuzung. Die Wirtin Rosita und ihr Mann César haben zudem etliche Tipps zu Ausflügen unter und über Wasser in petto. Hauptgericht 19 $.

**Panorama an der Mole** ▶ **Restaurante Miconia:** Av. Charles Darwin (nahe der Mole), Tel. 05-252 06 08, www.miconia.com. Solide Küche, auch Pizzen, sehr schönes Restaurant auf Holzveranda im 1. Stock mit weitem Blick über Mole und Malecón. Auch Hotelbetrieb, DZ ab 75 $. Hauptgericht 14–30 $.

**Platzcafé für abends** ▶ **Restaurant & Eiscafé Calypso:** Av. Charles Darwin y Manuel

## Tipp: Fütterung der Landschildkröten

Beste Besucherzeiten für die **Schildkrötenstation La Galapaguera 8** sind die Vormittage montags, mittwochs und freitags, wenn die Tiere gefüttert werden. Nur zu diesen Zeiten trifft man an den beiden ausgewiesenen Futterplätzen zahlreiche Schildkröten gleichzeitig an. Eine exzellente Gelegenheit, die beiden Grundtypen der Panzerformung dieser Elefantenschildkröten zu studieren, die Rundform und die Sattelform. Zudem sind die Tiere während der Fütterungszeiten reichlich geschäftig. Beachtlich ist auch die Mischvegetation der Finca mit Akazien, mit der rot blühenden Uña de Gato und mit dem verführerisch giftigen Apfelbäumchen Manzanilla, wenngleich diese vor langer Zeit eingeschleppten Pflanzen den Schildkröten die natürliche Nahrungssuche erschweren.

# Der Mensch auf Galápagos – gestrandeter Säuger

**In kaum 500 Jahren hat der Mensch die Galápagos-Inseln derart oft verflucht, unterworfen und geplündert, dass ihr Überleben wie ein Naturwunder erscheint. Andere Menschen studierten dieses Wunder und haben Unglaubliches aus der Geschichte der Inseln lernen können. Zu diesen Forschern gehören u. a. Ortelius, Wolf, Cook, Darwin, Hass, Eibl-Eibesfeldt, Sielmann und Cousteau.**

Galápagos gleiche der »Welt nach einem göttlichen Strafgericht in Gestalt eines Feuerregens«, schreibt Moby-Dick-Autor Melville in seinem Reisebericht über ›Die Verwunschenen‹. »Keine Macht der Vernichtung«, so Melville, »kann ihnen eigentlich noch etwas anhaben.« Piraten nutzten die Lavahöhlen als Versteck und Hinterhalt. Walfänger schlachteten die großen Meeressäuger, um mit dem Walöl die Straßenlaternen in Europa zu entfachen. Norwegische Betrüger boten die Inseln zum Verkauf. Angesichts der brutalen Kargheit der Vulkaninseln sprach selbst Charles Darwin 1835 von den »Gärten der Hölle«. Ecuadors Justiz schickte Todeskandidaten und Schwerstverbrecher in Steinbrüche, Schwefelminen und Sklavenplantagen der Inseln. »Werden wir stark genug sein, um all den Widerwärtigkeiten der Natur trotzen zu können?«, fragte sich 1932 die Kölner Siedlerin Margret Wittmer. Die durch sie berühmt gewordene Geschichte der Auswanderer in ihrem ›Paradies‹ auf Floreana durchziehen Affären und Tragödien. Im Zweiten Weltkrieg avancierten die Inseln zu einem Pazifik-Stützpunkt der US-Army. Die Rekruten verdammte es zum Appell ans »Ende der Welt«, in »eine ungepflügte Hölle«, wie Victor Wolfgang von Hagen 1949 schreibt. Erst die Gefangenenaufstände an Isabelas ›Mauer der Tränen‹ und in San Cristóbals Arbeitslager in den 1950er-Jahren

brachten eine Wende in das »unheimliche Paradies«.

Fortan begann die große Zeit der Neugierigen, der Forscher, der Naturschützer und alsbald auch der Touristen. Ihnen folgten Tausende Siedler vom Festland und nicht wenige profitgierige Fischer. Die einen träumen von den gut bezahlten Jobs im ›Labor der Evolution‹. Die anderen beuten für japanische Flotten die Meere aus – die Asiaten halten Haifischflossen von Galapagos für ein besonders starkes Potenzmittel.

Wichtigster Wirtschaftsfaktor der Inseln ist heute der Tourismus. 2012 kamen erstmals 125 000 internationale sowie 56 000 ecuadorianische Touristen nach Galápagos. Zum Vergleich: 1979, im Jahr der UNESCO-Ernennung zum Weltnaturerbe, waren es noch 9500 bzw. 2200 Touristen.

## Zeittafel der Geschichte

**1535** Entdeckung der Inseln durch den panamesischen Bischof Tomás de Berlanga.

**1570** Der flämische Kartograf Abraham Ortelius prägt den Namen ›Galápagos-Inseln‹.

**1593** Beginn der Nutzung durch spanische und englische Piraten.

**1774** Der englische Entdecker James Cook besucht erstmals die Galápagos-Inseln.

**1793** Beginn des vorwiegend britischen Walfangs vor den Inseln.

**1807** Der auf Floreana landende Ire Patrick Watkins ist der erste Galápagos-Siedler.

**1832** Ecuador beansprucht Galápagos als ›Archipiélago del Ecuador‹. Besiedelung von Floreana durch General José Villamil.

**1835** Charles Darwin besucht die Inseln mit dem Vermessungsschiff ›Beagle‹.

**1854** Erstveröffentlichung von Herman Melvilles Erzählung ›The Encantadas‹.

**1859** Darwin veröffentlicht ›On the Origin of Species by Means of Natural Selection‹.

**1861** Galápagos wird offiziell Provinz von Ecuador.

**1869** Plantagengründung auf San Cristóbal durch Manuel J. Cobos.

**1892** Ecuador benennt die Inseln zu Ehren von Kolumbus in ›Archipiélago de Colón‹ um.

**1903** Erster Besuch der Wissenschaftsakademie von Kalifornien.

**1932** Die Kölner Familie Wittmer siedelt auf Floreana.

**1936** Galápagos wird per staatlichem Dekret zum ›Nationalen Naturschutzgebiet‹ erhoben.

**1942** Stützpunkt im Zweiten Weltkrieg – Baltra (South Seymour) wird US-Militärbasis.

**1952** Der Gefangenenaufstand von Isabela beendet die dortige Strafkolonie.

**1954** Die Xarifa-Expedition von Hans Hass besucht Galápagos.

**1957** UNESCO-Mission unter Leitung von Irenäus Eibl-Eibesfeldt.

**1959** Ecuador erklärt 97 % der Landfläche von Galápagos zum Nationalpark.

**1959** Gründung der Charles-Darwin-Stiftung in Brüssel.

**1960** Sielmann und Eibl-Eibesfeldt drehen in Galápagos ›Landung auf Eden‹.

**1964** Einweihung der Charles-Darwin-Forschungsstation auf Santa Cruz.

**1965** Aufnahme des zivilen Flugverkehrs nach Baltra.

**1968** Einrichtung des Galápagos Nationalpark Service.

**1975** Ziegenausrottung auf Pinta.

**1979** Die UNESCO erklärt Galápagos zum ›Naturerbe der Menschheit‹.

**1984** Die UNESCO erklärt Galápagos zum ›Biosphärenreservat‹.

**1986** Inbetriebnahme des Flughafens von San Cristóbal. Die Gewässer von Galápagos werden zum ›Marinereservat‹.

**1990** Die Gewässer von Galápagos werden internationale ›Wal-Schutzzone‹.

**1998** Verabschiedung des ›Sondergesetzes Galápagos‹ zum Schutz und Siedlungsstopp.

**2001** Havarie des Treibstofftankers Jessica vor Puerto Baquerizo Moreno.

**2004** Erstmals über 100 000 Touristen im Jahr auf Galápagos.

**2007** Die UNESCO setzt Galápagos auf die Rote Liste des gefährdeten Welterbes. Inbetriebnahme des Windparks auf San Cristóbal.

**2008** Ecuadors Regierung beginnt mit der Ausweisung illegaler Inselbewohner.

**2010** Die UNESCO nimmt Galápagos nach Reformen wieder von der Roten Liste.

**2011** Der Nationalpark greift mit einem 14-Tage-Turnus in die Routen der Touristenschiffe ein.

**2012** Die berühmte Schildkröte ›Lonesome George‹ stirbt in der Darwin-Station auf Santa Cruz.

## Die Hafenorte und ihre Umgebung

Cobos, Tel. 05-252 01 54, restaurantecalyp so@yahoo.com, tgl. 17.30–23 Uhr. Freundliches Etablissement, das vor allem abends an die lauschigen,entsprechend begehrten Tische einlädt. Hauptgericht 15 $.

**Meeresfrüchte** ▸ **Restaurante La Playa:** Av. de la Armada (vor dem Marinestützpunkt), Tel. 05-252 15 11, laplayarestaurant@hotmail. com, tgl. 9–23.30 Uhr. Beliebt und geschätzt von den Einheimischen, schöner Blick auf die Bucht, Hauptgericht ab 11 $.

**Surfer- und Travellertreff** ▸ **Hotel-Bar Casa Blanca:** Av. Charles Darwin, direkt gegenüber der Touristenmole, Tel. 05-252 03 92, 099-720 68 71. Snackrestaurant. Besonders zu empfehlen sind die riesigen, frisch gepressten Fruchtsäfte.

## Abends & Nachts

**Musikkneipen** ▸ Unmittelbar an die **Bar Calypso** ist die Musik- und Billardbar **Voqui Bar** angeschlossen. Im selben Gebäudekomplex findet sich dem Meer zugewandt die **Inseldiskothek.** An der Calle Española liegt die Szenebar **El Arrecife del Coral.**

## Aktiv

**Exkursionen** ▸ **Agentur TurisGal:** Calle Española y Av. Charles Darwin, Tel. 05-252 10 49, turisgal@hotmail.com, tgl. 8–12, 13.30–21 Uhr. Buchung von Exkursionen und Verkauf von Schnellboottickets.

**Fischen** ▸ **Galeodanturis:** Av Jaime Roldos, Tel. 05-252 01 86, 05-252 16 13, 098-722 03 31, www.galeodan.com, tgl. 8.30–12, 14–18 Uhr. Eine vom Nationalpark zugelassene Agentur für Ausfahrten mit erfahrenen Fischern.

**Tauchen** ▸ **Wreck Bay Diving Center:** Calle Wolf y Av. Charles Darwin, Tel. 05-252 16 63, 099-231 05 49, tgl. 8–12.30, 14–18 Uhr. Erfahrenste Tauchschule im Ort mit PADI-Ausbildung bis zum Divemaster und Tagesausfahrten zu den Tauchplätzen von San Cristóbal und Floreana, 120–145 $ komplett pro Tour, Ausfahrten mit 3–8 Tauchern, bei Voranmeldung von mind. 1 Woche sind die Ausfahrten garantiert. Das Tauchcenter ist Mitglied der Deko-Kammer von Puerto Ayora (s. S. 395) und erstattet ggfs. 80 % der Behandlungskosten.

## Verkehr

Bei der Einreise auf Galápagos werden der Reisepass, ein ausgefülltes Nationalparkformular *(Tarjeta de Pre Entrada),* die INGALA-Einreisekarte (10 $) und der Parkeintritt in bar (zur Zeit 100 $) verlangt.

**Flug:** Alle Fluggesellschaften unterhalten Niederlassungen am Flughafen, der sich am westlichen Ortsrand befindet, die Airline TAME hat zudem ein Büro in der Stadt (Av. Charles Darwin y Quito, Tel. 05-252 13 51, www.tame.com.ec, 4 x wöchentl. zum Festland). Fluggesellschaften: Aerogal, Tel. 05-252 11 18, www.aerogal.com.ec. 4 x wöchentl. nach Quito und Guayaquil; EMETEBE verbindet Mo–Sa tgl. mehrfach die Flughäfen von San Cristóbal, Baltra und Isabela mit Propellerflugzeugen, dabei besonders gut abgestimmt auf die Kontinentalflüge vom Festland nach Baltra. Tel. 05-252 14 27, 05-252 06 15, Flug nach Baltra 155 $, nach Isabela 170 $.

**Bus:** Busse fahren 3 x tgl. vom Hafen ins Hochland nach El Progreso. Abfahrtzeiten 6.30, 13 und 18 Uhr. Rückfahrt von El Progreso etwa jeweils 1 Std. später. Touristenbusse sind zu chartern unter Tel. 05-252 02 16 und 05-252 04 06.

**Taxis** sind die weitaus bessere Alternative zum Linienbus. Die Fahrer sind ortskundig, flexibel und teils als Touristenführer ausgebildet. Eine Fahrt im Ort kostet 1 $, die Fahrt nach El Progreso 2 $. Zu Hochlandexkursionen per Taxi siehe die beschriebene Route ab S. 384 und S. 386. Taxiruf: 05-252 04 77. In der Bucht verkehren gelbe Wassertaxis für 0,50 $ p. P.

**Schnellboote**: Die sog. *lancha rápida* fährt tgl. morgens um 8 Uhr nach Puerto Ayora auf die Insel Santa Cruz, Fahrpreis 30 $, Reservierung bei TurisGal (s. o.). Man sollte mit starkem Wellengang rechnen, teils auch mit Spritzwasser und kaltem Fahrtwind. Auch die Agentur Cucaracha Tours am Malecón bietet Schnellboottransfers nach Santa Cruz an, ist aber nicht bei der Tourismuskammer als Transporteur gemeldet.

**Braune Pelikane im ›Gezeitenpool‹**

# Puerto Velasco Ibarra (Isla Floreana) ► 4, D 8

Nur rund 100 Bewohner zählt das verschlafene **Puerto Velasco Ibarra**. Vom Rummel und den Gefechten einstiger Walfänger und Seeräuber ist heute nichts mehr zu spüren. Doch ein Hauch von Siedlerromantik ist geblieben, denn die Familie Wittmer, die 1932 von Köln nach Floreana zog, lebt noch immer im Ort und führt das einzige Hotel und Restaurant der Insel. Margret Wittmer, die im Jahr 2000 verstarb, hinterließ die ergreifende Geschichte der Siedler, in der ein Zahnarzt mit Eisengebiss, eine poligame Baronin und mysteriöse Leichen am Strand vorkommen – nachzulesen in ihrem Buch ›Postlagernd Floreana‹, das auch direkt bei ihrer Enkelin Erika Wittmer zu erwerben ist.

2005 erhielt der Ort mit internationaler Unterstützung eine Fotovoltaik-Anlage, die das gesamte Dorf im Idealfall mit Strom versorgt. Die Solarzellen spenden zugleich Schatten in dem kleinen Openair-Theater des Dorfes.

Die einzige Hochlandexkursion führt zur ersten Farm von Floreana, **Asilo de la Paz** genannt, zu einer Piratenhöhle und zu dem lebenswichtigen Grund, warum Foreana bereits seit 1807 besiedelt wurde: der Süßwasserquelle. Zuerst geht es mit einem Fahrzeug in die Berge, wo eine kurze Wanderung zur Vogelwelt des Hochlandes führt: Finken, Goldwaldsänger, Galápagos-Fliegenschnapper u. a. Zurück im Ort, bietet sich ein Bad am **Black Beach** an, oder man besucht die Seelöwenkolonie am schönen Strand der **Lobería**, der ca. 30 Minuten vom Dorf entfernt liegt.

## Übernachten

**Konkurrenzlos ►** **Hostal Wittmer:** Black Beach, Tel. 05-252 48 73, 05-252 49 03. Das einzige Hotel im Ort, modern und gepflegt, mit Restaurant, direkt am Strand. EZ/DZ 73/110 $, Frühstück 12 $, Abendessen 18 $.

## Verkehr

Es gibt keinen Linienverkehr oder regelmäßige Schnellboote nach Floreana. Bei i-Tur (s. S. 378), Galamagic Championstours in Puerto Ayora (s. S. 382) oder direkt bei Wittmers auf Floreana (s. o.) erfährt man Transportmöglichkeiten und Preise für die Unterkunft.

# Unterwasserwelt Galápagos

Galápagos zählt zu den besten Tauchrevieren der Welt. Nirgendwo sonst erlebt man unter Wasser derart große und friedfertige Schulen von Haien, begegnet Seelöwen, Delfinen, Schildkröten und Rochen, durchtaucht dunkle Wände von Schwarmfischen und findet in der kühleren Jahreszeit sogar regelmäßig Walhaie. Aber Galápagos ist auch ein vielerorts schwieriges und überraschend kaltes Tauchgebiet.

## Kleiner Tauchguide

Taucher, die die Karibik oder das Rote Meer kennen, vermuten vielleicht, dass die Galápagos-Gewässer unter der Linie des Äquators besonders warm sein müssten. Leider iliegen wie damit völlig falsch: Lediglich der Nordosten des Archipels, der unter dem stärkeren Einfluss des warmen Panama-Stroms liegt, kennt warme Temperaturen um 23 bis 26 °C. Schon im zentralen Innenbereich der Galápagos-Plattform liegen sie nur noch bei durchschnittlich 20 bis 23 °C. Der Westen und Südwesten ist dank des Cromwell-Tiefenstroms und des Humboldt-Stroms mit nicht selten 13 bis 17 °C kalt. Korallen gibt es in diesen Meeresregionen somit wenige.

Andererseits sind es gerade diese kühlen Temperaturen, die Haie und Rochen in so großer Zahl anziehen. Und da der Cromwell-Strom reichlich Nährstoffe und Krill mit sich bringt, tummeln sich vor den Galápagos-Inseln auch die filtrierenden Meeressäuger und Walhaie, die größten Fische der Welt. Jenseits der Festlandküsten bleiben ihnen auch nur wenige Alternativen: Vor den lateinamerikanischen Küsten haben allein die Cocos-Inseln (Costa Rica), Malpelo (Kolumbien), Galápagos (Ecuador) und die Osterinsel (Chile) eine derartige isolierte Lage im Pazifik. Das 133 000 km² weite Galápagos-Marinereservat ist das größte unter diesen vier Inselregionen.

Nährstoffreiche Gewässer bringen es mit sich, dass die Sichtverhältnisse reduziert sind. So liegt der Normalbereich in Galápagos nur bei 10 bis 20 m Sicht, selten einmal bei bis zu 30 m, aber manchmal auch noch unter 10 m. Das Ineinanderlaufen der unterschiedlichen Strömungen bringt zudem Springschichten mit krassen Temperaturschwankungen um mehrere Grad mit sich, oft in Tiefen von 12 bis 18 m. Die Sichtverhältnisse ändern sich häufig während eines Tauchgangs sogar mehrfach.

## Revier der zwei Jahreszeiten

Wie auch auf den Inseln, so formen die auf Galápagos einwirkenden Strömungen auch im Wasser quasi zwei Jahreszeiten. Die Trockenzeit von Juni bis Dezember ist nahezu regenfrei, bringt aber starke Wolkenbildung und häufiger den *garua* genannten feinen Nieselregen mit sich. Das Wasser ist in dieser Zeit kühler und nährstoffreicher, was auch die Walhaie lieben. Aber die Sichtverhältnisse sind eben begrenzter und die See ist rauer.

In der Regenzeit von Dezember bis Juni gibt es schon mal einen Schauer am Nachmittag. Ansonsten ist es sonnig und sehr warm, auch unter Wasser. Die See ist ruhiger, die Sicht besser. Nur die Planktonfiltrierer machen sich in dieser Zeit rar. Doch Galápagos kennt ja nicht nur die Walhaie.

Sind die Hammer-, Wal-, Weißspitzen- und die endemischen Galápagos-Haie zweifelsfrei die Stars des Reviers, so leben in den Gewässern über 300 bis heute bekannte Fischarten. Es finden sich eben auch die kleinen Sensationen von Nacktschnecken bis Seepferdchen im Archipel. Und wer Meerechsen beim Grasen der Algen unter Wasser beobachtet, wird das niemals vergessen.

## Tauchen für Fortgeschrittene

Doch die größten Anforderungen stellen die komplizierten Strömungsverhältnisse. Die Strömungen sind teils derart stark, dass man nicht gegen sie anschwimmen kann, also mitdriften muss oder sich am Fels festhält. Nicht ungewöhnlich ist, dass die Strömungsrichtung sich während eines Tauchgangs vollends dreht, also teils um 180 Grad. Zudem gibt es an einigen Tauchplätzen die auf Spanisch *remolinos* genannten senkrecht fallenden Strömungen, aus denen man möglichst schnell und kontrolliert horizontal heraustaucht. Dennoch gibt es auch einige Tauchplätze, die mit mittlerer Taucherfahrung zu erkunden sind. Dafür ist man jedoch besser in einer ortsansässigen Tauchbasis aufgehoben als auf einer Jachtexkursion in den fer-

nen Nordwesten des Archipels. Für Touren auf die besten Tauchplätze wie Isla Wolf, Isla Darwin und Roca Redonda bei der Isla Isabela werden ein fortgeschrittenes Taucherniveau, mindestens 50 Tauchgänge Erfahrung und ein guter gesundheitlicher Allgemeinzustand erwartet.

## Tauchen live aboard

Die Jachtkreuzfahrten sind die beste Möglichkeit, entlegene Tauchplätze aufzusuchen und intensiv zu tauchen. Getaucht wird dabei meist von Beibooten, nur sehr selten vom Mutterschiff aus. In der Regel verfügen die Tauchschiffe über Schlauchboote, von denen man nicht über eine Plattform, sondern nach hinten abrollend ins Wasser gleitet.

Die Tauchgänge gehen meist 20 bis 30 m tief, wo man auch auf Galápagos in der Regel die größten Attraktionen der Meereswelt entdeckt. Häufig sind Drift-Tauchgänge.

Gerade an den Highlights des Nordwestens werden dann bis zu vier Tauchgänge täglich unternommen, ein immenses Pensum. Dieses wird physisch auf einigen Booten – aber nicht allen – gemildert, indem man

**Des Tauchers Paradies: die Galápagos-Inseln**

## Tipp: Spezialschiff mit Tauchplattfrom

Um das ultimative Tauchwunder von Galápagos zu erleben, das Herzrasen im Angesicht großer Schulen hautnah kreisender Hammerhaien zu spüren und zu bestimmten Jahreszeiten mit hoher Wahrscheinlichkeit auch Walhaie zu erleben, taucht man bevorzugt vor den abgelegenen Inseln Wolf und Darwin.

Aufgrund der langen Fahrstrecke vom zentralen Archipel bis zu den Outlands im extremen Nordwesten – 15 bis 20 Stunden – fahren längst nicht alle Schiffe in diese Unterwasserwelt. Der Marktführer auf Galápagos mit der größten Erfahrung und der ambitioniertesten Tauchplattform ist die **Aggressor Fleet** aus Louisiana, die auf Galápagos gleich zwei Jachten für jeweils 14 Gäste unterhält. Seit 1993 betauchen die Spezialschiffe mit dem etwas forschen Namen mit exzellenten Tauchguides den Archipel.

Eine große Tauchplattform mit integriertem Füllsystem, Duschen, Süßwasserbecken, Coffeeshop, Heizstrahlern und sogar vorgewärmten Handtüchern bilden ein Rundumsorglos-Paket im Heck der Jacht.

Dabei bieten Fototische, Reingungsdruckluft und separate Süßwassertanks gerade für Unterwasserfotografen ausgezeichnete Arbeitsbedingungen. Regelmäßig veranstaltet die ›Angreifer-Flotte‹ **Fotoseminare** auf ihren Törns. Vor Darwin und Wolf wird täglich zwischen 7 und 17 Uhr viermal getaucht, je nach Wunsch mit Pressluft oder Nitrox. Bei starker Haiaktivität wird die Route auch kurzfristig variiert (ausführliche Informationen unter www.aggressor.com und auf S. 398).

dort mit Nitrox-Mischungen taucht und nicht mehr wie sonst üblich mit originärer Pressluft. Eine Fach-Einführung in das Nitrox-Tauchen wird auf diesen Booten für das Mischgastauchen vorausgesetzt.

Wie an Land gilt auch beim Tauchen, dass nur vom Nationalpark ausgewiesene Tauchplätze betaucht werden dürfen und auch hier nur unter Führung eines vom Nationalpark ausgebildeten Naturführers, der dann gleichzeitig Divemaster ist. Eine Woche Tauchkreuzfahrt mit Vollpension kostet ab Galápagos zwischen 2500 und 4000 $, je nach Service, Boot und Route.

### Ausrüstung

Bei *live-aboard*-Arrangements werden an Ausrüstung lediglich Blei, Tank und Luft gestellt. Das komplette Equipment bringt der Taucher mit, oder er muss es sich nach Vorankündigung gegen eine stattliche Gebühr ausleihen. Zu empfehlen ist ein Nasstauchanzug von 6 bis 7 mm zuzüglich einer Kopfhaube und Handschuhen, eventuell ein nitroxtauglicher Computer. Alternativ bietet sich ein 3-mm-Anzug zuzüglich eines 5- bis 7-mm-Shorty an, was auch für Warmwassertauchgänge (26 °C) flexibel macht. Die Handschuhe bieten Schutz beim erlaubten Festhalten in Strömungen, da die Seepocken teils scharf sind und schneiden.

Zu Beginn jeder Kreuzfahrt wird ein Checkout-Dive zur Prüfung von Tauchgerät und zur Bemessung des Bleigewichts durchgeführt. **Tipp:** Einen sechsstündigen Nitrox-Kursus mit Zertifikat bietet die PADI-Tauchschule Exploramar Diving auch kurzfristig in Quito an (s. S. 139).

Die Tauchbasen auf Galápagos wiederum stellen die komplette Ausrüstung für den Tauchgang. Die Flaschenanschlüsse sind amerikanisch, bedürfen bei europäischen Lungenautomaten also eines Adapters.

### Die Tauchbasis

Die Alternative zur durchaus kostspieligen Taucherjacht bilden die Tauchbasen, die sich in den Dörfern **Puerto Ayora** (s. S. 382), **Puerto Baquerizo Moreno** (s. S. 390) und **Puerto Villamil** (s. S. 374) angesiedelt haben. Dort fährt man täglich mit jeweils zwei Tauchgängen heraus. Im Gegensatz zu den meisten Kreuzfahrten wird in der Basis die komplette Ausrüstung gestellt, auf Wunsch sogar ausgebildet bis zum Divemaster. Getaucht wird in nahen und mittleren Distanzen zur Basis, teils mit Auto- und Bootsfahrt. Diese Form des Galápagos-Tauchens ermöglicht auch weniger erfahrenen Tauchern den Zugang zur Unterwasserwelt und dabei durchaus zu einigen der besten Tauchplätze! Von der Basis aus können auch Hotelarrangements und Landexkursionen unkompliziert organisiert werden. Die beiden erfahrensten Tauchbasen auf Galápagos, gleichsam von PADI und anderen internationalen Verbänden zertifiziert, und die mit dem besten Service und den höchsten Sicherheitsstandards sind Scuba Iguana und Galápagos Sub-Aqua in Puerto Ayora (s. S. 382). Auf San Cristóbal empfiehlt sich Wreck Bay Diving (s. S. 390).

In Puerto Ayora gibt es die einzige Deko-Kammer von Galápagos (s. Sicherheit unten).

# Spitzen-Tauchplätze

Das Marinereservat Galápagos umfasst insgesamt 62 ausgewiesene Tauchplätze. Etwa ein Viertel davon wird mehr oder minder regelmäßig auch von den Tauchbasen auf den Inseln angefahren. Der Nationalpark hat die Plätze mit unterschiedlichen Schwierigkeitsgraden (SG) von einfach (1) bis sehr anspruchsvoll (4) kategorisiert.

### 15 Isla Darwin ▶ 4, A 1

▼ Die **Isla Darwin** ist derart abgelegen, dass die meisten Inselkarten sie nicht mehr in der realen Distanz zu den zentralen Eilanden erfassen. Den Haien ist das egal. Tausende von ihnen kreisen unablässig um das schroffe Felsplateau unter der berühmtesten Lavaformation des Archipels: Der Bogen – auf Englisch **Darwin's Arch** – ist der einzige Tauchplatz vor dem runden erodierten Schildvulkan. In mittlerer bis starker Strömung lassen sich Hammer-, Galápagos-, Schwarzspitzen-, Weißspitzen-, Silky- und Walhaie hier die Kiemen spülen und die Haut putzen. Nur sehr selten entdeckt man sie beim Fressen.

Die schmale, felsige Plateaukante des Bogens vor dem steilen Absturz in die Tiefe

bietet den nötigen Halt für Taucher und ist Wohnwelt von unzähligen Muränen. Überraschend finden sich hier zudem viele Meeresschildkröten und tropische Fische an den spärlichen Korallen ein. Kurzum: Darwin ist einer der drei besten Tauchplätze der Welt (SG 3–4).

### Isla Wolf ▶ 4, A1

Die zweite fern abgelegene Insel im Nordwesten von Galápagos, **Isla Wolf** 31, liegt drei Bootsstunden südlich von Darwin und beherbergt ebenfalls große Schulen von Hammer-, Galápagos- und Weißspitzenhaien. Außerdem ist Wolf ein beliebter Ruhe- und Fressplatz von Meeresschildkröten. Die Zahl der hier gesichteten Walhaie ist jedoch geringer als vor der extrem exponierten Isla Darwin. Ansonsten stehen die zwei Tauchplätze der Insel dem nördlichen Nachbarn in nichts nach.

Zudem verfügt Wolf über einen fantastischen, ruhigen Ankerplatz unter der 200 m hohen Steilwand der dicht bewohnten Vogelinsel (SG 3–4).

### Roca Redonda ▶ 4, A/B 4

Der im Nordwesten von Isabela spitz aus dem Meer ragende Kegel **Roca Redonda** 32 ist der Gipfel eines kleinen, etwa 20 km langen Unterwassergebirges aus kompakter basaltischer Lava, aus dem permanent und beeindruckend Schwefelrauch aufsteigt, was

# Sicherheit

Auf Galápagos werden keine Dekompressionstauchgänge durchgeführt, um das Risiko von Stickstoffvergiftungen deutlich zu senken. Entscheidender Grund sind die großen Entfernungen von den Top-Tauchplätzen zur Deko-Kammer in Puerto Ayora, nämlich bis zu 24 Bootsstunden. Einen Helikopterservice zur Rettung von Deko-Opfern gibt es nicht. Neben den international üblichen Sicherheitsregeln wird maximal 30–35 m tief getaucht und u. a. wegen der starken Strömungen streng auf die Luftreserve geachtet.

weiße Algen offenbar anzieht. Der beste Tauchplatz ist ein etwa 300 m langes Riffplateau, auf dem sich zahllose Barsche, Doktorfische, Kaiserfische und Barrakudas angesiedelt haben. Gelegentlich entdeckt man Meeresschildkröten, Hammerhaie und Galápagos-Haie, auf jeden Fall aber Seelöwen. Vorsicht vor Abströmungen (SG 4)!

## Punta Vicente Roca ▶ 4, B 5

Das im Nordwesten Isabelas liegende Kap **Punta Vicente Roca** 33 bietet auf der westlichen Brandungsseite einen großartigen Tauchplatz mit einer 33 m abfallenden Steilwand und farbenprächtigen Felsen. Hier sind die seltenen Mondfische *(mola mola)* gelegentlich beim Putzen zu beobachten, außerdem mehrere Arten von Harlekinfischen. Aus der Vogelwelt tauchen Pinguine und Flugunfähige Kormorane an einer seichteren Stelle des Tauchplatzes zum Fischen ein. Nicht unbedingt beim Tauchen, aber vom Boot aus entdeckt man hier besonders häufig Orcas, Finnwale und gelegentlich sogar Buckelwale (SG 2–3).

## Cabo Marshall ▶ 4, B/C 5

Das **Cabo Marshall** 34 im Nordosten von Isabela liegt fast auf der Äquatorlinie und ist ein strategisch günstiger Ort für die großen Mantarochen, die man hier mit 99-prozentiger Sicherheit trifft. Denn das Wasser ist sehr nährstoffreich, was allerdings häufig zu beschränkter Sicht führt. Schweben die Mantas in Flachbereichen von 5 bis 10 m um das **Cabo Marshall**, lieben Hammerhaie, Thunfische und manchmal sogar Marlins den Steilhang in Tiefen von 25 bis 30 m (SG 2–3).

## Cousin's Rock ▶ 4, D 5

Beim **Cousin's Rock** 35 nordöstlich der Isla Santiago handelt es sich um eine kleine Insel mit zwei Gesichtern. Der Tauchgang beginnt in der Regel auf der Ostseite an einer steil ab-

**Die Vorfahren der Seelöwen kamen aus Kalifornien und haben hier eine eigene Unterart ausgebildet**

fallenden Wand, die von einem wilden Garten schwarzer Korallen überwuchert ist. Darin haben sich Seepferdchen, der Frogfisch und andere Helden der kleinen Unterwasserfauna sowie einige große Kofferfische niedergelassen— ›the macroplace‹. Taucht man um das Kap zur Westseite von **Cousin's Rock,** entdeckt man häufig Adlerrochen und Seelöwen auf einem schönen Plateau, das zudem einen reichen tropischen Fischbestand aufweist (SG 2–3).

## Seymour Norte ▶ 4, E 6
**Karte:** S. 379

Die erdgeschichtlich alte, aus ozeanischen Hebungen entstandene Insel **Seymour Norte** 30 nördlich von Baltra, einst Seymour Sur genannt, bildet ein Unterwassergebirge mit gleich drei Tauchplätzen, der Punta Norte, dem Canal del Norte und Mosquera. Gerade von Mai bis Dezember finden sich hier Weißspitzenhaie zur Fortpflanzung ein. Doch auch sonst sind die Gewässer um die Insel fischreich. Eine besondere Attraktion sind die in großer Zahl vorkommenden Mobulas, eine mittelgroße asiatische Rochenart, die häufig etwa in 20 m Tiefe zu beobachten ist (alle SG 2–3).

## Gordon Rocks ▶ 4, E 6
**Karte:** S. 379

Die erstarrten Tuffkegel im Nordosten von Santa Cruz sind teilerodiert und haben unter Wasser Spalten von bis zu 30 m Tiefe gebildet. In dem Kanal zwischen den beiden größten Felsen liegt eine bei den Hammerhaien und Meeresschildkröten beliebte Putzerstation. Außerdem beobachtet man Doktorfische, Kaiserfische und Gelbschwanzbarsche, auch Adlerrochen, gelegentlich Kuhrochen, Galápagos-Haie und sogar Mantas. Dort, wo die meisten Seepocken siedeln, ist das Meeresleben am intensivsten, doch ist dort auch die Strömung am stärksten. **Gordon Rocks** 36 ist ein hervorragendes, aber dem Taucher viel Erfahrung und Technik abverlangendes Unterwasserrevier. Es wird auch von den Tauchbasen in Puerto Ayora regelmäßig angesteuert (SG 2–4).

## Unterwasserwelt Galápagos

### Isla Enderby ▶ 4, D 8

Unter den Tauchplätzen im südlichen Galápagos ist **Enderby** `37`, eine kleine Insel östlich vor Floreana, sicherlich der beste. An den Steilhängen im Süden von Enderby haben auffallend junge Galápagos-Haie einen strategischen Fresspunkt. Auch Weißspitzenhaie und Adlerrochen suchen den Ort gern auf. In der warmen Galápagos-Jahreszeit von Januar bis Mai kann man hier gelegentlich Walhaie beobachten, da der Tauchplatz auch dann noch recht kühl ist. Eine weitere Attraktion sind riesige Schwärme von Salemas – der deutsche Namen des Fischs lautet Goldstrieme (SG 3).

### Kicker Rock ▶ 4, F 6
**Karte:** S. 385

Beim Wahrzeichen von San Cristobal, **Kicker Rock** `20` (oder auch **León Dormido),** handelt es sich um die drei knapp über die Wasseroberfläche hinausragenden Gipfel eines ozeanischen Gebirges. Hier kreisen bevorzugt Hammerhaie und Adlerrochen. Der Tauchplatz Punta del Norte beginnt mit einer Steilwand, die sich auf 25 m in einem fischreichen Tal mit auffällig vielen verschiedenen Harlekinfischen verläuft. Los dos Canales wird zwischen 15 und 30 m betaucht.

Zur Einstimmung: Die Galápagos-Haie kommen dem Taucher hier ungewöhnlich nahe. Außerdem setzen ab etwa 30 m Tiefe am Zusammenfluss der beiden Kanäle chaotische Strömungsverhältnisse ein. Bei Abstrom ist unverzüglich die Felswand aufzusuchen (SG 2–3).

### Infos

Der beste Tauchführer über die Galápagos-Inseln erschien zwar schon im Jahr 2004 auf Englisch, ist aber nach wie vor die Nr. 1. Er beschreibt das Tauchgebiet und die Konditionen im Detail und porträtiert jeden einzelnen Tauch- und Schnorchelplatz der Inseln: **Rosenberg, Steve, und Sarbone, Ellen:** The Diving Guide: Galápagos Islands, Cruising Guides Publications, Dunedin FL, USA, 2004, ISBN 0-944428-70-3, 24 $ plus Versand bei www.amazon.com.

### Übernachten

Tauchschiffe ▶ Die meisten Tauchschiffe kategorisieren die Monate September und Oktober als Nebensaison, wodurch Preisnachlässe von 10 bis 20 % möglich sind. Einige Jachten fahren keine reinen Tauchkreuzfahrten, sondern kombinieren mit einem Landprogramm. Auf dem Tauchschiff sind Tauchgänge, Luft und Blei sowie Vollpension und Tauchguides inklusive. **Galápagos Sky:** Agentur in Kanada: Inti Travel and Tours, Box 1586, Banff, AB, Canada T1L 1B5, Tel. 001-403-760-3565, www.discovergalapagos.com /SkyDancer. Moderne, geräumige Taucherjacht, die ausschließlich auf Tauchfahrt geht, inklusive der Inseln Wolf und Darwin; vergleichbar der Aggressor Fleet (s. u.). Platz für bis zu 16 Gäste, einwöchige und zehntägige Routen, Nitrox an Bord. Wochenpreis 4600–4800 $. **Aggressor I** und **Aggressor II:** Aggressor, Tel. 001-985-385 26 28, www.ag

**Der Archipel rühmt sich riesiger, friedfertiger Schulen von Hammerhaien**

gressor.com. Luxuriöse und geräumige US-Taucherjacht für bis zu 14 Taucher mit einem Wolf-/Darwin-Profil, d. h. mit zehn bis zwölf Tauchgängen vor den abgelegenen World-Class-Tauchplätzen, 90 Fuß lang, ausgezeichnete Tauchplattform und besonderer Unterwasser-Fotoservice, breite Sicherheitsausstattung, gute internationale Küche, Whirlpool, 2 Sonnendecks, Barbecue, In Holz gearbeitete Kabinen mit TV und DVD. Nitrox an Bord. Wochenpreis Do–Do inkl. aller Getränke ab 5195–5395 $. **Humboldt Explorer:** Galasam, Calle Cordero N24-214 y Av. Amazonas Ave. (Ecke), Tel. 02-290 39 09, 02-250 70 80, www.galasam.com. Gut ausgestattetes Tauchschiff mit geräumigen, hellen Kabinen und moderner Tauchplattform, Nitrox optional, einwöchiger Törn inklusive der Inseln Wolf und Darwin: 3995 $ (Jan.–Mai), 4295 $ (Mai-Dez.), Nitrox-Nutzung exklusive, Treibstoffzuschlag 150 $.

## Aktiv

**Tauchbasen** ► Tauchen vom Inselstandort aus ist zu empfehlen über **Scuba Iguana** und **Silberstein Dive Center** in Puerto Ayora (s. S. 382) sowie **Wreck Bay Diving Center** in Puerto Baquerizo Moreno (s. S. 390). Zur Behandlung der Taucherkrankheit verfügt Puerto Ayora über eine durchgehend ärztlich betreute **Dekompressionskammer.** Die Boote nehmen für die Bereitstellung dieses Notfallservices in der Regel eine Grundgebühr von 35 $ pro Taucher und Woche (s. S. 395).

## Verkehr

Vor der Tauchkreuzfahrt sollte man sich nach den Limits beim Tauchgepäck erkundigen. Bei AEROGAL liegt die Grenze z. B. bei 23 kg zzgl. 10 kg Handgepäck. Die Anreise erfolgt per Inlandsflug mit AEROGAL, LAN und TAME nach Baltra oder San Cristóbal. Von dort besteht ein Abholservice zum Tauchschiff.

| Deutsch | Biologische Bezeichnung | Englisch |
|---|---|---|
| **Reptilien** | | **Reptiles** |
| Galápagos-Riesen-schildkröte | Geochelone elephantopus (10 lebende Unterarten) | Giant tortoise |
| Grüne Meeresschildkröte | Chelonia mydas | Green sea turtle |
| Gecko | Phyllodactylus spp. (6 Arten) | Lizard |
| Lavaechse | Tropidurus spp. (7 bek. Arten) | Lava lizard |
| Galápagos-Landleguan | Conolophus subcristatus | Galápagos land iguana |
| Santa-Fé-Landleguan | Conolophus pallidus | Santa Fé land iguana |
| Meerechse | Amblyrhynchus cristatus | Marine iguana |
| **Seevögel** | | **Marine Birds** |
| Galápagos-Pinguin | Spheniscus mendiculus | Galápagos penguin |
| Galápagos-Albatros | Diomedea irrorata | Waved albatros |
| Audubons-Sturmtaucher | Puffinus l'herminieri | Audubon's shearwater |
| Hawaii-Sturmschwalbe | Pterodroma Pterodroma phaeopygia | Dark-rumped (Hawaiian) petrel |
| Galápagos-Sturmschwalbe | Oceanodroma tethys | Galápagos (wedge-rumped) storm petrel |
| Rotschnabel-Tropikvogel | Phaethon aethereus | Red-billed tropicbird |
| Brauner Pelikan | Pelecanus occidentalis | Brown pelican |
| Blaufußtölpel | Sula nebouxi | Blue-footed booby |
| Nazca-Tölpel | Sula dactylatra | Nazca (White) booby |
| Rotfußtölpel | Sula sula | Red-footed booby |
| Flugunfähiger Kormoran | Nannopterum harrisi | Flightless cormorant |
| Prachtfregattvogel | Fregata magnificens | Magnificent frigatebird |
| Bindenfregattvogel | Fregata minor | Great frigatebird |
| Gabelschwanzmöwe | Creagrus furcatus | Swallow-tailed gull |
| Lavamöwe | Arus fuliginosus | Lava gull |
| Braune Seeschwalbe | Anous stolidus | Brown noddy |
| Franklin-Seeschwalbe | Arus pipixcan | Franklin's gull |
| Rauchseeschwalbe | Sterna fuscata | Sooty tern |
| **Küsten- und Zugvögel** | | **Coastal and Migratory Birds** |
| Amerikanischer Graureiher | Ardea herodias | Great blue heron |
| Silberreiher | Casmerodius albus | Great (American) egret |
| Kuhreiher | Bubulcus ibis | Cattle egret |
| Lavareiher | Butorides sundevalli | Lava heron |
| Geriefter Reiher | Butorides striatus | Striated heron |
| Cayenne-Nachtreiher | Nyctanassa violacea | Yellow-crowned night heron |
| Flamingo | Phoenicopterus ruber | Greater flamingo |
| Bahama-Ente | Anas bahamensis | White-checked pintail duck |

| Deutsch | Biologische Bezeichnung | Englisch |
|---|---|---|
| Stelzenläufer | Anas discors | Blue-winged teal |
| Braunmantel-Austernfischer | Haematopus palliatus | American oystercatcher |
| Schwarznacken-Stelzenläufer | Himantopus himantopus | Black-necked stilt |
| Sandregenpfeifer | Charadrius semipalmatus | Semi-palmated plover |
| Steinwälzer | Arenaria interpres | Ruddy turnstone |
| Regenbrachvogel | Numenius phaeopus | Whimbrel |

## Landvögel / Land Birds

| Deutsch | Biologische Bezeichnung | Englisch |
|---|---|---|
| Galápagos-Bussard | Buteo galapagoensis | Galápagos hawk |
| Galápagos-Eule | Tyto punctissima | Galápagos barn owl |
| Sumpfohreule | Asio flammeus | Short-ear owl |
| Galápagos-Ralle | Lateralus spilonotus | Galápagos rail |
| Buntschnabelschnarre | Neocrex erythrops | Paint-billed crake |
| Teichhuhn | Gallinula chloropus | Common gallinule (Moorhen) |
| Galápagos-Taube | Zenaida galapagoensis | Galápagos dove |
| Regenkuckuck | Coccyzus melacoryphus | Dark-billed cuckoo |
| Galápagos-Kuckuck | Crotophaga ani | Smooth-billed cuckoo |
| Rubintyrann | Pyrocephalus rubinus | Vermillion flycatcher |
| Galápagos-Fliegentyrann | Myiarchus magnirostris | Galápagos flycatcher |
| Galápagos-Mauerschwalbe | Progne modesta | Galápagos martin |
| Spottdrossel | Nesomimus (4 Arten) | Mockingbird |
| Goldwaldsänger | Dendroica petechia | Yellow warbler |
| Darwinfinken | Geospizidae (13 Arten) | Darwin's finch |

## Säugetiere / Mammals

| Deutsch | Biologische Bezeichnung | Englisch |
|---|---|---|
| Galápagos-Seelöwe | Zalophus californianus | Sea lion |
| Galápagos-Pelzrobbe | Arctocephalus galapagoensis | Fur seal |
| Galápagos-Reisratte | Oryzomys und Nesoryzomys | Rice rat |
| Fledermaus | Lasiurus spp. | Bats |
| Buckelwal | Megaptera novaeangliae | Humpback whale |
| Seiwal | Balaenoptera borealis | Sei whale |
| Pottwal | Physeter macrocephalus | Sperm whale |
| Orca | Orcinus orca | Orca |
| Tümmler | Tursiops truncatus | Bottle-nosed dolphin |
| Delfin | Delphinus delphis | Common (white-bellied) dolphin |

## Schalentiere / Shellfishes

| Deutsch | Biologische Bezeichnung | Englisch |
|---|---|---|
| Rote Klippenkrabbe | Grapsus grapsus | Sally lightfood crab |

# Register

Der Haupteintrag ist **fett** hervorgehoben.

403

# Register

Der Haupteintrag ist **fett** hervorgehoben.

# Register

Der Haupteintrag ist **fett** hervorgehoben.

# Galápagos-Inseln

## Abbildungsnachweis/Impressum

Bilderberg/Avenue Images, Hamburg:
S. 398/399 (Alstills 53 N); 294, 396
(Dirscherl); 330 (Jakob); 4 u., 129, 236,
286 (Laurent)
Getty Images, München: Titel (Allen); S. 6 o.,
75 (Cralle); 4 o., 198 (Gsiden); 1 M., 8/9,
72/73, 76, (Horner); 320 (Kaye/Phipps);
105 (Kennedy); 7 u., 270/271, 316/317
(Maier); 5 u., 152, 156 re., 196, 266 (Oxford); 15 (Renard); 393 (Sarkis); 89, 322
li., 335, 338 (Schiff); 243 (Schlebusch); 21
(Simpson); 1 re., 16/17 (Wood)
Huber, Garmisch-Partenkirchen: S. 58/59,
2 o., 5 o., 68 (Kaos); 6 u., 352 re., 356/
357 (Newman); 3 M., 154 (Orient)
Peter Korneffel, Berlin: S. 7 o., 33, 57, 86,
167, 177, 208, 270 li., 282, 289, 322 re.,
337, 352 li. (Grosu), 365 (Grosu)
laif, Köln: S. 1 li., 3 (2 x), 7 M., 30, 39, 52/53,
69, 101, 108/109, 110, 112 li., 115, 123,
162/163, 180/181, 185, 190/191, 200/
201, 204/205, 211, 213, 216, 232/233,
246/247, 250/251, 254, 264, 276/277
(Gonzalez); 50 (Hahn); 303 (Heeb); 65
(hemis.fr/Barbagallo); 238/239 (hemis.fr/
Escudero); 98, 260 (hemis.fr); 29 (Kashin-
sky/Aurora); 11, 200 li., 229 (Kruell); 45
(Redux)
Look-Foto, München: S. 24/25 (Dirscherl);
112 re., 142/143 (Hoffmann)
Mauritius Images, Mittenwald: S. 156 li.,
171 (age); 5 M., 310/311 (Dirscherl); 350
(Harscher); 273 (imagesbroker.net); 2 u.,
91, 391 (Oxford Scientific); 377 (Schätzle)
Daniel Sambraus, London: S. 326, 347

### Kartografie
DuMont Reisekartografie, Fürstenfeldbruck
© DuMont Reiseverlag, Ostfildern

### Umschlagfoto
Titelbild: Blick auf den Chimborazo

**Über den Autor:** Peter Korneffel ist Journalist für Umwelt-, Wirtschafts- und Reisethemen und hat acht Jahre in Ecuador gelebt. Seine Reportagen sind u. a. bei GEO, Mare, DIE ZEIT und Terra Mater erschienen. Für DIE ZEIT Reisen arbeitet Peter Korneffel seit 2002 als Entwickler, Expeditionsleiter und Vortragender. Seine ZEIT-Reise auf Humboldts Spuren durch Ecuador wurde von GEO Saison 2009 mit der Goldenen Palme ausgezeichnet.

**Besonderer Dank geht an:** Paola Camacho Andrade als zentrale Rechercheassistentin in Ecuador und an Jana Bosse für die Redaktionsassistenz in Berlin. Muchas gracias!

**Hinweis:** Autor und Verlag haben alle Informationen mit größtmöglicher Sorgfalt geprüft. Gleichwohl sind Fehler nicht vollständig auszuschließen. Alle Angaben erfolgen ohne Gewähr. Bitte schreiben Sie uns! Über Ihre Rückmeldung zum Buch und über Verbesserungsvorschläge freuen sich Autor und Verlag:
**DuMont Reiseverlag,** Postfach 3151, 73751 Ostfildern, E-Mail: info@dumontreise.de

2., aktualisierte Auflage 2013
© DuMont Reiseverlag, Ostfildern
Alle Rechte vorbehalten
Grafisches Konzept: Groschwitz, Hamburg
Printed in China